Ave Maria

Ave Maria, cheia de graça, o Senhor é convosco, bendita sois vós entre as mulheres e bendito é o fruto do vosso ventre, Jesus. Santa Maria, Mãe de Deus, rogai por nós pecadores, agora e na hora da nossa morte. Amém.

Ave Maria

Ave, María, grátia plena, Dóminus tecum, benedícta tu in muliéribus, et benedictus fructus ventris tui Jesus. Sancta María, Mater Dei, ora pro nobis peccatóribus, nunc et in hora mortis nostrae. Amen.

"Educação não transforma o mundo. Educação muda as pessoas, as pessoas transformam o mundo".
Paulo Freire

"Eu não sei o que quero ser, mas sei muito bem o que não quero me tornar".
Friedrich Nietzsche

"Só sei que nada sei, e o fato de saber isso, me coloca em vantagem sobre aqueles que acham que sabem alguma coisa".
Sócrates

"Para conhecermos os amigos é necessário passar pelo sucesso e pela desgraça. No sucesso, verificamos a quantidade e, na desgraça, a qualidade".
Confúcio

"O mundo é um lugar perigoso de se viver, não por causa daqueles que fazem o mal, mas sim por causa daqueles que observam e deixam o mal acontecer".
Albert Einstein

"Não se pode criar experiência. É preciso passar por ela".
Albert Camus

"O homem ainda traz em sua estrutura física a marca indelével de sua origem primitiva".
Charles Darwin

"Nunca me senti só. Gosto de estar comigo mesmo. Sou a melhor forma de entretenimento que posso encontrar".
Charles Bukowski

"Nunca interrompas o teu inimigo enquanto estiver a cometer um erro".
Napoleão Bonaparte

André Cipreste de Vargas
Advogado.
Administrador de Empresas.
Funcionário Público.

AGRADECIMENTOS

Primeiro a Ele, Jesus Cristo, e a Nossa Mãe Maria.

Aos meus pais, João e Alda, pelo exemplo de trabalho, dedicação e honestidade.

Aos meus irmãos Fabiano, Gabriel e Lucas pelo companheirismo e amizade.

Às minhas sobrinhas Júlia, Beatriz, Gabriela, Sophia e Luísa, pelos sorrisos e alegrias que me proporcionam.

Aos meus amigos e familiares pelas lições e aprendizagem que me proporcionam.

Aos meus avós maternos Sabiniano (*in memoriam*) e Alda (*in memoriam*) e paternos João (*in memoriam*) e Isabel (*in memoriam*) que tanta falta fazem. Estão ao lado do Senhor.

Aos demais amigos e parentes que estão na morada do Senhor.

Aos meus Professores, todos eles, fontes de inesgotável conhecimento, persistência e dedicação.

E a todos aqueles que direta ou indiretamente contribuíram com esta humilde obra.

O meu muito obrigado!

PREFÁCIO

Do latim *principium*, a palavra princípio tem em nossa língua diversos sentidos, podendo ser relacionada de forma exemplificava a educação, decência, norma moral ou começo. Seu sentido pode ser associado também aos termos origem, nascimento e fundamento. E é justamente neste sentido de começo que temos a base, a essência e a substancia dos princípios jurídicos, tema desta obra.

Os princípios são os mandamentos do nosso ordenamento jurídico, constituindo-se como a base para o nosso Direito. De acordo com Sérgio Pinto Martins (2017, p. 125) os princípios do Direito por possuírem características jurídicas e por estarem inseridos no ordenamento jurídico, "inspiram e orientam o legislador e o aplicador do Direito". Nossa estrutura legalista tem por escopo o respeito aos princípios que regem nosso arcabouço jurídico. Notadamente que qualquer estudo sobre princípios deverá ter por norte o paradigma da Constituição Federal, principalmente após o advento do pós-positivismo, enquanto instrumento normativo-jurídico de nosso país e peça gestora das demais leis de nosso ordenamento jurídico legal infraconstitucional. Conforme ensina Oliveira (2016, p. 33), "o traço característico do Pós-positivismo é o reconhecimento da normatividade primária dos princípios constitucionais".

Os princípios diferem das regras, pois aquelas encontram-se como normas gestoras destas, estando acima não só em importância, mas também por conterem preceitos que tutelam valores fundamentais de nosso ordenamento jurídico. O conceito de princípio abrange um conjunto de mandamentos e padrões de valores que norteiam o sistema jurídico pátrio, servindo como bússola moral e orientadora dos diversos Diplomas legais.

Segundo lição do eminente doutrinador Sérgio Pinto Martins (2017, p. 127): "É o princípio o primeiro passo na elaboração das regras, pois dá sustentáculo a elas. O princípio é muito mais abrangente que uma simples regra; além de estabelecer certas limitações, fornece fundamentos que embasam uma ciência e visam a sua correta compreensão e interpretação. Violar um princípio é muito mais grave do que violar uma regra. A não observância de um princípio implica ofensa não apenas a específico dispositivo, mas a todo o sistema jurídico".

O conceito de princípios encontra diversas definições que são acompanhadas por diferentes pontos de vista, ao gosto das diversas doutrinas.

Sobre o tema, ensina o festejado jurista Miguel Reale (1986, p. 60): "Princípios são, pois verdades ou juízos fundamentais, que servem de alicerce ou de garantia de certeza a um conjunto de juízos, ordenados em um sistema de conceitos relativos à dada porção da realidade. Às vezes também se denominam princípios certas proposições, que apesar de não serem evidentes ou resultantes de evidências, são assumidas como fundantes da validez de um sistema particular de conhecimentos, como seus pressupostos necessários".

Na lição de Celso Antônio Bandeira de Mello (2001, p. 771/772), assim são definidos os princípios do Direito: "É, por definição, mandamento nuclear de um sistema, verdadeiro alicerce dele, disposição fundamental que se irradia sobre diferentes normas compondo-lhes o espírito e servindo de critério para sua exata compreensão e inteligência exatamente por definir a lógica e a racionalidade do sistema normativo, no que lhe confere a tônica e lhe dá sentido harmônico".

De acordo com Nucci (2009, p. 72), "o conceito de princípio indica uma ordenação, que se irradia e imanta os sistemas de normas, servindo de base para a interpretação, integração, conhecimento e aplicação do direito positivo".

Na esteira dos ensinamentos de Humberto Ávila (2006, p. 78/79) temos: "Os princípios são normas imediatamente finalísticas, primariamente prospectivas e com pretensão de complementaridade e de parcialidade, para cuja aplicação se demanda uma avaliação da correlação entre o estado de coisas a ser promovido e os efeitos decorrentes da conduta havida como necessária à sua promoção".

Segundo aduz Mauricio Godinho Delgado (2011, p. 180), o "princípio traduz, de maneira geral, a noção de proposições fundamentais que se formam na consciência das pessoas e grupos sociais, a partir de certa realidade, e que, após formadas, direcionam-se à compreensão, reprodução ou recriação dessa realidade".

Mas não é o objeto fim desta obra especificamente a tarefa de definir conceitos, determinar espécies ou tentar pormenorizar o conteúdo das diversas correntes e escolas doutrinárias estabelecidas no decorrer da história a respeito dos princípios. Sua missão maior é trazer de maneira sucinta e de fácil acesso e compreensão a definição dos diversos princípios que enriquecem nosso ordenamento jurídico em suas mais diversas áreas. Tentamos apresentar aqui a maior variedade possível de princípios encontrados nos mais diversos campos do Direito. Chegamos a exatos 826 princípios.

SUMÁRIO

A

- Princípio da Alternatividade (Direito Penal).
- Princípio da Alternatividade (Direito Processual Civil).
- Princípio da Ampla Defesa (P. do Direito de Defesa, P. da Garantia de Defesa) (Direito Constitucional).
- Princípio da Ampla Divulgação da Demanda (P. da Adequada Notificação dos Membros do Grupo, P. da Ampla Divulgação da Demanda Coletiva, P. da Informação aos Órgãos Competentes, P. da Informação e Publicidade Adequadas, P. da Notificação Adequada) (Direito Processual Coletivo).
- Princípio da Anterioridade Comum (P. da Anterioridade Anual, P. da Anterioridade de Exercício, P. da Anterioridade do Exercício Financeiro) (Direito Tributário).
- Princípio da Anterioridade Eleitoral (P. da Anterioridade, P. da Anterioridade Constitucional em Matéria Eleitoral, P. da Anterioridade da Lei Eleitoral, P. da Anterioridade em Matéria Eleitoral, P. da Antinomia Eleitoral, P. da Anualidade, P. da Anualidade Eleitoral, P. da Anualidade em Matéria Constitucional, P. da Segurança das Relações Jurídicas) (Direito Eleitoral).
- Princípio da Anterioridade Especial (Direito Tributário).
- Princípio da Anterioridade da Legislatura.
- Princípio da Anterioridade Nonagesimal (P. da Anterioridade Mínima, P. da Anterioridade Mitigada, P. da Anterioridade Qualificada, P. da Espera Nonagesimal, P. da Não Surpresa Tributária, P. da Noventena) (Direito Tributário).
- Princípio da Anterioridade Penal (P. da Anterioridade da Lei Penal).
- Princípio da Anterioridade do Registro (P. da Anterioridade, P. First Come, First Served) (Direito Civil).
- Princípio da Anterioridade Tributária (P. da Anterioridade, P. da Eficácia Diferida).
- Princípio da Anualidade (P. da Anterioridade Orçamentária, P. da Anualidade Orçamentária, P. Orçamentário, P. do Orçamento, P. da Periodicidade, P. da Temporalidade) (Direito Tributário).
- Princípio da Anulação da Decisão Recorrida (P. da Anulação) (Direito Processual Civil).
- Princípio da Aplicação Imediata das Normas Processuais (P. da Aplicação Imediata, P da Aplicação Imediata das Normas Processuais Penais, P. do Efeito Imediato, P. do Efeito Imediato da Lei Processual Penal, P. do Tempus Regit Actum) (Direito Processual Penal).

- Princípio da Aplicação Residual do Código de Processo Civil (P. da Integratividade do Microssistema, P. da Integração do Microssistema, P. do Microssistema) (Direito Processual Coletivo).
- Princípio do Aproveitamento dos Atos Processuais (P. do Aproveitamento dos Atos Processuais Praticados, P. do Aproveitamento Máximo dos Atos Processuais, P. da Conservação dos Atos Processuais, P. da Conservação dos Atos Processuais Úteis, P. da Sanabilidade).
- Princípio da Aptidão para a Prova (P. da Aptidão da Prova, P. da Distribuição Dinâmica do Ônus da Prova).
- Princípio da Aquisição Processual da Prova (P. da Aquisição dos Meios de Prova, P. da Aquisição Processual, P. da Aquisição da Prova, P. da Comunhão dos Meios de Prova, P. da Comunhão da Prova).
- Princípio da Assimilação.
- Princípio da Assistência Jurídica Integral e Gratuita.
- Princípio da Atipicidade (P. da Atipicidade das Medidas Executivas, P. da Atipicidade dos Meios Executivos).
- Princípio da Atipicidade do Processo Coletivo (P. da Atipicidade, P. da Máxima Amplitude, P. da Não Taxatividade da Ação Coletiva, P. da Não Taxatividade do Processo Coletivo) (Direito Processual Civil).
- Princípio da Atipicidade da Prova (P. da Atipicidade dos Meios de Prova).
- Princípio do Ato Jurídico Perfeito (P. da Intangibilidade do Ato Jurídico Perfeito).
- Princípio dos Atos Decisórios Juridicamente Relevantes (P. das Decisões Juridicamente Relevantes).
- Princípio da Atualização Monetária.
- Princípio da Ausência de Autoridade Superior.
- Princípio da Ausência de Hierarquia entre as Normas.
- Princípio Aut Dedere Aut Judicare.
- Princípio da Autodeterminação dos Povos (Direito Internacional Público).
- Princípio da Autoexecutoriedade do Ato de Polícia.
- Princípio da Autonomia Administrativa.
- Princípio da Autonomia entre Cognição e Execução (P. da Autonomia) (Direito Processual Civil).
- Princípio da Autonomia dos Entes Federativos (P. da Autonomia, P. da Autonomia Municipal, P. da Autonomia Política, P. da Autonomia Político Administrativa dos Entes Federativos) (Direito Constitucional).
- Princípio da Autonomia dos Estabelecimentos.

- Princípio da Autonomia dos Litisconsortes.
- Princípio da Autonomia das Obrigações Cambiais (P. da Autonomia, P. da Autonomia das Obrigações Cambiarias, P. da Autonomia dos Títulos de Crédito, P. da Independência dos Títulos de Crédito) (Títulos de Crédito).
- Princípio da Autonomia Partidária (P. da Autonomia dos Partidos, P. da Autonomia dos Partidos Políticos, P. da Liberdade Partidária, P. da Liberdade de Organização).
- Princípio da Autonomia Patrimonial (P. da Autonomia Patrimonial da Pessoa Jurídica, P. da Autonomia Patrimonial da Sociedade Empresária, P. da Autonomia da Pessoa Coletiva, P. da Autonomia Subjetiva da Pessoa Coletiva) (Direito Empresarial).
- Princípio da Autonomia da Reconvenção.
- Princípio da Autonomia Sindical (P. da Não Intervenção Estatal).
- Princípio da Autonomia da Vontade (P. da Autonomia, P. da Autonomia Privada, P. da Autonomia Privada das Partes, P. da Autonomia da Vontade dos Contratos, P. da Autonomia da Vontade Privada, P. da Liberdade de Contratar) (Direito Civil).
- Princípio da Autonomia Privada (Direito Arbitral).
- Princípio da Autonomia da Cláusula de Convenção (P. da Autonomia da Cláusula Compromissória, P. da Autonomia da Cláusula da Convenção de Arbitragem em Relação ao Contrato) (Direito Arbitral).
- Princípio da Autonomia da Vontade (P. da Autodeterminação, P. da Autonomia das Partes, P. da Autonomia das Vontades, P. da Consensualidade, P. do Consensualismo, P. do Consensualismo Processual, P. da Independência, P. da Independência e Autonomia, P. da Liberdade, P. da Liberdade das Partes, P. do Poder de Decisão das Partes, P. da Voluntariedade) (Direito de Mediação).
- Princípio da Autoridade das Partes (P. Dispositivo das Partes, P. do Respeito à Ordem Pública e as Leis Vigentes) (Direito de Mediação).
- Princípio da Autoridade do Poder Judiciário (P. da Autoridade das Decisões do Poder Judiciário).
- Princípio da Autoritariedade.
- Princípio da Autorização Legal (P. da Autorização Legislativa).
- Principio da Autorresponsabilidade (P. da Autorresponsabilidade das Partes).
- Princípio da Autotutela.

B

- Princípio da Bandeira (P. do Pavilhão, P. da Representação, P. Representativo).
- Princípio do Benefício Comum.
- Princípio da Boa Administração da Justiça (Direito Internacional).
- Princípio da Boa-Fé (P. da Boa-Fé Objetiva, P. da Boa-Fé Subjetiva, P. da Lealdade Processual, P. da Proteção à Boa-Fé Objetiva) (Direito Processual Civil).
- Princípio da Busca do Pleno Emprego.
- Princípio da Busca da Verdade Real.

C

- Princípio da Capacidade Contributiva (P. da Capacidade Econômica).
- Princípio do Caráter Contributivo (P. da Contributividade, P. Contributivo) (Direito Previdenciário).
- Princípio do Caráter Democrático e Descentralizado da Administração (P. do Caráter Democrático e Descentralizado da Gestão Administrativa).
- Princípio da Cartularidade (P. da Documentalidade, P. da Incorporação) (Direito Empresarial).
- Princípio da Cedularidade.
- Princípio da Celeridade (P. da Brevidade, P. da Brevidade Processual, P. da Celeridade Processual, P. da Duração Razoável do Processo, P. da Razoabilidade da Duração do Processo, P. da Razoável Duração do Processo) (Direito Processual Civil).
- Princípio da Certeza Jurídica (Direito Processual Civil).
- Princípio da Certeza Legal.
- Princípio da Cindibilidade do Título (P. da Cindibilidade Registral do Título) (Direito Registral).
- Princípio da Circulação (P. da Circularidade) (Direito Civil).
- Princípio da Clareza (P. da Objetividade).
- Princípio da Cláusula non Olet (P. da Interpretação Objetiva do Fato Gerador, P. do non Olet, P. do Pecunia non Olet).
- Princípio da Coerência na Formação das Coligações (P. da Verticalização, P. da Verticalização das Coligações Partidárias).
- Princípio da Coesão Dinâmica (P. da Coesão Dinâmica das Normas Urbanísticas) (Direito Urbanístico).

- Princípio da Coisa Julgada (Direito Constitucional).
- Princípio da Coisa Julgada Internacional (P. do Respeito à Coisa Julgada Internacional).
- Princípio da Coloquialidade.
- Princípio da Competência-Competência.
- Princípio da Competência Derivada (P. da Competência Decorrente).
- Princípio da Competência Executória.
- Princípio da Competência do Mediador.
- Princípio da Competência Original (P. da Competência Específica).
- Princípio da Competência para o Julgamento dos Crimes Dolosos contra a Vida.
- Princípio da Competitividade (Direito Administrativo).
- Princípio da Complementaridade (Direito Internacional).
- Princípio da Complementaridade (P. da Complementaridade dos Recursos, P. da Complementariedade, P. da Complementação) (Direito Processual Civil).
- Princípio da Compulsoriedade da Contribuição (P. da Automaticidade da Filiação, P. da Filiação Obrigatória, P. da Obrigatoriedade) (Direito Previdenciário).
- Princípio da Comunhão Plena de Vida.
- Princípio da Comunicabilidade do Preso.
- Princípio da Concentração (Direito Registral).
- Princípio da Concentração dos Atos Processuais (P. da Concentração, P. da Concentração dos Atos Processuais em Audiência, P. da Concentração da Causa, P. da Concentração da Defesa, P. da Concentração das Respostas do Réu na Contestação, P. da Eventualidade) (Direito Processual Civil).
- Princípio da Conciliação (Direito Processual do Trabalho).
- Princípio da Concordância Prática (P. da Cedência Recíproca, P. da Harmonização, P. da Harmonização de Interesses).
- Princípio da Concorrência (P. da Competitividade, P. da Livre Concorrência Licitatória) (Licitações).
- Princípio da Concretude (P. da Concretitude).
- Princípio Concursu Partes Fiunt.
- Princípio da Condição mais Benéfica (P. da Condição mais Benéfica ao Empregado, P. da Manutenção da Condição mais Benéfica).
- Princípio da Condição Peculiar da Pessoa em Desenvolvimento (P. do Respeito à Condição Peculiar da Pessoa em Desenvolvimento).
- Princípio da Conexão.

- Princípio da Confiança no Juízo a Quo (P. da Confiança no Juiz de 1º Grau, P. da Confiança no Juízo da Causa, P. da Confiança no Juízo de Piso).
- Princípio da Confidencialidade (P. da Confidencialidade no Processo).
- Princípio da Consciência Relativa ao Processo.
- Princípio da Conscientização do Consumidor e do Fornecedor.
- Princípio do Consenso Afirmativo.
- Princípio do Consensualismo (P. Consensualista, P. do Informalismo) (Contratos).
- Princípio da Consequencialidade (P. da Causalidade, P. da Concatenação, P. da Concatenação dos Atos, P. da Concatenação dos Atos Processuais, P. da Contaminação, P. da Extensão, P. da Interdependência, P. da Interdependência dos Atos Processuais, P. da Sequencialidade, P. da Utilidade) (Direito Civil).
- Princípio da Conservação (Direito Registral).
- Princípio da Conservação do Negócio Jurídico (P. do Aproveitamento do Contrato, P. da Conservação dos Atos e Negócios Jurídicos, P. da Conservação do Contrato, P. da Conservação Contratual, P. da Conservação dos Negócios Jurídicos, P. da Conservação dos Pactos, P. da Manutenção do Contrato, P. da Preservação dos Contratos, P. Utile Per Inutile non Vitiatur).
- Princípio da Consideração do Ambiente no Processo Decisório de Políticas Públicas (P. da Transversalidade, P. da Ubiquidade) (Direito Ambiental).
- Princípio da Consolidação.
- Princípio da Constitucionalidade.
- Princípio da Consumação.
- Princípio da Consunção (P. da Absorção) (Direito Penal).
- Princípio da Contenciosidade Limitada.
- Princípio de Continuidade do Caráter da Posse.
- Princípio da Continuidade do Estado (P. da Continuidade) (Direito Constitucional).
- Princípio da Continuidade do Estado (Direito Internacional Público).
- Princípio da Continuidade das Leis.
- Princípio da Continuidade Normativo Típica.
- Princípio da Continuidade Registral (P. da Continuidade, P. da Sucessividade, P. do Trato Sucessivo) (Direito Registral).
- Princípio da Continuidade da Relação de Emprego (P. da Continuidade, P. da Continuidade do Contrato de Trabalho).

- Princípio da Continuidade do Serviço Público (P. da Continuidade, P. da Permanência) (Direito Administrativo).
- Princípio da Continuidade do Trabalho Rural (P. da Continuidade do Labor Rural).
- Princípio do Contraditório (P. da Audiência Bilateral, P. da Audiência Contraditória, P. da Bilateralidade, P. da Bilateralidade da Audiência).
- Princípio da Contraprestação (P. Contributivo-Retributivo).
- Princípio do Controle (P. da Tutela, P. da Tutela Administrativa, P. da Vinculação).
- Princípio do Controle Judicial (Direito Eleitoral).
- Princípio do Controle Público.
- Princípio do Convencimento Motivado do Juiz (P. do Convencimento Motivado, P. do Convencimento Racional do Juiz, P. da Persuasão Racional, P. da Persuasão Racional do Juiz).
- Princípio da Conversão do Negócio Jurídico (P. da Conversão Substancial do Negócio Jurídico).
- Princípio de Convivência das Liberdades Públicas (P. de Convivência de Liberdades, P. da Relatividade das Liberdades Públicas, P. da Relativização das Liberdades Públicas).
- Princípio da Convolação.
- Princípio da Cooperação (P. da Colaboração, P. da Comparticipação, P. da Cooperação Processual, P. da Cooperação Relida, P. da Cooperação entre os Sujeitos do Processo, P. da Cooperatividade, P. Cooperativo, P. do Processo Cooperativo) (Direito Processual Civil).
- Princípio da Cooperação Internacional (Direito Ambiental).
- Princípio do Cooperativismo Federativo.
- Princípio da Cortesia na Prestação dos Serviços Públicos (P. da Cortesia, P. da Cortesia dos Serviços Públicos).
- Princípio da Correção da Desigualdade.
- Princípio da Correção do Desvio Publicitário.
- Princípio da Correção Monetária dos Salários de Contribuição (P. do Cálculo dos Benefícios Considerando-se os Salários de Contribuição Corrigidos Monetariamente).
- Princípio da Correlação entre Pedido e Sentença (P. Adstrição, P. da Adstrição do Juiz ao Pedido, P. da Adstrição do Juiz ao Pedido das Partes, P. da Adstrição ao Pedido, P. da Adstrição ao Pedido da Parte, P. da Adstrição entre Pedido e Sentença, P. da Adstrição da Sentença ao Pedido, P. da Congruência, P. da Congruência entre o Pedido e a Decisão, P. da Correlação, P. da Correlação entre Acusação e Sentença, P. da Correlação entre a Imputação e a Sentença, P. da

Correlação entre Libelo e Sentença, P. da Correlação entre Pedido e Causa de Pedir, P. da Correspondência, P. da Imutabilidade do Libelo, P. do Ne Eat Judex Ultra Petita Partium, P. da Reflexão, P. da Relatividade, P. da Simetria, P. da Simetria entre Demanda e Sentença, P. da Vinculação do Juiz´ao Pedido, P. da Vinculação da Sentença ao Pedido e à Causa de Pedir) (Direito Processual Civil).

- Princípio da Correspondência (P. da Correlação) (Direito Processual Civil).
- Princípio da Correspondência do Pagamento (P. Aliud Pro Alio Intuito Creditore Solvi Non Protest, P. da Correspondência, P. da Exatidão, P. da Exatidão da Prestação, P. da Identidade da Prestação, P. Nemo Aliud Pro Alio Invito Creditore Solvere Potest) (Direito Civil).
- Princípio da Criatividade Jurídica da Negociação Coletiva (P. da Autonomia Coletiva, P. da Autonomia Coletiva Privada, P. da Autonomia das Vontades Coletivas, P. da Criatividade Jurídica) (Direito do Trabalho).
- Princípio da Culpabilidade (P. da Culpa, P. da Responsabilidade Subjetiva) (Direito Penal).
- Princípio do Curso Forçado da Moeda Nacional (P. do Curso Forçado da Moeda Circulante Oficial).

D

- Princípio da Decisão Informada.
- Princípio das Decisões Societárias por Maioria de Votos (P. da Maioria, P. a Maioria Tudo Pode, P. da Prevalência do Entendimento da Maioria, P. da Prevalência da Vontade) (Direito Empresarial).
- Princípio do Deduzido e do Dedutível (P. da Eficácia Preclusiva da Coisa Julgada).
- Princípio da Defesa do Consumidor.
- Princípio da Defesa do Meio Ambiente.
- Princípio da Defesa Real (P. de Defesa, P. da Personalidade Passiva, P. da Proteção, P. Protetor, P. Real) (Direito Penal).
- Princípio da Democracia Representativa (P. Democrático Representativo).
- Princípio da Descentralização (P. da Descentralização das Decisões) (Direito Administrativo).
- Princípio do Desenvolvimento Sustentável (P. da Equidade Intergeracional, P. da Fraternidade, P. da Garantia do Desenvolvimento Econômico e Social Ecologicamente

Sustentado, P. da Solidariedade, P. da Solidariedade Intergeracional).
- Princípio do Desfecho Único (P. da Satisfatividade, P. do Resultado).
- Princípio do Desmembramento (P. do Desdobramento, P. da Elasticidade) (Direito Civil).
- Princípio da Despersonalização do Empregador (P. da Desconsideração da Personalidade Jurídica do Empregador).
- Princípio da Determinabilidade da Coisa (Direito Civil).
- Princípio da Detração.
- Princípio do Devido Processo Legal (P. do Devido Processo Civil, P. do Devido Processo Constitucional, P. do Devido Processo Penal, P. do Due Process of Law) (Direito Processual Civil).
- Princípio da Devolução (Direito Processual Penal).
- Princípio da Devolução Facultativa (P. da Suficiência Discricionária, P. da Suficiência Discricionária da Jurisdição, P. da Suficiência da Jurisdição Administrativa) (Direito Administrativo).
- Princípio da Devolutividade da Matéria (P. de Defesa da Coisa Julgada Parcial, P. da Devolutividade Plena, P. da Devolutividade Plena dos Recursos, P. da Devolutividade dos Recursos, P. do Efeito Devolutivo, P. Tantum Devolutum Quantum Appellatum).
- Princípio da Dialeticidade (P. da Delimitação Recursal, P. da Dialeticidade Recursal, P. da Dialeticidade dos Recursos, P. da Discursividade, P. do Ônus de Recorrer).
- Princípio do Diálogo das Fontes.
- Princípio da Dignidade da Pessoa Humana (P. da Dignidade, P. da Dignidade Humana, P. do Respeito à Dignidade da Pessoa Humana).
- Princípio da Diligência dos Procedimentos (Direito de Mediação).
- Princípio da Dimensão Coletiva (Direito do Consumidor).
- Princípio do Direito Adquirido.
- Princípio do Direito à Vida (P. da Inviolabilidade do Direito à Vida).
- Princípio da Discricionariedade (Direito Processual do Trabalho).
- Princípio da Discriminação (P. da Discriminação da Despesa, P. da Especialidade, P. da Especialização, P. da Especificação, P. da Especificidade) (Direito Orçamentário).
- Princípio da Disponibilidade (Direito Penal).
- Princípio da Disponibilidade (Direito Registral).

- Princípio da Disponibilidade da Execução (P. da Disponibilidade, P. da Livre Disponibilidade da Ação no Processo de Execução, P. da Livre Disponibilidade da Execução) (Execução).
- Princípio da Disponibilidade Processual (P. da Disponibilidade, P. da Disponibilidade do Processo, P. da Disponibilidade do Processo pelo Credor, P. da Disposição, P. da Livre Disponibilidade da Ação, P. da Livre Disponibilidade do Processo pelo Credor) (Direito Processual Civil).
- Princípio da Disponibilidade dos Recursos.
- Princípio da Dissolubilidade do Vínculo Conjugal (P. da Dissolubilidade do Vínculo, P. da Facilitação da Dissolução do Casamento, P. da Ruptura do Afeto, P. da Ruptura da Vida em Comum).
- Princípio da Diversidade da Base de Financiamento (P. da Universalidade do Custeio).
- Princípio da Documentação Processual (P. da Documentação, P. da Documentação dos Atos Processuais) (Direito Processual Civil).
- Princípio Documental (Direito Tributário).
- Princípio do Domínio Reservado (Direito Internacional Público).
- Princípio da Dupla Tipicidade (P. da Dupla Incriminação do Fato, P. da Identidade, P. da Incriminação Recíproca) (Direito Penal).
- Princípio do Duplo Grau de Jurisdição (P. do Duplo Grau de Jurisdição Obrigatório, P. da Recursividade, P. do Reexame Necessário, P. da Remessa ex Officio, P. da Remessa Oficial).

E

- Princípio da Economia Processual (P. Econômico, P. da Eficiência, P. da Eficiência da Atividade Jurisdicional, P. da Eficiência Processual) (Direito Processual Civil).
- Princípio da Economicidade (P. da Economia).
- Princípio do Efeito Integrador (P. da Eficácia Integradora, P. Integrador).
- Princípio da Efetividade do Processo (P. da Efetividade, P. da Efetividade das Decisões, P. da Efetividade das Decisões Judiciais, P. da Efetividade do Direito Material pelo Processo, P. da Efetividade do Direito pelo Processo, P. da Efetividade da Jurisdição, P. da Efetividade Social, P. da Efetividade Social do Processo, P. da Eficácia dos Atos Processuais, P. da

Eficácia das Decisões, P. da Eficácia das Decisões Judiciais, P. da Finalidade Social, P. da Finalidade Social do Processo, P. da Máxima Coincidência Possível, P. da Permanência da Eficácia dos Atos Processuais) (Direito Processual Civil).

- Princípio da Eficácia (P. da Suficiência, P. da Efetividade) (Direito Previdenciário).
- Princípio da Eficácia Predeterminada (Direito Registral).
- Princípio da Eficiência (P. da Boa Administração, P. da Eficiência da Administração, P. da Eficiência do Serviço Público, P. da Maior Eficiência, P. da Melhoria dos Serviços Públicos) (Direito Administrativo).
- Principio da Elaboração da Norma mais Favorável.
- Princípio da Elaboração das Normas Jurídicas.
- Princípio do Empoderamento.
- Princípio da Equidade (P. do Equilíbrio) (Direito Processual Civil).
- Princípio da Equidade (P. do Equilíbrio Contratual Absoluto, P. do Equilíbrio nas Prestações) (Direito do Consumidor).
- Princípio da Equidade na Forma de Participação do Custeio (P. da Equidade na Forma do Custeio).
- Princípio do Equilíbrio (P. da Equivalência) (Direito Ambiental).
- Princípio do Equilíbrio Econômico dos Contratos (P. do Equilíbrio Econômico-Financeiro do Contrato, P. do Equilíbrio Obrigacional, P. da Equivalência, P. da Equivalência Contratual, P. da Equivalência Material, P. da Manutenção do Equilíbrio Econômico-Financeiro, P. da Manutenção do Equilíbrio Econômico-Financeiro do Contrato, P. da Reciprocidade) (Direito Civil).
- Princípio do Equilíbrio entre os Valores Contrastantes.
- Princípio do Equilíbrio Financeiro e Atuarial (P. da Preservação do Equilíbrio Financeiro e Atuarial).
- Princípio do Equilíbrio Fiscal (P. do Equilíbrio, P. do Equilíbrio Orçamentário) (Direito Orçamentário).
- Princípio da Equivalência dos Contratantes Coletivos (P. da Equivalência Contratual dos Sujeitos Coletivos).
- Princípio da Escritura.
- Princípio do Esgotamento das Vias Recursais (P. do Esgotamento das Vias Recursais Ordinárias).
- Princípio da Especialidade (Direito Civil e Constitucional).
- Princípio da Especialidade (P. da Especialidade Objetiva, P. da Especialidade Subjetiva) (Direito Registral).
- Princípio da Especialidade (P. da Especialização) (Direito Civil).

- Princípio da Especialidade (P. da Especialização) (Direito Administrativo).
- Princípio da Especialidade (Extradição).
- Princípio da Especificação das Normas.
- Princípio da Especificidade (Direito do Trabalho).
- Princípio da Especificidade da Marca (P. da Especialidade, P. da Especialidade da Marca, P. da Especialidade das Marcas, P. da Especificidade, P. da Especificidade das Marcas) (Direito Empresarial).
- Princípio da Estabilidade da Lide (P. da Demanda, P. da Estabilidade Subjetiva da Demanda, P. da Estabilidade Subjetiva da Lide, P. da Estabilização da Demanda, P. da Estabilização Subjetiva do Processo).
- Princípio da Estabilidade Financeira.
- Princípio do Estado Democrático (P. da Democracia, P. Democrático, P. do Estado Democrático de Direito).
- Princípio do Estado de Direito.
- Princípio de Estoppel (Direito Internacional).
- Princípio da Estrita Jurisdicionalidade.
- Princípio da Eticidade (Direito Civil).
- Princípio da Evitabilidade das Condutas Antissociais.
- Princípio ex Aequo et Bono.
- Princípio da Exata Reciprocidade (P. da Reciprocidade) (Contratos).
- Princípio da Exatidão (Direito Orçamentário).
- Princípio do Exato Adimplemento (P. da Especificidade, P. da Máxima Efetividade, P. do Resultado) (Execução).
- Princípio da Exceção do Contrato não Cumprido (P. da Exceptio non Adimpleti Contractus).
- Princípio da Excepcionalidade (P. da Subsidiariedade) (Direito Constitucional).
- Princípio da Exclusividade (P. da Exclusividade da Lei Orçamentária, P. da Exclusividade Orçamentária, P. da Flexibilidade, P. da Pureza, P. da Pureza da Lei Orçamentária, P. da Pureza Orçamentária) (Direito Orçamentário).
- Princípio da Exclusividade (Direito Civil).
- Princípio da Exclusividade dos Critérios de Interpretação (Direito Tributário).
- Princípio da Exclusividade Tributária (P. da Exclusividade, P. da Exclusividade das Competências Impositivas, P. da Exclusividade dos Impostos) (Direito Tributário).
- Princípio da Execução sem Título Permitida.
- Princípio ex Officio (P. da Iniciativa ex Officio).
- Princípio da Extensão Subjetiva.

- Princípio da Extrapetição (P. da Ultrapetição) (Direito Processual do Trabalho).
- Princípio da Extraterritorialidade (P. da Extraterritorialidade da Lei, P. da Extraterritorialidade da Lei Penal Brasileira, P. da Ultraterritorialidade).
- Princípio da Extraterritorialidade Condicionada (Ver Princípio da Extraterritorialidade).
- Princípio da Extraterritorialidade Incondicionada (Ver Princípio da Extraterritorialidade).

F

- Princípio da Facultatividade da Previdência Complementar (P. da Previdência Complementar Facultativa).
- Princípio Federativo (P. Federalista).
- Princípio da Fidelidade Partidária.
- Princípio da Fidelidade da Sentença Liquidanda (P. da Estrita Fidelidade à Sentença Liquidanda, P. da Fidelidade da Execução, P. da Fidelidade ao Julgado, P. da Fidelidade ao Julgado Exequendo, P. da Fidelidade da Liquidação da Sentença Liquidanda, P. da Fidelidade à Sentença Exequenda).
- Princípio da Finalidade (Direito Administrativo).
- Princípio da Flexibilidade do Processo (Direito de Mediação).
- Princípio da Força Executiva.
- Princípio da Força Normativa da Constituição (P da Força Normativa).
- Princípio da Força Normativa dos Fatos.
- Princípio da Força Obrigatória dos Contratos (P. da Força Obrigatória, P. da Força Obrigatória das Convenções, P. da Força Probante, P. da Força Probatória das Convenções, P. da Força Vinculante dos Contratos, P. da Intangibilidade do Conteúdo do Contrato, P. da Intangibilidade dos Contratos, P. da Obrigatoriedade, P. da Obrigatoriedade do Contrato, P. da Obrigatoriedade Contratual, P. da Obrigatoriedade das Convenções, P. Pacta Sunt Servanda) (Contratos).
- Princípio da Força Vinculante e Obrigatoriedade da Cláusula Arbitral (P. da Força Vinculante da Cláusula Compromissória, P. da Obrigatoriedade da Sentença) (Direito Arbitral).
- Princípio da Forma Livre.
- Princípio do Formalismo (P. da Forma) (Títulos de Crédito).

- Princípio do Formalismo Moderado (P. do Informalismo, P. do Informalismo Moderado, P. da Obediência à Forma e aos Procedimentos, P. do Procedimento Formal).
- Princípio do Forum Rei Sitae.
- Princípio da Fragmentariedade.
- Princípio Frustra Probatur Quod Probantum non Relevat.
- Princípio da Função Social da Cidade (Direito Urbanístico).
- Princípio da Função Social do Contrato (P. da Função Social do Pacto) (Direito Civil).
- Princípio da Função Social da Empresa (Direito Constitucional e Falências).
- Princípio da Função Social da Execução Trabalhista.
- Princípio da Função Social da Família.
- Princípio da Função Social do Processo do Trabalho (P. da Finalidade Social, P. da Finalidade Social do Processo do Trabalho).
- Princípio da Função Social da Propriedade (P. da Função Social e Ambiental da Propriedade, P. da Função Socioambiental da Propriedade, P. da Função Sócio, Econômica, Ambiental da Propriedade).
- Princípio da Fundamentação das Decisões Judiciais (P. da Fundamentação, P. da Motivação, P. da Motivação das Decisões, P. da Motivação das Decisões Judiciais, P. da Motivação da Penalidade).
- Princípio da Fungibilidade (P. da Conversibilidade, P. da Conversibilidade Recursal, P. da Conversibilidade dos Recursos, P. da Fungibilidade de Meios, P. da Fungibilidade Recursal, P. da Fungibilidade dos Recursos, P. da Permutabilidade dos Recursos, P. do Recurso Indiferente) (Direito Processual Civil).

G

- Princípio da Garantia do Benefício Mínimo (P. do Valor da Renda Mensal dos Benefícios de Caráter Substitutivo não Inferior ao do Salário Mínimo).
- Princípio da Garantia dos Indivíduos no Estado de Direito.
- Princípio Genus Nunquam Perit.
- Princípio da Gestão Democrática da Cidade (Direito Urbanístico).
- Princípio da Gratuidade.
- Princípio da Gravitação Jurídica (P. da Acessoriedade, P. da Gravitação Jurisdicional) (Direito Civil).

H

- Princípio da Harmonia Jurídica Internacional (P. do Mínimo de Conflitos).
- Princípio da Harmonia Jurídica Material (P. da Harmonia Jurídica Interna).
- Princípio da Harmonia nas Relações de Consumo.
- Princípio da Hierarquia Administrativa (P. da Hierarquia, P. da Supremacia do Órgão Hierarquicamente Superior).
- Princípio da Hierarquia das Normas (P. da Hierarquia das Fontes, P. da Hierarquia das Leis, P. da Hierarquia das Normas Jurídicas, P. da Lex Superior).
- Princípio da Hipossuficiência (P. da Facilitação da Defesa do Consumidor).
- Princípio da Homologação Única de Sentença Arbitral Estrangeira.
- Princípio da Humanidade Penal (P. da Humanidade, P. da Humanidade das Penas, P. da Humanização, P. da Humanização das Penas, P. da Limitação das Penas).

I

- Princípio da Identidade Física do Juiz (P. da Identidade Física, P. da Imutabilidade do Juiz).
- Princípio da Identificação da Publicidade (P. da Identificação Obrigatória da Mensagem como Publicitária).
- Princípio da Igualdade (P. da Equidade, P. da Igualdade de Direitos, P. da Igualdade dos Indivíduos Perante a Lei, P. da Igualdade Legal, P. da Igualdade aos Olhos da Lei, P. da Igualdade das Partes, P. da Igualdade Perante a Lei, P. da Igualdade de Todos Perante a Lei, P. da Igualdade e Respeito à Diferença, P. da Igualdade de Tratamento das Partes, P. da Igualdade de Tratamento das Partes no Processo, P. da Igualdade de Tratamento Processual das Partes, P. da Isonomia, P. do Tratamento Igualitário das Partes) (Direito Constitucional).
- Princípio da Igualdade (Direito Urbanístico).
- Princípio da Igualdade das Entidades Federadas (P. da Igualdade Federativa, P. da Isonomia Federativa, P. da Isonomia das Pessoas Políticas Constitucionais).

- Princípio da Igualdade entre os Estados (P. da Igualdade Internacional, P. da Igualdade Soberana, P. da Igualdade Soberana dos Estados).
- Princípio da Igualdade entre Licitantes (P. da Igualdade entre os Licitantes).
- Princípio da Igualdade Jurídica de Todos os Filhos (P. da Igualdade entre os Filhos, P. da Igualdade Jurídica entre os Filhos, P. da Isonomia de Tratamento aos Filhos).
- Princípio da Igualdade Jurisdicional (P. da Igualdade Jurídica) (Direito Constitucional).
- Princípio da Igualdade na Partilha.
- Princípio da Igualdade Substancial (P. da Igualdade Real).
- Princípio da Igualdade Tributária (P. da Isonomia Tributária).
- Princípio da Imediação (P. da Imediação do Juiz, P. da Imediatidade, P. da Imediatidade do Juiz na Colheita da Prova, P. da Imediatidade do Juiz com as Partes e com as Provas, P. do Imediatismo).
- Princípio do Impacto Social da Crise da Empresa (Direito Societário).
- Princípio da Imparcialidade do Juiz (P. da Imparcialidade, P. da Imparcialidade das Decisões Judiciais, P. da Imparcialidade do Magistrado, P. do Juiz Imparcial).
- Princípio da Imparcialidade (P. da Intervenção Neutra de Terceiro, P. da Neutralidade e Imparcialidade de Intervenção, P. da Neutralidade no Mérito, P. da Participação de Terceiro Imparcial) (Direito de Mediação).
- Princípio da Impenhorabilidade e Inalienabilidade dos Bens Públicos (P. da Garantia dos Bens Públicos, P. da Impenhorabilidade dos Bens Públicos).
- Princípio da Impessoalidade (Direito Administrativo).
- Princípio da Improrrogabilidade.
- Princípio da Impugnação Especificada (P. da Impugnação Específica, P. do Ônus da Impugnação Especificada, P. do Ônus da Impugnação Específica dos Fatos).
- Princípio do Impulso Oficial (P. da Impulsão do Processo, P. do Impulso Processual, P. Inquisitivo, P. Inquisitório, P. da Promoção ex Officio) (Direito Processual Civil).
- Princípio do Impulso Oficial (P. da Promoção ex Officio) (Execução Trabalhista).
- Principio da Imputação Pessoal (P. da Personalidade) (Direito Penal).
- Princípio da Imputação Volitiva.
- Princípio da Imunidade Recíproca (P. da Não Interferência dos Entes Federados).

- Princípio da Imutabilidade do Lançamento.
- Princípio da Imutabilidade do Nome (P. da Imutabilidade do Nome Civil, P. da Imutabilidade do Prenome, P. da Imutabilidade Relativa do Nome Civil, P. da Inalterabilidade do Nome).
- Princípio da Inacumulatividade de Funções (P. da Proibição da Acumulação de Cargos e Empregos).
- Princípio da Inafastabilidade do Poder Judiciário (P. do Acesso Incondicionado ao Poder Judiciário, P. do Acesso Individual e Coletivo à Justiça, P. do Acesso ao Judiciário, P. do Acesso à Justiça, P. do Acesso à Ordem Jurídica Justa, P. do Amplo Acesso ao Poder Judiciário, P. do Controle Judiciário, P. do Controle Jurisdicional, P. do Direito de Ação, P. da Efetividade da Tutela Jurisdicional, P. da Facilitação do Acesso à Justiça, P. da Inafastabilidade, P. da Inafastabilidade do Acesso à Justiça, P. da Inafastabilidade do Controle da Jurisdição, P. da Inafastabilidade do Controle Jurisdicional, P. da Inafastabilidade da Jurisdição, P. da Indeclinabilidade, P. da Indeclinabilidade da Jurisdição, P. da Indeclinabilidade da Prestação Jurisdicional, P. do Livre Acesso ao Judiciário, P. da Proteção Judiciária, P. da Tutela Judicial, P. da Tutela Jurisdicional, P. da Ubiquidade, P. da Ubiquidade da Justiça) (Direito Constitucional).
- Princípio da Inalterabilidade (P. da Imodificabilidade, P. da Inalterabilidade Contratual, P. da Inalterabilidade Contratual Gravosa, P. da Inalterabilidade Contratual Lesiva, P. da Inalterabilidade Contratual Prejudicial ao Trabalhador) (Direito Civil).
- Princípio da Inalterabilidade do Edital.
- Princípio da Inalterabilidade da Sentença (P. da Imutabilidade da Coisa Julgada, P. da Imutabilidade da Sentença, P. da Inalterabilidade do Julgamento, P. da Invariabilidade da Sentença) (Direito Processual Civil).
- Princípio do Incentivo ao Autocontrole.
- Princípio da Incindibilidade da Decisão Recorrida.
- Princípio da Incoercibilidade das Prestações.
- Princípio da Indeclinabilidade da Jurisdição (P. do non Liquet).
- Princípio da Indelegabilidade (P. da Indelegabilidade de Atribuições).
- Princípio da Indelegabilidade da Competência Tributária.
- Princípio da Independência entre as Responsabilidades Civil, Administrativa e Penal (P. da Separação entre as Responsabilidades Civil, Administrativa e Penal).

- Princípio da Independência Funcional do Ministério Público (P. da Autonomia Funcional e Administrativa, P. da Independência Funcional).
- Princípio da Independência das Instâncias (P. da Independência, P. da Independência das Instâncias Civil e Criminal, P. da Independência Judicial, P. da Independência de Jurisdição).
- Princípio da Inderrogabilidade (P. da Inevitabilidade da Pena).
- Princípio da Indisponibilidade da Ação Coletiva (P. da Continuidade da Demanda Coletiva, P. da Indisponibilidade da Demanda Coletiva, P. da Indisponibilidade Mitigada da Ação Coletiva).
- Princípio da Indisponibilidade da Coisa Pública (P. da Indisponibilidade, P. da Indisponibilidade dos Bens Públicos, P. da Indisponibilidade do Interesse Público).
- Princípio da Indisponibilidade da Defesa em 1ª Instância.
- Princípio da Indisponibilidade dos Direitos dos Beneficiários (P. da Indisponibilidade dos Direitos dos Benefícios, P. da Irredutibilidade dos Benefícios).
- Princípio da Indisponibilidade dos Direitos Trabalhistas (P. da Indisponibilidade) (Direito do Trabalho).
- Princípio da Indisponibilidade da Execução Coletiva.
- Princípio da Indisponibilidade de Instância (P. da Indisponibilidade).
- Princípio da Indisponibilidade Penal (P. da Indesistibilidade, P. da Indisponibilidade, P. da Indisponibilidade da Ação Penal Pública, P. da Indisponibilidade do Objeto do Processo, P. da Indisponibilidade do Processo, P. da Indisponibilidade do Processo Penal).
- Princípio da Indissolubilidade do Vínculo Federativo (P. da Indissolubilidade, P. da Indissolubilidade do Pacto Federativo).
- Princípio da Indissolubilidade do Vínculo Federativo (P. da Indissolubilidade, P. da Indissolubilidade do Pacto Federativo).
- Princípio da Indistinção.
- Princípio da Individualização da Pena.
- Princípio da Indivisibilidade (Direito Constitucional).
- Princípio da Indivisibilidade (P. da Indivisibilidade da Ação Penal) (Direito Processual Penal).
- Princípio da Indivisibilidade dos Direitos Reais de Garantia.
- Princípio da Indivisibilidade do Juízo Falimentar (P. da Indivisibilidade do Juízo da Falência).

- Princípio Indivisibilidade da Prova (P. da Incindibilidade dos Meios de Prova, P. da Incindibilidade da Prova, P. da Indivisibilidade dos Meios de Prova, P. da Unitariedade da Prova).
- Princípio da Indivisibilidade da Sentença (P. da Incindibilidade das Decisões Judiciais, P. da Incindibilidade da Sentença).
- Princípio in Dubio Pro Natura (P. do in Dubio Pro Ambiente).
- Princípio do in Dúbio Pro Operario (P. do in Dubio Pro Misero, P. da Interpretação mais Benéfica ao Empregado, P. da Interpretação mais Favorável ao Empregado).
- Princípio do in Dubio Pro Refugiado.
- Princípio do in Dúbio Pro Reo (P. do in Dubio Pro Réu, P. de Interpretação das Leis Penais, P. do Favor Libertatis, P. do Favor Inocente, P. do Favor Inocentiae, P. do Favor Rei, P. da Prevalência do Interesse do Réu).
- Princípio do in Dubio Pro Societate.
- Princípio da Ineficácia das Decisões Recorríveis.
- Princípio da Inércia (P. da Ação, P. da Demanda, P. Dispositivo, P. do Dispositivo, P. Expositivo, P. da Inércia da Jurisdição, P. da Inércia Jurisdicional, P. da Iniciativa da Parte, P. da Iniciativa das Partes, P. Ne Procedat Judex ex Officio, P. Nemo Iudex Sine Actore, P. da Titularidade).
- Princípio da Inerência do Risco (Direito Societário).
- Princípio da Inescusabilidade do Desconhecimento Formal da Lei.
- Princípio da Inevitabilidade (P. da Inevitabilidade da Jurisdição, P. da Irrecusabilidade, P. da Inderrogabilidade).
- Princípio da Inexistência de Solidariedade Presumida.
- Princípio da Informação (P. da Publicidade) (Direito Ambiental).
- Princípio da Informação (P. da Informação do Consumidor) (Direito do Consumidor).
- Princípio da Informalidade (P. da Obediência à Forma e aos Procedimentos).
- Princípio da Informalidade (P. da Informalidade e da Simplicidade, P. da Informalidade do Processo, P. do Informalismo) (Direito de Mediação).
- Princípio da Informalidade (Direito Processual do Trabalho).
- Princípio do Informalismo (P. do Informalismo Procedimental) (Direito Administrativo).
- Princípio da Inicialidade Legislativa.

- Princípio da Iniciativa da Proposta Orçamentária ao Poder Executivo.
- Princípio da Inoponibilidade das Exceções Pessoais (P. da Inoponibilidade das Exceções Pessoais a Terceiro de Boa Fé).
- Princípio da Inscrição e Obrigatoriedade (Direito Registral).
- Princípio da Insignificância (P. da Bagatela, P. da Criminalidade de Bagatela, P. da Insignificância Penal, P. da Minima non Curat Praetor, P. do Preceito Bagatelar).
- Princípio da Instância (P. da Instância Registral, P. da Reserva de Iniciativa, P. da Rogação) (Direito Registral).
- Princípio da Instrumentalidade das Formas (P. da Finalidade, P. da Instrumentalidade, P. da Instrumentalidade Processual, P. da Pas de Nullité Sans Grief, P. do Prejuízo, P. da Primazia da Finalidade sobre a Forma) (Direito Processual Civil).
- Princípio da Intangibilidade Salarial (P. da Intangibilidade, P. da Intangibilidade e da Integralidade do Salário, P. da Intangibilidade do Salário).
- Princípio da Intangibilidade das Situações Jurídicas Definitivamente Consolidadas (P. da Intangibilidade das Situações Definitivamente Consolidadas).
- Princípio da Integração da Decisão Recorrida (Direito Processual Civil).
- Princípio da Integração do Microssistema Processual Coletivo (P. da Integratividade do Microssistema Processual Coletivo).
- Princípio da Integralidade (P. da Integralidade do Salário, P. da Integralidade do Trabalho).
- Princípio do Interesse Jurisdicional no Conhecimento do Mérito (Direito Processual Coletivo).
- Princípio da Interpretação Conforme a Constituição (P. da Interpretação Intrínseca, P. da Interpretação das Leis em Conformidade com a Constituição).
- Princípio da Interpretação mais Favorável (P. da Equivalência Material, P. da Interpretação, P. da Interpretação mais Favorável ao Aderente, P. da Interpretação mais Favorável ao Consumidor).
- Princípio da Interpretação Sistemática.
- Princípio da Intervenção Estatal (P. da Ação Governamental).
- Princípio da Intervenção Estatal Obrigatória na Defesa do Meio Ambiente (P. da Indisponibilidade do Interesse Público na Proteção do Meio Ambiente).
- Princípio da Intervenção Mínima (P. da Fragmentariedade, P. da Subsidiariedade, P. da Supletividade, P. da Ultima Ratio) (Direito Penal).

- Princípio da Intervenção Mínima (P. da Intervenção Mínima do Estado na Vida Privada, P. da Pluralidade das Entidades Familiares, P. da Pluralidade Familiar, P. do Pluralismo das Entidades Familiares) (Direito de Família).
- Princípio da Intervenção Mínima na Autonomia da Vontade Coletiva.
- Princípio da Interveniência Sindical na Normatização Coletiva.
- Princípio da Inversão do Ônus da Prova.
- Princípio da Investidura (P. da Investidura Regular).
- Princípio da Inviolabilidade dos Domicílios (P. da Inviolabilidade Domiciliar).
- Princípio da Inviolabilidade do Sigilo das Comunicações.
- Princípio da Irrecorribilidade das Decisões Interlocutórias (P. da Irrecorribilidade Imediata das Decisões Interlocutórias, P. da Irrecorribilidade Imediata das Locutórias, P. da Irrecorribilidade em Separado das Decisões Interlocutórias, P. da Recorribilidade em Separado das Interlocutórias, P. da Recorribilidade Temperada das Interlocutórias).
- Princípio da Irredutibilidade Salarial (P. da Irredutibilidade do Salário).
- Princípio da Irredutibilidade do Valor dos Benefícios (Direito Previdenciário).
- Princípio da Irredutibilidade do Valor dos Benefícios de Forma a Preservar-lhes o Poder Aquisitivo (P. da Preservação Real do Benefício, P. da Preservação do Valor Real dos Benefícios).
- Princípio da Irrenunciabilidade de Direitos (P. da Inderrogabilidade, P. da Indisponibilidade, P. da Indisponibilidade de Direitos, P. da Irrenunciabilidade, P. da Irrenunciabilidade de Direitos Trabalhistas, P. da Irrenunciabilidade dos Direitos Trabalhistas, P. da Irrenunciabilidade das Garantias, P. da Irrenunciabilidade e da Intransacionabilidade) (Direito Trabalhista).
- Princípio da Irrepetibilidade (Direito Constitucional).
- Princípio da Irrepetibilidade dos Alimentos (P. da Irrepetibilidade).
- Princípio da Irresponsabilidade por Atos Jurisdicionais.
- Princípio da Irretroatividade da Condição Resolutiva (P. da Irretroatividade da Condição).
- Princípio da Irretroatividade da Lei Penal mais Severa (P. da Irretroatividade, P. da Irretroatividade da Lei, P. da Irretroatividade da Lei Penal, P. da Irretroatividade da Lei

Penal mais Gravosa, P. da Irretroatividade in Pejus, P. da Irretroatividade Penal) (Direito Penal).
- Princípio da Irretroatividade das Leis.
- Princípio da Irretroatividade Tributária.
- Princípio da Isonomia Conjugal (P. da Igualdade dos Cônjuges, P. da Igualdade entre Cônjuges ou Companheiros, P. da Igualdade entre Homem e Mulher, P. da Igualdade Jurídica dos Cônjuges e dos Companheiros, P. da Igualdade Jurídica entre os Cônjuges e Companheiros, P. da Isonomia entre Homens e Mulheres, P. da Possibilidade de Mudança de Nome pelo Homem e pela Mulher).
- Princípio da Isonomia entre as Partes (Direito de Mediação).
- Princípio da Isonomia Salarial (P. da Isonomia de Salários).
- Princípio do Iura Novit Curia (P. do Jura Novit Curia).

J

- Princípio do Juiz Natural (P. do Juiz Legal, P. do Juízo Natural, P. da Vedação dos Tribunais de Exceção).
- Princípio do Juízo Imediato.
- Princípio do Julgamento Objetivo (P. do Julgamento Objetivo das Propostas).
- Princípio da Juridicidade.
- Princípio da Jurisdicionalidade (P. da Cláusula de Reserva Jurisdicional, P. da Judicialidade, P. da Jurisdicionariedade).
- Princípio do Jus Postulandi.
- Princípio do Jus Variandi.
- Princípio da Justa Distribuição dos Ônus e Benefícios da Organização (Direito Urbanístico).
- Princípio da Justa Indenização (P. da Justa Indenização da Propriedade).
- Princípio da Justeza (P. da Conformidade Funcional, P. da Correção Funcional, P. da Exatidão Funcional).
- Princípio da Justiça Contratual.
- Princípio da Justiça Social.
- Princípio da Justiça Universal (P. Cosmopolita, P. da Jurisdição Universal, P. da Justiça Cosmopolita, P. da Justiça Penal Universal, P. da Universalidade) (Direito Penal).

L

- Princípio da Laicidade (P. do Estado Laico, P. da Laicidade Estatal).

- Princípio da Lealdade (Direito de Mediação).
- Princípio da Lealdade e Transparência (P. da Lealdade e Transparência na Negociação Coletiva).
- Princípio da Legalidade (P. da Legalidade da Despesa, P. da Legalidade das Despesas Públicas, P. da Legalidade Orçamentária, P. da Prévia Autorização) (Direito Orçamentário).
- Princípio da Legalidade (P. da Estrita Legalidade, P. do Império da Lei, P. da Legalidade Estrita, P. da Tipicidade, P. da Tipicidade Fechada) (Direito Constitucional).
- Princípio da Legalidade (P. da Legalidade Objetiva, P. da Supremacia da Lei) (Direito Administrativo).
- Princípio da Legalidade (P. da Legalidade Registral, P. da Qualificação, P. da Qualificação Registral) (Direito Registral).
- Princípio da Legalidade (P. da Legalidade em Sentido Estrito, P. da Nulla Poena Sine Crimen, P. do Nullum Crimen Sine Lege, P. da Reserva Absoluta da Lei Formal, P. da Reserva Legal, P. da Reserva da Lei, P. da Reserva Parlamentar) (Direito Penal).
- Princípio da Legalidade Tributária (P. da Estrita Legalidade, P. da Tipicidade Tributária) (Direito Tributário).
- Princípio da Legitimidade Democrática.
- Princípio da Legitimidade Tributária.
- Princípio da Lei Mais Favorável (P. do Favor Negotti, P. da Manutenção dos Efeitos do Contrato, P. da Prevalência do Negócio).
- Princípio da Lex Loci Executionis (P. da Territorialidade) (Direito do Trabalho).
- Princípio Lex Posterior Derogat Priori (P. Lex Posterior, P. Lex Posterior Derogat Legi Priori).
- Princípio da Liberdade (Direito Constitucional).
- Princípio da Liberdade de Associação (P. da Livre Associação).
- Princípio da Liberdade de Constituir uma Comunhão de Vida Familiar (P. da Não Intervenção, P. da Não Intervenção Familiar).
- Princípio da Liberdade de Construir (P. da Liberdade de Construção) (Direito Urbanístico).
- Princípio da Liberdade Contratual (P. da Liberdade de Contratar, P. da Liberdade Contratual de Per Si).
- Princípio da Liberdade de Crença e Religião (P. da Liberdade ao Culto Religioso).

- Princípio da Liberdade de Escolha (P. da Liberdade de Escolha do Pacto Antenupcial, P. da Livre Estipulação do Pacto, P. dos Pactos Antenupciais).
- Princípio da Liberdade de Expressão (P. da Liberdade de Comunicação).
- Princípio da Liberdade das Formas (P. da Liberdade das Formas Mitigada, P. da Liberdade das Formas Relativizada) (Direito Processual Civil).
- Princípio da Liberdade de Informação (Direito Eleitoral).
- Princípio da Liberdade Negativa de Filiação (P. da Liberdade Negativa de Associação).
- Princípio da Liberdade Sindical (P. da Liberdade Associativa e Sindical, P. da Liberdade de Filiação, P. da Preferência Sindical).
- Princípio da Liberdade de Tráfego (P. da Liberdade de Tráfego de Pessoas e Bens, P. da Não Limitação ao Tráfego de Pessoas e Bens).
- Princípio da Licitação (P. da Obrigatoriedade, P. da Obrigatoriedade da Licitação) (Licitação).
- Princípio da Limitação Expropriatória.
- Princípio da Limitação da Responsabilidade dos Sócios pelas Obrigações Sociais (Direito Comercial).
- Princípio do Limite (P. do Controle do Poluidor pelo Poder Público) (Direito Ambiental).
- Princípio de Lista Aberta.
- Princípio da Literalidade.
- Princípio da Livre Apreciação da Prova pelo Juiz.
- Princípio da Livre Concorrência (P. da Liberdade de Concorrência).
- Princípio do Livre Convencimento do Árbitro.
- Princípio da Livre Iniciativa (P. da Liberdade de Iniciativa) (Direito Constitucional).
- Princípio do Livre Planejamento Familiar (P. do Planejamento Familiar).
- Princípio da Lógica do Razoável (P. da Razoabilidade) (Direito Processual Civil).
- Princípio Lógico.

M

- Princípio da Maior Proximidade (P. da Conexão mais Estreita).

- Princípio do Maior Rendimento (P. do Rendimento, P. da Leal Contraprestação) (Direito do Trabalho).
- Princípio da Maioria (P. da Maioria Absoluta) (Direito Constitucional).
- Princípio da Maioria Limitada (Direito Constitucional).
- Princípio da Majoração dos Poderes do Juiz do Trabalho.
- Princípio Majoritário.
- Princípio Majoritário das Deliberações Sociais (P. da Maioria) (Direito Empresarial).
- Princípio Majoritário em Dois Turnos (P. Majoritário Absoluto).
- Princípio Majoritário Simples (P. Majoritário Puro).
- Princípio da Manifestação do Consentimento.
- Princípio da Manutenção dos Efeitos da Sentença.
- Princípio da Máxima Efetividade (P. da Eficiência, P. da Interpretação Efetiva, P. da Máxima Efetividade da Constituição, P. da Máxima Efetividade das Normas Constitucionais) (Direito Constitucional).
- Princípio da Máxima Efetividade do Processo Coletivo (P. do Ativismo, P. do Ativismo Judicial, P. da Máxima Efetividade) (Direito Processual Coletivo).
- Princípio da Maximização do Ativo Falimentar (P. da Conservação e Maximização dos Ativos do Agente Econômico Devedor, P. da Maximização dos Ativos).
- Princípio do Máximo Benefício da Tutela Jurisdicional Coletiva.
- Princípio do Meio Termo (P. do Critério da Qualidade Média ou Intermediária, P. da Equivalência das Prestações, P. do Gênero Médio, P. da Qualidade Média).
- Princípio do Melhor Interesse da Criança e do Adolescente (P. do Maior Interesse da Criança, P. do Maior Interesse do Menor, P. do Melhor Benefício para Crianças e Adolescentes, P. do Melhor Interesse, P. do Melhor Interesse da Criança, P. do Melhor Interesse para a Criança e Adolescente, P. do Melhor Interesse da Prole).
- Princípio da Menor Onerosidade (P. da Dignidade da Pessoa do Executado, P. da Execução de Forma Menos Onerosa para o Devedor, P. da Execução de Forma Menos Onerosa para o Executado, P. da Execução Menos Onerosa ao Executado, P. da Humanização da Execução, P. da Menor Gravosidade, P. da Menor Gravosidade da Execução, P. da Menor Gravosidade ao Executado, P. da Menor Onerosidade ao Devedor, P. da Menor Onerosidade do Devedor, P. da Menor Onerosidade para o Devedor, P. da Menor Onerosidade na Execução, P. da Menor

Onerosidade do Processo Executivo para o Devedor, P. da Menor Restrição Possível, P. do Menor Sacrifício do Executado, P. do Não Aviltamento do Devedor, P. da Não Prejudicialidade, P. da Não Prejudicialidade do Devedor, P. da Não Prejudicialidade para o Devedor) (Execução).
- Princípio da Mihi Factum Dabo Tibi Ius (P. da Ampla Tutela Jurisdicional, P. Narra Mihi Factum Dabo Tibi Jus, P. da Mihi Facta, Dabo Tibi Ius).
- Princípio do Mínimo Existencial (P. do Mínimo Existencial Ecológico, P. da Proibição da Insuficiência).
- Princípio da Mitigação do Contraditório.
- Princípio da Moderação.
- Princípio da Modicidade (P. da Modicidade das Tarifas).
- Princípio da Monogamia.
- Princípio da Moralidade (Direito Eleitoral).
- Princípio da Moralidade (P. da Moralidade Administrativa, P. da Probidade, P. da Probidade Administrativa) (Direito Administrativo).
- Princípio da Motivação (P. da Motivação dos Atos Administrativos).
- Princípio da Municipalização da Execução de Serviços (P. da Municipalização).
- Princípio da Mutabilidade do Regime de Bens (P. da Autonomia da Vontade do Casal, P. da Mutabilidade, P. da Mutabilidade Justificada, P. da Mutabilidade Justificada do Regime Adotado, P. da Mutabilidade Motivada, P. da Mutabilidade do Regime Adotado, P. da Mutabilidade do Regime Jurídico, P. da Mutabilidade de Regimes) (Direito de Família).
- Princípio da Mutabilidade do Regime Jurídico (P. da Flexibilidade dos Meios aos Fins, P. da Mutabilidade, P. da Mutabilidade do Regime Jurídico-Administrativo) (Direito Administrativo).

N

- Princípio da Nacionalidade (Direito Internacional).
- Princípio da Nacionalidade (P. da Nacionalidade Ativa, P. da Personalidade, P. da Personalidade Ativa) (Direito Penal).
- Principio da Nacionalidade Passiva (P. da Personalidade Passiva) (Direito Penal).
- Princípio da Não Abusividade (P. da Coibição de Abusos) (Direito do Consumidor).

- Princípio da Não Abusividade da Publicidade (Direito do Consumidor).
- Princípio da Não Adversariedade (P. da Busca do Consenso, P. da Cooperação, P. da Não Competitividade) (Direito de Mediação).
- Princípio da Não Afetação de Receitas (P. da Não Afetação de Impostos, P. da Não Afetação da Receita de Impostos a Órgão, Fundo ou Despesa, P. da Não Vinculação, P. da Não Vinculação da Receita de Impostos a Órgão, Fundo ou Despesa).
- Princípio da Não Agressão (P. da Defesa da Paz, P. da Paz e Segurança).
- Princípio da Não Autoincriminação (P. do Direito ao Silêncio, P. da Não Incriminação, P. Nemo Tenetur se Detegere, P. da Vedação à Autoincriminação).
- Princípio do Não Aviltamento do Devedor (P. da Humanização da Execução, P. da Dignidade da Pessoa do Executado).
- Princípio da Não Colidência (Direito Empresarial).
- Princípio da Não Compensação (P. da Incompensabilidade dos Alimentos, P. da Incompensabilidade da Verba de Natureza Alimentar, P. da Não Compensação da Dívida Alimentar) (Direito Civil).
- Princípio da Não Contradição.
- Princípio da Não Contradição a Lei.
- Princípio da Não Cumulatividade (P. Impositivo).
- Princípio de Não Devolução.
- Princípio da Não Discriminação (Direito do Trabalho).
- Princípio da Não Discriminação pela Procedência ou Destino (P. da Não Diferenciação Tributária, P. da Não Discriminação Tributária, P. da Não Discriminação Tributária em Razão da Origem ou do Destino).
- Princípio da Não Interferência (P. da Não Intervenção) (Direito Internacional).
- Princípio da Não Intervenção (Direito Constitucional).
- Princípio da Não Intervenção na Arbitragem (P. da Não Interferência na Arbitragem).
- Princípio da Não Intervenção das Partes (P. da Não Intervenção da Acusação ou da Defesa).
- Princípio da Não Mercantilização (P. da Não Mercantilização do Trabalho).
- Princípio da Não Preclusão e do Pronunciamento ex Officio.
- Princípio do Não Saneamento (Direito Registral).

- Princípio da Não Sucedaneidade dos Órgãos (Direito Registral).
- Princípio da Não Suspensividade da Decadência.
- Princípio da Não Tipicidade dos Direitos Fundamentais.
- Princípio da Não Transatividade das Leis (P. da Não Transatividade).
- Princípio da Não Vinculação à Hierarquia das Fontes.
- Princípio da Necessidade (P. da Exigibilidade, P. da Indispensabilidade) (Direito Constitucional).
- Princípio da Necessidade Concreta da Pena.
- Princípio da Necessidade-Possibilidade.
- Princípio Nemo Plus Iuris Transferre Potest Quam Ipse Habet (Direito Internacional Público).
- Princípio do Nemo Potest Venire Contra Factum Proprium (P. do Venire Contra Factum Proprium).
- Princípio da Neutralidade de Rede.
- Princípio do Nominalismo (P. Nominalista, P. do Nominalismo Monetário, P. do Valor Nominal) (Direito Civil).
- Princípio da Norma mais Favorável (P. da Aplicação da Norma mais Benéfica ao Empregado, P. da Aplicação da Norma mais Favorável, P. da Lei mais Favorável, P. da Norma mais Benéfica, P. da Norma mais Favorável ao Empregado, P. da Norma mais Favorável ao Obreiro, P. da Norma mais Favorável ao Trabalhador) (Direito do Trabalho).
- Princípio da Normatização Coletiva (P. da Inescusabilidade Negocial, P. da Jurisdição Normativa).
- Princípio do Notorium non Eget Probatione (P. Notorium non Eget Probationem).
- Princípio da Novidade (Direito Empresarial).
- Princípio da Nulidade das Leis Inconstitucionais (P. da Nulidade, P. da Nulidade da Lei Inconstitucional) (Direito Constitucional).
- Princípio da Nulla Executio Sine Titulo (P. do Título).

O

- Princípio do Objetor Persistente (P. do Negador Persistente) (Direito Internacional).
- Princípio da Obrigatoriedade (P. da Legalidade, P. da Legalidade Criminal, P. da Legalidade Penal) (Direito Processual Penal).

- Princípio da Obrigatoriedade da Ação Penal (P. da Compulsoriedade, P. da Obrigatoriedade) (Direito Processual Penal).
- Princípio da Obrigatoriedade da Atuação Sindical.
- Princípio da Obrigatoriedade da Execução da Sentença Coletiva (P. da Obrigatoriedade do Cumprimento e da Execução da Sentença).
- Princípio da Obrigatoriedade da Lei (P. da Obrigatoriedade das Leis).
- Princípio da Obrigatoriedade Mitigada (P. da Discricionariedade Regrada).
- Princípio da Obrigatoriedade do Vernáculo (P. da Obrigatoriedade do Uso do Vernáculo).
- Princípio da Observância das Normas de Ordem Pública.
- Princípio da Ofensividade (P. da Exclusiva Proteção dos Bens Jurídicos, P. da Exclusiva Tutela de Bens Jurídicos, P. do Fato, P. do Fato e da Exclusiva Proteção do Bem Jurídico, P. da Lesividade) (Direito Penal).
- Princípio da Oficialidade (P. da Impulsão do Processo, P. do Impulso Processual, P. da Oficiosidade) (Direito Administrativo).
- Princípio da Oficialidade (Direito Processual Penal).
- Princípio da Oficiosidade (Direito Processual Penal).
- Princípio da Onieficácia do Recurso (P. da Onieficácia Defensiva).
- Princípio do Ônus da Prova (Direito Processual Civil).
- Princípio da Operabilidade (P. da Operacionalidade).
- Princípio da Oponibilidade (Direito Registral).
- Princípio da Oportunidade (P. da Conveniência, P. da Conveniência da Ação Penal de Iniciativa Privada, P. da Facultatividade) (Direito Penal).
- Princípio da Oralidade (P. da Oralidade do Procedimento, P. da Prevalência da Palavra Oral sobre a Escrita).
- Princípio da Oralidade (Direito de Mediação e Conciliação).
- Princípio do Orçamento Bruto (P. da Não Compensação) (Direito Orçamentário).
- Princípio do Orçamento Diferenciado (Direito Previdenciário).
- Princípio do Orçamento Participativo.
- Princípio de Ordem Pública Internacional.
- Princípio da Organização Horizontal.
- Princípio da Organização Legal do Serviço Público.

P

- Princípio da Padronização (Direito Administrativo).
- Princípio do Par Conditio Creditorum (P. da Execução Concursal, P. da Igualdade entre Credores, P. da Paridade, P. do Tratamento Paritário dos Credores) (Direito de Falência).
- Princípio da Parcelaridade.
- Princípio da Paridade de Armas (P. da Igualdade de Armas, P. da Igualdade no Processo, P. da Igualdade Processual, P. da Igualdade Substancial, P. da Igualdade de Tratamento, P. da Igualdade de Tratamento Processual das Partes, P. da Isonomia Probatória, P. da Isonomia Processual, P. da Par Conditio, P. da Paridade de Armas Probatória, P. da Paridade de Atos, P. da Paridade das Formas, P. da Paridade entre as Partes, P. da Paridade Processual) (Direito Processual Civil).
- Princípio da Paridade de Tratamento dos Ordenamentos Jurídicos.
- Princípio da Participação (P. da Cooperação, P. da Gestão Democrática, P. da Oportunidade para a Participação Pública, P. da Participação Popular na Proteção do Meio Ambiente).
- Princípio da Participação Popular.
- Princípio da Partilha das Competências Constitucionais.
- Princípio da Paternidade Responsável (P. da Paternidade e Maternidade Responsável, P. da Paternidade Responsável e Planejamento Familiar, P. do Planejamento Familiar, P. da Responsabilidade Parental).
- Princípio da Patrimonialidade (P. da Natureza Real, P. da Patrimonialidade da Execução, P. da Realidade, P. da Responsabilidade Patrimonial) (Direito de Execução).
- Princípio da Paz Social.
- Princípio do Pedido.
- Princípio da Periodicidade (Direito Constitucional).
- Princípio da Perpetuatio Jurisdictionis (P. da Perpetuação da Competência, P. da Perpetuação da Jurisdição, P. da Perpetuidade da Jurisdição).
- Princípio da Perpetuidade (P. da Perpetualidade) (Direitos Reais).
- Princípio da Personalidade dos Recursos (P. da Pessoalidade dos Meios de Recursos) (Direito Processual Penal).
- Princípio da Pessoalidade (Direito Processual Civil).
- Princípio da Pessoalidade da Pena (P. da Impossibilidade da Transmissão da Pena, P. da Intranscendência, P. da Intranscendência da Ação Penal, P. da Intranscendência das

Medidas Restritivas de Direito, P. da Intransmissibilidade, P. da Intransmissibilidade da Pena, P. da Personalidade, P. da Personalidade da Pena, P. da Pessoalidade, P. da Responsabilidade Pessoal) (Direito Constitucional e Direito Processual Penal).
- Princípio do Planejamento Urbano (Direito Urbanístico).
- Princípio da Plenitude de Defesa.
- Princípio da Pluralidade de Estados Soberanos.
- Princípio da Pluralidade de Instâncias.
- Princípio da Pluralidade de Sócios.
- Princípio do Pluralismo Político.
- Princípio Político.
- Princípio do Poluidor-Pagador (P. da Reparação, P. da Reparação Integral, P. da Reparação Integral do Dano Ambiental, P. da Responsabilidade, P. da Responsabilização das Condutas e Atividades Lesivas ao Meio Ambiente) (Direito Ambiental).
- Princípio da Ponderação de Interesses (P. do Balanceamento, P. da Ponderação de Valores e Bens Jurídicos, P. do Sopesamento e da Ponderação) (Diversos diplomas do Direito).
- Princípio da Precaução (P. da Cautela, P. da Prudência) (Direito Ambiental).
- Princípio da Precedência.
- Princípio da Precedência da Fonte de Custeio (P. da Preexistência do Custeio em Relação aos Benefícios ou Serviços).
- Princípio da Preclusão (P. da Convalidação) (Direito Processual Civil).
- Princípio da Predominância do Interesse.
- Princípio da Predominância do Interesse Imediato dos Credores (P. do Interesse Imediato dos Credores, P. da Participação Ativa dos Credores, P. da Relevância do Interesse dos Credores).
- Princípio da Preferência (Direito Civil).
- Princípio do Prejuízo (P. Pas De Nullité Sans Grief, P. da Transigência) (Direito Processual Penal).
- Princípio do Prejuízo (P. Pas De Nullité Sans Grief, P. da Transcendência) (Direito Processual do Trabalho).
- Princípio da Presença do Estado (P. da Presença do Estado nas Relações de Consumo).
- Princípio da Preservação da Empresa (P. da Continuidade da Empresa, P. da Manutenção da Empresa, P. da Preservação da

Atividade Empresarial, P. da Preservação e Recuperação Econômica da Empresa).
- Princípio da Presunção (P. da Legitimação, P. da Legitimação Registral, P. da Presunção, P. da Presunção de Exatidão, P. da Presunção Relativa ou Absoluta da Validade dos Atos, P. da Presunção da Veracidade) (Direito Registral).
- Princípio da Presunção de Constitucionalidade das Leis (P. da Presunção de Constitucionalidade, P. da Presunção de Legalidade, P. da Presunção de Legitimidade, P. da Presunção de Legitimidade das Leis).
- Princípio da Presunção de Inocência (P. do Estado de Inocência, P. da Inocência, P. da Inocência do Réu, P. da Não Culpabilidade, P. da Presunção do Estado de Inocência).
- Princípio da Presunção de Legitimidade dos Atos Administrativos (P. da Presunção de Legalidade dos Atos Administrativos, P. da Presunção de Veracidade, P. da Presunção de Veracidade dos Atos Administrativos, P. da Veracidade dos Atos Administrativos) (Direito Civil).
- Princípio da Prevalência dos Direitos Humanos (P. do Respeito aos Direitos Humanos).
- Princípio da Prevalência da Intenção dos Agentes.
- Princípio da Prevenção (P. da Avaliação Prévia dos Impactos Ambientais das Atividades de Qualquer Natureza, P. da Prevenção de Danos e Degradações Ambientais) (Direito Ambiental).
- Princípio da Prevenção (P. da Prevenção Geral, P. da Prevenção Especial) (ECA).
- Princípio da Primazia das Decisões de Mérito (P. da Inibição das Sentenças Terminativas, P. do Interesse Jurisdicional no Conhecimento do Mérito, P. do Máximo Aproveitamento Processual, P. do Primado das Decisões Meritórias, P. da Primazia do Conhecimento do Mérito).
- Princípio da Primazia da Lei (P. da Preferência da Lei, P. da Prevalência da Lei).
- Princípio da Primazia da Realidade (P. da Primazia da Realidade sobre a Forma, P. da Realidade dos Fatos) (Direito do Trabalho).
- Principio da Primazia da Tutela Especifica (P. da Maior Coincidência Possível, P. da Máxima Coincidência Possível, P. da Primazia da Tutela Específica na Execução, P. da Tutela Equivalente, P. da Tutela Específica) (Execução).
- Princípio da Prioridade (Direito de Empresa).
- Princípio da Prioridade Absoluta (P. da Absoluta Prioridade, P. da Garantia Prioritária) (ECA).

- Princípio da Prioridade à Manutenção da Criança no Ambiente da Família Natural (P. da Continuidade das Relações Familiares, P. da Convivência Familiar).
- Princípio da Prioridade da Penhora Anterior sobre a Posterior (P. Prior Tempore Potior Jure, P. da Prioridade) (Direito Falimentar).
- Princípio da Prioridade de Registro (P. da Prioridade, P. da Prioridade Registral, P. do Privilégio Registral) (Direito Registral).
- Princípio da Prioridade na Tramitação.
- Princípio da Privacidade (Direito de Mediação).
- Princípio da Probidade (Direito Civil).
- Princípio da Programação (P. do Planejamento) (Direito Orçamentário).
- Princípio da Progressividade.
- Princípio da Proibição da Analogia in Malam Partem (P. da Vedação da Analogia in Malam Partem).
- Princípio da Proibição do Atalhamento da Constituição (P. da Proibição do Atalhamento Constitucional, P. da Proibição do Atalhamento Constitucional e do Desvio de Poder Constituinte).
- Princípio da Proibição do Bis in Idem (P. do Ne Bis in Idem, P. do Non Bis in Idem, P. da Vedação da Dupla Punição pelo Mesmo Fato).
- Princípio da Proibição do Estorno de Verbas (P. do Estorno de Verbas, P. da Proibição do Estorno).
- Princípio da Proibição do Nemo Allegans Propriam Turpitudinem Auditur (P. do Interesse, P. do Nemo Auditur Propriam Turpitudinem Suam Allegans).
- Princípio da Proibição do Pacto Sucessório.
- Princípio da Proibição de Proteção Deficiente (P. da Proteção Penal Eficiente).
- Princípio da Proibição da Prova Ilícita (P. da Inadmissibilidade das Provas Ilícitas, P. da Inadmissibilidade das Provas Obtidas por Meios Ilícitos, P. da Licitude e Probidade da Prova, P. da Licitude das Provas, P. da Proibição da Prova Obtida Ilicitamente, P. da Prova Lícita, P. da Vedação da Prova Ilícita, P. da Vedação das Provas Obtidas por Meios Ilícitos).
- Princípio da Proibição da Reformatio in Pejus (P. do Ne Reformatio in Pejus, P. da non Reformatio in Pejus, P. da Proibição do Reformatio in Peius, P. da Vedação da Reformatio in Pejus).

- Princípio do Promotor Natural (P. do Promotor Legal, P. do Promotor Natural e Imparcial).
- Princípio da Proporcionalidade (P. da Proporcionalidade dos Meios aos Fins) (Direito Administrativo).
- Princípio da Proporcionalidade (Direito Penal).
- Princípio da Proporcionalidade (P. da Adequação dos Meios aos Fins, P. da Adequação Punitiva, P. do Balanceamento dos Interesses e dos Valores, P. do Devido Processo Legal em Sentido Substantivo, P. da Lógica do Razoável, P. da Proibição de Excesso, P. da Razoabilidade) (Direito Constitucional).
- Princípio da Proporcionalidade em Sentido Estrito (P. da Justa Medida, P. da Ponderação de Interesses) (Direito Administrativo).
- Princípio da Propriedade Formal (Direito Registral).
- Princípio da Propriedade Privada (P. da Garantia e Defesa da Propriedade Privada, P. da Garantia da Propriedade, P. da Garantia da Propriedade Privada).
- Princípio da Proteção Especial ao Deficiente Físico (P. de Proteção à Pessoa Portadora de Deficiência).
- Princípio da Proteção à Família (P. da Proteção, P. da Proteção à Entidade Familiar, P. da Proteção da Unidade Familiar) (Direito de Família).
- Princípio da Proteção Integral (P. de Proteção aos Idosos e Garantia à Vida, P. da Proteção Integral a Crianças e Adolescentes, P. da Proteção Integral a Crianças, Adolescentes e Idosos).
- Princípio da Proteção da Legítima Confiança (P. da Confiabilidade, P. da Confiança, P. da Confiança Legítima, P. da Confiança no Tráfego Jurídico, P. da Proteção à Confiança, P. da Proteção da Confiança, P. da Proteção à Confiança Legítima, P. da Proteção de Expectativa de Confiança Legítima, P. de Proteção das Expectativas de Confiança Legítima, P. da Proteção à Legítima Confiança) (Direito Constitucional e Processual Civil).
- Princípio da Proteção do Núcleo Essencial.
- Princípio da Proteção ao Salário.
- Princípio da Proteção do Sócio Minoritário (Direito Societário).
- Princípio da Proteção ao Trabalhador (P. da Defesa, P. da Proteção, P. da Proteção ao Hipossuficiente, P. da Proteção Mitigada, P. da Proteção Processual, P. da Proteção Temperada, P. da Proteção ao Trabalhador Hipossuficiente, P. do Protecionismo Mitigado, P. do Protecionismo Relativizado,

P. do Protecionismo Temperado, P. do Protecionismo Temperado Mitigado ao Trabalhador, P. do Protecionismo Temperado Relativizado ao Trabalhador, P. do Protecionismo Temperado ao Trabalhador, P. Protecionista, P. Protetivo, P. Protetor, P. Tuitivo, P. Tutelar) (Direito do Trabalho).
- Princípio da Proteção aos Trabalhadores (Direito Falimentar).
- Princípio do Protetor-Recebedor.
- Princípio da Publicidade (P. da Publicidade na Administração, P. da Publicidade dos Atos, P. da Publicidade dos Atos Administrativos, P. da Publicidade da Atuação da Administração Pública, P. da Publicidade e Transparência, P. da Visibilidade) (Direito Administrativo).
- Princípio da Publicidade (P. da Ficção do Conhecimento) (Direito Registral).
- Princípio da Publicidade (P. da Visibilidade) (Direito Civil).
- Princípio da Publicidade dos Atos Processuais (P. da Publicidade) (Direito Processual Civil).

Q

- Princípio da Quantificação dos Créditos Orçamentários (P. do Nominalismo dos Créditos Orçamentários).

R

- Princípio do Racionalismo Dogmático (P. do Normativismo Jurídico).
- Princípio da Realização em Benefício da Parte Credora.
- Princípio Rebus Sic Stantibus.
- Princípio da Reciprocidade de Tratamento (P. da Reciprocidade) (Direito Internacional).
- Princípio da Recorribilidade dos Atos Jurisdicionais (P. da Recorribilidade das Resoluções Judiciais Relevantes).
- Princípio da Redução das Desigualdades Regionais e Sociais.
- Princípio da Regionalização (Direito Orçamentário).
- Princípio da Regra Moral (P. da Responsabilidade Civil) (Direito Civil).
- Princípio da Relatividade Contratual (P. da Relatividade, P. da Relatividade dos Contratos, P. da Relatividade das Convenções, P. da Relatividade dos Efeitos do Contrato, P. da Relatividade dos Efeitos Contratuais, P. da Relatividade dos Efeitos do Negócio Jurídico, P. da Relatividade dos Efeitos do Negócio Jurídico Contratual) (Contratos).

- Princípio da Reparação Integral (P. da Reparação Integral dos Danos) (Direito do Consumidor).
- Princípio da Reparação Integral dos Danos (P. da Reparabilidade do Dano, P. da Reparação Integral) (Direito Civil).
- Princípio da Reparação Objetiva (P. da Responsabilização Objetiva) (Direito do Consumidor).
- Princípio da Repartição dos Encargos (P. da Igualdade do Ônus e Encargos Sociais, P. da Justa Repartição dos Encargos Públicos, P. da Repartição dos Encargos Sociais).
- Princípio Representativo (Direito Constitucional).
- Princípio Republicano.
- Princípio da Reserva do Impossível (Direito Constitucional).
- Princípio da Reserva Jurisdicional (P. da Reserva de Jurisdição).
- Princípio da Reserva de Plano (Direito Urbanístico).
- Princípio da Reserva de Plenário (P. do Colegiado, P. da Colegialidade, P. da Colegialidade nos Tribunais).
- Princípio da Reserva do Possível (P. da Reserva do Financiamento Possível, P. de Reserva do Financeiramente Possível).
- Princípio do Respeito ao Autorregramento da Vontade (P. da Autonomia da Vontade, P. do Autorregramento da Vontade) (Direito Processual Civil).
- Princípio Res Perit Domino.
- Princípio da Responsabilidade (Direito Constitucional).
- Princípio da Responsabilidade (Registro Imobiliário).
- Princípio da Responsabilidade por Atos Jurisdicionais.
- Princípio da Responsabilidade na Causação (P. da Invalidade, P. da Responsabilidade na Causação da Invalidade) (Direito Processual Civil).
- Princípio da Responsabilidade do Credor na Execução Injusta.
- Princípio da Responsabilidade das Custas pelo Executado (P. da Causalidade, P. da Responsabilidade pelas Despesas Processuais, P. da Responsabilidade das Despesas Processuais pelo Executado, P. da Responsabilidade do Devedor) (Execução).
- Principio da Responsabilidade pelo Fato.
- Princípio da Responsabilidade Objetiva do Estado (P. da Responsabilidade Civil do Estado, P. da Responsabilidade Civil Objetiva do Poder Público, P. da Responsabilidade do Estado, P. da Responsabilidade Estatal, P. da Responsabilização Objetiva, P. da Socialização dos Prejuízos).

- Princípio da Restitutio in Integrum (P. da Restituição Integral).
- Princípio da Restrição Processual à Decretação da Ineficácia (P. da Restrição Processual à Declaração da Nulidade, P. da Restrição Processual à Decretação da Invalidade).
- Princípio da Retificação (P. da Primazia da Realidade, P. da Primazia da Verdade) (Direito Registral).
- Princípio da Retratabilidade.
- Princípio da Retroatividade da Lei Penal mais Favorável (P. da Extra-Atividade da Lei Penal mais Favorável, P. da Retroação Benéfica, P. da Retroatividade Benéfica, P. da Retroatividade Benéfica Penal, P. da Retroatividade da Lei Penal, P. da Retroatividade da Lei Penal Benéfica, P. da Retroatividade da Lei Penal mais Benigna).
- Princípio da Retroatividade da Lei Tributária (P. da Benignidade, P. da Retroatividade Benigna).
- Princípio da Retroatividade Mínima (P. da Retroatividade Mitigada, P. da Retroatividade Temperada).
- Princípio da Revisão dos Contratos (P. da Modificação das Prestações Desproporcionais, P. da Onerosidade Excessiva, P. da Revisão) (Contratos).

S

- Princípio da Saisine (P. Droit de Saisine, P. de Saisine).
- Princípio do Sancionamento das Desconformidades de Consumo.
- Princípio do Sancionamento e Interpretação das Cláusulas e das Normas Jurídicas.
- Princípio do Saneamento das Nulidades (P. da Renovação dos Atos Processuais Viciados).
- Princípio da Secularização.
- Princípio da Segurança (Direito do Consumidor).
- Princípio da Segurança Jurídica (P. de Certeza do Direito, P. da Confiabilidade, P. da Confiança, P. da Confiança Legítima, P. da Estabilidade do Ordenamento, P. da Estabilidade do Ordenamento Jurídico, P. da Estabilidade das Relações Jurídicas, P. da Estabilidade das Relações Jurídicas e Sociais, P. da Estabilidade das Relações Sociais, P. da Legítima Confiança, P. da Proteção a Confiança, P. da Proteção da Confiança, P. da Segurança, P. da Segurança e da Estabilidade Social, P. da Segurança Jurídica e Estabilidade das Relações

Jurídicas e Sociais, P. da Segurança das Relações Jurídicas) (Direito Constitucional).
- Princípio da Segurança do Trânsito.
- Princípio da Seletividade.
- Princípio da Seletividade e Distributividade (P. da Seletividade e Distributividade na Prestação dos Benefícios e Serviços).
- Princípio da Separação de Poderes (P. da Divisão Funcional do Poder do Estado, P. da Divisão de Funções, P. da Divisão de Poderes, P. da Divisão dos Poderes ou Funções, P. da Independência e Harmonia dos Poderes, P. da Independência e Harmonia entre os Poderes, P. da Independência entre os Poderes, P. da Limitação de Poderes, P. da Separação de Funções, P. da Separação de Funções Estatais, P. da Separação e Independência dos Poderes, P. da Separação das Instâncias, P. da Separação dos Poderes, P. da Trias Política, P. da Tripartição dos Poderes).
- Princípio do Sigilo (P. do Sigilo das Propostas) (Licitação).
- Princípio do Sigilo dos Livros Escriturais (P. do Sigilo, P. do Sigilo dos Livros, P. da Sigilosidade) (Direito Empresarial).
- Princípio do Sigilo das Votações.
- Princípio da Sigilosidade (ECA).
- Princípio da Simetria (P. da Simetria das Esferas Federativas, P. da Simetria do Processo Legislativo).
- Princípio da Simetria das Formas Jurídicas (P. da Homologia das Formas, P. do Paralelismo das Formas, P. da Simetria das Formas).
- Princípio da Simplicidade das Formas (P. da Simplicidade).
- Princípio do Sincretismo entre Cognição e Execução (P. do Sincretismo Processual).
- Princípio do Sistema de Sanções Precário.
- Princípio dos Sistemas Eleitorais (Direito Eleitoral).
- Princípio da Situação Excepcional Consolidada.
- Princípio da Soberania (P. da Independência Nacional, P. do Respeito à Soberania Nacional, à Ordem Pública e aos Bons Costumes, P. da Soberania da Nação, P. da Soberania Nacional) (Direito Constitucional).
- Princípio da Soberania do Estado (Direito Administrativo).
- Princípio da Soberania dos Estados (Direito Internacional).
- Princípio da Soberania Popular.
- Princípio da Soberania dos Veredictos (P. da Soberania do Veredicto, P. da Soberania do Veredicto do Júri).
- Princípio da Socialidade do Contrato (P. da Sociabilidade, P. da Socialidade).

- Princípio da Solenidade (P. da Solenidade das Formas).
- Princípio da Solidariedade (Direito do Consumidor, Civil e Processual Civil).
- Princípio da Solidariedade (P. da Fraternidade, P. da Solidariedade Familiar).
- Princípio da Solidariedade (P. da Solidariedade Social, P. do Solidarismo) (Direito Previdenciário).
- Princípio da Solidariedade Cambial (P. da Solidariedade, P. da Solidariedade Cambiária) (Títulos de Crédito).
- Princípio da Solidariedade Internacional.
- Princípio da Solidariedade Obrigacional.
- Princípio do Solidarismo Contratual (Direito Civil).
- Princípio da Subordinação a Lei.
- Princípio da Subsidiariedade (Direito do Trabalho).
- Princípio da Subsidiariedade (P. da Excepcionalidade, P. da Subsidiariedade da Adoção Internacional) (ECA).
- Princípio da Subsidiariedade da Responsabilidade dos Sócios pelas Obrigações Sociais.
- Princípio da Substitutividade (Direito Processual Civil).
- Princípio da Subsunção.
- Princípio da Sucumbência (P. do Sucumbimento).
- Princípio da Sucumbência Mínima.
- Princípio da Sucumbência Recíproca (P. da Dupla Sucumbência).
- Princípio da Suficiência da Ação Penal (P. da Efetividade, P. da Eficácia, P. da Suficiência) (Direito Processual Penal).
- Princípio do Sufrágio Universal.
- Princípio da Suplementaridade (P. da Suplementariedade).
- Princípio da Supletividade (P. da Subsidiariedade) (Direito Previdenciário).
- Princípio da Supremacia da Constituição (P. da Supremacia da Carta Magna, P. da Supremacia Constitucional, P. da Supremacia Formal, P. da Supremacia Formal da Constituição, P. da Supremacia Hierárquica da Constituição).
- Princípio da Supremacia do Interesse Público sobre o Particular (P. da Finalidade Pública, P. do Interesse, P. do Interesse Público, P. do Interesse Público ou Coletivo, P. da Supremacia do Interesse Público, P. da Supremacia do Interesse Público sobre o Interesse de Classe ou Particular, P. da Supremacia do Interesse Público sobre o Privado, P. da Supremacia da Ordem Pública) (Direito Administrativo).

T

- Princípio da Taxatividade (P. do Numerus Clausus, P. da Taxatividade dos Recursos, P. da Tutela Específica) (Direito Processual Civil).
- Princípio da Taxatividade (P. do Numerus Clausus) (Direitos Reais).
- Princípio da Taxatividade (P. da Determinação, P. da Determinação Taxativa) (Direito Penal).
- Princípio da Taxatividade (P. da Tipicidade Cerrada, P. da Tipicidade Fechada) (Direito Tributário).
- Princípio da Temporalidade do Mandato (Direito Constitucional).
- Princípio da Temporariedade (Direito Civil).
- Princípio do Tempus Regit Actum (P. da Aplicação da Lei Vigente ao Tempo da Publicação da Decisão, P. do Isolamento dos Atos Processuais) (Direito Processual Civil).
- Princípio da Territorialidade (Direito Empresarial).
- Princípio da Territorialidade (Direito Internacional).
- Princípio da Territorialidade (Direito Registral).
- Princípio da Territorialidade (P. da Absoluta Territorialidade, P. da Especialização, P. da Inerência, P. da Territorialidade Absoluta, P. da Territorialidade Mitigada, P. da Territorialidade Temperada) (Direito Penal).
- Princípio da Tipicidade (P. da Legalidade, P. da Tipicidade dos Direitos Reais, P. da Tipificação) (Direitos Reais).
- Princípio da Tipicidade (P. da Tipicidade das Medidas Executivas, P. da Tipicidade dos Meios Executivos, P. da Tipificação) (Direito Processual Civil).
- Princípio da Translatio Iudicii.
- Princípio da Transparência (P. da Publicidade dos Procedimentos) (Falências).
- Princípio da Transparência (P. da Transparência da Fundamentação, P. da Transparência da Fundamentação da Publicidade) (Direito do Consumidor).
- Princípio da Transparência Orçamentária (P. da Publicidade) (Direito Orçamentário).
- Princípio da Tutela Efetiva do Consumidor (P. do Acesso à Justiça, P. da Efetividade da Tutela Jurisdicional, P. da Tutela Específica) (Direito do Consumidor).
- Princípio da Tutela Intergeracional.

U

- Princípio da Ultratividade da Lei Penal.
- Princípio Um Homem, Um Voto.
- Princípio Uma Quota, Um Voto (P. Uma Ação, Um Voto).
- Princípio da Unicidade de Juízo (P. do Julgamento Único, P. da Unicidade de Instância, P. da Unicidade do Julgamento, P. da Unidade) (Direito Processual Civil).
- Princípio da Unicidade Sindical.
- Princípio da Unidade (Direito Eleitoral).
- Princípio da Unidade de Caixa (P. da Unidade de Tesouraria).
- Princípio da Unidade da Constituição (P. da Concordância) (Direito Constitucional).
- Princípio da Unidade da Convicção.
- Princípio da Unidade dos Crimes Falimentares (P. da Unicidade dos Crimes Falimentares).
- Princípio da Unidade da Família (Direito Internacional).
- Princípio da Unidade de Interpretação do Ordenamento Jurídico.
- Princípio da Unidade de Jurisdição (P. da Jurisdição Una, P. da Universalidade de Jurisdição).
- Princípio da Unidade da Legislatura.
- Princípio da Unidade Orçamentária (P. da Totalidade, P. da Totalidade Orçamentária, P. da Unidade, P. da Unidade do Orçamento Público) (Direito Orçamentário).
- Princípio da Unidade da Prova.
- Princípio da Unidade de Tesouraria.
- Princípio da Uniformidade (P. da Consistência, P. da Padronização) (Direito Orçamentário).
- Princípio da Uniformidade e Equivalência (P. da Uniformidade dos Benefícios, P. da Uniformidade e Equivalência dos Benefícios e Serviços às Populações Urbanas e Rurais, P. da Uniformidade de Prestações Previdenciárias).
- Princípio da Uniformidade Geográfica (P. da Uniformidade Geográfica da Tributação, P. da Uniformidade Geográfica da Tributação Federal, P. da Uniformidade Tributária).
- Princípio da Uniformidade na Tributação da Remuneração e Proventos dos Agentes Públicos (P. da Não Tributação da Remuneração e Proventos dos Agentes Públicos).
- Princípio da Uniformidade na Tributação das Rendas das Obrigações da Dívida Pública (P. da Não Tributação da Renda das Obrigações da Dívida Pública).

- Princípio da Unirrecorribilidade (P. da Singularidade, P. da Singularidade Recursal, P. da Singularidade do Recurso, P. da Unicidade, P. da Unicidade Recursal, P. da Unicidade dos Recursos, P. da Unidade Recursal, P. da Unirrecorribilidade das Decisões) (Direito Processual Civil).
- Princípio da Unitariedade Matricial (P. da Unitariedade, P. da Unitariedade da Matrícula) (Direito Registral).
- Princípio da Universalidade da Cobertura e Universalidade de Atendimento (P. da Universalidade e do Atendimento, P. da Universalidade da Cobertura e do Atendimento, P. da Universalidade de Participação).
- Princípio da Universalidade do Juízo Falimentar (P. da Aptidão Atrativa do Juízo Falimentar, P. da Unicidade do Juízo Falimentar, P. da Unicidade e Universalidade do Juízo Falimentar, P. da Unidade do Juízo Falimentar, P. da Universalidade, P. da Vis Attractiva do Juízo Universal).
- Princípio da Universalidade Orçamentária (P. da Globalização, P. da Universalidade) (Direito Orçamentário).
- Princípio da Universalização dos Serviços (P. da Generalidade, P. da Igualdade dos Usuários, P. da Universalidade, P. da Universalização dos Serviços Públicos) (Direito Administrativo).
- Princípio do Usuário-Pagador.
- Princípio da Utilidade (P. da Máxima Utilidade da Execução, P. do Meio mais Idôneo, P. do Resultado, P. da Utilidade para o Credor) (Execução).

V

- Princípio da Validação (Direito de Mediação).
- Princípio da Variabilidade (P. da Suplementação dos Recursos, P. da Variabilidade dos Recursos).
- Princípio da Variabilidade do Modo de ser da Obrigação.
- Princípio da Variedade do Regime de Bens (P. da Multiplicidade de Tipos, P. da Variabilidade, P. da Variedade de Regimes).
- Princípio da Vedação do Confisco (P. da Não Confiscatoriedade, P. do Não Confisco, P. da Proibição de Confisco, P. da Vedação ao Confisco).
- Princípio da Vedação da Conta Corrente (P. da Vedação à Conta Corrente).
- Princípio da Vedação do Enriquecimento sem Causa (P. do Enriquecimento sem Causa, P. do Enriquecimento sem Causa

do Demandante, P. da Proibição do Enriquecimento sem Causa, P. da Vedação do Enriquecimento Ilícito).
- Princípio da Vedação da Isenção Heterônoma (P. da Vedação da Isenção Heterotópica).
- Princípio da Vedação à Oferta de Vantagens.
- Princípio da Vedação do Retrocesso Social (P. da Irreversibilidade dos Direitos Fundamentais, P. do Não Retrocesso Social, P. da Proibição da Contra Revolução Social, P. da Proibição da Evolução Reacionária, P. da Proibição do Retrocesso Social, P. da Proibição da Retrogradação, P. da Vedação ao Retrocesso, P. da Vedação ao Retrocesso Social).
- Princípio do Vencimento Antecipado (P. do Vencimento Antecipado da Dívida).
- Princípio do Vencimento Imediato das Obrigações (P. da Satisfação Imediata da Obrigação).
- Princípio da Venda Rompe Locação.
- Princípio da Veracidade (Direito de Empresa).
- Princípio da Veracidade da Propaganda Eleitoral.
- Princípio da Veracidade da Publicidade (P. da Publicidade Veraz, P. da Veracidade Especial, P. da Veracidade da Oferta, P. da Veracidade Veraz) (Direito do Consumidor).
- Princípio da Veracidade Registral (P. da Fé Pública, P. da Força Probante, P. da Força Probante do Registro Imobiliário, P. da Veracidade, P. da Veracidade e Presunção Relativa) (Direito Registral).
- Princípio da Verdade Documental.
- Princípio da Verdade Formal (P. Dispositivo, P. do Dispositivo Probatório) (Direito Processual Civil).
- Princípio da Verdade Real (P. da Busca da Verdade Material, P. da Busca da Verdade Real, P. do Inquisitivo, P. do Inquisitório, P. da Liberdade dos Meios de Prova, P. da Liberdade Probatória, P. da Liberdade na Prova, P. da Livre Investigação das Provas, P. da Verdade Material, P. da Verdade Substancial) (Diversos ramos do Direito).
- Princípio da Verdade Sabida.
- Princípio Versari in Re Illicita.
- Princípio da Viabilidade da Empresa.
- Princípio da Vigência Progressiva.
- Princípio da Vigência Sincrônica da Lei (P. da Vigência Sincrônica).
- Princípio da Vinculação Contratual da Publicidade (P. da Integração da Oferta, P. da Obrigatoriedade do Cumprimento da Publicidade, P. da Vinculação, P. da Vinculação Contratual

da Oferta, P. da Vinculação da Oferta) (Direito do Consumidor).

- Princípio da Vinculação ao Instrumento Convocatório (P. da Formalidade do Processo de Licitação, P. do Formalismo Procedimental, P. do Procedimento Formal).
- Princípio da Vinculação Situacional (Direito Urbanístico).
- Princípio da Voluntariedade (P. da Voluntariedade Recursal, P. da Voluntariedade dos Recursos) (Recursos).
- Princípio da Vulnerabilidade do Consumidor (P. da Vulnerabilidade).

A

Princípio do Absolutismo.

Este princípio encontra-se situado no art. 1.228, *caput*, primeira parte, do Código Civil, segundo o qual "o proprietário tem a faculdade de usar, gozar e dispor da coisa (...). Em apertada síntese, Carlos Roberto Gonçalves (2010, v. 5, p. 31) nos ensina que "os direitos reais se exercem *erga omnes*, ou seja, contra todos, que devem abster-se de molestar o titular. De acordo com Assis Neto (*et al.*) (2016, p. 1338), é o princípio do absolutismo que garante ao titular "a prerrogativa de gravar a coisa (de forma real - bens imóveis ou simbólica – bens móveis) com essa titularidade, a afim de lhe conferir a exclusividade no exercício desse direito".

O titular do direito deverá ter sua exclusividade sobre a coisa respeitada perante todos, de forma universal, cabendo a ele "usar, gozar e dispor da coisa" e, caso queira, dispor dela.

Princípio da Abstração (P. da Abstração Cartular, P. da Abstração das Obrigações Cambiais) (Títulos de Crédito).

Este é um dos princípios constantes dos títulos de crédito, também conhecidos por princípios cartulares, que se encontram plasmados no art. 887, e seguintes do Código Civil. Os títulos de crédito são documentos representativos de obrigações pecuniárias que tem por objetivo facilitar a circulação de riquezas, [1] e é de sua própria natureza possuírem determinados atributos ou princípios, como a cartularidade, abstração e autonomia, razão pela qual se desvinculam da relação jurídica fundamental após seu endosso (TJ, 1ª T. Recursal dos Juizados Especiais. ACJ 20130111402569/DF. Rel. Luís Gustavo B. de Oliveira, j. 09.06.2015, DJe 24.08.2015).

O direito cambiário nada mais é do que o direito representado pelo título de crédito e, conforme entendimento majoritário da doutrina, o princípio da abstração é uma subdivisão do princípio da autonomia. Pelo princípio da abstração, o título de crédito se desvincula do negócio jurídico que lhe deu origem, isto é, questões relativas a esse negócio jurídico subjacente não tem o condão de afetar o cumprimento da obrigação do título de crédito. Não importa a origem do título, ele existe abstratamente, completamente desvinculado da relação inicial. Não se leva em conta a não ser o título, sendo irrelevante o que impôs sua emissão (Tomazette, 2014, p. 34/36).

"A nota promissória vinculada ao contrato perde sua eficácia cambial, deixando de se submeter ao princípio da abstração, nos termos da Súmula 258 do Superior Tribunal de Justiça" (TJ, 14ª Câmara de Direito Privado. APL 0001395-89.2002.8.26.0282/SP. Rel. Ronnie Herbert Barros Soares, j. 08.05.2013, DJe 09.05.2013). Assim dispõe a Súmula 258 do STJ: "A nota promissória vinculada a contrato de abertura de crédito não goza de autonomia em razão da iliquidez do título que a originou".

Princípio do Acesso Equitativo aos Recursos Naturais (Direito Ambiental).

Os recursos naturais do país, bem como os do planeta, deverão ser utilizados de forma justa e equânime, devendo ser repartidos entre seus habitantes. A CF/88 assegura a defesa do meio ambiente e a redução das desigualdades sociais por meio de sua igualitária exploração (art. 170, VI e VII), bem como estipula que o meio ambiente é um bem de uso comum do povo, ou seja, nenhum grupo ou setor poderá se beneficiar de sua exploração quando em detrimento das demais pessoas (art. 225, *caput*).

Neste sentido, destacam-se os tratados internacionais sobre o meio ambiente, promovendo os bens ambientais como recursos para o proveito da humanidade.

A Declaração de Estocolmo sobre o ambiente humano, publicada pela Conferência das Nações Unidas sobre o meio ambiente humano em Junho de 1972, aponta no princípio 05 (cinco) de seu texto que "os recursos não renováveis da terra devem empregar-se de forma que se evite o perigo de seu futuro esgotamento e se assegure que toda a humanidade compartilhe dos benefícios de sua utilização". É posto em evidência a preocupação de que os recursos naturais do planeta sejam postos a disposição de todos os seus habitantes, promovendo seu uso e gozo para o desenvolvimento racional dos povos. A Declaração do Rio sobre Meio Ambiente e Desenvolvimento apresentada durante a Conferência das Nações Unidas sobre Meio Ambiente e Desenvolvimento no ano de 1992 no Rio de Janeiro pontuou que os seres humanos estão no centro das preocupações com o desenvolvimento sustentável, possuindo o direito a uma vida saudável e produtiva, em harmonia com a natureza, para que dela possa usufruir com sapiência (Princípio 01) e que o direito ao desenvolvimento deverá ser exercido de modo a permitir que sejam atendidas equitativamente as necessidades de desenvolvimento e de meio ambiente das gerações presentes e futuras (Princípio 03).

A exploração dos bens ambientais deverá ser promovida para o bem de todos, onde os recursos naturais sejam empregados para o desenvolvimento da coletividade, com amplo, justo e igualitário acesso, sendo essa exploração efetuada de maneira equilibrada para que as futuras gerações também possam usufruir dos recursos oferecidos pelo meio ambiente.

Princípio da *Actio Nata* (P. *Actio Nata*).

A página do STJ conceitua o princípio da *actio nata*: "É o princípio previsto no artigo 189 do Código Civil, segundo o qual a prescrição se inicia com o nascimento da pretensão, isto é, com a violação de um direito subjetivo". [2]

O art. 189 do Diploma Civil brasileiro estatui que a partir do momento em que é violado o direito do titular, nasce para este a pretensão, a qual será extinta pela prescrição. Ou seja, a prescrição somente terá início quando o titular puder exercer a pretensão. Não ocorrerá prescrição caso não haja a possibilidade de exercício da pretensão.

Segundo Assis Neto (*et al.*) (2016, p. 514), "quando o direito é potestativo e, portanto, não depende de ação ou omissão alheia para ser exercido, temos o que se chama de *actio nata*, ou seja, pretensão que nasce juntamente com a própria relação jurídica, independentemente de ação positiva ou negativa de outro agente para se configurar".

Neste sentido, é que se tem na jurisprudência: "Segundo o princípio da *actio nata* a prescrição se inicia com o nascimento da pretensão, a qual, nos termos do art. 189 do Código Civil de 2002, nasce no momento da violação do direito" (STJ, 5ª, Turma. AgRg no Ag 1064164/SP. Rel. Min. Laurita Vaz, j. 19.02.2009, DJe 30.03.2009).

Princípio Acusatório (P. do Sistema Acusatório).

Vigora em nosso ordenamento jurídico-processual penal o sistema acusatório, sistema pelo qual o ônus probatório é dever das partes, tendo o órgão jurisdicional função supletiva. Veda-se ao órgão jurisdicional a iniciativa probatória.

No âmbito do inquérito policial, é bem que se diga, ocorre o sistema inquisitório, haja vista sua natureza inquisitorial por excelência, pois é o órgão jurisdicional a parte encarregada da busca do conjunto probatório. Neste procedimento também podemos perceber a ausência de contraditório e ampla defesa.

"Em face do princípio acusatório que deve reger o processo penal brasileiro, a iniciativa e consequente ônus probatório deve ficar prioritariamente nas mãos das partes e apenas supletivamente nas mãos do órgão jurisdicional. O artigo 156, II, do Código Penal expressa que a determinação, por parte do magistrado, de diligências, antes de proferida a sentença, é permitida nos casos em que se pretende dirimir dúvida sobre ponto relevante, o que não se confunde com substituir a atividade do órgão acusatório (...)" (TRF – 4, 8ª T. ACR 0000322-82.2008.404.7116/RS. Rel. Victor Luiz dos Santos Laus, j. 15.05.2013, DJe 23.05.2013).

Pode o Juiz determinar diligências visando esclarecer questão controvertida e relevante para o processo, sem que com essa atitude se configure intromissão na atividade do órgão encarregado da acusação.

Princípio da Adaptabilidade do Procedimento (P. da Adaptabilidade, P. da Adaptabilidade do Procedimento às Necessidades da Causa, P. da Adaptabilidade do Processo, P. da Elasticidade, P. da Flexibilidade do Processo, P. da Flexibilização do Procedimento) (Direito Processual Civil).

O art. 190 do CPC consagra o princípio da adaptabilidade do procedimento. Este artigo abarca entendimentos acerca da possibilidade de autocomposição entre as partes por meio de mudanças no procedimento a luz da nova lei processual (Lei 13.105/15) que trouxe no bojo do referido artigo este novo cenário.

Pois bem, poderão as partes plenamente capazes estipular mudanças no procedimento para ajustá-lo às especificidades da causa e convencionar sobre os seus ônus, poderes, faculdades e deveres processuais, antes ou durante o processo (cf. art. 190, *caput*, do CPC). Ao Juiz caberá o controle das convenções estabelecidas entre as partes, de ofício ou mediante requerimento. Poderá o Juiz recusar a aplicação de convenção adotada pelas partes nos casos em que se verificar nulidade, inserção abusiva em contrato de adesão, ou ainda nos casos em que alguma das partes se encontrar em manifesta situação de vulnerabilidade.

A adaptabilidade do procedimento decorre dos princípios da autoridade das partes e da autonomia de vontade das partes.

Princípio da Adequação (Direito de Execução).

Trata-se da proporcionalidade e da razoabilidade entre o meio executório e o bem, objeto da prestação.

Um dos princípios do processo de execução, o princípio da adequação tem por função estabelecer uma via razoável, viável e proporcional à execução, na medida em que satisfaça o credor, vencedor da demanda, de forma justa, seguindo-se os ditames inseridos no artigo 835 do CPC, que estabelece uma ordem preferencial de penhora.

Entretanto, a execução não deve atingir certos bens, como aqueles tidos por impenhoráveis (art. 833 do CPC), como por exemplo, os bens inalienáveis e os declarados, por ato voluntário, não sujeitos à execução; os móveis, pertences e utilidades domésticas que guarnecem a residência do executado, salvo os de elevado valor ou que ultrapassem as necessidades comuns correspondentes a um médio padrão de vida; os vestuários, bem como os pertences de uso pessoal do executado, salvo se de elevado valor; os livros, as máquinas, as ferramentas, os utensílios, os instrumentos ou outros bens móveis necessários ou úteis ao exercício de qualquer profissão; a pequena propriedade rural, assim definida em lei, desde que trabalhada pela família, etc. De acordo com Mouzalas (2013, p. 931), "(...) a responsabilidade patrimonial não pode ir ao ponto de arruinar a vida de outrem".

Desta maneira, respeitam-se também outros princípios como o da razoabilidade e da menor onerosidade ao devedor na execução. Em outras palavras, deve haver entre o meio executório e o bem, objeto da prestação, proporcionalidade e razoabilidade.

Princípio da Adequação das Formas.

O princípio da adequação das formas encontra-se albergado no art. 321 do CPC. Este princípio determina que será permitido a parte autora emendar ou completar a petição inicial quando da ocasião em que o Juiz verificar que esta não preenche os requisitos dos arts. 319 e 320 do Diploma processual, ou que apresente defeitos e irregularidades capazes de dificultar o julgamento do mérito. O Juiz, ao identificar a imperfeição deverá indicar com precisão o que deve ser corrigido ou completado, em respeito ao consubstanciado no art. 93, IX, da CF, que estatui que toda as decisões do Poder Judiciário serão fundamentadas.

Princípio da Adequação do Processo (P. da Adequação, P. da Adequação das Formas, P. da Aptidão, P. da Conformidade, P. da Idoneidade, P. da Pertinência) (Direito Processual Civil).

Hodiernamente, o princípio da adequação do processo tem sido considerado pela doutrina pátria, bem como pela estrangeira, como subprincípio do princípio da proporcionalidade. "O subprincípio da adequação (Geeignetheit) exige que as medidas interventivas adotadas mostrem-se aptas a atingir os objetivos pretendidos" (TJ, 1ª Câmara de Direito Público. AC 501736/SC 2009.050173-6. Rel. Paulo Henrique Moritz Martins da Silva, j. 09.08.2011, DJe 09.08.2011).

Resta pacificado que este princípio é direcionado ao legislador, entretanto, cabe ao Juiz a tarefa de adequar as normas ao caso concreto. Os instrumentos processuais, toda a gama de regramentos, deverá ser flexibilizada quando possível para que o fim a que se destinam seja alcançado, pois a rigidez do ordenamento não deve ser reta e obsoleta a ponto de não possuir a percepção e a sensibilidade de, no momento correto e diante do caso concreto, moldar o entendimento da lei para que esta alcance o fim almejado.

Segundo ensina Galeno Lacerda (1976, p. 164), a adequação do processo trata-se de "princípio unitário e básico, a justificar, mesmo, a autonomia científica de uma teoria geral do processo." Conclui o festejado jurista com a célebre frase: "A forma é a inimiga jurada do arbítrio e irmã gêmea da liberdade".

Principio da Adequação Setorial Negociada.

É um princípio que busca impor limites a criatividade jurídica nociva ao trabalhador ao mesmo tempo em que busca equilibrar as normas produzidas pelo Estado e aquelas produzidas por meio de negociações coletivas. Dispositivo segundo o qual os instrumentos da negociação coletiva têm o poder de inovar norma jurídica entre os interessados com o aval do Poder Judiciário, tendo também um papel harmonizador das relações trabalhistas.

Impende observar a lição de Maurício Godinho Delgado: "Este princípio trata das possibilidades e limites jurídicos da negociação coletiva. Ou seja, os critérios de harmonização entre as normas jurídicas oriundas da negociação coletiva (através da consumação do princípio de sua criatividade jurídica) e as normas jurídicas provenientes da legislação heterônoma estatal. (...) Pelo principio da adequação setorial negociada as normas autônomas juscoletivas construídas para incidirem sobre certa comunidade econômico-profissional podem prevalecer sobre o padrão geral heterônomo justrabalhista desde que respeitados certos critérios objetivamente fixados. São dois esses critérios autorizativos: a) quando as normas autônomas juscoletivas implementam um padrão setorial de direitos superior ao padrão geral oriundo da legislação heterônoma aplicável; b) quando as normas autônomas juscoletivas transacionam setorialmente parcelas justrabalhista de indisponibilidade apenas relativa (e não de indisponibilidade absoluta)." (Rev. TST, Brasília, vol. 67, n s 2, abr/jun 200l). [3]

A que se levar em conta que as recentes mudanças na legislação trabalhista trouxeram ao cenário uma crescente flexibilização de suas normas, situação que resultou em uma significativa precarização dos direitos dos trabalhadores. Os artigos 611-A e 611-B inseridos na CLT por meio da Lei 13.467 de 2017 trouxeram mudanças significativas no contexto das convenções coletivas de trabalho (CCT) e acordos coletivos de trabalho (ACT).

Conforme o princípio em testilha, a negociação coletiva encontra limites em alguns direitos indisponíveis dos trabalhadores que, de acordo com o art. 611-B da CLT, não poderão ser suprimidos ou reduzidos. Desta forma, normas de identificação profissional, seguro-desemprego e salário mínimo, dentre outros direitos não poderão ser alterados em prejuízo do trabalhador.

Assim, as normas autônomas provenientes da negociação coletiva somente podem prevalecer sobre o padrão geral heterônomo das normas justrabalhista na hipótese de elevarem o padrão setorial de direitos trabalhistas ou transacionarem parcelas de indisponibilidade apenas relativa (TRT – 1, 5ª Turma. RO 00050931320145010482/RJ. Rel.

Evandro Pereira Valadão Lopes. j. 17.03.2015, DJe 08.06.2015).

Portanto, as normas decorrentes de negociação coletiva não poderão negociar sobre parcelas de indisponibilidade absoluta, como aquelas presentes do art. 611-B da CLT.

Princípio da Adequação Social.

Com o passar dos anos, certas condutas repetidas pela sociedade, mesmo que legalmente tipificadas pela legislação correlata, ou seja, proibidas, passam a ser aceitas, por tornarem-se costumes e, assim, perdem sua "classificação" de ato punível. Aceitas pela sociedade, e desde que não atentem contra os ditames da Constituição Federal, passam a ser excluídas da esfera penal, mesmo que aparentemente sejam típicas. Tais condutas podem ser de ordem moral, religiosa, etc.

O princípio da adequação social foi concebido por Hans Welzel, jurista e filósofo do direito alemão, e constitui hipótese de exclusão da tipicidade de certas condutas, que passam a estar de acordo com a ordem social. [4]

Uma conduta é punível quando existe lesão à coletividade. Entretanto, sendo esta conduta aceita socialmente, não há que se falar em prejuízo a sociedade, pois tal conduta é moralmente aceita.

Parafraseando Santiago Mir Puig (*apud* TOLEDO, Francisco de Assis. Op. Cit. p. 132), "não se pode castigar aquilo que a sociedade considera correto".

Veja-se, a respeito do tema, o seguinte aresto da jurisprudência do Supremo Tribunal de Justiça: "O princípio da adequação social é um vetor geral de hermenêutica segundo o qual, dada a natureza subsidiária e fragmentária do direito penal, se o tipo é um modelo de conduta proibida, não se pode reputar como criminoso um comportamento socialmente aceito e tolerado pela sociedade, ainda que formalmente subsumido a um tipo incriminador. A aplicação deste princípio no exame da tipicidade deve ser realizada em caráter excepcional, porquanto ao legislador cabe precipuamente eleger aquelas condutas que serão descriminalizadas" (STJ, 6ª Turma. REsp 1435872/MG 2014/0037331-9. Rel. Min. Sebastião Reis Júnior, j. 03.06.2014, DJe 01.07.2014).

Princípio da Adequada Representação (P. da Adequada Certificação da Ação Coletiva, P. da Adequada Legitimação, P. do Controle Judicial da Legitimação Coletiva, P. da Legitimação, P. da Representação Adequada, P. da Representatividade Adequada) (Direito Processual Coletivo).

O processo coletivo brasileiro embasado no direito americano (*class actions*) relaciona um rol de legitimados ativos determinados em lei que detém legitimidade ativa para propor ações que visem a defesa dos interesses da coletividade agindo como verdadeiros substitutos processuais.

Não há neste instituto a presença um legitimado que defenda apenas os seus interesses próprios, seus direitos individuais. Tem-se, por propósito, a defesa dos direitos coletivos. Nossas leis impedem que qualquer cidadão possa ajuizar uma ação coletiva, a não ser no caso da ação popular por sua natureza específica no combate a atos lesivos ao patrimônio público da União, do Distrito Federal, dos Estados, dos Municípios e das demais entidades.

No caso da Ação Civil Pública (Lei 7.347/85) os legitimados encontram-se estabelecidos em um rol constante no art. 5º da Lei. Somente aqueles lá dispostos poderão propor a ACP.

De acordo com o art. 16 da Lei 7.347/85, "a sentença civil fará coisa julgada *erga omnes*, nos limites da competência territorial do órgão prolator (...)". Na hipótese do pedido ser julgado improcedente por insuficiência de provas, qualquer legitimado poderá ajuizar nova ação com idêntico fundamento, desde que baseada em prova nova.

No mesmo sentido temos a Ação Direta de Inconstitucionalidade (ADIN) e a Ação Direta de Constitucionalidade (ADC), cujo rol de legitimados encontra-se listado no art. 103 da CF e na Lei 9.868 de 1999. O Código de Defesa do Consumidor também trata da defesa dos direitos coletivos no art. 81 e seguintes.

Princípio da Aderência (P. da Ambulatoriedade, P. do Direito de Sequela, P. da Especialização, P. da Inerência, P. da Sequela) (Direito Civil).

O princípio da aderência está consagrado no art. 1.228, *caput*, do Código Civil, trazendo o entendimento de que o proprietário tem a faculdade de usar, gozar e dispor da coisa, e o direito de reavê-la do poder de quem quer que injustamente a possua ou detenha. É o chamado direito de sequela (*ius persequendi*), que dá direito ao sujeito de perseguir a coisa independente de onde esteja ou com quem esteja.

Necessário se faz trazermos à baila o magistério de Assis Neto (*et al.*) (2016, p. 1.534): "O direito de sequela, inerente aos *direitos reais*, dá ao credor a prerrogativa de fazer com que a garantia possa seguir a coisa onde quer que esteja, conferindo-se, pois, a oponibilidade *erga omnes*. Assim, ainda que o proprietário da coisa hipotecada ou empenhada a aliene a terceiro, o adquirente suporta os ônus da garantia em favor do credor".

Importante observar o comentário do autor acerca da hipoteca ou penhora da coisa alienada, afirmando que, mesmo sob tais condições, aquele que adquire a coisa será o responsável por suportar os ônus decorrentes da garantia em favor do credor. Mesmo a alienação da coisa não retira sua natureza vinculadora da garantia, pois o princípio da aderência confere um verdadeiro vínculo jurídico entre a coisa e a pessoa.

Princípio da Aderência ao Território (P. da Territorialidade, P. da Territorialidade da Jurisdição e da Soberania).

Em sede de comentários introdutórios, conceituamos jurisdição como a prerrogativa garantida ao Juiz (Poder Judiciário) para que aplique a sua autoridade e o direito nos limites de uma determinada área territorial onde possuirá poder de atuação. Jurisdição, palavra proveniente do latim *iurisdictio*, significa dizer o direito, expressar a lei.

O princípio da aderência ao território decorre daquilo que está consubstanciado no art. 16 do CPC, instrumento segundo o qual a jurisdição civil será exercida pelos juízes e pelos tribunais em todo o território nacional, entretanto, de acordo e nos limites da área de atuação definida pelo Poder Judiciário. Não será permitido ao Juiz exercer sua autoridade (poder) fora dos limites territoriais delimitados por sua jurisdição.

Nas palavras do eminente jurista Leone Pereira (2013, p. 168): "(...) a jurisdição é exercida nos limites do território nacional. Do mesmo modo, cada magistrado exerce internamente a jurisdição nos limites de seu território". O Estado-Juiz terá o poder de dizer o direito em cada caso concreto, por meio da autoridade judicial dentro de sua esfera de poder, dentro de sua comarca. A título exemplificativo, o STF e o STJ exercem a jurisdição em todo o território nacional, os Tribunais de Justiça (TJ) respectivamente em cada estado da federação, os Juízes em suas comarcas etc.

Atos do Juiz fora dos limites territoriais de sua jurisdição necessitarão obrigatoriamente da cooperação da autoridade da jurisdição onde aquela necessita atuar, utilizando-se, para tanto, de carta rogatória (comunicação endereçada a autoridade estrangeira para que se cumpra ou execute determinado ato) ou de carta precatória (comunicação entre autoridades brasileiras compostas por Juízes de diferentes comarcas, denominados deprecante e deprecado, para que se cumpra determinado ato importante para o deslinde do processo).

Princípio do Adimplemento Substancial.

O princípio do adimplemento substancial tem suas origens edificadas no Direito Inglês sob o termo *substancial performance.* Quando um contrato tenha sido cumprido quase na sua integralidade, restando poucas prestações para o seu efetivo cumprimento e o devedor encontrar-se sem condições de honrar as parcelas restantes, o credor, segundo o Direito brasileiro, não poderá simplesmente extinguir o contrato, tendo em vista que houve um adimplemento substancial do mesmo. Baseando-se nos princípios da boa-fé e da preservação do contrato, o credor poderá pleitear outros efeitos jurídicos como indenização por perdas e danos ou a cobrança do valor em aberto.

O que a teoria defende, é que não haja um desequilíbrio da relação por motivo insignificante, o que ocorreria caso o credor pudesse simplesmente requerer a extinção do acordo (negócio jurídico). Tendo sido o acordo adimplido em sua maior parte, não seria razoável e nem justo sua simples resolução, pois assim a parte devedora seria prejudicada.

"A teoria do substancial adimplemento visa impedir o uso desequilibrado do direito de resolução por parte do credor, preterindo desfazimentos desnecessários em prol da preservação da avença, com vistas à realização dos princípios da boa-fé objetiva, da função social dos contratos, da vedação ao abuso de direito e ao enriquecimento sem causa, donde se apreende que, diante do exercício desequilibrado e abusivo do direito de resolução por parte do credor fiduciário, justamente quando a dívida se encontra próxima do seu resultado final, deve-se prestigiar a preservação do contrato quando depurado que o já realizado alcança a quase integralidade da obrigação convencionada" (TJ, 1ª Turma Cível. Acórdão 931418/DF. Rel. Teófilo Caetano. j. 30.03.2016, DJe 25.04.2016).

Nesta perspectiva, fundamental trazermos ao conhecimento dos interessados o conteúdo do Enunciado nº 361 da IV Jornada de Direito Civil de 2006, realizado pelo Conselho da Justiça Federal e pelo Superior Tribunal de Justiça (CJF/STJ): "O adimplemento substancial decorre dos princípios gerais contratuais, de modo a fazer preponderar a função social do contrato e o princípio da boa-fé objetiva, balizando a aplicação do art. 475". Desta forma, a aplicação do artigo 475 do Código Civil fica regulada pelo enunciado nº 361 do CJF/STJ, levando-se em conta a teoria do adimplemento substancial.

Por outro lado, temos que ter em conta que a aplicação do princípio do adimplemento substancial deve ser utilizada com comedimento, haja vista que tal teoria tende a limitar severamente o exercício de direito legítimo do credor (TJ, 1ª Turma Cível. Acórdão 931418/DF. Rel. Teófilo Caetano. j. 30.03.2016, DJe 25.04.2016).

Princípio da Adjudicação Compulsória (P. da Adjudicação Compulsória ao Vencedor).

A Administração Pública deverá entregar o objeto da licitação ao licitante vencedor do procedimento licitatório, exceto nos casos em que o convocado não assinar o termo de contrato ou não aceitar ou retirar o instrumento equivalente no prazo e condições estabelecidos (cf. art. 64, § 2º, Lei 8.666/93).

Segundo o art. 50 da Lei de Licitações, a Administração não poderá celebrar o contrato com preterição da ordem de classificação das propostas ou com terceiros estranhos ao procedimento licitatório, sob pena de nulidade.

Entretanto, esta entrega do objeto da licitação ao licitante vencedor não é compulsória, uma obrigação da Administração Pública, mas sim mera faculdade, haja vista depender da necessidade desta da realização da obra ou serviço. Ocorrendo a necessidade da realização da obra ou serviço, a Administração Pública deverá, necessariamente, convocar o vencedor do certame licitatório. Ou seja, ao vencedor do procedimento licitatório não decorre necessariamente o direito à adjudicação, mas sim mera expectativa de direito, a ser sua ocorrência determinada pelas necessidades da Administração Pública.

O princípio da adjudicação compulsória veda que o objeto da licitação seja entregue a outro que não o vencedor do certame licitatório, bem como proíbe que ocorra outra licitação sobre o mesmo objeto enquanto houver adjudicação realizada anteriormente e que seja válida. A adjudicação é a última fase do procedimento licitatório, onde ocorre a entrega do objeto da licitação ao vencedor.

Princípio da Afetividade.

Um dos princípios gestores do Direito de Família, o princípio da afetividade estabelece que a família é caracterizada essencialmente por laços de afetividade entre seus membros, demonstrada por meio de cuidados, carinho, zelo e proteção uns com os outros. O afeto é um traço típico do meio familiar, sendo vetor de direitos e deveres.

Da afetividade irão decorrer deveres entre pais e filhos (inclusive adotados), entre cônjuges, entre irmãos e entre ascendente e descendente, dentre outras obrigações, haja vista as variadas formas de constituição familiar.

A Carta Magna estabelece no art. 226, *caput*, bem como em seu § 4º, a proteção à família, incluindo-se aí a entidade formada por qualquer dos pais e seus descendentes. Além disso, por decorrência lógica, a Carta de 1988 também protege todas as outras maneiras de constituição de família permitidas em direito tais quais entre pessoas do mesmo sexo e entre irmãos, por exemplo. A proteção à família possibilita também a proteção ao afeto, haja vista este se inserir naquela.

O art. 227 da CF traz primordialmente em seu *caput* e §§ 5º e 6º, temas que tratam da proteção da convivência familiar da criança pelos entes sociais, bem como a adoção e a proibição de tratamento desigual ou discriminatório entre filhos tidos ou não na relação do casamento ou por adoção.

Ainda, o CC estabelece por força do art. 1.638, II, que o pai ou a mãe que deixar o filho em abandono perderá por ato judicial o poder familiar.

Em recente julgamento de agravo, a Justiça determinou que presa do sistema carcerário continuasse a cumprir pena na unidade prisional onde se encontrava, para que assim pudesse ter o contato necessário com o filho, já que a sua transferência traria sérios prejuízos a essa convivência fundamentada na afetividade. Segue: "Ainda que o direito de visita ao preso não seja absoluto, deve ser considerada a importância da convivência entre pais e filhos, a fim de concretizar o princípio da afetividade, seja para desenvolvimento da criança, bem como para facilitar a ressocialização da condenada. Embora a transferência ou a permanência de presos dependam da conveniência da Administração Pública, no caso, não há demonstrativos de que a medida adotada pelo Juízo singular seja imprescindível para manutenção da segurança no estabelecimento prisional. Assim, em juízo de ponderação, mais razoável a permanência da agravante na casa prisional em que cumpre pena, a fim de evitar obstaculização ao direito da infante de conviver com sua genitora, mormente a considerar que se trata de prisão cautelar" (TJ, 1ª Câmara Criminal. AGV 70064864432/RS. Rel. Des. Jayme Weingartner Neto, j. 24.06.2015, DJe 03.07.2015).

Princípio da *Affectio Societatis*.

Socorremo-nos da jurisprudência do STJ para definir o princípio: "A *affectio societatis* decorre do sentimento de empreendimento comum que reúne os sócios em torno do objeto social, e não como consequência lógica do restrito quadro social, característica peculiar da maioria das sociedades anônimas de capital fechado" (STJ, 3ª Turma. REsp 247002/RJ. Rel. Min. Nancy Andrighi, j. 04.12.2001, DJE 25.03.2002).

Neste sentido: "(...) é possível a penhora das cotas sociais de titularidade dos executados, não havendo que se falar em afronta ao princípio da *affectio societatis*, porque tal medida não ensejará, necessariamente, a inclusão do arrematante como sócio, já que a sociedade poderá remir a execução na condição de interessada, bem como exercer o direito de preferência com os demais sócios, ou ainda requerer a dissolução parcial da sociedade" (TRF – 2. AG 201402010045862/RJ. Rel. Des. Fed. Claudia Maria Bastos Neiva, j. 04.11.2014, DJe 11.11.2014).

Registre-se, por fim, que é possível a penhora das cotas sociais de titularidade dos executados, não havendo que se falar em afronta ao princípio da *affectio societatis*, eis que tal medida não ensejará, necessariamente, a inclusão do arrematante como sócio, já que a sociedade poderá remir a execução na condição de interessada, bem como exercer o direito de preferência com os demais sócios, ou ainda requerer a dissolução parcial da sociedade (...) (TRF – 5, 2ª Turma. AG 00020032420154050000/AL. Rel. Des. Fed. Vladimir Carvalho, j. 01.12.2015, DJe 07.12.2015).

Princípio da Alteridade (P. da Assunção dos Riscos pelo Empregador) (Direito do Trabalho).

Também conhecido como princípio da assunção dos riscos pelo empregador, o princípio da alteridade está incrustado no art. 2º da Consolidação das Leis do Trabalho e, segundo seu entendimento, os riscos do empreendimento são, em regra, de responsabilidade do empreendedor, cabendo exclusivamente a este arcar com eventuais prejuízos advindos da atividade empresarial.

O empregado não pode assumir os riscos da atividade econômica, não podendo em hipótese alguma deixar de receber as parcelas salariais, independente do auferimento de prejuízo pelo empreendimento, visto que labora por conta alheia, e não por conta própria.

Segundo Horcaio (2008, p. 94/95), existem exceções à regra que permitem o desconto no valor do salário do empregado, que se dão quando do recebimento de cheque sem fundo ou cédula falsa por este, mas somente quando estiver no "exercício de suas atribuições". Para tanto, consoante entendimento do parágrafo 1º do artigo 462 da CLT, é indispensável que haja acordo ou convenção coletiva prevendo a possibilidade de desconto, além da necessidade de dolo ou culpa por parte do trabalhador.

Princípio da Alteridade (P. da Transcendentalidade) (Direito Penal).

O princípio da alteridade ou transcendentalidade foi desenvolvido pelo renomado jurista alemão Claus Roxin, uma das maiores autoridades mundiais em matéria penal. A ideologia por detrás desse pensamento defende que não caberá punição ao indivíduo por um comportamento puramente subjetivo, interno, ou seja, o agente não poderá ser incriminado caso o seu agir não ultrapasse sua esfera individual e não interfira de maneira a lesionar o bem jurídico coletivo.

Baseado neste instituto, o Direito Penal brasileiro desconsidera a autolesão como crime, justamente por atingir a esfera individual do agente, não prejudicando a terceiros. Caso ocorram lesões corporais ou ameaças graves a terceiros no ato da autolesão, caberá a este indivíduo responder por esses crimes nos termos da lei. Considera ainda o Código Penal a incriminação daquele indivíduo que "lesa o próprio corpo ou a saúde, ou agrava as consequências da lesão ou doença", visando obter, para si ou para outrem, puramente vantagens financeiras ilícitas mediante fraude para recebimento de indenização ou valor de seguro, conforme art. 171, § 2º, V.

Por essa razão o pensamento também não poderá ser tipificado como crime, justamente por lhe faltar a potencialidade lesiva a terceiro. Da mesma forma qualquer espécie de comportamento moralmente reprovável não será reprimida pela lei desde que interna ao indivíduo, sem potencial lesividade ao bem jurídico.

Nesta linha, temos na jurisprudência: "Tudo que não é vedado pela lei não pode ser obstado e ninguém pode ser constrangido a fazer o que ela não ordene. Daí porque se afirma que a liberdade do indivíduo, desde que exercitada na intimidade, sem atingir terceiros, é absoluta, como assegura o princípio da alteridade ou transcendentalidade. Assim, embora não inscritos expressamente na Constituição Federal, esses princípios (da intervenção mínima e da alteridade) são limitadores do poder punitivo estatal, impondo-se como garantidores dos direitos fundamentais à liberdade, à vida, à igualdade, à segurança e a propriedade, dispostos no artigo 5º da Constituição (...)" (TJ. APR 0045264-17.2012.8.19.0066/RJ. Rel. Cintia Santarem Cardinali, j. 11.12.2007, DJe 26.01.2015).

Princípio da Alternatividade (Direito Penal).

Segundo este princípio, próprio do direito penal e que tem por finalidade resolver conflitos aparentes de normas gerais, a alternatividade pode ser definida quando, "dentro de um mesmo contexto fático e contra a mesma vítima, ainda que seja praticado mais de um ato descrito entre os núcleos do tipo penal, haverá apenas um único crime a ser punido" (TJ, 12ª Câmara de Direito Criminal. EP 7001703-94.2015.8.26.0073/SP. Rel. Paulo Rossi, j. 29.07.2015, DJe 05.08.2015).

O princípio da alternatividade trata das várias condutas estabelecidas dentro da legislação penal que o agente poderá praticar e que, mesmo assim, irão configurar a prática de um único crime. A lei trata como tipos alternativos aquelas ações realizadas dentro do mesmo contexto fático, sem que com isso se configurem vários crimes. Na verdade todas as práticas serão configuradas como um só crime.

A Lei 11.343/2006 que institui o Sistema Nacional de Políticas Públicas sobre Drogas (Sisnad) trata da alternatividade no *caput* dos artigos 28 e 33. O art. 28 aduz que "quem adquirir, guardar, tiver em depósito, transportar ou trouxer consigo, para consumo pessoal, drogas sem autorização ou em desacordo com determinação legal ou regulamentar será submetido às seguintes penas (...)" Essa penas são relativas ao consumo pessoal de drogas ilícitas. Já o art. 33 acrescenta que, "importar, exportar, remeter, preparar, produzir, fabricar, adquirir, vender, expor à venda, oferecer, ter em depósito, transportar, trazer consigo, guardar, prescrever, ministrar, entregar a consumo ou fornecer drogas, ainda que gratuitamente, sem autorização ou em desacordo com determinação legal ou regulamentar" estará incorrendo em um único crime. Aqui lidamos com o crime de tráfico de drogas.

Note-se, mesmo se o agente praticar vários desses tipos penais simultaneamente ou de maneira sucessiva, a lei entende que ele terá praticado um único ilícito. Portanto responderá por um crime único. No entanto, na fixação da pena do agente o Juiz levará em conta a pluralidade de atos praticados (pluralidade de verbos) (art. 59 do CP) (TJ, 4ª Câmara Criminal. APR 2013.036517-1/SC. Rel. Jorge Schaefer Martins, j. 17.06.2014).

Princípio da Alternatividade (Direito Processual Civil).

A norma insculpida no art. 930, *caput*, do Código de Processo Civil, aduz que a distribuição será realizada de acordo com o regimento interno do tribunal, devendo ser observada a alternatividade, o sorteio eletrônico e a publicidade. Em relação a alternatividade, tema que nos interessa no momento, esta deverá ocorrer nos juízos onde exista mais de um juiz para que haja igual divisão de trabalho (cf. art. 284, CPC). Outra característica importante da alternatividade é o fato de proporcionar aos processos certa integridade, haja vista serem distribuídos de maneira aleatória, independente de interesses pessoais que possam fazer com que determinado processo caia em mãos de juiz que tenha em seu histórico de julgados decisões que coadunem com os anseios do interessado.

O sítio eletrônico da Justiça Federal da Seção Judiciária do Paraná (TRF-4) traz em seu bojo interessante definição sobre a distribuição, segundo o qual este instituto existe para dividir o trabalho entre juízos da mesma competência, evitando a sobrecarga de um deles relativamente aos demais. Essa divisão deve ser o mais equânime possível, propiciando o mesmo número de feitos aos juízos. [5]

Princípio da Ampla Defesa (P. do Direito de Defesa, P. da Garantia de Defesa) (Direito Constitucional).

O princípio da ampla defesa encontra-se constitucionalmente consagrado no art. 5º, LV, consignando que "aos litigantes, em processo judicial ou administrativo, e aos acusados em geral são assegurados o contraditório e ampla defesa, com os meios e recursos a ela inerentes". No mesmo sentido, o art. 9º, *caput*, do Código de Processo Civil, determina que, em regra, nenhuma decisão judicial contra uma das partes litigantes poderá ser proferida sem que a mesma seja previamente ouvida nos autos.

A garantia constitucional da ampla defesa constitui-se como genuína extensão do contraditório, assegurando as partes constantes do processo o direito a se defender das acusações a elas deferidas no curso processual. Esse princípio assegura o direito constitucional a defesa.

Alexandre de Morais (2017, p. 113) assim conceitua o presente instituto: "Por ampla defesa entende-se o asseguramento que é dado ao réu de condições que lhe possibilitem trazer para o processo todos os elementos tendentes a esclarecer a verdade ou mesmo de omitir-se ou calar-se, se entender necessário (...)".

Por sua vez, Rinaldo Mouzalas de Souza e Silva (2013, p. 32) define ampla defesa: "Como extensão do contraditório, a ampla defesa se trata (...), de garantia constitucional, por meio da qual, os sujeitos parciais do processo tem assegurado o uso de todos os meios processuais disponíveis para a defesa de seus interesses".

A Súmula 704 do STF determina que a atração por continência ou conexão do processo do corréu ao foro por prerrogativa de função de um dos denunciados não irá violar a garantia da ampla defesa.

Por fim, entende Bueno (2015, p. 43) que a ampla defesa deverá ser efetiva, não meramente procedimental, ou seja, deverão ser oferecidas ao réu condições "concretas de se responder às imputações que lhe são dirigidas antes que seus efeitos decorrentes possam ser sentidos".

Princípio da Ampla Divulgação da Demanda (P. da Adequada Notificação dos Membros do Grupo, P. da Ampla Divulgação da Demanda Coletiva, P. da Informação aos Órgãos Competentes, P. da Informação e Publicidade Adequadas, P. da Notificação Adequada) (Direito Processual Coletivo).

Dispositivo constante no rol dos princípios do processo coletivo brasileiro, a ampla divulgação da demanda decorre de sua relevância para a coletividade, pois a própria natureza da ação coletiva descreve sua importância para a sociedade como um todo, abarcando temas de interesse geral. Assim, a divulgação da demanda coletiva deverá ser ampla e irrestrita para que toda a comunidade tenha acesso ao seu conteúdo, podendo ocorrer por edital.

A ampla divulgação é instrumento que se encontra presente no código consumerista brasileiro, conforme se depreende do art. 94 deste Diploma: "Proposta a ação, será publicado edital no órgão oficial, a fim de que os interessados possam intervir no processo como litisconsortes, sem prejuízo de ampla divulgação pelos meios de comunicação social por parte dos órgãos de defesa do consumidor".

Neste mesmo sentido, temos instrumentos constantes na Lei de Ação Civil Pública (Lei nº 7.347/85) que remetem a obrigação de Juízes e tribunais, no exercício de suas atribuições, e o servidor público (bem como qualquer pessoa), em provocar a iniciativa do Ministério Público caso haja conhecimento de fatos que possam ensejar a propositura de Ação Civil Pública, indicando-lhe os elementos definidores de tal convicção (cf. arts. 6º e 7º).

Denota-se a preocupação do legislador em proporcionar a divulgação da ação de cunho coletivo para que os interessados possam dela ter amplo conhecimento, seja para a simples ciência dos termos da demanda ou para que o sujeito intervenha no processo como interessado.

Princípio da Anterioridade Comum (P. da Anterioridade Anual, P. da Anterioridade de Exercício, P. da Anterioridade do Exercício Financeiro) (Direito Tributário).

O princípio da anterioridade comum, também chamado de princípio da anterioridade de exercício, encontra-se situado na alínea "b", III, do art. 150 da Carta Magna, ditando a lei máxima que é vedado à União, aos Estados, ao Distrito Federal e aos Municípios (Fazenda Pública) cobrar tributos do contribuinte no mesmo exercício financeiro em que haja sido publicada a lei que os instituiu ou aumentou. Decorre do princípio da anterioridade tributária, e como tal, também se configura como cláusula pétrea.

Nas palavras de Casalino (2012, p. 39), "a cobrança de um tributo criado ou aumentado pelo legislador apenas poderá ocorrer no exercício financeiro *seguinte* ao da *publicação* da lei". Explica ainda o autor que a Lei n. 4.320/64, em seu art. 34, define o termo "exercício financeiro" como sendo o ano civil, ou seja, o período que compreende o dia 1° de janeiro até o dia 31 de dezembro do mesmo ano.

Somente para fins exemplificativos, imaginemos que foi criada lei que instituiu ou majorou um determinado tributo e foi publicada em 15 de março de 2016. Perante o princípio da anterioridade comum ou de exercício, a cobrança deste tributo só poderá ser instituída a partir do primeiro dia do ano seguinte, ou seja, 1° de janeiro de 2017, justamente para que o contribuinte não seja pego de surpresa e tenha tempo hábil para se organizar financeiramente.

Princípio da Anterioridade Eleitoral (P. da Anterioridade, P. da Anterioridade Constitucional em Matéria Eleitoral, P. da Anterioridade da Lei Eleitoral, P. da Anterioridade em Matéria Eleitoral, P. da Antinomia Eleitoral, P. da Anualidade, P. da Anualidade Eleitoral, P. da Anualidade em Matéria Constitucional, P. da Segurança das Relações Jurídicas) (Direito Eleitoral).

O princípio da anterioridade eleitoral encontra-se consagrado no art. 16 da Constituição Federal em seu capítulo IV, que trata dos direitos políticos. Assim dispõe o artigo: "A lei que alterar o processo eleitoral entrará em vigor na data de sua publicação, não se aplicando à eleição que ocorra até um ano da data de sua vigência". Caso ocorra lei que modifique o processo eleitoral, esta entrará em vigor na data de sua publicação conforme determina a legislação, porém, não será aplicável ao processo eleitoral que ocorra até 01 (um) ano da data de sua vigência.

O princípio objetiva trazer solidez jurídica ao certame eleitoral, objetiva a segurança das relações jurídicas que envolvem todos os atos correlacionados a matéria eleitoral.

Spitzcovsky (2014, p. 37/38) dispõe que o princípio em pauta tem por objetivo assegurar a estabilidade das relações jurídicas no campo eleitoral, tendo fundamento, inicialmente, no art. 5º, XXXVI da CF, e também no art. 16 do mesmo Diploma. Ainda segundo Spitzcovsky (*idem*), tal princípio "demonstra a intenção de se assegurar estabilidade para as relações jurídicas no campo eleitoral, na medida em que qualquer alteração que se promova no processo eleitoral deve ser veiculada por meio de lei, aprovada um ano antes das eleições".

Verifica-se o cuidado do legislador para que não haja mudança na legislação eleitoral nas vésperas de uma eleição, o que poderia gerar incertezas e insegurança jurídica quanto ao pleito. [6]

Princípio da Anterioridade Especial (Direito Tributário).

O princípio da anterioridade especial consagra-se no art. 195, § 6º, da Constituição Federal: "As contribuições sociais de que trata este artigo só poderão ser exigidas após decorridos noventa dias da data da publicação da lei que as houver instituído ou modificado, não se lhes aplicando o disposto no Art.150, III, b".

Do texto podemos conclui-se que as contribuições sociais que se destinam ao custeio da Seguridade Social gozam de prerrogativa diferente dos tributos quanto a anterioridade. Não há quanto às contribuições sociais a exigência prevista na alínea "b", III, do art. 150 da Carta Magna, segundo a qual é vedado à União, aos Estados, ao Distrito Federal e aos Municípios cobrar tributos do contribuinte no mesmo exercício financeiro em que haja sido publicada a lei que os instituiu ou aumentou. As contribuições sociais poderão ser cobradas no mesmo exercício financeiro.

Estas contribuições, entretanto, deverão respeitar originariamente o prazo mínimo de 90 (noventa) (anterioridade nonagesimal) dias da data de sua publicação no Diário Oficial, isto para que se evite a tributação surpresa. Ora, todo indivíduo tem o direito ao sadio planejamento financeiro e orçamentário. Imaginem se acordássemos com um aumento surpresa de alíquota de determinada contribuição social, ou mesmo tributo, sem que tivéssemos tido tempo para uma adaptação? Por isso mesmo o princípio da anterioridade tributária e seus subprincípios (anterioridade comum, nonagesimal e especial), decorrem do princípio da segurança jurídica.

Quanto às contribuições sociais gerais, estas sim deverão seguir o rito estabelecido pela anterioridade comum e nonagesimal.

Alguns doutrinadores consideram o princípio da anterioridade especial como sinônimo do princípio da anterioridade nonagesimal. Entretanto, preferimos considerá-lo como um dos subprincípios da anterioridade tributária por tratar de tema específico.

Princípio da Anterioridade da Legislatura.

No que tange a anterioridade da legislatura quanto à remuneração dos agentes públicos, estes não gozam do direito à revisão geral anual. A correção do subsídio da categoria (Prefeitos, Vice-Prefeitos, Secretários Municipais e Vereadores - art. 29, V e VI, da CF/88) poderá ocorrer dentro da legislatura donde se encontram, entretanto só terá incidência na legislatura seguinte. Devem seguir a regra da inalterabilidade do subsídio durante o mandato.

Neste caso, os agentes públicos não podem legislar em causa própria em respeito aos princípios da legalidade, da impessoalidade e da moralidade administrativa (art. 37, *caput*, CF). A legislação que altera o subsídio dos agentes públicos deve ser elaborada na legislatura anterior para que possa vigorar na legislatura consecutiva.

Segundo o que dispõe o art. 29, VI, da CF, "o subsídio dos Vereadores será fixado pelas respectivas Câmaras Municipais em cada legislatura para a subseqüente, observado o que dispõe a Constituição e observados os critérios estabelecidos na respectiva Lei Orgânica do Município.

O direito à revisão geral anual é privilégio dos funcionários públicos profissionais de acordo com a Constituição Federal, que lhes assegura "revisão geral anual, sempre na mesma data e sem distinção de índices" (art. 37, X).

Princípio da Anterioridade Nonagesimal (P. da Anterioridade Mínima, P. da Anterioridade Mitigada, P. da Anterioridade Qualificada, P. da Espera Nonagesimal, P. da Não Surpresa Tributária, P. da Noventena) (Direito Tributário).

Um dos subprincípios do princípio da anterioridade tributária junto ao princípio da anterioridade comum, o princípio da anterioridade nonagesimal possui sua fundamentação no art. 150, III, "c", da Constituição Federal, segundo o qual à União, aos Estados, ao Distrito Federal e aos Municípios é vedado cobrar tributos do contribuinte antes de decorridos noventa dias da data em que haja sido publicada a lei que os instituiu ou aumentou, observado o disposto na alínea b ("no mesmo exercício financeiro em que haja sido publicada a lei que os instituiu ou aumentou"). Decorre do princípio da anterioridade tributária, e como tal, também se configura como cláusula pétrea.

A respeito do tema, importante lição de Paulo de Barros Carvalho (2013, p. 168): "A anterioridade (...) objetiva implementar o princípio da segurança jurídica, de modo que o contribuinte não seja surpreendido com exigência tributária inesperada. A experiência brasileira, entretanto, demonstrou a incapacidade de esse princípio, sozinho, resguardar os administrados contra a as providências fiscais tomadas ao final do exercício financeiro. Essa a razão pela qual o constituinte derivado, por meio de Emenda Constitucional n. 42, de 19 de dezembro de 2003, acrescentou a alínea c ao inciso III do art. 150 da Constituição, prescrevendo ser vedado à União, Estados, Distrito federal e Municípios cobrar tributos antes de decorridos noventa dias da data em que haja sido publicada a lei que os instituiu ou aumentou, observado o disposto na alínea b".

O objetivo deste princípio, juntamente ao da anterioridade comum, é mesmo o de *resguardar* os contribuintes contra os atos da Fazenda Pública, evitando a *tributação surpresa* (Casalino, 2012, p. 38), possibilitando que aqueles tenham a possibilidade de planejamento financeiro ante leis que criem ou majorem tributos.

A título de exemplo, imaginemos que determinada lei eleve a alíquota do ITR – Imposto sobre Propriedade Territorial Rural, e que a publicação ocorra em 15 de outubro de 2016. A cobrança do tributo somente poderá ocorrer no exercício financeiro seguinte e após decorridos 90 (noventa) dias da majoração da alíquota, portanto, em 15 de janeiro de 2017.

Princípio da Anterioridade Penal (P. da Anterioridade da Lei Penal).

O princípio da anterioridade penal decorre do princípio da legalidade, e está consagrado no art. 5°, inciso XXXIX, CF/88, *verbis*: "não há crime sem lei anterior que o defina, nem pena sem prévia cominação legal". Também encontra guarida no art. 1° do Código penal, que tem redação de idêntico sentido: "Não há crime sem lei anterior que o defina. Não há pena sem prévia cominação legal". *Nullum crimen, nulla poena sine praevia lege.*

Ensinam os artigos que para que determinada conduta seja considerada ilícita e digna de pena, deverá ser posterior a lei que a tipifica como crime. Ou seja, o referido princípio só poderá ser aplicado aos fatos praticados após sua vigência. Caso o delito seja praticado antes da lei que o tipificou, nenhuma punição ocorrerá, pois o ato, antes da edição da lei, não constava como crime e, portanto, considerado de livre prática.

Vicente Paulo e Marcelo Alexandrino (2009, p. 153) assim explicam: "(...) a previsão legal abstrata da pena (cominação da pena) deve existir, estar publicada, antes da conduta que será apenada".

Decorrem do princípio da anterioridade penal os princípios da irretroatividade da lei penal mais severa e da retroatividade da lei penal mais favorável.

Princípio da Anterioridade do Registro (P. da Anterioridade, P. *First Come, First Served*) (Direito Civil).

"No Brasil, o registro de nomes de domínio na internet é regido pelo princípio *First Come, First Served*, segundo o qual é concedido o domínio ao primeiro requerente que satisfizer as exigências para o registro" (STJ. REsp 1238041/SC 2011/0035484-1. Rel. Min. Marco Aurélio Bellizze, j. 07.04.2015, DJe 17.04.2015).

Se dessume do presente julgado que no domínio de página na internet o que vale é a ordem cronológica do registro válido. Ou seja, aquele requerente que primeiro registrar a marca, desde que satisfaça os requisitos exigidos em lei, terá seu domínio na internet, mesmo que compartilhe termos com outra empresa e que ambas sejam devidamente registradas no INPI. O que vale é o registro preliminar e válido da marca para que se obtenha seu domínio virtual. O registro anterior irá predominar sobre o registro mais recente para o uso efetivo do termo.

A Lei nº 9.279/96, Lei da Propriedade Industrial (LPI), proíbe que se registre como marca a "reprodução ou imitação, no todo ou em parte, ainda que com acréscimo, de marca alheia registrada, para distinguir ou certificar produto ou serviço idêntico, semelhante ou afim, suscetível de causar confusão ou associação com marca alheia" (art. 124, XIX).

Em julgado do TRF – 2 proferido pelo Des. Fed. Marcello Ferreira de Souza Granado, o mesmo citou o art. 124, inciso XIX, da Lei 9.279/96, para vedar o registro de marca que, no presente caso, imitava outra marca anteriormente registrada objetivando coibir a concorrência desleal que iria surgir caso o registro fosse permitido. Vejamos: "Ilegal o registro da marca DAVE, eis que concedido à primeira Ré em desconformidade com o art. 124, inciso XIX, da Lei 9.279 /96, que veda o registro de marca que reproduza ou imite, no todo ou em parte, marca alheia anteriormente registrada, objetivando coibir a prática da concorrência desleal. - *In casu*, o registro da marca DAVE apresenta indiscutível semelhança com a marca DOVE, sendo capaz de provocar erro, dúvida ou confusão em relação aos consumidores não devendo, portanto, coexistir diante da plena identidade gráfica e fonética entre elas" (TRF – 2. AC 409688/RJ 1999.51.01.010686-2. Rel. Des. Fed. Marcello Ferreira de Souza Granado, j. 11.11.2008, DJU 19.12.2008).

Nas palavras da lei "a inscrição do empresário, ou dos atos constitutivos das pessoas jurídicas, ou as respectivas averbações, no registro próprio, asseguram o uso exclusivo do nome nos limites do respectivo Estado" (art. 1.166, CC). O instituto civilista assegura o uso exclusivo do nome nos limites do respectivo Estado desde que seja realizado anteriormente o registro válido.

Princípio da Anterioridade Tributária (P. da Anterioridade, P. da Eficácia Diferida).

O artigo 150, III, "b" e "c" da Constituição estatui que é vedado à União, aos Estados, ao Distrito Federal e aos Municípios cobrar tributos do contribuinte no mesmo exercício financeiro em que haja sido publicada a lei que os instituiu ou aumentou e antes de decorridos noventa dias da data em que haja sido publicada a lei que os instituiu ou aumentou, observado o disposto na alínea b.

Desta forma, segundo a alínea "b", o Fisco deverá aguardar, após a lei que instituir ou majorar impostos, o exercício financeiro seguinte para a cobrança, ou seja, a cobrança ou majoração do tributo só poderá ser imposta ao contribuinte no ano seguinte (princípio da anterioridade comum).

Por outro lado, para que haja tempo hábil para a adequação do contribuinte no caso dos tributos criados ou majorados no final do exercício financeiro, criou-se a imperiosa observação do prazo mínimo de 90 (noventa) dias para que o tributo possa ser cobrado, constante no inciso "c" do artigo em comento (princípio da anterioridade nonagesimal).

O princípio da anterioridade tributária subdivide-se, conforme visto, em princípio da anterioridade comum e princípio da anterioridade nonagesimal. Entretanto, cumpre ressaltar que ambos devem ser analisados conjuntamente para que tenham plena eficácia. Para maiores esclarecimentos sobre cada um destes subprincípios oriento uma leitura mais atenta dos mesmos em seus respectivos sítios neste livro.

Decorrente do princípio da segurança jurídica, o princípio em pauta, segundo Casalino (2012, p. 38), tem o "objetivo de evitar a *tributação surpresa*".

O Supremo Tribunal Federal por meio da Adin 939-7 definiu o princípio da anterioridade tributária como um direito fundamental do cidadão, sendo classificado, portanto, como cláusula pétrea. As exceções ao princípio da anterioridade tributária situam-se no § 1º do art. 150 da Constituição.

Em se tratando da anterioridade tributária em matéria de contribuições sociais, é cediço que as contribuições sociais criadas ou majoradas só poderão ser cobradas depois de decorrido o prazo da *vacatio legis* (ou vacância da lei, é o período que decorre entre a data da criação da lei e a data de sua aplicabilidade, ou seja, o momento em que entra em vigor). É o que ocorre com os tributos.

Contudo, este princípio não se aplica as leis que venham a reduzir o valor das contribuições ou mesmo que isentem seu recolhimento, bem como a legislação que crie novos benefícios ou serviços ligados à Seguridade.

Princípio da Anualidade (P. da Anterioridade Orçamentária, P. da Anualidade Orçamentária, P. Orçamentário, P. do Orçamento, P. da Periodicidade, P. da Temporalidade) (Direito Tributário).

Importante informar que o princípio da anualidade não mais possui aplicação no ordenamento jurídico contemporâneo.

Inicialmente, trazemos uma breve definição do princípio em aclive determinada por Casalino (2012, p. 45), segundo o qual "o princípio da anualidade determina que o tributo só pode ser cobrado se houver prévia autorização orçamentária". Prossegue o autor afirmando que esta autorização ocorre anualmente na "lei orçamentária anual". Por ser esta autorização dada todo ano, deu-se ao instituto o nome de princípio da anualidade.

Como se denota do texto, este princípio era aplicável ao direito orçamentário, pois todas as receitas e despesas, correntes e de capital, deviam ser previamente previstas em programas e planos com um ano de duração. Hoje, é a Lei Orçamentária Anual, ou simplesmente LOA, que é uma lei a ser elaborada pelo poder Executivo e que terá duração de um ano, a responsável pela aplicação da anualidade. Em suma, exigia-se prévia autorização para que o tributo pudesse ser cobrado no exercício seguinte. O princípio da anualidade foi substituído pelo princípio da anterioridade tributária.

Princípio da Anulação da Decisão Recorrida (P. da Anulação) (Direito Processual Civil).

Existem alguns casos no Direito que poderão desencadear a anulação da decisão recorrida, ou seja, da sentença proferida. Dentre alguns exemplos que causam a anulação, temos a petição inicial inepta pela falta de dados e documentos essenciais ao prosseguimento da ação e a não intimação de membro Ministério Público em processos em que este deva atuar por determinação legal.

Em apertada síntese, por meio do princípio da anulação decisão recorrida, a sentença outrora existente em dado processo, deixa de existir no mundo jurídico, seus efeitos tornam-se nulos.

Princípio da Aplicação Imediata das Normas Processuais (P. da Aplicação Imediata, P. da Aplicação Imediata das Normas Processuais Penais, P. do Efeito Imediato, P. do Efeito Imediato da Lei Processual Penal, P. do *Tempus Regit Actum*) (Direito Processual Penal).

A guisa de introdução do tema e em abono da clareza cumpre anotar que o Código de Processo Civil trata da aplicação das normas processuais em seus artigos 13, 14 e 15. Na dicção do art. 13, cujo texto trazemos *in verbis*, "a jurisdição civil será regida pelas normas processuais brasileiras, ressalvadas as disposições específicas previstas em tratados, convenções ou acordos internacionais de que o Brasil seja parte".

O princípio da aplicação imediata das normas processuais (*tempus regit actum*) encontra-se regulado pelo art. 2º do CPP, segundo o qual "a lei processual penal aplicar-se-á desde logo, sem prejuízo da validade dos atos realizados sob a vigência da lei anterior". A expressão latina *tempus regit actum* significa literalmente o tempo rege o ato. Ou seja, será aplicada a lei em vigor ao ato jurídico praticado pelo agente. A lei atual regulará o ato.

O aresto proferido pelo Tribunal de Justiça de Minas Gerais colabora com o entendimento do princípio em discussão: "A lei processual nova aplicar-se-á de imediato aos processos em curso, ressalvados os atos jurídicos já consolidados sob a vigência da lei anterior, em respeito ao direito adquirido, ao ato jurídico perfeito e a coisa julgada" (TJ. 1.0016.07.069919-0/001(1)/MG. Rel. Nicolau Masselli, j. 09.04.2008, DJe 09.05.2008).

Cumpre transcrever a lição de lavra do ilustre professor Fernando Capez (2014, p. 86): "o ato processual será regulado pela lei que estiver em vigor no dia em que ele for praticado (*tempus regit actum*). Quanto aos atos anteriores, não haverá retroação, pois eles permanecem válidos, já que praticados segundo a lei da época. A lei processual só alcança os atos praticados a partir de sua vigência (dali para a frente)".

Princípio da Aplicação Residual do Código de Processo Civil (P. da Integratividade do Microssistema, P. da Integração do Microssistema, P. do Microssistema) (Direito Processual Coletivo).

Sendo um princípio próprio do processo coletivo, a aplicação residual do Código de Processo Civil decorre da característica do ambiente processual coletivo em propiciar comunicação entre diversos diplomas, criando um microssistema legal que atua em prol das tutelas coletivas. Sua previsão e ocorrência encontram fundamento em dispositivos legais como a LACP (art. 21, Lei nº 7.347/85) e o CDC (art. 90), por serem estas espécies normativas que orientam o processo coletivo. Assim, em não havendo norma protetiva que defenda determinado interesse legal do Direito Coletivo, deve-se buscar a guarida residual do Processo Civil.

Princípio do Aproveitamento dos Atos Processuais (P. do Aproveitamento dos Atos Processuais Praticados, P. do Aproveitamento Máximo dos Atos Processuais, P. da Conservação dos Atos Processuais, P. da Conservação dos Atos Processuais Úteis, P. da Sanabilidade).

O princípio do aproveitamento dos atos processuais configura-se como importante corolário do princípio da economia processual. O sistema processual pátrio enumera um rol de princípios que devem ser respeitados nos casos de nulidade evidenciados por vícios nos atos processuais. Esses princípios determinam as regras que irão regular as nulidades. Podemos citar como princípios que regem as nulidades dos atos processuais, segundo magistério de Silva (2014, p. 294/295), o do prejuízo, da concatenação, da responsabilidade na causação, da instrumentalidade das formas e o princípio do aproveitamento dos atos processuais, alvo de nosso estudo.

O *caput* do art. 282 do CPC determina que o Juiz, ao pronunciar a nulidade, deverá declarar quais atos serão atingidos e ordenar as providências necessárias a fim de que sejam repetidos ou retificados. No mesmo sentido o art. 283, *caput*: "O erro de forma do processo acarreta unicamente a anulação dos atos que não possam ser aproveitados, devendo ser praticados os que forem necessários a fim de se observarem as prescrições legais".

Ou seja, declarada a nulidade de determinado ato, deverá o Juiz determinar quais atos serão aproveitados haja vista não fazer sentido o descarte de atos plenamente utilizáveis, válidos em sua essência. Além do que, caso contrário, estaria o Juiz desrespeitando um dos princípios mais valiosos do direito, qual seja o da economia processual. Silva (2014, p. 294) dá ao fenômeno do aproveitamento dos atos processuais o nome de "redução".

Parafraseando Leone Pereira (2013, p. 394), "a declaração da nulidade não pode se estender, tampouco retroagir, aos atos validamente praticados". A CLT também trata das nulidades processuais no âmbito laboral, sendo possível perceber seu regramento nos artigos 794 a 798.

Princípio da Aptidão para a Prova (P. da Aptidão da Prova, P. da Distribuição Dinâmica do Ônus da Prova).

Este princípio encontra esteio no §1° do art. 373 do Código de Processo Civil, definindo que o ônus da produção da prova incumbirá àquele que for mais apto a apresentação do conteúdo probatório. Ao litigante que tenha melhores condições de elucidar a controvérsia caberá o encargo de apresentação das provas (TRT – 6. RO 30392011506/PE 0000030-39.2011.5.06.0331. Rel. Ana Isabel Guerra Barbosa Koury, DJe 02.12.2011). Diferente, portanto, daquilo estabelecido nos incisos I e II do mesmo artigo.

O CDC também regulamenta a aptidão para a prova ao estabelecer em seu art. 6, VIII, a facilitação da defesa do consumidor, inclusive com a inversão do ônus da prova, a seu favor, no processo civil, quando, a critério do Juiz, for verossímil a alegação ou quando for ele hipossuficiente, segundo as regras ordinárias de experiências.

Ainda que caiba à parte a prova dos fatos constitutivos do direito invocado, o encargo probatório transfere-se à parte contrária quando verificado que esta detém a prova acerca da questão ou a ela possui mais fácil (TRT – 18, 3ª Turma. RO 0010251-25.2015.5.18.0261/GO. Rel. Rosa Nair da Silva Nogueira Reis, j. 30.09.2015).

No âmbito trabalhista, via de regra, o empregador configura-se muito mais capacitado para produzir as provas, haja vista ser a parte produtora da documentação relativa ao empregado.

Princípio da Aquisição Processual da Prova (P. da Aquisição dos Meios de Prova, P. da Aquisição Processual, P. da Aquisição da Prova, P. da Comunhão dos Meios de Prova, P. da Comunhão da Prova).

O artigo 371 do CPC determina que o Juiz do caso aprecie a prova trazida aos autos por uma das partes, independente do sujeito que a tiver promovido (autor, réu ou MP, terceiro ou o próprio Juiz).

O presente princípio aduz que a prova, depois de trazida aos autos, não mais pertence à parte que a promoveu, mas sim aos autos. Essa prova irá colaborar para o desenrolar do processo e dele não mais poderá ser extraída. A partir daí, não importa quem a trouxe aos autos, sua origem perde importância. A prova torna-se "pública, comum e parte integrante do conjunto probatório, para favorecer ou desfavorecer quem quer que seja" (Novo CPC Anotado e Comparado para Concursos, 2015, p. 385). Nas palavras do mestre Carlos Henrique Bezerra Leite (2013, p. 649), "as provas não pertencem às partes, e sim ao processo ou, segundo alguns, ao juízo".

Não obstante a regra da proibição do desentranhamento das provas dos autos depois de sua juntada, o Diploma Processual configura algumas exceções, como no caso do art. 432, que trata da retirada de prova alegada como falsa dos autos antes do exame pericial pela parte que a produziu. Importante dizer que a retirada da prova fica condicionada à concordância da parte que alegou a falsidade documental.

Princípio da Assimilação.

A Convenção de Paris para a Proteção da Propriedade Industrial foi um documento oficializado em 1883, cujo objetivo maior era o de resguardar os direitos dos países sobre a propriedade industrial por meio da compatibilização dos diferentes ordenamentos de cada país signatário. A lei nº 9.279, de 14 de maio de 1996 é o instrumento normativo pátrio que regula direitos e obrigações relativos à propriedade industrial, tendo por base a Convenção de Paris.

Nesse diapasão, o princípio da assimilação encontra-se encartado no art. 3º, II, desta norma, segundo o qual aplica-se o disposto na lei também aos nacionais ou pessoas domiciliadas em país que assegure aos brasileiros ou pessoas domiciliadas no Brasil a reciprocidade de direitos iguais ou equivalentes. Suas diretrizes impedem que sejam estabelecidas diferenciações das regras que regem a propriedade industrial para brasileiros e estrangeiros. Qualquer espécie de discriminação que conceda vantagens a um ou outro grupo será ilegal, devendo ser eliminada do ordenamento.

Princípio da Assistência Jurídica Integral e Gratuita.

A Constituição de 1988 instituiu a obrigatoriedade do Estado em prestar assistência judiciária gratuita aos que dela necessitarem. Não se trata de institucionalizar a prestação da justiça gratuita, mas sim amparar aqueles mais necessitados que não disponham de recursos para ter acesso ao Judiciário na busca de seus direitos. O princípio da assistência judiciária integral e gratuita encontra-se plasmado no art. 5º, LXXIV da CF, instituindo que "o Estado prestará assistência jurídica integral e gratuita aos que comprovarem insuficiência de recursos".

A CF/88 definiu a prestação de assistência judiciária aos mais necessitados que não disponham de recursos para ter pleno acesso ao Poder Judiciário. Para tanto, instituiu a Defensoria Pública como o órgão responsável por prestar este serviço, prestando auxílio nas demandas em que a parte seja hipossuficiente. Nestes termos, temos o *caput* do art. 134: "A Defensoria Pública é instituição permanente, essencial à função jurisdicional do Estado, incumbindo-lhe, como expressão e instrumento do regime democrático, fundamentalmente, a orientação jurídica, a promoção dos direitos humanos e a defesa, em todos os graus, judicial e extrajudicial, dos direitos individuais e coletivos, de forma integral e gratuita, aos necessitados, na forma do inciso LXXIV do art. 5º desta Constituição Federal".

Nos termos instituídos pelos instrumentos legais aqui citados, o Estado tem o dever de prestar àqueles mais necessitados assistência jurídica integral e gratuita, buscando a conscientização da população acerca de seus direitos para que, em posse da informação, possa exercê-los (Bueno, 2015, p. 49).

Por fim, aduz Bueno (*idem*) que "o que quer o inciso LXXIV do art. 5º da CF é evitar que o *custo* inerente à prestação da atividade jurisdicional seja óbice para aqueles que não tenham condições de suportá-lo". Para tanto e nesses casos, o Estado assume a responsabilidade pelos custos da atividade para que o exercício dos direitos pela parte que não possui recursos próprios possa ser plenamente exercido.

Princípio da Atipicidade (P. da Atipicidade das Medidas Executivas, P. da Atipicidade dos Meios Executivos).

Segundo entendimento de Medina (2011, p. 669), o princípio da atipicidade poderá afetar a esfera jurídica do executado, entretanto, prescinde de modelo legal predefinido a ser observado, haja vista a "multiplicidade de medidas executivas diversas que podem ser aplicadas" e "quanto à forma de aplicação de tais medidas executivas".

Mesmo antes da Reforma do Código de Processo Civil ocorrida no ano de 2015, a melhor doutrina entendia que o princípio da atipicidade já vinha se sobrepondo ao princípio da tipicidade das medidas executivas, haja vista a insuficiência de regulações normativas existentes aptas a cuidar da crescente demanda de novas situações jurídicas carentes de tutela (Medina, 2011, p. 669).

Acerca do tema, Cássio Scarpinella Bueno (2014, p. 22) pondera que "ao mesmo tempo que diversos dispositivos do Código de Processo Civil continuam, ainda, a autorizar apenas e tão somente, a prática de atos jurisdicionais típicos, no sentido colocado em destaque nos parágrafos anteriores, é inegável, à luz do 'modelo constitucional do direito processual civil', que o exame de cada caso concreto pode impor ao Estado-juiz a necessidade da implementação de técnicas ou de métodos executivos não previstos expressamente em lei e que, não obstante – e diferentemente do que a percepção tradicional daquele princípio revelava -, não destoam dos valores ínsitos à atuação do Estado Democrático de Direito, redutíveis à compreensão do 'devido processo legal'".

Princípio da Atipicidade do Processo Coletivo (P. da Atipicidade, P. da Máxima Amplitude, P. da Não Taxatividade da Ação Coletiva, P. da Não Taxatividade do Processo Coletivo) (Direito Processual Civil).

Um dos princípios do processo coletivo brasileiro, a atipicidade tem previsão em diversos códigos e Leis do nosso ordenamento, destacando-se aqui o art. 212 do ECA, o art. 83 do CDC e o art. 82 da Lei nº 10.741/2003 (Estatuto do Idoso). Em suma, tais instrumentos regulam que na defesa dos direitos e interesses regulados nestas Leis, serão admissíveis todas as espécies de ações que possam propiciar sua adequada e efetiva tutela.

Assim, compreende-se que toda a natureza de ações poderá ser admitida na efetiva defesa dos direitos e interesses constantes nestas Leis, sendo proibidos quaisquer instrumentos que venham a impedir a propositura de ação coletiva que tenha o objetivo de proteger direitos tutelados. Outra particularidade da atipicidade é que aos direitos coletivos novos não poderá ser negado o acesso irrestrito à justiça.

Princípio da Atipicidade da Prova (P. da Atipicidade dos Meios de Prova).

Dentro do Processo Civil brasileiro o direito probatório é composto por alguns princípios norteadores, dentre os quais temos o princípio da atipicidade da prova. Este princípio encontra-se consagrado por meio do art. 369 do CPC, *in verbis*: "As partes têm o direito de empregar todos os meios legais, bem como os moralmente legítimos, ainda que não especificados neste Código, para provar a verdade dos fatos em que se funda o pedido ou a defesa e influir eficazmente na convicção do juiz".

Poderão as partes provar os fatos alegados por meio das chamadas provas típicas, como também por meio das provas atípicas. As provas típicas são aquelas previstas no CPC como o depoimento pessoal (art. 385 a 388), confissão (art. 389 a 395), exibição de documento ou coisa (art. 396 a 404), prova documental (art. 405 e seguintes), prova testemunhal (art. 442 a 449), inspeção judicial (art. 481 a 484) e a prova pericial (art. 464 e seguintes).

O Processo Civil admite que provas consideradas atípicas comprovem os fatos alegados nos autos, desde que não sejam ilícitas e não atentem contra os bons costumes, o que é corroborado pelo art. 5º, LVI da Constituição Federal ("são inadmissíveis, no processo, as provas obtidas por meios ilícitos"). O que o ordenamento aduz, é que os meios de produção de prova moralmente legítimos, mesmo que atípicos (não previstos em lei), poderão ser utilizados, mas não aqueles considerados ilícitos; estes terão sua utilização terminantemente vedada.

Princípio do Ato Jurídico Perfeito (P. da Intangibilidade do Ato Jurídico Perfeito).

O artigo 5º, XXXVI, da CF, disciplina que a lei não prejudicará o direito adquirido, o ato jurídico perfeito e a coisa julgada. Princípio de assento constitucional, o ato jurídico perfeito "é aquele já efetivamente realizado, sob as regras da lei vigente na época de sua prática", representando "um adicional ao direito adquirido" (Marcelo e Alexandrino, 2009, p. 148).

Pois bem, o ato jurídico perfeito é aquele realizado em respeito às leis vigentes no momento de sua realização. Ato jurídico perfeito e direito adquirido se completam, pois este último só ocorre quando estão reunidos todos os requisitos exigidos por lei para sua formação. Castro (2016, p. 11) cita entendimento do STF, afirmando que "a nova lei não atinge os efeitos previstos e delimitados em contrato anterior".

Naturalmente, o presente princípio mira a segurança jurídica, à medida que visa preservar as decisões judiciais confeccionadas legalmente sob a égide de determinado ordenamento (lei pretérita) de lei nova, que intencione retroagir sobre atos jurídicos já consolidados, a não ser que tal lei venha por regular situação mais favorável ao indivíduo, situação esta permitida.

Princípio dos Atos Decisórios Juridicamente Relevantes (P. das Decisões Juridicamente Relevantes).

Apesar de não ser unanimidade entre a doutrina pátria, tratamos aqui de um dos princípios fundamentais da teoria geral dos recursos no processo civil. Em relação ao tema, argumenta Silva (2013, p. 754) que deverá haver uma vedação da recorribilidade em relação a certos pronunciamentos jurídicos ou a redução do vigor recursal para que seja conferida ao processo uma duração razoável. Continua o autor no sentido de que somente os atos decisórios juridicamente relevantes sejam passíveis de impugnação por recurso, deixando certos atos impossibilitados de serem acessados por esta via, tal como o despacho, aquele pronunciamento judicial sem conteúdo decisório (cf. art. 1001 do CPC: Dos despachos não cabe recurso).

Importante ressaltar que, caso o pronunciamento judicial tenha conteúdo decisório e não seja uma sentença (cf. §§ 1º e 2º do art. 203 do CPC), estaremos diante de uma decisão interlocutória, esta sim passível de impugnação pela via recursal.

O julgado do Tribunal de Justiça do Rio Grande do Sul foi sucinto ao abordar o tema, trazendo o entendimento consolidado de que o despacho de mero expediente, ou seja, aquele pronunciamento judicial ausente de conteúdo decisório e que não traga prejuízo a nenhuma das partes, será revestido da irrecorribilidade (TJ. AI 70064437189/RS. Rel. Armínio José Abreu Lima da Rosa, j. 29.04.2015, DJe 04.05.2015).

Princípio da Atualização Monetária.

Inicialmente, cumpre trazer a baila o fato da atualização monetária não ser um princípio do direito, mas sim um princípio específico da contabilidade. Apesar de não ser próprio do direito, este princípio é de grande utilidade no direito empresarial, na medida em que explora acerca da possibilidade do capital social de uma empresa ser corrigido monetariamente.

A Lei 9.249/95 que trata da legislação do imposto de renda das pessoas jurídicas e da contribuição social sobre o lucro líquido, veda expressamente que haja correção monetária sobre as demonstrações financeiras da empresa para fins societários, conforme se extrai do parágrafo único do art. 4º da lei em aclive, *verbis*: "Fica vedada a utilização de qualquer sistema de correção monetária de demonstrações financeiras, inclusive para fins societários".

A bem da verdade, o Conselho Federal de Contabilidade (CFC) por meio da Resolução CFC nº 900/2001, que estabelece diretrizes específicas sobre a aplicação do princípio da atualização monetária, estabeleceu algumas exceções a regra da inaplicabilidade da atualização monetária do capital social das empresas. Determina a Resolução que será compulsória a aplicação do princípio da atualização monetária quando a inflação acumulada no triênio for de 100% ou mais (cf. art. 1º, *caput*), devendo ser esta aplicação amplamente divulgada nas notas explicativas às demonstrações contábeis (cf. art. 2º). Quando a taxa inflacionária acumulada no triênio for inferior a 100%, a aplicação do princípio da atualização monetária somente poderá ocorrer em demonstrações contábeis de natureza complementar às demonstrações de natureza corrente, derivadas da escrituração contábil regular (cf. art. 3º, *caput*).

Princípio da Ausência de Autoridade Superior.

Um dos princípios sociológicos do Direito Internacional, o princípio da ausência de autoridade superior determina que no plano jurídico não há um Estado que exerça domínio sobre outro, pois todos os Estados estão no mesmo patamar. Isto ocorre, pois não existe um organismo internacional ou mesmo um Estado que exerça a função de autoridade superior diante dos demais países. Não há subordinação no plano jurídico internacional.

Apesar de não existir no plano do Direito Internacional um ou mais Estados que exerçam poder sobre os demais, existem organismos internacionais que exercem papéis vitais de auxílio dos entes no plano internacional como a ONU, a OMS e o Tribunal Internacional de Justiça (TIP – também conhecido por Corte ou Tribunal de Haia), que, respectivamente, dentre outros serviços, se prestam a disseminar a paz entre as nações e a mediar conflitos, a promover a saúde de todos os povos, e a solucionar conflitos em sede do Direito Internacional.

Princípio da Ausência de Hierarquia entre as Normas.

Este princípio relaciona-se com o princípio da ausência de autoridade superior, segundo o qual inexiste subordinação entre Estados no plano jurídico internacional. Sendo assim, estranho seria se houvesse no plano internacional hierarquia entre normas (convenções, tratados, pactos) assinadas entre Estados. Dito isto, pode-se afirmar categoricamente que todas as normas internacionais encontram-se no mesmo nível de importância, no mesmo patamar, inexistindo norma internacional que tenha mais valor que outra.

Ou seja, a norma celebrada entre Brasil e Costa do Marfim possui o mesmo valor jurídico que a norma assinada entre a China e a França, pois todas as normas internacionais possuem o mesmo valor jurídico. As normas sempre terão o mesmo valor jurídico, independente de quais sejam as nações envolvidas. [7]

Princípio *Aut Dedere Aut Judicare*.

O brocardo jurídico *aut dedere aut judicare* também conhecido pelas expressões *extraditare vel judicare* e *extradite or prosecute*, consta como um dos fundamentos que regem o processo de extradição no plano do Direito Internacional Público, tendo por tradução aproximada "extraditar ou julgar". Por este instrumento os Estados internacionais têm o compromisso de extraditar o agente autor do delito, ou, caso esta medida não seja possível, julgá-lo em território nacional pelos crimes supostamente cometidos no país que requer a extradição.

A obrigação do Estado em julgar criminalmente aquele que por algum motivo não pode ser alvo de extradição decorre do princípio da jurisdição universal, norma segundo a qual os Estados invocam jurisdição penal sobre pessoas estrangeiras que residam em seu território nos casos em que, por motivos diversos, sua extradição não seja possível.

Trata-se de ferramenta garantidora da paz, segurança e justiça, tanto no plano interno como no plano internacional, além de importante instrumento em defesa dos direitos humanos, na medida em que impede que o agente infrator fique livre de ser submetido a um julgamento justo pelos crimes que supostamente praticou em seu país de origem.

Princípio da Autodeterminação dos Povos (Direito Internacional Público).

A autodeterminação dos povos é um princípio que se encontra consagrado na Carta Maior (art. 4º, III), e que assegura ao povo de um dado território o poder de se autorregular, de decidir sobre o próprio futuro. É a autonomia que o povo possui em determinar os rumos da nação por vontade própria por meio do voto ou de decisões políticas relevantes.

A autodeterminação é o poder de auto-regulação que um povo possui para determinar seu futuro por meio de suas próprias decisões. Esta característica fundamental de autonomia decisória se exterioriza, inclusive, perante os demais países, pois os diversos entes internacionais não poderão interferir em decisões internas de outros Estados soberanos. Trata-se de um princípio regulador e orientador das relações entre Estados no plano internacional.

Princípio da Autoexecutoriedade do Ato de Polícia.

Sobre o tema seguem julgados, ambos do TJ:

"A Administração Pública Municipal possui o atributo da auto-executoriedade, que lhe é inerente. É poder-dever para atuar concretamente no âmbito de sua fiscalização e atuação administrativa sem necessidade de intervenção do Poder Judiciário, e não faculdade. A Administração Pública pode interditar ou obstar o funcionamento de estabelecimento que atua sem possuir alvará de localização ou que funciona de forma irregular ou ilegal e inclusive cominar sanções cabíveis em caso de prática de atividade anti-social" (TJ, 8ª Câmara. APL 9105266-08.2009.8.26.0000/SP. Rel. Min. Rubens Rihl, j. 23.11.2011, DJe 07.12.2011).

"A demolição de cerca que ocupa área pública ocorrida sem qualquer ordem judicial não viola, em tese, nenhuma norma legal, pois a ação do estado se deu dentro da esfera do seu poder de polícia, o qual possui vários atributos específicos imprescindíveis a sua existência, como a discricionariedade, auto-executividade e coercibilidade. Sobre o segundo atributo, expõe o mestre Helly Lopes Meirelles: "o que o princípio da auto-executoriedade autoriza é a prática do ato de polícia administrativa pela própria administração, independentemente de mandado judicial. Assim, p. Ex., quando a prefeitura encontra uma edificação irregular ou oferecendo perigo à coletividade, ela embarga diretamente a obra e promove sua demolição, se for o caso, por determinação própria, sem necessidade de ordem judicial para esta interdição e demolição"" (*in*, direito administrativo brasileiro, 23ª edição, editora RT) (TJ, 3ª Turma. AG 20030020037838/DF. Rel. Min. Jeronymo de Souza, j. 22.09.2003, DJe 19.11.2003).

Princípio da Autonomia Administrativa.

O princípio da autonomia administrativa decorre do princípio constitucional da separação dos poderes (art. 2º, CF/88), possibilitando a Administração Pública tomar decisões por meio de atos administrativos, sem que para isso tenha que recorrer a permissão do poder Judiciário ou do Poder Legislativo. Sua autonomia decorre dos diversos sistemas característicos que possui a Administração Pública como institutos, métodos e os princípios próprios do Direito Administrativo. Esta autonomia é chamada por Oliveira (2016, p. 10) de "autonomia científica".

Segundo leciona Carvalho Filho (2012, p. 6/7), a principal característica que determina a autonomia da Administração Pública é a auto-administração que possibilita aos Entes da Administração independência na organização de suas atividades. Continua o autor: "Dotadas de autonomia e, pois, da capacidade de auto-administração, as entidades federativas terão, por via de consequência, as suas próprias Administrações, ou seja, sua própria organização e seus próprios serviços, inconfundíveis com o de outras entidades".

Além da autoadministração, Oliveira (*idem*, p. 66) aponta também a auto-organização e o autogoverno como características fundamentais da autonomia dos Entes Federados.

Princípio da Autonomia dos Credores Solidários.

No campo das obrigações solidárias mesmo que uma obrigação seja convertida em perdas e danos persistirá ao devedor, para todos os efeitos, a solidariedade (art. 271, CC).

A solidariedade decorre de lei ou de convenção pactuada entre as partes e, por estes motivos, ainda que a obrigação seja convertida em perdas e danos o devedor continua responsável pela dívida total a qualquer um dos credores solidários. Do mesmo modo, ainda que convertida a dívida em perdas e danos, qualquer um dos credores poderá cobrar o total da prestação (Assis Neto, *et al.*, 2016, p. 617).

De acordo com o princípio da autonomia dos credores solidários consubstanciado no artigo 274 do Código Civil, a decisão judicial contrária a um dos credores solidários não atingirá os demais credores, por outro lado, o julgamento favorável aproveita aos demais, sem prejuízo de exceção pessoal que o devedor porventura tenha direito de invocar em relação a qualquer um deles.

Princípio da Autonomia entre Cognição e Execução (P. da Autonomia) (Direito Processual Civil).

Os Diplomas processuais anteriores, quais sejam os de 1994, 2002 e 2005, regiam a autonomia entre as fases de conhecimento e de execução. Havia a autonomia do processo de execução perante a fase cognitiva. Sendo assim, ao fim da fase de conhecimento a parte vencedora deveria propor uma ação de execução perante um título executivo para que seu direito fosse satisfeito. Isto significava um novo processo, autônomo em relação ao processo de conhecimento, com citação, custas e todos os procedimentos convencionais.

Com o advento da Lei 11.232/2005 houve a mitigação da autonomia da fase executiva, haja vista ter a lei estabelecido a fase de cumprimento de sentença no processo de conhecimento e revogado dispositivos relativos à execução fundada em título judicial.

Passou-se a privilegiar o "modelo sincretista de processo". A concepção filosófica do termo "sincretismo" advém da síntese de elementos diferentes, cunhados sob diferentes pontos de vista, até certo ponto contraditórios, antagônicos, mas que se fundem em determinado momento. [8]

Sintetizando, atualmente o princípio da autonomia encontra-se mitigado pela Lei 11.232/2005, haja vista sua atuação ter ficado restrita à execução fundada em títulos extrajudiciais. Hodiernamente, o princípio do sincretismo entre cognição e execução predomina sobre o princípio da autonomia entre cognição e execução exatamente por propor a comunicação entre as fases de conhecimento e execução, na medida em não se exige a proposição de ação de execução nos casos em que o direito se dá por meio de título judicial, bastando à parte propor, dentro dos próprios autos, uma ação de cumprimento de sentença, e, em respeito ao postulado constitucional da celeridade processual (ver princípio da celeridade). A autonomia fica, assim, restrita a execução de título extrajudicial, devendo a parte propor nova demanda, independente daquela de conhecimento.

Princípio da Autonomia dos Entes Federativos (P. da Autonomia, P. da Autonomia Municipal, P. da Autonomia Política, P. da Autonomia Político Administrativa dos Entes Federativos) (Direito Constitucional).

Segundo Paulo e Alexandrino (2009, p. 294), a regra em uma Federação é que os entes estatais, quais sejam União, estados, DF e municípios exerçam a autonomia, com a existência de governo próprio e posse de competências constitucionais exclusivas.

Assim preceitua a Constituição Federal em seu art. 18, definindo que a organização político-administrativa da República Federativa do Brasil compreende a União, os Estados, o Distrito Federal e os Municípios, todos autônomos, nos termos desta Constituição. A forma federativa se eleva a tal grau de importância, cláusula pétrea que é, que a CF não permite que haja deliberação acerca de proposta de emenda tendente a abolir a forma federativa de Estado (cf. art. 60, § 4º, I).

Pois bem, as unidades federadas são entes estatais com personalidade jurídica de direito público interno, possuindo entre si autonomia administrativa, política etc. Entretanto, essa autonomia ocorrerá somente dentro das esferas de competência destes entes.

Como desdobramento dessa autonomia, no que tange aos Estados da Federação, estes poderão "incorporar-se entre si, subdividir-se ou desmembrar-se para se anexarem a outros, ou formarem novos Estados ou Territórios Federais, mediante aprovação da população diretamente interessada, através de plebiscito, e do Congresso Nacional, por lei complementar" (cf. art. 18, § 3º, CF).

Em relação aos Municípios, determina o § 4º do mesmo artigo constitucional que sua criação, incorporação, fusão e o desmembramento serão realizados por meio de lei estadual, "dentro do período determinado por Lei Complementar Federal, e dependerão de consulta prévia, mediante plebiscito, às populações dos Municípios envolvidos, após divulgação dos Estudos de Viabilidade Municipal, apresentados e publicados na forma da lei".

"O princípio constitucional federativo adotado no Brasil, consagra o poder de auto-organização dos entes federativos, tendo como destaque a autonomia destes no âmbito do plano legislativo e administrativo" (TJ. AC 3268013/PR. Rel. Anny Mary Kuss, j. 28.11.2006).

Decidimos por uma questão didática analisar este princípio à parte do princípio federativo, apesar da estreita relação existente entre ambos.

Princípio da Autonomia dos Estabelecimentos.

Essa autonomia dos estabelecimentos decorrente do Direito Tributário ocorre no âmbito do IPI e do ICMS, pois, para efeitos de cobrança destes impostos, os estabelecimentos de uma pessoa jurídica serão considerados autônomos em relação ao Fisco.

Colhe-se da jurisprudência do Tribunal Regional Federal que, para fins de tributação do Imposto sobre Produtos Industrializados - IPI, os estabelecimentos são considerados autônomos, ainda que pertencentes a uma mesma pessoa física ou jurídica, conforme estabelece o parágrafo único do artigo 51 do Código Tributário Nacional e Artigo 487 do Regulamento do IPI – RIPI (TRF - 2, 5ª Turma. AG 87841 2001.02.01.045549-8. Rel. Des. Fed. Vera Letícia Lima, j. 20.08.2002, DJe 22.10.2002). Pois bem, o que se dessume do art. 51 do CTN (Lei 5.172/66), é que em relação ao IPI considera-se contribuinte autônomo qualquer estabelecimento de importador, industrial, comerciante ou arrematante.

Consoante se extrai do art. 49 do Diploma Tributário, o imposto (IPI) é não-cumulativo. Segundo Sabbag (2015, p. 774), este postulado "proíbe a técnica cumulativa, permitindo que em cada operação tributada deva ser abatido o valor do mesmo imposto pago na operação imediatamente anterior". Em relação ao ICMS também incorre a regra da não cumulatividade, conforme se extrai do art. 19 da LC 87/96 e do art. 155, § 2º, I, da CF.

A autonomia de cada estabelecimento da empresa encontra-se consagrado também no art. 127 do CTN, sítio que trata acerca dos domicílios tributários.

"O princípio da autonomia dos estabelecimentos para fins fiscais visa oportunizar a técnica da não-cumulatividade, o que fica na dependência de previsão legal, inocorrente na sistemática de tributação do PIS (art. 5º da Lei 10.637 /2002) e da COFINS (art. 4º da Lei 10.833 /2003), cuja base de cálculo é global, resultante da receita bruta ou faturamento total da pessoa jurídica" (STJ, 2ª Turma. REsp 1086843/PR

2008/0191352-4. Rel. Min. Eliana Calmon, j. 06.08.2009, DJe 21.08.2009).

Princípio da Autonomia dos Litisconsortes.

O princípio da autonomia dos litisconsortes encontra assento no art. 117 do Código de Processo Civil, segundo o qual "os litisconsortes serão considerados, em suas relações com a parte adversa, como litigantes distintos, exceto no litisconsórcio unitário, caso em que os atos e as omissões de um não prejudicarão os outros, mas os poderão beneficiar".

Portanto, os atos omissivos e comissivos de um litisconsorte não prejudicarão os outros, pois, diante da parte adversa do processo são considerados litigantes distintos. Outrossim, nos casos de litisconsórcio unitário os atos e omissões de um litisconsorte não prejudicarão os demais, mas poderão beneficiar.

Registre-se, por oportuno, que o art. 391 também faz menção ao tema, ao afirmar que nos casos de litisconsórcio simples, a confissão judicial de um dos litisconsortes faz prova somente contra este, não prejudicando os demais.

Princípio da Autonomia das Obrigações Cambiais (P. da Autonomia, P. da Autonomia das Obrigações Cambiarias, P. da Autonomia dos Títulos de Crédito, P. da Independência dos Títulos de Crédito) (Títulos de Crédito).

A autonomia é um dos princípios dos títulos de crédito, juntamente com a cartularidade, literalidade, abstração e inoponibilidade das exceções pessoais ao portador de boa-fé.

Muitos doutrinadores definem este como o mais importante princípio dos títulos de crédito. Estabelece o princípio que as obrigações cambiais que estejam representadas em um mesmo título de crédito apresentam a característica da autonomia, ou seja, serão independentes entre si. Esta característica torna-se fundamental aos títulos de crédito ao revestir-lhes de segurança jurídica, haja vista sua fácil negociabilidade.

Em virtude da autonomia que cerca as obrigações cambiais, importante mencionar que possíveis vícios que possam comprometer a validade de títulos de crédito negociados não irão atingir relações jurídicas subjacentes. Assim, diante do princípio da autonomia das obrigações cambiais, a defesa fundada na inexistência do negócio jurídico subjacente não é oponível a terceiro, exceto se o interessado alegar e provar que ele agiu de má-fé (TJ, 4ª Câmara Cível. APL 8760/RJ 1997.001.08760. Rel. Des. Semy Glanz, j. 11.08.1998, DJe 23.10.1998).

"O cheque constitui título de crédito essencialmente autônomo, pois cada obrigação que deriva do título é independente, de forma que não pode uma das partes da cártula invocar, a seu favor, fatos ligados aos obrigados anteriores. Disso exsurgem a abstração cambiária e a inoponibilidade das exceções pessoais; duas ramificações da autonomia que merecem toda atenção" (TJ, 4ª Câmara de Direito Comercial. AC 20120511029/SC 2012.051102-9. Rel. Altamiro de Oliveira, j. 16.09.2013).

O princípio da autonomia das obrigações cambiais desdobra-se em dois subprincípios: o princípio da abstração das obrigações cambiais e o princípio da inoponibilidade das exceções pessoais a terceiros de boa-fé.

Princípio da Autonomia Partidária (P. da Autonomia dos Partidos, P. da Autonomia dos Partidos Políticos, P. da Liberdade Partidária, P. da Liberdade de Organização).

A autonomia partidária encontra-se disciplinada na CF/88, em seu artigo 17, § 1º: "É assegurada aos partidos políticos autonomia para definir sua estrutura interna e estabelecer regras sobre escolha, formação e duração de seus órgãos permanentes e provisórios e sobre sua organização e funcionamento e para adotar os critérios de escolha e o regime de suas coligações nas eleições majoritárias, vedada a sua celebração nas eleições proporcionais, sem obrigatoriedade de vinculação entre as candidaturas em âmbito nacional, estadual, distrital ou municipal, devendo seus estatutos estabelecer normas de disciplina e fidelidade partidária".

De acordo com Celso Spitzcovsky (2014, 107/108), a autonomia abrange, resumidamente, "a definição de sua estrutura interna, organização e funcionamento"; "a adoção dos critérios de escolha e o regime de suas coligações"; e "o estabelecimento de normas sobre disciplina e fidelidade partidária".

Segundo explica Moraes (2017, p. 289), a Constituição Federal "(...) vedou a ingerência indevida do Poder Público nas agremiações partidárias, consagrando plena autonomia a todos os partidos políticos, para que possam definir sua estrutura interna, organização e funcionamento –

obviamente, com absoluto respeito aos princípios constitucionais, em especial, a regra da dignidade da pessoa humana (...)".

De acordo com o art. 17, *caput*, da Carta Maior, será livre a criação, fusão, incorporação e extinção de partidos políticos, resguardados a soberania nacional, o regime democrático, o pluripartidarismo, e os direitos fundamentais da pessoa humana. Os partidos políticos deverão ainda observar alguns requisitos obrigatórios para que possam efetivamente existir, como possuir caráter nacional; proibição de recebimento de recursos financeiros de entidade ou governo estrangeiros ou de subordinação a estes; prestação de contas à Justiça Eleitoral e funcionamento parlamentar de acordo com a lei (cf. incisos I a IV, art. 17, CF).

Por outro lado, a autonomia conferida pela Constituição Federal aos partidos políticos não deve ser entendida como um salvo conduto a uma liberdade irrestrita. Pelo contrário, os partidos políticos deverão respeitar a legislação eleitoral para que não sejam punidos por práticas não permitidas. É o que se dessume de aresto do STF: "A Justiça Eleitoral tem o dever de garantir que a autonomia partidária não ofenda a legislação eleitoral a que as agremiações partidárias estão subordinadas; e, sobretudo, cabe ao SUPREMO TRIBUNAL FEDERAL assegurar a observância dos preceitos constitucionais regentes da atividade político-partidária" (STF. ED ARE 0000072-21.2016.6.16.0018/PR. Rel. Min. Alexandre de Moraes, j. 17.05.2019, DJe 17.05.2019).

Princípio da Autonomia Patrimonial (P. da Autonomia Patrimonial da Pessoa Jurídica, P. da Autonomia Patrimonial da Sociedade Empresária, P. da Autonomia da Pessoa Coletiva, P. da Autonomia Subjetiva da Pessoa Coletiva) (Direito Empresarial).

Este princípio foi criado visando à proteção patrimonial dos sócios de determinada pessoa jurídica. Visa impossibilitar que haja confusão patrimonial entre os bens dos sócios e os bens da empresa, haja vista haver incomunicabilidade entre eles. Além disso, objetiva também a limitação dos riscos sobre o capital utilizado pelo empreendedor e destacado para investimento na sociedade empresária. Em caso de responsabilização da pessoa jurídica, os bens dela responderão pelas dívidas, e não o patrimônio dos sócios, permitindo-se a integridade daqueles bens que não integram a sociedade.

Assim, pode-se dizer que o princípio da autonomia patrimonial determina a separação da personalidade jurídica da pessoa jurídica da dos sócios, ou seja, em regra, haverá uma incomunicabilidade entre eles, sendo os bens da empresa os responsáveis por eventuais riscos da atividade econômica, e não os bens dos sócios, bem como naquelas situações onde se confundem as figuras dos sócios e dos administradores. É a chamada personalização das sociedades empresárias.

Dispõe o Código Civil na parte que trata das pessoas jurídicas que, em caso de abuso da personalidade jurídica, caracterizado pelo desvio de finalidade, ou pela confusão patrimonial, pode o Juiz decidir, a requerimento da parte, ou do Ministério Público quando lhe couber intervir no processo, que haja a desconsideração da personalidade jurídica, ou seja, que os efeitos de certas e determinadas relações de obrigações sejam estendidos aos bens particulares dos administradores ou sócios da pessoa jurídica (cf. art. 50, CC). A distinção que há entre as figuras dos sócios ou componentes e a da pessoa jurídica empresarial só será afastada, portanto, em situações pontuais e concretas.

"O Código Civil de 2002 reconheceu a personalidade própria da pessoa jurídica, dispondo ser diferente da de seus sócios, conferindo-lhe a devida proteção. Essa distinção de personalidades acarreta a separação dos patrimônios, respeitando-se o princípio da autonomia patrimonial. Dessa forma, em regra, a pessoa física não pode responder por dívidas contraídas pela pessoa jurídica a qual representa, salvo se restar comprovado o abuso da personalidade nos termos do art. 50 do Código Civil de 2002" (TJ, 6ª T. Cível. APC 20110112224337/DF. Rel. Ana Maria Duarte Amarante Brito, j. 27.01.2016, DJe 02.02.2016).

Princípio da Autonomia da Reconvenção.

Em nosso ordenamento jurídico a reconvenção tem natureza jurídica de ação, por este motivo, mesmo que haja a desistência da ação principal ou ocorra qualquer causa que ocasione sua extinção, mesmo assim, a reconvenção prosseguirá. Os óbices que impedem o seguimento da ação principal não serão obstáculos ao prosseguimento da reconvenção.

A ação, de acordo com o estabelecido no § 2°, do art. 343 do CPC, declara a autonomia da reconvenção em face da ação principal, conforme se denota do texto de lei: "A desistência da ação ou a ocorrência de causa extintiva que impeça o exame de seu mérito não obsta ao prosseguimento do processo quanto à reconvenção".

Princípio da Autonomia Sindical (P. da Não Intervenção Estatal).

Para iniciar o estudo do princípio da autonomia sindical, importante se faz seu conceito, de lavra do doutrinador João de Lima Teixeira Filho (1993, p. 48): "Autonomia sindical é o atributo fundamental da liberdade associativa. É o direito do próprio sindicato de, como pessoa jurídica, auto-organizar-se e funcionar sem a intervenção e a interferência do Estado. Esta dimensão da liberdade sindical somente veio a se configurar no Brasil após a Constituição Federal de 1988".

Esta liberdade sindical que proclama Teixeira Filho alcança tanto os sindicatos patronais quanto os sindicatos dos empregados, e se tornou mais forte após o advento da Constituição Federal de 1988, pois foi estabelecido que o Estado não mais iria interferir na criação das entidades sindicais, nem em sua gestão. A CF/88 trouxe em seu bojo a liberdade quanto à estruturação interna, composição de estatuto e normas de funcionamento. Foi garantida as associações sindicais o poder de autogestão.

O princípio da autonomia sindical encontra-se plasmado no art. 8º, I, da Carta Magna, definindo que será livre a associação profissional ou sindical, observando-se que a lei não poderá exigir autorização do Estado para a fundação de sindicato, ressalvado o registro no órgão competente, vedadas ao Poder Público a interferência e a intervenção na organização sindical.

Sintetizando, a autonomia sindical, um dos princípios do direito coletivo do trabalho, consiste no poder de criação de órgão sindical sem que seja necessária a permissão do Estado, desde que dentro da ordem jurídica, e na liberdade para criação do seu estatuto interno, sem que haja qualquer interferência, ou mesmo intervenção estatal. Naturalmente que a autonomia sindical não consiste somente no poder de criação e gestão. Os incisos do art. 8º da CF/88 elencam diversos deveres e poderes destinados a essas entidades.

"O princípio da autonomia sindical sustenta a garantia de autogestão às organizações associativas e sindicais dos trabalhadores, sem interferências empresariais ou do Estado. Trata ele, portanto, da livre estruturação interna do sindicato, sua livre atuação externa, sua sustentação econômico-financeira e sua desvinculação de controles administrativos estatais ou em face do empregador." (TRT-14, Tribunal Pleno. MS 00874.2009.000.14.00/RO. Rel. Des. Vulmar de Araújo Coêlho Junior, j. 26.06.2009, DJe 30.06.2009).

Assim, diante da autonomia interna dos sindicatos, o Poder Judiciário não poderá, por exemplo, estabelecer normas para a realização do pleito eleitoral que irá definir os representantes da entidade. Esta competência cabe à associação sindical que estabelecerá suas normas internas, desde que estas respeitem a CF/88. Os sindicatos deverão ser "administrados segundo determinação legal e de seus respectivos estatutos" (Horcaio, 2008, p. 310).

Outrossim, não podemos olvidar que a Constituição Federal assegura a autonomia não só para os órgãos sindicais, mas também as associações, conforme podemos constatar no art. 5º, XVIII, da Carta Maior, *in verbis*: "a criação de associações e, na forma da lei, a de cooperativas independem de autorização, sendo vedada a interferência estatal em seu funcionamento".

Princípio da Autonomia da Vontade (P. da Autonomia, P. da Autonomia Privada, P. da Autonomia Privada das Partes, P. da Autonomia da Vontade dos Contratos, P. da Autonomia da Vontade Privada, P. da Liberdade de Contratar) (Direito Civil).

Por muito tempo vigorou no Brasil quanto aos contratos o princípio da autonomia da vontade, onde a vontade individual das partes imperava. Ocorre que no decorrer da história a autonomia da vontade nos contratos sofreu alterações. É cediço que hoje o contrato não é moldado somente pela vontade das partes, mas também por valores sociais, éticos e morais. Atualmente, o princípio que vigora no Código Civil é o princípio da autonomia privada, baseado na boa-fé, na dignidade humana e na função social do contrato.

Na visão deste princípio não é a vontade das partes que prepondera, mas sim a vontade dos indivíduos em inovar, sempre condicionada às leis vigentes no país. A autonomia privada busca promover valores úteis à sociedade, desde que a sombra do arcabouço jurídico pátrio. Confere-se ao indivíduo uma liberdade individual que poderá ser de longo ou curto alcance, a depender da legislação em vigor.

Brilhantemente, Maria Helena Diniz (2011, p. 40/41) define o princípio como o poder conferido às partes para "estipular livremente, como melhor lhes convier, mediante acordo de vontade, a disciplina de seus interesses, suscitando efeitos tutelados pela ordem jurídica".

Nesta toada, Paulo Nader (2010, v. 3, p. 23/24) esclarece que o princípio é um "poder criador que consiste na faculdade de contratar *quando, como e com quem quiser*, encontra os seus limites nas *leis de ordem pública* e nos *bons costumes*. As primeiras se referem aos interesses basilares das pessoas e do Estado e não podem ser substituídas pela vontade dos particulares. Suas normas são cogentes, ou seja, preponderam sobre os interesses individuais. (...) Bons costumes são as maneiras de ser e de agir que se fundam na *moral social* e não são ditadas pela ordem jurídica diretamente." Ainda, de acordo com o mestre, é o princípio da autonomia da vontade que dá vitalidade aos contratos.

O princípio da autonomia da vontade é o princípio mais importante da formação dos contratos, sendo elemento fundamental da liberdade contratual. Encontra-se plasmado no artigo 421 e seguintes do Código Civil brasileiro, definindo que a liberdade de contratar será exercida nos limites da função social do contrato, determinando aos contratantes a obrigação de guardar, tanto na conclusão do contrato, como em sua execução, os princípios de probidade e boa-fé, sendo lícito às partes estipular contratos atípicos, observadas as normas gerais fixadas no Código Civil.

Desta feita, cabe as partes a liberdade de contratar quando e como quiser, de estabelecer o conteúdo do contrato, de escolher com quem pretende contratar, de por fim a relação contratual, além, claro, do direito de não contratar. Haverá plena liberdade entre as partes para celebrar entre si relações jurídicas, ou desfazê-las, respeitando-se assim as regras impostas nas leis vigentes e pertinentes.

O princípio da autonomia privada, consubstanciado na cláusula *pacta sunt servanda*, de concepção liberal e sob cujas bases forjou-se o Código Bevilaqua, embora ainda seja basilar no direito privado brasileiro, deixou de ser absoluto, notadamente após a encampação definitiva pelo ordenamento jurídico pátrio dos princípios da função social dos contratos e da boa-fé objetiva, bem como da teoria da imprevisão, expressos nos arts. 421, 422 e 478 do Código Civil (TJ. APC

20050111323839/DF Rel. Vasquez Cruxên, j. 09.04.2008, DJe 08.05.2008).

Segundo Paulo e Alexandrino (2009, p. 96/97), "não podem os particulares, com amparo no princípio da autonomia da vontade, afastar livremente os direitos fundamentais". Tratando-se de direito de família, a autonomia privada está presente, haja vista o matrimônio ou mesmo a disposição de bens serem tratados como contratos, verdadeiras relações jurídico-patrimoniais. Tratando-se do Direito Internacional, são livres as partes para estipular qual o regime jurídico da relação será adotado.

Com fulcro nas lições de Érico de Pina Cabral (2004, p. 111), vejamos: "(...) numa visão simplista dos institutos, pode-se resumir a diferença afirmando que a autonomia da vontade relaciona-se com a liberdade de autodeterminação (manifestação da vontade livre) e a autonomia privada ao poder de autorregulamentação (normas estabelecidas no interesse próprio)".

Princípio da Autonomia Privada (Direito Arbitral).

O princípio da autonomia privada do Direito Arbitral tem por escopo permitir que os particulares possam criar normas jurídicas próprias, dentro do seu campo de interesse, respeitando-se os limites legais impostos pelas leis pátrias. Permite a eles o poder de autorregulamentação de suas atividades, de acordo com sua conveniência, desde que acate e se mantenha dentro das fronteiras legais que regem nosso ordenamento.

Partindo da máxima *permittitur quod non prohibetur*, expressão latina utilizada no Direito Romano e que possui aplicação na atualidade, aquilo que não for proibido por lei se pressupõe permitido. Assim, se a lei não proíbe, aos particulares será cabível inovar no âmbito dos seus interesses, inclusive a aqueles que regem a estipulação de matéria contratual. Quanto ao disposto, citem-se os arts. 1º e 2º, §§ 1º e 2º, da Lei de Arbitragem (Lei n.º 9.307/96), e o art. 5º, II, da CF/88.

Princípio da Autonomia da Cláusula de Convenção (P. da Autonomia da Cláusula Compromissória, P. da Autonomia da Cláusula da Convenção de Arbitragem em Relação ao Contrato) (Direito Arbitral).

Uma das características da convenção de arbitragem em relação à cláusula compromissória é a autonomia que esta exerce frente ao contrato em que esteja inserida, pois, mesmo que o contrato seja considerado nulo, seus efeitos persistirão. Assim, é disposto na lei que a nulidade do contrato não enseja obrigatoriamente a nulidade da cláusula compromissória.

Podemos conferir tal entendimento conforme o disposto na Lei de Arbitragem: "A cláusula compromissória é autônoma em relação ao contrato em que estiver inserta, de tal sorte que a nulidade deste não implica, necessariamente, a nulidade da cláusula compromissória" (art. 8º, *caput*, LArb, Lei nº 9.307/96).

Princípio da Autonomia da Vontade (P. da Autodeterminação, P. da Autonomia das Partes, P. da Autonomia das Vontades, P. da Consensualidade, P. do Consensualismo, P. do Consensualismo Processual, P. da Independência, P. da Independência e Autonomia, P. da Liberdade, P. da Liberdade das Partes, P. do Poder de Decisão das Partes, P. da Voluntariedade) (Direito de Mediação).

A essência do procedimento de mediação é a liberdade que as partes possuem para, livremente, chegar a um consenso, livres de quaisquer pressões externas de figuras que estejam à margem da discussão. Ninguém que não faça parte da mediação, ou seja, terceiros estranhos a relação, poderá decidir pelas partes, nem mesmo o mediador, que é uma figura neutra, tendo por função primordial a orientação das partes com o objetivo do alcance de acordo mútuo.

Neste caminho, a própria mediação só poderá ocorrer se as partes assim anuírem de maneira voluntária, ou seja, se realmente for da vontade das mesmas deliberarem pela via da autocomposição. As partes terão plena autonomia para decidir se a via da mediação será ou não escolhida, sua forma, objeto, prosseguimento e resultados. Naturalmente que deverá haver um consenso entre os sujeitos envolvidos pela escolha da mediação bem como em seu desfecho.

No CPC, encontra-se presente no art. 3º e no art. 165 e seguintes do referido Diploma processual. A luz do que traz o Código processual, temos que a mediação será permitida na forma da lei, devendo ser estimulada por todos os agentes processuais (art. 3º, §§1º, 2º e 3º). Além disso, de acordo com o art. 166, § 4º, a mediação será regida conforme a livre autonomia dos interessados, inclusive no que diz respeito à definição das regras procedimentais.

Pertinente raciocínio apresenta Fernanda Tartuce (2015, p. 294) sobre a autonomia da vontade nos processo de mediação: "Há dúvidas quanto à eficácia da mediação compulsória: havendo obrigatoriedade, as partes não têm motivação suficiente para chegar a uma solução negociada, sendo a fase consensual apenas mais uma etapa a ser superada; a partir do momento em que há voluntariedade, as partes acham a mediação atrativa por poderem controlar o procedimento e assumir a responsabilidade pessoal de resolver os próprios problemas".

O princípio em pauta está formatado na Lei de Mediação (Lei nº. 13.140/2015), no art. 2º, V, §2º, constando que ninguém será obrigado a permanecer no procedimento de mediação contra a sua vontade. Tem-se como mandamento o respeito a autonomia das partes.

Princípio da Autoridade das Partes (P. Dispositivo das Partes, P. do Respeito à Ordem Pública e as Leis Vigentes) (Direito de Mediação).

Tratamos aqui de um princípio que cuida especificamente do instituto da mediação. O princípio da autoridade das partes encontra-se compatível e embasado pelo princípio da autonomia da vontade. É este último que irá validar a mediação.

Significa dizer que as partes poderão deliberar livremente acerca do procedimento de mediação, sendo senhores do poder de decisão, desde que não contrariem os preceitos da ordem pública. O resultado do mecanismo de mediação será resultado exclusivo das deliberações ajustadas pelas partes, sendo defesa qualquer espécie de pressão externa. Em outras palavras, ninguém que esteja a margem da discussão, ou melhor, que não faça parte da mediação, poderá decidir pelas partes. Mesmo que seja um agente imparcial, este não estará investido de poderes para tanto. Somente as partes que compõem a mediação detêm poder para decidir, embasados primordialmente no instituto da autoridade das partes e nas leis vigentes que ordenam os conceitos legais.

Princípio da Autoridade do Poder Judiciário (P. da Autoridade das Decisões do Poder Judiciário).

A Carta Maior dispõe acerca do Poder Judiciário no capítulo III, artigos 92 a 126. O Poder Judiciário é o conjunto de órgãos elencados no art. 92, I a VII (Supremo Tribunal Federal, Conselho Nacional de Justiça, Superior Tribunal de Justiça, Tribunal Superior do Trabalho, Tribunais Regionais Federais e Juízes Federais, Tribunais e Juízes do Trabalho, Tribunais e Juízes Eleitorais, Tribunais e Juízes Militares, e Tribunais e Juízes dos Estados e do Distrito Federal e Territórios), a quem compete à função de julgar as causas levadas ao seu conhecimento. Esse julgamento deverá ser conduzido de maneira independente (tripartição dos poderes), imparcial e condizente com os mais elevados conceitos de justiça.

Ao Poder Judiciário cabe a solução das lides em caráter definitivo. O desfecho judicial em um caso concreto deve objetivar a definitividade. Segundo Lenza (2010, p. 555), "na medida em que as decisões jurisdicionais transitam em julgado e, acobertadas pela coisa julgada formal e material, após o prazo para a interposição da ação rescisória, não mais poderão ser alteradas". Prossegue o autor esclarecendo que "a jurisdição no Brasil é una (ou seja, a definitividade só é dada pelo Judiciário) e indivisível, exercida pelo Judiciário nacionalmente (um só poder, materializado por diversos órgãos, federais e estaduais)".

Paulo e Alexandrino (2009, p. 609) explicam "que não é possível conceber um Estado de Direito sem um Poder Judiciário independente", responsável, dentre outras atribuições, "pela solução definitiva dos conflitos intersubjetivos".

Sendo a definitividade umas das características marcantes das decisões jurisdicionais, deverão as mesmas gozarem de autoridade, ou seja, as decisões emanadas pelo Poder Judiciário deverão valer-se de autoridade. Tal autoridade não permite que a decisão seja revista após o período da ação rescisória (ação rescisória – arts 966 e seguintes do CPC/15).

Princípio da Autoritariedade.

Inicialmente, cumpre informar que o princípio da autoritariedade, corolário do princípio da oficialidade, encontra-se inserto no art. 129 da CF/88, segundo o qual são funções institucionais do Ministério Público promover privativamente a ação penal pública na forma da lei. O Estado, por meio do Ministério Público- órgão que patrocina ação penal pública, não pode se escusar de oferecer a denúncia nas hipóteses em que estejam presentes os requisitos necessários.

No que tange ao assunto, Capez (2014, p. 169) esclarece que são autoridades públicas os encarregados da persecução penal *extra* e *in judicio*, respectivamente a autoridade policial e o membro do Ministério Público.

Princípio da Autorização Legal (P. da Autorização Legislativa).

A Administração Pública (Estado) poderá gerir suas competências diretamente, por meio do processo conhecido por concentração, onde as responsabilidades do ente público são concentradas em um número menor de órgãos que se responsabilizarão por sua execução, a chamada administração direta. Aqui, ocorre a centralização das atividades públicas. Segundo determina o Decreto-Lei nº 200, de 25 de fevereiro de 1967 em seu art. 4º, I, a Administração Direta se constitui dos serviços integrados na estrutura administrativa da Presidência da República e dos Ministérios.

Poderá também a Administração Pública coordenar suas atividades por meio da administração indireta (descentralizada), espécie onde o ente público promove a desconcentração das atividades estatais, promovendo a criação de entidades dotadas de personalidade jurídica própria que serão responsáveis por gerir as diferentes atividades para os quais foram criados. Estas entidades serão vinculadas à respectiva Administração Direta.

Neste passo, determina o art. 37, XIX, da CF/88 que a Administração Pública (Estado) somente poderá promover a criação ou autorizar a instituição de pessoas jurídicas (entidades) por meio de lei específica. De acordo com o artigo mencionado, "somente por lei específica poderá ser criada autarquia e autorizada a instituição de empresa pública, de sociedade de economia mista e de fundação, cabendo à lei complementar, neste último caso, definir as áreas de sua atuação". A Lei nº 11.107/2005 incluiu no rol das pessoas jurídicas que compõem a Administração Indireta a figura dos consórcios públicos. De acordo com o Decreto-Lei nº 200/1967, art. 4º, II e parágrafo único, as entidades que compõem a Administração Indireta serão dotadas de personalidade jurídica própria e estarão vinculadas ao Ministério em cuja área de competência estiver enquadrada sua principal atividade.

Ao passo em que a norma promove a criação da autarquia, a mesma não cria a empresa pública, a sociedade de economia mista e a fundação, mas sim, autoriza sua instituição. Ato contínuo, a lei que criar ou autorizar a instituição de pessoa jurídica da Administração Indireta será de competência privativa do Chefe do Executivo, nos termos do art. 61, §1º, II, "b" e "e" da Constituição da República. Ou seja, a criação ou autorização da instituição desses entes deverá, necessariamente, ser precedida de autorização em lei específica.

Principio da Autorresponsabilidade (P. da Autorresponsabilidade das Partes).

Um dos princípios que informam a atividade probatória, a autorresponsabilidade das partes consiste na responsabilização da parte pelas consequências de seus próprios atos, comissivos ou omissivos, não decorrendo sua responsabilização a terceiros. Os resultados danosos decorrentes de ato de indivíduo não poderão ser imputados a terceiro, mesmo que este o tenha motivado, pois aquele que pratica o ato deverá responder por suas consequências. A autorresponsabilidade deverá reger a repartição do ônus da prova, com as partes assumindo as consequências de sua inação.

A respeito do tema, segundo o princípio da autorresponsabilidade, a parte suportará as consequências de sua inatividade, de sua negligência e, inclusive de seus erros insanáveis, bem como de todos os seus atos intencionais e maliciosos (TJ. AI 00221408220078190000/RJ. Rel. Ferdinaldo do Nascimento, j. 09.10.2007, DJe 19.10.2007).

Por fim, trazemos a lição cristalizada de Capez (2014, p. 409), segundo o qual a autorresponsabilidade se resume ao ônus das partes em assumirem as consequências de sua inatividade, seus erros ou atos intencionais.

Princípio da Autotutela.

O princípio da autotutela encontra-se baseado nas Súmulas 346 e 473, ambas do STF. A Administração Pública poderá declarar a nulidade dos seus próprios atos quando eivados de vícios que os tornem ilegais, ou revogá-los por motivo de conveniência ou oportunidade, sempre com a devida motivação. Muito importante observar que ao anular seus atos, a Administração Pública deverá respeitar os direitos adquiridos, e ressalvar, em todos os casos, a apreciação judicial.

Nas palavras de Maria Sylvia Zanella Di Pietro (2005, p. 73), "Para assegurar que as entidades da administração indireta observem o princípio da especialidade, elaborou-se outro princípio: o do *controle* ou *tutela*, em consonância com o qual a administração pública direta fiscaliza as atividades dos referidos entes, com o objetivo de garantir a observância de suas finalidades institucionais".

B

Princípio da Bandeira (P. do Pavilhão, P. da Representação, P. Representativo).

Será aplicada a lei penal brasileira nos casos de crimes cometidos a bordo de embarcações ou aeronaves brasileiras, mercantes ou de propriedade privada, quando no estrangeiro, ou seja, fora das fronteiras do território nacional, e lá não forem julgados, sendo-se levada em conta justamente a bandeira brasileira da embarcação ou aeronave mercante ou privada como elemento que subsidia a aplicação da lei brasileira (Nucci, 2009, p. 116).

Com efeito, o art. 7º do Código Penal estabelece que ficam sujeitos à lei brasileira os crimes que, embora cometidos no estrangeiro, sejam praticados em aeronaves ou embarcações brasileiras, mercantes ou de propriedade privada, quando em território estrangeiro e aí não sejam julgados (art. 7º, II, c). Estarão sujeitos à lei brasileira, embora cometidos no estrangeiro, os crimes praticados em aeronaves ou embarcações brasileiras, mercantes ou de propriedade privada, quando em território estrangeiro e aí não sejam julgados.

É mister mencionar que as embarcações e aeronaves são extensões do território do país onde forem registradas, ou seja, um navio registrado no Brasil terá bandeira brasileira e, por consequência, será uma extensão do território nacional.

Mesmo que o crime seja praticado fora do Brasil, ou seja, em outro país, em determinados casos este estará sujeito à lei brasileira. Diz a lei que serão submetidos à lei penal pátria os crimes praticados nas dependências de aeronaves e embarcações brasileiras, mercantes ou de propriedade privada. Porém, para que isso ocorra, existem condições para que a lei nacional possa incidir sobre o crime, quais sejam as aeronaves ou embarcações brasileiras em território estrangeiro e lá não houver julgamento.

Consideram-se as aeronaves e embarcações extensões do território nacional. Por tal razão, o Código Penal atribui a elas ampla proteção, pois, o fato de estarem momentaneamente fora do território nacional não pode ser fator de diminuição dos interesses nacionais, nem de redução de sua soberania. Como bem salienta Nucci (2009, p. 122), "somente se aplica a lei penal brasileira caso o governo estrangeiro não tenha interesse em punir o criminoso".

Princípio do Benefício Comum.

O princípio em pauta encontra-se aninhado no art. 1.005, *caput* e parágrafo único, do Código de Processo Civil, *in verbis*: "O recurso interposto por um dos litisconsortes a todos aproveita, salvo se distintos ou opostos os seus interesses. Parágrafo único. Havendo solidariedade passiva, o recurso interposto por um devedor aproveitará aos outros quando as defesas opostas ao credor lhes forem comuns".

Neste caso, mesmo a parte que não recorreu será beneficiada pelo recurso interposto por uma das partes do litisconsorte. Esse benefício não será cabível se os interesses do recorrente e daquele que não recorreu forem opostos ou desiguais.

Assim é o que se tem na jurisprudência: "Na livre condução do processo e formação de sua convicção fundamentada, cabe ao Juiz analisar todas as provas dos autos, independentemente de quem as produziu ou de quem detinha o ônus de produzi-las, em observância ao princípio do benefício comum das provas e do justo Aristotélico" (TRT - 15. RO 056768/2012/SP. Rel. José Otávio de Souza Ferreira, DJe 27.07.2012).

Conforme o magistério de Bueno (2015, p. 613): "O art. 1.005 estabelece importante regra acerca do efeito expansivo no caso de provimento de recurso interposto por litisconsorte. Nesse caso, o resultado favorável a todos aproveita, salvo se distintos ou opostos os interesses dos litisconsortes".

Princípio da Boa Administração da Justiça (Direito Internacional).

Um dos princípios do Direito Internacional Privado (DIP), o princípio em estudo considera que o Juiz deve sempre que necessário, utilizar-se da lei do foro (*lex fori*), maximizar a aplicação da lei local, haja vista ser a lei que conhece profundamente, sendo um modo mais seguro de se evitar injustiças.

Entretanto, a aplicação deste princípio poderia conflitar com o princípio da harmonia jurídica internacional e o princípio da paridade de tratamento das ordens jurídicas estaduais, razão pela qual, o princípio da boa administração da justiça não é bem aceito pelo ordenamento jurídico pátrio. É cediço que em nosso ordenamento tal princípio só deverá ser invocado quando houver risco de comprometimento da harmonia jurídica internacional.

Princípio da Boa-Fé (P. da Boa-Fé Objetiva, P. da Boa-Fé Subjetiva, P. da Lealdade Processual, P. da Proteção à Boa-Fé Objetiva) (Direito Processual Civil).

Princípio que impõe as partes o dever de agir sempre de boa-fé, de maneira honesta, lícita, proba. Conforme dispõe Assis Neto (*et al.*) (2016, p. 908): "A boa-fé é uma cláusula geral que se subentende presente não só nas relações contratuais, mas em qualquer relação jurídica. Trata-se de um princípio que atua na verificação do comportamento dos agentes, considerando-o tanto sob o ponto de vista de um agir ciente de que a conduta é correta ou incorreta ou insciente sobre determinadas circunstâncias que, em tese, tornariam a ação inválida".

A boa-fé pode ser objetiva ou subjetiva. Assim sendo, estudaremos as duas designações separadamente.

A boa-fé objetiva significa a conduta proba e reta que as partes devem levar consigo nos atos praticados durante o processo judicial para que todo o trâmite processual possa ser guiado de maneira justa até a sua resolução. Trata-se de regra de conduta, de comportamento honesto e ético esperado nas atitudes das partes durante a lide que pressupõem a confiança mútua. Preceitua Medina (2011, p. 53) que o princípio da boa-fé objetiva se trata de um "postulado ético imposto pelo sistema normativo".

O princípio da boa-fé objetiva encontra-se expresso em diversos artigos do Código de Processo Civil, mas principalmente nos arts. 5º e 77 que definem suas diretrizes. O art. 5º aduz que todos que participem do processo deverão agir respeitando a boa-fé; já o art. 77 expõe os deveres que as partes deverão respeitar durante todo o percurso processual. Outros dispositivos deste Diploma abordam temas relacionados ao princípio. Conceder-se-á a tutela da evidência, mesmo que não se comprove perigo de dano ou risco ao resultado do processo, quando for comprovado que a parte agiu com abuso do direito de defesa ou manifesto propósito protelatório, o que configura desrespeito à boa-fé (cf. art. 311, I). O pedido, que deverá ser certo, e a sentença, deverão levar em conta e respeitar os ditames do princípio da boa-fé (art. 322, § 2º, e art. 489, § 3º).

O art. 37 da CF/88 trata dos princípios segundo os quais terá que obedecer a Administração Pública, dentre os quais o princípio da moralidade. Este princípio carrega consigo profunda relação com a ideia de boa-fé que deverá permear as ações da Administração. Esta deverá agir sempre de maneira honesta, proba e transparente no trato público.

O princípio da boa-fé objetiva deverá nortear também os contratos. É o que se denota tanto no art. 113 do Código Civil pátrio, donde se exprime que "os negócios jurídicos devem ser interpretados conforme a boa-fé e os usos do lugar de sua celebração", como no art. 422, segundo o qual "os contratantes são obrigados a guardar, assim na conclusão do contrato, como em sua execução, os princípios de probidade e boa-fé".

Assis Neto (*et al.*) (2016, p. 316) explica que a boa-fé objetiva trata-se de uma "regra de procedimento segundo a qual as partes contratantes devem se isentar de intenções maliciosas em detrimento da outra". Tanto é assim que obrigatoriamente "os contratantes são obrigados a guardar, assim na conclusão do contrato, como em sua execução, os princípios de probidade e boa-fé". É o que se aufere do entendimento consubstanciado no art. 422 do CC.

Ainda segundo Assis Neto (*et al.*) (2016, p. 592), "a boa-fé objetiva é uma norma de conduta a ser observada pelas partes em todas as relações obrigacionais, não só na sua elaboração, mas como também no seu cumprimento e até mesmo depois do seu exaurimento".

O art. 180 do Código Civil traz situação concernente aos relativamente incapazes em situação que se configura atentatória às diretrizes posicionadas no princípio da boa-fé objetiva, *in verbis*: "O menor, entre dezesseis e dezoito anos, não pode, para eximir-se de uma obrigação, invocar a sua idade se dolosamente a ocultou quando inquirido pela outra parte, ou se, no ato de obrigar-se, declarou-se maior".

A boa-fé objetiva também permeia o Código de Defesa do Consumidor. Prevê o Código Consumerista o princípio da boa-fé objetiva no art. 4º, III, tratando acerca da Política Nacional das Relações de Consumo, e no art. 51º, IV, relativamente à nulidade de cláusulas contratuais abusivas (Nader, 2010, p. 30).

Neste sentido, tem-se a jurisprudência: "A orientação desta Corte é no sentido de que a cláusula contratual que permite a emissão da nota promissória em favor do banco caracteriza-se como abusiva, porque violadora do princípio da boa-fé, consagrado no artigo 51, inciso IV, do Código de Defesa do Consumidor" (STJ. AgRg no REsp 1025797 RS 2008/0018344-1. Rel. Min. Sidnei Beneti, j. 10.06.2008, DJe 20.06.2008).

Por outro lado a boa-fé subjetiva pressupõe a crença interna da parte quando pratica ato convicto de estar certo, mas na verdade não está. Não se pratica ato antiético por mera deslealdade, mas sim pela certeza baseada em suas opiniões pessoais de que se está praticando ato correto. O desconhecimento da parte aliado as suas convicções o faz agir de modo que vai de encontro à boa-fé. "É um estado psicológico, uma crença errônea a respeito de uma situação, em ordem a operar como justificativa para determinado comportamento". (Assis Neto, *et al.*, 2016, p. 908)

Conforme explicado acima, "os negócios jurídicos devem ser interpretados conforme a boa-fé e os usos do lugar de sua celebração", consoante entendimento do art. 113 do Código Civil brasileiro. Nestes termos, explica Assis Neto (*et al.*) (2016, p. 317): "(...) não se pode deixar de compreender que o art. 113, embora seja norma de interpretação, dá vazão ao irrestrito reconhecimento, também, da *boa-fé subjetiva*, como norma geral de eficácia vertical sobre as demais regras contidas no próprio sistema, devendo prevalecer, portanto, a boa-fé subjetiva de terceiro quando em confronto com normas que acarretem a invalidade de negócios por ele entabulados".

A boa-fé subjetiva é uma norma que se caracteriza pelo plano da consciência quando da prática do ato. O agente age conforme um estado psicológico que lhe dá a certeza da correção de seu comportamento, quando na verdade, desconhece sua negligência quanto à situação.

Princípio da Busca do Pleno Emprego.

Consagra o presente princípio o art. 170, VIII, da Constituição. A ordem econômica, fundada na valorização do trabalho humano e na livre iniciativa, tem por fim assegurar a todos existência digna, conforme os ditames da justiça social, observado, dentre outros, o princípio da busca do pleno emprego.

A ordem econômica relaciona-se com o Direito Econômico, que, por sua vez, procura organizar as atividades econômicas exercidas pelos Estados, estabelecendo uma normatização setorial por meio de legislação específica e adequada, visando organizar todo o sistema econômico e, por consequência, o interesse social, que se revela principalmente no interesse do país no desenvolvimento que irá proporcionar novos postos de trabalho e valorizar o trabalho humano. A política de pleno emprego presente no art. 170, VIII, da CF e a valorização do trabalho humano são alguns dos objetivos buscados pela ordem econômica (Martins, 2017, p. 82).

"Os valores sociais do trabalho constituem: a) fundamento da República Federativa do Brasil (inciso IV do artigo 1º da CF); b) alicerce da Ordem Econômica, que tem por finalidade assegurar a todos existência digna, conforme os ditames da justiça social, e, por um dos seus princípios, a busca do pleno emprego (artigo 170, *caput* e inciso VIII); c) base de toda a Ordem Social (artigo 193). Esse arcabouço principiológico, densificado em regras como a do inciso I do artigo 7º da Magna Carta e as do artigo 10 do ADCT/88, desvela um mandamento constitucional que perpassa toda relação de emprego, no sentido de sua desejada continuidade" (STF. ADI 1721/DF. Rel. Min. Carlos Britto, j. 11.10.2006, DJe 29.06.2007).

Diante da realidade econômica, nem sempre o presente princípio irá se prestar a defesa da geração de empregos e da valorização do trabalho humano, mas também ao combate a políticas econômicas recessivas que se constatem nocivas e tendenciosas à desvalorização do trabalho humano e do salário.

Princípio da Busca da Verdade Real (Deriva do Princípio da Primazia da Realidade).

C

Princípio da Capacidade Contributiva (Princípio da Capacidade Econômica).

Iniciaremos o estudo do princípio da capacidade contributiva com a contribuição de Vinícius Casalino (2012, p. 33) sobre o tema: "O postulado significa, em termos simplificados, que os contribuintes que possuem maior capacidade econômica devem contribuir com uma quantia mais elevada para as despesas estatais. Os contribuintes que têm menor capacidade econômica devem contribuir com menos".

Nos termos da lei, diz o art. 145, § 1º, da Carta Maior, que "sempre que possível, os impostos terão caráter pessoal e serão graduados segundo a capacidade econômica do contribuinte, facultado à administração tributária, especialmente para conferir efetividade a esses objetivos, identificar, respeitados os direitos individuais e nos termos da lei, o patrimônio, os rendimentos e as atividades econômicas do contribuinte". O postulado da capacidade contributiva poderá ser posto em prática por meio de três meios quando a conjuntura for a de tributação de impostos, quais sejam a seletividade, a proporcionalidade e a progressividade.

O referido princípio tem por medida tornar mais justa a cobrança de tributos, deixando uma carga maior sobre os ombros daqueles mais ricos, e uma carga tributária relativamente menor sobre os menos favorecidos. É a constatação do princípio constitucional da igualdade na consagradíssima afirmativa de Nelson Nery Junior (1999, p. 42), segundo o qual "dar tratamento isonômico às partes significa tratar igualmente os iguais e desigualmente os desiguais, na exata medida de suas desigualdades".

Princípio do Caráter Contributivo (P. da Contributividade, P. Contributivo) (Direito Previdenciário).

Específico da Previdência Social, o princípio do caráter contributivo encontra-se plasmado tanto na CF/88 como na Lei 8.213/91. Na Carta Maior está presente no *caput* dos arts. 40 e 201, que tratam, respectivamente dos regimes próprio e geral da Previdência Social, ambos de caráter contributivo. No mesmo sentido a Lei nº 8.231/91 que dispõe sobre os planos de benefícios da Previdência Social determina em seu art. 1º que a Previdência Social irá obter recursos para atingir os fins a que se destina por meio do seu caráter contributivo. Portanto, independente do regime ao qual o beneficiário esteja filiado, deverá ser este de caráter contributivo.

De acordo com o art. 40 da CF o regime próprio de Previdência Social dos servidores titulares de cargos efetivos terá caráter contributivo, enquanto que o art. 201 dispõe que a Previdência Social será organizada sob a forma do Regime Geral de Previdência Social, de caráter contributivo.

A Previdência Social tem por finalidade "assegurar aos seus beneficiários meios indispensáveis de manutenção, por motivo de incapacidade, desemprego involuntário, idade avançada, tempo de serviço, encargos familiares e prisão ou morte daqueles de quem dependiam economicamente", mediante contribuição (cf. art. 1º da Lei nº 8.213/91).

Princípio do Caráter Democrático e Descentralizado da Administração (P. do Caráter Democrático e Descentralizado da Gestão Administrativa).

O caráter democrático e descentralizado da administração se dá segundo a doutrina por meio de uma gestão quadripartite, onde quatro entes, Governo, empregadores, trabalhadores e aposentados, participam conjuntamente da administração da Seguridade Social (Previdência Social, Assistência Social e Saúde).

Segundo Kravchychyn (*et al.*) (2014, p. 27) "(...) a gestão dos recursos, programas, planos, serviços e ações nas três vertentes da Seguridade Social, em todas as esferas de poder, deve ser realizada por intermédio de discussão com a sociedade" por meio de órgãos colegiados de deliberação como o Conselho Nacional de Previdência Social (CNPS), Conselho Nacional de Assistência Social (CNAS) e o Conselho Nacional de Saúde (CNS).

O princípio encontra-se encartado no art. 194, parágrafo único, VII, da Constituição Federal e, segundo o mesmo, compete ao Poder Público organizar a Seguridade Social tendo por base dentre outros preceitos, o "caráter democrático e descentralizado da administração, mediante gestão quadripartite, com participação dos trabalhadores, dos empregadores, dos aposentados e do Governo nos órgãos colegiados".

Princípio da Cartularidade (P. da Documentalidade, P. da Incorporação) (Direito Empresarial).

A cartularidade compreende um dos princípios dos títulos de crédito, seara do Direito de Empresa. O princípio da cartularidade que, juntamente aos princípios da abstração, da literalidade, da inoponibilidade das exceções pessoais ao portador de boa-fé e da autonomia, dentre outros, regem o Direito Cambial, tem como principal finalidade garantir a circulação dos títulos de crédito.

Título de crédito é aquele documento que permite ao seu possuidor gozar dos direitos nele prescritos, devendo possuir como características, dentre outras, a formalidade, ser líquido e certo, autonomia, ser desvinculado do negócio que lhe deu origem, possuir força executiva e ser literal. Tem como principal objetivo facilitar a circulação de riquezas, estando estabelecido no art. 784, I, do CPC, segundo o qual a letra de câmbio, a nota promissória, a duplicata, a debênture e o cheque são espécies.

Ninguém poderá exercer os direitos conferidos no título de crédito se não estiver na posse da cártula, ou seja, a posse do documento pressupõe condição essencial, *sine qua non*, para que o possuidor do respectivo título possa dele usufruir. A cartularidade é também chamada de documentalidade, pois, necessariamente o título de crédito deverá ser escrito em documento tangível, palpável. [9]

Carlos Roberto Gonçalves (2010, v. 03, p. 621) assim define a cartularidade: "O princípio da cartularidade expressa a incorporação do direito no título, documento ou *cártula* (daí o nome do princípio). Serve, ainda, para distinguir a obrigação cartular, que é aquela constante do título, de outra estranha ao documento, que é, assim, extracartular. A partir do momento em que o documento corporifica o direito, torna-se a cártula documento necessário e indispensável à satisfação desse direito por aquele que o detém, pouco importando o negócio que a ele deu origem".

A título de exemplo, apresentamos a seguinte ementa: "De acordo com o princípio da cartularidade, para o exercício dos direitos de crédito inerentes ao título de crédito, é necessário que o credor esteja na posse do documento original" (TJ, 15ª Câmara Cível. APL 1440508-2/PR. Rel. Jucimar Novochadlo, j. 18.11.2015, DJe 30.11.2015).

Princípio da Cedularidade.

Entende-se por esse princípio do Direito Comercial, que a constituição dos direitos reais de garantia será operada no próprio título (Coelho, 1999, p. 283). A cedularidade é uma das principais características da cédula hipotecária, espécie de título de crédito instituída por meio do Decreto Lei nº 70/1966, que visa assistir o sistema habitacional.

O próprio instrumento de crédito, a cédula, faz com que se estabeleça um direito real. Em decorrência do princípio da cedularidade os títulos de financiamento não se enquadram totalmente no regime jurídico cambial, pois tal princípio é estranho ao direito cambiário.

Princípio da Celeridade (P. da Brevidade, P. da Brevidade Processual, P. da Celeridade Processual, P. da Duração Razoável do Processo, P. da Razoabilidade da Duração do Processo, P. da Razoável Duração do Processo) (Direito Processual Civil).

Seguindo entendimento de Leone (2013, p. 70), todos os ramos do direito buscam o desiderato da celeridade processual, pois a demora do Estado na solução da prestação jurisdicional configura um "vício extremamente grave para a sociedade", verdadeiro fardo, devendo ser ferozmente combatida.

Defende Spitzcovsky (2014, p. 44) que a razoável duração do processo encontra-se no rol dos direitos fundamentais, visto que a todos acomete o direito de um processo breve, sendo que a demora na entrega da prestação jurisdicional pode chegar a configurar verdadeira injustiça manifesta.

Preceitua o inciso LXXVIII, do art. 5º, da CF que "a todos, no âmbito judicial e administrativo, são assegurados a razoável duração do processo e os meios que garantam a celeridade de sua tramitação".

Bezerra Leite (2013, p. 89), por sua vez, traz uma visão próxima do Direito laboral, ensinando que "embora muito comum a todos os ramos do direito processual, (o princípio da celeridade processual) assume uma ênfase muito maior nos sítios do processo do trabalho, uma vez que, em regra, os créditos trabalhistas nele veiculados têm natureza alimentícia". Importante salientar que não se aplica ao Processo do Trabalho a regra de prazo da pluralidade dos litisconsortes.

No que tange a Celeridade a celeridade no âmbito do Estatuto da Criança e do Adolescente, dispõe o parágrafo § 3º, V, do art. 227 da Constituição que o direito a proteção especial abrangerá a obediência ao princípio da brevidade, quando da aplicação de qualquer medida privativa de liberdade. Na dicção do art. 121 do Estatuto da Criança e do Adolescente (ECA), "a internação constitui medida privativa da liberdade, sujeita aos princípios de brevidade, excepcionalidade e respeito à condição peculiar de pessoa em desenvolvimento.

Em se tratando do ECA, qualquer medida sócio-educativa precisa ser aplicada de forma rápida, breve, sendo que em nenhuma hipótese o período máximo de internação excederá a três anos e, atingido este limite, o adolescente deverá ser liberado, colocado em regime de semi-liberdade ou de liberdade assistida. A medida não comporta prazo determinado, devendo sua manutenção ser reavaliada, mediante decisão fundamentada, no máximo a cada seis meses. Importante frisar que essas medidas só podem ser adotadas até os 21 anos, idade onde ocorrerá a liberação compulsória.

Princípio da Certeza Jurídica (Direito Processual Civil).

É cediço que a Justiça é o porto seguro daqueles que buscam o Poder Judiciário no anseio de resolver seus contratempos. Seria incabível que as decisões do Judiciário fossem proferidas sem o mínimo respaldo de segurança e certeza. O princípio da certeza jurídica é aquele que impõe ao Poder Judiciário nas relações jurídicas o dever de inserir nas decisões por ele proferidas o status mais elevado possível de certeza e segurança jurídica. Não se aguarda posicionamento distinto de um órgão julgador, pois, se assim fosse, nosso sistema judiciário seria marcado pela desconfiança e inidoneidade dos pronunciamentos; verdadeira incerteza jurídica.

Assim sendo, é defeso a mesma parte ajuizar demandas idênticas, ação que serviria tão somente para causar incerteza jurídica sobre determinado fato (TRF – 2, 1ª T. AMS 45064 2002.51.01.490026-4. Rel. Des. Fed. Ney Fonseca, j. 07.10.2002, DJU 22.11.2002).

Parafraseando o mestre Celso Antônio Bandeira de Mello (2003, p. 114), o instituto da certeza jurídica configura-se como "essência do próprio Direito, notadamente de um Estado Democrático de Direito, de tal sorte que faz parte do sistema constitucional como um todo."

Princípio da Certeza Legal.

Bezerra Leite (2013, p. 645) em sua obra Curso de Direito Processual do Trabalho destaca que o sistema jurídico que norteia a posição do Juiz na avaliação da prova na atualidade é orientado pelo convencimento motivado do magistrado (cf. arts. 11 e 371, CPC). O novo Diploma Processual inovou ao mitigar a apreciação da prova pelo Juiz, outrora conhecido como livre convencimento do Juiz, haja vista caber agora ao magistrado a obrigação de indicar as razões da formação de seu convencimento.

De mais a mais, sendo o convencimento motivado o sistema jurídico adotado para avaliação das provas no processo, o sistema da certeza legal acabou sendo abandonado por nosso ordenamento jurídico processual. Esse princípio previa a prefixação ou hierarquia de provas. Completa Bezerra Leite (*idem*) que "o sistema da certeza legal decorria do receio de arbítrio judicial, havendo uma hierarquia das provas, ficando o Juiz, assim, impedido de admitir provas que a lei não tipificasse.

O seguinte julgado corrobora o argumento: "Nossa legislação atual abandonou por completo o sistema chamado da certeza legal, inexistindo, assim, prefixação em qualquer nível de uma hierarquia de provas, que devem ser analisadas pelo Magistrado à luz do denominado princípio da livre apreciação" (TJ. APL 0005688-70.2012.8.26.0050/SP. Rel. Grassi Neto, j. 23.10.2014, DJe 30.10.2014).

Importante destacar que o julgado apresentado foi elaborado sob o manto do antigo CPC (Lei 5.869/1973), sob o foco do entendimento outrora adotado. Portanto, onde se lê "livre apreciação", deve-se ter em mente que após o advento do novo CPC (Lei 13.105/2015), o convencimento do magistrado não poderá ser livre, mas sim devidamente motivado.

Princípio da Cindibilidade do Título (P. da Cindibilidade Registral do Título) (Direito Registral).

Segundo o princípio da cindibilidade do título, instrumento constante na Lei dos Registros Públicos (LRP - nº 6.015/73), será possível que um título seja separado no momento de seu registro, ou seja, partindo-se da premissa da independência do registrador, este, dentro das condições permitidas, poderá fazer o registro somente de parte dos objetos compreendidos no título, afastando-se as hipóteses que não comportem inscrição. Essas hipóteses poderão ser realizadas em momento posterior, por ocasião da regularização do título.

Entretanto, para que seja possível a separação dos títulos diante da sistemática registral atual, os mesmos deverão guardar independência entre si, caso contrário não será possível a incidência da cindibilidade. A independência entre os títulos é primordial para que ocorra o registro parcial do instrumento.

Exibimos os julgados abaixo como recurso para complementação do tema:

"Possibilidade, pelo princípio da Cindibilidade Registral do Título, do apresentante escolher o imóvel que será registrado no momento da apresentação (...)" (TJ-PAD. 000784-49.2019.8.14.0000. Rel. Mairton Marques Carneiro, j. 22.05.2019, DJe 27.05.2019).

"(...) o princípio da cindibilidade do título autoriza o registro do formal de partilha, sem a prévia exigência de averbação das construções, que deverá ser regularizado posteriormente". (TJ. 0001904-97.2013.8.19.0033. Rel. Des(a). Maria Inês da Penha Gaspar, j. 02.02.2017, DJe 02.02.2017).

Princípio da Circulação (P. da Circularidade) (Direito Civil).

Decorrente do princípio da autonomia, o princípio da circulação dos títulos de crédito oferece ao documento independência quanto às operações de crédito. O possuidor poderá negociá-lo. Uma das características do título de crédito é a sua negociabilidade, ou seja, o título poderá ser negociado sendo livre sua circulação.

Consta na lei, conforme art. 893 do CC, que a transferência do título de crédito implica a de todos os direitos que lhe são inerentes. Estipula ainda a lei civilista que, aquele que adquiriu o título de crédito de boa-fé e de acordo com as normas que regem sua circulação, não poderá ter o documento reivindicado por terceiros, haja vista a aquisição ter se dado pela via dos meios legais (cf. art. 896, CC).

Princípio da Clareza (P. da Objetividade).

O sítio eletrônico da Câmara dos Deputados [10] dispõe que "o orçamento público deve ser apresentado em linguagem clara e compreensível a todas pessoas que, por força do ofício ou interesse, precisam manipulá-lo". Visando uma maior publicidade e melhor compreensão de todos, o orçamento deverá ser elaborado em linguagem simples, clara, de fácil entendimento. O próprio site da Câmara, entretanto, admite que tal tarefa não é fácil, haja vista a "facilidade de a burocracia se expressar em linguagem complexa". Como bem disse Friedrich Nietzsche em uma de suas obras, os poetas turvam as águas para que elas pareçam profundas. Eis o que não pode ocorrer com o texto orçamentário.

Princípio da Cláusula *non Olet* (P. da Interpretação Objetiva do Fato Gerador, P. do *non Olet*, P. do *Pecunia non Olet*).

Pecunia non olet provém do latim o dinheiro não tem cheiro. Consagra o princípio do *non olet* o art. 118, I e II, do Código Tributário Nacional, segundo o qual a definição legal do fato gerador é interpretada abstraindo-se da validade jurídica dos atos efetivamente praticados pelos contribuintes, responsáveis, ou terceiros, bem como da natureza do seu objeto ou dos seus efeitos e dos efeitos dos fatos efetivamente ocorridos.

Conclui-se pelo texto do artigo, nas palavras de Casalino (2012, p. 35), que "mesmo a prática de um ato ilícito pode gerar a incidência da norma de tributação e o nascimento da obrigação tributária". Entretanto, o que se tributa é o resultado do ato ilícito, e não o ato ilícito em si, consoante entendimento consubstanciado no art. 3º do mesmo Código ("Tributo é toda prestação pecuniária compulsória, em moeda ou cujo valor nela se possa exprimir, que não constitua sanção de ato ilícito, instituída em lei e cobrada mediante atividade administrativa plenamente vinculada"). O fato gerador da obrigação tributária nunca será o ato ilícito em si.

Como exemplo, aquele que deposita em instituição bancária valor pecuniário proveniente de corrupção em prejuízo aos cofres públicos, deverá declará-lo ao Tesouro

Nacional por ocasião do pagamento do Imposto de Renda. A corrupção em si não é fato gerador, mas o auferimento de renda sim.

Por fim, ensina Torres (2005, p. 372) que "se o cidadão pratica atividades ilícitas com consistência econômica, deve pagar o tributo sobre o lucro obtido, para não ser agraciado com tratamento desigual frente às pessoas que sofrem a incidência tributária sobre os ganhos provenientes do trabalho honesto ou da propriedade legítima".

Princípio da Coerência na Formação das Coligações (P. da Verticalização, P. da Verticalização das Coligações Partidárias).

Trata-se de um princípio do Direito Eleitoral que tem por mote a uniformidade das coligações, onde aquela aliança firmada entre partidos para eleger determinado candidato a Presidente da República, deveria ser repetida a nível estadual, no que tange ao certame eleitoral dos governadores de estado e do Distrito Federal, dos senadores, deputados federais e estaduais ou distritais. Não seria concebível que partidos aliados para eleger determinado candidato a Presidência do país fossem adversários nas esferas estaduais, pois não seria coerente com a filosofia lógica dos partidos, segundo o TSE.

O Tribunal Superior Eleitoral tinha por razão ao instituir a regra da verticalização (Resolução TSE nº 20.993/2002, art. 4º, § 1º) instituir o "amadurecimento partidário" (Moraes, 2017, p. 289) em nosso país, fazendo com que a filosofia de cada partido fosse respeitada, combatendo a coligação motivada puramente por cargos ou pelo tempo de televisão.

Outrossim, o Congresso Nacional por meio de redação dada pela EC nº 97 de 2017 que alterou a redação do § 1º do art. 17 da CF/88, previu a autonomia partidária quanto as coligações. Neste sentido, segue o dispositivo constitucional: "É assegurada aos partidos políticos autonomia para definir sua estrutura interna e estabelecer regras sobre escolha, formação e duração de seus órgãos permanentes e provisórios e sobre sua organização e funcionamento e para adotar os critérios de escolha e o regime de suas coligações nas eleições majoritárias, vedada a sua celebração nas eleições proporcionais, sem obrigatoriedade de vinculação entre as candidaturas em âmbito nacional, estadual, distrital ou municipal, devendo seus estatutos estabelecer normas de disciplina e fidelidade partidária".

Desta feita, restou mitigado o princípio da coerência das coligações, haja vista que a nova redação dada ao artigo pela EC 97/2017 transferiu a esfera íntima de cada partido a escolha entre manter ou não a verticalização das coligações das campanhas presidenciais ao nível estadual.

Princípio da Coesão Dinâmica (P. da Coesão Dinâmica das Normas Urbanísticas). (Direito Urbanístico).

Na esteira dos ensinamentos da doutrina, Daniela Campos Libório Di Sarno (2004, p. 51) apresenta sua elucidativa síntese acerca do tema: "O princípio da coesão dinâmica surge justamente para que as modificações feitas pelas interferências urbanísticas sejam continuadas por ações que tenham pertinência e nexo com o contexto. As mesmas prioridades, o mesmo enfoque deverá ser dado para as ações urbanísticas de um certo local em certo tempo. A dinâmica do planejamento é fundamental para a eficácia deste princípio. Na medida em que certo plano seja aplicado, ele vai se desatualizando com relação ao seu objeto, justamente por transformá-lo. Assim, o plano deverá prever mecanismo de revisão e atualização de seu conteúdo. É a coesão dinâmica".

Princípio do Direito Urbanístico brasileiro, a coesão dinâmica aflora como o instrumento institucional público que carrega a função de manter a atualização legal do ordenamento urbanístico. Como cediço, estamos em uma sociedade em constante evolução. Assim, mudamos nós, mudam nossos conceitos e também mudam as circunstâncias e necessidades de uma cidade. As normas urbanas devem se manter coesas umas com as outras, bem como com aquelas normas correlatas, para que a harmonia entre elas favoreça o regular desenvolvimento urbano. As leis urbanísticas devem se manter atuais para que possam acompanhar as transformações estruturais das cidades, proporcionando o bem estar dos cidadãos (coletividade).

Princípio da Coisa Julgada (Direito Constitucional).

Inicialmente, consta esclarecer que tal dispositivo encontra fundamento no art. 5º, XXXVI, CF/88, instrumento este, segundo o qual, a lei não prejudicará o direito adquirido, o ato jurídico perfeito e a coisa julgada.

Segundo a lei, define-se coisa julgada ou caso julgado como a decisão judicial na qual não caiba recurso, a decisão proferida pela autoridade judiciária onde todas as vias recursais se encontrem exauridas e que tornem a situação imutável (art. 6, § 3º, da Lei de Introdução às Normas do Direito Brasileiro – LINDB, Decreto-Lei nº 4.657/1942).

Visando a autoafirmação da segurança jurídica sobre nossa Justiça, é que temos que sobre a decisão proferida pelo judiciário (Tribunal Superior ou mesmo magistrado de primeiro grau) não poderão haver recursos infinitos, *ad aeternum*. Tendo fim a fase recursal, o teor da sentença passará a surtir seus efeitos sobre as partes e terceiros. Nesse sentido corrobora todo o entendimento acima consubstanciado o conteúdo do art. 502 do CPC: "Denomina-se coisa julgada material a autoridade que torna imutável e indiscutível a decisão de mérito não mais sujeita a recurso". Ensinam Paulo e Alexandrino (2009, p. 149) que "a coisa julgada é a decisão judicial irrecorrível, contra a qual não caiba mais recurso".

"A finalidade do instituto da coisa julgada é assegurar a segurança jurídica das decisões que, além de pacificar a sociedade, impede a infinitude da demanda entre as partes. O art. 5º, XXXVI, da Constituição Federal, consagra a segurança jurídica das decisões como garantia fundamental do indivíduo, ao estabelecer que 'a lei não prejudicará o direito adquirido, o ato jurídico perfeito e a coisa julgada'" (TJ. AC 10145130610598001/MG. Rel. Newton Teixeira Carvalho, j. 22.05.2014, DJe 30.05.2014).

Tal princípio visa prestigiar a segurança jurídica, impedindo que leis novas venham obstar o exercício de direitos já consolidados pela lei pretérita. Em nome da segurança jurídica uma situação já consolidada não poderá sofrer alterações.

Princípio da Coisa Julgada Internacional (P. do Respeito à Coisa Julgada Internacional).

Seus postulados decorrem do entendimento consubstanciado no princípio da coisa julgada, oferecendo os mesmos parâmetros lá encontrados, mas, claro, por óbvio, voltados ao Direito Internacional e as decisões judiciais proferidas neste âmbito. Segundo a Constituição Federal "a lei não prejudicará o direito adquirido, o ato jurídico perfeito e a coisa julgada" (cf. art. 5º, XXXVI, CF/88). A LINDB define coisa julgada como a decisão judicial na qual não caiba mais recurso (cf. art. 6º, § 3º, decreto-lei nº 4.657/1942).

O respeito à coisa julgada internacional também atuará em prol da segurança jurídica, tornando decisões judiciais proferidas pelas cortes internacionais incapazes de rediscussão e caracterizadas pela imutabilidade das decisões de mérito. As decisões proferidas por essas cortes não precisarão ser homologadas por nosso país quando o Brasil for signatário dos tratados ou convenções internacionais referentes a elas. Observe que, em relação às sentenças internacionais, ocorre uma diferença de procedimento, pois, quanto a estas, existirá a necessidade de sua homologação pela justiça brasileira.

Princípio da Coloquialidade.

Trata-se de um dos princípios vetores da interpretação constitucional. O princípio da coloquialidade traz em seu contorno a máxima de que as normas constitucionais devem sempre ser interpretadas conforme seu sentido coloquial, literal. Sendo a Carta Maior um conjunto de normas constitucionais voltadas para o povo, um documento essencialmente político, sua interpretação deve ser aplicada em sentido amplo, sem tecnicidades que dificultem sua compreensão e análise.

Por ser a Constituição Federal um Diploma elaborado para os cidadãos, sua leitura deve ser, dentro do possível, livre de termos confusos e enigmáticos e tecnicismos desnecessários, contendo basicamente termos próprios do nosso idioma.

Princípio da Competência-Competência.

O princípio da competência-competência tem suas origens na doutrina alemã (*Kompetenz-Kompetenz*). Segundo o princípio, inserido na seara da arbitragem, o próprio árbitro detém poder para decidir acerca de sua competência para deliberar relativamente quanto à existência, validade e eficácia da convenção de arbitragem, além do próprio contrato em que a cláusula compromissória esteja contida.

Esse é o entendimento contido no parágrafo único do art. 8° da Lei de Arbitragem (Lei nº 9.307/1996), o qual trazemos, *in verbis*: "Caberá ao árbitro decidir de ofício, ou por provocação das partes, as questões acerca da existência, validade e eficácia da convenção de arbitragem e do contrato que contenha a cláusula compromissória".

Trata-se de instrumento de valorização da arbitragem na medida em que o próprio árbitro decide pela viabilidade ou não de sua atuação, deixando para momento posterior a possibilidade de atuação do Poder Judiciário naquelas hipóteses elencadas no art. 32 da citada lei. Nestes casos, a parte interessada poderá pleitear ao órgão do Poder Judiciário competente a declaração de nulidade da sentença arbitral, nos casos previstos nesta Lei (cf. art. 33, *caput*).

Princípio da Competência Derivada (P. da Competência Decorrente).

Princípio consagrado no art. 114, IX, da Carta Magna, define o entendimento de que também compete à Justiça do Trabalho processar e julgar outras controvérsias decorrentes da relação de trabalho, na forma da lei. Nesse sentido Leone (2013, p. 173) colaciona que a competência derivada "refere-se à competência material da Justiça do Trabalho para processar e julgar outras controvérsias decorrentes da relação de trabalho".

Bem assim que atualmente compete à Justiça do Trabalho processar e julgar os mandados de segurança, habeas corpus e habeas data, quando o ato questionado envolver matéria sujeita à sua jurisdição (cf. inciso IV), as ações de indenização por dano moral ou patrimonial, decorrentes da relação de trabalho (cf. inciso VI) e as ações relativas às penalidades administrativas impostas aos empregadores pelos órgãos de fiscalização das relações de trabalho (cf. inciso VII).

Princípio da Competência Executória.

"Objetivamente, significa que a Justiça do Trabalho tem competência material para processar e julgar a execução, de ofício, das contribuições sociais decorrentes das decisões condenatórias e homologatórias de acordo dos Juízes e tribunais do trabalho em relação às parcelas trabalhistas de natureza salarial, que são aquelas que integram o conceito previdenciário de salário de contribuição" (Leone, 2013, p. 173).

A competência material executória da Justiça do Trabalho estava prevista na parte final do art. 114 da CF/88, para os "litígios que tenham origem no cumprimento de suas próprias sentenças". Ou seja, a competência executória das sentenças proferidas diante da Justiça Laboral é de competência desta. A própria Justiça do Trabalho poderá processar e julgar a execução.

Entretanto, a EC nº 45/2004 modificou o texto constitucional suprimindo tal regra. A doutrina concorda que tal supressão não trouxe danos a este entendimento que ainda vigora, haja vista ser uma decorrência lógica. Se a Justiça Trabalhista proferiu sentença, nada mais natural que seja esta a Justiça competente para executá-la, tanto em relação às ações individuais, quanto em relação às ações coletivas.

Princípio da Competência do Mediador.

O mediador exerce função de suma importância na busca pela composição razoável e justa entre as partes que compõem o procedimento da mediação. Nesta busca pela resolução de conflitos, é papel do mediador atuar de forma competente, ética e imparcial, tendo como horizonte a autocomposição (princípio da mediação).

O mediador deverá possuir capacitação que o torne capaz de atuar de forma eficaz e produtiva na mediação, com atualizações regulares, conforme determina a Lei Processual no art. 165, *caput*, onde consta que "os tribunais criarão centros judiciários de solução consensual de conflitos, responsáveis pela realização de sessões e audiências de conciliação e mediação e pelo desenvolvimento de programas destinados a auxiliar, orientar e estimular a autocomposição".

No mesmo sentido, o CONIMA - Conselho Nacional das Instituições de Mediação e Arbitragem reforça a necessidade e a imprescindibilidade da capacitação do agente, bem como de sua reciclagem periódica, para que possa conduzir de maneira satisfatória o procedimento da mediação. Neste sentido: "A prática da Mediação requer conhecimento e treinamento específico de técnicas próprias. O Mediador deve qualificar-se e aperfeiçoar-se, melhorando continuamente suas atitudes e suas habilidades profissionais. Deve preservar a ética e a credibilidade do instituto da Mediação por meio de sua conduta" [11]

Assim, tanto a capacitação quanto o constante aperfeiçoamento são requisitos primordiais para que o agente mediador possua habilidade suficiente para a atuação judicial.

Princípio da Competência Original (P. da Competência Específica).

Um dos postulados que compõem a competência da Justiça do Trabalho, significa, conforme determina Leone (2013, p. 173), que a Justiça Laboral "detém competência material para processar e julgar ações oriundas da relação de trabalho". No mesmo sentido Bezerra Leite (2013, p. 191) aduz que "a competência material original nada mais é do que a competência da Justiça do Trabalho para conhecer e julgar as lides oriundas da relação de trabalho emprego.

Portanto, todos aqueles conflitos advindos de relações entre empregado e empregador, empregatícias, todas as contendas que envolvam matéria inerente à relação de emprego (contrato individual de trabalho) serão de competência da Justiça do Trabalho. Assim determina a CF/88 no art. 114, I, segundo o qual competirá à Justiça do Trabalho processar e julgar as ações oriundas da relação de trabalho, abrangidos os entes de direito público externo e da administração pública direta e indireta da União, dos Estados, do Distrito Federal e dos Municípios.

Princípio da Competência para o Julgamento dos Crimes Dolosos Contra a Vida.

A competência para o julgamento dos crimes dolosos contra a vida pela instituição do júri encontra-se disciplinado no art. 5º, XXXVIII, "d", da CF. O júri será competente para o julgamento dos crimes dolosos contra a vida consumados ou tentados e também para o julgamento dos crimes conexos, segundo o estabelecido no art. 78, I, do Código de Processo Penal. Este instituto estabelece que prevalecerá a competência do júri quando ocorrer concurso entre a competência deste e de outro órgão de jurisdição comum.

O CPP corrobora o entendimento constitucional de que será do júri a competência para o julgamento dos crimes dolosos contra a vida, conforme o entendimento consubstanciado no art. 74, § 1º.

A competência do júri poderá, entretanto, ser afastada caso ocorra motivo excepcional que o dificulte ou impossibilite. O STJ se pronunciou em julgado determinando que "a competência do corpo de Jurados local só pode ser afastada mediante comprovados fatos concretos de que as condições locais não permitem um julgamento isento, possam colocar em risco a segurança do réu, testemunhas ou dos Jurados" (STJ. HC 73451 2006/0283437-6/PE. Rel. Min. Jane Silva, j. 04.10.2007, DJe 22.10.2007).

Princípio da Competitividade (Direito Administrativo).

O princípio da competitividade, instrumento típico do Direito Administrativo, está previsto na Lei das Licitações (Lei nº 8.666/1993), Diploma que institui normas para licitações e contratos da Administração Pública, em seu art. 3, § 1º, I. De acordo com este dispositivo, dentro do processo licitatório será vedado aos agentes públicos admitir, prever, incluir ou tolerar, nos atos de convocação, cláusulas ou condições que comprometam, restrinjam ou frustrem o seu caráter competitivo, inclusive nos casos de sociedades cooperativas, e estabeleçam preferências ou distinções em razão da naturalidade, da sede ou domicílio dos licitantes ou de qualquer outra circunstância impertinente ou irrelevante para o específico objeto do contrato, ressalvados os casos dispostos na lei.

Se estabelece como um dos pilares do processo licitatório a medida em que prioriza a competitividade do certame, permitindo que haja ampla disputa do objeto da licitação por meio da participação do maior número de interessados possível. Desta maneira a Administração Pública terá maiores chances de obter a melhor proposta.

"Na fase de habilitação do processo licitatório deverá ser prestigiado o princípio da competitividade quando o participante preencher os requisitos para tanto. Na dúvida, sua participação no certame deverá ser admitida como garantia da ocorrência da efetiva competição" (TJ. AI 70056059165/RS. Rel. Irineu Mariani, j. 16.04.2014, DJe 24.04.2014).

Frente ao tema, temos a Lei nº 12.232/2010 que dispõe sobre as normas gerais para licitação e contratação pela Administração Pública de serviços de publicidade prestados por intermédio de agências de propaganda. Esta lei determina que esses contratos somente poderão ser celebrados por agencias de propaganda que, obrigatoriamente, deverão ser reguladas pela Lei nº 4.680/1965. Outra exigência é que elas deverão possuir o chamado certificado de qualificação técnica de funcionamento, instrumento indispensável para que possam celebrar contrato junto a Administração Pública. O acesso a este certificado deverá ser o mais amplo possível, sob pena de se infringir o princípio da competitividade (Carvalho Filho, 2012, p. 184).

Princípio da Complementaridade (Direito Internacional).

Inicialmente, trazemos a definição de Paulo e Alexandrino (2009, p. 106) acerca do princípio da complementaridade: "A jurisdição do Tribunal Penal Internacional submete-se ao chamado *princípio da complementaridade*, segundo o qual a competência da corte internacional não se sobrepõe à jurisdição penal dos Estados soberanos. Significa dizer que o Tribunal Penal Internacional destina-se a intervir somente nas situações gravíssimas, em que o Estado soberano se mostre incapaz ou sem disposição política para processar os crimes apontados no Estatuto de Roma".

A Constituição Federal estipula que o Brasil se submete à jurisdição de Tribunal Penal Internacional a cuja criação tenha manifestado adesão (cf. art. 5º, § 4º). Atualmente, o país se submete ao Tribunal Penal Internacional (TPI) (ou Corte Penal Internacional – CPI) criado pelo Estatuto de Roma (Decreto nº 4.388/2002 que promulgou o Estatuto de Roma do Tribunal Penal Internacional) para julgar "crimes contra a humanidade". Segundo o texto da lei, "o Tribunal será uma instituição permanente, com jurisdição sobre as pessoas responsáveis pelos crimes de maior gravidade com alcance internacional, de acordo com o presente Estatuto, e será complementar às jurisdições penais nacionais (art. 1º do decreto nº 4388/2002)".

Assim, quando o Estado se mostrar incapaz ou indisposto a julgar determinado crime constante no Estatuto de Roma, o TPI será capaz de intervir naquele caso sem que seja desrespeitada a soberania daquele país, desde que ele tenha manifestado expressamente adesão ao Estatuto.

Vieira (2004, p. 205) ao tratar dos massacres da Candelária, Corumbiara, Carajás e Carandiru afirma: "A omissão das autoridades estaduais em punir aqueles que violam os direitos humanos, não apenas constitui uma afronta moral às vítimas e a seus familiares, como coloca o governo brasileiro numa posição extremamente delicada frente à comunidade internacional".

Princípio da Complementaridade (P. da Complementaridade dos Recursos, P. da Complementariedade, P. da Complementação) (Direito Processual Civil).

Para que possamos compreender a complementaridade em sua essência, imperioso se torna o conhecimento do instituto (princípio) da consumação. No ato de interposição do recurso pelo sujeito processual lhe será exigido que apresente os pressupostos de admissibilidade. Assim, no momento da apresentação do respectivo recurso o legitimado deverá apresentar suas razões. A não interposição das razões do recurso impedirá sua posterior apresentação, fato definido como "preclusão consumativa" (Bueno, 2015, p. 604).

A lei processual brasileira proíbe terminantemente que seja distribuída petição recursal desacompanhada de suas respectivas razões. Mesmo que o recurso tenha sido impetrado anteriormente ao fim de seu prazo, não será permitida a posterior juntada das razões, pois, entende a lei que após a apresentação do ato processual será ele considerado realizado, e seu prazo restante consumido. Assim sendo, qualquer alteração ou acréscimo posterior será defesa.

Em apertada síntese, Bueno (*idem*) define o princípio da complementaridade: "Ele permite que, naqueles casos em que, a despeito da apresentação do recurso, isto é, em que se tenha consumado o prazo recursal, tenha havido alteração da decisão recorrida, que as razões já apresentadas sejam complementadas, verdadeiramente aditadas, para adequá-las à nova decisão".

A complementaridade permitirá que o recurso interposto seja aditado em suas razões em casos considerados excepcionais pela lei. Assim, o recorrente "poderá complementar as razões de recurso já interposto sempre que no julgamento dos embargos de declaração interpostos pela parte contrária for criada uma nova sucumbência" (TJ. AC 10702096544490001/MG. Rel. Edison Feital Leite, j. 05.06.2014, DJe 13.06.2014). Será dado prazo ao recorrente para emendar o seu recurso quando determinadas situações venham a prejudicar o ato, pois, caso não fosse assim, estaríamos diante de uma clara violação de direitos e da prejudicialidade de uma das partes da relação processual.

Princípio da Compulsoriedade da Contribuição (P. da Automaticidade da Filiação, P. da Filiação Obrigatória, P. da Obrigatoriedade) (Direito Previdenciário).

O sistema previdenciário nacional é baseado no princípio da universalidade do atendimento, segundo o qual a universalidade da cobertura da Seguridade Social diz respeito aos riscos sociais que devem ser cobertos por ela, como acidentes, morte, maternidade e velhice, dentre outros. Qualquer indivíduo que exerça atividade remunerada – que é o fato gerador - deverá contribuir com um percentual de sua remuneração com a Previdência, não cabendo escusas da obrigatoriedade contributiva.

De maneira compulsória o trabalhador deverá recolher a contribuição social a Previdência Social, salvo, segundo Kravchychyn (*et al.*) (2014, p. 31), "na ocorrência de decadência".

Ensina Castro (*et al.*) (2020, p. 171/172) que a Constituição Federal prevê que o Poder Público institua contribuições sociais por meio de suas entidades estatais (art. 149) por ser necessário que a sociedade também participe do financiamento da Seguridade Social. Desta maneira, continua o autor, ninguém poderá "escusar-se de recolher contribuição social, caso a lei estabeleça como fato gerador alguma situação em que incorra", pois a mesma será exigida de maneira compulsória e indistinta tanto dos indivíduos segurados, como também daqueles não segurados.

A compulsoriedade, que decorre do princípio da universalidade, encontra-se assentada no *caput* do art. 201 da CFRB/88.

Princípio da Comunhão Plena de Vida.

Estabelece o Código Civil que o casamento estabelece comunhão plena de vida, com base na igualdade de direitos e deveres dos cônjuges (cf. art. 1.511, CC). O matrimônio deverá ser encarado pelos cônjuges não só como a união física de duas pessoas, mas como uma união de interesses, baseado no companheirismo. Há a obrigação de zelo um pelo outro, verdadeira comunhão. Carlos Roberto Gonçalves (2010, v. 06, p. 24) explica brilhantemente que "tal dispositivo tem relação com o aspecto espiritual do casamento e com o companheirismo que nele deve existir", demonstrando definitivamente "a intenção do legislador de torná-lo mais humano".

"O casamento estabelece uma plena comunhão, cujo consectário não é apenas o entrelaçamento de vidas, mas também de patrimônios, que deve ser entendido com base na igualdade de direitos e deveres dos cônjuges (art. 1.511 do Código Civil), com o fim da vida em comum pela ausência do ânimo socioafetivo, real motivação da comunicação patrimonial, há a cessação do regime de bens" (STJ, 3ª T. REsp 1287579/RN 2011/0245831-1. Rel. Min. Ricardo Villas Bôas Cueva, j. 11.06.2013, DJe 02.08.2013).

A comunhão plena de vida encontra-se ainda albergada pela proibição de qualquer pessoa, seja de direito público ou privado, de interferir de qualquer forma na comunhão de vida instituída pela família (cf. art. 1.513, Código Civil).

Tomamos a liberdade de definir este como um princípio à parte do princípio da isonomia conjugal por entendermos serem conceitos diferentes, porém muitos autores os consideram como um só.

Princípio da Comunicabilidade do Preso.

As leis penais brasileiras orientam que o cumprimento da pena daquele agente condenado pela justiça, deverá ocorrer de modo que haja concomitantemente sua reinserção na sociedade após o decurso da penalidade. O convívio familiar deverá acontecer mesmo com a prisão do agente, sendo um elo essencial para a recuperação moral do mesmo. Neste sentido, será assegurado aos presos o respeito à integridade física e moral, sendo dever da justiça comunicar imediatamente sua prisão a sua família ou à pessoa por ele indicada (cf. art. 5º, XLIX e LXII da CF).

O CPP, art. 306, *caput*, obriga no mesmo sentido da comunicação da prisão do elemento a sua família ou a terceiro por ele indicado. Evita-se assim a prisão degradante e cruel onde os laços do preso junto ao mundo externo são cortados, impossibilitando ou reduzindo drasticamente as chances de seu reingresso na sociedade de forma satisfatória.

A Lei de Execução Penal (LEP, Lei nº 7.210/1984) no art. 41, XV, estipula que constitui direito do preso o contato com o mundo exterior por meio de correspondência escrita, da leitura e de outros meios de informação que não comprometam a moral e os bons costumes. Apesar da lei não fazer referência, o contato do condenado com o mundo exterior poderá ocorrer também por meio telefônico e pela rede mundial de computadores. No caso da utilização do telefone, o preso poderá fazer uso desse meio de comunicação sem limites de ligação por mês, com a ressalva de que as regras para tanto serão estabelecidas pela autoridade judicial. Insta observar que esse direito poderá ser suspenso ou restringido mediante ato motivado do diretor do estabelecimento, conforme parágrafo único do art. 41 da LEP.

O direito do preso a ter contato com o mundo externo se dará ainda pela entrevista pessoal e reservada com o seu defensor, e também por meio da visita do cônjuge, da companheira, de parentes e amigos, nos dias determinados pelo diretor do estabelecimento prisional, em consonância com os incisos IX e X do art. 41 supracitado.

Por fim, insta observar que o direito a comunicação alcançará também os presos estrangeiros sob a guarda da justiça brasileira.

Princípio da Concentração (Direito Registral).

No sistema registral brasileiro, especificamente quanto ao registro de imóveis, todo ato traslativo relativo ao imóvel deverá ser assentado em sua matrícula, ou seja, todo procedimento que cause alteração na situação jurídica de um dado imóvel deverá ser inserido no sistema registral.

Quanto a isso, dispõe o art. 167, II, 5, da Lei de Registros Públicos (LRP – Lei nº 6015/73) que deverão ser feitos no registro de imóveis, além da matrícula, a averbação quando da ocasião "da alteração do nome por casamento ou por desquite, ou, ainda, de outras circunstâncias que, de qualquer modo, tenham influência no registro ou nas pessoas nele interessadas".

Além destes casos, serão averbadas na matrícula as sub-rogações e outras ocorrências que, por qualquer modo, alterem o registro do imóvel (cf. art. 246 da LRP).

Princípio da Concentração dos Atos Processuais (P. da Concentração, P. da Concentração dos Atos Processuais em Audiência, P. da Concentração da Causa, P. da Concentração da Defesa, P. da Concentração das Respostas do Réu na Contestação, P. da Eventualidade) (Direito Processual Civil).

Inicialmente, insta observar tratar-se de princípio derivado do princípio da oralidade. O presente princípio, um dos que informam a atividade probatória no Processo Penal, encontra-se consagrado no art. 336 do CPC, *in verbis*: "Incumbe ao réu alegar, na contestação, toda a matéria de defesa, expondo as razões de fato e de direito com que impugna o pedido do autor e especificando as provas que pretende produzir".

Ou seja, será na contestação, caso haja a possibilidade, o momento oportuno para que o réu apresente todo o conjunto probatório de sua defesa, sob pena de preclusão. Incumbe ao réu, perante a contestação, que se defenda das alegações constantes na inicial apresentando toda a matéria de defesa e expondo suas razões de fato e de direito.

Passado o prazo para a contestação, não será mais permitido ao réu apresentar novas alegações de defesa. Traduz-se o princípio da concentração dos atos processuais em importante instrumento voltado a celeridade e efetividade processual na medida em que torna as prestações jurisdicionais mais rápidas e objetivas, diminuindo a burocracia do processo.

"Os atos processuais devem ser realizados em períodos próximos ou simultaneamente, a fim de se conferir uma maior presteza à atividade jurisdicional" (Silva, 2013, p. 386). Nas palavras do mestre Capez (2014, p. 58), "os atos mais relevantes devem, dentro do possível, ser praticados em única audiência".

Passam a ser arguidos na contestação a incompetência relativa, impugnação ao valor da causa e a concessão de justiça gratuita, a reconvenção etc. Quanto a reconvenção, diz o art. 343, *caput*, do CPC, que será lícito ao réu na contestação propor este instrumento para manifestar pretensão própria, conexa com a ação principal ou com o fundamento da defesa. O art. 337 traz um rol de procedimentos aos quais incumbirá ao réu alegar na contestação como preliminar de mérito.

Existem três situações que irão propiciar ao réu o direito de apresentar novas alegações passado o prazo da contestação. Estas exceções encontram-se enumeradas no art. 342, I, II e III, e ocorrerão quando essas novas alegações forem relativas a direito ou a fato superveniente, for de competência do Juiz conhecer delas de ofício e quando por expressa autorização legal, puderem ser formuladas em qualquer tempo e grau de jurisdição.

Assim posiciona-se o STJ: "No procedimento sumário, a contestação deve ser apresentada na audiência de conciliação e, caso queira opor exceção de incompetência, o réu deve fazer no próprio corpo da contestação, pois o objetivo é a simplificação do procedimento e a concentração dos atos processuais" (STJ. AgRg no AREsp 305.294/SP, Rel. Min. Maria Isabel Gallotti, j. 04.08.2015, DJe 12.08.2015).

Princípio da Conciliação (Direito Processual do Trabalho).

O princípio da conciliação encontrava-se albergado expressamente na Carta Magna de 1988, mais precisamente em seu artigo 114. Com a nova redação dada ao artigo pela EC 45/2004, o texto sofreu mudanças, passando agora a dizer que competirá à Justiça do Trabalho processar e julgar os dissídios individuais e coletivos. Apesar da mudança textual, observa Bezerra (2013, p. 86/87) que o sentido do artigo não se alterou e que o princípio da conciliação ainda se mostra compatível com a Constituição. Passadas a limpo as observações acerca do princípio da conciliação, passemos a sua conceituação.

O princípio da conciliação tem seus contornos bem delineados no *caput* do art. 764 da CLT, segundo o qual "os dissídios individuais ou coletivos submetidos à apreciação da Justiça do Trabalho serão sempre sujeitos à conciliação". Insta observar que, apesar de ser amplamente difundido em vários institutos do direito laboral, não é um princípio exclusivo da Justiça do Trabalho, encontrando-se em diversas searas jurídicas.

Como dito, a conciliação é instituto que se encontra disseminado na CLT, onde podemos citar o artigo 764 e parágrafos, artigo 831, *caput* ("A decisão será proferida depois de rejeitada pelas partes a proposta de conciliação"), artigo 846, *caput* ("Aberta a audiência, o juiz ou presidente proporá a conciliação") e artigo 850, *caput* ("Terminada a instrução, poderão as partes aduzir razões finais, em prazo não excedente de 10 (dez) minutos para cada uma. Em seguida, o juiz ou presidente renovará a proposta de conciliação, e não se realizando esta, será proferida a decisão").

A atual amplitude do CPC/2015 abarca a importância da conciliação no ordenamento jurídico nacional. A nova sistemática processual assegura que a conciliação (bem como a mediação), deverá ser buscada e incentivada a todo momento por Juízes, Advogados, membros do Ministério Público e Defensores Públicos, vide § 3º do art. 3º do CPC: "A conciliação, a mediação e outros métodos de solução consensual de conflitos deverão ser estimulados por juízes, advogados, defensores públicos e membros do Ministério Público, inclusive no curso do processo judicial". Corroborando a importância dada à conciliação pelo novo ordenamento processual, preceitua o art. 174, *caput*, que "a União, os Estados, o Distrito Federal e os Municípios criarão câmaras de mediação e conciliação, com atribuições relacionadas à solução consensual de conflitos no âmbito administrativo (...)".

No mesmo sentido, "os tribunais criarão centros judiciários de solução consensual de conflitos, responsáveis pela realização de sessões e audiências de conciliação e mediação e pelo desenvolvimento de programas destinados a auxiliar, orientar e estimular a autocomposição" (cf. art. 165, *caput* e parágrafos, CPC).

A conciliação foi elevada ao status de requisito da petição inicial, devendo o autor na mesma, esclarecer se opta ou não pela realização da audiência de conciliação (ou mediação), vide art. 319, VII, CPC.

O atual Código ainda dispõe acerca das ações de família, estabelecendo que o Juiz da causa na obrigação de empreender uma solução consensual ao litígio, deverá ser auxiliado por profissionais de outras áreas de conhecimento para a conciliação (cf. art. 694, *caput*, CPC).

Apresentam-se como princípios orientadores da conciliação a independência, a imparcialidade, a autonomia da vontade, a confidencialidade, a oralidade, a informalidade e a decisão informada (art. 166, *caput*, do CPC).

Princípio da Concordância Prática (P. da Cedência Recíproca, P. da Harmonização, P. da Harmonização de Interesses).

Em controvérsias onde se discuta a amplitude de princípios ou a importância de bens constitucionais postos a julgamento, deverá o legislador harmonizar sua decisão à luz dos fatos. Ainda que saibamos não existir preponderância entre princípios e entre leis infraconstitucionais, caberá ao legislador apontar soluções harmonizando os interesses constitucionais e os bens postos em conflito, tendo como fundamento o princípio da unidade da Constituição.

No estudo da solução dos bens jurídicos constitucionais, as particularidades e as facetas de cada bem serão analisadas para que no fim, o entendimento de um dos valores possa prevalecer, porém, sem anular o outro bem por completo. A melhor definição seria que um dos institutos constitucionais postos a discussão fosse mitigado (não suprimido) em prol da preponderância do outro instituto.

Para reforçar nossa explicação, trazemos à discussão o magistério de Paulo e Alexandrino (2009, p. 101), *verbis*: "na solução de conflito entre direitos fundamentais, deverá o intérprete buscar a conciliação entre eles, considerando as circunstâncias do caso concreto, pesando os interesses em jogo, com o objetivo de firmar qual dos valores conflitantes prevalecerá".

"Consiste, essencialmente, numa recomendação para que o aplicador das normas constitucionais, em se deparando com situações de concorrência entre bens constitucionalmente protegidos, adote a solução que otimize a realização de todos eles, mas ao mesmo tempo não acarrete a negação de nenhum" (Mendes, *et al.*, 2007, p. 107).

Princípio da Concorrência (P. da Competitividade, P. da Livre Concorrência Licitatória) (Licitações).

Inicialmente, convém sabermos que a Lei 4.320/64 estatui normas gerais de Direito Financeiro para elaboração e controle dos orçamentos e balanços da União, dos Estados, dos Municípios e do Distrito Federal. Seu art. 70 determina que: "A aquisição de material, o fornecimento e a adjudicação de obras e serviços serão regulados em lei, respeitado o princípio da concorrência".

Este artigo trata sobre as despesas inerentes ao controle dos orçamentos e que deverão obedecer aos ditames da Lei nº 8.666 de 1993. Segundo o estabelecido nos artigos 1º, parágrafo único e 2º da lei de licitações, não só os órgãos da administração direta, mas também os da administração indireta (fundos especiais, as autarquias, as fundações públicas, as empresas públicas, as sociedades de economia mista e demais entidades controladas direta ou indiretamente pela União, Estados, Distrito Federal e Municípios) deverão obedecer às regras lei, precedendo as "obras, serviços, inclusive de publicidade, compras, alienações, concessões, permissões e locações da Administração Pública, quando contratadas com terceiros", ao procedimento licitatório.

Princípio da Concretude (P. da Concretitude).

Este princípio está intimamente ligado ao princípio da operabilidade, aliás, dele decorre, pois, para que o direito seja operável, antes de tudo, deverá ser concreto. A lei deverá atingir as pessoas de maneira concreta, evitando-se as generalidades, pois o direito deve socorrer aquele que buscou sua proteção. O Juiz não deve legislar em aberto, em abstrato, deve sempre legislar para um caso concreto, visando a satisfação de uma questão em particular. [12]

Vejamos a lição de Miguel Reale (1999, p. 12) acerca da concretude: "É a obrigação que tem o legislador de não legislar em abstrato, para um indivíduo perdido na estratosfera, mas, quanto possível, legislar para o indivíduo situado: legislar para o homem enquanto marido; para a mulher enquanto esposa; para o filho enquanto um ser subordinado ao poder familiar. Quer dizer, atender às situações sociais, à vivência plena do Código, do direito subjetivo como uma situação individual; não um direito subjetivo abstrato, mas uma situação subjetiva concreta".

Nesta toada, importante a lavra de Santos (2002, p. 2): "É certo que o legislador, diferentemente do julgador, cria a regra para os casos em geral, segundo a característica da generalidade. Sem embargo disso, deve - tanto quanto possível - legislar com vistas a alcançar as pessoas, concretamente. A abstratividade da lei, pois, deve ser entendido não como um culto às abstrações, uma falta de compromisso com a realidade, mas apenas como uma função da norma, que nasce para atingir fatos futuros (aí o sentido de abstrato), ou seja, que irão ou não acontecer". [13]

Desta feita, o direito deverá servir àquelas situações do dia a dia, situações corriqueiras, afastando-se de intervenções abstratas e buscando sempre a concretização da tutela jurisdicional efetiva. [14]

Princípio *Concursu Partes Fiunt.*

Quanto ao tema do Direito Civil que trata das obrigações divisíveis, estipula a lei que, havendo uma pluralidade de sujeitos, sejam eles credores ou devedores, as obrigações serão divididas entre eles de forma igual e distinta. A lei diz que estas obrigações serão presumivelmente divididas entre todos, pois uma coisa é a lei abstrata e outra o caso concreto, haja vista cada caso conter suas peculiaridades. Tal tema vem tratado no art. 257 do Código Civil, artigo este que consagra o princípio *concursu partes fiunt*, e que trazermos em sua integra: "Havendo mais de um devedor ou mais de um credor em obrigação divisível, esta presume-se dividida em tantas obrigações, iguais e distintas, quantos os credores ou devedores".

À luz do entendimento de Assis Neto (*et al.*) (2016, p. 613), sendo a obrigação divisível, "a existência de mais de um credor ou mais de um devedor faz presumir que o débito é dividido por quantos credores ou devedores houver".

A solidariedade e a indivisibilidade configuram-se como exceções ao *concursu partes fiunt*. Em caso de obrigação representada por crédito, qualquer credor poderá requerer para si o montante (indivisibilidade) da obrigação. Por outro lado, os devedores responderam solidariamente pela obrigação. Assim, em decorrência do *concursu partes fiunt*, as obrigações deverão ser fracionadas.

Princípio da Condição mais Benéfica (P. da Condição mais Benéfica ao Empregado, P. da Manutenção da Condição mais Benéfica).

Decorre do princípio da proteção ao hipossuficiente, também conhecido por princípio da proteção ou princípio protetor. Correlato a justiça trabalhista, o princípio da condição mais benéfica preza que as condições que constam no contrato de trabalho não podem sofrer alterações para pior, somente para melhor. As condições do contrato do empregado não podem sofrer alterações que o prejudiquem, pois aquilo que foi avençado não pode ser alterado para pior.

Segundo o art. 468 da CLT, "nos contratos individuais de trabalho só é lícita a alteração das respectivas condições por mútuo consentimento, e ainda assim desde que não resultem, direta ou indiretamente, prejuízos ao empregado, sob pena de nulidade da cláusula infringente desta garantia". Nestes casos o pacto contratual é mais vantajoso do que o estabelecido em lei.

A condição mais benéfica, segundo Ivan Horcaio (2008, p. 75): "Determina que toda circunstância que o empregado se encontrar habitualmente que lhe seja mais favorável prevalecerá sobre a lei ou sobre o contrato. Toda situação favorável ao trabalhador, concedida tácita ou expressamente e de modo habitual, prevalece sobre a forma".

Nestes termos, o princípio da condição mais benéfica se caracteriza pelo fato da condição mais benéfica, estipulada em contrato ou em regulamento de empresa, prevalecer sobre normas supervenientes, de acordo com as súmulas 51 e 288 do TST, a não ser que tais normas sejam mais vantajosas.

Princípio da Condição Peculiar da Pessoa em Desenvolvimento (P. do Respeito à Condição Peculiar da Pessoa em Desenvolvimento).

A Lei 8.069 de 13 de julho de 1990 dispõe acerca do Estatuto da Criança e do Adolescente (ECA). Este princípio encontra-se insculpido no art. 227, § 3º, V, da Constituição de 1988 e nos arts. 3º, 4º e 6º do ECA.

De acordo com o art. 3º do Estatuto da Criança e do Adolescente, "A criança e o adolescente gozam de todos os direitos fundamentais inerentes à pessoa humana, sem prejuízo da proteção integral de que trata esta Lei, assegurando-se-lhes, por lei ou por outros meios, todas as oportunidades e facilidades, a fim de lhes facultar o desenvolvimento físico, mental, moral, espiritual e social, em condições de liberdade e de dignidade".

Como se denota da lei, "a condição peculiar da criança e do adolescente como pessoas em desenvolvimento" (art. 6º, ECA) obriga o legislador a uma cautela elevada nas questões que envolvam seu trato. Tal cuidado se deve ao fato daqueles estarem em fase de desenvolvimento cognitivo, moral, físico, social, profissional, interpessoal etc, e, justamente por isso, o Estado deverá cercá-los de cuidados, para que seus direitos não sejam atropelados. Em tal fase não são eles conhecedores de seus direitos nem da forma como pleiteá-los, daí a necessidade de proteção do Estado.

Busca-se, assim, preservar a dignidade da criança e do adolescente em desenvolvimento por meio da tutela de seus direitos pelo Poder Público, tais como o direito à vida e à saúde, o direito à liberdade, ao respeito e à dignidade, e o direito à convivência familiar e comunitária, direitos ditos fundamentais. [15 e 16]

Na feliz síntese de Machado (2003, p. 108/109): "(...) por se acharem na peculiar condição de pessoas humanas em desenvolvimento crianças e adolescentes encontram-se em situação essencial de maior vulnerabilidade, ensejadora da outorga de regime especial de salvaguardas, que lhes permitam construir suas potencialidades humanas em sua plenitude."

Princípio da Conexão.

O princípio da conexão inseriu o entendimento em nosso ordenamento processual de que no processo virtual não haveria separação entre seus dados e o conteúdo existente na rede virtual (internet), atuando em oposição ao princípio da escritura, instrumento segundo o qual somente o que se encontra nos autos poderá ser considerado para a instrução e julgamento do caso concreto.

Segue entendimento consubstanciado na jurisprudência pátria: "Com advento das novas tecnologias de comunicação e informação e as possibilidades ampliadas de conectividade por elas proporcionadas, rompe-se, finalmente, com a separação rígida entre o mundo do processo e o das relações sociais, porquanto o link permite a aproximação entre os autos e a verdade (real e virtual) contida na rede" (TRT-3. RO 00631201307703000 0000631-44.2013.5.03.0077. Rel. Convocado Paulo Eduardo Queiroz Gonçalves, DJe 06.08.2014).

"Na atual era da informação em rede, na qual o 'poder dos fluxos (da rede) é mais importante que os fluxos do poder' (CASTELLS), já não pode mais vigorar o princípio da escritura, que separa os autos do mundo. A Internet funda uma nova principiologia processual, regida pelo novo princípio da conexão. O chamado princípio da escritura - *quod non est in actis non est in mundo* - encerrou no Código Canônico a fase da oralidade em voga desde o processo romano e até no processo germânico medieval. Com advento das novas tecnologias de comunicação e informação e as possibilidades ampliadas de conectividade por elas proporcionadas, rompe-se, finalmente, com a separação rígida entre o mundo do processo e o das relações sociais, porquanto o link permite a aproximação entre os autos e a verdade (real e virtual) contida na rede. O princípio da conexão torna naturalmente, por outro lado, o processo mais inquisitivo. A virtualidade da conexão altera profundamente os limites da busca da prova. As denominadas TICS passam, portanto, a ter profunda inflexão sobre a principiologia da ciência processual e redesenham a teoria geral tradicional do processo, a partir desse novo primado da conexão" (TRT-3. RO 01653201101403003 0001653-06.2011.5.03.0014. Rel. José Eduardo Resende Chaves Jr., DJe 29.06.2012). O termo "TICs" é a abreviatura de Tecnologias de Informação e Comunicação.

Princípio da Confiança no Juízo *a Quo* (P. da Confiança no Juiz de 1º Grau, P. da Confiança no Juízo da Causa, P. da Confiança no Juízo de Piso).

O princípio da confiança no juízo *a quo* decorre do primado da segurança jurídica, instituto este que consubstancia a segurança que deverá existir entre os litigantes perante o Poder Judiciário na realização do direito, na correta aplicação das leis e na imparcialidade, tratando-se de um dos elementos constitutivos do Estado de Direito.

A confiança no Juiz de piso é elemento basilar do Estado de Direito, pois toda a justiça, inclusive o 1º grau representado pelos Juízes, deverão gozar de credibilidade perante as partes processuais e a sociedade de forma geral. Restringir tal confiança aos órgãos recursais seria restringir a justiça como um todo. A confiança no juízo *a quo* é instituto que se sustenta, pois é o Juiz da causa o conhecedor dos fatos, sendo ele o detentor das provas dos autos. Ao Juiz de primeiro grau são reservados poderes e deveres, mas também responsabilidades pelos danos que porventura causar as partes ou ao processo.

O art. 139 do CPC assegura ao Juiz poderes como assegurar a igualdade entre as partes processuais e a celeridade na conclusão do processo, bem como assegurar o cumprimento de ordem judicial e exercer o poder de polícia, dentre outros. Consubstanciam-se como deveres do Juiz não se eximir de decidir qualquer questão sob a alegação de que lacuna ou obscuridade no ordenamento jurídico pátrio exsurjam como elementos impossibilitadores, decidir o mérito dentro dos limites impostos pelas partes (vedação de sentença...) e combater a litigância de má-fé (cf. arts. 140, 141 e 142, CPC).

De todo poder e dever decorrem responsabilidades. Segundo o Diploma processual, art. 143, I e II, o Juiz responderá, civil e regressivamente, por perdas e danos quando, no exercício de suas funções, proceder com dolo ou fraude e quando se recusar, omitir ou retardar, sem justo motivo, providência que deva ordenar de ofício ou a requerimento da parte.

Todos os poderes, como também os deveres e as responsabilidades atribuídas ao Juiz da causa, são elementos que tornam o papel do Juiz fortemente regulado pela lei, fazendo com que a confiança neste grau da justiça seja elemento de concreta realidade.

Princípio da Confidencialidade (P. da Confidencialidade no Processo).

O princípio da confidencialidade encontra-se incrustado no art. 166, §§ 1º e 2º do CPC. Cuida o *caput* do artigo e seus parágrafos de informar sobre a confidencialidade que cerca os elementos inerentes à conciliação e mediação no processo. Assim, em razão do disposto no parágrafo 1°, todas as informações produzidas durante o processo gozarão da confidencialidade, sendo que o teor dessas informações somente poderá ser utilizado para os fins previstos pelas partes. Já o parágrafo 2° delibera que "em razão do dever de sigilo, inerente às suas funções, o conciliador e o mediador, assim como os membros de suas equipes, não poderão divulgar ou depor acerca de fatos ou elementos oriundos da conciliação ou da mediação".

Em apertada definição traz Bueno (2015, p. 176) sua conclusão: "A 'confidencialidade' merece ser entendida como o 'dever de manter sigilo sobre todas as informações obtidas na sessão, salvo autorização expressa das partes, violação à ordem pública ou às leis vigentes, não podendo ser testemunha do caso, nem atuar como advogado dos envolvidos, em qualquer hipótese'".

Tal assunto encontra-se também regulado na Lei n° 13.140, de 26 de junho de 2015, a qual dispõe sobre a mediação entre particulares como meio de solução de controvérsias e sobre a autocomposição de conflitos no âmbito da administração pública, conforme podemos extrair dos artigos 30 e 31 da respectiva lei.

Segundo o art. 30, *caput*: "Toda e qualquer informação relativa ao procedimento de mediação será confidencial em relação a terceiros, não podendo ser revelada sequer em processo arbitral ou judicial salvo se as partes expressamente decidirem de forma diversa ou quando sua divulgação for exigida por lei ou necessária para cumprimento de acordo obtido pela mediação". Ao mesmo tempo em que determina a confidencialidade do teor produzido no curso processual em relação a terceiros o respectivo parágrafo apresenta uma exceção, qual seja quando as partes decidirem pela não necessidade da confidencialidade, quando a divulgação for exigida pela lei ou for necessária para o cumprimento do acordo resultante da mediação. Seus diversos parágrafos e incisos também tratam do tema.

O art. 31 apresenta o seguinte teor: "Será confidencial a informação prestada por uma parte em sessão privada, não podendo o mediador revelá-la às demais, exceto se expressamente autorizado". O dever de confidencialidade do mediador alcança todo o teor relacionado ao processo, inclusive aquelas informações prestadas em sessão privada por uma das partes, a não ser que haja autorização expressa para a divulgação desses dados.

No tocante as regras que regem a função dos mediadores e conciliadores judiciais temos a Resolução nº 125/2010 do CNJ, que, em seu art. 1º, I, do Anexo III, estipula que os mesmos deverão "manter sigilo sobre todas as informações obtidas na sessão, salvo autorização expressa das partes, violação à ordem pública ou às leis vigentes, não podendo ser testemunha do caso, nem atuar como advogado dos envolvidos, em qualquer hipótese".

De acordo com esta regra, a confidencialidade poderá ser excepcionada nos casos de violação à ordem pública ou às leis vigentes. Não podemos olvidar claro, que esta mesma regra, a da confidencialidade, também poderá ser excluída no caso de ambas as partes concordarem.

Princípio da Consciência Relativa ao Processo.

Tomamos aqui a liberdade de utilizar a definição do princípio em pauta disponibilizado pelo Manual de Mediação Judicial do Ministério da Justiça (Azevedo, 2ª edição, 2010, p. 211): "(...) Segundo este princípio, as partes devem compreender as consequências de sua participação no processo autocompositivo, bem como a liberdade de encerrar a mediação a qualquer momento. Como corolário, por esse princípio recomenda-se que as partes sejam estimuladas a tratarem a autocomposição como uma efetiva oportunidade para se comunicarem de forma franca e direta, pois, considerando a confidencialidade do que é debatido em mediação, elas somente têm a ganhar com essa comunicação aberta. Cabe registrar que, em especial em autocomposições forenses, ante a aproximação com a estrutura estatal, muitas partes demonstram receio de que o mediador conte ao magistrado os pontos materiais debatidos na mediação e, devido a essa equivocada percepção, frequentemente se abstêm de os exprimirem com franqueza ou veracidade. Diante de uma situação como esta exemplificada, cabe ao(s) mediador(es) explicar adequadamente o funcionamento do processo de mediação e assegurar às partes a confidencialidade da autocomposição para que elas possam desenvolver adequada consciência quanto a esse processo autocompositivo".

Inserido no contexto dos processos autocompositivos relacionados à mediação, o princípio em destaque procura conscientizar os participantes deste procedimento acerca de sua importância na resolução dos litígios, bem como na sua independência em encerrá-la quando entender necessário.

Princípio da Conscientização do Consumidor e do Fornecedor.

Inicialmente trazemos à baila o breve entendimento de Almeida (2010, p. 36): "Se o que se busca é o equilíbrio nas relações de consumo, para que se atendam as necessidades do consumidor e o interesse do fornecedor, sem grande conflituosidade, é natural que uma maior conscientização das partes, no que toca aos seus direitos e deveres, conduzirá fatalmente a esse objetivo." Continua o autor afirmando que a "conscientização" pode ser entendida como "a educação, formal e informal, para o consumo, bem como a informação do consumidor e do fornecedor".

A conscientização entre consumidor e fornecedor visa alcançar a harmonia e o equilíbrio entre essas partes para que seus objetivos sejam alcançados e ocorra, por consequência, a redução dos conflitos. O CDC aduz que a Política Nacional das Relações de Consumo busca a harmonização dos interesses dos participantes das relações de consumo (consumidor e fornecedor) e educação e informação de fornecedores e consumidores, quanto aos seus direitos e deveres, com vistas à melhoria do mercado de consumo (cf. art. 4º, III e IV da Lei nº 8.078/1990).

A ocorrência de processos educacionais que visem fornecer maior informação e esclarecimento aos fornecedores e consumidores, no que tange aos seus direitos e deveres no mercado de consumo, levando-se em consideração a vulnerabilidade do consumidor, ocasionará, certamente, uma relação mais harmoniosa e menos conflituosa entre as partes.

Princípio do Consenso Afirmativo.

No que tange aos direitos de personalidade, será válida por parte de pessoa a disposição gratuita de seu próprio corpo, no todo ou em parte, para depois da morte, tendo por fim, obrigatoriamente, objetivo científico ou altruístico. Esse ato em que a pessoa dispõe de seu próprio corpo para depois da morte pode ser livremente revogado a qualquer tempo. O instituto tem lastro no art. 14, parágrafo único, do Código Civil, o qual apresentamos: "É válida, com objetivo científico, ou altruístico, a disposição gratuita do próprio corpo, no todo ou em parte, para depois da morte. O ato de disposição pode ser livremente revogado a qualquer tempo".

O ato de disposição deverá ser declarado pelo interessado, não sendo possível que ocorra por meio de terceiro. Por outro lado, conforme se verifica do texto do art. 4º da Lei nº 9.434 de 1997, que trata acerca da remoção de órgãos, tecidos e partes do corpo humano para fins de transplante e tratamento, "a retirada de tecidos, órgãos e partes do corpo de pessoas falecidas para transplantes ou outra finalidade terapêutica, dependerá da autorização do cônjuge ou parente, maior de idade, obedecida a linha sucessória, reta ou colateral, até o segundo grau inclusive, firmada em documento subscrito por duas testemunhas presentes à verificação da morte".

Seguindo o entendimento, poderá ocorrer remoção *post mortem* nos casos em que os responsáveis assim autorizarem, como nas situações em que pessoa juridicamente incapaz falece e ambos os pais ou responsáveis legais autorizam a remoção (cf. art. 5º da Lei nº 9.434/97).

Como se aduz do texto civil, a disposição do corpo ou parte dele deve, obrigatoriamente, ser gratuita, sendo terminantemente defeso o comércio de partes do corpo humano, pelo próprio titular dos direitos da personalidade, por terceiros ou intermediadores etc. É o que se infere do art. 15, parágrafo único, da referida lei, segundo a qual é crime comprar ou vender tecidos, órgãos ou partes do corpo humano, sendo que incorrem na mesma pena quem promove, intermedeia, facilita ou aufere qualquer vantagem com a transação.

De forma resumida, quando em vida somente o próprio titular do direito poderá, visando objetivos altruísticos ou científicos, dispor de seu próprio corpo, no todo ou em parte, sempre de maneira gratuita e após a sua morte, podendo recuar de tal intenção a qualquer tempo. Quando tal disposição não ocorrer em vida pelo sujeito, poderá ser realizada após a morte com a autorização do "cônjuge ou parente, maior de idade", obedecidas as formalidades sucessórias e documentais, nos casos de pessoa juridicamente capaz ou, tratando-se de pessoa juridicamente incapaz, com a autorização de ambos os pais ou responsáveis legais.

Princípio do Consensualismo (P. Consensualista, P. do Informalismo) (Contratos).

Ao longo do tempo o formalismo e o simbolismo, que eram inerentes à formação dos contratos, foram sofrendo certa mitigação, sendo privilegiada a via do informalismo, na medida em que se concluiu que os contratos, regra geral, não devem se revestir de formalismos desnecessários. A simples vontade das partes na formação dos contratos já é requisito bastante para sua celebração.

Segundo Paulo Nader (2010, p. 29), o princípio consensualista "diz respeito ao modo pelo qual se opera a formação dos contratos e não ao seu conteúdo". Trata-se do informalismo que deve prevalecer na formação dos contratos. Prossegue o autor: "O simples acordo de vontades, ou consenso entre as partes, possui efeito gerador das obrigações contratuais".

Nas palavras de Guilherme Couto de Castro (2016, p. 140), o informalismo "revela-se no reconhecimento da plena possibilidade de contratação com independência de qualquer requisito formal". Defende ele que na formação dos contratos não devem ser exigidas quaisquer regras formalistas. Neste sentido, arremata o autor que "os contratos aperfeiçoam-se através de diferentes vias, e sua validade não está presa a formas, a não ser nos casos em que a lei estabeleça a necessidade de determinado tipo de exteriorização (escrito, escritura pública, escritura e testemunhas etc.)".

Princípio da Consequencialidade (P. da Causalidade, P. da Concatenação, P. da Concatenação dos Atos, P. da Concatenação dos Atos Processuais, P. da Contaminação, P. da Extensão, P. da Interdependência, P. da Interdependência dos Atos Processuais, P. da Sequencialidade, P. da Utilidade) (Direito Civil).

Inicialmente, trazemos à colação o entendimento consolidado de Assis Neto (*et al.*) (2016, p. 412) de que sobre o princípio da consequencialidade "verifica-se que a nulidade de um ato causa a de todos os outros que sejam consequência direta da sua prática". Aqueles negócios jurídicos efetivados por meio de condutas ilícitas/proibidas serão nulos, bem como todos os atos que dele decorram.

São exemplos práticos deste princípio as consequências advindas nos artigos 497, I e 814 do Código Civil, institutos estes que lidam com a nulidade decorrente da prática de atos defesos no ordenamento. Importante ressaltar que o defeito jurídico pode atingir o ato por inteiro ou parcialmente. Declarada "a nulidade de um ato processual, ela não atingirá os atos independentes" (Leone, 2013, p. 395). "Em virtude do princípio da causalidade, também conhecido como princípio da extensão, da sequencialidade, da contaminação ou da consequencialidade, a nulidade de um ato provoca a invalidação dos atos que lhe forem consequência ou decorrência" (Lima, 2016, p. 2218/2219).

Também presente no Código de Processo Penal, o princípio encontra-se consagrado no § 1º do art. 573, segundo o qual a nulidade de um ato, uma vez declarada, causará a dos atos que dele diretamente dependam ou sejam consequência. Assim sendo, o Juiz que pronunciar a nulidade deverá também declarar os atos que a ela se estendem (§ 2º, art. 573). A nulidade do ato, seja ela parcial ou total, são defeitos ou vícios que invalidam o ato ou mesmo todo o processo penal, podendo atingir também o inquérito policial.

No Diploma Processual brasileiro, o art. 281 abarca o tema, *verbis*: "Anulado o ato, consideram-se de nenhum efeito todos os subsequentes que dele dependam, todavia, a nulidade de uma parte do ato não prejudicará as outras que dela sejam independentes".

Por fim, dentro da exposição do princípio nos diversos Diplomas pátrios, restou a apresentação do tema na seara trabalhista. A Consolidação das Leis do Trabalho trata do assunto especificamente no art. 797, informando que, quando o Tribunal ou Juiz se pronunciar declarando uma nulidade, deverá declarar também os atos a que esta nulidade irá se estender. O artigo seguinte anuncia o que vem sendo adotado nos demais Diplomas acima citados, que a nulidade somente atingirá os atos posteriores que dela dependam ou decorram.

Importante ressaltar o entendimento positivado no art. 283, parágrafo único do CPC (princípio da conservação dos atos processuais), e que trazemos à exposição, onde o legislador ressaltou que, no caso de erro de forma do processo, esta irá acarretar unicamente a anulação dos atos que não possam ser aproveitados, devendo ser praticados os que forem necessários a fim de se observarem as prescrições legais, desde que tal aproveitamento não resulte prejuízo à defesa de qualquer parte.

Segundo o princípio da causalidade, aquele que der causa à instauração da demanda ou do incidente processual deve arcar com as despesas deles decorrentes (STJ. Processo

AgRg no AREsp 673014 RJ 2015/0047620-0. Rel. Min. Humberto Martins, j. 28.04.2015, DJe 06.05.2015).

Princípio da Conservação (Direito Registral).

O titular do serviço notarial ou de registro deverá zelar pela conservação dos papéis, livros e documentos a ele confiados. No papel de depositários dos livros, documentos e papéis em sua guarda, os notários deverão providenciar a manutenção destes documentos relativos ao registro de imóveis, tendo em vista sua conservação para que, quando necessário, os interessados tenham rápido e fácil acesso a eles.

Segundo os ensinamentos do mestre Venosa (2012, p. 183), "a conservação permite o arquivo permanente do histórico imobiliário". Desta forma, os notários deverão zelar pela manutenção dos documentos imobiliários, evitando que os mesmos sofram deterioração prejudicial a sua integridade e clareza, ou se percam devido a má organização.

Princípio da Conservação do Negócio Jurídico (P. do Aproveitamento do Contrato, P. da Conservação dos Atos e Negócios Jurídicos, P. da Conservação do Contrato, P. da Conservação Contratual, P. da Conservação dos Negócios Jurídicos, P. da Conservação dos Pactos, P. da Manutenção do Contrato, P. da Preservação dos Contratos, P. *Utile Per Inutile non Vitiatur*).

O princípio da conservação do contrato significa a valorização dada pelo Estado diante dos pactos firmados entre as partes. Segundo o entendimento estatal, os contratos firmados devem ser preservados, pois sua extinção seria uma medida extrema, haja vista sua relação com a função social. Os contratos devem ser manutenidos mesmo diante de um defeito sanável ou de um caso imprevisto, e sua extinção deverá ser considerada sempre a última hipótese, pois a mais traumática.

Os dispositivos 473, parágrafo único, e 720, ambos do Código Civil, trazem em seu conteúdo o princípio da conservação do contrato, princípio este que mantém íntima relação com a função social (TJ, 3ª Câmara Cível. AGV 22018842011817000/PE 0019444-54.2012.8.17.0000. Rel. Bartolomeu Bueno, j. 25.10.2012).

Pode ser que um contrato apresente em seu bojo diferentes interpretações. Quando isto ocorrer, deverão as partes, de maneira consensual, ou mesmo por meio do magistrado no exercício de seu poder, adotar a interpretação que possa gerar efeitos, haja vista não fazer sentido a formação de negócio jurídico sem serventia. Nestes termos, Gonçalves (2010, v. 3, p. 65): "Se uma cláusula contratual permitir duas interpretações diferentes, prevalecerá a que possa produzir algum efeito, pois não se deve supor que os contratantes tenham celebrado um contrato carecedor de qualquer utilidade".

Este princípio encontra-se disposto em vários dispositivos do Código Civil brasileiro, como o art. 183 do CC, segundo o qual "a invalidade do instrumento não induz a do negócio jurídico sempre que este puder provar-se por outro meio", além do art. 184, explicitado pela jurisprudência que se segue: "Na lição da doutrina, o princípio da conservação dos negócios jurídicos que inspira figuras como a nulidade parcial (art. 184 do CC/2002) impõe o aproveitamento da parcela contratual não afetada pelo vício que o macula parcialmente. Pelo exposto, concatenados os argumentos trazidos àqueles presentes no apelo da parte autora a extinção do feito por carência de ação é medida que não se adequa ao princípio da boa-fé e ao princípio da conservação dos negócios jurídicos" (TJ, 1ª Turma Cível. APC 20110111185293/DF 0032531-87.2011.8.07.0001. Rel. Flavio Rostirola, j. 14.08.2014, DJe 19.08.2014). Também pode ser encontrado no art. 51, § 2º, do CDC.

Princípio da Consideração do Ambiente no Processo Decisório de Políticas Públicas (P. da Transversalidade, P. da Ubiquidade) (Direito Ambiental).

Sabendo-se que o equilíbrio ecológico do meio ambiente é um direito de todos, caberá ao Poder Público e a coletividade o dever de conservá-lo e defende-lo para que as atuais e as futuras gerações possam dele usufruir. Na defesa do meio ambiente caberá ao Poder Público exigir, na forma da lei, como requisito imprescindível para instalação de obra ou atividade potencialmente causadora de significativa degradação do meio ambiente, o estudo prévio de impacto ambiental (EPIA) ou estudo de impacto ambiental (EIA) (cf. art. 225, § 1º, IV, CF).

Consistindo em um relatório técnico, tal documento servirá de instrumento de avaliação dos possíveis danos que a atividade proposta para o local poderá gerar no ecossistema, apontando possíveis formas de mitigar os danos, reduzindo a degradação ao meio ambiente e o impacto negativo nas comunidades atingidas. Nas palavras de Beltrão (2013, p. 103), deverá conter no relatório do EIA "(...) um exame das alternativas para o projeto proposto; um plano de mitigação para os impactos significativos que tal projeto possa acarretar; e oportunidade para que o público afetado, compreendendo cidadãos e associações, possa participar efetivamente do processo".

Além de constar do texto constitucional, o EIA/EPIA também surge em leis infraconstitucionais, como, por exemplo, a Lei nº 6.803/1980, que dispõe sobre as diretrizes básicas para o zoneamento industrial nas áreas críticas de poluição (art. 10, §§ 2º e 3º), e a Lei nº 6.938/1981, que trata acerca da Política Nacional do Meio Ambiente, seus fins e mecanismos de formulação e aplicação (art. 9º, III).

Princípio da Consolidação.

Para que possamos compreender satisfatoriamente o instituto da consolidação nos direitos reais, faz-se necessária a compreensão dos fundamentos que exteriorizam o princípio do desmembramento ou elasticidade. Por esse princípio entenda-se a possibilidade dos direitos reais serem desmembrados por seu titular em direitos menores, por meio da transferência de determinadas prerrogativas a um terceiro por meio, por exemplo, de usufruto, servidão, hipoteca e habitação, conforme art. 1.225, do CC. Naturalmente, que esse desmembramento do direito real terá por consequência sua limitação.

Inobstante existir a possibilidade do desmembramento dos direitos reais, tais efeitos serão transitórios, pois esses direitos caracterizam-se por ter um termo, seja pelo fim do prazo ou pelo alcance do objetivo pelo qual foram instituídos.

A consolidação se dará quando o direito real do caso concreto se extinguir – ou seja, o desmembramento tiver fim - ocasionando o retorno da titularidade e do poder as mãos do proprietário, conforme ensina Gonçalves (2010, v. 05, p. 38): "Conquanto os direitos reais sobre coisas alheias tenham normalmente mais estabilidade do que os obrigacionais são também transitórios, pois, como exposto, desmembram-se do direito-matriz, que é a propriedade. Quando se extinguem, como no caso da morte do usufrutuário, por exemplo, o poder que existia em mão de seus titulares retorna às mãos do proprietário, em virtude do princípio da consolidação. Este, embora seja o inverso daquele, o complementa e com ele convive".

Princípio da Constitucionalidade.

Todos os Poderes do Estado Democrático brasileiro, bem como os atos por eles emanados, estarão sob o manto da Constitucionalidade. Segundo o princípio da constitucionalidade, todos os atos advindos dos poderes do Estado deverão guardar respeito aos preceitos erigidos na Constituição Federal, como respeito às leis nacionais e ao princípio da segurança jurídica. Nenhum ente federativo poderá desconfigurar preceitos fundamentais da Carta Magna por meio de atos por eles emitidos.

Princípio destacado principalmente pelo excelso jurista e professor José Afonso da Silva (2004, p. 122), que, conforme ensina, todos os poderes e os atos deles provenientes serão vinculados "com as garantias de atuação livre de regras da jurisdição constitucional".

Presente também no Direito Urbanístico, tal preceito normativo estipula que o Poder Público no alto de seu poder regulamentador deverá seguir as regras ordenadas na Constituição Federal e nas demais leis infraconstitucionais ao edificar as normas legais urbanísticas, tais como, por exemplo, o Plano Diretor Urbano.

Princípio da Consumação.

Cumpre transcrever a lição de autoria de Cassio Scarpinella Bueno em sua obra Manual de Direito Processual Civil (2015, p. 604): "O legitimado recursal deve, no prazo do respectivo recurso, manifestar o seu inconformismo e apresentar, desde logo, as respectivas razões. Se, por qualquer motivo, deixar de apresentar suas razões recursais, não poderá fazê-lo depois, porque a interposição do recurso, isto é, a mera manifestação de inconformismo com a decisão, tal qual proferida, é suficiente para consumar o prazo recursal". Nestes termos, a prática de um ato processual é suficiente para caracterizar sua consumação.

Ainda, se faz presente a disposição da jurisprudência a respeito do tema: "De acordo com o princípio da consumação, o recurso deve estar completo, pronto e acabado no momento de sua interposição, não sendo possível conhecer de razões apresentadas em momento posterior, ante a preclusão consumativa" (TJ, 1ª Turma Cível. APC 20120110858582/DF 0004568-19.2012.8.07.0018. Rel. Simone Lucindo, j. 25.03.2015, DJe 10.04.2015).

Princípio da Consunção (P. da Absorção) (Direito Penal).

A jurisprudência do STJ "admite que um crime de maior gravidade, assim considerado pela pena abstratamente cominada, possa ser absorvido, por força do princípio da consunção, por crime menos grave, quando utilizado como mero instrumento para consecução deste último, sem mais potencialidade lesiva" (STJ, 5ª T. AgRg no REsp 1365249/RO 2013/0034900-8. Rel. Min. Moura Ribeiro, j. 19.08.2014, DJe 26.08.2014).

Ocorrendo conflito aparente de leis penais, aquela conduta definida como crime fim irá absorver o crime meio, ou seja, a conduta realizada para se alcançar a intenção do agente será afastada, sendo considerado o resultado. Note-se que é necessário um nexo de causalidade entre as condutas, que o fim pretendido decorra da conduta meio. Consubstancia-se o entendimento no sentido de que o delito mais abrangente deverá absorver aquele de menor gravidade.

Nesta esteira, a ementa a seguir corrobora o entendimento: "Absolve-se o acusado pelo crime de ameaça, quando comprovado que esse delito fora praticado no mesmo contexto do crime de lesão corporal, o que caracteriza a ausência de autonomia entre os crimes, impondo-se a aplicação do princípio da absorção" (TJ. 3ª T. Criminal. APR 20120810083294/DF 0008034-51.2012.8.07.0008. Rel. Nilsoni de Freitas, j. 01.08.2013, DJe 09.08.2013).

O sujeito que pratica falsidade ideológica para praticar estelionato só responderá por este crime, pois o crime de falsidade ideológica serviu como instrumento para alcançar objetivo, qual seja o estelionato (Súmula 17, STJ). A intenção do legislador é evitar que o sujeito seja punido mais de uma vez pelo mesmo crime. Assim é a compreensão da primeira parte do *caput* do art. 70 do Código Penal: "Quando o agente, mediante uma só ação ou omissão, pratica dois ou mais crimes, idênticos ou não, aplica-se-lhe a mais grave das penas cabíveis ou, se iguais, somente uma delas, mas aumentada, em qualquer caso, de um sexto até metade".

Princípio da Contenciosidade Limitada.

Em nosso país a apreciação da extradição pelo STF encontrará óbice na limitação cognitiva que caracteriza a extradição passiva, o que se conhece por sistema da contenciosidade limitada ou sistema belga. Não será permitido ao Pretório Excelso apreciar qualquer matéria referente a possível inimputabilidade do extraditando ou demais questões de mérito. A análise da Corte estará restrita aos elementos formais do processo extradicional (STF. Ext. 932. Rel. Min. Joaquim Barbosa, j. 10.10.2007, DJe 27.03.2008).

Segue trecho de jurisprudência de lavra do eminente Ministro do STF Celso de Mello: "O sistema de contenciosidade limitada, que caracteriza o regime jurídico da extradição passiva no direito positivo brasileiro, não permite qualquer indagação probatória pertinente ao ilícito criminal cuja persecução, no exterior, justificou o ajuizamento da demanda extradicional perante o Supremo Tribunal Federal. - Revelar-se-á excepcionalmente possível, no entanto, a análise, pelo Supremo Tribunal Federal, de aspectos materiais concernentes à própria substância da imputação penal, sempre que tal exame se mostrar indispensável à solução de controvérsia pertinente (a) à ocorrência de prescrição penal, (b) à observância do princípio da dupla tipicidade ou (c) à configuração eventualmente política tanto do delito atribuído ao extraditando quanto das razões que levaram o Estado estrangeiro a requerer a extradição de determinada pessoa ao Governo brasileiro" (STF. Ext. 1082. Rel. Min. Celso de Mello, j. 19.06.2008, DJe 07.08.2008).

Princípio de Continuidade do Caráter da Posse.

O presente princípio encontra-se consagrado no art. 1.203 do Código Civil, o qual é descrito *ipsis literis*: "Salvo prova em contrário, entende-se manter a posse o mesmo caráter com que foi adquirida". Se a posse adveio de maneira injusta, essa característica se manterá, a não ser que ocorra prova em contrário. A simples mudança de postura do possuidor não altera a natureza da posse. "Com isso, uma posse de origem violenta mantém o vício" (Venosa, 2012, p. 73).

A jurisprudência assim se pronunciou: "A doutrina denomina de princípio de continuidade do caráter da posse o preceito segundo o qual a natureza da posse não se modifica tão-somente pela mudança de vontade do possuidor" (TJ, 2ª

Turma Cível. APL 0006511-51.2005.807.0007/DF. Rel. Carmelita Brasil, j. 16.09.2009, DJe 01.10.2009).

Em caso do Tribunal de Justiça do Paraná onde se discutia reintegração de posse no caso onde o companheiro de comodatária falecida, ao invés de devolver o imóvel ao proprietário, o transferiu para terceiro (esbulho), seguiu-se a respectiva ementa: "Como a posse dos réus deriva de uma posse injusta e de má-fé, nos termos do art. 1.203 do CC, que consagra o princípio da continuidade do caráter da posse, inexistindo prova em contrário, ela mantém estas mesmas características" (TJ, 18ª Câmara Cível. AC 0420237-1/PR. Rel. Carlos Mansur Arida, j. 12.12.2007, DJ 7530). Este princípio caracteriza a posse de má-fé.

Princípio da Continuidade do Estado (P. da Continuidade) (Direito Constitucional).

O princípio da continuidade do Estado se extrai do disposto no artigo 1° e incisos da Carta Magna e, conforme ensina Pedro Lenza (2010, p. 263), "não se confunde com o princípio da continuidade do serviço público". Reza o artigo que a República Federativa do Brasil, formada pela união indissolúvel dos Estados e Municípios e do Distrito Federal, constitui-se em Estado Democrático de Direito e tem como fundamentos a soberania, a cidadania, a dignidade da pessoa humana, os valores sociais do trabalho e da livre iniciativa e o pluralismo político.

Como dito, tal princípio se distingue do princípio da continuidade do serviço público, haja vista ter aquele a missão de preservar a existência dos entes federados quando criados, tendo por base o surgimento de relações jurídicas enraizadas que priorizam o objetivo social e a cidadania, não obstante o respeito à autonomia dos entes da federação (princípio federativo) e ao princípio da segurança jurídica.

É o que se extrai de julgado onde o STF denegou seguimento a ação direta de inconstitucionalidade acerca da criação de Município fora das exigências exigidas por lei (art. 18, § 4°, da CF – EC 15/96): "Cumpre verificar o que menos compromete a força normativa futura da Constituição e sua função de estabilização. No aparente conflito de inconstitucionalidades impor-se-ia o reconhecimento da existência válida do Município, a fim de que se afaste a agressão à federação. O princípio da segurança jurídica prospera em benefício da preservação do Município. Princípio da continuidade do Estado" (STF. ADI 2240/BA. Rel. Ministro Eros Grau, j. 09.05.2007, DJe 23.08.2007).

Princípio da Continuidade do Estado (Direito Internacional Público).

Transmite a ideia de perpetuidade do Estado. Mesmo que ocorram transformações expressivas em sua estrutura ou mesmo em sua soberania, o Estado continuará a existir, pois enquanto for mantido o elemento governo, prevalecerá o princípio da continuidade do Estado. Não há sucessão. No caso dos outros elementos, território e conjunto de nacionais, caso aconteçam alterações em suas estruturas ocorrerá uma sucessão.

Ocorre sucessão quando um Estado surge ocupando no cenário político internacional, no que tange as relações internacionais, ao comércio etc, o lugar de outro Estado, que deixou de existir. Caso haja uma profunda mudança na estrutura governamental (por exemplo, um golpe de Estado), altera-se a forma do Estado, mas este não deixa de existir. Muda-se a essência, mas sua continuidade perdura.

Princípio da Continuidade das Leis.

A lei, quando não tenha destinação temporária, terá pleno vigor até que outra lei a modifique ou a revogue (cf. art. 2º, *caput*, da Lei de Introdução às Normas do Direito Brasileiro - Lei nº 4.657/1942). É plenamente cabível em nosso ordenamento jurídico a elaboração de lei com prazo de duração determinada ou condicionada a evento, haja vista, por exemplo, diversos artigos dos Atos das Disposições Constitucionais Transitórias (ADCT).

Por outro lado, poderá o legislador revogar uma lei quando entender que esta não cumpra mais seu papel perante a sociedade. O ato de tornar nulo os efeitos de uma lei poderá ser realizado mediante ab-rogação, quando a lei perde sua vigência por completo, ou por derrogação, quando somente parte da lei sofre a perda de vigência.

Poderá ainda ser expressa quando a própria lei determina sua vigência, ou tácita, quando lei superveniente seja incompatível com lei anterior, ou mesmo quando lei posterior seja promulgada em substituição à antiga, revogando todo o seu conteúdo. [17]

"Na lição de Arnaldo Süssekind (Direito Constitucional do Trabalho), pelo princípio da continuidade das leis, a legislação anterior continua vigendo naquilo em que não contrarie a Carta Magna. Se contrariar, perde a validade jurídica" (TST, 8ª Turma. RR 113300-22.2002.5.04.0231. Rel. Dora Maria da Costa, j. 04.06.2008, DJe 06.06.2008).

Princípio da Continuidade Normativo Típica.

Para que possamos adentrar ao princípio da continuidade normativo típica, necessário se faz, primeiramente, fazermos algumas considerações básicas acerca do instituto jurídico da *abolitio criminis*.

É cabível em nosso ordenamento que lei nova determine que designada conduta penal, antes típica e incitadora do dever de punir do Estado, torne-se atípica. É a chamada *abolitio criminis*, regra que presume a revogação de lei anterior, ou de somente parte dela, por lei nova. Essa descriminalização do tipo penal será benéfica ao réu e sua aplicação ocorrerá desde sua entrada em vigor. Além disso, a lei nova mais benéfica irá retroagir para beneficiar o réu.

Isto posto, consigna esclarecer que nem sempre a revogação expressa de conduta penal incriminadora por lei nova, irá, necessariamente, significar a ocorrência da *abolitio criminis*. Isto porque subsiste em nosso ordenamento um dispositivo denominado princípio da continuidade normativo típica. Este instrumento declara que, mesmo que determinada regra seja revogada, sua vigência terá sua continuidade assegurada se, porventura, estiver descrita em outro diploma ou mesmo caso venha a migrar para outro tipo penal.

Nestes termos, apresenta-se importante a citação julgado do STJ, que segue: "No mesmo sentido, reconhecendo o princípio da continuidade normativo-típica, já decidiram o STJ e o STF: A simples possibilidade de enquadramento dos fatos em um tipo superveniente mais grave não enseja a sua atipicidade sob o argumento de que teria ocorrido *abolitio criminis*, pois, à época em que ocorreram, caracterizavam o delito do art. 288, parágrafo único, do Código Penal, que continua em vigor mesmo após o advento da Lei nº 12.850/2013, estando-se diante de hipótese de continuidade normativo-típica" (STJ. HC 333.694/SP, Rel. Min. Jorge Mussi, DJe 16.03.2016).

Assim, pelo princípio ora em estudo, nos casos em que a norma revogada transmigre para outro tipo penal ou seja mantida por lei nova, ela não perderá sua eficácia, não sendo, portanto, hipótese de incidência da *abolitio criminis* daquela conduta incriminadora.

Princípio da Continuidade Registral (P. da Continuidade, P. da Sucessividade, P. do Trato Sucessivo) (Direito Registral).

Tratamos aqui de um dos princípios que norteiam os registros públicos. Com fulcro nas lições de Assis Neto (*et al.*) (2015, p. 1381), "o princípio da continuidade implica em dizer que, no mister de realizar os atos relativos ao registro de imóveis, os respectivos oficiais devem se acercar do cuidado de que tais atos mantenham uma sequência cronológica exata".

Deverá haver coincidência dos dados constantes no registro do título e na matrícula, quanto aos bens e as pessoas envolvidas. Os oficiais responsáveis (serventuários privativos) pelo registro de imóveis deverão agir com o devido zelo para que o procedimento seja corretamente efetuado.

Os registros públicos são regulados pela Lei nº 6.015/73, constando que a legislação civil deverá resguardar quanto a aqueles a necessária segurança, autenticidade e eficácia dos atos jurídicos. Todos os títulos tomarão, no Protocolo, o número de ordem que lhes competir em razão da sequência rigorosa de sua apresentação (cf. art. 182).

Por fim, uma vez mais pedimos a necessária vênia para citarmos Assis Neto (*et al.*) (*idem*): "Tais procedimentos garantem que a cadeia dominial sobre o imóvel siga a sequência temporal correta, conferindo exatidão quanto aos respectivos proprietários e a época em que incidiram seus respectivos domínios ou outros direitos reais". Tal preocupação com a temporalidade, exatidão e autenticidade dos dados é necessária, pois um erro pode impedir que o proprietário usufrua de seu bem, caso queira, por exemplo, vende-lo ou gravá-lo de ônus.

Princípio da Continuidade da Relação de Emprego (P. da Continuidade, P. da Continuidade do Contrato de Trabalho).

O contrato de trabalho, em regra, presume-se por tempo indeterminado. Este é, pois, o entendimento da súmula 212 do TST: "O ônus de provar o término do contrato de trabalho, quando negados a prestação de serviço e o despedimento, é do empregador, pois o princípio da continuidade da relação de emprego constitui presunção favorável ao empregado".

Portanto, o pacto laboral, em regra, não deve ter um termo final, sendo o entendimento consolidado no sentido de que o trabalhador deverá integrar os quadros permanentes da empresa. Caso o pacto termine, cabe ao empregador a prova do término.

O contrato por prazo determinado, ou a termo, é exceção, devendo ser expresso na CTPS (art. 29 da CLT); sendo regulamentado pelo art. 443 da Consolidação Laboral. É permitido nos casos do § 2º, deste artigo, sendo nos serviços cuja natureza ou transitoriedade justifique a predeterminação do prazo, nas atividades empresariais de caráter transitório e, enfim, no caso de contrato de experiência.

Princípio da Continuidade do Serviço Público (P. da Continuidade, P. da Permanência) (Direito Administrativo).

O propósito do princípio da continuidade é fazer com que a população não seja prejudicada, na medida em que certos serviços, os chamados essenciais, não podem ser descontinuados pela Administração pública, não podem ser interrompidos. As atividades do estado qualificadas como de caráter essencial devem ter a característica da ininterruptibilidade. Este princípio encontra-se subentendido no art. 37 da CF/88.

Quanto às empresas públicas e sociedades de economia mista, a melhor doutrina delibera que, em face do princípio da continuidade do serviço público, estas não poderão falir quando seu funcionamento ocorra no sistema de monopólio ou quando forem criadas para a prestação de serviços públicos.

A Lei nº 8.987/1995 que trata dos regimes de concessão e permissão na prestação de serviços públicos dispõe nos artigos art. 6º, § 1º e 31, I, acerca da continuidade na prestação desses serviços. Bem assim, na hipótese de rescisão do contrato de concessão pela concessionária, os serviços prestados pela mesma não poderão ser interrompidos ou paralisados até decisão judicial transitada em julgado (cf. art. 39, parágrafo único).

Quanto ao direito de greve dos servidores, dispôs a jurisprudência que, mesmo sem lei que a regulamente, esta se apresenta como legítima, desde que não seja interrompida a prestação aos administrados dos serviços tidos como essenciais pela Administração Pública (TRF – 2, 7ª Turma Especializada. REO 201251010425500. Rel. Des. Fed. Luiz Paulo da Silva Araújo Filho, j. 03.04.2013, DJe 16.04.2013).

O CDC (Lei nº 8.078/1990), também dispõe quanto a continuidade dos serviços ditos essenciais, *verbis*: "Os órgãos públicos, por si ou suas empresas, concessionárias, permissionárias ou sob qualquer outra forma de empreendimento, são obrigados a fornecer serviços adequados, eficientes, seguros e, quanto aos essenciais, contínuos" (cf. art. 22, *caput*, CDC).

Princípio da Continuidade do Trabalho Rural (P. da Continuidade do Labor Rural).

Nos casos em que haja por parte do trabalhador rural requisição do benefício de aposentadoria por idade, deverá prevalecer, neste caso, o princípio da continuidade do trabalho rural. Para que logre êxito em seu pedido deverá o trabalhador apresentar a documentação que comprove o desempenho de atividade rurícola.

A Lei 8.213/91 é o instrumento que regula os planos de benefícios da Previdência Social, tratando especificamente em seu art. 48 da aposentadoria do trabalhador rural. Para que isso ocorra ele terá que comprovar que verdadeiramente desempenhou atividade rural. Portanto, é *conditio sine qua non* que o trabalhador demonstre o efetivo exercício de labor rural.

Portanto, a apresentação dos documentos comprobatórios da condição de atividade rural é condição primordial para que haja a concessão do benefício. Para tanto, existe a Súmula nº 06 do TNU (Turma Nacional de Uniformização) no auxílio de tal demanda, conforme segue: "A certidão de casamento ou outro documento idôneo que evidencie a condição de trabalhador rural do cônjuge constitui início razoável de prova material da atividade rurícola".

Isto posto, fica estabelecido que a aposentadoria por idade poderá ser requerida pelo trabalhador rural, cabendo a este a comprovação categórica de sua condição rurícola e o efetivo exercício de labor rural.

Princípio do Contraditório (P. da Audiência Bilateral, P. da Audiência Contraditória, P. da Bilateralidade, P. da Bilateralidade da Audiência).

O contraditório, como expressão e decorrência da ampla defesa, consistindo também, segundo Eduardo Rodrigues dos Santos (2016, p. 133), como um desdobramento direto do princípio do devido processo legal, é um instrumento assegurado aos acusados e litigantes nos processos judiciais ou administrativos utilizado para a defesa de seus interesses. Esse tema pela função a que se ordena, constitui-se como verdadeira garantia constitucional para que os litigantes possam agir em defesa de interesses próprios.

O direito de defesa será garantido a todo acusado, sendo-lhe oferecida oportunidade para que se pronuncie no processo oferecendo sua versão dos fatos e trazendo aos autos provas de suas alegações. Nisso aduz o art. 10, do CPC, segundo o qual "o juiz não pode decidir, em grau algum de jurisdição, com base em fundamento a respeito do qual não se tenha dado às partes oportunidade de se manifestar, ainda que se trate de matéria sobre a qual deva decidir de ofício", ou seja, vedam-se as "decisões surpresa".

A doutrina e a jurisprudência não são unânimes, apresentando o contraditório e a ampla defesa ora como princípios distintos, ora como condutas equivalentes, ou seja, um só princípio. Por questões didáticas e conceituais, apesar de similitudes encontradas em suas funções e padrões de conduta presentes nessas normas, preferimos abordar os institutos do contraditório e da ampla defesa como regras distintas.

O contraditório possui *status* constitucional, estando consagrado no art. 5º, LV, da Carta Magna, *in verbis*: "aos litigantes, em processo judicial ou administrativo, e aos acusados em geral são assegurados o contraditório e ampla defesa, com os meios e recursos a ela inerentes". O Diploma processual seguindo o ordenamento constitucional, também assegura tal direito ao dispor que não será proferida decisão contra uma das partes processuais sem que a ela lhe seja ofertada a oportunidade de ser previamente ouvida, conforme art. 9º, *caput*, do CPC.

A conceituação do contraditório passa necessariamente por sua diferenciação da ampla defesa, por esse motivo, e a despeito das similaridades entre ambos os institutos, incorporamos a esta obra o conceito de lavra de Alexandre de Morais (2017, p. 113): "Por *ampla defesa* entende-se o asseguramento que é dado ao réu de condições que lhe possibilitem trazer para o processo todos os elementos tendentes a esclarecer a verdade ou mesmo de omitir-se ou calar-se, se entender necessário, enquanto o contraditório é a própria exteriorização da ampla defesa, impondo a conduta dialética do processo (*par conditio*), pois a todo ato produzido pela acusação caberá igual direito de defesa de opor-se-lhe ou de dar-lhe a versão que melhor lhe apresente, ou, ainda, de fornecer uma interpretação jurídica diversa daquela feita pelo autor".

De acordo com Bueno (2015, p. 42), o contraditório compõe-se do binômio "ciência e resistência" ou "informação e reação", haja vista a obrigatoriedade processual de informação do acusado/litigante acerca das acusações que lhe caem, ou mesmo do andamento processual, sendo o direito de defesa uma garantia que poderá ou não ser executada.

No mesmo sentido, José Maria Rosa Tesheiner (1993, p. 44) em sua obra "Elementos para uma teoria geral do processo", colaciona que "o contraditório se concentra na expressão *audiatur et altera pars* (ouça-se também a outra parte), o que importa em dar-se ao processo uma estrutura dialética".

De acordo com jurisprudência do STJ, "o princípio do contraditório, garantia constitucional, serve como pilar do processo civil contemporâneo, permitindo às partes a participação na realização do provimento" (STJ. REsp 421.342 AM. Rel. Min. Sálvio de Figueiredo Teixeira, j. 11.06.2002, DJ 25.11.2002).

"O art. 10 do NCPC enfatiza e ratifica a preocupação do legislador no que tange à máxima aplicação do princípio do contraditório (art. 5º, LV, CF/88) ao processo, determinando que, mesmo quando se tratar de matérias passíveis de reconhecimento de ofício pelo magistrado, este deverá ouvir previamente as partes. Veja-se que não pretende o legislador retirar do juiz a possibilidade de reconhecer de ofício determinadas matérias fáticas ou jurídicas, mas sim de afirmar a necessária intimação das partes para se manifestarem sobre tais matérias, dando-lhes ciência sobre que será analisado na decisão judicial, evitando-se, assim, que sejam pegos de surpresa" (Novo Código de Processo Civil anotado e comparado para concursos / coordenação Simone Diogo Carvalho Figueiredo, 2015, p. 44/45).

Princípio da Contraprestação (P. Contributivo-Retributivo).

O princípio da contraprestação encontra-se previsto na Constituição brasileira, artigos 40 e 201, definindo claramente o caráter contributivo e retributivo que possuem as prestações previdenciárias recolhidas pelos trabalhadores. Este caráter contributivo retributivo da Previdência evidencia de maneira compreensível que as contribuições previdenciárias pagas pelo trabalhador são atreladas a uma correspondente prestação previdenciária por parte do Estado.

A contraprestação do Estado em virtude das prestações previdenciárias será traduzida em benefícios prestados aos trabalhadores por ocasião destes se encontrarem necessitados do amparo estatal. Podemos citar como alguns dos exemplos de retribuição do Estado em relação às prestações previdenciárias recolhidas a licença-maternidade remunerada, seguro-desemprego, auxílio-doença, aposentadoria por invalidez, pensão por morte, salário-família e auxílio-reclusão para os dependentes dos segurados de baixa renda, dentre outros benefícios.

Portanto, as prestações previdenciárias pagas pelo trabalhador a Previdência Social deverão ter por consequência uma contraprestação do Estado, que em algum momento futuro deverá ser refletida em benefícios ao contribuinte do regime.

Princípio do Controle (P. da Tutela, P. da Tutela Administrativa, P. da Vinculação).

A administração direta composta pela União, Estados, DF e Municípios poderá, nos termos da lei, criar entidades da administração pública indireta (autarquias, fundações, empresas públicas e sociedades de economia mista), as quais serão responsáveis pela execução de tarefas inerentes ao Estado. Estas entidades gozam de autonomia, porém, encontram-se vinculadas à administração direta. Esta vinculação permite à administração direta exercer fiscalização sobre a indireta, haja vista, respeitada a autonomia das entidades, a necessária fiscalização daquela sobre esta para verificação dos seus resultados e do seu desempenho.

Explica Oliveira (2016, p. 77) que tal controle se dá por meio do entendimento do art. 84, II, da Carta Maior, segundo o qual compete privativamente ao Presidente da República "exercer, com o auxílio dos Ministros de Estado, a direção superior da administração federal", e que tal poder será conferido "a todos os demais Chefes do Executivo" por simetria. Tal poder fiscalização caberá aos Ministérios por decorrência do art. 4º do Decreto-Lei nº 200/1967.

Assim sendo, define Carvalho Filho (2012, p. 460): "Diante disso, pode afirmar-se que toda pessoa integrante da Administração Indireta é submetida a controle pela Administração Direta da pessoa política a que é vinculada". Apesar de haver divergência na doutrina, este princípio se divide em quatro aspectos, segundo entendimento adotado por Carvalho Filho (*idem*): controle político, controle institucional, controle administrativo e controle financeiro.

Princípio do Controle Judicial (Direito Eleitoral).

Segundo ensinamentos de Gomes (2017, p. 483), de acordo com o princípio do controle judicial "a propaganda submete-se ao controle da Justiça Eleitoral, à qual é atribuído o poder de polícia para controlá-la e coibir abusos. Daí a possibilidade de o juiz eleitoral agir *ex officio*, determinando, por exemplo, que cesse ou que seja retirada propaganda que infrinja as regras pertinentes".

O Estado exerce o controle judicial da propaganda política por meio da figura do Juiz, o qual poderá se utilizar dos poderes inerentes ao cargo para conter e reprimir excessos cometidos por candidatos e partidos. A razão para tal controle estatal é a busca da igualdade na disputa eleitoral entre candidatos e partidos, bem como a manutenção da integridade das eleições, coibindo-se, por exemplo, desvios de conduta no cumprimento das regras comuns a todos impostas e abusos de poder econômico.

Princípio do Controle Público.

O princípio do controle público está intrinsecamente relacionado aos princípios da publicidade (art. 5º, LX, CF) e da oralidade (arts. 361 e 364, dentre outros do CPC, e Lei 9.099/1995, art. 2º, além de outros dispositivos normativos), colacionando que será livre o acesso e a permanência do público nas audiências do poder Judiciário. As audiências do Judiciário não poderão ocorrer a portas fechadas. Esse dispositivo encontra fundamento no art. 93, IX e X da Constituição Federal, estipulando que todos os julgamentos do Poder Judiciário, inclusive as decisões administrativas, serão públicos e de livre acesso, a não ser nos casos em que a defesa da intimidade ou o interesse social o exigirem (art. 5º, LX, CF/88). Corrobora com tal entendimento o art. 368 do CPC, com a ressalva dos casos em que ocorra a obrigatoriedade da observância do segredo de justiça nos casos determinados pelo art. 189 deste mesmo Diploma.

Tal princípio objetiva dar ao público presente na audiência a chance de se tornar um colaborador da justiça, auxiliando para que os atos e decisões nela ocorridos sejam caracterizados pela transparência, ferramenta que deverá pautar as decisões do Poder Judiciário. Assim, por meio do controle público, todas as decisões proferidas pelo Judiciário deverão ser revestidas de caráter público, sem subterfúgios que coloquem suas decisões em cheque e garantam a justa intervenção da Justiça e a aplicação da lei.

Princípio do Convencimento Motivado do Juiz (P. do Convencimento Motivado, P. do Convencimento Racional do Juiz, P. da Persuasão Racional, P. da Persuasão Racional do Juiz).

Constava no texto do art. 131 do antigo CPC de 1973, que o Juiz poderia apreciar livremente a prova. Entretanto, o termo "livremente" causava, por vezes, a compreensão errônea de que o Juiz poderia valorar como bem entendesse o conjunto de provas. O novo CPC manteve o princípio em questão, mas buscando contornar esse problema determinou, de acordo com o art. 371, que o convencimento deverá ser motivado pelo Juiz. Ou seja, a valoração da prova não será mais obtida livremente pelo Juiz, mas sim, de forma motivada, expondo as razões da decisão.

Observa com precisão Fredie Didier Jr. (Novo Código de Processo Civil anot. e comp. para concursos, 2015, p. 383/384) que a motivação do Juiz deva ser racional, e que "atenda às regras de validade da argumentação e do raciocínio jurídico", tendo por objetivo "justificar racionalmente a decisão, de modo que seja possível controlar também a racionalidade dessa justificativa".

Portanto, de acordo com o autor, não é mais permitido no ordenamento jurídico pátrio a referência ao termo "livre convencimento motivado", haja vista não ser mais permitido em nossa estrutura legal, a livre valoração das provas pelo Juiz após o advento do novo Código de Processo Civil. Agora, por detrás de toda motivação do Juiz deverá existir uma estrutura jurídico/racional determinante.

Importante frisar que não deverão mais ser utilizados os antigos sinônimos do princípio do convencimento motivado do Juiz, como: princípio da livre convicção do Juiz, princípio da livre convicção motivada do Juiz, princípio do livre convencimento motivado do Juiz, princípio do livre convencimento do Juiz, princípio do livre convencimento, princípio do livre convencimento motivado.

Nestes termos, importante citar o texto do art. 11, *caput*, do CPC, segundo o qual "todos os julgamentos dos órgãos do Poder Judiciário serão públicos, e fundamentadas todas as decisões, sob pena de nulidade". No mesmo sentido, a Constituição Federal endossa a necessidade de fundamentação de todas as decisões proferidas pelos órgãos do Poder Judiciário, sob pena de nulidade dos mesmos (cf. art. 93, IX, CF).

Princípio da Conversão do Negócio Jurídico (P. da Conversão Substancial do Negócio Jurídico).

O princípio da conversão do negócio jurídico decorre do princípio da conservação do negócio jurídico, e encontra-se agasalhado no art. 170 do Código Civilista, *verbis*: "Se, porém, o negócio jurídico nulo contiver os requisitos de outro, subsistirá este quando o fim a que visavam as partes permitir supor que o teriam querido, se houvessem previsto a nulidade".

Sobre o artigo comenta Assis Neto (*et al.*) (2016, p. 368): "os negócios anuláveis podem ser ratificados pela vontade das partes, (...); mas os negócios nulos não podem ser confirmados nem convalidados pelos agentes, a não ser que contenham, de forma válida, os requisitos de outro e seja permitido supor que este era o efeito querido pelas partes, se houvessem previsto a nulidade".

Por sua vez, Gagliano e Pamplona Filho (2011, p. 437), em sua obra Novo Curso de Direito Civil, explicam que a conversão do negócio jurídico é o fenômeno "por meio da qual aproveitam-se os elementos materiais de um negócio jurídico nulo ou anulável, convertendo-o, juridicamente, e de acordo com a vontade das partes, em outro negócio válido e de fins lícitos".

Os elementos do negócio jurídico nulo convertem-se em válidos, verdadeira metamorfose jurídica, na medida em que são aproveitados quando contiverem os requisitos de outro negócio jurídico.

Princípio de Convivência das Liberdades Públicas (P. de Convivência de Liberdades, P. da Relatividade das Liberdades Públicas, P. da Relativização das Liberdades Públicas).

No entendimento consagrado de Paulo e Alexandrino (2009, p. 98/99), "os direitos fundamentais não dispõem de caráter absoluto, visto que encontram limites nos demais direitos igualmente consagrados pelo texto constitucional". Continuam os autores no sentido de que os direitos fundamentais não podem "ser utilizados como escudo protetivo da prática de atividades ilícitas, tampouco para afastamento ou diminuição da responsabilidade civil ou penal por atos criminosos, sob pena da consagração do desrespeito a um verdadeiro Estado de Direito".

Os direitos fundamentais, direitos do ser humano positivados no ordenamento pátrio, não gozam de caráter absoluto, não são ilimitados, pois a própria Constituição Federal define seus limites nos demais direitos constantes na Carta Maior. Os próprios direitos se delimitam, criam limites entre si. A título meramente exemplificativo, não é possível a uma pessoa proferir palavras racistas a outra baseada simplesmente na garantia constitucional de liberdade de expressão. A garantia da liberdade de expressão não poderá ser utilizada como *vênia* para o cometimento de prática ilícita.

Assim, utilizando-se de doutrina de jaez, a jurisprudência define que os direitos fundamentais "não são ilimitados, uma vez que encontram seus limites nos demais direitos igualmente consagrados pela Carta Magna (Princípio da relatividade ou convivência das liberdades públicas)". (MORAES, Alexandre de. Direito constitucional. 18. ed. São Paulo: Atlas, 2005. p. 28) (TJ, 1ª Câmara de Direito Comercial. AG 788452/SC 2008.078845-2. Rel. Ricardo Fontes, j. 05.08.2009, DJe 05.08.2009).

Princípio da Convolação.

Tratamos aqui de um princípio constante no rol dos instrumentos que regem o Processo Penal brasileiro. Acerca do mesmo cabe fazer uma diferenciação quanto aos princípios da suplementaridade e da fungibilidade. Com a devida compreensão destes princípios, podemos entender com mais clareza o princípio da convolação.

O princípio da suplementaridade não possui o poder de substituir o recurso, mas somente de suplementar, ou seja, um recurso poderá suplementar o anterior quando a decisão comportar mais de um recurso, desde que ocorra dentro do prazo disposto na lei para a sua interposição (princípio da suplementaridade).

Constante no art. 579 do CPP, o princípio da fungibilidade permite que um recurso erroneamente interposto seja recebido e conhecido pela instância processual penal como o instrumento de impugnação correto. Entretanto, só haverá possibilidade de fungibilidade recursal caso não haja erro grosseiro nem constatação de que o mesmo foi ocasionado por má-fé por parte do recorrente.

Por outro lado, guardadas as devidas similitudes, o princípio da convolação detém características peculiares. Possibilita que o recurso interposto de maneira correta pelo recorrente seja recebido pela Justiça como se fosse outra espécie de impugnação, porém, com maiores benefícios aos seus anseios dentro do processo. O recurso corretamente interposto será recebido como se outro fosse, contudo, esta substituição dos instrumentos recursais trará àquele maiores vantagens processuais.

Princípio da Cooperação (P. da Colaboração, P. da Comparticipação, P. da Cooperação Processual, P. da Cooperação Relida, P. da Cooperação entre os Sujeitos do Processo, P. da Cooperatividade, P. Cooperativo, P. do Processo Cooperativo) (Direito Processual Civil).

O princípio da cooperação encontra-se fixado no art. 6º, do CPC, o qual apresentamos: "Todos os sujeitos do processo devem cooperar entre si para que se obtenha, em tempo razoável, decisão de mérito justa e efetiva". A tríade processual composta pelas partes e pelo Juiz deve atuar conjuntamente no sentido de contribuir para celeridade e efetividade do processo.

Consoante aduz Bueno (2015, p. 85): "O art. 6º trata do "princípio da cooperação", querendo estabelecer um modelo de processo cooperativo – nitidamente inspirado no modelo constitucional – vocacionado à prestação efetiva da tutela jurisdicional, com ampla participação de todos os sujeitos processuais, do início ao fim da atividade jurisdicional".

"O princípio da cooperação impõe que o magistrado comunique às partes a intenção de abreviar o procedimento, julgando antecipadamente a lide. Essa intimação prévia é importantíssima, pois evita uma decisão-surpresa, que abruptamente encerre o procedimento, frustrando expectativas das partes" (TJ. APL 0719508-80.2012.8.04.0001/AM. Rel. Maria do Perpétuo Socorro Guedes Moura, j. 22.02.2016, DJe 01.03.2016).

"Consoante preceitua o princípio da cooperação, o magistrado também possui relevante papel na condução do processo, de modo que sua atuação deve se dar de maneira a contribuir com a celeridade e efetividade da tutela jurídica" (TJ. AI 10145130676698001/MG. Rel. Alexandre Santiago, j. 18.03.2015, DJe 24.03.2015).

"O art. 10 do NCPC enfatiza e ratifica a preocupação do legislador no que tange à máxima aplicação do princípio do contraditório (art. 5º, LV, CF/88) ao processo, determinando que, mesmo quando se tratar de matérias passíveis de reconhecimento de ofício pelo magistrado, este deverá ouvir previamente as partes. Veja-se que não pretende o legislador retirar do juiz a possibilidade de reconhecer de ofício determinadas matérias fáticas ou jurídicas, mas sim de afirmar a necessária intimação das partes para se manifestarem sobre tais matérias, dando-lhes ciência sobre que será analisado na decisão judicial, evitando-se, assim, que sejam pegos de surpresa" (Novo Código de Processo Civil anotado e comparado para concursos / coordenação Simone Diogo Carvalho Figueiredo, 2015, p. 44/45).

Princípio da Cooperação Internacional (Direito Ambiental).

Todos os países possuem o dever de cooperação no que tange ao desenvolvimento sustentável e ao respeito às regras ambientais internacionais estipuladas mediante acordos bilaterais, multilaterais ou tratados firmados entre os Estados.

Independente da área territorial, do tamanho da economia, da representatividade internacional ou de quaisquer outras características que diferenciem os países, todos tem responsabilidades quanto a preservação do meio ambiente saudável, da cooperação mútua para a implementação de medidas e de quaisquer outros esforços em prol do melhoramento do meio ambiente. As medidas que visem reduzir, controlar ou neutralizar os efeitos nocivos da poluição terão maior efeito caso sejam tomadas em conjunto pelos Estados.

As fronteiras dos países não marcam o fim das responsabilidades ambientais. As alterações do meio ambiente em dado país podem atingir os países vizinhos, ou mesmo todo um continente. Um dano ambiental significativo pode tomar proporções globais. Neste sentido imprescindível informar que tal entendimento se consolidou após a Declaração de Estocolmo sobre o ambiente humano ocorrida no ano de 1972.

Este documento definiu regras claras quanto a importância da cooperação internacional na defesa da preservação da natureza e da adoção de políticas para a preservação do meio ambiente saudável. Necessário se faz a exposição do princípio 24 da Declaração: "Todos os países, grandes e pequenos, devem ocupar-se com espírito e cooperação e em pé de igualdade das questões internacionais relativas à proteção e melhoramento do meio ambiente. É indispensável cooperar para controlar, evitar, reduzir e eliminar eficazmente os efeitos prejudiciais que as atividades que se realizem em qualquer esfera, possam ter para o meio ambiente, mediante acordos multilaterais ou bilaterais, ou por outros meios apropriados, respeitados a soberania e os interesses de todos os estados".

Reafirmando a Declaração de Estocolmo, a Declaração do Rio (1992) expressou em seu conteúdo a mesma obrigação: "Os Estados devem cooperar, em um espírito de parceria global, para a conservação, proteção e restauração da saúde e da integridade do ecossistema terrestre. Considerando as distintas contribuições para a degradação ambiental global, os Estados tem responsabilidades comuns, porém diferenciadas. Os países desenvolvidos reconhecem a responsabilidade que tem na busca internacional do desenvolvimento sustentável, em vista das pressões exercidas por suas sociedades sobre o meio ambiente global e das tecnologias e recursos financeiros que controlam" (Princípio 7).

Princípio do Cooperativismo Federativo.

O princípio do cooperativismo federativo consubstancia-se mediante as práticas de cooperação entre os entes estatais na persecução de determinado fim social, por meio de convênios de cooperação ou consórcios públicos. Esta cooperação é estabelecida de livre e espontânea vontade entre os entes da Federação, não havendo nenhuma forma de estipulação neste sentido.

Com fulcro nas lições de Oliveira (2016, p. 141), vejamos: "No âmbito do denominado federalismo cooperativo, em que os entes federados devem atuar harmonicamente, a gestão associada de serviços representa uma prerrogativa importante consagrada pelo texto constitucional".

É no artigo 23 da CF/88 que se estabelece que a União, os Estados, o Distrito Federal e os Municípios terão competência comum, podendo estabelecer medidas de cooperação entre si, tendo em vista o equilíbrio do desenvolvimento e do bem-estar em âmbito nacional, a economia, a celeridade e o aprimoramento das práticas administrativas no que tange, por exemplo, à melhoria do sistema de saúde, obras em infraestrutura, proteção ao meio ambiente e programas de construção de moradias, dentre outros.

Outros dispositivos constitucionais também deliberam sobre o assunto. O § 3º do art. 25, aduz que os Estados, por meio de lei complementar, poderão instituir regiões metropolitanas, aglomerações urbanas e microrregiões com a finalidade de integrar a organização, o planejamento e a execução de funções públicas de interesse comum. Segundo o art. 241: "A União, os Estados, o Distrito Federal e os Municípios disciplinarão por meio de lei os consórcios públicos e os convênios de cooperação entre os entes federados, autorizando a gestão associada de serviços públicos, bem como a transferência total ou parcial de encargos, serviços, pessoal e bens essenciais à continuidade dos serviços transferidos".

A lei 11.107/2005 instituiu os parâmetros da formação dos consórcios públicos, um dos instrumentos normativos que balizam a cooperação entre os entes federativos.

Princípio da Cortesia na Prestação dos Serviços Públicos (P. da Cortesia, P. da Cortesia dos Serviços Públicos).

A cortesia é princípio de assento constitucional, constando em seu entendimento ser dever da Administração Pública prestar ao público de uma maneira geral um tratamento cordial e respeitável. Tais atributos, vinculados ao princípio da cortesia, tem por fim a prestação de um tratamento urbano àqueles que são os tomadores dos serviços públicos.

O art. 37, § 3º, dispõe que a lei disciplinará as formas de participação do usuário na administração pública direta e indireta, regulando especialmente, (i) as reclamações relativas à prestação dos serviços públicos em geral, asseguradas a manutenção de serviços de atendimento ao usuário e a avaliação periódica, externa e interna, da qualidade dos serviços, (ii) o acesso dos usuários a registros administrativos e a informações sobre atos de governo, observado o disposto no art. 5º, X e XXXIII e (iii) a disciplina da representação contra o exercício negligente ou abusivo de cargo, emprego ou função na administração pública.

Como decorrência da cortesia, aqueles serviços públicos denominados essenciais à população deverão ser gratuitos. Quando não for possível à Administração Pública conferir aos usuários à gratuidade, deverá cobrar valores inferiores ao preço de custo do serviço. A Lei nº 8.987 de 13 de fevereiro de 1995 é o dispositivo que regula o regime de concessão e permissão da prestação de serviços públicos, regulamentando que toda a prestação de serviço público por meio de concessão ou permissão deve ser adequada ao pleno atendimento ao usuário, satisfazendo, dentre outras condições, a cortesia na sua prestação (cf. art. 6º, § 1º).

O art. 175 da CF/88 é o instituto constitucional que define que a prestação de serviço público será de obrigação do Poder Público, diretamente ou sob regime de concessão ou permissão, sempre utilizando-se a licitação para tanto, dispondo a lei acerca dos direitos dos usuários.

Para arrematar, adentramos no magistério do mestre Bezerra Leite (2013, p. 337): "Os serviços gratuitos tem cunho basicamente social e devem levar em conta fatores singulares de indivíduos ou de comunidades", nada impedindo que diante desses serviços essenciais "possa ser cobrada remuneração (normalmente taxa) de algumas pessoas em favor de outras de baixa condição socioeconômica (...)". Assim, aqueles usuários que possuem uma melhor condição econômica acabam por auxiliar no financiamento desse serviço.

Princípio da Correção da Desigualdade.

Explica Bezerra Leite (2013, p. 80) que o princípio da correção da desigualdade decorre, em parte, do entendimento do que se extrai do princípio da proteção processual, também chamado de princípio da proteção ou tutelar, da seara trabalhista, tendo por propósito, frente à desigualdade econômica existente entre trabalhadores e empregadores, fazer com que se estabeleça uma igualdade que será obtida por meio de um tratamento jurídico desigual em favor do trabalhador.

O princípio da correção da desigualdade que tem sua existência defendida por parte da doutrina advoga que é necessário que se estabeleça a correção das desigualdades econômicas, sociais, culturais e técnicas existentes entre empregadores e empregados. Perante a Justiça Laboral o trabalhador encontra-se fragilizado e inferiorizado ante a figura do empregador, daí ser necessária a intervenção estatal no sentido de harmonizar as forças.

Princípio da Correção do Desvio Publicitário.

O princípio da correção do desvio da publicidade pode ser entendido como um desdobramento do princípio da reparação integral dos danos produzido ao consumidor, diante de casos em que o consumidor sofra prejuízos que decorram de publicidade enganosa ou abusiva.

O princípio em pauta encontra-se consolidado no art. 56, XII, do CDC, tendo em vista impedir que a propaganda enganosa continue a ser veiculada e, inclusive, obrigar ao infrator a imposição de contrapropaganda que corrija os desvios nocivos e fictícios percebidos.

Princípio da Correção Monetária dos Salários de Contribuição (P. do Cálculo dos Benefícios Considerando-se os Salários de Contribuição Corrigidos Monetariamente).

Tratando-se de preceito constitucional, a correção monetária dos salários de contribuição deverá ocorrer para que não haja desvalorização do valor do benefício do segurado ao logo do tempo. Delineado no § 17 do artigo 40 e § 3º do artigo 201 da CF/88, o princípio determina que todos os valores de remuneração e salários de contribuição considerados para o cálculo do benefício do segurado serão devidamente atualizados, na forma da lei.

Sobre o tema ensina Castro (*et al.*) (2020, p. 175): "Princípio salutar, exige ele que o legislador ordinário, ao fixar o cálculo de qualquer benefício previdenciário em que se leve em conta a média de salários de contribuição, adote fórmula que corrija nominalmente o valor da base de cálculo da contribuição vertida, a fim de evitar distorções no valor do benefício pago".

Ainda segundo os autores, apesar da lei determinar o reajuste dos benefícios, esta falha ao não definir qual será o índice adotado deixando tal atribuição a critério do legislador.

Esta correção se faz necessária para que o valor concebido no benefício do segurado não seja corroído pela inflação e perca, ao longo do tempo, seu real valor. O que se busca é a manutenção do valor de compra do benefício, a sua não desvalorização.

Princípio da Correlação entre Pedido e Sentença (P. Adstrição, P. da Adstrição do Juiz ao Pedido, P. da Adstrição do Juiz ao Pedido das Partes, P. da Adstrição ao Pedido, P. da Adstrição ao Pedido da Parte, P. da Adstrição entre Pedido e Sentença, P. da Adstrição da Sentença ao Pedido, P. da Congruência, P. da Congruência entre o Pedido e a Decisão, P. da Correlação, P. da Correlação entre Acusação e Sentença, P. da Correlação entre Libelo e Sentença, P. da Correlação entre Pedido e Causa de Pedir, P. da Correspondência, P. da Imutabilidade do Libelo, P. do *Ne Eat Judex Ultra Petita Partium*, P. da Reflexão, P. da Relatividade, P. da Simetria, P. da Simetria entre Demanda e Sentença, P. da Vinculação do Juiz ao Pedido, P. da Vinculação da Sentença ao Pedido e à Causa de Pedir) (Direito Processual Civil).

A parêmia latina *ne eat judex ultra petita partium* traz em seu conceito a certeza de que o Juiz não poderá ir além dos pedidos requeridos pelas partes no processo. Ele não poderá inovar nesse sentido, ou seja, estará vinculado aos pedidos efetuados pelas partes. Seu pronunciamento deverá apresentar pertinência com o requerido nos autos do processo.

Ao Juiz cabe o poder jurisdicional, mas, por outro lado, não pode extrapolar seus limites de julgar. Assim, aquele só poderá julgar aquilo que foi pedido na inicial, e o teor da sentença proferida deverá manter correspondência com o requerido na ação. Portanto, o órgão jurisdicional conforme entendimento de Medina (2011, p. 155), não detém o poder de "julgar além do pedido (sentença *ultra petita*), aquém do pedido (sentença *citra* ou *infra petita*), ou fora do pedido (sentença *extra petita*)", conforme dispõem os arts. 141 e 492 do CPC, que definem o princípio da correlação entre pedido e sentença. Ainda segundo Medina (*idem*, p. 398), nos casos de sentença *ultra*, *citra* ou *extra petita*, estaremos diante de sentença juridicamente inexistente, que não terá transitado em julgado.

"O limite objetivo da sentença é a matéria em debate, objeto do processo, devendo existir uma correspondência fiel entre o que foi requerido na peça de ingresso, com a contestação apresentada, e o dispositivo da sentença, sob pena de sua nulificação. Dessarte, verificando-se que a decisão de primeiro grau padece do vício *ultra petita*, por ter o Julgador concedido mais do que fora pedido, além do vício *citra petita*, por não ter solucionado todas as matérias suscitadas pelas partes, nulo é o decisum, sendo imperioso que outro se profira, em respeito ao princípio da congruência (...), segundo o qual *sententia debet* esse *conformis libelo*" (TJ. 1.0145.08.503708-6/001(1)/MG. Rel. Tarcisio Martins Costa, j. 15.12.2009, DJe 08.02.2010).

Princípio da Correspondência (P. da Correlação) (Direito Processual Civil).

O art. 994 do CPC apresenta o rol dos recursos cabíveis na sistemática da teoria geral dos recursos. Daí decorre o princípio da correspondência, o qual infere que, para cada pronunciamento judicial será cabível um determinado recurso. Para exemplificar, da sentença caberá apelação (art. 1.009, *caput*, CPC), das decisões interlocutórias caberá agravo de instrumento (art. 1.015, CPC), da decisão proferida por relator dos Tribunais caberá agravo interno (art. 1.021, CPC) etc.

Na breve síntese de Bueno (2015, p. 602), cada recurso tem uma finalidade que o justifica, sendo o princípio da correspondência aquele que relaciona cada recurso a uma finalidade própria.

Princípio da Correspondência do Pagamento (P. *Aliud Pro Alio Intuito Creditore Solvi Non Protest*, P. da Correspondência, P. da Exatidão, P. da Exatidão da Prestação, P. da Identidade da Prestação, P. *Nemo Aliud Pro Alio Invito Creditore Solvere Potest*) (Direito Civil).

Inicialmente, importante inserirmos a esta obra o conceito de pagamento, trazido aqui de forma singela por Assis Neto (*et al.*) (2016, p. 657), segundo o qual "pagamento é todo ato do devedor que cumpre a prestação a que se obrigou, não só nas obrigações de dar, como nas de fazer e não fazer".

Assim sendo, em um negócio jurídico realizado entre partes capazes, o devedor assume obrigação perante o credor e, dentro do prazo e condições estipuladas, deverá adimplir essas prestações. Importante ressaltar que o devedor deverá cumprir a prestação ajustada perante o credor, haja vista determinar o art. 313 do Código Civil brasileiro, que o credor não é obrigado a receber prestação diversa da que lhe é devida, ainda que mais valiosa.

Desta maneira, caso o devedor não realize a prestação ajustada entre as partes, não ocorrerá à quitação da obrigação. O pagamento somente será concretizado quando a prestação ajustada entre os agentes no negócio jurídico ocorrer (Assis Neto, *et al.*, 2016, p. 663).

Princípio da Criatividade Jurídica da Negociação Coletiva (P. da Autonomia Coletiva, P. da Autonomia Coletiva Privada, P. da Autonomia das Vontades Coletivas, P. da Criatividade Jurídica) (Direito do Trabalho).

O princípio da criatividade jurídica da negociação coletiva encontra-se consagrado no art. 7º, XXVI, da CF/88, disciplinando que o reconhecimento das convenções e acordos coletivos de trabalho é um direito dos trabalhadores urbanos e rurais. Por meio deste postulado entende-se que os acordos e convenções coletivas do trabalho podem estipular condições mais benéficas aos seus integrantes.

Princípio do direito coletivo do trabalho (encontra-se disperso pela CLT em diversos artigos como o 444, 611 e 620), a criatividade jurídica impõe às partes a liberdade para inovar o ordenamento jurídico nacional na medida em que as negociações próprias desse direito, acordos coletivos do trabalho e as convenções coletivas do trabalho, poderão estipular norma jurídica em harmonia com o ordenamento pátrio. O acordo coletivo do trabalho, estabelecido por meio de ajuste entre o sindicato dos trabalhadores e a (s) empresa (s), bem como a convenção coletiva do trabalho estabelecida entre os sindicatos obreiro e patronal, terá o arbítrio de compor uma regra, na medida em que a mesma esteja dentro dos limites da legalidade. As partes que compõem a negociação coletiva do trabalho terão o poder de criar regras jurídicas.

O TST em julgado de Recurso de Revista trouxe um breve conceito acerca do tema, afirmando que o princípio da criatividade jurídica "traduz a noção de que os processos negociais coletivos e seus instrumentos (contrato coletivo, acordo coletivo e convenção coletiva de trabalho) têm real poder de criar norma jurídica (com qualidades, prerrogativas e efeitos próprios a estas), em harmonia com a normatividade heterônoma estatal" (TST, 6ª T. RR 224900-28.2005.5.02.0060. Rel. Mauricio Godinho Delgado, j. 10.08.2011, DJe 19.08.2011).

A jurisprudência estipula que, apesar da liberdade das partes em estipular os termos da Convenção ou Acordo, a que se respeitar o princípio da reserva legal, raciocínio que se extrai do seguinte julgado: "Conquanto o inciso XXVI do art. 7º da Constituição Federal tenha consagrado o princípio da autonomia coletiva de vontade, pelo qual devem ser prestigiados os acordos e convenções coletivas de trabalho, impõe-se a sua submissão ao princípio da reserva legal, uma vez que não é aceitável a utilização de instrumentos normativos para a preterição, pura e simples, de direitos legalmente assegurados ao trabalhador (...)" (TRT – 5, 2ª T. RecOrd 0000021-06.2013.5.05.0341/BA. Rel. Débora Machado, DJe 02.03.2015).

Por fim, importante informar que o princípio da autonomia coletiva guarda estreita correspondência com o princípio da liberdade sindical, sendo exigência para que o sindicato possa celebrar Convenção ou Acordo Coletivo de Trabalho o registro no Ministério do Trabalho e Emprego – MTE (cf. art. 8º, I, CF).

Princípio da Culpabilidade (P. da Culpa, P. da Responsabilidade Subjetiva) (Direito Penal).

O princípio da culpabilidade tem por limite balizador a máxima "*nullum crimen sine culpa*". Não haverá crime caso o agente não aja com dolo ou culpa, se do ato não advir reprovabilidade estatal. Assim, a punição penal do agente será baseada não na responsabilização objetiva, mas sim na responsabilização subjetiva, quando agir com dolo ou culpa.

Este princípio encontra inicialmente fundamento no art. 18 do Código Penal. Em suma, preceitua o artigo que se denominará doloso o crime quando o agente quis o resultado ou assumiu o risco de produzi-lo, e que será culposo o crime quando o agente deu causa ao resultado por imprudência, negligência ou imperícia. Seu parágrafo único destaca que, salvo os casos expressos em lei, ninguém pode ser punido por fato previsto como crime, senão quando o pratica dolosamente.

O Código Penal brasileiro estabelece assim, que só haverá crime quando presentes os elementos dolo ou culpa. Segundo Nucci (2009, p. 76), "a regra adotada é buscar, para fundamentar e legitimar a punição, na esfera penal, o dolo do agente". Caso não se encontre o dolo do agente, "deve-se procurar a culpa, desde que expressamente prevista, como alternativa, no tipo penal incriminador".

Ainda sobre o assunto, Nilo Batista (2001, p. 104) teceu às seguintes considerações: "O princípio da culpabilidade impõe a subjetividade da responsabilidade penal. Não cabe, em direito penal, uma responsabilidade objetiva, derivada tão-só de uma associação causal entre a conduta e um resultado de lesão ou perigo para um bem jurídico. É indispensável à culpabilidade".

Princípio do Curso Forçado da Moeda Nacional (P. do Curso Forçado da Moeda Circulante Oficial).

Segundo o princípio do curso forçado da moeda nacional, consagrado em nosso ordenamento no art. 315 do Código Civil, a ninguém será dado o direito de se escusar de receber em moeda nacional, ou seja, em reais. Dispõe o artigo que as dívidas em dinheiro deverão ser pagas no vencimento, em moeda corrente e pelo valor nominal. Assim, em nosso país, ninguém poderá se recusar a receber um pagamento em reais, a moeda oficial do Brasil, alegando, por exemplo, preferência pelo recebimento por moeda circulante de outro país, como, por exemplo, o dólar, a moeda corrente dos Estados Unidos.

"A política do monetarismo, no País, que adotou o princípio do nominalismo, pela modalidade do curso forçado da moeda circulante oficial, somente autoriza a utilização da cláusula monetária em caráter excepcional, orientada pelo princípio da estrita legalidade, para os casos de indexação das dívidas de dinheiro" (TRF – 2. AC 354808/RJ 2002.51.01.509570-3. Rel. Des. Fed. Luiz Antônio Soares, j. 05.09.2006, DJU 23.10.2006).

A Lei n.º 9.069/95, que estabelece diretrizes acerca do Plano Real e do Sistema Monetário Nacional, proíbe a indexação em moeda estrangeira, mas permite sua celebração, nesse caso, desde que haja a conversão dos valores em reais a data do pagamento. É o que se dessume do entendimento do

STJ: "Desde que expressamente previsto que o pagamento realizar-se-á por meio da respectiva conversão em moeda nacional, é válida a contratação em moeda estrangeira, consideradas as peculiaridades do processo. A obediência ao curso forçado da moeda nacional implica na proibição do credor de se recusar a receber o pagamento da dívida em reais e faz surgir a conclusão de que o momento da conversão em moeda nacional é o do pagamento da dívida e não o do ajuizamento da execução" (STJ. REsp 647672/SP 2004/0034872-0. Rel. Min. Nancy Andrighi, j. 14.02.2007, DJ 20.08.2007).

D

Princípio da Decisão Informada.

O art. 166, § 3° do CPC consagra o princípio da decisão informada. Segundo o dispositivo processual a conciliação e a mediação são informadas pelos princípios da independência, da imparcialidade, da autonomia da vontade, da confidencialidade, da oralidade, da informalidade e da decisão informada, sendo admitida a aplicação de técnicas negociais, com o objetivo de proporcionar ambiente favorável à autocomposição. "A 'decisão informada' consiste no 'dever de manter o jurisdicionado plenamente informado quanto aos seus direitos e ao contexto fático no qual está inserido" (Bueno, 2015, p. 176).

A Resolução n° 125, de 29 de novembro de 2010 (CNJ), por meio do anexo III, que regula o código de ética de conciliadores e mediadores judiciais (Redação dada pela Emenda n° 1, de 31.01.13), também regula a decisão informada em seu art. 1°, II, segundo o qual, o princípio em pauta é um dentre vários que regem a atuação de conciliadores e mediadores judiciais, tendo como função o "dever de manter o jurisdicionado plenamente informado quanto aos seus direitos e ao contexto fático no qual está inserido".

O princípio da decisão informada, sendo um dos princípios reguladores das funções de conciliadores e mediadores judiciais, tem por papel manter o jurisdicionado esclarecido quanto a informações inerentes ao processo em si, seus direitos e também acerca das decisões proferidas pelo magistrado.

Por derradeiro, apresentamos a síntese de Franco e Kohara (2012, p. 81/101): "(...) o princípio da decisão informada estabelece como condição de legitimidade para a autocomposição a plena consciência das partes quanto aos seus direitos e a realidade fática na qual se encontram. Nesse sentido, somente será legítima a resolução de uma disputa por meio de autocomposição se as partes, ao eventualmente renunciarem a um direito, tiverem plena consciência quanto à existência desse seu direito subjetivo". [18]

Princípio das Decisões Societárias por Maioria de Votos (P. da Maioria, P. a Maioria Tudo Pode, P. da Prevalência do Entendimento da Maioria, P. da Prevalência da Vontade) (Direito Empresarial).

O princípio em comento apresenta o conceito de que, no Direito de Empresa, irão prevalecer as decisões societárias tomadas pela maioria dos votos dos sócios da sociedade. Trata-se da predominância da vontade dos sócios por meio da maioria dos votos. Na sociedade empresária também irá preponderar a democracia nas tomadas de decisões e, nada melhor que isso ocorra por meio do voto, onde a maioria decidirá. Assim, a sociedade empresária será regida por meio das decisões societárias determinadas em decorrência da prevalência do entendimento da maioria.

Aduz o art. 1.030 do Código Civil que o sócio poderá ser excluído da sociedade pela via judicial, mediante iniciativa da maioria dos demais sócios. Entretanto, conforme prosseguimos na leitura do artigo compreendemos que tal iniciativa deverá, obrigatoriamente, decorrer de falta grave no cumprimento das obrigações do sócio, ou, ainda, por incapacidade superveniente do mesmo. Uma das modalidades de falta grave configura-se na mora do pagamento das contribuições estabelecidas no contrato social da empresa (cf. art. 1.004 do CC). Portanto, neste caso, a decisão da maioria será soberana, entretanto, nas condições acima descritas. Porém, é defesa a expulsão arbitrária de qualquer sócio por mera vontade da maioria.

Entretanto, o princípio das decisões societárias por maioria de votos encontra exceção quanto ao instituto da transformação, operação pela qual a sociedade passa, independentemente de dissolução e liquidação, de um tipo societário para outro (cf. art. 220 da Lei 6.404/76, que trata cerca da Sociedade por Ações). Este tipo dependerá do consentimento de todos os sócios (decisão unânime), salvo se prevista no ato constitutivo da empresa, conforme se depreende do teor do art. 1.114 do CC. O art. 221 da Lei 6.404/76, que dispõe sobre as sociedades por ações, confirma o entendimento acima consubstanciado, segundo o qual, nos casos de transformação da sociedade, será exigido o consentimento unânime dos sócios ou acionistas, salvo se prevista no estatuto ou no contrato social. Entende-se, assim, que o princípio das decisões societárias por maioria de votos sofre uma clara mitigação do Código Civil brasileiro quanto à soberania das decisões da maioria nas deliberações das sociedades.

Princípio do Deduzido e do Dedutível (P. da Eficácia Preclusiva da Coisa Julgada).

O presente princípio está consagrado no art. 508 do CPC, cuja dicção assim estabelece: "Transitada em julgado a decisão de mérito, considerar-se-ão deduzidas e repelidas todas as alegações e as defesas que a parte poderia opor tanto ao acolhimento quanto à rejeição do pedido".

Considera-se que o silêncio das partes no momento oportuno para que expusessem suas provas e argumentos atrai a aplicação do princípio do deduzido e do dedutível previsto no art. 508 do CPC, pois estabelece pontualmente que, uma vez passada em julgado a sentença de mérito, reputar-se-ão deduzidas e repelidas todas as alegações e defesas, que a parte poderia opor à rejeição do pedido (TRT - 9. 99506-2006-567-9-0-1/PR. Rel. Luiz Celso Napp, DJe 23.09.2011).

Tem-se o entendimento plasmado na doutrina: "O que o dispositivo proíbe é que *argumentos* ou *fundamentos* que poderiam ser levantados pelo autor e/ou pelo réu para secundar o acolhimento do(s) pedidos(s) diante de dada(s) causas(s) de *pedir* ou sua rejeição diante de dada(s) causa(s) de *resistir* sejam utilizados para dar ares de nova a *postulação* idêntica (mesmas partes, mesmo pedido e mesma causa de pedir)" (Bueno, 2015, p. 364).

Entende-se que, mesmo que haja novas alegações e mantendo-se as partes, não será possível a rediscussão processual, haja vista ser a mesma causa de pedir. A matéria já deveria ter sido discutida naqueles autos. Entretanto, caso outra seja a causa de pedir, estaremos diante de uma nova ação, sendo perfeitamente possível seu cabimento. Assim, a causa de pedir alegada anteriormente no âmbito processual tem por inadmissível sua reiteração diante da coisa julgada.

Princípio da Defesa do Consumidor.

Inicialmente, o princípio da defesa do consumidor está consagrado no art. 5º, XXXII, da CF, estipulando que "o Estado promoverá, na forma da lei, a defesa do consumidor".

Em um segundo momento, podemos defini-lo como princípio de ordem geral que consubstancia a proteção do consumidor diante da ordem econômica nacional, respeitando-se os ideais postulados de justiça social perante a CF/88. Encontra-se albergado também em outro dispositivo constitucional, qual seja o art. 170, V, do mesmo Diploma, segundo o qual a ordem econômica, baseada na valorização do trabalho humano e na livre iniciativa, tem por fim assegurar a todos existência digna, conforme os ditames da justiça social, observado o princípio de defesa do consumidor, dentre outros.

Estes importantes postulados constitucionais dão azo para que se façam presentes todos os princípios consumeristas e os dispositivos jurídicos e administrativos que regem o Direito do Consumidor, e que se encontram esparsos na legislação, sendo o Código de Defesa do Consumidor (Lei nº 8.078/1990) seu maior expoente. Os diversos princípios relativos ao Direito do Consumidor encontram-se esparsos nesta obra.

Princípio da Defesa do Meio Ambiente.

Assim como o princípio da defesa do consumidor, o princípio da defesa do meio ambiente consiste em um princípio geral de ordem ambiental constante na Constituição, mais precisamente no inciso VI do art. 170 da Carta Maior, definindo que a ordem econômica observará os ditames da justiça social e terá por fim assegurar existência digna a todos, consistindo a defesa do meio ambiente como um de seus principais princípios regentes.

Naturalmente, como um dos princípios formadores da ordem econômica nacional, o desenvolvimento econômico deverá ocorrer mediante atuação sustentável com a preservação do meio ambiente, tendo por objetivo, além da imprescindível necessidade de preservação ambiental, que as gerações futuras também possam dele usufruir. Isto é o que define o *caput* do art. 225, da CF/88.

Corrobora neste sentido o disposto na Lei nº 6.938, de 31 de agosto de 1981, que trata sobre a Política Nacional do Meio Ambiente. Segundo os dispositivos da lei, a Política Nacional do Meio Ambiente tem por objetivo a preservação, melhoria e recuperação da qualidade ambiental propícia à vida, visando assegurar, no País, condições ao desenvolvimento sócio-econômico compatibilizado com a preservação do meio ambiente, aos interesses da segurança nacional e à proteção da dignidade da vida humana (cf. arts. 2º e 4º).

Assim, a defesa do meio ambiente deverá ser patrocinada por toda a sociedade e pelo Estado, assegurando estes meios para que o desenvolvimento econômico se dê em conformidade com políticas ambientais satisfatórias, propiciando existência digna a todos, gerações presentes e futuras.

Princípio da Defesa Real (P. de Defesa, P. da Personalidade Passiva, P. da Proteção, P. Protetor, P. Real) (Direito Penal).

Trata o referido princípio dos crimes praticados por estrangeiro contra brasileiro no exterior, contra a vida ou a liberdade do Presidente da República, contra o patrimônio ou a fé pública da União, do Distrito Federal, de Estado, de Território, de Município, de empresa pública, sociedade de economia mista, autarquia ou fundação instituída pelo Poder Público, contra a administração pública, por quem está a seu serviço e de genocídio, quando o agente for brasileiro ou domiciliado no Brasil, tudo conforme os ditames instituídos pelo art. 7º, I, e § 3º, do Código Penal).

Segundo o art. 7º, § 3º, esta espécie de crime será punida perante a lei brasileira, mesmo que o crime seja praticado fora do Brasil, por estrangeiro, em face de brasileiro. Para tanto, não poderá ter sido pedida ou tenha sido negada a extradição e nos casos de haver requisição do Ministro da Justiça.

Portanto, será aplicada a lei de nacionalidade da vítima (lei penal brasileira) para os crimes praticados contra brasileiros, mesmo estando no exterior, quando praticados por estrangeiros. Importante observar que a nacionalidade do criminoso não possui relevância alguma para a incidência da lei brasileira.

O referido artigo (art. 7º, I, CP) também protege o patrimônio e a fé pública da União, do Distrito Federal, de Estado, de Território, de Município, de empresa pública, sociedade de economia mista, autarquia ou fundação instituída pelo Poder Público, contra crimes praticados contra estes no exterior. É a extraterritorialidade instituída por lei para que haja respeito à soberania nacional.

Princípio da Democracia Representativa (P. Democrático Representativo).

No sistema da democracia representativa o povo elege representantes para representá-lo por meio do poder político a eles delegado mediante o voto, durante certo período, qual seja o do respectivo mandato. Essa representação se dá por intermédio da soberania popular consagrada pelo sufrágio universal, visando oportunizar aos representantes tomar decisões que favoreçam a sociedade como um todo. Desta feita, este mecanismo confere a separação entre representados e representantes.

A necessidade de representação ocorre, pois seria impossível toda a população participar da administração do Estado. Assim, em uma democracia representativa aqueles escolhidos mediante o voto serão os representantes do povo nas esferas de poder do Executivo e do Legislativo. Importante ressalvar que a democracia representativa está dividida em três poderes, quais sejam o Executivo e Legislativo, já citados, e o Judiciário. Neste último, a representação é indireta, pois a escolha não se dá mediante o sufrágio universal, e sim por meio de concurso público, meios de ascensão profissional próprios da categoria (e.g.: merecimento, antiguidade e quinto constitucional) e indicações políticas para certos cargos. Estas instituições deverão observar os interesses da população em suas decisões.

Por fim, apresentamos a síntese de Bobbio (2000, p. 07) acerca da democracia, conceituando que "por democracia entende-se uma das várias formas de governo, em particular aquelas em que o poder não está nas mãos de um só ou de poucos, mais de todos, ou melhor, da maior parte, como tal se contrapondo às formas autocráticas, como a monarquia e oligarquia".

Princípio da Descentralização (P. da Descentralização das Decisões) (Direito Administrativo).

Augustinho Paludo (2013, p. 212) nos explica com maestria que o princípio da descentralização das decisões se trata de um dos fundamentos da Administração Pública, tendo por demais características, por exemplo, "formas flexíveis de gestão, horizontalização de estruturas, descentralização de funções, incentivos à criatividade – com controle *a posteriori* dos resultados e **orientação para cliente-cidadão**".

De acordo com o Decreto-Lei nº 200/1967, que trata acerca da organização da Administração Federal, "a delegação de competência será utilizada como instrumento de descentralização administrativa, com o objetivo de assegurar maior rapidez e objetividade às decisões, situando-as na proximidade dos fatos, pessoas ou problemas a atender", sendo "facultado ao Presidente da República, aos Ministros de Estado e, em geral, às autoridades da Administração Federal delegar competência para a prática de atos administrativos", tendo o instrumento de delegação que informar, obrigatoriamente e com precisão, "a autoridade delegante, a autoridade delegada e as atribuições objeto de delegação" (cf. arts. 11 e 12, parágrafo único).

Este cuidado com o instrumento de delegação ocorre, pois é designação legal da Administração Pública que as pessoas jurídicas da administração indireta só poderão explorar aquela atividade delegada e que consubstancia o objeto contratual. Ao contrário da centralização, onde o Estado atua de modo direto e pessoal, na descentralização "ele o faz indiretamente, isto é, delega a atividade a outras entidades" (Carvalho Filho, 2012, p. 447).

Alcançando âmbito constitucional, o instrumento da descentralização consagra-se no art. 198, I, onde a legislação avisa que "as ações e serviços públicos de saúde integram uma rede regionalizada e hierarquizada e constituem um sistema único", sendo a descentralização talvez a diretriz mais importante, tendo por característica possuir direção única em cada esfera de governo. Trata-se aqui do Sistema Único de Saúde – SUS.

A Lei nº 8.080/90 (Dispõe sobre as condições para a promoção, proteção e recuperação da saúde, a organização e o funcionamento dos serviços correspondentes e dá outras providências) corrobora com o acima descrito, estabelecendo que "as ações e serviços públicos de saúde e os serviços privados contratados ou conveniados que integram o Sistema Único de Saúde (SUS), são desenvolvidos de acordo com as diretrizes previstas no art. 198 da Constituição Federal, obedecendo", dentre outros princípios, a "descentralização político-administrativa, com direção única em cada esfera de governo", com "ênfase na descentralização dos serviços para os municípios" (cf. art. 7º, IX, a).

"As ações e serviços públicos de saúde e os serviços privados contratados ou conveniados que integram o SUS serão desenvolvidos de acordo com as diretrizes previstas no art. 198 da CF/88, obedecendo, entre outros, o princípio da descentralização político-administrativa, com "ênfase na descentralização dos serviços para os Municípios" (Lei 8.080/90, art. 7º, IX, a)" (STJ, 1ª T. REsp 717800/RS 2005/0007310-7. Rel. Min. Denise Arruda, j. 25.03.2008, DJ 30.06.2008).

Princípio do Desenvolvimento Sustentável (P. da Equidade Intergeracional, P. da Fraternidade, P. da Garantia do Desenvolvimento Econômico e Social Ecologicamente Sustentado, P. da Solidariedade, P. da Solidariedade Intergeracional).

Sustentabilidade pode ser definida como a busca pelo desenvolvimento cultural, econômico, ambiental e social respeitando-se os recursos naturais e o meio ambiente, de modo que as futuras gerações também deles possam usufruir.

Esta é a simbiose que deve existir entre o desenvolvimento (sustentável) e o meio ambiente. Este deve ser preservado para as gerações que virão. Deve-se encontrar um meio termo entre desenvolvimento e preservação, haja vista não serem eternos os recursos naturais do planeta, sendo que as gerações futuras não podem ser punidas pela irresponsabilidade contemporânea.

Este ideário de desenvolvimento sustentável teve início no ano de 1984 por meio da criação da Comissão Mundial sobre Meio Ambiente e Desenvolvimento, órgão da ONU, e se desenvolveu no decorrer dos anos, fundamentando suas posições e realmente definindo o termo desenvolvimento sustentável por meio do relatório Brundtland.

Internamente, a Política Nacional do Meio Ambiente (Lei 6.938/1981) "tem por objetivo a preservação, melhoria e recuperação da qualidade ambiental propícia à vida, visando assegurar, no País, condições ao desenvolvimento sócio-econômico, aos interesses da segurança nacional e à proteção da dignidade da vida humana".

Coadunando com tal entendimento, a Carta Magna de 1988, posterior a Política Nacional do Meio Ambiente, corroborando com o modelo de desenvolvimento sustentável adotado mundialmente, estabelece em seu art. 170, VI, que a defesa do meio ambiente é um dos princípios gerais da atividade econômica. Sob o mesmo prisma, mas sob outro ponto de vista, determina o art. 225, *caput*: "Todos têm direito ao meio ambiente ecologicamente equilibrado, bem de uso comum do povo e essencial à sadia qualidade de vida, impondo-se ao Poder Público e à coletividade o dever de defendê-lo e preservá-lo para as presentes e futuras gerações".

Deste modo, de acordo com Beltrão (2013, p. 38): "(...) a propriedade privada e a livre iniciativa têm na defesa do meio ambiente um dos seus limitadores constitucionais, devendo harmonizar-se com esta sob pena de incompatibilidade com a ordem constitucional vigente". O desenvolvimento sustentável também vem a ser um dos princípios/pilares da Política Nacional de Resíduos Sólidos (Lei 12.305/2010, art. 6º).

Quanto ao desenvolvimento sustentável no plano no Direito Urbanístico, temos que o desenvolvimento urbano deverá ocorrer de maneira a privilegiar não só o meio ambiente, mas também o ser humano, priorizando seu desenvolvimento e o combate à miséria e a desigualdade social. O plano diretor deverá ter por escopo atingir o equilíbrio entre o desenvolvimento social e moral do indivíduo, o desenvolvimento econômico e a defesa do bioma.

Assim, o desenvolvimento sustentável, nesta seara, deverá ser pautado em questões tais como saúde, mobilidade urbana, educação, cultura, lazer, combate a miséria e a desigualdade social, ou seja, todas questões relacionadas a dignidade do ser humano, que, aliadas ao desenvolvimento econômico e a proteção do meio ambiente, são os elementos essenciais para que esse progresso se dê de maneira equilibrada.

Princípio do Desfecho Único (P. da Satisfatividade, P. do Resultado).

Na execução por quantia certa, determina a lei processual que o executado poderá remir a execução liquidando a dívida atualizada acrescida dos respectivos juros, custas processuais e honorários advocatícios a qualquer tempo, desde que antes da adjudicação ou alienação de bens. Esse direito próprio do executado de pagar o valor devido em juízo, ou direito de remição da dívida, está consignado no art. 826 do CPC, *in verbis*: "Antes de adjudicados ou alienados os bens, o executado pode, a todo tempo, remir a execução, pagando ou consignando a importância atualizada da dívida, acrescida de juros, custas e honorários advocatícios".

Tendo o executado efetuado a quitação do valor da dívida atualizado e acrescida dos devidos juros, custas processuais e honorários advocatícios (art. 827, CPC), a execução terá fim, pois seu objetivo terá sido alcançado. Sua razão de existir terá sido extinta.

Conforme ensina Bueno (2015, p. 496), ao executado é reconhecido o direito de pagar o valor por ele devido, respeitando-se os limites definidos em lei. É o direito do mesmo "de liberar-se da dívida". Na execução tem-se por objetivo a satisfação do credor. O desfecho do processo de execução deverá ser a satisfação do credor, com a entrega do direito que lhe foi concedido durante o processo.

Princípio do Desmembramento (P. do Desdobramento, P. da Elasticidade) (Direito Civil).

Acerca do princípio do desmembramento, vejamos a lição de Carlos Roberto Gonçalves (2010, v. 05, p. 38): "Conquanto os direitos reais sobre coisas alheias tenham normalmente mais estabilidade do que os obrigacionais são também transitórios, pois, como exposto, desmembram-se do direito-matriz, que é a propriedade. Quando se extinguem, como no caso da morte do usufrutuário, por exemplo, o poder que existia em mão de seus titulares retorna às mãos do proprietário, em virtude do princípio da consolidação. Este, embora seja o inverso daquele, o complementa e com ele convive".

Pode-se definir esse princípio como a qualidade que possuem os direitos reais em desmembrar-se em direitos menores. Esse desmembramento ocorrerá por escolha de seu titular dentro do rol de direitos reais constante no art. 1.225 do Código Civil, sendo a propriedade, a superfície, as servidões, o usufruto, o uso, a habitação, o direito do promitente comprador do imóvel, o penhor, a hipoteca, a anticrese, a concessão de uso especial para fins de moradia, a concessão de direito real de uso e a laje.

A propriedade é o direito maior, e quando não parcelada é de plena titularidade do dono. Ao desmembrar a propriedade, o titular irá transferir determinadas prerrogativas a terceiro, perdendo, pelo menos momentaneamente, não a condição de dono, mas a propriedade plena daquele bem.

Conforme salientou Gonçalves os direitos reais são transitórios, haja vista se extinguirem com o seu termo ou com o alcance do objetivo pretendido.

Princípio da Despersonalização do Empregador (P. da Desconsideração da Personalidade Jurídica do Empregador).

Trata-se de um dos princípios que regem o Processo Trabalhista, constando em diversos dispositivos da CLT, como os arts. 2º, 10 e 448. Assim, qualquer alteração na estrutura jurídica da empresa ou mudança na propriedade, não afetará os direitos adquiridos por seus empregados ou os respectivos contratos de trabalho.

Mas não se trata de um princípio de exclusividade da seara trabalhista, haja vista que também é empregado por outras áreas jurídicas como a Cível, Tributária, Comercial e do Consumidor. É o que decorre, por exemplo, daquilo que se encontra definido no art. 28, *caput*, do CDC (Lei 8.078/90), segundo o qual "o juiz poderá desconsiderar a personalidade jurídica da sociedade quando, em detrimento do consumidor, houver abuso de direito, excesso de poder, infração da lei, fato ou ato ilícito ou violação dos estatutos ou contrato social. A desconsideração também será efetivada quando houver falência, estado de insolvência, encerramento ou inatividade da pessoa jurídica provocados por má administração".

Nota-se ser um princípio de ampla utilização por diversas alamedas de nosso ordenamento jurídico, mas, no presente caso, notadamente, bastante utilizado no processo do trabalho em sede de execução trabalhista (Bezerra Leite, 2013, p. 89).

Não importa que ocorram mudanças na estrutura jurídica da empresa ou que sua propriedade mude de mãos, pois os direitos dos empregados constantes nos contratos de trabalho e nas respectivas leis trabalhistas continuarão preservados. Estas mudanças não possuem o condão de ensejar alterações unilaterais no contrato de trabalho ou mesmo perda de direitos trabalhistas.

Vejamos a decisão do STF perante julgamento de agravo de instrumento por ocasião da aquisição do Banco Bamerindus do Brasil S/A pelo HSBC, operação que teve por consequência a assunção por este do "fundo de comércio" (instalações, endereços e atividade econômica) daquele: "(...) o Direito do Trabalho de índole menos formal que o Direito Comum e, buscando aplicar os princípios essenciais da sucessão trabalhista (princípio da continuidade do contrato de trabalho; da despersonalização do empregador e da intangibilidade dos contratos firmados), não exige a prova formal da sucessão, bastando a simples evidência de que estão presentes os requisitos dos arts. 10 e 448 da CLT. E é isso que preceitua a lei afirmando que, não obstante qualquer alteração na estrutura jurídica da empresa, seja ela mudança de propriedade, ou mera alteração contratual, estarão sempre resguardados os contratos de trabalho dos empregados (art. 10 e 448 da CLT)."

Princípio da Determinabilidade da Coisa (Direito Civil).

Consiste basicamente na obrigação de dar coisa certa, determinada, a outrem. A obrigação de dar coisa certa, também conhecida por obrigação específica, encontra-se definida entre os arts. 233 e 242 do CC. A obrigação de dar coisa certa consiste na obrigação previamente estipulada entre as partes, usualmente por meio de documento pactual, em que uma delas se compromete a entregar a outra parte coisa móvel ou imóvel previamente acertada, individualizada. Esse bem deverá apresentar características próprias que o distingam dos demais, sendo, além de individualizado, certo e determinado.

Como bem ensinam Farias e Rosenvald (2017, p. 178), "a coisa certa é perfeitamente identificada e individualizada em suas características".

Princípio da Detração.

O princípio da detração encontra-se consagrado no art. 42 do Código Penal, *in verbis*: "Computam-se, na pena privativa de liberdade e na medida de segurança, o tempo de prisão provisória, no Brasil ou no estrangeiro, o de prisão administrativa e o de internação em qualquer dos estabelecimentos referidos no artigo anterior". Impôs o legislador que aquele período no qual o sentenciado permaneceu preso devido a prisão provisória, seja por prisão em flagrante, temporária ou preventiva, seja no território nacional ou no estrangeiro, bem como nos casos de prisão administrativa e internação em hospital de custódia e tratamento psiquiátrico ou, à falta, em outro estabelecimento adequado para os condenados a quem sobrevém doença mental, deverá ser descontado do período da pena ou medida de segurança estipulado na sentença.

O período em que o sentenciado permaneceu preso ou internado deverá ser subtraído da pena definida pela sentença, observando-se a proibição do *bis in idem*. Conforme este princípio, a compensação do período de prisão ou internação já cumprido assegura o direito de ninguém ser punido duas vezes pelo mesmo fato.

Segundo Cleber Masson em sua obra Código Penal comentado (2014, p. 291), "detração penal é o **desconto**, na pena privativa de liberdade ou na medida de segurança, do tempo de prisão provisória ou de internação já cumprido pelo condenado". No mesmo sentido estipula Nucci (2009, p. 127) tratar-se a detração de "desconto na pena privativa de liberdade ou na medida de segurança do tempo de prisão provisória ou administrativa no Brasil".

Conforme determina o CPP, o Juiz ao proferir a sentença deverá computar o tempo de prisão provisória, de prisão administrativa ou de internação, no Brasil ou no estrangeiro, para fins de determinação do regime inicial de pena privativa de liberdade (cf. art. 387, *caput* e § 2º c/c Lei nº 12.736/12).

No que tange a extradição, a Lei nº 13.445/2017 (Lei de Migração), também observa a detração ao exigir que o Estado requerente assuma o compromisso de computar o tempo de prisão efetivado no Brasil em sua pena (art. 96, II). Assim, será condição imposta pela legislação pátria que o país que requeira a extradição de estrangeiro em território brasileiro se comprometa a descontar da pena imposta pela sentença de sua Justiça o período em que o mesmo esteve aqui preso ou internado.

Com o intuito de um melhor alcance do tema seguem os seguintes julgados: "Aplicação do princípio da detração penal para julgar extinta a punibilidade pelo cumprimento da pena, já que o réu, considerando-se o tempo que está trabalhando, desde 1998, teria reduzido a pena ao necessário" (TRF – 2, 1ª T. ACR 98.02.37610-8/RJ. Rel. Des. Fed. Ricardo Regueira, j. 04.03.2002, DJU 27.10.2004). "Detração. Com o advento da Lei n. 12.736/12, o período de prisão provisória somente deve ser deduzido pelo Juízo de conhecimento para fins de fixação de regime inicial e, apenas, na hipótese de ser possível, com o computo do tempo de prisão cautelar, o estabelecimento de regime menos gravoso" (TJ, 3ª Câmara Criminal. APL 3051703/PE. Rel. Alderita Ramos de Oliveira, j. 10.10.2013, DJe 17.10.2013).

Princípio do Devido Processo Legal (P. do Devido Processo Civil, P. do Devido Processo Constitucional, P. do Devido Processo Penal, P. do *Due Process of Law*) (Direito Processual Civil).

O princípio do devido processo legal encontra-se presente no rol dos princípios processuais constitucionais, tendo guarida no art. 5º, LIV, *in verbis*: "ninguém será privado da liberdade ou de seus bens sem o devido processo legal". O inciso LV do artigo retro transcrito confere que, "aos litigantes, em processo judicial ou administrativo, e aos acusados em geral são assegurados o contraditório e ampla defesa, com os meios e recursos a ela inerentes".

Ao indivíduo em processo judicial, administrativo ou criminal caberá o devido processo legal - *due process of law*, assegurando-lhe o direito de ação e todos os meios de proteção e de apresentação de provas que visem assegurar-lhe direitos, sendo certo que os trâmites legais deverão ser respeitados sob pena de ocorrer a nulidade processual.

Ficam garantidos ao indivíduo o direito de defesa (ampla defesa) e o contraditório. Segundo se extrai dos ensinamentos de Neves (2011, p. 62), o devido processo legal assume tal relevância no cenário processual que se consubstancia como elemento norteador dos demais princípios formadores do processo, sendo ainda chamado por ele de sobreprincípio, supraprincípio ou princípio-base, ou, ainda, conforme defende Bueno (2015, p. 41), princípio-síntese ou princípio de encerramento. Nos dizeres deste, este princípio é um "representativo suficiente de todos os demais" princípios apontados pela CF/88 no âmbito processual.

Nos ensina Tavares (2006, p. 639) que "o princípio do devido processo legal vale para qualquer processo judicial (seja criminal ou civil), e mesmo para os processos administrativos, inclusive os disciplinares e os militares, bem como nos processos administrativos previstos no ECA".

Sob outro prisma, mas sem fugir a essencialidade do tema, vejamos senão a lição de Alexandre de Moraes (2017, p. 113): "O devido processo legal configura dupla proteção ao indivíduo, atuando tanto no âmbito material de proteção ao direito de liberdade, quanto no âmbito formal, ao assegurar-lhe paridade total de condições com o Estado-persecutor e plenitude de defesa (direito a defesa técnica, à publicidade do processo, à citação, de produção ampla de provas, de ser processado e julgado pelo juiz competente, aos recursos, à decisão imutável, à revisão criminal)".

Princípio da Devolução (Direito Processual Penal).

Inicialmente, cumpre informar que o artigo 28 do CPP foi alterado pela Lei nº 13.964/19 (Lei do pacote anticrime), dispensando a atuação do magistrado do papel de remeter os autos ao Procurador Geral de Justiça em caso de discordância daquele na situação de arquivamento do inquérito policial proposto pelo Ministério Público. Entretanto, tal medida encontra-se suspensa pela ação direta de inconstitucionalidade (ADI) nº 6.299/DF, tendo por relator o Ministro Luiz Fux. Portanto, enquanto não for julgada a ADI, ficam valendo os termos do artigo 28 do CPP anteriores a Lei 13.964/19.

O princípio da devolução encontra-se encartado no art. 28 do Código de Processo Penal, *in verbis*: "Se o órgão do Ministério Público, ao invés de apresentar a denúncia, requerer o arquivamento do inquérito policial ou de quaisquer peças de informação, o juiz, no caso de considerar improcedentes as razões invocadas, fará remessa do inquérito ou peças de informação ao procurador-geral, e este oferecerá a denúncia, designará outro órgão do Ministério Público para oferecê-la, ou insistirá no pedido de arquivamento, ao qual só então estará o juiz obrigado a atender".

O órgão do Ministério Público poderá não apresentar a denúncia da ação penal e requerer o arquivamento do inquérito policial ou de suas peças. Considerando improcedentes as razões invocadas pelo MP, o Juiz fará a remessa do inquérito policial ou de peças de informação ao Procurador-Geral de Justiça que fará sua análise dos fatos constantes nos documentos recebidos. Neste caso, três serão as hipóteses: poderá o mesmo oferecer a denúncia, designar outro órgão do Ministério Público para oferecê-la, ou, ainda, insistir no pedido de arquivamento. O pedido de arquivamento do inquérito policial ou de suas peças neste caso vinculará o Juiz, que estará obrigado a atender.

Segundo Capez (2014, p. 150), o fato do Juiz efetuar a remessa do inquérito policial ou de suas peças de informação ao Procurador-Geral de Justiça significa que aquele estará exercendo função anômala de fiscal do princípio da obrigatoriedade da ação penal.

Princípio da Devolução Facultativa (P. da Suficiência Discricionária, P. da Suficiência Discricionária da Jurisdição, P. da Suficiência da Jurisdição Administrativa) (Direito Administrativo).

Trata-se de um princípio basilar do sistema de contencioso administrativo, também conhecido por sistema da dualidade de jurisdição ou sistema francês. É adotado em sua maioria por países europeus e caracteriza-se principalmente pelo fato de concomitantemente a justiça processual ocorrer uma justiça administrativa, ou, conforme leciona Carvalho Filho (2012, p. 1002/1003), "ao lado da Justiça do Poder Judiciário, o ordenamento contempla uma *Justiça Administrativa*". No contencioso administrativo vigora o princípio da devolução facultativa ou da suficiência discricionária da jurisdição. Neste sistema a "Justiça Administrativa" tem o poder de decisão sobre determinada matéria, sem que haja a necessidade de reapreciação pelo Poder Judiciário.

O Brasil adota o sistema da unidade de jurisdição, também chamado de sistema do monopólio de jurisdição ou sistema inglês, em oposição ao sistema do contencioso administrativo. Por esse sistema define-se que a lei não excluirá da apreciação do Poder Judiciário lesão ou ameaça a direito (art. 5º, XXXV), sendo este Poder (Judiciário) a esfera que terá o condão decisório (princípio da unidade de jurisdição ou princípio da jurisdição una).

Ainda sim, nada impede que um conflito seja resolvido na via administrativa sem que as partes recorram ao Poder Judiciário, situação típica do sistema do contencioso administrativo, mas que poderá perfeitamente ocorrer mesmo naqueles países que não adotem esse sistema, situação típica de suficiência discricionária da jurisdição administrativa. Ainda citando Carvalho Filho (*idem*), "em todos os lugares é permitido que o indivíduo reclame da Administração junto a seus próprios órgãos".

Princípio da Devolutividade da Matéria (P. de Defesa da Coisa Julgada Parcial, P. da Devolutividade Plena, P. da Devolutividade Plena dos Recursos, P. da Devolutividade dos Recursos, P. do Efeito Devolutivo, P. *Tantum Devolutum Quantum Appellatum*).

Brocardo que possui a tradução "devolvido tanto quanto apelado", *tantum devolutum quantum appellatum* significa que o tribunal *ad quem* somente reconhecerá da matéria impugnada quando o recorrente interpuser o devido recurso. Tal princípio está esculpido no art. 1.013, *caput*, do CPC, segundo o qual "a apelação devolverá ao tribunal o conhecimento da matéria impugnada".

Pois bem, além do tribunal *ad quem* só possuir o poder de reavaliar uma sentença desfavorável proferida pelo tribunal *a quo* por meio de recurso, deverá se ater aos pedidos contidos neste. Não poderá a decisão do tribunal *ad quem* extrapolar os pontos objeto do recurso, pois o princípio *tantum devolutum quantum appellatum* é reflexo das normas processuais relativas à obrigatoriedade de correlação entre o pedido feito pela parte e a decisão o Juiz (STJ, 3ª Turma. REsp 1327093/SC 2012/0116380-0. Rel. Min. Nancy Andrighi, j. 10.06.2014, DJe 18.06.2014).

"A atividade cognitiva do tribunal ad quem está adstrita aos limites impostos pelo objeto recursal, sob pena de violação ao princípio do *tantum devolutum quantum appellatum*" (TSE. AgR-REspe 9565/MG. Rel. Min. Luciana Christina Guimarães Lóssio, j. 05.12.2013, DJe 05.02.2014).

Princípio da Dialeticidade (P. da Delimitação Recursal, P. da Dialeticidade Recursal, P. da Dialeticidade dos Recursos, P. da Discursividade, P. do Ônus de Recorrer).

A doutrina trabalhista contemporânea se divide sobre a necessidade ou não de fundamentação dos recursos, existindo duas correntes, uma que defende a necessidade de fundamentação e outra que defende a sua desnecessidade.

Sendo o Direito Trabalhista permeado pelo sentido das verbas rescisórias terem caráter alimentar e, por isso, possuir caráter de urgência, fundamenta-se nos princípios da celeridade, informalidade, *jus postulandi* e simplicidade. Eis os argumentos daquela corrente que pugna pela não necessidade de fundamentação nos recursos de ordem trabalhista. Baseiam-se, ainda, na própria CLT, art. 899, *caput*, no qual, *verbis*: "Os recursos serão interpostos por simples petição e terão efeito meramente devolutivo, salvo as exceções previstas neste Título, permitida a execução provisória até a penhora".

Por outro lado, a corrente que defende a necessidade de fundamentação dos recursos no Direito Laboral (princípio da dialeticidade) se alberga na própria Constituição Federal, por meio do art. 5º, inciso LV, que dispõe acerca do contraditório e a ampla defesa como princípios indispensáveis a defesa do recorrido. Além disso, encontram argumentos oferecidos pelo Tribunal Superior do Trabalho (TST), especificamente na Súmula 422, na qual prevê que "não se conhece de recurso para o Tribunal Superior do Trabalho se as razões do recorrente não impugnam os fundamentos da decisão recorrida, nos termos em que proferida".

Nas palavras de Leone (2013, p. 593), "A necessidade de fundamentação nos recursos consubstancia o princípio da dialeticidade ou discursividade". Ou seja, para o recorrente torna-se indispensável embasar seu recurso de maneira a rebater e infundar os argumentos constantes da sentença.

No âmbito do Processo Civil, ensina Bueno (2015, p. 603), que a dialeticidade "relaciona-se com a necessária exteriorização do inconformismo do recorrente diante de uma dada decisão (...)", sendo necessário que o recurso interposto evidencie "as razões pelas quais a decisão precisa ser anulada, reformada, integrada ou completada, e não que o recorrente tem razão". Em observância ao princípio da dialeticidade, previsto no art. 1010, II e III, do CPC, a apelação deverá conter a exposição dos fatos e dos direitos do apelante, bem como as razões do pedido de reforma ou de decretação de nulidade.

Princípio do Diálogo das Fontes.

Inicialmente concebida por Erik Jayme, respeitado jurista Alemão, o princípio ou teoria do diálogo das fontes, tem por escopo a concepção de que se deve afastar o conceito inicial de que as leis deveriam ser aplicadas de forma independente e isoladas umas das outras, pois, segundo este instrumento, a eficiência e aplicabilidade das leis se tornariam mais efetivas caso estas fontes legislativas estivessem em constante diálogo.

De acordo com o diálogo das fontes as leis não se repelem, elas se comunicam entre si agindo de forma conjunta, atuando ainda de modo a reduzir sistematicamente a antinomia jurídica. Fomenta a ideia de que as diversas normas que compõem o Direito devem ser interpretadas conjuntamente, de modo a alcançar uma cooperação entre si. As diversas normas que compõem o arcabouço jurídico brasileiro devem guardar entre si um sentido de complementaridade, no tocante a resguardar direitos e obrigações.

Princípio da Dignidade da Pessoa Humana (P. da Dignidade, P. da Dignidade Humana, P. do Respeito à Dignidade da Pessoa Humana).

A dignidade da pessoa humana foi elevada ao status de princípio constitucional pela Carta Magna de 1988, tamanha sua relevância para o ordenamento jurídico pátrio, verdadeiro princípio guia do Direito Constitucional. A CF/88 trata expressamente sobre o tema já em seu primeiro artigo (art. 1º, III), fundamentando que a República Federativa do Brasil, formada pela união indissolúvel dos Estados e Municípios e do Distrito Federal, constituindo-se em um Estado Democrático de Direito, terá como fundamento essencial, dentre outros, a dignidade da pessoa humana. O tema foi amplamente discutido e alvo de inúmeras decisões em prol da dignidade da pessoa humana na Convenção Americana sobre Direitos Humanos (Pacto de San José da Costa Rica, de 22 de novembro de 1969), a qual o Brasil é signatário.

Nas palavras de Assis Neto (*et al.*) (2016, p. 56/57), o princípio da dignidade humana constitui-se como "o principal vetor principiológico da Constituição Federal", ou "princípio dos princípios" (*idem*, p. 1.565) sendo a mola propulsora de importantes direitos, como, por exemplo, "a garantia dos direitos da personalidade", "a proteção da integridade corporal" e a "vedação da prisão civil", dentre outros.

Continua o autor (*idem*, p. 1.565): "Princípio basilar de toda relação humana, em particular nas relações familiares. Respeita o indivíduo e cidadão em todas as suas particularidades, atribuindo à pessoa a dignidade que merece e que lhe é peculiar".

Neste sentido, a proteção da família como base primordial da sociedade é tema relevante, haja vista que ela gozará de especial proteção do Estado, tendo por fundamento o princípio da dignidade da pessoa humana no livre planejamento familiar pelo casal (cf. art. 226, § 7º, CF/88). Neste sentido, corrobora o entendimento a premissa apresentada por Gonçalves (2010, v. 6, p. 23) de que "o princípio do respeito à dignidade da pessoa humana constitui, assim, base da comunidade familiar, garantindo o pleno desenvolvimento e a realização de todos os seus membros, principalmente da criança e do adolescente".

Princípio da Diligência dos Procedimentos (Direito de Mediação).

Trata-se aqui do dever do mediador em promover um procedimento de mediação com todos os cuidados e garantias possíveis para que ocorra um bom trâmite desta importante ferramenta de apoio jurídico. O mediador deverá agir com a devida prudência e cautela que a mediação requer, buscando extrair assim, o máximo resultado do dispositivo.

Assim sendo observado, a mediação terá mais chances de obter bons resultados em sua execução, proporcionando as partes a promoção do diálogo independente e sem qualquer espécie de coerção externa que possa envenená-la. Desta feita, a finalidade da mediação, qual seja, a resolução suficientemente justa e satisfatória da contenda entre as partes litigantes, terá maior possibilidade de ocorrer.

Princípio da Dimensão Coletiva (Direito do Consumidor).

No campo do Direito Consumerista, o princípio da dimensão coletiva prestigia a proteção da coletividade, levando-se em conta que nas relações de consumo não existem conflitos que sejam de fato individuais, haja vista que toda lide individual ecoa nos direitos coletivos. O Direito do Consumidor deverá priorizar a coletividade sobre a individualidade. Os interesses coletivos acima dos interesses individuais. Como bem determina o art. 1º do CDC, as normas de proteção e defesa do consumidor, sejam elas de caráter individual ou coletivo, são de ordem pública e interesse social.

Princípio do Direito Adquirido.

O princípio do direito adquirido está sempre atrelado ao princípio da segurança jurídica, encontrando-se inserido, inclusive, na Carta Maior, art. 5º, XXXVI, na qual determina que a lei não poderá prejudicar o direito adquirido. Encontra abrigo também na Lei de Introdução às normas do Direito Brasileiro (Lei nº 4.657/42), segundo a qual a lei em vigor terá efeito imediato e geral, respeitados o ato jurídico perfeito, o direito adquirido e a coisa julgada, considerando-se adquiridos os direitos que o seu titular, ou alguém por ele, possa exercer, como aqueles cujo começo do exercício tenha termo pré-fixo, ou condição pré-estabelecida inalterável, a arbítrio de outrem (cf. art. 6º, § 2º).

Este princípio tem por escopo tornar o ordenamento jurídico seguro e confiável perante todos, não permitindo que a lei retroaja (princípio da irretroatividade das leis) para prejudicar o direito adquirido. A lei poderá retroagir desde que respeite o direito adquirido, o ato jurídico perfeito e a coisa julgada.

O respeito ao direito adquirido por meio de julgados significa, além de segurança jurídica no ordenamento jurídico pátrio, a confiança de todos nas instituições e leis do país. A possibilidade de desrespeito ao direito adquirido traria séria instabilidade no âmbito jurídico, razão pela qual não deva prosperar.

No caso de vantagem recebida indevidamente por servidor público, não ocorre à hipótese de direito adquirido, podendo a administração rever o ato eivado de ilegalidade a qualquer tempo.

Em tempo, importante a disposição da Súmula 473 do STF: "A administração pode anular seus próprios atos, quando eivados de vícios que os tornam ilegais, porque deles não se originam direitos; ou revogá-los, por motivo de conveniência ou oportunidade, respeitados os direitos adquiridos, e ressalvada, em todos os casos, a apreciação judicial".

Princípio do Direito à Vida (P. da Inviolabilidade do Direito à Vida).

O direito à vida constitui-se como um direito constitucional consubstanciado no art. 5º, *caput*, da CF/88, garantindo-se aos brasileiros e aos estrangeiros residentes no País a inviolabilidade do direito à vida. O Código Penal determina que privar a vida de alguém de forma arbitrária é crime punido com pena de reclusão, conforme consta no art. 121 do Diploma. Penal.

Nota-se ainda, a preocupação do direito à vida pelo legislador ao proibir o induzimento, instigação ou auxílio ao suicídio (art. 122 do CP), infanticídio (art. 123, CP) e o aborto cometido à exceção dos casos permitidos pela legislação (art. 124, CP).

Quanto às técnicas de reprodução assistida que serão aplicadas por meio do processo de inseminação artificial e da fertilização *in vitro*, a Resolução/CFM 2.121/2015 adotou normas éticas para que a utilização dessas técnicas não desrespeite os valores fundantes do direito à vida. No caso da fecundação ou fertilização *in vitro*, poderão ser inseridos no útero de um a quatro embriões a depender da faixa etária da receptora. Neste caso, será proibida a chamada redução embrionária que significa a retirada de algum ou alguns dos embriões do útero materno após a constatação da gestação dos mesmos. Todos os embriões que se desenvolverem deverão ter o direito à vida (cf. Assis Neto, *et al.*, 2016, p. 112/113).

Segundo o que preleciona Alexandre de Moraes (2017, p. 35), o direito à vida "se constitui em pré-requisito à existência e exercício de todos os demais direitos", sendo como tal proclamado pela Constituição Federal, "cabendo ao Estado assegurá-lo em sua dupla acepção, sendo a primeira relacionada ao direito de continuar vivo e a segunda de se ter vida digna quanto à subsistência".

Princípio da Discricionariedade (Direito Processual do Trabalho).

No ordenamento jurídico brasileiro, à luz do princípio da discricionariedade, é competência da Justiça do trabalho processar e julgar os dissídios coletivos propostos pelas partes quando estas recusarem-se as vias da negociação coletiva e da arbitragem. Este é o consubstanciado na Carta Maior em seu art. 114, § 2º, *in verbis*: "Recusando-se qualquer das partes à negociação coletiva ou à arbitragem, é facultado às mesmas, de comum acordo, ajuizar dissídio coletivo de natureza econômica, podendo a Justiça do Trabalho decidir o conflito, respeitadas as disposições mínimas legais de proteção ao trabalho, bem como as convencionadas anteriormente".

Na seara trabalhista, temos no art. 766 da CLT que "nos dissídios sobre estipulação de salários, serão estabelecidas condições que, assegurando justos salários aos trabalhadores, permitam também justa retribuição às empresas interessadas".

Deve ser interpretado, sob o império do princípio *sub examine*, que a Justiça Trabalhista terá abrangência (competência) sobre os dissídios coletivos de natureza econômica propostos, possuindo esta Justiça o poder normativo diante do caso concreto, podendo modificar condições preestabelecidas de trabalho.

Ainda, vale a pena transcrever a lição do professor Ives Gandra da Silva Martins Filho (2009, p. 66/67), segundo o qual os Tribunais Trabalhistas nos dissídios coletivos "exercitam poder normativo, isto é, poder de criar norma jurídica nova, de acordo com o princípio da discricionariedade, atendendo exclusivamente aos ditames da conveniência e oportunidade, desde que respeitados os limites mínimos e máximos previstos em lei".

Princípio da Discriminação (P. da Discriminação da Despesa, P. da Especialidade, P. da Especialização, P. da Especificação, P. da Especificidade) (Direito Orçamentário).

O princípio da discriminação encontra-se presente em dispositivos da Lei 4.320/64, que delimita normas gerais de Direito Financeiro para elaboração e controle dos orçamentos e balanços da União, dos Estados, dos Municípios e do Distrito Federal. Em seu artigo 5º, um dos dispositivos nos quais se trata do princípio da discriminação, se extrai que a Lei de Orçamento não consignará dotações globais destinadas a atender indiferentemente a despesas de pessoal, material, serviços de terceiros, transferências ou quaisquer outras, ressalvados os casos previstos na lei.

Assim, o que entende deste princípio é que todas as receitas e despesas constantes na Lei Orçamentária Anual (LOA) deverão ser apresentadas minuciosamente. Isso ocorre para que haja um amplo controle das receitas e despesas orçamentárias e ocorra a identificação da origem dos recursos e sua respectiva aplicação. O artigo 12 ilustra o explanado até aqui, na medida em que explica que todas as despesas serão classificadas em categorias econômicas (despesas correntes e despesas de capital), visando justamente um maior controle orçamentário.

Consoante o raciocínio na LOA, a discriminação das despesas será efetuada no mínimo por elementos, considerando-se elementos o desdobramento da despesa com pessoal, material, serviços, obras e outros meios de que se serve a administração publica para consecução dos seus fins (cf. art. 15, § 1º da Lei 4.320/64). Importante ressalvar que somente a LOA estará obrigada a observar o princípio da discriminação, não incidindo o mesmo sobre a Lei de Diretrizes Orçamentárias (LDO) e o Plano Plurianual (PPA).

Princípio da Disponibilidade (Direito Penal).

Na lição de Capez (2014, p. 188): "Na ação privada, a decisão de prosseguir ou não até o final é do ofendido. (...) O particular é o exclusivo titular dessa ação, porque o Estado assim o desejou, e, por isso, é-lhe dada a prerrogativa de exercê-la ou não, conforme suas conveniências. Mesmo o fazendo, ainda lhe é possível dispor do conteúdo do processo (a relação jurídica material) até o trânsito em julgado da sentença condenatória, por meio do perdão ou da perempção".

Na ação privada, esta pertence ao ofendido. A ele, e só a ele, caberá a decisão de prosseguir com ela até o final com o proferimento de sentença, ou desistir antes de seu deslinde. Esta prerrogativa é dada a ele. O ofendido poderá, no decorrer da ação privada, dispor de seus direitos por meio dos instrumentos perdão e perempção. Esta disposição deverá se dar até o trânsito em julgado da sentença. Assim, prosseguir ou não com a ação privada será uma providência exclusiva do ofendido que poderá, mesmo após a interposição da ação, dispor desse seu direito especial concedido pelo Estado, tendo de fazê-lo até o trânsito em julgado da sentença.

No Direito Penal, no que tange aos recursos, também vigora o princípio da disponibilidade (STJ, T. 6. HC 7833/RS 1998/0059855-3. Rel. Min. Luiz Vicente Cernicchiaro, j. 06.10.1998, DJ 09.11.1998).

Princípio da Disponibilidade (Direito Registral).

Este é um dos princípios que norteiam os registros públicos, juntamente aos da especialidade, continuidade, unitariedade da matrícula, da presunção e da fé pública, publicidade, prioridade, instância, unitariedade da matrícula, legalidade e da inscrição. Alguns autores adicionam ou excluem alguns princípios deste rol, mas estes são os principais.

A disponibilidade encontra-se relacionada ao direito do titular da coisa, aquele que detém a propriedade (propriedade e domínio são sinônimos) de livremente usar, gozar e dispor do bem. Esse direito inclui, inclusive, o poder de reaver o bem daquele terceiro que o tomou ou o possua de forma injusta. Estas são as disposições gerais acerca do conceito de propriedade constantes no Código Civil, art. 1.228, *caput*. Vale ressaltar que o princípio destaca que o proprietário do bem só poderá usar, fruir e dispor do bem em sua essência, dentro de suas características. Exemplificando, não poderá vender o mesmo bem a duas pessoas diferentes ou mesmo vender uma propriedade maior da que consta como sua no registro de imóveis.

Mas é a Lei nº 6.015, de 31 de dezembro de 1973 (Lei dos Registros Públicos - LRP) que regulamenta os registros públicos. Consta que indicará a indisponibilidade do bem a averbação no registro de imóveis onde constem cláusulas de inalienabilidade, impenhorabilidade e incomunicabilidade impostas a imóveis, bem como da constituição de fideicomisso (art. 167, II, 11). Toda propriedade onde constem estas cláusulas não gozará da característica da disponibilidade, ou seja, existirão limitações a livre disposição do bem. Ainda, só poderá gozar dos direitos aqui dispostos (disponibilidade) o titular do direito real, ou seja, aquele que esteja com o registro do bem em seu nome (art. 167, I).

Dispõe Assis Neto (*et al.*) (2016, p. 1.337/1.338), que o proprietário do imóvel terá o poder de "usar e gozar da coisa, conforme suas necessidades, bem como de dispor desse poder, caso queira, seja alienando a propriedade em si ou transferindo a outrem alguns de seus atributos (...)".

Vejamos o seguinte precedente: "Para atingir o fim colimado, os princípios que norteiam os registros imobiliários são os da publicidade, disponibilidade, especialidade e continuidade de registros públicos que asseguram sua fidelidade, eficácia e veracidade. Mister ressaltar que o principio da continuidade visa a conseguir que o histórico registral de cada imóvel seja autentico e completo, tomando-se necessária uma continuidade entre os lançamentos inerentes a esse mesmo imóvel" (TJ, Conselho da Magistratura. 01496333920078190001/RJ. Rel. Roberto de Abreu e Silva, j. 11.12.2008, DJe 11.12.2008).

Princípio da Disponibilidade da Execução (P. da Disponibilidade, P. da Livre Disponibilidade da Ação no Processo de Execução, P. da Livre Disponibilidade da Execução) (Execução).

Tratando-se de um dos princípios constantes do processo de execução, o princípio da disponibilidade estabelece que o exequente tem o poder de dispor totalmente dos atos executivos do processo, ou somente de alguns, caso assim deseje. O credor não terá que se submeter à vontade do executado quando desejar desistir da execução no caso de impugnação e embargos que versarem somente sobre questões processuais. Nos demais casos, em que a impugnação ou o embargo tratarem de questões do plano material do processo, será necessária a concordância do impugnante ou do embargante, conforme o caso, para que o Juiz possa homologar a desistência do credor.

A síntese acima descrita encontra fundamento no art. 775 do CPC, segundo o qual terá o exequente o direito de desistir de toda a execução ou de apenas alguma medida executiva nos casos de impugnação e embargos que versarem somente sobre questões processuais, sendo responsabilidade do credor arcar com as custas processuais e os honorários advocatícios. Nos demais casos, ou seja, quando a impugnação ou os embargos versarem sobre "questão de fundo" (Souza e Silva, 2013, p. 917), matéria mais ampla, a extinção dependerá da concordância do impugnante ou do embargante.

Princípio da Disponibilidade Processual (P. da Disponibilidade, P. da Disponibilidade do Processo, P. da Disponibilidade do Processo pelo Credor, P. da Disposição, P. da Livre Disponibilidade da Ação, P. da Livre Disponibilidade do Processo pelo Credor) (Direito Processual Civil).

O Código de Processo Civil brasileiro traz os contornos reitores acerca deste instituto, dispondo ser uma prerrogativa do autor a desistência do direito de ação. O requerimento do autor acerca da desistência deverá ser apresentado até a sentença, sendo que só produzirá efeitos após a homologação judicial. Neste caso, o Juiz não resolverá o mérito da questão. No caso do réu já ter oferecido a contestação, a desistência do direito de ação só ocorrerá com o consentimento daquele (cf. arts. 200, parágrafo único e 485, VIII, § 4º, § 5º, ambos do CPC).

Neste sentido, pertinente trazermos à baila a transcrição de aresto de jurisprudência, que segue: "A desistência da ação acarreta a extinção do processo sem julgamento do mérito. É decorrência do princípio da disponibilidade processual, consistindo na abdicação expressa da posição processual, alcançada pelo autor, após o ajuizamento da ação" (TJ. APL 0800830-77.2012.8.12.0041/MS. Rel. Des. Sideni Soncini Pimentel, j. 29.06.2015, DJe 02.07.2015).

Neste sentido, vaticina o professor Cassio Scarpinella Bueno em sua obra Manual de Direito Processual Civil (2015, p. 346): "Trata-se, portanto, da manifestação de vontade do autor no sentido de deixar de pretender, ao menos momentaneamente, que o Estado-juiz tutele o direito que afirma ter em face do réu".

No âmbito do controle abstrato de constitucionalidade não se admite a desistência da ação após a provocação do

Poder Judiciário, pois após a sua propositura por um dos legitimados o STF terá que decidir a questão. "Essa impossibilidade de desistência se justifica pela natureza objetiva do processo no controle abstrato, o que significa que o autor não busca a tutela de interesse próprio ou de posição jurídica individual, motivo pelo qual o prosseguimento do processo não está a seu talante" (Paulo e Alexandrino, 2009, p. 766).

Princípio da Disponibilidade dos Recursos.

A disponibilidade recursal na seara Processual Penal, é bom que se diga, encontra nuances que o diferenciam da voluntariedade (princípio) e precisam ser esclarecidos para que ambos os institutos não sejam confundidos.

Enquanto que pelo princípio da voluntariedade somente apresentará recurso a parte que se encontrar insatisfeita com o provimento jurisdicional dado pelo Poder Judiciário, pois, segundo o art. 574 do CPP, a decisão desfavorável ao réu não o obriga a apresentar recurso, o princípio da disponibilidade dispõe que o recorrente poderá tanto desistir do recurso interposto, fato este que levará a sua extinção, ou seja, o recurso estará perdido, como preferir nem interpô-lo, ou seja, a parte poderá simplesmente renunciar ao seu direito de apresentar recurso no processo. Portanto, na disponibilidade, a parte poderá tanto desistir do recurso proposto quanto renunciar ao seu direito de apresentá-lo.

Para maiores esclarecimentos sugerimos a leitura dos artigos 576 e 577 do CPP, bem como a Súmula nº 705 do STF.

Princípio da Dissolubilidade do Vínculo Conjugal (P. da Dissolubilidade do Vínculo, P. da Facilitação da Dissolução do Casamento, P. da Ruptura do Afeto, P. da Ruptura da Vida em Comum).

Inicialmente, insta observar que o princípio encontra-se encartado na CF/88 no artigo 226, § 6º, autorizando a dissolução do casamento civil por meio do divórcio. Esse é o artigo que dispõe acerca da dissolubilidade do casamento civil na Carta Maior. Entretanto, o instituto encontra-se regulado também em outros Diplomas além do constitucional.

Com efeito, os casos de dissolução conjugal estão expressos na Lei nº 6.515, de 26 de dezembro de 1977, que regula os casos de dissolução da sociedade conjugal e do casamento. Seu art. 2º, IV, resolve que a sociedade conjugal terá seu término por meio do divórcio. Consta ainda que para que ocorra o divórcio existe a necessidade de que o mesmo seja homologado por Juiz em petição requerida por ambos os cônjuges (cf. art. 731, *caput*, CPC).

Busca a lei a dignidade da pessoa humana, humanizar as relações conjugais no que tange ao direito de cada cidadão seguir seu caminho por meio da dissolução do casamento civil. Ninguém poderá obrigar outrem a conviver com ele, o casamento deverá ser fruto da vontade de ambos os consortes. Já para a sua dissolução basta a vontade um deles para que ocorra. A sociedade conjugal tem prazo para começar, mas não para terminar. Assim, cada indivíduo possui livre arbítrio para decidir seu futuro.

Segundo ensinam Assis Neto (*et al.*) (2016, p. 1.567), a dissolução do vínculo matrimonial por meio do divórcio resguardou "o direito de todo indivíduo recomeçar sua vida afetiva, com a reconstrução de nova entidade familiar, deixando de eternalizar relações falidas". Com isso, completam os autores, "garantiu-se a todos a dignidade e os direitos inerentes ao matrimônio".

Por fim, afirmam Gagliano e Pamplona Filho (2010, p. 18) que a ruptura do afeto se caracteriza "como o simples e suficiente fundamento para a configuração do divórcio, (...), sedimentando-se a possibilidade de invocação do divórcio sem antes comprovar motivação especial (...)".

Princípio da Diversidade da Base de Financiamento (P. da Universalidade do Custeio).

De acordo com o art. 194, parágrafo único, VI, da Constituição Federal, compete ao Poder Público nos termos da lei organizar a Seguridade Social com base em vários objetivos, dentre eles a diversidade da base de financiamento, identificando-se em rubricas contábeis específicas para cada área as receitas e as despesas vinculadas a ações de saúde, previdência e assistência social, preservado o caráter contributivo da previdência social.

Atualmente, de acordo com o art. 195 da CF, a Seguridade Social brasileira possui uma base de financiamento bastante ampla, compreendendo, por exemplo, a União Federal, os Estados, o Distrito Federal, Municípios, empregadores, empregados, segurados da Previdência Social, receitas de concursos e prognósticos e importadores de bens e serviços do exterior, dentre outros, tornando esta base muito segura, exatamente pelo elevado número de entes que financiam seu funcionamento.

A respeito do tema, Jefferson Luis Kravchychyn (*et al.*) (2014, p. 27) estabelece com propriedade que "estando a Seguridade Social brasileira no chamado ponto de hibridismo entre sistema contributivo e não contributivo, o constituinte quis estabelecer a possibilidade de que a receita da Seguridade Social possa ser arrecadada de várias fontes pagadoras, não ficando adstrita a trabalhadores, empregadores e Poder Público.

O grande número de financiadores objetiva tornar a Seguridade Social mais segura haja vista sua ampla e diversificada fonte de custeio.

Princípio da Documentação Processual (P. da Documentação, P. da Documentação dos Atos Processuais) (Direito Processual Civil).

O art. 193, *caput* e parágrafo único, estabelece que os atos processuais possam ser total ou parcialmente digitais, de forma a permitir que sejam produzidos, comunicados, armazenados e validados por meio eletrônico, na forma da lei, aplicando-se no que for cabível à prática de atos notariais e de registro. O artigo supracitado consagra o princípio da documentação processual, na medida em que aduz a necessidade que há na documentação documental do processo, mesmo a documentação produzida de maneira oral, que deverá ser reduzida a termo.

Todos os documentos que fazem parte do processo devem permanecer nos autos, inclusive a peça de defesa e os documentos que a instruem. Isso ocorre, pois eles podem se mostrar essenciais a compreensão e resolução da lide. O princípio da documentação processual autoriza, inclusive, a permanência nos autos da prova documental sem que esta produza efeitos. Ou seja, a prova documental desprovida de efeito jurídico poderá permanecer nos autos. Além do que, a permanência destas peças no processo pode alertar o Juízo acerca de questões de ordem pública que porventura surjam no decorrer do *iter* processual (TJ. AI 10024130973944001/MG. Rel. José de Carvalho Barbosa, j. 10.04.2014, DJe 15.04.2014).

Com efeito, um das peças que podem constar no processo sem a força de produzir efeitos jurídicos seriam os documentos intempestivos, gerados após o decurso do prazo legal por uma das partes. Uma contestação, por exemplo.

No caso da revelia, uma contestação intempestiva, mesmo que não produza efeitos jurídicos, poderá permanecer nos autos, pois o desentranhamento deste documento não consta como um de seus efeitos legais. Nesse sentido é que se tem na jurisprudência: "O Código de Processo Civil não elencou como efeito da revelia o desentranhamento de contestação manejada pelo réu após o prazo que dispunha para o exercício da dialética. Logo, não é crível que tal expediente seja impelido, de forma *extra legem*, pelo Estado-juiz. (...) Com arrimo no princípio da documentação dos atos processuais, a manutenção da peça tardia nos autos é medida até mesmo recomendável, por permitir, com isso, que seja atestada a própria intempestividade." (TJ. AI 00417701420148080024/ES. Rel. Eliana Junqueira Munhos Ferreira, j. 10.03.2015, DJe 20.03.2015).

Como decorrência do art. 346, parágrafo único do CPC, o revel poderá intervir no processo em qualquer fase, recebendo-o no estado em que se encontrar, sendo o eventual desentranhamento da contestação um óbice ao implemento de um direito do revel consubstanciado na lei.

Princípio Documental (Direito Tributário).

O art. 196 do Código Tributário Nacional (Lei nº 5.172, de 25 de outubro de 1966) consagra o princípio documental, segundo o qual o procedimento de fiscalização tributária deverá ser documentado desde o início do procedimento pela autoridade administrativa que proceder ou presidir as diligências de fiscalização, sendo os termos dela constantes lavrados sempre que possível em um dos livros fiscais exibidos.

O art. 196 disciplina, *verbis*: "A autoridade administrativa que proceder ou presidir a quaisquer diligências de fiscalização lavrará os termos necessários para que se documente o início do procedimento, na forma da legislação aplicável, que fixará prazo máximo para a conclusão daquelas. Parágrafo único. Os termos a que se refere este artigo serão lavrados, sempre que possível, em um dos livros fiscais exibidos; quando lavrados em separado deles se entregará, à pessoa sujeita à fiscalização, cópia autenticada pela autoridade a que se refere este artigo".

Veja, a propósito, a explicação cristalina de Luciano Amaro (2009, p. 482): "O princípio documental informa o procedimento fiscal. As diligências e investigações desenvolvidas pelas autoridades fiscais devem ser reduzidas a escrito e ordenadas logicamente".

Princípio do Domínio Reservado (Direito Internacional Público).

Trata-se aqui do poder de autogerência conferido a cada nação, poder este que é insuscetível de ingerência externa por parte de qualquer outro Estado e/ou Organismo inserido no plano internacional. A autogerência traduz-se pelo poder de autogerenciamento de um Estado, sendo um traço característico de nações independentes e qualidade que denota um estado de equilíbrio entre Estados no plano internacional.

Princípio da Dupla Tipicidade (P. da Dupla Incriminação do Fato, P. da Identidade, P. da Incriminação Recíproca) (Direito Penal).

Para que ocorra a extradição, o ato ilícito cometido pelo agente deve ser tido como crime tanto no Brasil como no país requerente. Em hipótese alguma o ato ilegal poderá ser considerado contravenção penal em um, ou em ambos os países, pois, caso isto ocorra, não haverá extradição. O assunto é regulado na Lei 13.445/17, definida como Lei de Migração, no inciso II do art. 82, segundo o qual, não será concedida a extradição quando o fato que motivar o pedido não for considerado crime no Brasil ou no Estado requerente. Também delimita o tema o Decreto-Lei nº 394/1938.

Em sede constitucional, a Carta Maior dispõe que "nenhum brasileiro será extraditado, salvo o naturalizado, em caso de crime comum, praticado antes da naturalização, ou de comprovado envolvimento em tráfico ilícito de entorpecentes e drogas afins, na forma da lei" (art. 5º, LI).

Um dos princípios inerentes da extradição no Direito Penal brasileiro, o princípio da dupla tipicidade define normas que deverão ser seguidas pelos Estados estrangeiros para que a extradição seja concebida. Tais normas são impostas pelo Brasil aos demais Estados para que, caso seja concedida, haja a extradição.

O art. 96 da Lei de Migração impõe certas regras ao Estado requerente para que ocorra a entrega do extraditando.

São compromissos determinados na lei que o Estado requisitante deverá se comprometer a cumprir, sem o qual não haverá extradição. São eles: não submeter o extraditando a prisão ou processo por fato anterior ao pedido de extradição; computar o tempo da prisão que, no Brasil, foi imposta por força da extradição; comutar a pena corporal, perpétua ou de morte em pena privativa de liberdade, respeitado o limite máximo de cumprimento de 30 (trinta) anos; não entregar o extraditando, sem consentimento do Brasil, a outro Estado que o reclame; não considerar qualquer motivo político para agravar a pena; e não submeter o extraditando a tortura ou a outros tratamentos ou penas cruéis, desumanos ou degradantes.

O Excelso Pretório traz o seguinte precedente: "É essencial, para efeito de observância do postulado da dupla incriminação, que os fatos atribuídos ao extraditando (...) revistam-se de tipicidade penal tanto no ordenamento jurídico brasileiro quanto no sistema de direito positivo do Estado requerente. - Se os fatos atribuídos ao extraditando são puníveis, no direito brasileiro, a título de concurso formal de delitos, esta circunstancia - que envolve mera técnica de aplicação das penas -, não se impõe, quando deferido o pedido extradicional, a observância do Estado" (STF, Tribunal Pleno. Ext. 549 EU. Rel. Celso de Mello, j. 28.05.92, DJe 26.06.92).

Princípio do Duplo Grau de Jurisdição (P. do Duplo Grau de Jurisdição Obrigatório, P. da Recursividade, P. do Reexame Necessário, P. da Remessa *ex Officio*, P. da Remessa Oficial).

Bueno (2015, p. 601) esclarece que o duplo grau de jurisdição se trata de um princípio implícito, mesmo que haja em nosso ordenamento constitucional (arts. 102, II e 105, II) sua expressa previsão nos casos respectivos de recurso ordinário para o STF e o STJ. Continua o autor definindo que no duplo grau de jurisdição a sentença poderá "ser passível de reexame amplo por outro órgão jurisdicional". Ainda, segundo a Constituição Federal, será atribuição dos Tribunais Regionais Federais julgarem, em grau de recurso, as causas decididas pelos Juízes federais e pelos Juízes estaduais no exercício da competência federal da área de sua jurisdição (cf. art. 108, II).

Inobstante o "silêncio" constitucional, o CPC atua no art. 496, I e II. Segundo o postulado jurídico, estarão sujeitas ao duplo grau de jurisdição, não produzindo efeito senão depois de confirmada pelo tribunal, a sentença proferida contra a União, os Estados, o Distrito Federal, os Municípios e suas respectivas autarquias e fundações de direito público (com exceção das sociedades de economia mista e as empresas públicas) e a sentença que julgar procedentes, no todo ou em parte, os embargos à execução fiscal.

Em que tange recordar que os tratados e convenções internacionais sobre direitos humanos aprovados pelas casas do Congresso Nacional serão equivalentes às emendas constitucionais (art. 5º, § 3º, CF), o Pacto de São José da Costa Rica dispõe no âmbito do Direito Penal, precisamente em seu art. 8º, n. 2, h, que aquelas pessoas acusadas de delito penais possuem o direito a algumas garantias mínimas, dentre as quais consagra-se o direito de recorrer da sentença para Juiz ou tribunal superior. Para o eminente doutrinador Fernando Capez (2014, p. 69), o duplo grau de jurisdição possibilita a "revisão, por via de recurso, das causas já julgadas pelo juiz de primeiro grau".

Portanto, é admissível em nosso ordenamento o duplo grau de jurisdição nos julgados proferidos pelo Juiz, caso em que a parte acionará o Poder Judiciário recorrendo ao respectivo Tribunal, naqueles casos em que não se encontre satisfeita com a sentença proferida por entender ser esta injusta. A sentença dada pelo juízo de primeiro grau (*a quo*) não tem o poder de vincular as partes, podendo estas dela discordar junto ao juízo de segundo grau (*ad quem*). Assim a admissibilidade do recurso estará sujeita ao duplo exame, pois a decisão proferida pelo Juízo de origem não vincula o Juízo revisor (TST, 1ª T. AIRR 11702920125110010. Rel. Lelio Bentes Corrêa, j. 08.10.2014, DJe 10.10.2014).

E

Princípio da Economia Processual (P. Econômico, P. da Eficiência, P. da Eficiência da Atividade Jurisdicional, P. da Eficiência Processual (Direito Processual Civil).

Segundo magistério de Medina (2011, p. 32), a economia processual deverá ser analisada sob dois pontos de vista, o primeiro sob o enfoque de que custas e taxas exorbitantes não devem afastar o acesso à Justiça daquele que necessita, e o segundo no sentido de que o fim almejado deverá ser atingido com a menor utilização possível da atividade jurisdicional.

Silva (2013, p. 30) leciona que o referido instituto deverá proporcionar acesso amplo ao judiciário com "o mínimo de dispêndio", obtendo-se ao mesmo tempo máximo rendimento. Vaticina o professor Carlos Henrique Bezerra Leite (2013, p. 74): "Trata-se de princípio aplicável em todos os ramos do direito processual, e consiste em obter da prestação jurisdicional o máximo de resultado com o mínimo de atos processuais, evitando-se dispêndios desnecessários de tempo e dinheiro para os jurisdicionados".

Pode-se afirmar que a formação de litisconsórcios (art. 113, I, II e III, CPC) justifica-se por meio do princípio da economia processual. Por meio desse instituto processual, duas ou mais pessoas poderão litigar, no mesmo processo, em conjunto, seja ativa ou passivamente, quando existir entre elas comunhão de direitos ou de obrigações relativamente à lide, nos casos em que houver entre as causas conexão pelo pedido ou pela causa de pedir, ou ainda nos casos em que ocorrer afinidade de questões por ponto comum de fato ou de direito. Assim, obtém-se economia de recursos jurisdicionais com a maximização do resultado para as partes.

Importante inovação trazida pelo CPC e que valoriza a economia processual é o instrumento presente no art. 317, segundo o qual o Juiz da ação, antes de proferir decisão sem resolução do mérito, deverá conceder a parte oportunidade para que corrija o vício caso seja possível.

Outros institutos processuais são justificados pela economia processual, como no caso do art. 327, *caput*, que permite a cumulação de vários pedidos em face do mesmo réu em um único processo, mesmo que ausente conexão entre eles, e do art. 372, instrumento que permite ao magistrado utilizar na lide que preside prova produzida em outro processo, proporcionando economia de tempo, pois desnecessária a repetição da produção probatória e também de custos ao judiciário.

No processo da falência, regulado por meio do art. 75, parágrafo único, da Lei 11.101/2005 (Lei de Falências), determina-se que este instituto deverá atender aos princípios da celeridade e da economia processual.

Princípio da Economicidade (P. da Economia).

O princípio em pauta encontra-se explícito no artigo 70, *caput*, da Constituição da República, *verbis*: "A fiscalização contábil, financeira, orçamentária, operacional e patrimonial da União e das entidades da administração direta e indireta, quanto à legalidade, legitimidade, economicidade, aplicação das subvenções e renúncia de receitas, será exercida pelo Congresso Nacional, mediante controle externo, e pelo sistema de controle interno de cada Poder".

A Administração Pública deverá zelar pela economicidade, o que significa que o Estado deverá produzir os resultados sociais esperados dele mediante o menor custo possível à sociedade. Logo, os entes participantes da Administração Pública deverão respeitar sua observância. Em uma atividade pública as despesas e os benefícios relativos a mesma deverão levar em conta a economia do patrimônio público. Diante da despesa, o que se busca é a modicidade, o alcance da maior economia possível à Administração Pública.

Nesse sentido, pondera Justen Filho (2006, p. 54): "A economicidade impõe adoção da solução mais conveniente e eficiente sob o ponto de vista da gestão dos recursos públicos. Toda atividade administrativa envolve uma relação sujeitável a enfoque de custo benefício".

Trilhando o mesmo caminho Oliveira, Horvath e Tambasco (1990, p. 94) sobrelevam que: ''Economicidade diz respeito a se saber se foi obtida a melhor proposta para a efetuação da despesa pública, isto é, se o caminho perseguido foi o melhor e mais amplo, para chegar-se à despesa e se ela fez-se com modicidade, dentro da equação custo-benefício".

Princípio do Efeito Integrador (P. da Eficácia Integradora, P. Integrador).

Decorrente do princípio da unidade da constituição, o princípio integrador, um dos princípios da Moderna Hermenêutica Constitucional, defende a ideia de que nas divergências envolvendo relações jurídico-constitucionais, deve-se adotar uma interpretação da Carta de 1988 que favoreça a integração nacional e a unidade política, haja vista ser a Constituição o principal elemento integrador da unidade nacional, arvorando como o ápice do arcabouço jurídico nacional. Deve-se, portanto, buscar a coesão, a harmonia das decisões para que assim, seja mantida a integração político-social do Estado. Só assim o Estado se mantém viável.

Observam Vicente Paulo e Marcelo Alexandrino (2009, p. 70/71), que "(...) o princípio integrador significa que, na resolução dos problemas jurídico-constitucionais, deve-se dar primazia aos critérios ou pontos de vista que favoreçam a integração política e social e o reforço da unidade política".

Princípio da Efetividade do Processo (P. da Efetividade, P. da Efetividade das Decisões, P. da Efetividade das Decisões Judiciais, P. da Efetividade do Direito Material pelo Processo, P. da Efetividade do Direito pelo Processo, P. da Efetividade da Jurisdição, P. da Efetividade Social, P. da Efetividade Social do Processo, P. da Eficácia dos Atos Processuais, P. da Eficácia das Decisões, P. da Eficácia das Decisões Judiciais, P. da Finalidade Social, P. da Finalidade Social do Processo, P. da Máxima Coincidência Possível, P. da Permanência da Eficácia dos Atos Processuais) (Direito Processual Civil).

Estamos diante da velha máxima do saudoso e festejado jurista italiano Giuseppe Chiovenda (1998, p. 67): "o processo deve dar, quando for possível praticamente, a quem tenha um direito, tudo aquilo e exatamente aquilo que ele tenha direito de conseguir". Chiovenda defendia, diante da efetividade do processo, que o procedimento jurisdicional deveria entregar a parte possessora da razão a exata prestação jurisdicional a que teria direito caso não existisse o processo (máxima coincidência possível). Portanto, segundo seus ensinamentos, o processo deveria primar pela justiça social acima de tudo.

Na mesma direção escreveu Teori Zavascki (1997, p. 64): "Sob a denominação de direito à efetividade da jurisdição queremos aqui designar o conjunto de direitos e garantias que a Constituição atribui ao indivíduo que, impedido de fazer justiça por mão própria, provoca a atividade jurisdicional para vindicar bem da vida de que se considera titular. A este indivíduo devem ser, e são, assegurados meios expeditos e, ademais, eficazes, de exame da demanda trazida à apreciação do Estado. Eficazes, no sentido de que devem ter aptidão de propiciar ao litigante vitorioso a concretização 'Tática' da sua vitória".

O instituto tem lastro no art. 5º, do Decreto-Lei nº 4.657/1942, a famosa Lei de Introdução às normas do Direito Brasileiro, apresentando a definição de que "na aplicação da lei, o juiz atenderá aos fins sociais a que ela se dirige e às exigências do bem comum", bem como no inciso LXXVIII do art. 5º, da Carta Magna, o qual assegura a todos, no âmbito judicial e administrativo, a razoável duração do processo e os meios que garantam a celeridade de sua tramitação.

Os órgãos que compõem o sistema processual brasileiro devem buscar uma sinergia por meio da colaboração mútua, visando o aperfeiçoamento da metodologia para que possa ocorrer a efetividade do processo. Esta é a intelecção do art. 67 do CPC, o qual dispomos: "Aos órgãos do Poder Judiciário, estadual ou federal, especializado ou comum, em todas as instâncias e graus de jurisdição, inclusive aos tribunais superiores, incumbe o dever de recíproca cooperação, por meio de seus magistrados e servidores". Buscando a efetividade processual, bem como a celeridade, deverão os órgãos do Poder Judiciário buscar a cooperação recíproca.

Trazemos à colação o art. 139, IV, do CPC: "O juiz dirigirá o processo conforme as disposições deste Código, incumbindo-lhe: determinar todas as medidas indutivas, coercitivas, mandamentais ou sub-rogatórias necessárias para assegurar o cumprimento de ordem judicial, inclusive nas ações que tenham por objeto prestação pecuniária".

"Trata-se de regra que convida à reflexão sobre o CPC de 2015 ter passado a admitir, de maneira expressa, verdadeira regra de flexibilização das técnicas executivas, permitindo ao magistrado, consoante as peculiaridades de cada caso concreto, modificar o modelo preestabelecido pelo Código, determinando a adoção, sempre de forma fundamentada, dos mecanismos que mostrem mais adequados para a satisfação do direito, levando em conta as peculiaridades do caso concreto" (Bueno, 2015, p. 165). Este dispositivo do Código Processual brasileiro vem ao encontro da efetividade do processo, na medida em que flexibiliza as regras processuais, permitindo ao magistrado, nos limites da esfera legal e consoante o caso concreto, utilizar a via mais efetiva e célere ao deslinde do processo.

No entendimento de Bueno (2015, p. 49) "a razoável duração do processo deve ser compreendida invariavelmente levando em conta as especificidades de cada caso concreto". Por mais que o ordenamento defenda a duração razoável do processo, serão suas particularidades que irão definir quais os procedimentos necessários ao seu deslinde, levando a prazos maiores ou menores. Portanto, a percepção de duração razoável tende a variar conforme as características apresentadas no caso concreto.

O CPC trata do princípio no âmbito judicial, definindo para tanto que as partes terão o direito de obter em um prazo razoável a solução completa do mérito, incluída a atividade satisfativa (cf. art. 4º, CPC). Define também no bojo do art. 139, II e III, que o Juiz deverá velar pela duração razoável do processo reprimindo qualquer postulação meramente protelatória. No mesmo Diploma os artigos 143 e 191 também deliberam acerca do tema.

Princípio da Eficácia (P. da Suficiência, P. da Efetividade) (Direito Previdenciário).

Levando-se em conta que o Estado possui um dever constitucionalmente estabelecido de assistência social aos mais necessitados, deverá estar atento e preparado para contingências sociais. Desta forma, terá que se manter organizado e prevenido quanto aos recursos necessários para socorrer aqueles que necessitem de auxílio estatal.

Assim, como forma de guarnecer as necessidades das pessoas em eventos de vulnerabilidade social torna-se defeso que os benefícios constantes em nossa legislação tenham seu valor inferior ao do salário mínimo nacionalmente vigente. Como exemplo de exceção à regra encontra-se o auxílio-acidente por não se tratar de uma espécie de benefício, mas sim de indenização devida ao empregado em decorrência de acidente ocorrido em seu local de trabalho.

Esta é uma das maneiras encontradas pelo legislador para tornar a assistência social mais eficaz, pois, em tese, o salário mínimo é capaz de atender as necessidades vitais do ser humano.

Princípio da Eficácia Predeterminada (Direito Registral).

A eficácia predeterminada decorre do princípio da legalidade, consistindo na necessidade prévia da existência de lei para que os atos registrais, quaisquer que sejam, estejam plenos de eficácia. A lei deverá declarar qual a natureza do ato constitutivo registral, definindo anteriormente se possui condição constitutiva ou declaratória. O efeito do registro deverá ser determinado de antemão ao ato registral, demarcando assim, suas consequências.

Princípio da Eficiência (P. da Boa Administração, P. da Eficiência da Administração, P. da Eficiência do Serviço Público, P. da Maior Eficiência, P. da Melhoria dos Serviços Públicos) (Direito Administrativo).

Consta no CDC que, dentre os direitos básicos do consumidor, está prevista a adequada e eficaz prestação dos serviços públicos pela Administração Pública (Art. 6º, X). Tal premissa decorre do princípio constitucional da eficiência, que irá reger a administração pública direta e indireta de qualquer dos Poderes da União, dos Estados, do Distrito Federal e dos Municípios, segundo o que determina o art. 37, *caput*, da CF, bem como de outro princípio constitucional, qual seja, o da dignidade da pessoa humana (art. 1º, III). A exigibilidade da obediência ao princípio da eficiência irá abranger a administração pública direta e indireta de qualquer dos Poderes da União, dos Estados, do Distrito Federal e dos Municípios, abrangendo todos os serviços prestados por estes entes.

As relações de consumo deverão ser marcadas pela eficiente prestação dos serviços não só pelos fornecedores privados de bens e serviços, mas também pela Administração Pública. Ela possui o dever constitucional de eficiência na prestação dos serviços públicos. Nessa direção esclarece Nunes (2012, p. 199): "Isso significa que não basta haver adequação, nem estar à disposição das pessoas. O serviço tem de ser realmente eficiente; tem de cumprir sua finalidade na realidade concreta. O significado de eficiência remete ao resultado: é eficiente aquilo que funciona".

A eficiência na prestação dos serviços públicos deverá ser mantida, inclusive, durante período de greve, haja vista não ser justo que a deflagração do movimento grevista cause prejuízos aos particulares. Não é razoável que os particulares sejam atingidos por danos, por vezes irreparáveis, por conta da paralisação de serviços essenciais. O Estado deverá garantir com observância do princípio da eficiência a prestação dos serviços públicos (TRF - 2. REOMS 66806 RJ 2006.51.01.004745-1. Rel. Des. Fed. Ricardo Regueira, j. 24.01.2007, DJU 05.02.2007).

De acordo com a doutrina de Carvalho Filho (2012, p. 1152), "nenhum ente federativo pode impedir o uso de bens de uso comum do povo sob sua administração para a execução de serviços públicos, salvo efetiva comprovação do impedimento".

Caberá ao Estado assegurar a eficiência e a boa qualidade na prestação dos serviços aos particulares, garantido, quando possível a ampliação desses serviços. A eficiência também deverá se fazer presente no campo processual, seja na esfera administrativa ou na processual propriamente dita. Constitui flagrante ofensa ao princípio da eficiência a omissão e a demora, seja da Administração Pública, seja do Poder Judiciário, na resolução das lides.

Principio da Elaboração da Norma mais Favorável.

Mecanismo do direito trabalhista, o princípio da elaboração da norma mais favorável é um instrumento que decorre do princípio da norma mais favorável. Será tarefa do legislador, baseado neste princípio, a elaboração de ordenamento legal que seja mais condizente com a situação social do trabalhador, levando-se em conta também sua situação de inferioridade frente ao empregador.

Isso é o que se extrai da jurisprudência: "Com efeito, vige no direito do trabalho o princípio da norma mais favorável. Por este princípio, no dizer de Maurício Godinho Delgado: o operador do Direito do Trabalho deve optar pela regra mais favorável ao obreiro em três situações distintas: no instante de elaboração da regra; no contexto de confronto entre regras concorrentes e no contexto de interpretação das regras jurídicas" (in Curso de Direito do Trabalho. 6.ed. São Paulo: LTr, 2007, p.199) (TRT-5. RecOrd 0120000-86.2002.5.05.0004/BA. Rel. Nélia Neves, DJ 22.10.2013).

No instante da elaboração da regra, o legislador deverá estar atento para que efetue a criação de lei que seja condizente com a situação social do trabalhador. Nos limites da seara laboral, sempre que houver dúvida do legislador entre qual instrumento normativo implantar, deve-se escolher, quando possível, aquele que seja mais favorável ao trabalhador, levando-se em conta sua situação social.

Princípio da Elaboração das Normas Jurídicas.

Este princípio trata do processo legislativo de criação das normas jurídicas, sendo composto por três espécies, o processo ou procedimento legislativo ordinário ou comum, processo ou procedimento legislativo sumário e o processo ou procedimento especial, além de envolver cinco fases: a iniciativa; a discussão e votação; a sanção e veto presidencial; a promulgação e a publicação. Moraes (2017, p. 677) ensina que o processo legislativo "consiste no conjunto coordenado de disposições que disciplinam o procedimento a ser obedecido pelos órgãos competentes na produção de leis e atos normativos que derivam diretamente da própria constituição (...)".

O processo ou procedimento legislativo ordinário ou comum é o mais amplo, pois seu decurso compreende todos os estágios e a estrutura do processo legislativo, e destina-se a elaboração das leis ordinárias, dividindo-se em três fases, quais sejam introdutória, constitutiva e complementar. A fase introdutória compreende a apresentação do projeto de lei, a constitutiva a deliberação e votação do projeto nas casas do Congresso Nacional com a sanção ou o veto do Chefe do Executivo (Presidente da República), e a complementar sendo a fase onde ocorre a promulgação e publicação da lei. Observe que neste procedimento, inexiste prazo rígido para sua conclusão (Paulo e Alexandrino, 2009, p. 464/465).

O processo sumário caracteriza-se por possuir prazo para que o Congresso Nacional delibere sobre o projeto de lei, sendo o único ponto que o diferencia do procedimento ordinário.

O procedimento especial, ou processos legislativos especiais, compreende o processo legislativo para a produção de medidas provisórias, resoluções, emendas à Constituição Federal, leis complementares, leis delegadas etc. Enquanto que os procedimentos ordinário e sumário seguem o mesmo rito, diferenciando-se apenas quanto a existência ou não de prazo rígido para a sua conclusão, o processo especial segue rito distinto.

Princípio do Empoderamento.

Segundo o Código de Ética de Conciliadores e Mediadores Judiciais (Resolução 125, de 2010 – art. 1º, VII), dentre os princípios fundamentais que regem a atuação de conciliadores e mediadores judiciais, temos o empoderamento. Segundo estabelecido neste Estatuto, o empoderamento consiste no "dever de estimular os interessados a aprenderem a melhor resolverem seus conflitos futuros em função da experiência de justiça vivenciada na autocomposição" (cf. art. 1º, VII).

Levando-se em conta o papel do mediador/conciliador de estimular as partes para que, de forma ordeira e autônoma, deliberem acerca da autocomposição, espera-se que, após o procedimento, as partes tenham adquirido uma maior capacidade de negociação que possa ser útil em futuros conflitos. O empoderamento reveste-se de um conteúdo educativo.

Princípio da Equidade (P. do Equilíbrio) (Direito Processual Civil).

No vernáculo, equidade possui como significado a disposição para reconhecer a imparcialidade do direito de cada indivíduo. [19] O princípio da equidade encontra fundamento na igualdade de direitos entre as partes, postulando que, caso a caso, o magistrado irá adotar a decisão que lhe parecer mais justa e equânime.

Sobre o tema, Carlos Maximiliano (2003, p. 142/143) nos apresenta importante lição em apertada síntese: "Não se recorre à Equidade senão para atenuar o rigor de um texto e o interpretar de modo compatível com o progresso e a solidariedade humana; jamais será a mesma invocada para se agir, ou decidir, contra prescrição positiva clara e prevista". Esta apresentação corrobora o entendimento da equidade se apresentar como um princípio baseado na justiça processual, onde se procura agir e decidir utilizando-se a legislação de maneira sensata e imparcial, adaptando-se a lei para que se faça justiça e se atenda aos fins sociais e às exigências do bem comum.

Busca-se a justiça em sua escala máxima, em seu mais alto grau. Eleva-se a busca por um senso de justiça caracterizado pela imparcialidade. O art. 6º, da Lei 9.099/95 reputa esse entendimento ao sustentar que "o Juiz adotará em cada caso a decisão que reputar mais justa e equânime, atendendo aos fins sociais da lei e às exigências do bem comum". No mesmo sentido o art. 5º da Lei de Introdução às normas do Direito Brasileiro (Decreto-Lei nº 4.657/1942): "Na aplicação da lei, o juiz atenderá aos fins sociais a que ela se dirige e às exigências do bem comum".

O art. 140, parágrafo único do CPC, também consagra a equidade, *in verbis*: "O juiz não se exime de decidir sob a alegação de lacuna ou obscuridade do ordenamento jurídico. Parágrafo único. O juiz só decidirá por equidade nos casos previstos em lei". Assim, o Juiz somente terá autoridade para decidir por meio da equidade quando expressamente previsto em lei.

"A verba honorária deve ser fixada consoante apreciação equitativa do juiz (art. 20, § 4º /CPC), por decorrer de ato discricionário do magistrado, deve traduzir-se num valor que não fira a chamada lógica do razoável, pois em nome da equidade não se pode baratear a sucumbência, nem elevá-la a patamares pinaculares (STJ, REsp nº 312.520, Rel. Min. Cesar Asfor Rocha, unânime, DJU de 24.03.03). (TRF-2. AC 413956 RJ 2003.51.01.540303-7. Rel. Des. Fed. Benedito Gonçalves, j. 14.04.2008, DJU 12.05.2008).

A menção a equidade encontra-se dispersa em diversos Diplomas, como na CF/88, por meio do art. 212, § 3º, no Código Civil nos artigos 413, 479, 928, parágrafo único, 944, parágrafo único e 953, parágrafo único.

Princípio da Equidade (P. do Equilíbrio Contratual Absoluto, P. do Equilíbrio nas Prestações) (Direito do Consumidor).

Segundo a jurisprudência, as cláusulas que gerarem obrigações abusivas ao devedor e que o colocarem em desvantagem exagerada frente ao fornecedor do produto ou serviço deverão ser consideradas nulas de pleno direito, nos termos do art. 51, IV, do CDC, por serem incompatíveis com os princípios da equidade (equilíbrio contratual absoluto) e boa-fé (TJ. AI 6841/2005/MT. Rel. Des. Marcio Vidal, j. 16.05.2005, DJe 16.06.2005).

Segundo o CDC, "a Política Nacional das Relações de Consumo tem por objetivo o atendimento das necessidades dos consumidores, o respeito à sua dignidade, saúde e segurança, a proteção de seus interesses econômicos, a melhoria da sua qualidade de vida, bem como a transparência e harmonia das relações de consumo", baseando-se na boa-fé e equilíbrio nas relações entre consumidores e fornecedores (art. 4º, *caput* e III).

Deverá ocorrer equilíbrio nas prestações oriundas de relações de consumo entre consumidores e fornecedores de bens e serviços. Os direitos e deveres constantes nas cláusulas negociais deverão ser razoáveis, não onerando em demasia o contratante.

Princípio da Equidade na Forma de Participação do Custeio (P. da Equidade na Forma do Custeio).

O princípio da equidade na forma de participação do custeio encontra-se insculpido no parágrafo único, inciso V, do art. 194 da CF. Equidade significa equivalência ou igualdade. Portanto, este princípio, corolário da Previdência Social, concretiza o objetivo de financiá-la por meio da capacidade contributiva dos trabalhadores, empregadores e do Poder Público. Entretanto, cada ente contribuirá de acordo com a sua capacidade contributiva. Os trabalhadores contribuirão na medida de sua renda, sendo a alíquota proporcional aos seus rendimentos. Por outro lado a classe empresária contribuirá mais, pois detentora de maior capacidade contributiva (Castro, *et al.*, 2020, p. 166/167).

Princípio do Equilíbrio (P. da Equivalência) (Direito Ambiental).

Qualquer intervenção no meio ambiente deverá levar em conta aspectos que assegurem resultados que sejam benéficos a vários setores. Busca-se uma harmonia entre diversas esferas, visando-se o equilíbrio macro entre aspectos políticos, sociais, ambientais etc. O resultado deste enfoque global sobre a intervenção no meio ambiente deverá alcançar resultados recompensadores para o maior número possível de setores da sociedade.

A Administração Pública deverá trazer dados concretos sobre as consequências da intervenção no meio ambiente da região e avaliar se será útil a coletividade. As políticas públicas adotadas deverão especificar quais os benefícios que serão alcançados e o respectivo impacto ambiental. Se tal medida onerar de maneira significativa o meio ambiente, não deverá ser levada a cabo, pois o objetivo da Administração Pública moderna deve ser o desenvolvimento sustentável, ou seja, desenvolvimento urbano e social com a preservação da natureza para a atual e as futuras gerações.

Explica Antunes (2004, p. 37) que, por meio do princípio do equilíbrio, "deve ser realizado um balanço entre as diferentes repercussões do projeto a ser implementado, isto é, devem ser analisadas as implicações ambientais, as consequências econômicas, as sociais, etc."

Princípio do Equilíbrio Econômico dos Contratos (P. do Equilíbrio Econômico-Financeiro do Contrato, P. do Equilíbrio Obrigacional, P. da Equivalência, P. da Equivalência Contratual, P. da Equivalência Material, P. da Manutenção do Equilíbrio Econômico-Financeiro, P. da Manutenção do

Equilíbrio Econômico-Financeiro do Contrato, P. da Reciprocidade) (Direito Civil).

A guisa de introdução do tema, o cumprimento da obrigação não poderá obrigar a uma das partes cumprir prestação injusta ou ocasionar a uma delas vantagem excessiva sobre a outra, ocasionada por situação extraordinária estranha ao instrumento contratual (cf. art. 37, XXI, CF). É um instrumento que visa estabelecer a paridade entre as obrigações e direitos entre as partes adquiridos por meio do contrato. É um instrumento que, de certo modo, mitiga o *pacta sunt servanda* (princípio da força obrigatória dos contratos), princípio que estabelece que o negócio jurídico terá força obrigatória entre as partes, vinculando as mesmas naquilo em que contrataram, podendo-se dizer que o contrato celebrado fará lei entre as partes naquilo em que se convencionou. Este princípio busca a igualdade entre as partes contratantes objetivando a correspondência e proporção entre as prestações de cada parte.

Assis Neto (*et al.*) (2016, p. 592) afirma que tal instrumento se inspira de forma direta na função social do contrato, e que, sendo assim, nenhuma das partes poderá sofrer com prestações excessivas nem, tampouco, perceber vantagens exageras em relação à outra. Carlos Roberto Gonçalves (2010, v. 2, p. 43) aborda o tema sob o enfoque de que o princípio do equilíbrio econômico dos contratos se traduz na boa-fé e ética que devem nortear todo o direito obrigacional, conforme se dessume: "Funda-se no valor da pessoa humana como fonte de todos os demais valores. Prioriza a equidade, a boa-fé, a justa causa e demais critérios éticos. Confere maior poder ao Juiz para encontrar a solução mais justa ou equitativa. Nesse sentido, é posto o princípio do equilíbrio econômico dos contratos como base ética de todo o direito obrigacional".

Quando uma prestação se tornar demasiadamente desproporcional ao valor acordado por motivos imprevisíveis, é certo que a autoridade judiciária poderá corrigir tal valor quando inquirida pela parte prejudicada, tornando a prestação ao valor real quando possível (art. 317, CC).

Por outro lado, o art. 478 deste mesmo Diploma permite ao devedor requerer a resolução do contrato, quando de resolução continuada ou diferida, nos casos de onerosidade excessiva ou extrema vantagem decorrente de acontecimentos extraordinários e imprevisíveis: "Nos contratos de execução continuada ou diferida, se a prestação de uma das partes se tornar excessivamente onerosa, com extrema vantagem para a outra, em virtude de acontecimentos extraordinários e imprevisíveis, poderá o devedor pedir a resolução do contrato. Os efeitos da sentença que a decretar retroagirão à data da citação".

Pode ocorrer de o contrato prever obrigações somente a uma das partes. Nesse caso, a parte obrigada poderá recorrer ao Poder Judiciário requerendo a redução da sua prestação ou que se determine outro modo para que possa executá-la, tendo por fim evitar a onerosidade excessiva (cf. art. 480, CC).

Princípio do Equilíbrio entre os Valores Contrastantes.

Inicialmente, citamos a lição de lavra do mestre Fernando Capez (2014, p. 373) acerca do princípio do equilíbrio entre os valores contrastantes: "de acordo com essa teoria, sempre em caráter excepcional e em casos extremamente graves, tem sido admitida a prova ilícita, baseando-se no princípio do equilíbrio entre os valores contrastantes (admitir uma prova ilícita para um caso de extrema necessidade significa quebrar um princípio geral para atender a uma finalidade excepcional justificável)".

Ressalta-se a excepcionalidade da medida, haja vista a inaplicabilidade das provas ilícitas em nosso ordenamento tendo-se por base o princípio da proibição da prova ilícita. De acordo com o princípio supra, é terminantemente vedada a obtenção de provas por meios ilícitos, conforme arts. 5º, LVI, da CF/88 e 157, *caput*, do Código de Processo Penal.

Neste aspecto, trazemos à baila a doutrina de Nucci (2016, p. 60): "Quanto à possibilidade de se acolher a prova ilicitamente produzida, parcela da doutrina costuma trabalhar com a teoria da proporcionalidade ("teoria da razoabilidade" ou "teoria do interesse predominante"), cuja finalidade é equilibrar os direitos individuais e os interesses da sociedade, não se admitindo, pois, a rejeição contumaz das provas obtidas por meios ilícitos".

Princípio do Equilíbrio Financeiro e Atuarial (P. da Preservação do Equilíbrio Financeiro e Atuarial).

Estando previsto no *caput* dos artigos 40 e 201 da Carta Maior, o presente artigo tem por escopo resguardar o equilíbrio entre as receitas e as despesas oriundas da Previdência Social. De acordo com os dispositivos, a Previdência Social deverá ser organizada tendo por base atributos como o caráter contributivo das contribuições previdenciárias e a filiação obrigatória dos trabalhadores, objetivando que ocorra o equilíbrio financeiro e atuarial do sistema no curto e longo prazo por meio do controle planejado das quantias arrecadadas e suas expensas de manutenção.

Para Castro (*et al.*) (2020, p. 174), manter o equilíbrio financeiro e atuarial da Previdência Social "significa que o Poder Público deverá, na execução da política previdenciária, atentar sempre para a relação entre custeio e pagamento de benefícios, a fim de manter o sistema em condições superavitárias e observar as oscilações da média etária da população, bem como sua expectativa de vida, para a adequação dos benefícios a estas variáveis".

Princípio do Equilíbrio Fiscal (P. do Equilíbrio, P. do Equilíbrio Orçamentário) (Direito Orçamentário).

Este princípio decorre da Constituição Federal e da Lei de Responsabilidade Fiscal (Lei complementar nº 101, de 4 de maio de 2000, art. 4º, I, a). A Carta Magna consagra o princípio do equilíbrio fiscal em seu art. 167, III, segundo o qual será vedada a realização de quaisquer espécies de operações de créditos que excedam o montante das despesas de capital, com exceção das operações autorizadas mediante créditos suplementares ou especiais com finalidade precisa, desde que sejam aprovadas pelo Poder Legislativo por maioria absoluta dos membros da respectiva casa do Congresso Nacional.

O art. 163, I, da CF dispõe que lei complementar disporá sobre o tema finanças públicas, função de responsabilidade da Lei de Responsabilidade Fiscal, instrumento que estabelece normas de finanças públicas voltadas para a responsabilidade na gestão fiscal, sendo sua iniciativa privativa do Chefe do Poder Executivo. Paludo (2013, p. 270/271) ensina que a LDO "antecipa e orienta a direção e o sentido dos gastos públicos, bem como os parâmetros que devem nortear a elaboração do projeto de lei orçamentária para o exercício subsequente, além, é claro, de selecionar, dentre os programas do Plano Plurianual, quais terão prioridade na programação e execução do orçamento anual subsequente".

O art. 1º, § 1º da LC 101/2000 dispõe: "A responsabilidade na gestão fiscal pressupõe a ação planejada e transparente, em que se previnem riscos e corrigem desvios capazes de afetar o equilíbrio das contas públicas, mediante o cumprimento de metas de resultados entre receitas e despesas e a obediência a limites e condições no que tange a renúncia de receita, geração de despesas com pessoal, da seguridade social e outras, dívidas consolidada e mobiliária, operações de crédito, inclusive por antecipação de receita, concessão de garantia e inscrição em Restos a Pagar".

O art. 166, § 18, da CF estabelece os procedimentos a serem adotados caso se verifique que a reestimativa de receitas e despesas correntes resulte no não cumprimento da meta de resultado fiscal, sendo cabível a redução da alíquota das emendas individuais ao projeto de lei orçamentária.

Chamado de o grande princípio da Lei de Responsabilidade Fiscal, este instrumento se destaca pelo compromisso de equilíbrio das contas públicas ocasionado pela equiparação entre receitas e despesas. O equilíbrio das receitas e despesas públicas, fator primordial para o desenvolvimento nacional, é o grande objetivo deste princípio, tendo por certo de que, para cada despesa, deverá, necessariamente, haver uma receita que seja capaz de financiá-la. O montante da despesa nominal deverá ser igual ao montante da receita nominal. A estabilidade financeira impede que haja desequilíbrio orçamentário nas contas públicas.

Princípio da Equivalência dos Contratantes Coletivos (P. da Equivalência Contratual dos Sujeitos Coletivos).

Na aplicação de norma coletiva estampada pelos sujeitos coletivos, quais sejam o sindicato profissional da parte obreira e o empregador representado por associação sindical ou por si mesmo, ambas as partes deverão possuir equivalência no poder de negociação, ou seja, os mesmos poderes para transacionar as normas. Este é, em suma, o princípio da equivalência dos contratantes coletivos, um dos princípios que regem o direito coletivo do trabalho.

Os indivíduos coletivos deverão gozar de condições equilibradas na negociação coletiva, situação assegurada por meio do direito coletivo do trabalho. Garante-se a perfeita simetria entre as partes envolvidas na negociação para que essa se garanta de forma justa e equilibrada (TRT-6. RO 00105844220145060391. Rel. Des. Ruy Salathiel de A. M. Ventura, j. 23.11.2015, DJe 23.11.2015).

Veja-se, a respeito, o seguinte aresto da jurisprudência do TRT: "O direito coletivo do trabalho é regido por princípios próprios, distintos do direito individual do trabalho, dentre os quais se destaca o princípio da equivalência dos contratantes coletivos, que impõe o tratamento semelhante a ambos os sujeitos coletivos" (TRT-18. ROPS 00104602320175180261/GO 0010460-23.2017.5.18.0261. Rel. Eugenio Jose Cesario Rosa, j. 02.06.2017, DJe 02.06.2017).

Importante trazermos a baila o entendimento do ilustre mestre Mauricio Godinho Delgado (2008, 1315/1316) acerca do tema: "O princípio da equivalência dos contratantes coletivos postula pelo reconhecimento de um estatuto sociojurídico semelhante a ambos os contratantes coletivos (o obreiro e o empresarial). Tal equivalência resulta de dois aspectos fundamentais: a natureza e os processos característicos aos seres coletivos trabalhistas (...)". (In Curso de Direito do Trabalho, 7ª ed. São Paulo: LTr, 2008, págs, 1315/1316) (TST. RR 13176920115050006. Rel. Alberto Luiz Bresciani de Fontan Pereira, j. 30.09.2015, DEJT 02.10.2015).

Princípio da Escritura.

Com o advento de novas tecnologias, preponderantemente da internet (rede mundial de computadores), questiona-se a aplicação do princípio da escritura no conjunto de princípios processuais, haja vista ter-se como superada por parte dos juristas a máxima imposta por este princípio, de que o que não está nos autos não pode ser considerado (*quod non est in actis non est in mundo*), em decorrência das novas situações impostas pelo mundo virtual.

As correntes defensoras da manutenção do princípio em pauta argumentam que, mesmo que existam argumentos no mundo virtual, um Juiz não pode decidir sem considerar as provas reais constantes nos autos. "A 'verdade virtual' não se confunde com a 'verdade real', posto que a internet, como o papel, não discrimina o conteúdo que lhe é imposto, não sendo possível afirmar que o que lá consta seja ou não verdade" (TJ. AI 2259046-43.2016.8.26.0000/SP. Rel. Eurípedes Faim, j. 22.06.2017, DJe 23.06.2017).

O princípio da escritura mantém sua aplicabilidade no campo processual, pois a divisão entre o mundo real e o mundo virtual, com seus respectivos campos de prova, reduziu-se significativamente, encontrando-se hoje como elementos mais estreitamente relacionados para a percepção do processo pela Justiça. Com efeito, é o que comprova a jurisprudência: "Com advento das novas tecnologias de comunicação e informação e as possibilidades ampliadas de conectividade por elas proporcionadas, rompe-se, finalmente, com a separação rígida entre o mundo do processo e o das relações sociais, porquanto o link permite a aproximação entre os autos e a verdade (real e virtual) contida na rede" (TRT-3. RO 00631201307703000 0000631-44.2013.5.03.0077. Rel. Convocado Paulo Eduardo Queiroz Gonçalves, DJe 06.08.2014).

Princípio do Esgotamento das Vias Recursais (P. do Esgotamento das Vias Recursais Ordinárias).

Segundo entendimento pacificado na mais alta Corte do Judiciário, o Supremo Tribunal Federal, a admissibilidade do recurso especial pressupõe o esgotamento das vias ordinárias, sem o qual esta não ocorrerá. O esgotamento das vias recursais ordinárias trata-se de pressuposto indispensável para a admissibilidade dos recursos extraordinário e especial.

Isso é o que dispõe a Súmula 281 do STF, segundo a qual "é inadmissível o recurso extraordinário, quando couber na justiça de origem, recurso ordinário da decisão impugnada". No mesmo sentido, embora específica a determinada situação, a Súmula 207 do STJ dispõe que será "inadmissível recurso especial quando cabíveis embargos infringentes contra o acórdão proferido no tribunal de origem". Apesar da supressão dos embargos infringentes do rol recursal do CPC, tal súmula encontra-se válida.

O exaurimento das instâncias ordinárias pressupõe uma ordem natural em que os recursos devem ser interpostos. Ao fim desta ordem, ou seja, quando esgotadas as vias recursais ordinárias, será cabível a interposição de recurso junto ao STF. Caso o procedimento não seja respeitado, o recurso não será conhecido pela instância superior.

Importante exemplo se extrai da ementa a seguir, que trata da inadmissibilidade de agravo interposto perante o STF sem o devido esgotamento da via recursal ordinária: "O agravo é inadmissível quando interposto contra decisão suscetível de impugnação na via recursal ordinária. O esgotamento da instância é condição de acesso à via do apelo extremo" (STF, 1ª T. ARE 677739/DF. Rel. Min. Luiz Fux, j. 30.10.2012, DJe 30.11.2012).

Princípio da Especialidade (Direito Civil e Constitucional).

A doutrina nos apresenta o brocardo jurídico l*ex specialis derogat legi generali*, ou seja, lei especial derroga lei geral. O princípio da especialidade traz em seu bojo a definição de que uma norma especial afasta a incidência de norma geral. Diz-se que uma norma é especial quando contiver em sua definição os elementos da norma geral e outros elementos que tragam conceitos específicos. Diz-se da lei especial ser aquela que busca na generalidade da norma geral, alcançar pontos que exteriorizem sua particularidade e minúcias acerca de determinado fato.

Neste sentido, sintetiza o professor Fernando Capez (2012, p. 90) que, "o princípio da especialidade possui uma característica que o distingue dos demais: a prevalência da norma especial sobre a geral se estabelece *in abstracto*, pela comparação das definições abstratas contidas nas normas, enquanto que os outros exigem um confronto concreto das leis que descrevem o mesmo fato".

Assim, a norma especial será preponderante quando confrontada com norma geral. Observa Toledo (1994, p. 51) com clareza que, "se entre duas ou mais normas legais existe uma relação de especialidade, isto é, de gênero para espécie, a regra é a de que a norma especial afasta a incidência da norma geral". Neste sentido, o conflito de normas ocorrerá quando for possível a aplicação de duas ou mais leis sobre um só fato. Assim, caso não ocorresse a aplicação da especialização e a consequente preponderância da lei especial sobre lei geral, o sistema jurídico estaria sob forte insegurança.

Princípio da Especialidade (P. da Especialidade Objetiva, P. da Especialidade Subjetiva) (Direito Registral).

Estando previsto nos arts. 176, §1º, II, itens 3 e 4, e, nos arts. 222 e 225, da Lei nº 6.015/73, o princípio da especialidade define a necessária individualização e caracterização não só do imóvel quanto a suas especificidades, mas também das partes envolvidas no registro, para que não ocorra nenhuma espécie de confusão entre bens e pessoas. Neste sentido, cabe citar o pensamento de Assis Neto (*et al.*) (2016, p. 1.382): "O princípio da especialidade implica na necessidade de se individualizar, pormenorizadamente, no respectivo registro, o título e o imóvel a que ele se refere". Essa caracterização de bens e partes envolvidas no registro é necessária para que se evitem futuros imbróglios sobre a propriedade do imóvel.

Alguns autores adotam a subdivisão do princípio da especialidade em objetiva e subjetiva. Nada mais é do que a separação entre a individualização do imóvel e a individualização das pessoas envolvidas.

Quando falamos em especialidade objetiva, tratamos da correta descrição do imóvel evidenciando suas particularidades. O registro só poderá ser feito caso o imóvel esteja individualizado quanto às suas especificidades. Para tanto, deverá ser indicado se se trata de imóvel urbano ou rural, suas características, confrontações com imóveis vizinhos, localização, área, logradouro, número e demais indicadores que pormenorizem o bem de tal forma que não seja possível que se confunda com outro imóvel.

Já a especialidade subjetiva aborda a caracterização dos agentes envolvidos no ato do registro. Sendo pessoa física, torna-se necessária a qualificação das partes envolvidas, indicando para tanto o nome completo, estado civil, se casado o regime de bens adotado pelo casal, nacionalidade, profissão, RG., CPF, domicílio, certidão de nascimento, filiação e demais dados que tornem possível identificar os sujeitos envolvidos no registro do imóvel. No caso de pessoa jurídica, será necessária a sede social, o número de inscrição no Cadastro Geral de Contribuintes do Ministério da Fazenda, CNPJ, denominação ou razão social, dentre outros dados (Lei nº. 6.015/1973).

Princípio da Especialidade (P. da Especialização) (Direito Civil).

Sílvio de Salvo Venosa (2012, p. 529) explica que serão necessários os requisitos presentes no art. 1.424 do CC para que o princípio da especialidade adquira plena eficácia em relação a terceiros, no que condiz aos direitos reais de garantia.

Segundo o artigo, os contratos de penhor, anticrese ou hipoteca deverão declarar, sob pena de não terem eficácia, o valor do crédito, sua estimação, ou valor máximo; o prazo fixado para pagamento; a taxa dos juros se houver e; o bem dado em garantia com as suas especificações. Continua o autor ao ensinar que, caso os requisitos do artigo supra não estejam presentes, não se fala, a princípio, em nulidade da garantia, que continua válida entre as partes contratantes, mas os efeitos desses contratos não terão efeitos sobre terceiros. Verifica-se a necessidade de análise do caso concreto (*idem*, p. 530).

No mesmo sentido Assis Neto (*et al.*) (2016, p. 1.535) complementa que a falta dos requisitos do art. 1.424 impossibilitam que o negócio jurídico crie um "direito real em favor do credor", o que, para todo caso, mantém o negócio válido entre as partes contratantes, mas "não possui a oponibilidade *erga omnes* própria dos direitos reais". A garantia real demanda que, de acordo com os termos estabelecidos do art. 1.424 do Código Civil brasileiro, haja cláusula expressa que determine e caracterize o bem dado em garantia.

Com fulcro nas lições de Carlos Roberto Gonçalves (2010, v. 5, p. 30), vejamos: "Estabelece um vínculo, uma relação de senhoria entre o *sujeito* e a *coisa*, não dependendo da colaboração de nenhum sujeito passivo para existir. O direito real gera, pois, entre a pessoa e a coisa, como foi dito, uma relação direta e imediata. Esta característica é alheia aos direitos pessoais, nos quais o vínculo obrigacional existente entre credor e devedor confere ao primeiro somente o direito de exigir a prestação prometida".

Princípio da Especialidade (P. da Especialização) (Direito Administrativo).

O princípio da especialidade decorre dos princípios da legalidade e da indisponibilidade do interesse público, e tem por fim determinar a competência e a finalidade, principalmente das autarquias, embora também caiba aos demais entes da administração indireta, para que suas atribuições e áreas de atuação sejam claramente definidas, não havendo conflitos de atribuição entre si.

Nas palavras de Paludo (2013, p. 30), este princípio "decorre da capacidade/competência específica que possui uma autarquia, limitada a sua área de atuação". O Estado, ao criar ou autorizar a instituição dessas pessoas jurídicas visando a descentralização da administração pública deverá definir, de antemão, por meio de lei, seus objetivos e os propósitos que pretende alcançar.

Carvalho Filho (2012, p. 460) teceu as seguintes considerações acerca do tema: "O princípio da especialidade aponta para a absoluta necessidade de ser expressamente consignada na lei a atividade a ser exercida, descentralizadamente, pela entidade da Administração

Indireta. Em outras palavras, nenhuma dessas entidades pode ser instituída com finalidades genéricas, vale dizer, sem que se defina na lei o objeto preciso de sua atuação".

Princípio da Especialidade (Extradição).

A extradição poderá ocorrer entre Estados signatários de tratados de cooperação internacional que prevejam a entrega de pessoas para que sejam julgadas pelos crimes cometidos em outros países. Porém, na prática, a extradição poderá ocorrer também por meio de promessa de reciprocidade entre os Estados. Nessa categoria, um ente internacional promete entregar um indivíduo a um país para lá ser julgado pelos crimes que cometeu, em troca da promessa de reciprocidade em casos futuros e/ou específicos. Ou seja, em casos análogos existirá a promessa de mutualidade entre aqueles países.

O pleito extradicional formulado por Estado estrangeiro deverá englobar os motivos que o fundamentam, expondo as justificativas que embasam a solicitação. Neste sentido, o pedido de entrega deverá levar em conta o princípio da especialidade, instituto este que rege a extradição. Segundo o princípio, o extraditando somente poderá ser julgado no país de destino pelos motivos que fundamentaram a extradição. Esse é o compromisso firmado entre os Estados. O extraditando não poderá ser julgado no país de destino por crimes e/ou delitos cometidos anteriormente e que não estejam relacionados no pedido de extradição.

Princípio da Especificação das Normas.

No controle abstrato de constitucionalidade, no que tange a ação direta de inconstitucionalidade, existe o dever processual da parte autora em fundamentar a impugnação apresentando os dispositivos supostamente violados, em respeito ao princípio da especificação das normas. Este princípio impele ao autor indicar na ação quais os fundamentos jurídicos de seu pedido.

Neste sentido, Paulo e Alexandrino (2009, p. 767) expõem que na causa de pedir aberta no controle abstrato de constitucionalidade, deverá haver a motivação do pedido em respeito ao princípio em estudo: "A causa de pedir aberta não suprime, à parte, o dever processual de motivar o pedido e de identificar, na Constituição, em obséquio ao princípio da especificação das normas, os dispositivos alegadamente violados pelo ato normativo que pretende impugnar, sob pena do não-conhecimento, total ou parcial, da ação proposta".

O STF, Corte Excelsa do judiciário pátrio, por sua vez, apresenta o seguinte aresto: "O Supremo Tribunal Federal não está condicionado, no desempenho de sua atividade jurisdicional, pelas razões de ordem jurídica invocadas como suporte da pretensão de inconstitucionalidade deduzida pelo autor da ação direta. Tal circunstância, no entanto, não suprime à parte o dever processual de motivar o pedido e de identificar, na Constituição, em obséquio ao princípio da especificação das normas, os dispositivos alegadamente violados pelo ato normativo que pretende impugnar. Impõe-se ao autor, no processo de controle concentrado de constitucionalidade, sob pena de não-conhecimento da ação direta, indicar as normas de referência - que são aquelas inerentes ao ordenamento constitucional e que se revestem, por isso mesmo, de parametricidade - em ordem a viabilizar a aferição da conformidade vertical dos atos normativos infraconstitucionais" (STF. ADI-MC 561/DF. Rel. Min. Celso de Mello, j. 23.08.1995, DJ 23.03.2001).

Princípio da Especificidade (Direito do Trabalho).

"O enquadramento sindical brasileiro é regido pelo princípio da especificidade, previsto no art. 570 da CLT. Somente quando não for possível a ação sindical, mais eficiente, pelo critério de especificidade de categoria, é que se permite a sindicalização pelo critério de categorias similares ou conexas" (TRT – 12, 3ª Turma. RO 0001891-87.2013.5.12.0019/SC. Rel. José Ernesto Manzi, DJe 16.10.2015).

Considerando-se que a especificidade é a regra, é cabível o desmembramento, autorizado por lei, quando as atividades similares e conexas, antes concentradas na categoria econômica mais abrangente, adquirem condições de representatividade por meio de sindicato representativo de categoria específica, nos termos do art. 571 da CLT.

"O desmembramento pode ocorrer para a formação de sindicatos abrangentes ou específicos para atuação em menor base territorial, como também para a formação de sindicatos específicos destinados à atuação em certa base territorial" (TST, 3ª Turma. AIRR 6846520115020063. Rel. Alexandre de Souza Agra Belmonte, j. 29.06.2015, DJe 02.07.2015).

Princípio da Especificidade da Marca (P. da Especialidade, P. da Especialidade da Marca, P. da Especialidade das Marcas, P. da Especificidade, P. da Especificidade das Marcas) (Direito Empresarial).

No Brasil é a Lei nº 9.279, de 14 de maio de 1996 o instrumento que regula os direitos e obrigações relativos à propriedade industrial, notadamente, neste ponto, o registro das marcas. Tem origem na Convenção de Paris para a Proteção da Propriedade Industrial de 1967, tendo em seu art. 1º a razão de sua existência: "Os países a que se aplica a presente Convenção constituem-se em União para a proteção da propriedade industrial". O Brasil é signatário desta Convenção e por meio do órgão responsável pelo registro de marcas e patentes, o INPI - Instituto Nacional da Propriedade Industrial, procede ao registro das marcas.

De acordo com a Lei nº 9.279/1996, a proteção dos direitos relativos à propriedade industrial será efetuada mediante a concessão de registro de marca (art. 2º, III). Para os efeitos da lei, considera-se marca aquela usada para distinguir produto ou serviço de outro idêntico, semelhante ou afim, de origem diversa (cf. art. 123, I).

Segundo o princípio da especificidade da marca, toda marca deverá ser registrada junto ao órgão responsável tendo que, obrigatoriamente, guardar relação com um ramo do mercado econômico. A empresa detentora da marca terá proteção quanto a ela neste segmento econômico em relação a terceiros. Assim, nenhuma outra empresa poderá usufruir desta marca no segmento de mercado reivindicado. O direito à exclusividade da marca ocorrerá dentro da classe de serviços em que esta foi registrada (STJ. REsp 1309665/SP 2012/0031223-2. Rel. Min. Paulo de Tarso Sanseverino, j. 04.09.2014, DJe 15.09.2014).

Nos termos da Lei 9.279/1996, a propriedade da marca será adquirida por meio do registro expedido validamente, instrumento que irá assegurar ao titular uso exclusivo em todo o território nacional (cf. art.129). Quanto à marca de alto renome registrada no Brasil, aquela de alta fama no mercado, a proteção será especial, pois irá abranger todos os ramos de atividade contra a ação de terceiros (cf. art. 125 da Lei nº 9.279/1996). A marca notoriamente conhecida em seu ramo de atividade também gozará de proteção especial independentemente de estar previamente depositada ou registrada no Brasil (cf. art. 126, *caput*, da Lei nº 9.279/1996).

Adota-se em nosso país o sistema declarativo de proteção de marcas, sistema pelo qual terá direito à marca aquele que primeiro dela fizer uso. Assim, temos que "vige no Brasil o sistema declarativo de proteção de marcas e patentes, que prioriza aquele que primeiro fez uso da marca, constituindo o registro no órgão competente mera presunção, que se aperfeiçoa pelo uso" (REsp 964.780/SP, DJ de 24.09.2007)" (STJ. REsp 1034650/RS 2005/0013784-0. Rel. Min. Fernando Gonçalves, j. 08.04.2008, DJe 22.04.2008).

Segundo o princípio da especialidade das marcas, não há colidência entre os signos semelhantes ou até mesmo idênticos, se os produtos que distinguem são diferentes (STJ. REsp 1079344/RJ 2008/0172003-1. Rel. Min. Maria Isabel Gallotti, j. 21.06.2012, DJe 29.06.2012).

Princípio da Estabilidade da Lide (P. da Demanda, P. da Estabilidade Subjetiva da Demanda, P. da Estabilidade Subjetiva da Lide, P. da Estabilização da Demanda, P. da Estabilização Subjetiva do Processo).

De acordo com a inteligência dos arts. 329 e 357 do Código de Processo Civil, o autor da ação poderá, desde a citação do réu até o saneamento do processo, modificar o pedido e a causa de pedir mediante consentimento do réu, assegurando-se a esse o devido contraditório.

Esta intervenção poderá trazer novos elementos ao processo ou alterar os já nele existentes. Trata-se de um procedimento marcado pela excepcionalidade. Assim é que, segundo a jurisprudência, após a citação do réu o autor não poderá modificar a causa de pedir ou o pedido formulado na petição inicial, sem a anuência do réu, sob pena de ofensa ao princípio da estabilidade da lide e ao direito de defesa do réu (TJ. APL 0187154-80.2008.8.26.0100/SP. Rel. Kenarik Boujikian, j. 27.01.2016, DJe 28.01.2016). O princípio da estabilidade da lide permite ao autor, depois da petição inicial, e ao réu, após a contestação, a condição de aditar ou alterar o conteúdo dos respectivos elementos constantes nesses documentos.

Por fim, e em prol do máximo entendimento, citamos a síntese apresentada por Carlos Henrique Bezerra Leite (2013, p. 70): "Este princípio informa que se o autor já propôs sua demanda e deduziu os seus pedidos, e se o réu já foi citado para sobre eles se pronunciar, não poderá mais o autor modificar sua pretensão sem anuência do réu e, depois de ultrapassado o momento da defesa, nem mesmo com o consentimento de ambas as partes isso será possível".

Princípio da Estabilidade Financeira.

No Direito Trabalhista entende-se que o salário visa atender as necessidades vitais básicas do obreiro, tendo caráter alimentar, não podendo ser alvo de atos que representem redução repentina de seus proventos.

Segundo a Súmula 372 TST: "I – Percebida a gratificação de função por dez ou mais anos pelo empregado, se o empregador, sem justo motivo, revertê-lo a seu cargo efetivo, não poderá retirar-lhe a gratificação tendo em vista o princípio da estabilidade financeira. II – Mantido o empregado no exercício da função comissionada, não pode o empregador reduzir o valor da gratificação".

A presente Súmula prevê a incorporação da gratificação ao salário quando o empregado deixa o cargo de confiança e regressa ao cargo anteriormente ocupado (reversão), caso tenha recebido esta gratificação por dez anos ou mais. A periodicidade do salário por longo prazo traduz um acordo tácito entre empregado e empregador, tornando irredutível sua redução.

Princípio do Estado Democrático (P. da Democracia, P. Democrático, P. do Estado Democrático de Direito).

Tendo como base fundamental a igualdade (princípio da igualdade – art. 5º, *caput*, e inciso I), o princípio do Estado democrático, ou simplesmente princípio democrático, decorre da Constituição Federal, art. 1º, segundo o qual "A República Federativa do Brasil, formada pela união indissolúvel dos Estados e Municípios e do Distrito Federal, constitui-se em Estado Democrático de Direito (...)". O parágrafo único deste artigo reforça o sentido de democracia, quando afirma que "todo o poder emana do povo, que o exerce por meio de representantes eleitos ou diretamente, nos termos desta Constituição".

No mesmo sentido é o que se percebe no artigo 14, I, II e III da CF/88, segundo o qual a soberania popular será exercida pelo sufrágio universal e pelo voto direto e secreto, com valor igual para todos, e, nos termos da lei, por meio de plebiscito, referendo e iniciativa popular.

O princípio do Estado Democrático é um dos princípios materiais que estruturam a organização política brasileira, e estipula que só uma nação livre e independente poderá formar uma democracia representativa e participativa. Derivam deste princípio os princípios da boa-fé, da segurança jurídica e da proteção à confiança.

Na lição de Alexandre de Moraes (2017, p. 06) "o princípio democrático exprime fundamentalmente a exigência da integral participação de todos e de cada uma das pessoas na vida política do país, a fim de garantir o respeito à soberania popular".

Na visão de Hans Kelsen (2001, p. 10) "A democracia é uma forma de regime justa, pois assegura a liberdade individual". Seguindo seu entendimento: "Se a minoria não for eliminada do procedimento no qual é criada a ordem social, sempre existe uma possibilidade de que minoria influencie a vontade da maioria. Assim, é possível impedir, até certo ponto, que o conteúdo da ordem social venha a estar em oposição absoluta aos interesses da minoria. Esse é o elemento característico da democracia" (Kelsen, 2000, p. 411).

Princípio do Estado de Direito.

O princípio do Estado de Direito propugna pela defesa das leis pelo Estado. É o que pode ser definido de Estado das leis, e não Estado dos homens. Entende-se que o Estado será regido e guiado por seu ordenamento jurídico, ainda que haja governantes no comando da nação. Estas leis que irão delimitar os verdadeiros poderes dos governantes que serão por elas guiados.

O ordenamento jurídico presente deverá ser respeitado diante do caso concreto, sendo combatida qualquer forma de contradição entre as leis e entre estas e os princípios gerais do direito. Nas palavras de Bandeira de Mello (2005, p. 90): "No Estado de Direito quer-se o governo das leis, e não o dos homens (...)".

Por esse princípio entende-se que os valores elevados pela Constituição Federal deverão ser protegidos e respeitados pela nação, sendo os seus institutos os elementos que irão guiar o Estado. O que se entende atualmente por Estado de Direito deve necessariamente possuir certas características como respeito à democracia, a dignidade da pessoa humana, juridicidade, respeito às leis e aos princípios do Direito.

Na esteira do pensamento de Gomes Canotilho (1999, p. 51), para que o Estado de Direito se arvore como elemento transformador e propulsor, deverá o Estado manter-se atento à aplicação de suas normas, pois, a depender do caso concreto, a legislação poderá ser ineficaz e/ou injusta. Assim, como ensina o mestre, mesmo que o Estado observe a legislação por ele criada e atue mediante formas jurídicas legalmente positivadas, isto poderá não ser o bastante para que haja a juridicidade do Estado de Direito, pois, mesmo que assim ocorra, as leis aplicadas podem ser maléficas e perversas.

Princípio de Estoppel (Direito Internacional).

O presente princípio aplica-se perante os procedimentos de solução de controvérsias entre os Estados, isso, por exemplo, diante de conflitos perante a Organização Mundial de Comércio (OMC) e a Corte Internacional de Direitos Humanos (Corte IDH). Tal papel será desempenhado também por meio da jurisprudência da Corte Internacional de Justiça.

O princípio de estoppel encontra-se previsto no art. 45 da Convenção de Viena sobre Direito dos Tratados entre Estados e Organizações Internacionais ou entre Organizações Internacionais (1986). Tal artigo considera que um Estado não pode invocar uma causa de nulidade, de extinção, de retirada ou de suspensão da execução de um tratado se, depois de haver tomado conhecimento dos fatos, esse Estado aceitar, expressamente, considerar que o tratado é válido, permanece em vigor ou continua sendo aplicado, conforme o caso; ou deve, em virtude de sua conduta, ser considerado como tendo concordado em que o tratado é válido, permanece em vigor ou continua sendo executado, conforme o caso.

Um Estado não poderá agir em desconformidade com os princípios do Direito Internacional. Pelo princípio de estoppel, o Estado não poderá agir de modo contrário a um Tratado, Convenção ou qualquer outro compromisso assumido perante os demais membros da comunidade internacional. Não se admite uma conduta contraditória. A manifestação do Estado em um sentido, o obriga juridicamente em relação ao cumprimento de seu compromisso.

Segundo André de Carvalho Ramos (2014, p. 322): "Atualmente, a Corte IDH consagrou o entendimento que a exceção de admissibilidade por ausência de esgotamento dos recursos internos tem que ser invocada pelo Estado já no procedimento perante a Comissão Interamericana de Direitos Humanos. Assim, se o Estado nada alega durante o procedimento perante a Comissão, subentende-se que houve desistência tácita dessa objeção. Após, não pode o Estado alegar a falta de esgotamento, pois seria violação do princípio do estoppel, ou seja, da proibição de se comportar de modo contrário a sua conduta anterior (*non concedit venire contra factum proprium*)".

Princípio da Estrita Jurisdicionalidade.

Trata-se de um pressuposto de validade das deliberações judiciais por meio da verificação de sua validade, levando-se em conta as condições das hipóteses de acusação. O princípio da estrita jurisdicionalidade possibilita a validade das decisões jurisdicionais por meio de elementos que proporcionam verificar se as conjecturas de acusação são verídicas ou falsas. As teses acusatórias deverão ser verificadas quanto a esses elementos para que o Processo Penal possa garantir um veredito.

"Em termos de validade da decisão jurisdicional, deve-se aplicar ao caso o princípio da estrita jurisdicionalidade em que é exigido que se constate na fundamentação o suficiente para ensejar a verificabilidade ou a refutabilidade das hipóteses acusatórias" (TJ. EI 20001520030056742/RO. Rel. Des. Sansão Saldanha, j. 18.05.2007, DJ 17.08.2007).

Princípio da Eticidade (Direito Civil).

Princípio baseado nos valores de justiça, morais e éticos, institui-se como um dos instrumentos reguladores do direito das obrigações, impondo a boa-fé nas relações civis. A boa-fé objetiva decorre deste princípio. De acordo com as diretrizes da eticidade, o direito está fundado "no valor da pessoa humana como fonte de todos os demais valores, priorizando a equidade, a boa-fé, a justa causa e demais critérios éticos" (TRT-2. RO 00926008320075020076/SP. Rel. Ivani Contini Bramante, j. 05.08.2014, DJe 15.08.2014). Os negócios jurídicos deverão ser realizados de acordo com o princípio da eticidade, constantes no Código Civil brasileiro.

Segundo Paulo Nader (2010, p. 48), a Código Civil de 2002 consagrou este princípio, instituto este que impede que ocorram distorções econômicas entre as obrigações pactuadas entre as partes por meio de contrato. Neste sentido, vale colacionar a lição de Assis Neto (*et al.*) (2016, p. 592): "por esse princípio, entende-se que o direito deve estar aproximado da realidade, abandonando dogmas e preceitos antecipados diante da situação em concreto, em ordem a efetivar a justiça distributiva".

Princípio da Evitabilidade das Condutas Antissociais.

Trata-se de um princípio geral do Direito Penal brasileiro que trata da significatividade e importância da conduta dos agentes sob o enfoque da ausência de dolo ou culpa. Somente as condutas expressivas do ponto de vista penal serão consideradas, haja vista não ter importância para esta seara às condutas praticadas sem dolo ou culpa. A intenção do agente, o fito em praticar o ato ilícito torna-se conjuntura essencial para o Direito Penal.

A conduta é assim definida por Greco (2017, p. 65): "A ação regida pela vontade é sempre uma ação final, isto é, dirigida à consecução de um fim. Se não houver vontade dirigida a uma finalidade qualquer, não se pode falar em conduta". Nucci (2009, p. 193) preleciona que para que a conduta se caracterize imprescindível que haja vontade e consciência do agente. Ao Direito Penal somente as condutas motivadas pela vontade do agente, as que podem ser evitadas, possuem relevância.

"O ser humano, e apenas ele, pode praticar condutas penalmente relevantes. Os acontecimentos naturais e os atos dos seres irracionais, produzidos sem a interferência do homem, não interessam ao Direito Penal. (...) Somente a conduta voluntária interessa ao Direito Penal. O crime é ato exclusivo do homem, pois a vontade, qualquer que seja a teoria adotada, é elemento constitutivo da conduta. O Direito Penal se alicerça na evitabilidade, razão pela qual só são pertinentes as condutas que poderiam ser evitadas" (Masson, 2014, p. 93).

Princípio *ex Aequo et Bono*.

Princípio do Direito Internacional Público, o *ex aequo et bono*, expressão jurídica latina que possui o significado de "segundo a equidade" [20], é mencionado expressamente no art. 38 do Estatuto da Corte Internacional de Justiça, anexo da Carta das Nações Unidas promulgada por meio do decreto nº 19.841, de 22 de outubro de 1945. Consta do artigo supracitado que a Corte, no alto de sua prerrogativa de decidir as controvérsias que lhe forem submetidas, poderá aplicar no empenho da tarefa as convenções internacionais, o costume internacional, os princípios gerais de direito reconhecidos pelas Nações civilizadas, bem como as decisões judiciárias e a doutrina dos publicistas mais qualificados das diferentes Nações, como meio auxiliar para a determinação das regras de direito. Tais prerrogativas não afastam da Corte, em hipóteses alguma, a possibilidade de decidir uma questão *ex aequo et bono*, caso as partes concordem.

Segundo o mestre De Plácido e Silva (1998, p. 311), esta terminologia jurídica é empregada para declarar tudo o que é feito ou resolvido conforme a equidade. Conforme seu entendimento, equidade e justiça não podem ser confundidas. Pelo menos não em seu conceito comum, pois a equidade neste instituto pressupõe a igualdade das partes perante as leis. De acordo com o autor a equidade tem por função atender "as razões de ordem social e as exigências do bem comum, que se instituem como princípios de ordem superior na aplicação das leis".

Busca-se que a justiça seja baseada na igualdade, mas não se confunde com a igualdade. O direito de cada um será delineado de maneira equânime, equilibrada. Trata-se da equiparação de direitos entre os envolvidos, pois diante da matéria *ex aequo et bono* as individualidades deverão ser respeitadas.

Princípio da Exata Reciprocidade (P. da Reciprocidade) (Contratos).

Os contratos podem ser unilaterais ou bilaterais. O contrato bilateral, ou como também é conhecido, contrato sinalagmático, estipula que entre os contratantes ocorrerá reciprocidade entre as prestações assumidas. Própria dos contratos bilaterais, a reciprocidade se estabelece como uma de suas principais características, haja vista a obrigatoriedade das partes em contrair deveres mútuos no que tange ao cumprimento das prestações oriundas do contrato. Ambas as partes deverão cumprir com suas obrigações assumidas na relação contratual. Sendo traço marcante dos contratos bilaterais, o sinalagma alcançará, inclusive, os contratos de trabalho. Seu desrespeito poderá resultar em rescisão contratual.

A autonomia do título cambial (princípio da autonomia das obrigações cambiais) não atingirá o principio da exata reciprocidade, na medida em que a reciprocidade é a essência dos contratos bilaterais (TJ. AP 0095055-2/PR. Rel. Sérgio Rodrigues, j. 13.11.1996, DJ 13.11.1996). O sinalagma envolve a necessidade de reciprocidade entre a prestação e a contraprestação contratual para que seja mantido o equilíbrio entre obrigações e deveres assumidos pelos contratantes.

Princípio da Exatidão (Direito Orçamentário).

Tratando-se do orçamento da União, o sítio eletrônico da Câmara dos Deputados elenca seus princípios mais relevantes, dentre eles o princípio da exatidão. O mesmo é assim conceituado: "De acordo com esse princípio as estimativas devem ser tão exatas quanto possível, de forma a garantir à peça orçamentária um mínimo de consistência para que possa ser empregado como instrumento de programação, gerência e controle. Indiretamente, os autores especializados em matéria orçamentária apontam os arts. 7º e 16 do Decreto-Lei nº 200/67 como respaldo ao mesmo". [21]

Conforme se extrai do texto, o presente princípio encontra-se encartado nos arts. 7º e 16 do Decreto-Lei nº 200/67, mecanismos que valorizam o orçamento como instrumento de viabilização do desenvolvimento econômico-social do país na medida em que valoriza a organização e o controle dos gastos e investimentos públicos por meio de planejamento e gestão.

Princípio do Exato Adimplemento (P. da Especificidade, P. da Máxima Efetividade, P. do Resultado) (Execução).

Um dos princípios da execução visa obter a satisfação do interesse do credor fazendo com que este retorne ao *status quo ante* a violação de seu direito (Mouzalas, 2013, p. 916/917). O devedor deverá honrar a satisfação do crédito em favor do credor como se esta tivesse sido espontânea, pois o valor pago não poderá exceder nem ser menor do que o valor da obrigação, ou seja, deverá buscar o exato adimplemento.

Este princípio determina que o devedor irá adimplir com a obrigação como se não houvesse sido constrangido a fazê-lo (Mouzalas, *idem*). Sendo assim, pode-se afirmar que tal princípio alberga não só os direitos do credor da execução, mas também os do devedor, haja vista ser defesa a execução de valores superiores ao valor da obrigação. Somente poderá ser alcançado pela execução o patrimônio do devedor suficiente para a satisfação da obrigação. O princípio em comento prioriza o exato adimplemento, entretanto, ocorrendo à hipótese de impossibilidade de seu cumprimento, a obrigação poderá se converter em pecúnia.

Por fim, trazemos para o prezado leitor a breve, mas precisa definição de Marcus Vinicius Rios Gonçalves (2017, p. 908) sobre o princípio do exato adimplemento: "O credor deve, dentro do possível, obter o mesmo resultado que seria alcançado caso o devedor tivesse cumprido voluntariamente a obrigação. A execução civil será mais eficiente se alcançar esse resultado, e a legislação tem aparelhado o juiz, permitindo-lhe a aplicação de meios de coerção e sub-rogação. A execução deve ser específica, atribuindo ao credor exatamente aquilo a que faz jus, como determinam os arts. 497 e 498 do CPC, que tratam da execução das obrigações de fazer, não fazer e entregar coisa, respectivamente".

Princípio da Exceção do Contrato não Cumprido (P. da *Exceptio non Adimpleti Contractus*).

Por exceção do contrato não cumprido compreende-se a definição de que, ao se instituir um negócio bilateral, nenhuma das partes do instrumento contratual poderá exigir prestação da parte contrária antes de adimplir com a sua obrigação no contrato. Trata-se de um instrumento de defesa da boa-fé. Isso é o que se percebe do art. 476 do Código Civil, *in verbis*: "Nos contratos bilaterais, nenhum dos contratantes, antes de cumprida a sua obrigação, pode exigir o implemento da do outro".

Assis Neto (*et al.*) (2016, p. 502) explicam que na relação bilateral é defeso a qualquer dos contratantes invocar direitos "antes de cumprir a sua prestação ou sem atender às suas obrigações (...)". No mesmo sentido o art. 477: "Se, depois de concluído o contrato, sobrevier a uma das partes contratantes diminuição em seu patrimônio capaz de comprometer ou tornar duvidosa a prestação pela qual se obrigou, pode a outra recusar-se à prestação que lhe incumbe, até que aquela satisfaça a que lhe compete ou dê garantia bastante de satisfazê-la".

A eminente doutrinadora Maria Helena Diniz (2007, p. 118/119) assim define o tema: "A *exceptio non adimpleti contractus* é uma defesa oponível pelo contratante demandado contra o co-contratante inadimplente, em que o demandado se recusa a cumprir a sua obrigação, sob a alegação de não ter, aquele que a reclama, cumprido o seu dever, dado que cada contratante está sujeito ao estrito adimplemento do contrato. Dessa forma, se um deles não o cumprir, o outro tem direito de opor-lhe em defesa dessa exceção, desde que a lei ou o próprio contrato não determine a quem competirá a obrigação em primeiro lugar".

"Não tendo a contratante cumprido sua obrigação, não lhe é dado exigir o cumprimento das obrigações da outra parte, de acordo com o princípio da exceção do contrato não cumprido, previsto no art. 476 do Código Civil" (TJ. 20160111021002 0026744-09.2013.8.07.0001. Rel. Simone Lucindo, j. 25.01.2017, DJe 10.02.2017).

Princípio da Excepcionalidade (P. da Subsidiariedade) (Direito Constitucional).

Decorre da lei (art. 173, *caput*, CF) que, ressalvados os casos previstos na Constituição Federal, a exploração da atividade econômica será de atributo da iniciativa privada, mas que será permitida ao Estado a exploração direta de atividade econômica somente nos casos que envolvam a segurança nacional ou a relevante interesse coletivo.

Para uma melhor compreensão, o citado artigo é descrito *ipsis literis*: "Ressalvados os casos previstos nesta Constituição, a exploração direta de atividade econômica pelo Estado só será permitida quando necessária aos imperativos da segurança nacional ou a relevante interesse coletivo, conforme definidos em lei".

Assim, entende-se que a atuação direta do Estado na exploração de atividade econômica será permitida, porém, em caráter residual, e somente nos casos necessários aos imperativos da segurança nacional ou a relevante interesse coletivo.

O Estado irá explorar atividade econômica por meio da administração indireta, especificamente por intermédio de empresa pública ou sociedade de economia mista. A CF/88 disciplina o tema no art. 37, XIX, determinando que somente por lei específica poderá ser criada autarquia e autorizada a instituição de empresa pública, de sociedade de economia mista e de fundação, cabendo à lei complementar, neste último caso, definir as áreas de sua atuação.

Outrossim, o Decreto-Lei nº 200/1967 é o mecanismo que ordena acerca da organização da Administração Federal. Instrui o Decreto-Lei que a União Federal será formada pela administração direta e indireta, sendo que esta categoria será constituída, dentre outras entidades, pela empresa pública e a sociedade de economia mista (cf. art. 4º do Decreto-Lei). O art. 5º traz a conceituação destes órgãos da administração indireta.

Princípio da Exclusividade (P. da Exclusividade da Lei Orçamentária, P. da Exclusividade Orçamentária, P. da Flexibilidade, P. da Pureza, P. da Pureza da Lei Orçamentária, P. da Pureza Orçamentária) (Direito Orçamentário).

Trata-se de um dos princípios do orçamento público, assim como os da publicidade, unidade e não afetação dos impostos, estando encartado no art. 165, § 8º da Constituição Federal, segundo o qual "a lei orçamentária anual não conterá dispositivo estranho à previsão da receita e à fixação da despesa, não se incluindo na proibição a autorização para abertura de créditos suplementares e contratação de operações de crédito, ainda que por antecipação de receita, nos termos da lei".

A lei orçamentária deverá respeitar a previsão de receita e a fixação de despesa, sendo defesa a inclusão de outros dispositivos no orçamento. Por outro lado, constituem exceções a essa proibição a autorização para abertura de créditos suplementares e contratação de operações de crédito, mesmo que tais operações ocorram mediante a antecipação de receita.

A Lei de Responsabilidade (na gestão) Fiscal (Lei Complementar 101/2000) definiu normas de finanças públicas voltadas para a responsabilidade na gestão fiscal. Estabelece seu art. 4º, I, a, que a Lei de Diretrizes Orçamentárias (LDO) atenderá a regulação do equilíbrio entre receitas e despesas, sendo instrumento de apoio para que a lei orçamentária anual (LOA) não contenha dispositivo estranho à estimativa da receita e à fixação da despesa, com exceção dos exemplos já citados.

A Lei nº 4.320/1964 define normas para a elaboração e controle dos orçamentos e balanços da União, dos Estados, dos Municípios e do Distrito Federal em seu art. 7º, I, onde consta que a lei orçamentária poderá conter autorização ao Executivo para que abra créditos suplementares até determinada importância, desde que cumpridas as disposições do artigo 43, *caput*, da mesma lei, instrumento que traz a observância de que a abertura dos créditos suplementares e especiais dependerá da existência de recursos disponíveis para ocorrer a despesa e será precedida de exposição justificativa.

A página da Câmara dos Deputados assim expõe: "A lei orçamentária deverá conter apenas matéria orçamentária ou financeira. Ou seja, dela deve ser excluído qualquer dispositivo estranho à estimativa de receita e à fixação de despesa. O objetivo deste princípio é evitar a presença de 'caldas e rabilongos'". [22]

Princípio da Exclusividade (Direito Civil).

Trata-se de um princípio do direito civil que define a impossibilidade jurídica da existência de dois direitos reais sobre o mesmo objeto, haja vista que duas pessoas não podem ser donas da mesma coisa, ou seja, é impossível que haja a ocorrência de dois direitos reais idênticos sobre o mesmo objeto. Neste sentido Gonçalves (2010, v. 5, p. 37) define: "Não pode haver dois direitos reais, de igual conteúdo, sobre a mesma coisa. Duas pessoas não ocupam o mesmo espaço jurídico, deferido com exclusividade a alguém, que é o sujeito do direito real. Assim, não é possível instalar-se direito real onde outro já exista". Onde há o direito real de um indivíduo não caberá o de outro. Dois sujeitos nunca terão direitos reais exatos sobre o mesmo bem.

Se Fulano possui um automóvel em seu nome, Beltrano não terá direito sobre ele, pois somente aquele será titular do direito real. Há o domínio do bem por parte de Fulano. Pode ocorrer de um bem ter mais de um dono, mas eles nunca serão donos da mesma fatia. Nesses casos cada um terá direito a uma parte do bem. Por exemplo, havendo sociedade de duas pessoas sobre um apartamento, cada qual será proprietário de 50% do imóvel.

O condomínio é um exemplo clássico. Segundo Assis Neto (*et al.*) (2016, p. 1449), trata-se de um "direito real de propriedade exercido comumente por mais de uma pessoa sobre o mesmo objeto". Há uma universalidade de pessoas que detém cada qual a posse de um determinado percentual do bem. É a mesma ideia do bem dado como herança aos herdeiros. Este será de todos os herdeiros, porém cada qual irá deter um direito real sobre determinada fatia deste bem, não havendo coincidência sobre os direitos reais fracionados.

Princípio da Exclusividade dos Critérios de Interpretação (Direito Tributário).

A legislação tributária deverá ser interpretada conforme o capítulo IV do Código Tributário Nacional. Isto é o que estabelece o art. 107 do CTN. Sob análise deste dispositivo do CTN, o instrumento define que os critérios interpretativos do diploma tributário deverão ser analisados à luz da legislação tributária, vez que os critérios de interpretação desta legislação deverão respeitar o balizado naquele Códex específico.

Sabbag (2015, p. 312) apresenta análise acerca do art. 107 do CTN. Sob a ótica do autor: "Tal comando normativo traz à baila o princípio da exclusividade dos critérios de interpretação, ao representar balizamentos ao trabalho hermenêutico, dispostos com exclusividade no próprio Código Tributário Nacional".

Continua o autor esclarecendo que poderá o agente que interpretar a lei tributária valer-se da hermenêutica como fonte secundária para preencher quaisquer lacunas interpretativas verificadas na lei, desde que não desrespeitem os preceitos contidos no princípio ora em estudo (Sabbag, *idem*).

Dentro dos critérios de interpretação da legislação tributária e de acordo com a lei: "A lei tributária não pode alterar a definição, o conteúdo e o alcance de institutos, conceitos e formas de direito privado, utilizados, expressa ou implicitamente, pela Constituição Federal, pelas Constituições dos Estados, ou pelas Leis Orgânicas do Distrito Federal ou dos Municípios, para definir ou limitar competências tributárias" (art. 110).

Conforme o art. 111, I, II e III, do CTN, a legislação tributária deverá ser interpretada literalmente quando dispor sobre suspensão ou exclusão do crédito tributário, outorga de isenção e dispensa do cumprimento de obrigações tributárias acessórias.

Princípio da Exclusividade Tributária (P. da Exclusividade, P. da Exclusividade das Competências Impositivas, P. da Exclusividade dos Impostos) (Direito Tributário).

Os arts. 153 a 156 da Constituição Federal dispõem acerca da respectiva competência dos entes da federação para instituir impostos, quais sejam a União, os Estados e o Distrito Federal e os Municípios. Cada esfera do governo, seja federal, estadual ou municipal, terá competência exclusiva para criar determinados impostos. Se a competência de estabelecer determinado imposto é exclusiva da União, por exemplo, não poderão os Estados bem como o DF criar imposto e legislar a respeito. E vice versa. Um ente da federação não poderá invadir a competência para instituir impostos do outro.

Assim, temos que será de competência exclusiva da União instituir impostos sobre ITR (imposto sobre propriedade territorial rural), IOF (imposto sobre operações de crédito, câmbio e seguro ou sobre operações relativas a títulos ou valores mobiliários), II (imposto sobre a importação de produtos estrangeiros), IE (imposto sobre a exportação, para o exterior, de produtos nacionais ou nacionalizados), IPI (imposto sobre produtos industrializados) e IR (imposto sobre a renda e proventos de qualquer natureza). Será de competência exclusiva dos Estados e do DF instituir impostos sobre ICMS (imposto sobre operações relativas à circulação de mercadorias e sobre prestação de serviços de transporte interestadual e intermunicipal e de comunicação), IPVA (imposto sobre a propriedade de veículos automotores), ITCMD (imposto sobre transmissão *causa mortis* e doação de quaisquer bens ou direitos). Por fim, será exclusiva a prerrogativa dos municípios quanto a instituição do IPTU (imposto sobre a propriedade predial e territorial urbana), ISS (imposto sobre serviços de qualquer natureza) e o ITBI (imposto sobre a transmissão *inter vivos*, a qualquer título, por ato oneroso, de bens imóveis, por natureza ou acessão física, e de direitos reais sobre imóveis, exceto os de garantia, bem como cessão de direitos a sua aquisição) (Sabbag, 2015, p. 637 a 845).

Princípio da Execução sem Título Permitida.

A execução sem título permitida é um princípio que não goza de unanimidade entre nossos doutrinadores. O motivo para tanto, é que vigora em nosso ordenamento como um dos princípios gestores do processo de execução a *nulla executio sine titulo*, instrumento que define a essencialidade da existência de um título executivo para que ocorra a execução. Não haverá execução caso não haja título que comprove a existência de um crédito que possa ser executado. Título executivo será aquele que esteja previsto em lei, é o que se dessume do princípio da *nulla titulus sine lege* e do art. 515 do CPC. Exige-se previsão legal para a existência de título.

Outrossim, nos casos da decisão interlocutória que conceda antecipação de tutela é que cabe a discussão da ocorrência da execução sem título permitida. Conforme se extrai do acima explanado, o título executivo é um instrumento que prescinde de previsão legal, não podendo ser criado pelas partes, sendo a interlocutória categoria que não consta do rol do art. supra. Entretanto, o atual Código de Processo Civil estipulou que serão títulos executivos judiciais "as decisões - e não as sentenças, antiga terminologia utilizada - proferidas no processo civil que reconheçam a exigibilidade de obrigação de pagar quantia, de fazer, de não fazer ou de entregar coisa" (art. 515, I). Assim, houve a dissipação da dúvida acerca do instituto, haja vista ser a decisão interlocutória que antecipa a tutela (pagar, fazer, não fazer ou entregar a coisa) decisão judicial que permite a execução.

Princípio *ex Officio* (P. da Iniciativa *ex Officio*).

Vige no ordenamento processual o princípio da inércia ou inércia da jurisdição, dispositivo segundo o qual o processo começa por iniciativa da parte e se desenvolve por impulso oficial, salvo as exceções previstas em lei (cf. art. 2º, CPC). Outrossim, encontra-se presente no Processo do Trabalho o princípio *ex officio*, instrumento pelo qual o juiz da ação terá certa liberdade para deliberar acerca da administração do processo, mesmo sem que haja iniciativa das partes.

Essas medidas serão imparciais visando o bom andamento do processo e a celeridade e independente do pedido das partes. É o art. 765 da CLT que regula o princípio, determinando que os Juízos e Tribunais do Trabalho terão ampla liberdade na direção do processo e velarão pelo andamento rápido das causas, podendo determinar qualquer diligência necessária ao esclarecimento delas.

Desta maneira, alguns dispositivos da CLT guardam correspondência com o princípio em pauta. O art. 39, § 2º, determina que em um processo trabalhista o Juiz proceda às anotações na Carteira de Trabalho e Previdência Social do obreiro quando for constatado que o empregador não as realizou corretamente; o disposto no art. 841 que determina a citação automática do reclamado; a instauração de ofício da instância, ou seja, sem requerimento das partes pela Procuradoria da Justiça do Trabalho, nos dissídios coletivos nos casos de suspensão do trabalho (greve) (art. 856); ou ainda, nos casos do art. 878, segundo o qual "a execução será promovida pelas partes, permitida a execução de ofício pelo juiz ou pelo Presidente do Tribunal apenas nos casos em que as partes não estiverem representadas por advogado".

Princípio da Extensão Subjetiva.

Nas ações coletivas a sentença fará coisa julgada *erga omnes* somente para beneficiar todas as vítimas e seus sucessores, ocorrendo exclusivamente na hipótese de interesses ou direitos individuais homogêneos, conforme se dessume dos arts. 103, III, § 3º e 81, parágrafo único, III, ambos do CDC. O fato da coisa julgada benéfica as partes no Direito Coletivo se estender somente nos casos em que se relacione com os direitos individuais homogêneos, se deve por estes possuírem a característica da divisibilidade.

Pelo princípio da extensão subjetiva, a sentença coletiva será extensiva a todos os membros da coletividade (o grupo homogêneo) e também no âmbito individual. Nas lides que contenham ações coletivas, as sentenças benéficas a estes grupos serão *ultra parts*, pois alcançarão não só o grupo representante da lide que obteve parecer favorável, mas também o campo individual.

Princípio da Extrapetição (P. da Ultrapetição) (Direito Processual do Trabalho).

Princípio admitido no Direito Processual do Trabalho (arts. 137, § 1º e § 2º, 467, 496 e 497), traz a compreensão de que os juros legais e a correção monetária constarão da condenação, mesmo que a parte não proceda ao requerimento dos institutos no pedido. O Juiz da causa terá poderes para condenar o reclamado em procedimentos não requeridos na petição inicial. É o que se dessume do art. 322, § 2º, do CPC, *in verbis*: "Compreendem-se no principal os juros legais, a correção monetária e as verbas de sucumbência, inclusive os honorários advocatícios".

O Diploma Laboral, por exemplo, apresenta o entendimento consubstanciado do princípio da extrapetição nos arts. 137, §§ 1º e 2º e 467, instrumentos que determinam multa ao empregador em favor do empregado, e os arts. 496 e 497, onde o Diploma determina pagamento de indenização ao obreiro (Leite, 2013, p. 90). Conforme a jurisprudência é fato que o "referido princípio autoriza o juiz a conferir, de ofício, pedidos não constituídos na inicial, mas que, pela autorização do legislador, podem ser exercidas dentro do seu poder dispositivo (...)" (TRT-2. RO 00006904420135020373/SP. Rel. Ivani Contini Bramante, j. 30.09.2014, DJe 10.10.2014).

Quanto ao Código de Processo Civil, a extrapetição poderá, de certa maneira, mitigar o princípio da correlação entre pedido e sentença (141 e 492 do CPC) nos casos de cumprimento de sentença que reconheça a exigibilidade de obrigação de fazer ou de não fazer, conforme se infere do art. 536, *caput* e § 1º. Este instrumento dará poderes ao Juiz para que, de ofício ou a requerimento, efetue providências no processo não requeridas na inicial, mas que, de certa forma, irão contribuir para o cumprimento da obrigação, como, por exemplo, determinar medidas como a imposição de multa, a busca e apreensão, a remoção de pessoas e coisas, o desfazimento de obras e o impedimento de atividade nociva.

Não obstante a segurança jurídica que resulta do princípio da congruência entre o pedido e a sentença, a possibilidade de mitigação dessa regra processual exsurge com o princípio da ultrapetição, aplicado no Processo do Trabalho, quando torna possível a concessão maior ou menor da tutela jurisdicional buscada, devendo a esta, contudo, se ater (artigos 467 e 497 da CLT) e jamais ser estendida à causa de pedir, porque implicaria o comprometimento das garantias individuais insertas nos princípios constitucionais do contraditório e da ampla defesa (TST. RR 113940-15.2005.5.01.0001. Rel. Aloysio Corrêa da Veiga, j. 19.11.2008, DJ 28.11.2008).

Princípio da Extraterritorialidade (P. da Extraterritorialidade da Lei, P. da Extraterritorialidade da Lei Penal Brasileira, P. da Ultraterritorialidade).

Segundo Nucci (2009, p. 124), "(...) se o agente comete o crime no exterior, mas ofendendo interesse ou bem jurídico brasileiro, aplicando-se a regra da extraterritorialidade, terá o Brasil interesse em puni-lo, havendo necessidade de se utilizar do instituto da extradição". O princípio da extraterritorialidade divide-se em extraterritorialidade incondicionada e extraterritorialidade condicionada.

De acordo com o princípio da extraterritorialidade incondicionada, não existe nenhuma condição para a aplicação da lei penal brasileira ao caso concreto. Tal princípio segue o convencionado no art. 7º, I, segundo o qual ficam sujeitos à lei brasileira, embora cometidos no estrangeiro, os crimes (a) contra a vida ou a liberdade do Presidente da República; (b) contra o patrimônio ou a fé pública da União, do Distrito Federal, de Estado, de Território, de Município, de empresa pública, sociedade de economia mista, autarquia ou fundação instituída pelo Poder Público; (c) contra a administração pública, por quem está a seu serviço e; (d) de genocídio, quando o agente for brasileiro ou domiciliado no Brasil. Nestes casos, o agente será punido segundo a lei brasileira, ainda que absolvido ou condenado no estrangeiro.

"Os crimes apurados foram supostamente cometidos por estrangeiro perante o Consulado-Geral do Brasil em Xangai, na China, tratando-se, portanto, de crimes contra a fé pública nacional, hipótese de extraterritorialidade incondicionada, descrita no art. 7º, inciso I, alínea b, do Código Penal" (STJ. CC 122119 DF 2012/0077695-4. Rel. Min. Marco Aurélio Bellizze, j. 27.06.2012, DJe 15.08.2012).

De outra banda, para a aplicação do princípio da extraterritorialidade condicionada existem certas regras que deverão ser observadas e que se encontram enumeradas no art. 7º, § 2º. Aqui, a aplicação da lei penal brasileira sobre os crimes cometidos no exterior depende do concurso das seguintes condições: (a) entrar o agente no território nacional; (b) ser o fato punível também no país em que foi praticado; (c) estar o crime incluído entre aqueles pelos quais a lei brasileira autoriza a extradição; (d) não ter sido o agente absolvido no estrangeiro ou não ter aí cumprido a pena; (e) não ter sido o agente perdoado no estrangeiro ou, por outro motivo, não estar extinta a punibilidade, segundo a lei mais favorável.

Não se deve perder de vista que os crimes regulados pela extraterritorialidade condicionada são, de acordo com inciso II do artigo listado, os que, por tratado ou convenção, o Brasil se obrigou a reprimir; os praticados por brasileiro e; os praticados em aeronaves ou embarcações brasileiras, mercantes ou de propriedade privada, quando em território estrangeiro e aí não sejam julgados.

"O crime cometido por brasileiro no estrangeiro - uso de visto consular americano falso em passaporte brasileiro autêntico - fica sujeito à lei brasileira, satisfeitas as regras da extraterritorialidade condicionada (art. 7º, II, § 2º - CP). A justiça federal é competente para julgamento do crime de uso de visto consular falsificado em passaporte brasileiro autêntico" (TRF-1. ACR 11267/DF 2006.34.00.011267-5. Rel. Des. Fed. Olindo Menezes, j. 12.03.2013, DJe 21.03.2013).

Princípio da Extraterritorialidade Condicionada (Ver princípio da extraterritorialidade).

Princípio da Extraterritorialidade Incondicionada (Ver princípio da extraterritorialidade).

F

Princípio da Facultatividade da Previdência Complementar (P. da Previdência Complementar Facultativa).

De acordo com o art. 202 da CF/88, o regime de previdência privada ou complementar existente no país caracteriza-se por sua facultatividade. A contratação desta espécie de regime de previdência será de caráter opcional pelas partes. Difere dos regimes previdenciários existentes (públicos) pela inexigibilidade de filiação, ou seja, não é obrigatório como no RGPS.

A contratação de previdência privada será uma escolha do particular como forma de complementar sua renda após sua aposentadoria, levando-se em conta que o benefício previdenciário não lhe garante o mesmo salário.

Princípio Federativo (P. Federalista).

Princípio de ordem constitucional, o princípio federativo encontra-se entabulado de maneira esparsa na CF/88. Inicialmente, o encontramos no art. 1º, *caput*, da Carta Magna, dispondo que a República Federativa do Brasil (forma de Estado) será composta pela união indissolúvel dos Estados e Municípios e do Distrito Federal, constituindo-se como Estado Democrático de Direito. O art. 18, *caput*, trata que a organização político-administrativa da República Federativa do Brasil compreende todos os entes federativos (União, os Estados, o Distrito Federal e os Municípios), e que eles gozarão de autonomia. Por fim, o art. 60, § 4º, I, deste Diploma, dispõe que a Constituição Federal não será objeto de proposta (emenda) que objetive abolir a forma federativa de Estado.

Denota-se do texto constitucional que os entes federativos (União, Estados, DF e Municípios) gozarão de autonomia financeira, nos termos da lei, para que seu desenvolvimento ocorra de maneira independente. As entidades federadas serão autônomas entre si. O princípio federativo, verdadeira cláusula pétrea, determina a forma de Estado adotada pelo Brasil (Federativa), dele decorrendo os princípios da uniformidade territorial e da não discriminação tributária.

Dispõem Paulo e Alexandrino (2009, p. 262/263) que "os entes federados (...) são pessoas jurídicas de direito público interno que gozam, apenas, de autonomia, traduzida na tríplice capacidade de auto-organização e legislação própria, autogoverno e auto-administração". Completam os autores declarando que "os entes federados são todos autônomos (nunca soberanos), nos termos estabelecidos na Constituição Federal, inexistindo subordinação entre eles".

Princípio da Fidelidade Partidária.

De acordo com art. 17, § 1º, da CF/88, com redação dada pela EC nº 97 de 2017, "é assegurada aos partidos políticos autonomia para definir sua estrutura interna e estabelecer regras sobre escolha, formação e duração de seus órgãos permanentes e provisórios e sobre sua organização e funcionamento e para adotar os critérios de escolha e o regime de suas coligações nas eleições majoritárias, vedada a sua celebração nas eleições proporcionais, sem obrigatoriedade de vinculação entre as candidaturas em âmbito nacional, estadual, distrital ou municipal, devendo seus estatutos estabelecer normas de disciplina e fidelidade partidária".

O instrumento constitucional abordado resolve que será assegurada aos partidos políticos autonomia para definir sua estrutura interna, organização e funcionamento, dentre outras obrigações, devendo seus respectivos estatutos estabelecerem normas de disciplina e de fidelidade partidária. É o que aduz o art. 15, V, da Lei nº 9.096, de 19 de setembro de 1995 (Lei dos Partidos Políticos), segundo a qual "o estatuto do partido deve conter, entre outras, normas sobre fidelidade e disciplina partidárias, processo para apuração das infrações e aplicação das penalidades, assegurado amplo direito de defesa".

Segundo institui o Código Eleitoral (Lei nº 4.737/1965), somente os candidatos registrados por partidos políticos poderão concorrer às eleições (*vide* art. 87, *caput*). Assim, o candidato só poderá estar filiado a um único partido político, guardando com ele fidelidade quanto ao seu registro e estatuto. De acordo com a doutrina de Tavares, Agra e Pereira (2016, p. 394), a "fidelidade refere-se a um vínculo com o partido".

De acordo com a Lei dos Partidos Políticos, art. 22, V, ocorrerá o imediato cancelamento da filiação partidária sempre que o sujeito efetue sua filiação a outro partido e comunique o fato ao Juiz da respectiva Zona Eleitoral para que possa tomar as devidas providências. O parágrafo único do respectivo artigo disciplina que, "havendo coexistência de filiações partidárias, prevalecerá a mais recente, devendo a Justiça Eleitoral determinar o cancelamento das demais.

A Resolução 22.610/2007 do TSE propiciou o fortalecimento do princípio da fidelidade partidária na medida em que disciplinou os casos de perda de cargo eletivo e desfiliação partidária. Segue a Resolução *in plena*: "O Tribunal Superior Eleitoral, no uso das atribuições que lhe confere o art. 23, XVIII, do Código Eleitoral, e na observância do que decidiu o Supremo Tribunal Federal nos Mandados de Segurança nº 26.602, 26.603 e 26.604, resolve disciplinar o processo de perda de cargo eletivo, bem como de justificação de desfiliação partidária, nos termos seguintes: O partido político interessado pode pedir, perante a Justiça Eleitoral, a decretação da perda de cargo eletivo em decorrência de desfiliação partidária sem justa causa" (cf. art. 1º).

Princípio da Fidelidade da Sentença Liquidanda (P. da Estrita Fidelidade à Sentença Liquidanda, P. da Fidelidade da Execução, P. da Fidelidade ao Julgado, P. da Fidelidade ao Julgado Exequendo, P. da Fidelidade da Liquidação da Sentença Liquidanda, P. da Fidelidade à Sentença Exequenda).

O princípio da fidelidade da sentença liquidanda encontra-se positivado no art. 509, § 4º, do CPC, instrumento este que determina que seja vedada a hipótese da rediscussão da lide ou a modificação da sentença que a julgou. Segue o instrumento processual: "Na liquidação é vedado discutir de novo a lide ou modificar a sentença que a julgou". Sendo o CPC aplicado subsidiariamente ao processo trabalhista, a CLT apresenta instrumento no mesmo sentido: "Na liquidação, não se poderá modificar, ou inovar, a sentença liquidanda nem discutir matéria pertinente à causa principal" (cf. art. 879, § 1º).

A sentença condenatória ilíquida deverá tornar-se líquida para que possa ocorrer o pagamento pelo condenado, ou seja, para que ele possa cumprir sua obrigação. A liquidação ocorrerá mediante requerimento do credor ou do devedor por meio de suas duas espécies, quais sejam, a liquidação por arbitramento, quando determinado pela sentença, convencionado pelas partes ou exigido pela natureza do objeto da liquidação, e a liquidação pelo procedimento comum (antiga liquidação por artigos), quando houver necessidade de alegar e provar fato novo (art. 509, *caput*, I e II, do CPC). Nos dois tipos de liquidação o juiz não poderá discutir novamente a lide nem, tampouco, modificar a respectiva sentença.

O respectivo instrumento processual visa o respeito e a proteção do instituto da coisa julgada material, tornando líquido (certo) o valor constante na sentença condenatória para que possa ser cumprida a obrigação pecuniária pelo sentenciado. Além disso, a busca pela liquidez do valor sentenciado tem uma razão, pois somente um documento que goze da característica da liquidez poderá ser considerado título executivo. É Bueno (2015, p. 373) quem diz que a atividade cognitiva da liquidação será vocacionada "pura e simplesmente, à descoberta do *quantum debeatur*".

Princípio da Finalidade (Direito Administrativo).

O princípio da finalidade é considerado por muitos como pertencente ao princípio da impessoalidade, e por outros muitos como princípio decorrente daquele, mas com vida própria, ou seja, trata-se de princípio autônomo. Nessa explicação, iremos seguir o entendimento da segunda corrente, considerando-o um princípio autônomo, porém decorrente dos preceitos explícitos no princípio da impessoalidade.

O princípio em testilha orienta-se no sentido de que o agente público deverá buscar o alcance do interesse público acima de quaisquer outros interesses. Assim sendo, os instrumentos normativos do Direito Administrativo deverão possuir por escopo este propósito. No entendimento do eminente doutrinador Carvalho Filho (2012, p. 20), o princípio da finalidade tem por pedra de toque o alcance do interesse público, o real objetivo da Administração Pública.

Segundo ensina João Luiz Bonelli de Souza (2017, p. 68): "Uma providência administrativa desarrazoada não pode estar em conformidade com o objetivo da lei. Assim tomada, será, necessariamente, violadora do princípio da finalidade, portanto ilegítima. Em consequência, será anulável pelo Poder Judiciário ou instâncias administrativas do interessado".

Princípio da Flexibilidade do Processo (Direito de Mediação).

A flexibilidade como característica primordial do procedimento de mediação decorre do instituto da autonomia das partes, princípio sobre o qual advém o entendimento de que as partes serão soberanas quanto ao desenvolvimento e desfecho da mediação, sendo inaceitável que um terceiro que não faça parte do procedimento tente influenciar seu andamento bem como seu resultado.

A mediação é uma espécie alternativa de resolução de conflitos que carece da flexibilidade como característica fundamental para que sua essência, qual seja, a obtenção de consenso para a resolução da contenda entre as partes conflitantes alcançado pela via da negociação mútua realizada de maneira autônoma por cada um dos agentes sem interferência externa, seja atingida.

Neste sentido, a flexibilidade como corolário da autonomia das partes propicia, tanto aos mediadores quanto aos mediandos, uma ampla maleabilidade na condução dos procedimentos. Quanto aos mediadores, existirá liberdade na condução das negociações e na estrutura que irá balizar e reger todo o procedimento. Em relação aos mediados, tal flexibilidade tornará possível que eles decidam sobre o desfecho da negociação dentro das regras e limites estabelecidos em comum acordo entre eles, sendo defesa qualquer espécie de interferência externa.

Pelo fato de não ocorrer pelo procedimento rígido da via judicial, mas sim pela negociação autônoma e independente entre as partes, a mediação prescinde de flexibilidade para que as partes envolvidas, os litigantes, sempre auxiliados por um mediador imparcial e neutro, possam deliberar acerca de quais normas serão empregadas, bem como o meio de emprego das mesmas, para que se obtenha uma solução satisfatória para ambos.

Princípio da Força Executiva.

O título de crédito é um documento que, por suas características, quais sejam, exemplificativamente, ser um título executivo, documentalidade, autonomia, circulação e literalidade, proporciona ao seu possuidor o poder de buscar seus direitos relativos ao título. O Código Civil brasileiro trata dos títulos de crédito no art. 887 e seguintes. A partir desse instituto, tem-se que o título de crédito somente produzirá efeito quando preencher os requisitos constantes na lei (cf. art. 887, CC).

Quanto a sua força executiva, esta advém do direito e da oportunidade do titular do título de crédito ingressar as vias judiciais diretamente na fase de execução para a defesa de seu documento junto ao Poder Judiciário, pois tal registro se expressa como se fosse uma sentença judicial transitada em julgado, possuindo idêntico poder. De acordo com o dispositivo 783 do CPC, a execução deverá ter fundamento em título de obrigação certa, líquida e exigível.

São títulos de crédito a letra de câmbio, a nota promissória, a duplicata, a debênture e o cheque, todos títulos executivos extrajudiciais, conforme entendimento consubstanciado no art. 784, I, do CPC.

Princípio da Força Normativa da Constituição (P. da Força Normativa).

Segundo este princípio, o aplicador do direito deverá conferir a norma Constitucional sua máxima aplicabilidade. A interpretação do texto constitucional não poderá tolher sua aplicabilidade, mas sim tirar dela sua plena eficácia. Assim, "o intérprete deve valorizar as soluções que possibilitem a atualização normativa, a eficácia e a permanência da Constituição" (Paulo e Alexandrino, 2009, p. 72). Aponta Canotilho (1993, p. 229) que "na solução dos problemas jurídico-constitucionais deve dar-se prevalência aos pontos de vista que, tendo em conta os pressupostos da constituição (normativa), contribuem para uma eficácia ótima da lei fundamental".

Princípio da Força Normativa dos Fatos.

O princípio da força normativa dos fatos encontra-se cunhado na obra do ilustre doutrinador Paulo Lenza (2010, p. 263), Direito Constitucional Esquematizado. Apoiado na obra do filósofo e professor alemão Georg Jellinek e utilizando como base de apoio decisão proferida pelo STF em ADI acerca da criação de Município de Luís Eduardo Magalhães no Estado da Bahia, onde a Suprema Corte negou seguimento a referida ação decidindo pela constitucionalidade do processo de criação do Município, mesmo sendo efetuada em total desconformidade com os ditames legais. Tal decisão foi apoiada, dentre outros fatores, pelo fato da municipalidade já funcionar ativamente a mais de 06 (seis) anos e em respeito aos princípios da segurança jurídica e federativo. O autor reitera que "o Município foi efetivamente criado, assumindo existência de fato como ente federativo dotado de autonomia municipal a partir de uma decisão política".

A decisão do Supremo encontrou ponto de apoio também na força normativa dos atos. Considerou a Corte que o fato da municipalidade estar plenamente estabelecida já a mais de 06 (seis) anos fez com que sua inconstitucionalidade fosse "extinta", pois os riscos em face das instituições, dos direitos adquiridos, do excepcional interesse social e da autonomia dos entes bem como da segurança jurídica, justificariam tal abono da lei.

O instituto que repercute na decisão decorre da Lei n. 9.868/99, art. 27, assim descrito: "Ao declarar a inconstitucionalidade de lei ou ato normativo, e tendo em vista razões de segurança jurídica ou de excepcional interesse social, poderá o Supremo Tribunal Federal, por maioria de dois terços de seus membros, restringir os efeitos daquela declaração ou decidir que ela só tenha eficácia a partir de seu trânsito em julgado ou de outro momento que venha a ser fixado".

Obviamente que tal medida gerou espanto e espécie em grande parte do mundo jurídico, pois se abriu lamacento precedente. A pergunta que surgiu foi se o tempo seria capaz de cicatrizar a inconstitucionalidade baseada na força normativa dos fatos. [23]

Princípio da Força Obrigatória dos Contratos (P. da Força Obrigatória, P. da Força Obrigatória das Convenções, P. da Força Probante, P. da Força Probatória das Convenções, P. da Força Vinculante dos Contratos, P. da Intangibilidade do Conteúdo do Contrato, P. da Intangibilidade dos Contratos, P. da Obrigatoriedade, P. da Obrigatoriedade do Contrato, P. da

Obrigatoriedade Contratual, P. da Obrigatoriedade das Convenções, P. *Pacta Sunt Servanda*) (Contratos).

Esta expressão significa "os pactos devem ser respeitados", ou "os contratos devem ser cumpridos". Por este prisma, o negócio jurídico terá força obrigatória entre as partes, vinculando as mesmas naquilo em que contrataram. Pode-se dizer que o contrato celebrado fará lei entre as partes naquilo em que se convencionou. Isso vale entre todos os agentes que possam celebrar contratos. Daí afirmar Silva (2007, p. 375) acerca da obrigatoriedade do cumprimento do contrato celebrado entre sócios na sociedade empresária devido à força vinculante do instrumento. Nada mais lógico, pois o contrato vincula as partes nos limites da lei.

Observação importante é que o contrato vincula inclusive, o Poder Público, naqueles contratos privados que a Administração Pública celebra com particulares. No caso dos contratos administrativos, o Poder Público goza de certas prerrogativas devido a seu poder de império.

Não obstante, este princípio deverá ser mitigado nos casos em que a relação contratual não estiver equilibrada. Neste sentido, Paulo Nader (2010, p. 530) destaca que o princípio *sub examine* – bem como o princípio da liberdade de contratar – "possuem limites que são passíveis de correção pelo Poder Judiciário, quando as partes estipulam cláusulas ilícitas ou nulas e quando, em virtude do contrato, há enriquecimento sem causa de um em detrimento do outro contratante".

Nas palavras de Nagib S. Filho e Romar N. de Sá (2010, p. 72) o princípio do *pacta sunt servanda* é um instrumento restritivo da liberdade individual, e por este motivo merece uma interpretação restrita.

O art. 389 do Código Civil trata das penalidades impostas em caso do descumprimento da obrigação firmada em contrato, respondendo o devedor por perdas e danos eventuais. A Lei Civil ainda estabelece que o devedor não responde pelos prejuízos resultantes de caso fortuito ou força maior (verificam-se tais casos quando impossível ao indivíduo comum evitar ou impedir os efeitos no fato necessário), se expressamente não se houver por eles responsabilizado.

Princípio Da Força Vinculante e Obrigatoriedade Da Cláusula Arbitral (P. da Força Vinculante da Cláusula Compromissória, P. da Obrigatoriedade da Sentença) (Direito Arbitral).

A força vinculante e a obrigatoriedade das cláusulas arbitrais decorrem do primado do *pacta sunt servanda* ou, em outras palavras, da força obrigatória dos contratos, conforme estabelecido no Código Civil brasileiro, definição segundo a qual os pactos estabelecidos devem ser respeitados.

Segundo a Lei de Arbitragem (Lei nº 9.307/1996), uma vez instituída a cláusula compromissória as partes deverão honrá-la, mesmo que a contragosto de uma delas. Isso é o que se extrai do art. 7º, *caput*: "Existindo cláusula compromissória e havendo resistência quanto à instituição da arbitragem, poderá a parte interessada requerer a citação da outra parte para comparecer em juízo a fim de lavrar-se o compromisso, designando o juiz audiência especial para tal fim".

O estabelecimento da arbitragem entre as partes será autônomo e ocorrerá mediante livre escolha dos agentes. Entretanto, ocorrendo tal adesão, a decisão oriunda da cláusula de convenção arbitral torna-se vinculante e obrigatória as partes integrantes do documento.

Princípio da Forma Livre.

Os negócios jurídicos manifestam-se por meio da forma. É a partir dessa manifestação de vontade das partes na realização do negócio jurídico que este passa a produzir efeitos entre as partes e terceiros. O ordenamento jurídico nacional adota o princípio da forma livre nos negócios jurídicos, instrumento segundo o qual a realização do negócio entre as partes interessadas não depende de forma especial, a não ser que haja instrumento legal que determine forma expressa.

É o art. 107, do Código Civil brasileiro, o instrumento normativo que delimita o princípio da forma livre, *in verbis*: "A validade da declaração de vontade não dependerá de forma especial, senão quando a lei expressamente a exigir". Existe certa liberdade para que os sujeitos pactuantes possam adequar o negócio jurídico, tornando o instrumento contratual maios proveito para as partes. É certo que uma das delimitações para a validade do negócio jurídico, apesar da regra aqui discutida, é que a forma pela qual este é realizado não seja prescrita ou defesa em lei, conforme art. 104, III, CC.

Princípio do Formalismo (P. da Forma) (Títulos de Crédito).

Um dos princípios regentes dos títulos de crédito, o formalismo, como o próprio significado da palavra insinua, designa que o título de crédito é formal. Estipula a lei que o título de crédito, para que tenha validade no plano jurídico, deve ser revestido de formalidades, preenchendo os requisitos constantes na norma legal. Caso o documento não atenda aos requisitos legais não terá validade e não poderá ser considerado título de crédito, além do que não irá gerar efeitos cambiais. Caso o título de crédito tenha algum vício de forma ele será nulo.

Este princípio encontra-se prescrito no art. 887 do Código Civil, *in verbis*: "O título de crédito, documento necessário ao exercício do direito literal e autônomo nele contido, somente produz efeito quando preencha os requisitos da lei". Segundo o art. 889, são elementos que obrigatoriamente deverão estar presentes no título de crédito a data da sua emissão, a indicação precisa dos direitos que confere, e a assinatura do emitente.

O documento desguarnecido dos requisitos para se tornar título de crédito, apesar de não gerar efeitos cambiais, terá validade no plano do Direito. Seu possuidor não terá recursos para ingressar com uma ação executória do título de crédito, pois o documento que possui em mãos não se constitui como um título cambial por lhe faltar requisitos obrigatórios, mas poderá cobrar-lhe mediante outras vias. Neste tocante, estabelece o art. 888 do Diploma civilista que "a omissão de qualquer requisito legal, que tire ao escrito a sua validade como título de crédito, não implica a invalidade do negócio jurídico que lhe deu origem".

Princípio do Formalismo Moderado (P. do Informalismo, P. do Informalismo Moderado, P. da Obediência à Forma e aos Procedimentos, P. do Procedimento Formal).

Um dos princípios do processo administrativo, o princípio do formalismo moderado decorre do princípio da eficiência. Pode-se dizer também, que se trata de um desdobramento do princípio da proporcionalidade.

Odete Medauar (2004, p. 203) nos brinda com um conceito sobre o princípio em pauta: "O princípio do formalismo moderado consiste, em primeiro lugar, na previsão de rito e formas simples, suficientes para propiciar um grau de certeza, segurança, respeito aos direitos dos sujeitos, o contraditório e a ampla defesa. Em segundo lugar, se traduz na exigência de interpretação flexível e razoável quanto a formas, para evitar que estas sejam vistas como um fim em si mesmas, desligadas das verdadeiras finalidades do processo".

O rigor proporcionado pelo formalismo não deve se sobrepor ao direito, por isso sua moderação. Inobstante a formalidade ser necessária – além de ser característica típica da administração pública, o Estado não deve se prender totalmente ao formalismo, pois, por vezes, o excesso dele, ao invés de ser fator contributivo da boa administração, torna-se fator impeditivo da mesma. Deve-se enfrentar o formalismo com rigor quando este se torna um óbice a eficiência da Administração Pública e da Justiça. Não se levanta a bandeira da anarquia, mas tão somente de atitude da gestão administrativa diante de casos em que o excesso de formalidades torna-se barreira que a cega. [24 e 25]

Tal tema foi abordado em julgado do STJ: "O princípio da instrumentalidade das formas, no âmbito administrativo, veda o raciocínio simplista e exageradamente positivista. A solução está no formalismo moderado, afinal as formas têm por objetivo gerar segurança e previsibilidade e só nesta medida devem ser preservadas. A liberdade absoluta impossibilitaria a sequência natural do processo. Sem regras estabelecidas para o tempo, o lugar e o modo de sua prática. Com isso, o processo jamais chegaria ao fim. A garantia da correta outorga da tutela jurisdicional está, precisamente, no conhecimento prévio do caminho a ser percorrido por aquele que busca a solução para uma situação conflituosa. Neste raciocínio, resta evidenciada a preocupação com os resultados e não com formas pré-estabelecidas e engessadas com o passar dos tempos" (STJ, 5ª Turma. RMS 8.005/SC. Rel. Min. Gilson Dipp, j. 06.04.2000, DJe 02.05.2000).

Tal princípio encontra-se implícito no art. 5º, inciso II e § 2º da Constituição da República de 1988, e também nos incisos VIII e IX do parágrafo único do art. 2º e no art. 22 da Lei nº. 9.784, de 29 de janeiro 1999.

"Apesar da formalidade que permeia o processo licitatório, não se mostra razoável que mera irregularidade - cotação de adicional de hora interjornada e/ou intervalar na planilha de custos - seja suficiente para excluir do certame a empresa licitada, uma vez que pode ser ela sanada de pronto, sem prejuízo algum a administração. O formalismo exacerbado pode gerar danos não só ao Estado como a empresa licitada, razão porque, o princípio do procedimento formal merece ser relativizado" (TJ, 1ª Câmara Cível. AGV 70059022723/RS. Rel. Sergio Luiz Grassi Beck, j. 28.05.2014, DJe 06.06.2014).

Princípio do *Forum Rei Sitae*.

O significado da expressão latina *forum rei sitae* pode ser traduzido como o lugar onde se situa. Dentro do contexto donde se insere no Direito Civil (art. 47, *caput*), abstrai-se que, relativamente às ações que tenham fundamento em direito real sobre bens imóveis, será competente o foro da situação da coisa, ou seja, onde a coisa estiver localizada. Trata-se de competência absoluta para os casos do litígio recair sobre direito de propriedade, vizinhança, servidão, divisão e demarcação de terras e de nunciação de obra nova.

Noutros casos que não estes, poderá o autor optar pelo foro de domicílio do réu ou pelo foro de eleição, conforme inteligência do § 1º do artigo supra. O § 2º, instrumento que trata acerca da ação possessória imobiliária, define que esta também será proposta no foro de situação da coisa, gozando o juízo de competência absoluta nos mesmos moldes do *caput* do art. 47.

Princípio da Fragmentariedade.

Segundo a doutrina de jaez, o princípio da fragmentariedade encontra-se insculpido dentro do princípio da intervenção mínima, fazendo parte deste. Ambos tratam do mesmo tema, mas somente para efeitos didáticos estudaremos a fragmentariedade separadamente.

O direito penal brasileiro não deverá preocupar-se com condutas mínimas, aquelas incapazes de provocar lesão grave aos bens jurídicos protegidos. Deve preocupar-se somente com as ofensas realmente capazes de causar relevante perturbação à ordem social, moral e patrimonial.

Segundo Nucci (2009, p. 76), o direito penal é fragmentário, pois atua "no campo dos atos ilícitos", ou seja, "deve ocupar-se das condutas mais graves, verdadeiramente lesivas à vida em sociedade, passíveis de causar distúrbios de monta à segurança pública e à liberdade individual". Ato contínuo, afirma que "nem todas as lesões a bens jurídicos protegidos devem ser tuteladas e punidas pelo direito penal que, por sua vez, constitui somente parcela do ordenamento jurídico".

Neste sentido, pertinente a transcrição de aresto do Superior Tribunal Militar: "Sob o prisma da Fragmentariedade do Direito Penal, mesmo com a Exordial revestida das formalidades legais e, em tese, descrevendo um fato típico de competência da Justiça Militar, não deve o Direito Penal se ocupar de condutas mínimas, as quais devem ser resolvidas na esfera administrativa. Ainda, conforme o postulado da Intervenção Mínima, a lei penal deve ser entendida como a *ultima ratio*, invocada apenas quando não mais houver qualquer outro meio para se tutelar os bens jurídicos" (STM. RSE 00000359620157080008/PA. Rel. Min. Alvaro Luiz Pinto, j. 29.10.2015, DJe 09.11.2015).

Princípio F*rustra Probatur Quod Probantum non Relevat.*

A expressão latina *frustra probatur quod probantum non relevat* consagra o entendimento de que no Direito Penal brasileiro os fatos inúteis, verdadeiros ou não, não precisam ser objeto de prova, pois configuram-se irrelevantes à formação do conjunto probatório. Tais fatos não apresentam influência alguma na resolução da causa, pois trazem a ação fatos desprezíveis, não apresentando efeitos práticos relevantes para a busca da verdade real. São fatos que independem de prova aqueles constatados como evidentes, notórios, as presunções legais e os fatos inúteis.

Fatos inúteis, segundo lição de Capez (2014, p. 368), "são os fatos, verdadeiros ou não, que não influenciam na solução da causa, na apuração da verdade real". Já Lima (2016, p. 798) define os fatos inúteis ou irrelevantes como aqueles "que não interessam à decisão da causa, sejam eles verdadeiros ou falsos".

Princípio da Função Social da Cidade (Direito Urbanístico).

O princípio da função social das cidades é elemento embasado na CF/88, constante nos arts. 182 e 183, e também no Estatuto das Cidades (Lei nº 10.257/2001), onde são definidas as diretrizes e normas de ordem pública e interesse social que irão regulamentar as políticas de desenvolvimento social e bem estar dos habitantes.

Segundo a Constituição, as políticas de desenvolvimento urbano terão o objetivo de desenvolver as funções sociais da cidade e o bem-estar dos cidadãos por meio do plano urbanístico, do plano diretor, instrumento obrigatório para as cidades com mais de 20 mil habitantes, e das políticas de utilização da propriedade urbana.

Guardando profunda relação com o princípio da função social da propriedade, expresso no art. 182, § 2º, da CF, a função social da cidade também se encontra definida no Estatuto das Cidades. De acordo com o Diploma urbanístico, a política urbana deverá, por meio de diversas diretrizes, buscar o alcance do pleno desenvolvimento das funções sociais da cidade combinado com as normas de uso da propriedade urbana, objetivando sua adequada utilização, a segurança e o bem estar dos cidadãos, a preservação do meio ambiente, o direito à moradia, ao saneamento básico, transporte etc (cf. arts. 1º e 2º).

Princípio da Função Social do Contrato (P. da Função Social do Pacto) (Direito Civil).

Previsto no art. 421 do Código Civil ("A liberdade de contratar será exercida em razão e nos limites da função social do contrato"), o princípio da função social do contrato limitará o princípio da autonomia da vontade quando este afrontar a função social que deve revestir todo contrato, chegando ao ponto de impedir sua formação.

Bem prevê o Código Civil que a função social do contrato será um dos objetivos da liberdade de contratar. Além disso, a liberdade de contratar somente ocorrerá caso observe os limites da função social do contrato. Não se pode distanciar do ideal de que todo contrato deve possuir uma função social. Entende-se que a liberdade de contratar não deve ser fator de recompensas somente para as partes que integram o contrato (*inter partes*), mas sim fator causador de dividendos a toda coletividade (*erga omnes*). A sociedade, não só as partes contratantes, deve ser beneficiada, pois o interesse social sempre deverá prevalecer.

De acordo com Nader (2010, p. 26) "a função social do contrato exige que os acordos de vontade guardem sintonia com os interesses da sociedade, impedindo o abuso de direito". Também cumpre anotar a lição de lavra do mestre Nelson Nery Junior (2003, p. 336): "O contrato estará conformado à sua função social quando as partes se pautarem pelos valores da solidariedade (CF, art. 3º, I) e da justiça social (CF, art. 170 caput), da livre-iniciativa, for respeitada a dignidade da pessoa humana (CF, art. 1º, III), não se ferirem valores ambientais (CDC, 51, XIV) etc.".

Princípio da Função Social da Empresa (Direito Constitucional e Falências).

O princípio da função social da empresa encontra-se consubstanciado no respeito à propriedade e ao desenvolvimento de suas atividades, em consonância com as leis reguladoras, e também na importância que as sociedades empresárias desempenham em nossa sociedade, sendo elementos colaboradores do desenvolvimento econômico e social do país mediante sua intervenção, seja na produção de insumos de consumo ou na prestação de serviços, seja na aglutinação de mão de obra.

As sociedades empresárias produzem benefícios não só ao Estado, mas a sociedade como um todo. Sua importância social excede sua importância econômica, indo muito além desta, pois, de forma direta ou indireta, contribuem com a cultura, saúde, valorização do ser humano e meio ambiente, dentre diversas outras áreas, auxiliando no equilíbrio da sociedade.

Visando o alcance das políticas sociais implantadas e desenvolvidas pela Constituição de 1988, foi definido que toda propriedade deverá atender a sua função social, sendo um dos fundamentos da ordem econômica nacional (cf. arts. 5º, XXIII, e 170, III).

No campo da falência e recuperação judicial, temos na jurisprudência pátria que a empresa saudável em atividade, por si só, cumpre sua função social. "A liquidação de determinada empresa gera consequências drásticas ao Estado pois reduz empregos e afeta sensivelmente sua produção de riquezas (...)" (TRT-1. AP 0001722-18.2010.5.01.0341/RJ. Rel. Des. Theocrito Borges dos Santos Filho, j. 30.05.2018, DJe 15.06.2018).

Assim, é dever do Estado a adoção de políticas públicas que auxiliem na manutenção da atividade empresarial no país, preservando direitos da iniciativa privada, além de estabelecer normas legais que diminuam a burocracia e incentivem o seu desenvolvimento. Por outro lado, conscientes de seu papel na sociedade, estas mesmas sociedades empresárias deverão ter o compromisso de colaborar com o bem estar social, e que seja importante ressaltar, não só de seus colaboradores, mas de toda a coletividade. Por fim, ressalta-se que o cumprimento da função social de uma empresa só será alcançado mediante seu respeito e cumprimento das leis.

Princípio da Função Social da Execução Trabalhista.

O princípio da função social da execução trabalhista, assim como o Processo do Trabalho, tem caráter social, na medida em que se dispõe a tornar a execução efetiva, entregando ao credor a prestação jurisdicional almejada. Os créditos trabalhistas possuem natureza alimentar, razão pela qual sua tutela deverá ser executada em favor do trabalhador no menor período possível, para que possa prover a própria subsistência bem como da família. Trata-se da combinação de outros princípios da execução trabalhista, como o princípio da primazia do credor trabalhista e o princípio da efetividade ou resultado.

Confere Leone Pereira (2013, p. 728), que o princípio da função social da execução trabalhista, "muito mais do que se preocupar com a satisfação do crédito trabalhista, deverá ter a preocupação constante com a entrega da prestação jurisdicional de forma célere, justa e razoável, respeitando-se a dignidade da pessoa do exequente e do executado".

Princípio da Função Social da Família.

Conforme conferem Gagliano e Pamplona Filho (2010, p. 82) em sua obra O Novo Divórcio, a família deverá proporcionar aos seus integrantes um ambiente saudável e encorajador da dignidade do ser humano, onde a felicidade e a busca pela realização pessoal de cada ente familiar sejam suas molas propulsoras.

É na Constituição da República que o princípio da função social da família encontra abrigo. Segundo redação do *caput* do art. 226, a família, base da sociedade, gozará de especial proteção do Estado. Por ser considerado como o alicerce da sociedade, instrumento de grande relevância para a sociedade, o Estado irá assegurar a família assistência na pessoa de cada membro que a integrar, buscando coibir a violência no âmbito de suas relações (cf. § 8º).

Por fim, arremata Assis Neto (*et al.*) (2016, p. 1566) que "reconhecer a função social da família, sua importância e necessidade, é reconhecer a função social da própria sociedade, que busca a estabilidade social em todas as suas entidades familiares". Realmente, a função social da família aflora como instrumento basilar da estabilidade da sociedade na medida em que trabalha como elemento harmonizador dos anseios sociais, tendo por base sustentadora a segurança do seio familiar equilibrado.

Princípio da Função Social do Processo do Trabalho (P. da Finalidade Social, P. da Finalidade Social do Processo do Trabalho).

O Processo do Trabalho não se configura como um instrumento voltado exclusivamente à proteção do obreiro como muitos assim julgam, mas sim uma seara do Poder Judiciário que possui como horizonte a entrega da tutela jurídica a parte detentora do direito da forma mais justa e célere possível, independente da esfera onde se encontre.

O Direito do Trabalho, bem como o Processo do Trabalho, consubstanciam-se como justiças caracterizadas primordialmente pelo viés social. Naturalmente, que por ser o trabalhador o lado mais fraco da relação jurídica patrão/empregado, quando este se configura como vencedor da lide a entrega de sua prestação assume um caráter social, haja vista terem as verbas trabalhistas do obreiro caráter alimentício em face do sustento próprio e de sua família. Assim sendo, torna-se ainda mais imprescindível que o processo ocorra de maneira justa e célere, para que a prestação jurisdicional seja entregue ao seu possuidor de direito.

O princípio da função social da execução trabalhista, já citado nesta obra, sendo elemento integrador do Processo Trabalhista e, conforme já explanado, também possui função social, na medida em que visa tornar efetiva a execução para que haja a entrega da tutela executiva a quem de direito.

Já dispõe a legislação, especificamente o art. 5º da LINDB (Decreto-Lei nº 4.657/1942 com redação alterada pela Lei nº 12.376/2010), que "na aplicação da lei, o juiz atenderá aos fins sociais a que ela se dirige e às exigências do bem comum". Defende Leone (2013, p. 76/79) que o Processo do Trabalho deva ser visto com olhos voltados à supremacia do interesse público sobre o particular, visando à primazia da dignidade da pessoa humana e tendo o cuidado de se desenvolver de maneira que se modernize conforme evolui a sociedade.

Tratando-se de diferenciar o princípio da proteção do princípio da função social do processo do trabalho, Bezerra Leite (2007, p. 77) explica que, no primeiro, "a própria lei confere a desigualdade no plano processual; no segundo, permite-se que o juiz tenha uma atuação mais ativa, na medida em que auxilia o trabalhador, em busca de uma solução justa, até chegar o momento de proferir a sentença".

Princípio da Função Social da Propriedade (P. da Função Social e Ambiental da Propriedade, P. da Função Socioambiental da Propriedade, P. da Função Sócio, Econômica, Ambiental da Propriedade).

A Carta da República de 1988 estabelece que a propriedade deva ser utilizada segundo regras que definem sua função social. Denominado princípio encontra-se esparso em diversos pontos da CF. Segundo estabelecido no artigo 5º, XXII e XXIII, assegura-se o direito a propriedade, sendo que, apesar disso, deverá ela atender sua função social. O mesmo se denota do art. 170, II e III, onde se trata da ordem econômica.

No capítulo da Constituição Federal voltado a política urbana, encontramos o art. 182, § 2º, instrumento no qual se insere que a propriedade, para que cumpra sua função social, deverá atender às exigências indispensáveis de ordenação da cidade expressas no respectivo plano diretor. Por fim, o art. 186 estabelece os requisitos para que a propriedade rural atinja sua função social, como, por exemplo, seu aproveitamento racional e adequado e a utilização adequada dos recursos naturais disponíveis e a preservação do meio ambiente.

O Estatuto da Cidade (Lei nº 10.257/2001) que regulamenta os arts. 182 e 183 da Constituição Federal e estabelece diretrizes gerais da política urbana, "estabelece normas de ordem pública e interesse social que regulam o uso da propriedade urbana em prol do bem coletivo, da segurança e do bem-estar dos cidadãos, bem como do equilíbrio ambiental" (art. 1º, parágrafo único). Neste ponto, onde se trata de relacionar a função social da propriedade ao equilíbrio ambiental, é que diversos autores denominam o dispositivo de função socioambiental da propriedade. Esta política urbana delimitada pelo plano diretor trata de regrar o desenvolvimento da cidade e da propriedade urbana nela constituída, seguindo diretrizes que irão valorizar e incentivar suas funções sociais, visando o bem estar e a dignidade da população (cf. art. 2º do estatuto da Cidade).

Segundo orientação legal constituída na Lei nº 11.428/2006, na proteção e na utilização do Bioma Mata Atlântica (vegetação nativa), serão observados dentre outros princípios, o da função socioambiental da propriedade.

De todo o apresentado, se dessume que a propriedade se reveste de grande caráter social, seja no âmbito do desenvolvimento ordenado urbano e rural com aquela sendo utilizada de forma a respeitar e visar o bem coletivo, seja no plano ambiental, para que a propriedade, mesmo que cumpra seu fim econômico, possa também alcançar parâmetros ambientais de preservação do meio ambiente e combate à poluição.

É neste sentido que dispõe o Código Civil: "O direito de propriedade deve ser exercido em consonância com as suas finalidades econômicas e sociais e de modo que sejam preservados, de conformidade com o estabelecido em lei especial, a flora, a fauna, as belezas naturais, o equilíbrio ecológico e o patrimônio histórico e artístico, bem como evitada a poluição do ar e das águas" (art. 1228, § 1º). Assim, conclui Venosa (2012, p. 163), que "toda propriedade, ainda que resguardado o direito do proprietário, deve cumprir uma função social".

Princípio da Fundamentação das Decisões Judiciais (P. da Fundamentação, P. da Motivação, P. da Motivação das Decisões, P. da Motivação das Decisões Judiciais, P. da Motivação da Penalidade).

Em nosso ordenamento jurídico há a necessidade da fundamentação pelo magistrado das decisões por ele proferidas. A ausência de fundamentação na decisão motivará sua nulidade. Assim, determina o art. 11, *caput*, do CPC: "Todos os julgamentos dos órgãos do Poder Judiciário serão públicos, e fundamentadas todas as decisões, sob pena de nulidade". Isto decorre do que dispõe a Carta Maior no capítulo em que trata sobre o Estatuto da Magistratura (Capítulo III, Do Poder Judiciário), onde se define que todas as decisões proferidas pelo Poder Judiciário serão motivadas sob pena de nulidade (cf. art. 93, IX, CF/88). Do mesmo modo, as decisões administrativas dos tribunais também deverão ser motivadas e em sessão pública (art. 93, X, CF). Este princípio assegura a transparência necessária das decisões judiciais à medida que motiva e explica as razões do magistrado.

Configuram-se exceções ao princípio da motivação os casos em que o Juiz poderá declarar-se suspeito por motivo de foro íntimo, pois neste caso o magistrado não precisará declarar suas razões (cf. art. 145, § 1º, CPC).

O art. 489, § 1º, I a VI, do CPC elenca um rol de situações apresentadas perante o processo, onde as decisões judiciais (decisão interlocutória, sentença ou acórdão) não estão fundamentadas de maneira satisfatória.

No entendimento de Bueno (2015, p. 91), a motivação das decisões judiciais "refere-se à necessidade de o magistrado explicar suficientemente nas decisões que profere as razões de seu convencimento". Prossegue o autor (*idem*, p. 48): "O princípio da motivação expressa a *necessidade* de toda e qualquer decisão judicial ser explicada, fundamentada e justificada pelo magistrado que a proferiu, levando em conta o direito aplicável e as vicissitudes do caso concreto, Com isso, o princípio assegura não só a transparência da atividade judiciária, mas também viabiliza que se exercite o adequado controle de todas e quaisquer decisões jurisdicionais".

No âmbito do Direito Administrativo, no que tange a aplicação das penalidades administrativas, as decisões também deverão ser motivadas para que se comprove a relação entre a conduta do agente público (infração administrativa) e a penalidade imposta.

Princípio da Fungibilidade (P. da Conversibilidade, P. da Conversibilidade Recursal, P. da Conversibilidade dos Recursos, P. da Fungibilidade de Meios, P. da Fungibilidade Recursal, P. da Fungibilidade dos Recursos, P. da Permutabilidade dos Recursos, P. do Recurso Indiferente) (Direito Processual Civil).

A fungibilidade recursal consta como um dos princípios fundamentais dos recursos, sendo princípio implícito que decorre diretamente dos princípios da instrumentalidade das formas (art. 277, CPC) e do aproveitamento dos atos processuais (art. 283, CPC). Consiste no fato do órgão julgador da matéria admitir a interposição de um recurso por outro nos casos em que não haja a ocorrência de má-fé ou erro grosseiro da parte recorrente, existência de dúvida objetiva em relação ao recurso cabível no caso concreto e quando o recurso interposto de maneira equivocada observar o correto prazo do recurso cabível (Pereira, 2013, p. 599/600).

Isso significa que quando a parte recorrente interpuser recurso incorreto, este poderá ser recebido como correto pelo Juiz/Tribunal sempre que conter os requisitos de admissibilidade acima citados, com o fito de evitar que ocorra a sua inadmissibilidade. Será inaplicável o princípio da fungibilidade recursal quando o recurso interposto configurar erro grosseiro.

Segundo ensina Bueno (2015, p. 602): "O princípio justifica-se no sistema processual civil sempre que a correlação entre as decisões jurisdicionais e o recurso cabível, prescrita pelo legislador gerar algum tipo de dúvida no caso concreto".

Os seguintes arestos exemplificam o princípio da fungibilidade recursal: "Por inexistir omissão, obscuridade ou contradição na decisão embargada e pelo princípio da fungibilidade recursal, recebem-se os presentes Embargos de Declaração como Agravo Regimental" (STJ. EDcl no REsp 1403874 RS 2013/0301459-3. Rel. Min. Herman Benjamin, j. 05.05.2015, DJe 21.05.2015). "Consoante os princípios da instrumentalidade das formas e da fungibilidade recursal, é possível o recebimento do pedido de reconsideração como agravo regimental, desde que a irresignação tenha sido apresentada no prazo do recurso cabível (...)" (STJ. RCD no AREsp 636795 SP 2014/0332185-4. Rel. Min. Benedito Gonçalves, j. 12.05.2015, DJe 19.05.2015).

G

Princípio da Garantia do Benefício Mínimo (P. do Valor da Renda Mensal dos Benefícios de Caráter Substitutivo não Inferior ao do Salário Mínimo).

O princípio da garantia do benefício mínimo, um dos princípios específicos da Previdência Social, está organizado no § 2°, do art. 201 da Carta Magna, *verbis*: "Nenhum benefício que substitua o salário de contribuição ou o rendimento do trabalho do segurado terá valor mensal inferior ao salário mínimo". No mesmo sentido o art. 2º, VI, da Lei 8.213/91, que dispõe sobre os planos de benefícios da Previdência Social.

Segundo entendimento consubstanciado na Constituição e na Lei 8.213/91, nenhum benefício proveniente da Seguridade Social (com exceção do auxílio acidente que tem caráter indenizatório e não de benefício) poderá ter o valor inferior ao salário mínimo, haja vista os fins do mesmo, quais sejam possibilitar condições mínimas e suficientes de sustento aos indivíduos que dele dependam.

Na prática, os benefícios que venham a substituir o salário de contribuição ou o rendimento do trabalho do segurado irão substituir sua remuneração mensalmente. Portanto, é racional pensar que o benefício que venha a substituir sua remuneração não possua valor inferior ao do salário mínimo, pois este deverá ser capaz de prover ao segurado e a sua família uma existência digna durante o período de vigência do benefício.

Com o advento da EC nº 103 de 2019 a situação de dois benefícios de caráter substitutivo sofreu alterações, quais sejam à pensão por morte e o auxílio reclusão. De acordo com explanação de Castro (*et al.*) (2020, p. 174), "para os óbitos posteriores à entrada em vigor da EC nº 103/2019, a pensão por morte respeitará o valor de um salário mínimo quando se tratar da única fonte de renda formal auferida pelo dependente, e o auxílio-reclusão poderá ter valor inferior ao salário mínimo".

Princípio da Garantia dos Indivíduos no Estado de Direito.

O Estado de Direito, sistema institucional, será constituído por meio de leis e em todas as suas decisões será verificado o respeito a elas. Sua origem se dará por meio da elaboração de um conjunto de leis, ou seja, por meio de uma constituição, sendo este também seu meio de controle. Assim, ao mesmo tempo em que o Poder Público aplica as leis, será por elas fiscalizado para que não haja com abuso. A norma alcançará a todos, ou seja, tanto o Estado quanto os indivíduos que o compõem serão subordinados pelo direito. O direito deverá ser respeitado por todos, tanto o Estado, poder máximo, como o indivíduo. Quando o Estado age em respeito à legislação vigente e, por ele mesmo instituída, atua em prol da segurança jurídica.

Segundo aponta Alexandre de Moraes (2017, p. 04/05) na obra Direito Constitucional, o Estado de Direito pressupõe "a necessidade do Direito ser respeitoso com as liberdades individuais tuteladas pelo Poder Público". Garantias individuais tuteladas pela Constituição Federal como os direitos fundamentais, deverão ser respeitadas pelo direito, não cabendo qualquer espécie de abusos, pois caso ocorram, existirão os meios legais para que possam ser contestados. A aplicação do direito deverá levar em conta a prevalência dos direitos dos cidadãos, o "reconhecimento e garantia dos direitos fundamentais incorporados à ordem constitucional" (*idem*).

Princípio *Genus Nunquam Perit.*

Enquanto que na obrigação de dar coisa certa (arts. 233/242) a mesma encontra-se individualizada, abrangendo-se, inclusive, seus acessórios, na obrigação de dar coisa incerta inexiste a individualização da coisa. Significa que no ato negocial não houve sua caracterização ou pormenorização, porém, a coisa, nestes casos, deverá ser indicada, ao menos, pelo gênero e pela quantidade, conforme determina o art. 243 do Código Civil. Nesta toada trazemos a lição de Nery Jr. e Nery (2005, p. 314), segundo os quais a coisa incerta é "gênero, e seu objeto vem a ser determinado quando do adimplemento em ato de escolha".

Isto exposto, esclarecido que a coisa deverá ser indicada ao menos pelo gênero (e quantidade), o brocardo jurídico *genus nunquam perit* traduz-se aproximadamente como "o gênero nunca perece", ou seja, antes de sua determinação, não pode o devedor declarar a coisa como perdida. É o que decide o artigo 246 do mesmo Diploma. Segundo o dispositivo, "antes da escolha, não poderá o devedor alegar perda ou deterioração da coisa, ainda que por força maior ou caso fortuito".

Isto porque não ocorreu a concentração da coisa, ou seja, não houve sua individualização. Assim sendo, poderá o devedor, na perda ou deterioração da coisa, buscar outra do mesmo gênero para ser entregue ao credor, respeitando-se, além disso, a quantidade previamente pactuada.

Princípio da Gestão Democrática da Cidade (Direito Urbanístico).

A Constituição Federal regula a política urbana em seus arts. 182 e 183. Neste sentido, o Estatuto da Cidade, Lei Federal nº 10.257/01, regulamenta esses artigos constitucionais estabelecendo diretrizes gerais acerca da política urbana. Essa regulamentação ocorre em seu capítulo V que trata da gestão democrática da cidade, arts. 43 a 45. Constam como importantes elementos da gestão democrática o plebiscito, o referendo e a iniciativa popular. A participação popular na tomada de decisões na gestão da cidade é indispensável.

Para que se garanta uma gestão verdadeiramente democrática na cidade será necessário que se utilizem diversos instrumentos que caracterizem a democracia na gestão, dentre os quais cita a lei, os órgãos colegiados de política urbana, nos níveis nacional, estadual e municipal; debates, audiências e consultas públicas; conferências sobre assuntos de interesse urbano, nos níveis nacional, estadual e municipal e a iniciativa popular de projeto de lei e de planos, programas e projetos de desenvolvimento urbano (art. 43, I, II, III, IV).

Conforme entendimento consubstanciado no art. 44, a gestão orçamentária participativa no âmbito do planejamento municipal (art. 4º, III, f) incluirá a realização de debates, audiências e consultas públicas sobre as propostas do plano plurianual, da lei de diretrizes orçamentárias e do orçamento anual, como condição obrigatória para sua aprovação pela Câmara Municipal.

Por fim, determina o Estatuto das Cidades que "os organismos gestores das regiões metropolitanas e aglomerações urbanas incluirão obrigatória e significativa participação da população e de associações representativas dos vários segmentos da comunidade, de modo a garantir o controle direto de suas atividades e o pleno exercício da cidadania" (art. 45).

Princípio da Gratuidade.

A regra do processo administrativo é a gratuidade. Trata-se de uma decorrência do princípio da ampla defesa, pois a oneração do particular seria uma forma de impedir o seu amplo acesso ao processo na via administrativa. É princípio que decorre do estabelecido na Lei. O art. 2º, XI, da Lei nº 9.784/1999 proíbe a cobrança de despesas processuais, excetuando-se as previstas em lei. Assim, não haverá qualquer cobrança de custas ou emolumentos ao particular, sendo estas custeadas pela Administração Pública. Umas das razões da gratuidade do processo administrativo é o fato da Administração ser parte integrante do mesmo. Assim, caso fosse efetivada qualquer cobrança em face do particular, isto seria verdadeiro desacato a isonomia. Vale lembrar que, apesar da regra ser a gratuidade, qualquer espécie de cobrança deverá ser especificada por lei para que tenha eficácia em face do particular.

Princípio da Gravitação Jurídica (P. da Acessoriedade, P. da Gravitação Jurisdicional) (Direito Civil).

Princípio geral do Direito Civil, o princípio da gravitação jurídica traz em seu bojo o conceito de que, salvo disposição em contrário, o negócio jurídico do bem acessório seguirá o do bem principal (*accessorium sequitur principale*). A sorte do bem acessório depende do bem principal. O presente princípio encontra-se albergado no art. 233 do Código Civil (Lei nº 10.406/2002), segundo o qual "a obrigação de dar coisa certa abrange os acessórios dela embora não mencionados, salvo se o contrário resultar do título ou das circunstâncias do caso".

Bem principal é aquele criado a partir de um negócio jurídico firmado entre partes, enquanto que, por outro lado, bem acessório é aquele que decorre, exsurge em decorrência do bem principal. O bem acessório não existiria caso o principal não existisse. Na hipótese presente, qual seja estudo do princípio da gravitação jurídica, as espécies de bens acessórios são os frutos, produtos e benfeitorias. Pertença não faz parte deste rol haja vista não integrar o bem principal. A hipótese de nulidade do bem principal tornaria o bem acessório automaticamente nulo, por consequência. Portanto, este princípio não se aplica as pertenças.

Para melhor compreensão do tema, segue o seguinte julgado: "Uma vez que a apelante não se desincumbiu da prova de que o bem acessório não veio instalado à garantia principal à época da avença, há de se concluir que esse acessório existia no tempo da contratação, razão porque acompanha o principal, conforme o princípio da gravitação jurídica" (TJ – DF, 4ª Turma. APL 83596922009807000l/DF. Rel. Des. Arnoldo Camanho de Assis, j. 11.05.2011, DJe 01.06.2011).

H

Princípio da Harmonia Jurídica Internacional (P. do Mínimo de Conflitos).

O princípio da harmonia jurídica internacional, um dos princípios estruturantes do Direito Internacional Privado, estabelece que os Estados devem buscar fundamentar suas decisões jurídicas de maneira uniforme, baseadas de acordo com as leis mais indicadas a cada caso internacional, de maneira a evitar que cada ente aplique a lei de sua escolha, tornando o ambiente jurídico internacional propenso a insegurança e incerteza.

O que se busca com o princípio é a harmonia jurídica internacional decorrente da uniformidade da aplicação da lei ao caso determinado. É importante que cada Estado decida no mesmo sentido questões semelhantes, assegurando-se assim a continuidade nos julgados. Em decorrência deste princípio, as sentenças estrangeiras tornam-se aplicáveis nos diferentes

Estados. A doutrina de jaez afirma que nenhum sistema positivo pode ignorar a harmonia jurídica internacional por esta estar na própria natureza das coisas.

Princípio da Harmonia Jurídica Material (P. da Harmonia Jurídica Interna).

O ordenamento jurídico interno (soberania de cada Estado) deve guardar uniformidade em suas leis e julgados, tornando inadmissíveis quaisquer antinomias ou contradições normativas que porventura existam ou ocorram. Devem assim guardar a devida harmonia em seu arcabouço jurídico, objetivando continuidade, uniformidade e segurança jurídica.

Tais problemas poderão ocorrer, por exemplo, nos casos de conflitos de qualificação, situações jurídicas diferentes, mas que estejam interligadas entre si e quando ocorrer o fenômeno da especialização, dentre outros casos onde antinomias e contradições normativas possam ocorrer.

Princípio da Harmonia nas Relações de Consumo.

Erra redondamente quem pensa ser o CDC (Lei nº 8.078/1990) um instrumento de defesa exclusiva do consumidor. O tratamento das relações de consumo deve claro, preservar os interesses de ambas as partes da relação consumerista, mesmo que haja previsão neste Diploma da figura do consumidor hipossuficiente, ou seja, aquele que se encontre em posição de inferioridade frente ao fornecedor, geralmente considerada a figura "poderosa" da relação.

Entretanto, mesmo nestes casos onde a hipossuficiência seja constatada, não poderá a justiça em nenhuma hipótese observar e tratar o fornecedor como um simples oponente, um inimigo a ser combatido, visto que este também detém direitos nas relações de consumo. A ideia central do princípio consiste na compatibilização dos interesses dos participantes das relações de consumo com o desenvolvimento econômico e tecnológico nacional.

O princípio da harmonia das relações de consumo encontra-se explícito no art. 4°, III do CDC, apresentando-se como um dos princípios primordiais da Política Nacional das Relações de Consumo, vejamos: "harmonização dos interesses dos participantes das relações de consumo e compatibilização da proteção do consumidor com a necessidade de desenvolvimento econômico e tecnológico, de modo a viabilizar os princípios nos quais se funda a ordem econômica (art. 170, da Constituição Federal), sempre com base na boa-fé e equilíbrio nas relações entre consumidores e fornecedores".

Princípio da Hierarquia Administrativa (P. da Hierarquia, P. da Supremacia do Órgão Hierarquicamente Superior).

A Administração Pública é regida por diversos princípios que norteiam o seu funcionamento e, dentre eles, destaca-se aqui o princípio da hierarquia administrativa. Tal princípio impõe uma hierarquia no âmbito administrativo entre as pessoas administrativas (órgãos e agentes) no que se refere a coordenação das tarefas de uma forma geral, abrangendo também a subordinação, delegação de atribuições e a sua avocação. Será tarefa da Administração Pública coordenar, delegar, avocar as funções de cada órgão, além de punir aqueles agentes públicos que agirem em desacordo com as normas impostas pela Administração (Direito Administrativo).

Decorrente do princípio da norma mais favorável, o princípio da hierarquia determina que os órgãos de hierarquia superior possam rever a qualquer momento os atos praticados pelos órgãos inferiores na escala da hierarquia administrativa. Exercendo sua hierarquia, os agentes superiores podem concordar ou rever os atos desses agentes inferiores, ou mesmo delegar ou avocar atribuições.

Quanto ao princípio em testilha, ensina o eminente doutrinador Carvalho Filho (2012, p. 17) que, no caso de conflito envolvendo órgãos comuns da Administração, a resolução da contenda deverá "ter caráter interno e ser processada pelos órgãos a que são subordinados (...)".

Cada órgão possui suas próprias competências, sendo que tais poderão ser delegadas pela autoridade superior a outro órgão de hierarquia inferior, a não ser que tal atribuição seja indelegável. Ainda, o órgão delegador poderá avocar estas atribuições outorgadas a autoridade subordinada. Este procedimento é conhecido por avocação (Oliveira, 2016, p. 287).

Importante frisar, quanto a delegação, que somente os órgãos superiores poderão delegar atribuições aos órgãos ou agentes de hierarquia inferior e não o contrário. No que tange a avocação, não cabe aos órgãos inferiores o poder de avocar o exercício de uma atividade. Tal prerrogativa é exclusiva dos órgãos superiores. Além disso, qualquer ato de delegação ou avocação é precário, podendo ser desfeito pela autoridade superior a qualquer tempo levando-se em conta os atributos de conveniência e oportunidade.

Maria Sylvia Zanella di Pietro (2005, p. 74) preceitua que "os órgãos da Administração Pública são estruturados de tal forma que se cria uma relação de coordenação e subordinação entre uns e outros, cada qual com atribuições definidas na lei".

Princípio da Hierarquia das Normas (P. da Hierarquia das Fontes, P. da Hierarquia das Leis, P. da Hierarquia das Normas Jurídicas, P. da *Lex Superior*).

O princípio da hierarquia das normas cuida da hierarquia existente entre as leis, sendo expresso pela máxima *lex superior derogat lex inferior*, ou seja, uma lei hierarquicamente superior irá derrogar as leis que sejam inferiores na hierarquia das normas jurídicas.

Certas leis terão preponderância sobre as demais, agindo de forma a suplantar as demais leis do ordenamento. A Constituição Federal, por exemplo, é a mãe de todas as leis do nosso ordenamento jurídico, sendo superior a todas as demais. As leis que decorrem da CF/88 são conhecidas por infraconstitucionais, por ficarem abaixo da Constituição na hierarquia das normas. Qualquer lei que contrarie dispositivo constitucional deverá ser retirada do ordenamento legal. Assim, toda norma deverá ser interpretada à luz dos preceitos que compõem a Carta Magna.

Tal escalonamento da hierarquia das normas foi proposto pelo jurista alemão Hans Kelsen, tendo sua teoria recebido a denominação de "pirâmide de Kelsen", também conhecida por teoria da construção escalonada das normas jurídicas ou teoria da formação de direito por degraus (*stufenbautheorie*). Paulo e Alexandrino (2009, p. 527) explicam que "há hierarquia entre duas espécies normativas quando uma delas é fundamento de validade da outra".

Quanto aos tratados internacionais, estes poderão ingressar no ordenamento jurídico pátrio com *status* ordinário, quando incorporado por meio do rito ordinário, conforme determina o art. 49, I, da CF, situação em que terá relevância supralegal, ou seja, abaixo da Constituição Federal e acima das demais leis; ou com *status* constitucional, quando se tratar de tratados e convenções internacionais que versem sobre direitos humanos, situação em que sua incorporação se dará mediante o rito do art. 5º, § 3º da Carta Magna (EC nº 45/04 - "Os tratados e convenções internacionais sobre direitos humanos que forem aprovados, em cada Casa do Congresso Nacional, em dois turnos, por três quintos dos votos dos respectivos membros, serão equivalentes às emendas constitucionais"), possuindo *status* de emenda constitucional, ou seja, com a mesma "hierarquia das normas constitucionais originárias" (Moraes, 2017, p. 698).

Princípio da Hipossuficiência (P. da Facilitação da Defesa do Consumidor).

O princípio em exame encontra esteio no art. 6º, VIII, do Código de Defesa do Consumidor, segundo o qual, são direitos básicos do consumidor "a facilitação da defesa de seus direitos, inclusive com a inversão do ônus da prova, a seu favor, no processo civil, quando, a critério do juiz, for verossímil a alegação ou quando for ele hipossuficiente, segundo as regras ordinárias de experiências".

Em outras palavras, a facilitação da defesa pelo consumidor consubstancia-se como um direito seu, e irá ocorrer quando o magistrado, a seu critério, constatar que ele se encontra em situação de hipossuficiência frente ao fornecedor ou quando verificar que a alegação apresentada é verossímil. Nestes casos, a consequência será a inversão do ônus da prova, para que essa seja produzida pelo fornecedor. O Diploma constitucional também reconhece a vulnerabilidade do consumidor ao determinar que o "o Estado promoverá, na forma da lei, a defesa do consumidor" (art. 5º, XXXII, CF).

A inversão do ônus da prova se baseia na falta de condições do consumidor para que possa provar o seu direito frente ao maior poder do fornecedor. O consumidor é o elo mais fraco na relação consumerista e na maioria das vezes não possui condições, seja de ordem econômica ou mesmo de ordem técnica, para produzir prova.

"A inversão do ônus probatório não é automática, cabendo ao magistrado a apreciação dos aspectos de verossimilhança da alegação do consumidor ou de sua hipossuficiência" (TJ. AC 10332130017160001/MG. Rel. Mônica Libânio, j. 04.02.2016, DJe 29.02.2016).

Princípio da Homologação Única de Sentença Arbitral Estrangeira.

Mecanismo disposto na Lei de Arbitragem (LArb), Lei nº 9.307/96, o princípio em comento estipula que a sentença arbitral estrangeira, para que possa ser reconhecida ou executada no Brasil, deverá ser homologada pelo Superior Tribunal de Justiça (art. 35, LArb).

Diante disto, sua homologação deverá ser requerida perante o STJ pela parte interessada, constando na petição inicial os requisitos legais dispostos no CPC, bem como a documentação exigida, quais sejam o original da sentença arbitral ou uma cópia devidamente certificada, autenticada pelo consulado brasileiro e acompanhada de tradução oficial, e o original da convenção de arbitragem ou cópia devidamente certificada, acompanhada de tradução oficial (cf. art. 37, I e II, da LArb).

O art. 38 da LArb informa as únicas hipóteses em que poderá ser negada a homologação para o reconhecimento ou execução de sentença arbitral estrangeira. Dentre os casos de negativa da homologação de sentença estrangeira, podemos citar as hipóteses em que o réu puder demonstrar que as partes na convenção de arbitragem eram incapazes; que a convenção de arbitragem não era válida segundo a lei à qual as partes a submeteram, ou, na falta de indicação, em virtude da lei do país onde a sentença arbitral foi proferida e; que a sentença arbitral foi proferida fora dos limites da convenção de arbitragem, e não foi possível separar a parte excedente daquela submetida à arbitragem, dentre outras circunstâncias passíveis de negativa de homologação.

Princípio da Humanidade Penal (P. da Humanidade, P. da Humanidade das Penas, P. da Humanização, P. da Humanização das Penas, P. da Limitação das Penas).

Foucault, em sua brilhante obra "Vigiar e Punir" (1987, p. 09), traz a dura realidade da aplicação das penas naquela época, a qual trazemos um trecho: "[Damiens fora condenado, a 2 de março de 1757], a pedir perdão publicamente diante da porta principal da igreja de Paris [aonde devia ser] levado e acompanhado numa carroça, nu, de camisola, carregando uma tocha de cera acesa de duas libras; [em seguida], na dita carroça, na praça de Grève, e sobre o patíbulo que aí será erguido, atenazado nos mamilos, braços, coxas e barrigas das pernas, sua mão direita segurando a faca com que cometeu o dito parricídio, queimada com fogo de enxofre, e às partes em que será atenazado se aplicarão chumbo derretido, óleo fervente, piche em fogo, cera e enxofre derretidos conjuntamente, e a seguir seu corpo será puxado e desmembrado por quatro cavalos e seus membros e corpo consumidos ao fogo, reduzidos a cinzas, e suas cinzas lançadas ao vento".

Esta estarrecedora narrativa demonstra a pena aplicada a um criminoso da época. Tais punições não chocavam a população, pois estas penas cruéis eram rotineiras e faziam parte do dia a dia das pessoas. Felizmente, nos dias atuais não são mais admitidas penas desmedidas e cruéis. Punições que evoquem dor, sofrimento, crueldade e ódio foram banidas.

Na atualidade, um dos princípios que fundamentam o Estado Democrático de Direito, é a dignidade da pessoa humana presente no art. 1º, inciso III, da Constituição Federal.

Conforme o magistério de Capez (2005, p. 09): "Da dignidade humana, princípio genérico e reitor do Direito Penal, partem outros princípios mais específicos, os quais são transportados dentro daquele princípio maior. Desta forma, do Estado Democrático de Direito parte o princípio reitor de todo o Direito Penal, que é a dignidade da pessoa humana, adequando-o ao perfil constitucional do Brasil e erigindo-se à categoria de Direito Penal Democrático".

A Carta Maior, ainda, em seu art. 5º, incisos XLVII e XLIX, determina que não haverá penas de morte no país (salvo em caso de guerra declarada, nos termos do art. 84, XIX c/c art. 5º, XLVII, a); de caráter perpétuo, de trabalhos forçados, de banimento e cruéis, além de constituir direito assegurado aos usuários do sistema carcerário nacional o respeito à integridade física e moral. Tal garantia constitucional é corolário do entendimento consubstanciado no art. 5º, alínea 06, da Convenção Americana de Direitos Humanos, a qual, o Brasil é signatário, e que traz em seu bojo que "as penas privativas da liberdade devem ter por finalidade essencial a reforma e a readaptação social dos condenados".

Neste sentido, Nucci (2009, p. 74) define o consagrado princípio assim: "Significa que o direito penal deve pautar-se pela benevolência, garantindo o bem estar da coletividade, incluindo-se o dos condenados. Estes não devem ser excluídos da sociedade, somente porque infringiram a norma penal, tratados como se não fossem seres humanos, mas animais ou coisas".

I

Princípio da Identidade Física do Juiz (P. da Identidade Física, P. da Imutabilidade do Juiz).

O CPC de 2015 mitigou o princípio da identidade física do Juiz. Anteriormente previsto no art. 132 do revogado Código de 1973 e atualmente sem correspondente no novo Código, dizia o antigo instrumento que "o juiz, titular ou substituto, que concluir a audiência julgará a lide, salvo se estiver convocado, licenciado, afastado por qualquer motivo, promovido ou aposentado, casos em que passará os autos ao seu sucessor".

Derivada do princípio da oralidade, a identidade física do Juiz atualmente não é absoluta, haja vista não ter sido "recepcionado no atual Código de Processo Civil" (TJ. APL 0062216-77.2016.8.03.0001/AP. Rel. Des. Carlos Tork, j. 22.08.2019).

"O Princípio da Identidade Física do Juiz não é absoluto, devendo ser mitigado quando o Magistrado, apesar de ter presidido parcialmente a instrução, deixa de ter competência para o julgamento do feito em virtude de afastamento legal" (TJ. CJ 10000190605584000/MG. Rel. Des. Octavio Augusto De Nigris Boccalini, j. 01.10.2019, DJe 11.10.2019).

Quanto ao Processo do Trabalho, o princípio da identidade física do Juiz é aplicável, vez que, com a edição da Resolução nº 185/2012 pelo TST, houve o cancelamento da Súmula 136, XIX, que proibia a aplicação do princípio nas Varas do Trabalho.

Em relação ao Processo Penal, a identidade física do Juiz, ainda que prevista no art. 399, § 2º do CPP, "não tem caráter absoluto, sendo certo que, ainda que Juiz de Direito Auxiliar tenha presidido a audiência de instrução e julgamento, a remoção ou designação para outra vara faz cessar sua competência, cabendo ao titular a prolação da sentença" (TJ. CJ 10000191092519000/MG. Rel. Des. Bruno Terra Dias, j. 19.01.2020, DJe 27.01.2020).

Princípio da Identificação da Publicidade (P. da Identificação Obrigatória da Mensagem como Publicitária).

Este princípio encontra-se insculpido no art. 36, *caput*, do Código de Defesa do Consumidor, *ex vi legis*: "A publicidade deve ser veiculada de tal forma que o consumidor, fácil e imediatamente, a identifique como tal". Dispositivo que zela pelo consumidor, dispõe que este deve ser informado com clareza quando estiver diante de uma publicidade (ação publicitária), pois, segundo Sônia Maria Vieira de Mello (1998, p. 82), o CDC proíbe as chamadas "publicidades ocultas" e "subliminares". De acordo com Jacobina (1996, p. 67), este tipo de publicidade pode ocorrer de forma corriqueira em propagandas feitas no rádio, televisão, de maneira impressa – até na internet –, sem que o consumidor de dê conta.

Neste sentido, Pasqualotto (1997, p. 82/83) observa que uma publicidade de difícil identificação pode prejudicar não só o consumidor, mas "também pode haver fraude a lei, pois a falta de identificação possibilita a transgressão de regras como a advertência necessária de restrição ao uso de alguns produtos (cigarros), o horário ou o local de exposição do anúncio (bebidas alcoólicas) ou a proporção de publicidade em relação á programação (rádio e televisão) ou o noticiário e reportagens (jornais e revistas)".

Princípio da Igualdade (P. da Equidade, P. da Igualdade de Direitos, P. da Igualdade dos Indivíduos Perante a Lei, P. da Igualdade Legal, P. da Igualdade aos Olhos da Lei, P. da Igualdade das Partes, P. da Igualdade Perante a Lei, P. da Igualdade de Todos Perante a Lei, P. da Igualdade e Respeito à Diferença, P. da Igualdade de Tratamento das Partes, P. da Igualdade de Tratamento das Partes no Processo, P. da Igualdade de Tratamento Processual das Partes, P. da Isonomia, P. do Tratamento Igualitário das Partes) (Direito Constitucional).

Para que possamos compreender a igualdade, sobreleva a importância de citarmos o pensamento de Aristóteles, célebre pensador grego, segundo o qual igualdade é tratar igualmente os iguais e desigualmente os desiguais, na medida de suas desigualdades.

Decorre do pensamento de Aristóteles a definição de igualdade do não menos célebre e festejado jurista e escritor brasileiro Rui Barbosa (1997, p. 26), que a respeito do tema assevera que: "A regra da igualdade não consiste senão em quinhoar desigualmente aos desiguais, na medida em que se desigualam. Nesta desigualdade social, proporcionada à desigualdade natural, é que se acha a verdadeira lei da igualdade. O mais são desvarios da inveja, do orgulho, ou da loucura. Tratar com desigualdade a iguais, ou a desiguais com igualdade, seria desigualdade flagrante, e não igualdade real. Os apetites humanos conceberam inverter a norma universal da criação, pretendendo, não dar a cada um, na razão do que vale, mas atribuir o mesmo a todos, como se todos se equivalessem".

A palavra igualdade, segundo síntese dicionarizada, vem do latim *aequalitas*, e é definida como falta de diferenças; de mesmo valor ou de acordo com mesmo ponto de vista, quando comparados com outra coisa ou pessoa. [26] Pois bem, o princípio da igualdade ou da isonomia encontra-se fundamentado no art. 5º, *caput*, da CF/88, e segundo ele, todos os cidadãos são iguais perante a lei, sem distinção de qualquer natureza, garantindo-se a todos, brasileiros ou estrangeiros residentes no País, dentre outros direitos, à igualdade.

Trata dos direitos e garantias fundamentais dos cidadãos, e é um dos pilares que sustentam o Estado Democrático de Direito, encontrando várias acepções e ângulos em nosso ordenamento. Ainda encontramos o princípio da igualdade espalhado em diversas leis do nosso ordenamento, como no art. 139, I, do CPC e no art. 3º da Lei 8.666/93. Trata-se de um direito fundamental de segunda geração.

Na lição de Aristóteles e Rui Barbosa, a igualdade deve ser vista sob o ponto de vista subjetivo, estabelecendo-se como verdadeira discriminação positiva, na medida em que pretende estender seu alcance a todos, estabelecendo a justiça. Afinal, todos os indivíduos sujeitam-se à lei.

É mister mencionar a síntese de Pedro Lenza (2010, p. 751): "O art. 5.º, *caput*, consagra serem todos iguais perante a lei, sem distinção de qualquer natureza. Deve-se, contudo, buscar não somente essa aparente igualdade formal (consagrada no liberalismo clássico), mas, principalmente, a igualdade material, uma vez que a lei deverá tratar igualmente os iguais e desigualmente os desiguais, na medida de suas desigualdades. Isso porque, no Estado Social ativo, efetivador dos direitos humanos, imagina-se uma igualdade mais real perante os bens da vida, diversa daquela apenas formalizada perante a lei".

Princípio da Igualdade (Direito Urbanístico).

O princípio da igualdade encontra-se descrito no rol dos direitos e garantias fundamentais do cidadão no *caput* do art. 5º da Constituição Federal. A igualdade prevista no Direito Urbanístico deverá ser implementada por meio de políticas públicas que permitam aos cidadãos planos nacionais de desenvolvimento do solo urbano e rural que promovam seu uso racional, respeitando e oferecendo em igualdade de condições a todos os cidadãos brasileiros o direito de propriedade, observando-se, para todos os fins, o mandamento constitucional da função social da propriedade.

As políticas públicas deverão promover o uso racional do solo urbano, oferecendo as diferentes classes sociais o direito a moradia, onde se encontra inserido o direito de construir, além de proporcionar um plano diretor urbano que propicie a população um acesso facilitado aos serviços essenciais.

Princípio da Igualdade das Entidades Federadas (P. da Igualdade Federativa, P. da Isonomia Federativa, P. da Isonomia das Pessoas Políticas Constitucionais).

A isonomia das entidades federadas é uma consequência das premissas constitucionais da federação e da autonomia dos entes federados. A forma federada é imposta pelo art. 1º, *caput*, da CF/88, enquanto que a autonomia dos entes federativos decorre do disposto no *caput* do art. 18 deste mesmo Diploma. Neste ponto, o próprio art. 18 estipula a igualdade entre as entidades federadas ao definir que a organização político-administrativa do Estado Brasileiro compreenderá a União, os Estados, o Distrito Federal e os Municípios.

Corrobora tal entendimento a liberdade dos Estados em elaborarem suas próprias constituições e leis, sendo-lhes reservadas as competências que não sejam vedadas de maneira expressa pela Constituição Federal (cf. art. 25, § 1º). A Constituição também outorga aos Municípios a instituição de ordenamento normativo, chamado para essa espécie de ente federado de lei orgânica. A lei orgânica municipal deverá guardar correspondência com as regras estabelecidas na CF/88 e nas constituições estaduais. Essa igualdade irá proporcionar aos Municípios diversas competências, como a existente para legislar sobre assuntos de interesse local, instituir e arrecadar os tributos de sua competência e suplementar a legislação federal e a estadual no que couber, dentre outras diversas (art. 30, CF).

A igualdade entre as entidades federadas diferencia-se, sobretudo, pela complexidade de competências constitucionais exclusivas atribuídas a cada ente pela Carta Magna. O princípio da não intervenção, consubstanciado nos arts. 34 e 35 da CF, estipula o seu caráter de excepcionalidade, e sobrepõe a igualdade entre os entes federados, haja vista, não fosse assim, a União e os Estados poderiam exercer a intervenção a seus critérios.

Princípio da Igualdade entre os Estados (P. da Igualdade Internacional, P. da Igualdade Soberana, P. da Igualdade Soberana dos Estados).

O esboço do conceito de igualdade entre os Estados surgiu com o Tratado de Vestfália (Paz de Vestfália), assinado em 1648 na Alemanha e, pela primeira vez, foram abordados temas como soberania estatal e Estado nação. A Carta da ONU traz insculpido em seu preâmbulo o princípio da igualdade entre os Estados, determinando que deve-se "reafirmar a fé nos direitos fundamentais do homem, na dignidade e no valor do ser humano, na igualdade de direitos dos homens e das mulheres, assim como das nações grandes e pequenas."

A Carta Magna também cita o referido princípio em seu artigo 4º, inciso V, segundo o qual a República Federativa do Brasil rege-se nas suas relações internacionais, dentre outros, pelo princípio da igualdade entre os Estados. Assim Vattel (2004, p. 16) conceitua soberania: "Toda nação que se governa por si mesma, sob qualquer forma que seja, sem dependência de nenhum estrangeiro, é um Estado soberano. Os seus direitos são exatamente os mesmos dos demais Estados".

A soberania não deve ser limitada por outro Estado, pois ela é um dos fundamentos que determinam a noção de Estado. Um Estado sem soberania não pode ser conceituado como Estado. Assim, todos os entes internacionais estão em igualdade de condições no cenário internacional, nenhum deles sendo superior ou mais importante que o outro. Não existe hierarquia entre os Estados soberanos, tendo cada um plena liberdade para administrar suas questões internas sem a interferência de outros países. A soberania de um país não pode ser limitada por outro. [27]

Princípio da Igualdade entre Licitantes (P. da Igualdade entre os Licitantes).

De acordo com a redação do art. 3º, § 1º, I e II, da Lei 8.666/93 – "Lei das Licitações" - a licitação deverá ser processada e julgada em estrita conformidade com o princípio da igualdade (isonomia), dentre outros princípios, visando destinar e garantir a impessoalidade das propostas, sem levar em conta os participantes do processo licitatório, sendo ainda vedado aos agentes públicos permitir que existam cláusulas ou condições que comprometam a competitividade da licitação ou que estabeleçam preferências, distinções ou tratamento diferenciado entre eles.

O art. 44, § 1º da lei prevê que no julgamento das propostas a Comissão levará em consideração os critérios objetivos definidos no edital ou convite, sendo vedada a utilização de qualquer elemento, critério ou fator sigiloso, secreto, subjetivo ou reservado que possa, ainda que indiretamente, elidir o princípio da igualdade entre os licitantes.

O art. 3º da Lei 8.666 traz algumas exceções ao princípio da igualdade entre licitantes nos parágrafos 5º, 7º, 9º, 10 e 12, além do art. 3º da Lei nº 8.248/91 acerca da preferência para a aquisição de bens e serviços de informática com tecnologia desenvolvida no país. A violação do princípio da igualdade entre licitantes sujeita a anulação do procedimento licitatório, por tratar-se de verdadeiro desvio de poder.

Princípio da Igualdade Jurídica de Todos os Filhos (P. da Igualdade entre os Filhos, P. da Igualdade Jurídica entre os Filhos, P. da Isonomia de Tratamento aos Filhos).

Este princípio encontra-se consubstanciado no art. 227, § 6º, da CF/88 e também no art. 1.596 do Código Civil, trazendo ambos idêntica redação: "Os filhos, havidos ou não da relação do casamento, ou por adoção, terão os mesmos direitos e qualificações, proibidas quaisquer designações discriminatórias relativas à filiação".

Em sua obra Curso de Direito Civil Brasileiro - Direito de Família - Maria Helena Diniz (2010, p. 22) ressalta: "Acatado pelo nosso direito positivo, que (a) nenhuma distinção faz entre filhos legítimos, naturais e adotivos, quanto ao nome, direitos, poder familiar, alimentos e sucessão; (b) permite o reconhecimento de filhos havidos fora do casamento; (c) proíbe que se revele no assento do nascimento a ilegitimidade de simples ou espuriedade e (d) veda designações discriminatórias relativas a filiação. De modo que a única diferença entre as categorias de filiação seria o ingresso, ou não, no mundo jurídico, por meio do reconhecimento; logo só se poderia falar em filho, didaticamente, matrimonial ou não matrimonial reconhecido e não reconhecido".

Também importantíssimo o entendimento de Gonçalves (2010, v. 6, p. 24) acerca do princípio da igualdade jurídica de todos os filhos, trazendo a definição de que não cabem mais distinções entre filhos dentro e fora do casamento, "entre filiação legítima ou ilegítima" - designação utilizada no caso dos pais que fossem ou não casados -, ou mesmo no caso de adoção. Segundo o autor, "hoje todos são apenas filhos, uns havidos fora do casamento, outros em sua constância, mas com iguais direitos e qualificações".

Princípio da Igualdade Jurisdicional (P. da Igualdade Jurídica) (Direito Constitucional).

Como é sabido, o princípio da igualdade, devido à enorme relevância que goza dentro do ordenamento jurídico pátrio, encontra várias vertentes, sendo uma delas, a igualdade jurisdicional. Essa espécie de igualdade encontra lastro, naturalmente, no art. 5º, I, da CF, mas também no inciso XXXVII deste mesmo dispositivo, dispondo que não haverá juízo ou tribunal de exceção.

A igualdade jurisdicional tem por norte assegurar um julgamento imparcial por parte do Poder Judiciário a todos aqueles que busquem sua intervenção no julgamento de lides. Conforme o instituto constitucional, o Poder Judiciário não poderá em hipótese alguma agir em prol da instituição de juízo ou tribunal criado para o julgamento de caso específico, pois os órgãos jurisdicionais existentes são plenamente capazes de julgar qualquer ação e, além disso, caso tal hipótese fosse possível, a imparcialidade da justiça seria posta em cheque com a instituição de tribunais criados para julgar um caso específico (*ad hoc*) ou criados após o caso que irá a julgamento (*ex post facto*) (Paulo e Alexandrino, 2009, p. 150).

Tendo a premissa de que todos devam ser tratados de forma igualitária pela lei, não seria razoável que nosso ordenamento permitisse a criação destas aberrações jurídicas, pois, conforme ensina Moraes (2017, p. 36), o que se veda são as diferenciações arbitrárias e absurdas.

Princípio da Igualdade na Partilha.

Estipula-se no art. 2.017 do Código Civil brasileiro que na partilha dos bens do *de cujus*, observar-se-á, quanto ao seu valor, natureza e qualidade, a maior igualdade possível. Deve-se preservar a igualdade e a justiça ao cônjuge, companheiro (a) ou herdeiro devidamente habilitado quando da divisão dos bens disponíveis. O princípio da igualdade na partilha abrange tanto a sucessão legítima quanto à testamentária.

Exceção ao referido princípio encontra-se na regra do art. 2.014 do diploma supracitado, segundo o qual na hipótese de partilha deliberada pelo testador, este irá deliberar a atribuição dos bens e valores que devem compor os quinhões hereditários de cada parte, situação que prevalecerá, salvo se o valor dos bens não corresponder às quotas estabelecidas. Neste caso, as partes poderão receber cotas desiguais, o que não incidirá como ato tido como irregular, pois o testador poderá dividir seus bens entre os herdeiros da maneira que melhor entender.

O princípio da igualdade poderá sofrer certa mitigação quando os interesses dos herdeiros convergirem no rumo de uma divisão amigável, sem extremismos, bem como no caso de cessão de direitos hereditários que podem ocorrer por meio de escritura pública (*vide* art. 1.793, *caput*, CC).

Princípio da Igualdade Substancial (P. da Igualdade Real).

A igualdade substancial, também chamada de material, difere da igualdade formal. A substancial exsurge quando todos os indivíduos são iguais em direitos e liberdades, possuindo amplo acesso ao emprego, à saúde etc. É a busca da efetivação da igualdade, saindo do plano subjetivo para o plano real (igualdade real). Já a igualdade formal é uma forma de igualdade baseada no respeito às leis, que valem para todos, ou seja, é uma igualdade perante a lei. Nesta, a igualdade nem sempre ocorre. Entretanto, apesar de diferirem quanto a concepção, ambas estão entrelaçadas. [28]

Bandeira de Mello (2003, p. 09) observa que "não só perante a norma posta se nivelam os indivíduos, mas, a própria edição dela sujeita-se ao dever de dispensar tratamento equânime às pessoas". Segundo o autor, as normas devem ser igualitárias desde a sua concepção junto ao legislador, pois caso isso não ocorra, a lei já nascerá desigual, corrompida, e não atingirá seu objetivo precípuo.

Ainda acerca do assunto, Fernanda Duarte Lopes Lucas da Silva (2003, p. 42) teceu às seguintes considerações: "Igualdade material não consiste em um tratamento sem distinção de todos em todas as relações. Senão, só aquilo que é igual deve ser tratado igualmente. (...) A questão decisiva da igualdade jurídica material é sempre aquela sobre os característicos a serem considerados como essenciais, que fundamentam a igualdade de vários fatos e, com isso, o mandamento do tratamento igual, ou seja, a proibição de um tratamento desigual ou, convertendo em negativo: sobre os característicos que devem ser considerados como não-essenciais e não devem ser feitos base de uma diferenciação".

Princípio da Igualdade Tributária (P. da Isonomia Tributária).

O princípio da igualdade está consubstanciado no *caput* do art. 5º da CF/88, *verbis*: "todos são iguais perante a lei, sem distinção de qualquer natureza (...)". No Direito Tributário, o princípio da igualdade se molda para atingir suas particularidades, estando presente no inciso II, art. 150, da Carta Maior, estabelecendo que é vedado à União, aos Estados, ao Distrito Federal e aos Municípios, em prejuízo de outras garantias asseguradas ao contribuinte, instituir tratamento desigual entre contribuintes que se encontrem em situação equivalente, proibida qualquer distinção em razão de ocupação profissional ou função por eles exercida, independentemente da denominação jurídica dos rendimentos, títulos ou direitos.

Nenhum contribuinte poderá sofrer tratamento desigual ou arbitrário por parte dos entes federados, proibindo-se também a distinção que se faça por profissão exercida, desde que sua situação não traga alguma particularidade que justifique o tratamento desigual. Assim, pertinente a afirmação de Paulo e Alexandrino (2009, p. 896) quando afirmam que "o princípio da isonomia tributária não apenas ordena que se dê tratamento igual aos equivalentes, mas também que se trate desigualmente os desiguais".

Assim sendo, não ofende o princípio da igualdade tributária as isenções dadas a determinados setores da sociedade e da economia desde que justificadas. Sobre o tema, importante o regramento do art. 146, III, "c" e "d", no qual determina que cabe à lei complementar estabelecer normas gerais em matéria de legislação tributária, especialmente acerca da matéria que trata do adequado tratamento tributário que deverá ser atribuído às sociedades cooperativas e a definição de tratamento diferenciado e favorecido para as microempresas e para as empresas de pequeno porte.

Princípio da Imediação (P. da Imediação do Juiz, P. da Imediatidade, P. da Imediatidade do Juiz na Colheita da Prova, P. da Imediatidade do Juiz com as Partes e com as Provas, P. do Imediatismo).

Derivado do princípio da oralidade, o princípio da imediação dispõe que o Juiz/Tribunal deve manter-se o mais próximo possível das partes em um processo, bem como das testemunhas e das provas constantes na causa. Esta premissa de proximidade do juiz com as provas, partes e testemunhas visa com que a decisão prolatada seja mais célere, coerente e precisa. Segundo Mouzalas (2013, p. 181), por este princípio o Juiz atua "diretamente na produção de provas".

Nas palavras de Capez (2014, p. 58), o princípio da imediação "exige o contato direto do juiz com as provas e as fontes de provas, a fim de que ele colha pessoalmente o material destinado ao seu convencimento". Bezerra Leite (76, p. 2013) por sua vez, assim o define: "Significa que o juiz da causa está obrigado ao contato direto com as partes e a sua prova testemunhal, ou pericial, com a própria coisa litigiosa ou com terceiros, para que possa obter os elementos necessários ao esclarecimento da verdade real e dos autos, e, em consequência, decidir e justificar o seu livre convencimento".

Este princípio encontra embasamento nos artigos 385, 459 e 481 do CPC. No Processo do Trabalho, o princípio da imediação consta do art. 820 da CLT, o qual define que "as partes e testemunhas serão inquiridas pelo juiz ou presidente, podendo ser reinquiridas, por seu intermédio, a requerimento dos vogais, das partes, seus representantes ou advogados".

Princípio do Impacto Social da Crise da Empresa (Direito Societário).

O princípio do impacto social da crise da empresa tem suas raízes fincadas, em parte, no princípio da preservação da empresa. Segundo este instituto, a preservação da empresa torna-se um fator de desenvolvimento social e econômico a medida em que preserva investimentos dos seus sócios, protege empregos e atende aos interesses dos consumidores. O governo deve definir políticas que tornem o mercado mais atraente e menos "selvagem" as empresas, possibilitando que tenham melhores condições para administrar as inconstâncias mercadológicas.

Observa-se que o princípio do impacto social da crise na empresa leva em conta primordialmente os fatores sociais e econômicos relacionados por uma crise. Nessa condição todos os componentes da cadeia empresarial seriam atingidos: sócios, empregados, consumidores, credores e o próprio governo. Obviamente que tal condição não é de interesse geral.

Assim sendo, o impacto social da crise da empresa deverá ser combatido utilizando-se instrumentos como o princípio da preservação da empresa, tendo em vista o combate aos danos causados a todas as partes envolvidas na cadeia empresarial. O que se vislumbra é a preservação da empresa.

Princípio da Imparcialidade do Juiz (P. da Imparcialidade, P. da Imparcialidade das Decisões Judiciais, P. da Imparcialidade do Magistrado, P. do Juiz Imparcial).

Desprende-se deste princípio a premissa de que o Juiz ao mesmo tempo em que se põe entre as partes, coloca-se acima delas na relação processual. Portanto, a conduta do Juiz deverá ser pautada na imparcialidade quanto às partes, verdadeiro pressuposto de validade do processo, não devendo ser tendencioso para nenhum dos lados, procedimento este que acarretaria desvio de poder.

A imparcialidade do Juiz consta, inclusive, da Declaração Universal dos Direitos do Homem, no artigo X, reforçando sua importância conforme se denota: "Todo ser humano tem direito, em plena igualdade, a uma justa e pública audiência por parte de um tribunal independente e imparcial, para decidir sobre seus direitos e deveres ou do fundamento de qualquer acusação criminal contra ele".

Segundo Capez (2014, p. 60), a Constituição Federal visando garantir a imparcialidade do magistrado estipula garantias como as do art. 95, quais sejam a vitaliciedade, inamovibilidade e irredutibilidade de subsídio, prescreve vedações que se encontram presentes no parágrafo único do artigo supracitado, tais como receber, a qualquer título ou pretexto, custas ou participação em processo; dedicar-se à atividade político-partidária; receber, a qualquer título ou pretexto, auxílios ou contribuições de pessoas físicas, entidades públicas ou privadas, ressalvadas as exceções previstas em lei; exercer a advocacia no juízo ou tribunal do qual se afastou, antes de decorridos três anos do afastamento do cargo por aposentadoria ou exoneração, dentre outras.

Princípio da Imparcialidade (P. da Intervenção Neutra de Terceiro, P. da Neutralidade e Imparcialidade de Intervenção, P. da Neutralidade no Mérito, P. da Participação de Terceiro Imparcial) (Direito de Mediação).

A mediação é um processo voluntário onde o mediador possui encargos e deveres semelhantes aos de um juiz do Poder Judiciário. Neste sentido, ele deverá guardar entre as partes um dever de imparcialidade e neutralidade no trato e no julgamento das questões que lhe forem impostas.

O mediador encontra-se acima das partes, não podendo oferecer vantagens que possam ocasionar benefícios futuros a uma delas. Assim, o mediador deverá manter-se acima de qualquer julgamento preliminar acerca das partes e dos elementos apresentados a ele, antes de esclarecidos os fatos. Ou seja, é um comportamento impróprio do mediador realizar qualquer espécie de pré-julgamento, agir de maneira preconceituosa em relação aos elementos ou partes da mediação ou receber qualquer espécie de favor ou presente dos mesmos, pois tal comportamento poderá configurar desvio da conduta imparcial. A imparcialidade do mediador é pressuposto de sua atuação na mediação do conflito.

A neutralidade é elemento imprescindível da mediação, configurando-se, inclusive, como requisito elementar e qualificador que antecede a própria função do mediador, pois mesmo antes da mediação ocorrer, aquele que irá promover a intermediação não poderá demonstrar nenhuma relação com qualquer uma das partes que possa vir a comprometer a idoneidade do processo.

Este princípio encontra-se presente no art. 1°, IV, anexo III (instrumento que dispõe acerca do Código de ética de conciliadores e mediadores judiciais), da Resolução n° 125 do CNJ, definindo que é o "dever de agir com ausência de favoritismo, preferência ou preconceito, assegurando que valores e conceitos pessoais não interfiram no resultado do trabalho, compreendendo a realidade dos envolvidos no conflito e jamais aceitando qualquer espécie de favor ou presente".

A Lei de Mediação (Lei nº 13.140/2015) também estipula sobre a imparcialidade, determinando no art. 5º, parágrafo único, que "a pessoa designada para atuar como mediador tem o dever de revelar às partes, antes da aceitação da função, qualquer fato ou circunstância que possa suscitar dúvida justificada em relação à sua imparcialidade para mediar o conflito, oportunidade em que poderá ser recusado por qualquer delas".

Princípio da Impenhorabilidade e Inalienabilidade dos Bens Públicos (P. da Garantia dos Bens Públicos, P. da Impenhorabilidade dos Bens Públicos).

Segundo art. 100 da CF/88, *verbis*: "Os pagamentos devidos pelas Fazendas Públicas Federal, Estaduais, Distrital e Municipais, em virtude de sentença judiciária, far-se-ão exclusivamente na ordem cronológica de apresentação dos precatórios e à conta dos créditos respectivos, proibida a designação de casos ou de pessoas nas dotações orçamentárias e nos créditos adicionais abertos para este fim". Sendo assim, os bens públicos não serão penhorados pelo fato das obrigações da Fazenda Pública em face de terceiros ocorrerem, regra geral, por meio de precatórios. Isso se aplica inclusive para os bens dominicais.

Sendo assim, o art. 833, I, do CPC, corrobora tal definição na medida em que afirma serem impenhoráveis os bens inalienáveis – os bens públicos de uso comum e de uso especial são inalienáveis – e os declarados, por ato voluntário, não sujeitos à execução – todos os bens públicos, inclusive os dominicais.

Em relação à inalienabilidade, a regra geral é a de que os bens públicos não podem ser vendidos, doados ou permutados, condições previstas no art. 100 do Código Civil: "Os bens públicos de uso comum do povo e os de uso especial são inalienáveis, enquanto conservarem a sua qualificação, na forma que a lei determinar".

Esta inalienabilidade é relativa, ocorrendo em relação aos bens de uso comum e os de uso especial. Entretanto, para os dominicais existe outra regra, segundo observamos no art. 101 do mesmo diploma, segundo o qual os bens públicos dominicais podem ser alienados, observadas as exigências da lei. As exigências para alienação de um bem dominical são aquelas previstas na Lei 8.666/93 que regula o procedimento licitatório, previstos no arts. 17 e seguintes. Deve-se frisar que de acordo com o arts. 225, § 5º e 231, § 4º, ambos da CF/88, são indisponíveis as terras devolutas ou arrecadadas pelos Estados, por ações discriminatórias, necessárias à proteção dos ecossistemas naturais, bem como são inalienáveis e indisponíveis as terras indígenas.

Princípio da Impessoalidade (Direito Administrativo).

Em respeito ao princípio da impessoalidade, para a Administração Pública está vedado o estabelecimento de qualquer forma de pessoalidade em seus atos, seja para beneficiar ou prejudicar qualquer pessoa ou entidade, seja por razões pessoais, profissionais ou partidárias. O não cumprimento da impessoalidade só será permitido, via de regra, quando tiver por fim preservar a coletividade.

Qualquer ato discriminatório da Administração contra seus administrados, quando não justificado tendo por base o já estabelecido, resultará em abuso de poder e desvio de finalidade. Importante ressaltar que os atos administrativos praticados devem ser atribuídos a Administração Pública, nunca ao agente que os praticou, em respeito à Teoria do Órgão de Otto Gierke.

Princípio da Imprescindibilidade de Concurso Público (P. da Proibição da Contratação sem Concurso).

Vigora em nosso ordenamento a imprescindibilidade de concurso público para o preenchimento de cargos e empregos públicos, isto de acordo com o art. 37, II, da CF. Conforme o dispositivo constitucional, "a investidura em cargo ou emprego público depende de aprovação prévia em concurso público de provas ou de provas e títulos, de acordo com a natureza e a complexidade do cargo ou emprego, na forma prevista em lei, ressalvadas as nomeações para cargo em comissão declarado em lei de livre nomeação e exoneração".

Tanto o cargo como o salário publicados no edital do concurso público vinculam o agente investido. Fica proibida a alteração de salários que contrariem o disposto no edital como também o reenquadramento em cargo diverso daquele para o qual o agente foi aprovado. "São vedados – tanto na esfera do direito administrativo quanto do direito do trabalho – o reenquadramento de servidor em cargo de nível superior e o pagamento de diferenças salariais entre o cargo para o qual foi nomeado e a função desempenhada, por desvio de função, sob pena de violação ao princípio constitucional da imprescindibilidade de concurso público" (TJ. APCVREEX 0132008-5/PR. Rel. Des. Leonardo Lustosa, j. 16.04.2003, DJ 05.05.2003).

A exceção à exigibilidade de concurso público encontra-se prevista no art. 198, § 4º, nos casos de agentes comunitários de saúde e agentes de combate às endemias que serão admitidos por meio de processo seletivo público. Neste caso, serão levadas em conta a natureza e a complexidade de suas atribuições e os requisitos específicos para sua atuação.

Princípio da Improrrogabilidade.

Tourinho Filho (2008, p. 49) define jurisdição como a "função do Estado consistente em fazer atuar, pelos órgãos jurisdicionais, que são os Juízes e Tribunais, o direito objetivo a um caso concreto, obtendo-se a justa composição da lide".

Segundo o princípio da improrrogabilidade, definido como um dos princípios da jurisdição, não é permitido ao legislador ordinário, aquele que elabora o ordenamento jurídico infraconstitucional, alterar, seja para ampliar ou restringir, os limites da jurisdição estabelecidos pela Constituição Federal. Ou seja, mesmo que haja concordância entre as partes, um juiz não poderá invadir a competência do outro, pois a lei veda a este exercer função jurisdicional fora dos limites de sua jurisdição. Admite-se, excepcionalmente, a prorrogação da competência.

Princípio da Impugnação Especificada (P. da Impugnação Específica, P. do Ônus da Impugnação Especificada, P. do Ônus da Impugnação Específica dos Fatos).

De acordo com o art. 341 do CPC, caberá ao réu dentro do prazo de contestação impugnar de forma especificada todos os fatos narrados na petição inicial, sob pena de que os fatos não contestados sejam considerados verdadeiros, salvo se não for admissível, a seu respeito, a confissão; se a petição inicial não estiver acompanhada do instrumento público que a lei considerar da substância do ato; ou se estiverem em contradição com a defesa, considerada em seu conjunto.

Ainda em respeito ao artigo em pauta, seu parágrafo único determina que o ônus da impugnação especificada dos fatos não se aplica ao defensor público, ao advogado dativo e ao curador especial.

De acordo com ensinamento de Leone (2013, p. 425), o princípio da impugnação especificada estabelece que "compete ao réu impugnar especificadamente cada fato afirmado pelo autor na petição inicial (fato por fato). Fato não impugnado torna-se incontroverso, havendo a presunção relativa (*juris tantum*) de veracidade". Por este motivo, continua o autor, não é cabível a contestação por negativa geral.

Princípio do Impulso Oficial (P. da Impulsão do Processo, P. do Impulso Processual, P. Inquisitivo, P. Inquisitório, P. da Promoção *ex Officio*) (Direito Processual Civil).

Reza o art. 2º do CPC que "o processo civil começa por iniciativa da parte, mas se desenvolve por impulso oficial (...)". Após iniciado o processo, este se desenvolve por atuação do Juiz, *ex officio*, sem que haja manifestação das partes, quando as mesmas deixam de praticar atos necessários e fundamentais ao desenvolvimento da ação, até o deslinde da mesma. O Juiz representando a figura jurisdicional do Estado e tendo por escopo a continuidade do processo, determina o prosseguimento da ação até o seu exaurimento.

Na posição de Cintra, Grinover e Dinamarco (2012, p. 75) acerca do impulso oficial: "É o princípio pelo qual compete ao juiz, uma vez instaurada a relação processual, mover o procedimento de fase em fase, até exaurir a função jurisdicional".

A respeito do tema, merece ser transcrito o seguinte julgado: "ao juiz, em razão do princípio do impulso oficial (...), cabe atuar no processo, independentemente de provocação das partes, se estas deixam de praticar atos necessários ao seu andamento" (TJ. AC 0064546500/PR. Rel. Jesus Sarrão, j. 19.10.94, DJ 04.11.94).

Quando ao impulso oficial no Processo do Trabalho, devemos aqui abrir um parêntesis quanto à execução trabalhista. Alguns doutrinadores pátrios defendem a existência do princípio do impulso oficial da execução trabalhista, também conhecido como princípio da promoção *ex officio* da execução trabalhista. A meu ver, trata-se do mesmo impulso oficial do processo civil, só que aplicado dentro das particularidades do processo trabalhista. Por este motivo será tratado como um apêndice do princípio do impulso oficial.

Segundo o art. 878 da CLT, "a execução será promovida pelas partes, permitida a execução de ofício pelo juiz ou pelo Presidente do Tribunal apenas nos casos em que as partes não estiverem representadas por advogado".

Princípio do Impulso Oficial (P. da Promoção *ex Officio*) (Execução Trabalhista).

Sobre o assunto segue julgado do TRT acerca do impulso oficial do juiz na execução trabalhista: "Conquanto caiba à parte diligenciar e promover os atos que viabilizem o andamento processual, não menos certo é que a execução trabalhista tem por característica o impulso oficial, autorizado pelo art. 878 da CLT, contando atualmente com valiosos recursos, a exemplo das pesquisas eletrônicas realizadas na origem via BacenJud (...). À vista disso, considerando que, no presente caso, a reclamante tem se mostrado diligente na busca por outros bens e valores em nome dos devedores, compete ao Juiz da execução zelar pela melhor e mais rápida solução do litígio, determinando as medidas disponíveis, em prol da quitação do crédito trabalhista" (TRT. AP 0075400-59.2006.5.02.0024/SP. Rel. Sérgio Roberto Rodrigues, DeJT 18.02.2020).

Denota-se do princípio que, não obstante ser das partes o papel de promover a execução na seara trabalhista, será permitida a execução de ofício pelo Juiz ou pelo Presidente do Tribunal nos casos em que as partes não estiverem representadas por advogado ou se mostrarem morosas quanto as suas obrigações para o célere andamento do processo, isso de acordo com o ordenamento constante no art. 878 da CLT. Para maiores informações ver o princípio do impulso oficial no Direito Processual Civil.

Principio da Imputação Pessoal (P. da Personalidade) (Direito Penal).

No Direito Penal a imputabilidade configura-se como a possibilidade de se atribuir um fato típico e qualificado como ilícito a um certo agente, ou seja, quando a justiça possui a capacidade de acusar um indivíduo, que reúna certas características, pela responsabilidade da prática de um ato antijurídico. Um agente só poderá ser punido por ato ilícito se for considerado imputável, pois o Direito Penal não permite a punição de agentes inimputáveis, aqueles indivíduos que não reúnam a plena capacidade mental de compreender o caráter ilícito do fato e de quem não se possa exigir outra conduta. A imputabilidade é a regra em nosso ordenamento, sendo os casos de inimputabilidade exceções (Coletânea básica penal, 2016).

São os arts. 26 e 27 os institutos do Código Penal que regulam o tema, tratando, respectivamente, da inimputabilidade decorrente de doença mental e da inimputabilidade por idade. De acordo com o art. 26, *caput*, será isento de pena (inimputabilidade) o agente que, por doença mental ou desenvolvimento mental incompleto ou retardado, era, ao tempo da ação ou da omissão, inteiramente incapaz de entender o caráter ilícito do fato ou de determinar-se de acordo com esse entendimento. O art. 27 trata da inimputabilidade dos menores de 18 anos, *in verbis*: "Os menores de 18 (dezoito) anos são penalmente inimputáveis, ficando sujeitos às normas estabelecidas na legislação especial".

O art. 386 do CPP estabelece que, caso o juiz entenda haverem circunstâncias que excluam o crime ou isentem o réu de pena, deverá absolver o réu, aplicando-lhe, entretanto, medida de segurança conforme o parágrafo único, III, do artigo supra. Daí, segundo Greco (2017, p. 164), "dizer-se que tal sentença é impropriamente absolutória, uma vez que, embora absolvendo o inimputável, aplica-se-lhe medida de segurança".

Princípio da Imputação Volitiva.

Falar sobre o princípio da imputação volitiva é o mesmo que falar sobre a Teoria do Órgão de Otto Gierke. Gierke foi um jurista alemão que no fim do século XIX desenvolveu esta teoria de forma brilhante, fazendo uma analogia entre os órgãos da Administração Pública e os órgãos do corpo humano. São sinônimos da Teoria do Órgão a Teoria da Imputação ou Teoria Volitiva. Segundo sua teoria, a atuação do agente público deve ser relacionada ao órgão a que ele pertence, e não na pessoa do agente. Atribui-se a responsabilidade dos atos ao órgão público, senhor das vontades; o agente, simplesmente representa o "braço" do Estado. A responsabilidade será imputada ao Estado.

Nas palavras de Hely Lopes Meirelles (2009, p. 68), os órgãos públicos "são centros de competências instituídos para o desempenho de funções estatais, através de seus agentes, cuja atuação é imputada à pessoa jurídica a que pertencem". Desta forma, o agente público não atua em nome do Estado, mas sim como o próprio Estado.

Esta teoria, todavia, encontra-se sob intensa discussão em nossos Tribunais. A posição do STF, por respeito à Teoria do Órgão, é a de que ao particular lesado não será cabível a propositura de demanda ressarcitória diretamente contra o agente público causador do dano. Por outro lado, o STJ admite a possibilidade do particular ajuizar a ação contra o Estado, contra o Estado e o agente, ou somente contra o agente. [29]

Princípio da Imunidade Recíproca (P. da Não Interferência dos Entes Federados).

O princípio da imunidade recíproca encontra fundamentação no art. 150, VI, a, da CF/88, e veda a tributação entre os entes federativos (pessoas políticas), ou seja, impede que ocorra tributação entre a União, os Estados, o Distrito Federal e os Municípios. Ocorre, como o próprio nome diz, uma imunidade recíproca entre os entes federados. Decorre do princípio federativo, e sua existência acaba por preservar este princípio.

Conforme entendimento do § 2º do mesmo artigo, esta imunidade beneficiará também "às autarquias e às fundações instituídas e mantidas pelo Poder Público". Ou seja, a vedação de instituir impostos sobre patrimônio, renda ou serviços uns dos outros, estende-se às entidades de direito público da administração indireta. Por outro lado, não abrange às entidades de direito privado, quais sejam, sociedades de economia mista, empresas públicas e fundações que não são mantidas com dinheiro público.

Em julgado do STF, decidiu-se que sobre os serviços prestados pela ECT – Empresa Brasileira de Correios e Telégrafos, mesmo aqueles que não gozam de natureza postal, não incidirá ISS (Imposto Sobre Serviços de Qualquer Natureza) (STF. RExt 601.392/PR. Rel. Min. Joaquim Barbosa, j. 28.02.2013, DJe 05.06.2013).

Prosseguindo, o § 3º estabelece que não haverá isenção quando os entes federados explorarem atividade econômica regida pelas normas aplicáveis aos estabelecimentos privados, ou quando haja contraprestação ou pagamento de preços ou tarifas pelo usuário.

Sob outro aporte, convém frisar que a imunidade do art. 150 é aplicável somente aos impostos, não incidindo sobre taxas e contribuições, que poderão incidir sobre o patrimônio, renda ou serviços dos entes federados.

Na posição de Vicente Paulo e Marcelo Alexandrino (2009, p. 909), tratam-se de imunidades subjetivas, pois são concedidas "às pessoas políticas e às pessoas administrativas, autarquias e fundações públicas, e não a determinados bens ou operações específicos (...)". Ainda seguindo o entendimento dos autores, pelo fato da imunidade recíproca decorrer do princípio federativo ele é uma cláusula pétrea, portanto, dispositivo que não pode ser alterado nem mesmo por emenda.

Princípio da Imutabilidade do Lançamento.

Este princípio está fundamentado no art. 145 do CTN (Código Tributário Nacional), segundo o qual o lançamento regularmente notificado ao sujeito passivo, em regra, não pode ser alterado, a não ser nos casos de impugnação do sujeito passivo, recurso de ofício e iniciativa de ofício da autoridade administrativa, nos casos previstos no artigo 149 (quando o lançamento é efetuado e revisto de ofício pela autoridade administrativa).

Importante frisar o conceito de lançamento estabelecido no *caput* do art. 142 do CTN, segundo o qual (...) é o procedimento administrativo tendente a verificar a ocorrência do fato gerador da obrigação correspondente, determinar a matéria tributável, calcular o montante do tributo devido, identificar o sujeito passivo e, sendo caso, propor a aplicação da penalidade cabível.

Princípio da Imutabilidade do Nome (P. da Imutabilidade do Nome Civil, P. da Imutabilidade do Prenome, P. da Imutabilidade Relativa do Nome Civil, P. da Inalterabilidade do Nome).

O nome é um atributo da personalidade humana onde se dá a individualização do indivíduo dentro da sociedade. Possuidor de um nome, o indivíduo poderá ser identificado perante a coletividade. Todos sem exceção têm direito a um nome, poder este consignado no Código Civil brasileiro em seu art. 16, que traz em seu texto que toda pessoa tem direito ao nome, nele compreendidos o prenome e o sobrenome.

A imutabilidade do nome é princípio de ordem pública que visa assegurar até mesmo a segurança jurídica. Imagine-se a confusão que seria caso as pessoas pudessem mudar de nome por mera liberalidade? Seria uma via suave para aqueles portadores de má-fé. O direito ao nome, como todo direito fundamental, não é absoluto, admitindo exceções.

Informa a Lei de Registros Públicos (Lei 6.015/73, art. 56) que "o interessado, no primeiro ano após ter atingido a maioridade civil, poderá, pessoalmente ou por procurador bastante, alterar o nome, desde que não prejudique os apelidos de família, averbando-se a alteração que será publicada pela imprensa". Segundo o art. 57 da respectiva Lei, admite-se exceção à regra quando houver plausível justificativa que ampare a pretensa mudança, como erro de grafia, manifesta exposição vexatória ou outro motivo relevante" (TJ. AC 885.356-7/PR. Rel. Min. Gamaliel Seme Scaff, j. 28.11.2012).

"O ordenamento jurídico pátrio consagra o princípio da imutabilidade do prenome como regra geral, inferido a partir da interpretação sistemática das disposições contidas nos artigos 56, 57 e 58 da Lei de Registros Públicos (Lei nº 6.015/73)" (TJ, 3ª Câmara Cível. APL 369.555-0/PE. Rel. Min. Bartolomeu Bueno, j. 25.02.2016, DJe 11.03.2016).

"À luz do que preleciona o art. 16 do Código Civil, o nome consubstancia direito da personalidade e goza de proteção estatal. Essa proteção legal só se desvanece na presença de situações excepcionais, que, para a jurisprudência, são: exposição a constrangimento, a ridículo ou a vexame; prejuízo à identificação dos ancestrais; ou quando as peculiaridades do caso concreto recomendam a adoção da medida". (TJ. AC 20090722749/SC. Rel. Min. Henry Petry Junior, j. 16.06.2011).

Princípio da Inacumulatividade de Funções (P. da Proibição da Acumulação de Cargos e Empregos).

O princípio da inacumulatividade de funções tem por escopo proteger o bem público, a Administração Pública como um todo, observando os princípios da igualdade e da legalidade. A inacumulatividade objetiva maior eficiência no serviço público, haja vista que o acúmulo de cargos pode levar a uma queda na qualidade, além de dar chance a uma maior quantidade de pessoas alcançarem cargos públicos.

A Constituição Federal estabelece os casos que se excetuam a regra da não acumulação de cargos e empregos públicos. Os incisos XVI e XVII do art. 37 da Carta Maior, estabelecem que é vedada a acumulação remunerada de cargos públicos, exceto, quando houver compatibilidade de horários, a de dois cargos de professor, a de um cargo de professor com outro técnico ou científico ou no caso de dois cargos ou empregos privativos de profissionais de saúde, com profissões regulamentadas. A proibição de acumular estende-se a empregos e funções e abrange autarquias, fundações, empresas públicas, sociedades de economia mista, suas subsidiárias, e sociedades controladas, direta ou indiretamente, pelo poder público (art. 37, XVII, CF).

Princípio da Inafastabilidade do Poder Judiciário (P. do Acesso Incondicionado ao Poder Judiciário, P. do Acesso Individual e Coletivo à Justiça, P. do Acesso ao Judiciário, P. do Acesso à Justiça, P. do Acesso à Ordem Jurídica Justa, P. do Amplo Acesso ao Poder Judiciário, P. do Controle Judiciário, P. do Controle Jurisdicional, P. do Direito de Ação, P. da Efetividade da Tutela Jurisdicional, P. da Facilitação do Acesso à Justiça, P. da Inafastabilidade, P. da Inafastabilidade do Acesso à Justiça, P. da Inafastabilidade do Controle da Jurisdição, P. da Inafastabilidade do Controle Jurisdicional, P. da Inafastabilidade da Jurisdição, P. da Indeclinabilidade, P. da Indeclinabilidade da Jurisdição, P. da Indeclinabilidade da Prestação Jurisdicional, P. do Livre Acesso ao Judiciário, P. da Proteção Judiciária, P. da Tutela Judicial, P. da Tutela Jurisdicional, P. da Ubiquidade, P. da Ubiquidade da Justiça) (Direito Constitucional).

Este princípio encontra fundamento no inciso XXXV do art. 5º da Carta Política de 1988, segundo o qual "a lei não excluirá da apreciação do Poder Judiciário lesão ou ameaça a direito", bem como também no art. 3º, *caput*, do CPC, aduzindo no sentido de que não se excluirá da apreciação jurisdicional ameaça ou lesão a direito. Desta forma, chega-se à conclusão que lei alguma pode ter o condão de afastar da justiça aquele que deseja pleitear seus direitos, ou simplesmente defender-se em demanda movida contra si. O acesso à justiça deve ser pleno, irrestrito e universal. Trata-se de direito fundamental, elevado ao *status* de cláusula pétrea (cf. art. 60, § 4º, IV, CF).

Segundo Mouzalas (2013, p. 35), tal princípio é dirigido tanto ao legislador, que fica impedido de lançar leis que restrinjam o amplo acesso aos órgãos do Poder Judiciário, quanto ao juiz, que deve dar a correspondente e efetiva resposta à pretensão posta à sua apreciação. Este último, o juiz, inclusive, tem sua atividade atrelada a este princípio. Na feliz síntese de Bezerra Leite (2013, p. 153), este princípio "não permite que nenhum ato normativo possa obstaculizar o acesso ao poder Judiciário".

"Alegando a parte certa violação ou ameaça de direito que sustenta existir, independentemente de estar ou não previsto no ordenamento jurídico positivo, cabe ao juiz apreciá-la, dando-lhe a solução devida, em homenagem ao princípio da tutela jurisdicional efetiva" (TRT. RO 67700-65.2009.5.24.72/MS. Rel. Francisco das C. Lima Filho, j. 14.04.2010, DJe 19.05.2010).

"A tutela jurisdicional executiva não deve ser prestada quando a reduzida quantia perseguida pelo credor denota sua inutilidade, ainda mais quando se tem em vista a despesa pública que envolve a cobrança judicial da Dívida Ativa" (TRF 4. AC 0042760-93.2002.404.7000/PR. Rel. Joel Ilan Paciornik, j. 16.03.2011, DJe 30.03.2011).

Princípio da Inalterabilidade (P. da Imodificabilidade, P. da Inalterabilidade Contratual, P. da Inalterabilidade Contratual Gravosa, P. da Inalterabilidade Contratual Lesiva, P. da Inalterabilidade Contratual Prejudicial ao Trabalhador) (Direito Civil).

Oriundo do Direito Civil, o princípio da inalterabilidade decorre do *pacta sunt servanda*, no qual o contrato faz lei entre as partes. Por este instituto, aquilo que foi convencionado contratualmente deve ser seguido, não sendo alvo de deliberações independentes das partes. O contrato obriga as partes ao seu estrito cumprimento. Portanto, ao firmarem um compromisso por meio de contrato as partes devem cumpri-lo rigorosamente, pois assim se obrigaram desde o momento de sua assinatura.

No Direito do trabalho o contrato também faz lei entre as partes, mas com algumas particularidades. Neste, apesar do contrato também decorrer do *pacta sunt servanda*, aquelas alterações que beneficiem o trabalhador poderão ser adotadas tendo as partes certa autonomia para deliberar acerca do mesmo, consoante entendimento dos artigos 444 e 468 da

CLT. Ocorre que qualquer alteração deverá ser igual, ou melhor, para o trabalhador do que aquela instituída em lei ou em norma coletiva. Convém ressaltar que em hipótese alguma qualquer alteração poderá prejudicar o empregado. De acordo com Silvio Rodrigues (2002, p. 17), "o contrato vai constituir uma espécie de lei privada entre as partes, adquirindo força vinculante igual a do preceito legislativo".

Princípio da Inalterabilidade do Edital.

Seguindo-se a velha máxima que acompanha todos os procedimentos licitatórios, o edital faz lei entre as partes. Esta afirmação traz em si o conceito consagrado de que as partes deverão obedecer fielmente aquilo que estiver disposto no edital. O edital é o documento que relaciona todas as definições e regras consoantes da licitação, segundo as determinações contidas no art. 40, da Lei de Licitações.

Não se trata de opção, mas sim um dever, uma obrigação de todos os agentes envolvidos. Não só dos particulares licitantes, mas também da Administração Pública. Esta não poderá inovar durante o procedimento sob o risco de por em cheque a integridade e retidão do processo licitatório, fato este que poderia ocasionar sua anulação, bem como responsabilizar civilmente o órgão responsável pela alteração unilateral. Neste sentido, a Lei 8.666/93 é taxativa ao afirmar que "a Administração não pode descumprir as normas e condições do edital, ao qual se acha estritamente vinculada" (art. 41).

Princípio da Inalterabilidade da Sentença (P. da Imutabilidade da Coisa Julgada, P. da Imutabilidade da Sentença, P. da Inalterabilidade do Julgamento, P. da Invariabilidade da Sentença) (Direito Processual Civil).

O CPC consagra o princípio da inalterabilidade da sentença em seu art. 494, *caput*, assegurando que após a publicação da sentença não poderá o juiz alterá-la, ou seja, trata-se de decisão irretratável do magistrado. Segundo a regra processual, uma vez publicada a sentença essa não poderá ser revogada ou mesmo sofrer qualquer espécie de modificação, a não ser por meio de recurso interposto pelas partes. Essa regra sofrerá exceções podendo ser alterada para corrigir erros materiais ou erros de cálculo, e também por meio de embargos de declaração para correção de pontos considerados omissos, contraditórios ou obscuros (cf. arts. 494, I, II e 1.023, *caput*).

Conforme magistério de Bueno (2015, p. 355): "Segundo este princípio, não pode o magistrado modificar a sentença quando ela tiver sido publicada, a não ser para corrigir inexatidões materiais ou erros de cálculo ou, ainda, como consequência do julgamento do recurso de embargos de declaração".

"À luz do princípio da 'inalterabilidade da sentença pelo juiz que a proferiu', é vedado ao magistrado alterar substancialmente a decisão prolatada, salvo nas hipóteses previstas nos arts. 331, 332 e 485, § 7º, do CPC/2015" (TJ. MS 0954483-59.2016.8.13.0000/MG. Rel. Des. Vasconcelos Lins, j. 28.03.2017, DJe 28.03.2017).

"No caso de decisão terminativa só é possível o juízo de retratação quando se verificar algumas das hipóteses legais, sendo vedado ao julgador fazê-lo de ofício, sob pena de afronta ao princípio da inalterabilidade da sentença" (TJ. AI 1010134-28.2019.8.11.0000/MT. Rel. Des. João Ferreira Filho, j. 15.10.2019, DJe 22.01.2020).

Princípio do Incentivo ao Autocontrole.

Nas palavras de Almeida (2010, p. 36), em sua obra Manual de Direito do Consumidor, por mais que ao Estado ocorra a obrigação de controle das relações de consumo, interpondo-se "como mediador nas relações de consumo, procurando evitar e solucionar os conflitos" dele decorrente, dá-se também extrema importância e incentivo ao autocontrole que deverá ser estabelecido pelas empresas/fornecedores.

Ainda, segundo o autor, estes mecanismos de autocontrole deverão ser custeados pelas próprias empresas e se darão de três maneiras: "pelo eficiente controle da qualidade e segurança de produtos defeituosos no mercado (...)", "pela prática do recall (...)", e "pela criação, pelas empresas, de centros ou serviços de atendimento ao consumidor (...)" (SAC).

Sendo assim, cabe ao Estado quando não interventor direto no mercado de consumo, incentivar os fornecedores à solução dos problemas decorrentes das relações consumeristas.

Princípio da Incindibilidade da Decisão Recorrida.

A sentença possui três elementos: relatório, fundamentação e dispositivo, também conhecido por parte dispositiva ou *decisum*. Estas partes são interdependentes, ou seja, guardam estreita relação e não podem ser analisadas de maneira independente. Qualquer interpretação da sentença deverá levar em conta todas as suas partes, inclusive quando por ocasião de um recurso.

O recurso, quando interposto, deverá considerar a estrutura da sentença como um todo, sendo inaceitável o instrumento recursal que possua por objeto o exame de uma só parte da decisão, a que mais lhe convém, pois a essência da sentença se configura como uma estrutura harmônica que necessariamente deverá ser examinada de maneira inseparável.

Princípio da Incoercibilidade das Prestações.

O presente princípio deve ser visto com certa cautela dentro do Direito Civil brasileiro, pois seu conceito é considerado ultrapassado por muitos doutrinadores pátrios. O princípio da incoercibilidade das prestações se extrai do disposto no artigo 247 do Código Civil: "Incorre na obrigação de indenizar perdas e danos o devedor que recusar a prestação a ele só imposta, ou só por ele exequível".

Entende-se pelo dispositivo que o devedor que não cumprir sua obrigação não pagará por ela com o bem da vida, mas sim mediante compensação econômica determinada judicial ou extrajudicialmente. Estipula o presente dispositivo que a efetivação da tutela específica nas obrigações de fazer será compensada mediante condenação por perdas e danos.

Princípio da Indeclinabilidade da Jurisdição (P. do *non Liquet*).

Nosso ordenamento não permite que uma demanda fique sem decisão. Mesmo que o Juiz alegue a existência de lacuna ou obscuridade no ordenamento jurídico, não lhe será permitido se eximir de sua prerrogativa. É o que consta no Código de Processo Civil, art. 140, *caput*, *verbis*: "O juiz não se exime de decidir sob a alegação de lacuna ou obscuridade do ordenamento jurídico". Ao magistrado não será permitida a exoneração do dever de julgar a causa. A expressão *non liquet* significa "não está claro".

Neste sentido, escreveu Bueno (2015, p. 167): "Para além dos deveres-poderes do magistrado do art. 139, o *caput* do art. 140 proíbe expressamente o chamado *non liquet*, isto é, veda ao magistrado deixar de decidir alegando lacuna ou obscuridade no ordenamento jurídico. Cabe a ele colmatar eventual lacuna e superar eventual obscuridade, encontrando (ou, mais propriamente, criando) a regra jurídica aplicável ao caso concreto, de acordo com as peculiaridades fáticas (...)"

Princípio da Indelegabilidade (P. da Indelegabilidade de Atribuições).

Um dos princípios da jurisdição. Segundo Carlos Henrique Bezerra Leite (2013, p. 153) em sua obra Curso de Direito Processual do Trabalho, "(...) a jurisdição, como emanação de Poder, não permite a delegação de poderes, ou seja, ao juiz não é permitido delegar os poderes que lhe são conferidos constitucionalmente".

É totalmente vedado ao Juiz delegar suas funções a outro Juiz ou servidor, ou mesmo ente estatal. Seus poderes são conferidos *intuitu personae*, em consideração a pessoa, ao cargo ocupado e as suas atribuições.

Princípio da Indelegabilidade da Competência Tributária.

Competência tributária significa a capacidade que possuem os entes legislativos de exercer "a competência legislativa plena" (art. 6º, CTN) acerca dos poderes de criar tributos, dispondo ainda sobre a universalidade dos elementos que irão constituí-los. Os tributos serão criados por meio de lei, conforme dedução do art. 150, I, da CF. Conforme ensina Carrazza (2011, p. 533), "competência tributária é a aptidão para criar, *in abstrato*, tributos".

O princípio da indelegabilidade da competência tributária encontra-se plasmado no art. 7º, *caput*, primeira parte, do CTN, conforme se infere, *in verbis*: "A competência tributária é indelegável (...)".

Apesar de não ser possível a transferência da competência para a instituição de tributos entre os entes da federação, poderá ocorrer a delegação de sua capacidade tributária ativa, quais sejam, conforme se dessume do art. 7º, *caput*, parte final, do CTN, as "funções de arrecadar ou fiscalizar os tributos ou de executar leis, serviços, atos ou decisões administrativas em matéria tributária (...)".

A competência legislativa atribuída a um ente da federação para legislar acerca de matéria tributária não poderá, em hipótese alguma, ser transferida a outro ente da federação, conforme se dessume do princípio federativo. Tal instrumento atribuiu a cada ente sua própria competência, proibindo, entretanto, sua delegação (Casalino, 2012, p. 54).

Importante ressaltar que a regra da indelegabilidade não desaparece mesmo que o ente legislativo não exerça sua competência tributária. O não-exercício da competência tributária não a defere a pessoa jurídica de direito público diversa daquela a que a Constituição a tenha atribuído (cf. art. 8º, CTN).

Princípio da Independência entre as Responsabilidades Civil, Administrativa e Penal (P. da Separação entre as Responsabilidades Civil, Administrativa e Penal).

A Lei 8.112/90 estabelece que será possível recair sobre um mesmo servidor que haja praticado ato irregular (ilícito) responsabilização por seus atos nas esferas penal, administrativa e civil. Isso é o que dispõe o art. 121 da "Lei dos Servidores Públicos", *verbis*: "O servidor responde civil, penal e administrativamente pelo exercício irregular de suas atribuições". Embora sejam independentes entre si, as sanções penal, administrativa e civil poderão ser aplicadas de maneira cumulativa (art. 125).

A responsabilidade civil decorre de ato omissivo ou comissivo, doloso ou culposo, que resulte em prejuízo ao erário ou a terceiros. A responsabilidade penal abrange os crimes e contravenções imputadas ao servidor nessa qualidade. Já a responsabilidade civil-administrativa resulta de ato omissivo ou comissivo praticado no desempenho do cargo ou função (cf. arts. 122, 123 e 124). Impende observar que a responsabilidade administrativa do servidor será afastada no caso de absolvição criminal que negue a existência do fato ou sua autoria (art. 126).

Em relação ao Direito Ambiental, a abordagem guarda similaridades com a da Lei 8.112/90, entretanto com importantes particularidades. Determina o art. 225, *caput*, da Constituição Federal, que todos têm direito ao meio ambiente ecologicamente equilibrado, competindo ao Poder Público e à coletividade sua defesa. Em se tratando de responsabilidade ambiental e considerando-se a defesa do meio ambiente como direito de terceira geração, o mesmo artigo em seu § 3º determina que "as condutas e atividades consideradas lesivas ao meio ambiente sujeitarão os infratores, pessoas físicas ou jurídicas, a sanções penais e administrativas, independentemente da obrigação de reparar os danos causados."

A CF/88, por meio do artigo citado, possibilita a responsabilidade nas esferas penal, administrativa e civil. Cumpre anotar, segundo Beltrão (2013, p. 216), que embora as sanções sejam cominadas de forma independente, em cada uma destas três esferas, poderão também ser cumulativas, assim como o é na Lei 8.112/90.

No que tange a responsabilidade civil na seara ambiental, adota-se o disposto no art. 14, § 1°, da Lei 6.938/81, que dispõe sobre a Política Nacional do Meio Ambiente. Tal lei estabelece que nas questões ambientais será adotada a teoria da responsabilidade civil objetiva, ou seja, não haverá a necessidade de comprovação de culpa ou dolo. Aquele que deu causa ao dano ambiental será necessariamente quem deverá repará-lo, respeitando-se, naturalmente, o direito de regresso contra eventuais culpados.

Princípio da Independência Funcional do Ministério Público (P. da Autonomia Funcional e Administrativa, P. da Independência Funcional).

O princípio da independência funcional, um dos pilares da atuação do Ministério Público, está consagrado no *caput* e no § 1° do art. 127 da Constituição da República, segundo o qual o MPU é instituição permanente, essencial à função jurisdicional do Estado, incumbindo-lhe a defesa da ordem jurídica, do regime democrático e dos interesses sociais e individuais indisponíveis, sendo um dos seus princípios constitucionais a independência funcional. Ao Ministério Público é assegurada autonomia funcional e administrativa, podendo, observada a lei, propor ao Poder Legislativo a criação e extinção de seus cargos e serviços auxiliares, provendo-os por meio de concurso público de provas ou de provas e títulos, a política remuneratória e os planos de carreira (cf. § 2°). Ainda dentro da esfera de independência do Ministério Público, caberá a este a elaboração de sua proposta orçamentária dentro dos limites estabelecidos na lei de diretrizes orçamentárias (cf. § 3°).

É assegurada ao órgão autonomia funcional e administrativa. O Ministério Público é instituição permanente, essencial à função jurisdicional do Estado, incumbindo-lhe a defesa da ordem jurídica, do regime democrático e dos interesses sociais e individuais indisponíveis, cabendo-lhe as garantias de vitaliciedade, inamovibilidade e irredutibilidade de subsídio. Não cabe a instituição nenhuma espécie de subordinação em relação aos Poderes da União, quais sejam Executivo, Legislativo e Judiciário.

Nas palavras de Spitzcovsky (2014, p. 147), os membros do MP "têm ampla liberdade para que possam tomar suas decisões nos processos em que atuam, não se submetendo a qualquer sorte de imposições ou limites estabelecidos por integrantes da carreira que se encontrem em um patamar superior de hierarquia". De acordo com Paulo e Alexandrino (2009, p. 665), "seus membros não se subordinam a quem quer que seja, somente à Constituição, às leis e à própria consciência".

Princípio da Independência das Instâncias (P. da Independência, P. da Independência das Instâncias Civil e Criminal, P. da Independência Judicial, P. da Independência de Jurisdição).

Pode-se afirmar que a independência das instâncias civil, penal e administrativa decorre do princípio da separação de poderes, que lhes confere certa autonomia entre si. Quanto a esfera administrativa, este princípio lhe atribui relativa independência na medida em que a punição a agente público que tenha cometido ilícito não dependerá de decisão nas esferas civil e criminal, nem, tampouco, a decisão administrativa proposta por meio de processo disciplinar deverá aguardar o desfecho nas ações em curso nessas searas para que seja posta em prática. Tal definição decorre do que dispõe o art. 125 da Lei nº 8.112/1990, segundo o qual, "as sanções civis, penais e administrativas poderão cumular-se, sendo independentes entre si". Ao iniciar o processo disciplinar, a Administração Pública poderá aplicar sanção ao agente público independente de que haja, paralelamente nas esferas civil e criminal, ações relativas aos mesmos fatos. As instâncias não estarão atreladas umas as outras.

Quanto às instâncias civil e criminal, preceitua o art. 935 do Código Civil brasileiro que "a responsabilidade civil é independente da criminal, não se podendo questionar mais sobre a existência do fato, ou sobre quem seja o seu autor, quando estas questões se acharem decididas no juízo criminal".

O artigo em comento, combinado com os artigos 313 do Código de Processo Civil e 65 do Código de Processo Penal, conclui que, decidida a questão no âmbito criminal, decidida também estará no âmbito civil. Apesar das instâncias civil e criminal serem independentes, a absolvição criminal plena repercutirá na esfera civil, tornando impossível qualquer punição neste direito. Desta forma, inexistirá direito à indenização. Entretanto, caso na esfera criminal haja constatação de ilícito e, consequentemente, haja punição, poderá também, de forma concomitante, cumulativa, haver punição no âmbito do Direito Civil.

Princípio da Inderrogabilidade (P. da Inevitabilidade da Pena).

Um dos princípios orientadores da pena, o princípio da inderrogabilidade aduz que após a constatação da prática de determinada infração penal por indivíduo e presentes seus pressupostos, a aplicação da pena pelo juiz é inderrogável, ou seja, a pena deverá ocorrer. Não pode o agente público se escusar da aplicação da pena. Segundo Nucci (2009, p. 378), uma vez constatada a prática de infração penal a pena não pode deixar de ser aplicada em decorrência do princípio da legalidade.

Mesmo havendo exceções ao dever de punir como, por exemplo, as constantes no art. 23, I, II e III, do Código Penal, segundo o qual não há crime quando o agente pratica o fato em estado de necessidade, em legítima defesa e em estrito cumprimento de dever legal ou no exercício regular de direito, além do perdão judicial, a aplicação da pena é inevitável.

Princípio da Indisponibilidade da Ação Coletiva (P. da Continuidade da Demanda Coletiva, P. da Indisponibilidade da Demanda Coletiva, P. da Indisponibilidade Mitigada da Ação Coletiva).

Princípio constante no rol do Processo Coletivo Brasileiro, a indisponibilidade da ação coletiva vem ao encontro da importância dada pelo ordenamento jurídico nacional aos direitos transindividuais.

Por sua natureza singular a ação coletiva não pertence ao autor, mas sim a coletividade. Caso haja renúncia da ação coletiva pelo autor (sindicato ou associação legitimada), caberá ao legitimado legal o papel de substituto processual nesta espécie. Isto ocorre, pois as ações coletivas encontram-se impregnadas pela característica da indisponibilidade do interesse público. Um destes substitutos legais encontra-se demarcado na figura do Ministério Público, que se tornará o substituto legal nas ações coletivas nas hipóteses de desistência infundada do autor nos casos de Ação Civil Pública (Lei 7.347/85) e Ação Popular (Lei 4.717/65).

Conforme se denota nestes regramentos, em caso de desistência infundada ou abandono da ação civil pública, terá legitimidade para propor a ação principal e a ação cautelar o Ministério Público (ou outro legitimado), conforme art. 5º, §3º, da Lei 7.347/85. No caso da ação popular, se o autor desistir da ação ficará assegurado ao representante do *parquet* (bem como a qualquer cidadão) promover o prosseguimento da mesma (art. 9º da Lei 4.717/65).

Princípio da Indisponibilidade da Coisa Pública (P. da Indisponibilidade, P. da Indisponibilidade dos Bens Públicos, P. da Indisponibilidade do Interesse Público).

O princípio da indisponibilidade do interesse público guarda papel de extrema relevância no Direito Administrativo, tanto é que, ao lado do princípio da supremacia do interesse público é chamado de macroprincípio ou supraprincípio, tamanha sua relevância para esse regime jurídico. Destes princípios decorrem todos os demais que regem a administração pública.

A Administração Pública não é a proprietária da coisa pública, não podendo dela dispor (por meio da atividade do administrador público) como bem entender, devendo para tanto, seguir o ordenamento legal que irá determinar o procedimento para cada caso. O administrador, no papel de agente público, é mero gestor da coisa pública, vinculando esta a sua finalidade e agindo no melhor interesse da população. Trata-se do interesse público primário que diz respeito ao bem estar da coletividade.

Apesar da indisponibilidade da coisa pública, existe a possibilidade dos bens e o interesse público serem transacionados quando se verificar que tal mitigação será benéfica ao interesse público. É o que se deduz da jurisprudência do STF: "Em regra, os bens e o interesse público são indisponíveis, porque pertencem à coletividade. É, por isso, o Administrador, mero gestor da coisa pública, não tem disponibilidade sobre os interesses confiados à sua guarda e realização. Todavia, há casos em que o princípio da indisponibilidade do interesse público deve ser atenuado, mormente quando se tem em vista que a solução adotada pela Administração é a que melhor atenderá à ultimação deste interesse" (STF, 1ª T. RE 253885. Rel. Min. Ellen Gracie, j. 04.06.2002, DJ 21.06.2002).

O princípio da indisponibilidade da coisa pública, juntamente aos princípios da legalidade e da supremacia do interesse público sobre o particular, impõe ao agente público a obrigatoriedade de administrar a coisa pública em prol da coletividade, com isenção de qualquer espécie de interesse privado. Ao administrador será vedado agir com livre disponibilidade da coisa pública, desviando-se da conduta de gestor zeloso e dos princípios básicos da Administração (TRT - 24. AR 00160-2007.000.24.00.2/MS. Rel. Ricardo G. M. Zandona, j. 24.01.2008, DJ 08.02.2008).

Princípio da Indisponibilidade da Defesa em 1ª Instância.

Trata-se de decorrência própria do sistema processual pátrio que se baseia no direito ao contraditório e a ampla defesa, princípios basilares do direito processual onde se concede a parte acusada o direito de se defender por todos os meios admitidos no direito. Esse direito dado ao acusado para que se defenda por meio de provas, documentais, testemunhais etc, lhe é indisponível.

Conforme se infere na jurisprudência pátria, o contraditório e a ampla defesa tornam obrigatória a defesa técnica, resultando isso dos ditames consubstanciados no princípio da indisponibilidade da defesa em 1ª instância (STJ. HC 7833/RS 1998/0059855-3. Rel. Min. Luiz Vicente Cernicchiaro, j. 06.10.1998, DJ 09.11.1998).

Princípio da Indisponibilidade dos Direitos dos Beneficiários (P. da Indisponibilidade dos Direitos dos Benefícios, P. da Irredutibilidade dos Benefícios).

Dispõe o art. 102, parágrafo primeiro da Lei nº 8.213/1991 que "a perda da qualidade de segurado não prejudica o direito à aposentadoria para cuja concessão tenham sido preenchidos todos os requisitos, segundo a legislação em vigor à época em que estes requisitos foram atendidos".

Segundo a Lei, o decurso do prazo não poderá ser fator que ocasione que o segurado (ou seu dependente) perca o direito sobre benefício de natureza alimentar ao qual tenha contribuído ao longo do tempo.

Ensina Castro (*et al.*) (2020, p. 177) que "em se tratando do valor do benefício devido ao segurado ou a seu dependente de direito de natureza alimentar, inadmissível se torna que o beneficiário, pelo decurso do prazo, perca o direito ao benefício. Tem-se, assim, preservado o direito adquirido daquele que, tendo implementado as condições previstas em lei para a obtenção do benefício, ainda não o tenha exercido".

Princípio da Indisponibilidade dos Direitos Trabalhistas (P. da Indisponibilidade) (Direito do Trabalho).

O princípio da indisponibilidade tem origem no princípio da irrenunciabilidade dos direitos trabalhistas, tendo por pedra de toque a defesa dos direitos trabalhistas indisponíveis. Sendo os direitos trabalhistas normas de ordem pública, sua aplicabilidade independe da vontade das partes, haja vista a inafastabilidade de sua aplicação. Em regra, são indisponíveis, não sendo cabível às partes deliberar acerca de renúncia ou mitigação de direitos.

A aplicabilidade das normas trabalhistas independente da vontade das partes, pois os direitos trabalhistas tratam de interesse social. Segundo entendimento de Bezerra Leite (2013, p. 86) o Processo do Trabalho tem por função assegurar a "efetiva realização dos direitos sociais indisponíveis dos trabalhadores". De outra banda, observa Leone Pereira (2013, p. 80) que o princípio da indisponibilidade estabelece "que os direitos trabalhistas são indisponíveis, em regra, não podendo ser objeto de renúncia ou de transação".

As regras trabalhistas são imperativas e sua indisponibilidade decorre do fato do trabalhador ser a parte mais fraca do ponto de vista social, cultural e econômico na relação trabalhista. Qualquer hipótese de concessão de direitos (renúncia ou transação) poderia ocorrer simplesmente pelo receio do trabalhador em perder seu posto de trabalho.

Princípio da Indisponibilidade da Execução Coletiva.

O princípio da indisponibilidade da execução coletiva baseia-se nos mesmos fundamentos embasadores do princípio da indisponibilidade da ação coletiva, ou seja, o processo coletivo comum brasileiro, devido às características singulares apresentadas pelas ações coletivas (de natureza transindividual), apresenta alta relevância dentro da legislação brasileira, devido primordialmente, ao caráter social a que está relacionado.

O Ministério Público poderá exercer papel de substituto processual nas execuções coletivas caso o autor não promova a execução (sindicato ou associação legitimada), pois as mesmas encontram-se impregnadas pela característica da indisponibilidade do interesse público.

Desta forma, consoante entendimento consubstanciado na Lei de Ação Civil Pública (Lei 7.347/85), decorrido o prazo constante no art. 15 sem que a associação autora lhe promova a execução, deverá fazê-lo o Ministério Público, facultada igual iniciativa aos demais legitimados.

Em relação a Ação Popular (Lei nº 4.717/65), apresentamos, *ipsis litteris*, o art. 16 da presente Lei: "Caso decorridos 60 (sessenta) dias da publicação da sentença condenatória de segunda instância, sem que o autor ou terceiro promova a respectiva execução, o representante do Ministério Público a promoverá nos 30 (trinta) dias seguintes, sob pena de falta grave".

Princípio da Indisponibilidade de Instância (P. da Indisponibilidade).

O controle de constitucionalidade consubstancia-se em procedimento no qual se confere as normas uma necessária adequação com os comandos expressos na Constituição Federal, para que sua existência se dê em respeito ao regramento legal. Trata-se de mecanismo que permite a verificação da conformidade de lei com a Carta Maior. O Brasil adotou o sistema judicial ou jurisdicional de controle, que, em breve definição, é o sistema que confere ao Poder Judiciário a competência para declarar a inconstitucionalidade das leis. Em geral, os ordenamentos prevêem a existência de dois modelos de controle de constitucionalidade, o difuso (concreto) e o abstrato (concentrado ou reservado).

Quanto ao controle abstrato de constitucionalidade, verifica-se a inadmissibilidade da desistência da ação por parte dos legitimados. Isso se dá, pois, nesta via procedimental, a causa do pedido é tema que não busca a tutela particular do indivíduo, mas sim a tutela de norma do Estado de relevância coletiva (cf. art. 5º da Lei 9.868/99).

Quanto a indisponibilidade, importante o magistério de Paulo e Alexandrino (2009, p. 766): "Uma vez iniciado o processo por um dos legitimados, ele será levado a termo pelo STF; a iniciativa do legitimado ativo é imprescindível apenas como impulso inaugural. Essa impossibilidade de desistência se justifica pela natureza objetiva do processo no controle abstrato, o que significa que o autor não busca a tutela de interesse próprio ou de posição jurídica individual, motivo pelo qual o prosseguimento do processo não está a seu talante".

Princípio da Indisponibilidade Penal (P. da Indesistibilidade, P. da Indisponibilidade, P. da Indisponibilidade da Ação Penal Pública, P. da Indisponibilidade do Objeto do Processo, P. da Indisponibilidade do Processo, P. da Indisponibilidade do Processo Penal).

Segundo se infere na lei (art. 42 do CPP), o Ministério Público não poderá desistir da ação penal após sua interposição. Uma vez iniciada a ação penal não poderá o Promotor de Justiça dela desistir, pois não se trata da defesa individual de um cidadão, mas sim a defesa de um direito do próprio Estado. Tal sistemática também será observada quanto aos recursos interpostos pelo Ministério Público (art. 576, CPP). "Em nosso ordenamento jurídico pátrio prevalece o princípio da indisponibilidade da ação penal, do qual resulta a impossibilidade de desistência do recurso por parte do *Parquet*" (TJ. APL 0002122013 0000020-71.1995.8.10.0079/MA. Rel. José de Ribamar Froz Sobrinho, j. 30.09.2013, DJe 08.10.2013). É um princípio que decorre do princípio da obrigatoriedade da ação penal pública.

Deve ser esclarecido que a indisponibilidade da ação penal pelo MP deverá ser observada quanto às ações de natureza pública e incondicionada. Na ação privada e na ação pública condicionada a representação incidirá o princípio da oportunidade (Nucci, 2016, p. 65).

Princípio da Indissolubilidade do Vínculo Federativo (P. da Indissolubilidade, P. da Indissolubilidade do Pacto Federativo).

De acordo com o art. 1º da CF/88, o Brasil é uma República Federativa, formada pela união indissolúvel de todos os seus Estados, Municípios e do Distrito Federal, constituindo-se, assim, em um Estado Democrático de Direito. O termo união indissolúvel que o artigo traz em seu bojo, significa que os Estados, Municípios e Distrito Federal, pessoas jurídicas de direito público autônomas, possuem autonomia, mas não soberania, haja vista não existir em nosso ordenamento o direito de secessão (divisão). Quem possui soberania é a República Federativa do Brasil. O art. 60 da Constituição Federal, parágrafo 4º, I, proíbe a proposta de emenda a Constituição que vise abolir a forma federativa de Estado. [30]

Princípio da Indistinção.

Tendo em vista alcançar a isonomia no processo licitatório, a seleção da proposta mais vantajosa para a Administração Pública e a promoção do desenvolvimento nacional sustentável, estipula a Lei 8.666/93 que será vedado aos agentes públicos, estabelecer qualquer espécie de preferências ou distinções em face da naturalidade, da sede ou domicílio dos licitantes, ou de qualquer outra condição que não seja necessária para o específico objeto do contrato (art. 3º, § 1º, I).

Princípio da Individualização da Pena.

A Constituição Federal estabelece consoante entendimento consolidado em seu art. 5º, XLVI, que a individualização da pena será regulada por meio de lei e adotará, entre outras, as penas de privação ou restrição da liberdade, perda de bens, multa, prestação social alternativa e suspensão ou interdição de direitos. O legislador deverá ser justo na aplicação da pena, não podendo ser rigoroso em excesso nem complacente com o ato praticado. Na feliz síntese de Silva (2012, p. 144), "(...) o legislador deve cominar aos delitos penas proporcionais, que sejam coerentes com a gravidade do injusto penal".

O legislador ao estabelecer a pena daquele que infringiu a lei, de acordo com Paulo e Alexandrino (2009, p. 158), deverá levar em conta suas características pessoais tais como bons antecedentes, ser o réu primário, etc. O histórico pessoal do infrator deverá ser analisado e seu conteúdo irá influenciar na fixação da pena, levando-se em conta as condições agravantes e as atenuantes.

Ocorre que o legislador não possui ampla liberdade na escolha da (s) pena (s) que aplicará, pois, de acordo com o inciso XLVII do presente artigo, são vedadas em nosso país as penas de morte (salvo em caso de guerra declarada, nos termos do art. 5º, XLVII, a, c/c art. 84, XIX), de caráter perpétuo, de trabalhos forçados, de banimento e cruéis. Questão hoje pacífica trata do direito de progressão de regime aplicado aos réus presos por cometimento de crimes hediondos (STF. HC 82.959/SP. Rel. Min. Marco Aurélio, j. 23.02.2006).

Princípio da Indivisibilidade (Direito Constitucional).

Segundo Celso Spitzcovsky (2014, p. 147) o princípio da indivisibilidade - um dos princípios institucionais do Ministério Público - decorre do princípio da unidade (todos aqueles que integram o Ministério Público são considerados um só ente, ou seja, todos os integrantes "são", representam aquele órgão, compartilhando inclusive, prerrogativas funcionais) e "estabelece a possibilidade de substituição de um integrante da carreira por outro no curso de um processo, sem que se possa cogitar de qualquer sorte de prejuízo".

Esta previsão de substituição de um integrante da carreira no curso de um processo por outro relaciona-se com a garantia da inamovibilidade dos membros do MP (art. 128, § 5º, I, b, CF), pois quando esta ocorrer, e só ocorrerá por motivo de relevante interesse público, não ocasionará danos as partes interessadas.

A indivisibilidade encontra guarida no art. 127, § 1º, da Constituição de 1988: "São princípios institucionais do Ministério Público a unidade, a indivisibilidade e a independência funcional".

Princípio da Indivisibilidade (P. da Indivisibilidade da Ação Penal) (Direito Processual Penal).

No âmbito do Processo Penal este princípio está estabelecido no art. 48 do Código de Processo Penal, segundo o qual "a queixa contra qualquer dos autores do crime obrigará ao processo de todos, e o Ministério Público velará pela sua indivisibilidade".

Aqui, o princípio da indivisibilidade caberá na esfera da ação penal privada, e não na ação penal pública, segundo jurisprudência: "(...) O princípio da indivisibilidade, próprio da ação penal de iniciativa privada, não se aplica à ação penal pública." (AC. de 18.3.2008 no HC nº 581, rel. Min. Cezar Peluso; no mesmo sentido o AC. nº 490, de 14.9.2004, rel. Min. Francisco Peçanha Martins).

Assim é a posição do STJ em face da ação penal pública: "Não há inépcia da denúncia por uma eventual separação da acusação, assim como violação ao princípio da indivisibilidade da ação penal, porquanto na ação penal pública incondicionada é permitido, a qualquer tempo, o aditamento ou até o posterior oferecimento de outra denúncia pelo Parquet (precedentes)" (STJ. RHC 46296/BA 2014/0060080-5. Rel. Min. Sebastião Reis Júnior, j. 16.03.2017, DJe 23.03.2017).

Deverá o querelante oferecer queixa contra todos os denunciados, pois, caso ocorra renúncia em relação a algum deles, poderá ocorrer extinção da punibilidade. Ou seja, além de caber ao querelante oferecer ou não a queixa, caso o faça, deverá obrigatoriamente oferecê-la contra todos os envolvidos.

Princípio da Indivisibilidade dos Direitos Reais de Garantia.

O princípio em pauta encontra-se embasado no art. 1.421, do Código Civil, cuja redação a seguir se reproduz: "O pagamento de uma ou mais prestações da dívida não importa exoneração correspondente da garantia, ainda que esta compreenda vários bens, salvo disposição expressa no título ou na quitação".

Princípio que visa à proteção dos direitos do credor, a indivisibilidade dos direitos reais de garantia assegura que a coisa onerada permanecerá em garantia até que a dívida seja extinta. Mesmo que a dívida seja saldada em prestações, a garantia sobre a coisa gravada permanecerá integral. Quer dizer que a garantia não diminui conforme o pagamento respectivo das parcelas. Nas palavras de Sílvio de Salvo Venosa (2012, p. 533), "(...) à medida que o débito vai sendo amortizado, não existe a correspondente paulatina extinção da garantia". Não existe diminuição proporcional da garantia, esta somente se extingue com a total quitação dos débitos.

Princípio da Indivisibilidade do Juízo Falimentar (P. da Indivisibilidade do Juízo da Falência).

O procedimento falimentar será regulamentado pela Lei nº 11.101/2005, conhecida como a Lei de Falências, devendo observar os procedimentos judiciais legais pertinentes a qualquer processo, tais como a celeridade e a economia processual (cf. art. 75, parágrafo único). Segundo o art. 76 da Lei de Falências, o juízo da falência é indivisível e competente para conhecer todas as ações sobre bens, interesses e negócios do falido, ou seja, o juízo falimentar terá o poder de atrair todas as ações referentes a empresa falida. A indivisibilidade é um dos princípios reitores da recuperação judicial e do procedimento falimentar concentrando todas as ações referentes a falida no juízo da falência e da recuperação judicial.

Segue o art. 76, *in verbis*: "O juízo da falência é indivisível e competente para conhecer todas as ações sobre bens, interesses e negócios do falido, ressalvadas as causas trabalhistas, fiscais e aquelas não reguladas nesta Lei em que o falido figurar como autor ou litisconsorte ativo. Parágrafo único. Todas as ações, inclusive as excetuadas no caput deste artigo, terão prosseguimento com o administrador judicial, que deverá ser intimado para representar a massa falida, sob pena de nulidade do processo".

Princípio Indivisibilidade da Prova (P. da Incindibilidade dos Meios de Prova, P. da Incindibilidade da Prova, P. da Indivisibilidade dos Meios de Prova, P. da Unitariedade da Prova).

A regra da indivisibilidade da prova encontra-se plasmada no art. 412, parágrafo único, do CPC, *in verbis*: "O documento particular admitido expressa ou tacitamente é indivisível, sendo vedado à parte que pretende utilizar-se dele aceitar os fatos que lhe são favoráveis e recusar os que são contrários ao seu interesse, salvo se provar que estes não ocorreram".

Entende-se pela regra que a prova não poderá ser cindida, ou seja, dividida, com fins de utilização pela parte apenas do fragmento que lhe seja favorável, desprezando os elementos daquela prova que lhe sejam adversos. "Sendo a prova um todo indivisível, não pode ser cindida para aproveitar apenas a parte que interessa ao reclamante (...), desprezando-se os demais aspectos nelas aventados". (TRT-24. RO 2245199577724000/MS 02245-1995-777-24-00-0. Rel. Geralda Pedroso, DJ 17.04.1996).

Princípio da Indivisibilidade da Sentença (P. da Incindibilidade das Decisões Judiciais, P. da Incindibilidade da Sentença).

A sentença se caracteriza como um ato judicial indivisível e é composta basicamente por três elementos que a completam, quais sejam relatório, fundamentação e dispositivo. O relatório, basicamente, traz o resumo dos fatos que ocorreram durante o processo, Na fundamentação são analisadas as questões de fato e de direito apresentadas pelas partes no decorrer do processo. Por fim, no dispositivo (*decisum*), o magistrado define se os pedidos do autor merecem prosperar, ou seja, conclui se os pedidos são ou não procedentes.

Estes três elementos (relatório, fundamentação e dispositivo) são indivisíveis e, por estarem intrinsecamente relacionados, não podem ser analisados ou utilizados individualmente.

Princípio *in Dubio Pro Natura* (P. do *in Dubio Pro* Ambiente).

"A hermenêutica jurídico-ambiental rege-se pelo princípio *in dubio pro natura*" (STJ, 2ª T., REsp n.º 1.114.893/MG). Ao pé da letra o princípio *in dubio pro natura* significa na dúvida escolha a natureza, e relaciona-se com a tutela ambiental além da tutela dos direitos humanos ambientais.

Este princípio leva o Administrador Público a interpretar sempre em prol da natureza as normas que possuírem teor ambíguo ou levarem a diferentes significados. Decorre da premissa de que na dúvida, deve-se proteger a natureza, elemento mais vulnerável. [31 e 32]

Segundo Tiago Cardoso Vaitekunas Zapater, "Diferentemente do *in dubio pro reo*, o *in dubio pro natura* não é uma regra operativa, para que o juiz possa decidir mesmo quando há dúvida. O *in dubio pro natura* determina que a interpretação do direito deve favorecer uma das partes". [33]

Para uma maior compreensão citamos trecho do REsp 1.328.753-MG, Rel. Min. Herman Benjamin, julgado em 28/5/2013 (Informativo nº 0526). "(...) incumbe ao juiz, diante das normas de Direito Ambiental – recheadas que são de conteúdo ético intergeracional atrelado às presentes e futuras gerações –, levar em conta o comando do art. 5º da LINDB, segundo o qual, ao se aplicar a lei, deve-se atender 'aos fins sociais a que ela se dirige e às exigências do bem comum', cujo corolário é a constatação de que, em caso de dúvida ou outra anomalia técnico-redacional, a norma ambiental demanda interpretação e integração de acordo com o princípio hermenêutico *in dubio pro natura*, haja vista que toda a legislação de amparo dos sujeitos vulneráveis e dos interesses difusos e coletivos há sempre de ser compreendida da maneira que lhes seja mais proveitosa e melhor possa viabilizar, na perspectiva dos resultados práticos, a prestação jurisdicional e a *ratio essendi* da norma".

Merece atenção o julgado proferido pelo STJ, 2ª Turma. RESP 883.656/RS. Rel. Min. Herman Benjamin, j. 09.03.2010, DJe 28.02.2012.

Princípio do *in Dúbio Pro Operario* (P. do *in Dubio Pro Misero*, P. da Interpretação mais Benéfica ao Empregado, P. da Interpretação mais Favorável ao Empregado).

Decorre do princípio da proteção ao hipossuficiente, também chamado de princípio da proteção ou princípio protetor. Segundo ensinamento de Schiavi (2010, p. 70), o princípio do *in dubio pro operário* ou *in dubio pro misero*, significa que "quando a norma propiciar vários sentidos de interpretações possíveis, deve-se prestigiar a interpretação mais favorável ao empregado".

Uma norma pode conter mais de uma interpretação possível, seja por estar mal redigida e confusa, ou mesmo por não abarcar todas as situações jurídicas possíveis, deixando, assim, lacunas na lei. Por isso, ao interpretar uma norma, o Juiz deverá sempre optar por aquela mais favorável ao trabalhador, levando-se em conta que este é a parte mais frágil da relação laboral (hipossuficiência econômica).

Bezerra Leite (2013, p. 651) assim define o princípio: "Consiste na possibilidade de o juiz, em caso de dúvida razoável, interpretar a prova em benefício do empregado, geralmente autor da ação trabalhista. Afinal, o caráter instrumental do processo não se confunde com sua forma". Em suma, sempre que na lei houver espaço para mais de uma interpretação, escolhe-se aquela que for mais vantajosa ao trabalhador.

"De acordo com o princípio da proteção do trabalhador, em sua vertente *in dubio pro operario*, em caso de dúvida deve ser aplicada à norma jurídica a interpretação mais benéfica ao empregado, pelo que incabível a restrição alegada pela empresa". (TRT, 5ª Turma. Rec. Ord. 0000423-53.2013.5.05.0029/BA. Rel. Jeferson Muricy, DJe 13.08.2014).

Princípio do *in Dubio Pro* Refugiado.

O presente princípio encontra-se interpretado no Protocolo sobre o Estatuto dos Refugiados de 1967, promulgado no Brasil por meio do Decreto nº 70.946/72. Segundo o regramento, o estrangeiro que requerer o pedido de refúgio afirmando que sua vida ou liberdade correm riscos em seu local de origem em que vive, devido a sua raça, cor, opinião política, credo, grupo social etc, gozará do benefício da dúvida.

Em caso de incertezas sobre a real condição do estrangeiro em se adequar aos requisitos de refugiado, a solução será sempre em seu favor, ou seja, pela admissão como refugiado. Sua não admissão poderia colocar em risco sua integridade física, saúde, liberdade ou até mesmo sua vida.

Princípio do *in Dúbio Pro Reo* (P. do *in Dubio Pro* Réu, P. de Interpretação das Leis Penais, P. do *Favor Libertatis*, P. do *Favor* Inocente, P. *do Favor Inocentiae*, P. do *Favor Rei*, P. da Prevalência do Interesse do Réu).

Segundo Paulo e Alexandrino (2009, p. 173), de acordo com o princípio processual do *in dubio pro reo*, "existindo dúvida na interpretação da lei ou na capitulação do fato, adota-se aquela que for mais favorável ao réu". Este princípio encontra-se situado no art. 386, VII, do Código de Processo Penal, segundo o qual o Juiz deverá absolver o réu mencionando a causa na parte dispositiva, desde que reconheça a não existência de provas suficientes para a condenação.

Nas palavras de Capez (2014, p. 80), assim é conceituado o *in dubio pro reo*: "A dúvida sempre beneficia o acusado. Se houver duas interpretações, deve-se optar pela mais benéfica; na dúvida, absolve-se o réu, por insuficiência de provas (...)".

O Estado, sempre que comprovar não existirem provas suficientes para que se comprove a materialidade e a autoria de um crime e, consequentemente, a condenação de um indivíduo pelo fato ilícito, deverá absolvê-lo, pois em caso de dúvida, ninguém poderá ser punido. A dúvida favorecerá o réu. Deve-se levar em conta aqui, também o instituto constitucional que afirma que "ninguém será considerado culpado até o trânsito em julgado de sentença penal condenatória" (cf. art. 5º, LVII, CF/88).

Princípio do *in Dubio Pro Societate*.

Estamos diante de instrumento processual penal que dissolve, em certos casos, o princípio do *in dubio pro reo*. Desta maneira, diante de algumas fases no curso do processo penal a dúvida não irá beneficiar o réu, mas sim a sociedade. São situações passíveis da ocorrência deste princípio a fase do oferecimento da denúncia e da prolação da decisão de pronúncia. Quanto ao recebimento da denúncia, temos na jurisprudência que essa fase não implica em juízo de certeza, mas sim de mera probabilidade de procedência da ação penal (TJ. RESE 2009.071665-0/SC. Rel. Des. Rui Fortes, j. 06.04.2010). No caso do auto de prisão em flagrante poderá a autoridade policial não lavrar o auto, devendo observar, entretanto, que vigora aí o princípio do *in dubio pro societate*. Da mesma maneira poderá proceder o Juiz quanto a conversão do flagrante em prisão preventiva sem oferecimento da denúncia.

Nos casos em que o magistrado na fase de pronúncia não tenha certeza sobre enviar ou não o processo a júri, deverá enviar para que a sociedade se manifeste. Desta forma, assim temos na jurisprudência: "O Tribunal do Júri é o órgão competente para, diante dos elementos probatórios a serem produzidos, julgar o réu culpado ou inocente e declarar a incidência ou não de excludentes de ilicitude. Constituindo a pronúncia juízo de admissibilidade da acusação nos crimes dolosos contra a vida, nesta fase processual vigora o princípio *in dubio pro societate*. O exame da prova deve ser, portanto, feito superficialmente sob pena de subtrair a competência do juiz natural da causa, o Tribunal do Júri. Havendo controvérsia sobre a autoria do delito ou a incidência de excludente de ilicitude, compete ao Conselho de Sentença valorar as provas para deliberar acerca da conduta do agente e as circunstâncias do delito" (TJ. RSE 0000150011039/RR. Rel. Des. Mozarildo Cavalcanti, DJe 22.08.2015).

Princípio da Ineficácia das Decisões Recorríveis.

Tratamos aqui de um dos princípios elementares dos recursos no Processo Civil. A decisão cabível de recurso ainda não se encontra capaz de ter sua eficácia plena no mundo jurídico. Somente a decisão detentora do *status* de sentença transitada em julgado será capaz de espalhar seus efeitos perante a sociedade.

Naturalmente que tratamos aqui das decisões as quais sejam interpostos recursos com efeito suspensivo, procedimento considerado a exceção em nosso ordenamento. Neste caso a decisão judicial prolatada será legítima e válida, porém não será exigível. Assim sendo, os recursos terão efeito suspensivo quando houver disposição legal ou decisão judicial definindo tal efeito (art. 995, *caput*, CPC).

"A eficácia da decisão recorrida poderá ser suspensa por decisão do relator, se da imediata produção de seus efeitos houver risco de dano grave, de difícil ou impossível reparação, e ficar demonstrada a probabilidade de provimento do recurso" (art. 995, parágrafo único, CPC).

Princípio da Inércia (P. da Ação, P. da Demanda, P. Dispositivo, P. do Dispositivo, P. Expositivo, P. da Inércia da Jurisdição, P. da Inércia Jurisdicional, P. da Iniciativa da Parte, P. da Iniciativa das Partes, P. *Ne Procedat Judex ex Officio*, P. *Nemo Iudex Sine Actore*, P. da Titularidade).

Alguns autores pátrios tratam demanda e inércia como princípios autônomos, entretanto, a doutrina majoritária entende ambos como um só princípio. Desta maneira, seguiremos o entendimento da doutrina majoritária que considera demanda e inércia sinônimos. Trataremos agora de sua definição.

Este princípio encontra-se definido no art. 2º do CPC e consagra a regra da inércia da jurisdição. O dispositivo decreta que o Juiz somente prestará tutela jurisdicional quando a parte ou interessado a requerer, nos casos e formas legais. Desta maneira, afirma-se que "o processo começa por iniciativa da parte e se desenvolve por impulso oficial, salvo as exceções previstas em lei" (art. 2º, CPC).

O Juiz se manterá inerte (*ne procedat judex ex officio*) até sua provocação pela parte ou interessado. A partir daí, ocorrendo a demanda (*nemo iudex sine actore*), o desenvolvimento do processo, seu andamento, se dará mediante impulso oficial, até porque não há juiz sem autor.

Nas palavras de Bezerra Leite (2013, p. 153), em regra, não é possível a instauração da jurisdição *ex officio*. Isso se dá, pois a jurisdição é inerte, estática, não se movimenta caso não ocorra requerimento da parte interessada.

Princípio da Inerência do Risco (Direito Societário).

É sabido que qualquer atividade empresarial poderá fracassar ou prosperar. Não raro, isso independe de que haja respeito as leis, boa ou má administração por parte do empresário, pois diversos fatores externos podem afetar uma empresa. O risco é algo intrínseco a atividade negocial. É um elemento próprio do empreendimento empresarial.

Inobstante tal fato, a inerência do risco não poderá ser considerada um salvo conduto por parte do administrador capaz de abster ou mitigar suas responsabilidades legais como empresário. Pelo contrário. O empresário não poderá eximir-se de suas responsabilidades legalmente reguladas suscitando a inerência do risco empresarial.

Princípio da Inescusabilidade do Desconhecimento Formal da Lei.

Segundo lição de Nucci (2009, p. 349), desconhecimento da lei "é a ignorância da norma escrita, algo que não se pode alegar, pois, publicada a lei no Diário Oficial, presume-se o seu conhecimento por todos". Em nosso ordenamento jurídico verificamos que a lei é a todos imposta, e qualquer tipo de escusa de cumprimento pela parte alegando seu desconhecimento é vedada. Entendimento este que decorre do artigo 3º da Lei de Introdução às normas do Direito Brasileiro (LINDB. Decreto – Lei 4.657/1942), *verbis*: "Ninguém se escusa de cumprir a lei, alegando que não a conhece".

Dentro da seara penal, o Código Penal brasileiro em seu art. 21 define que o desconhecimento da lei é inescusável, sendo tal preceito corolário da definição trazida pelo art. 3º do Decreto-Lei citado anteriormente. Pois bem, segundo o art. 21 o desconhecimento da lei é inescusável, sendo isento de pena o erro sobre a ilicitude do fato caso inevitável, e, caso seja evitável, poderá diminuí-la de um sexto a um terço. De acordo com o parágrafo único do presente artigo, considera-se evitável o erro se o agente atua ou se omite sem a consciência da ilicitude do fato, quando lhe era possível, nas circunstâncias, ter ou atingir essa consciência. Assim, é vedada a afirmação de desconhecimento da lei tendo por escopo alegar falta de consciência quanto à prática de ato ilícito e a não incidência de punição.

Entende-se que, se todos aqueles que cometessem atos ilícitos pudessem alegar em suas defesas o simples desconhecimento das leis, correríamos o risco de vê-las desobedecidas e desrespeitadas corriqueiramente. A lei acabaria tornando-se letra morta.

Uma vez mais nos utilizamos das lições de Nucci (*idem*, p. 345), *verbis*: "O desconhecimento da lei, isto é, da norma escrita, não pode servir de desculpa para a prática de crimes, pois seria impossível, dentro das regras estabelecidas pelo direito codificado, impor limites à sociedade, que não possui, nem deve possuir, necessariamente, formação jurídica". Prossegue o autor em seu brilhante raciocínio nos brindando com sua diferenciação de erro de proibição escusável e inescusável, segundo o qual "o erro de proibição é considerado escusável se o agente, à época da realização da conduta, não tinha consciência atual, nem potencial da ilicitude; o erro de proibição é considerado inescusável se o agente, quando realiza a conduta, não tinha consciência atual, mas lhe era possível saber que se tratava de algo ilícito" (*ibidem*, p. 346).

Princípio da Inevitabilidade (P. da Inevitabilidade da Jurisdição, P. da Irrecusabilidade, P. da Inderrogabilidade).

Carlos Henrique Bezerra Leite (2013, p. 152) em sua brilhante obra Curso de Direito Processual do Trabalho, conceitua jurisdição, *verbis*: "Diz-se comumente, que a jurisdição (*juris dicere*) é o poder que o Estado avocou para si de dizer o direito, de fazer justiça, em substituição aos particulares". Leciona Capez (2014, p. 51) com inegável sabedoria: "A jurisdição impõe-se independente da vontade das partes, que a ela devem sujeitar-se. A situação das partes, quanto ao juiz, na relação processual, é de absoluta sujeição, sendo-lhes impossível evitar que, sobre sua esfera jurídica, se exerça a autoridade jurisdicional".

O princípio da inevitabilidade, um dos princípios inerentes à jurisdição, estatui que o Poder Estatal se impõe aos jurisdicionados por meio de seus órgãos jurisdicionais. Desta forma, depois de provocado, não cabe por parte dos particulares uma análise de mérito quanto à jurisdição. O

Poder Estatal a exerce de forma soberana até o atingimento de sua finalidade precípua, qual seja a solução de conflitos de maneira que a justiça seja aplicada de forma plena.

Uma vez mais trazemos à baila a precisa lição de Bezerra Leite (2013, p. 153), preceituando que "uma vez provocada a jurisdição, não é possível, validamente, impedir a prestação jurisdicional".

Como sabemos, a jurisdição deve respeitar, dentre outros, o princípio da inércia, segundo o qual é necessária a provocação do particular para que aquela se instaure. A jurisdição aplicada de maneira soberana pelo Poder Público por meio de órgãos próprios e específicos tem por finalidade solucionar conflitos (lide) sempre que provocada, utilizando-se do arcabouço de leis que compõem a estrutura jurídica nacional, tendo por escopo a aplicação da justiça ao caso concreto.

Princípio da Inexistência de Solidariedade Presumida.

Quanto às obrigações solidárias, determina o art. 265 do Código Civil que "a solidariedade não se presume; resulta da lei ou da vontade das partes". O que se extrai da lei, é que para que ocorra a solidariedade nas obrigações será necessário que a lei disponha acerca disso, ou que as partes se manifestem nesse sentido. Segundo Assis Neto (*et al.*) (2016, p. 616), "(...) a solidariedade, para ocorrer, depende da lei ou da vontade das partes, não podendo em hipótese alguma ser presumida pela natureza do objeto da prestação ou por outras circunstâncias do caso". A solidariedade deverá constar no título da obrigação ou em dispositivo de lei para que ocorra.

Princípio da Informação (P. da Publicidade) (Direito Ambiental).

De acordo com a Constituição, o direito à informação configura-se presente no rol dos direitos e garantias fundamentais (art. 5º, XIV). A informação acerca da política ambiental é importante ferramenta para a divulgação de atividades ligadas ao meio ambiente e a sua preservação para as presentes e futuras gerações. Encontra-se presente em importantes Diplomas ambientais internacionais.

A Declaração de Estocolmo sobre o ambiente humano de 1972 declara em seu princípio 20 que deverá ser ampla a divulgação da informação científica acerca das novas tecnologias ambientais. No mesmo sentido a Declaração do Rio de Janeiro sobre Meio Ambiente e Desenvolvimento realizada no ano de 1992 dispõe que a informação acerca das questões ambientais deverá ser colocada a disposição de todos pelas autoridades.

A Carta da República de 1988 exige que o estudo prévio de impacto ambiental que precede obra passível de oferecer danos ao meio ambiente seja objeto de ampla publicidade por meio das autoridades nacionais (art. 225, IV). O Decreto nº 5.098/2004 reconhece o princípio da informação como um dos princípios informadores do direito ambiental brasileiro (art. 2°, I).

Trata-se de instrumento com estreita relação com o princípio da participação, vez que a participação da sociedade nas decisões ambientais dependerá da regular e eficaz disponibilização das informações por meio da Administração Pública. A falta de disponibilização das informações quanto aos temas ambientais não possibilitará que a sociedade se manifeste em relação aos seus anseios, bem como não possibilitará um efetivo acompanhamento sobre as decisões ambientais adotadas pelo Poder Público.

O Poder Público, além de incentivar a participação da sociedade na discussão das questões ambientais, deve também fornecer as informações necessárias e adequadas. A Lei 9.985/2000 que institui o Sistema Nacional de Unidades de Conservação da Natureza traz em seu art. 22, § 3º, que, nos casos de consulta pública, o Poder Público é obrigado a fornecer informações adequadas e inteligíveis à população local e a outras interessadas.

A Lei 9.795 de 27 de abril de 1999 que instituiu a Política Nacional do Meio Ambiente promoveu o princípio da informação ao estabelecer que "entendem-se por educação ambiental os processos por meio dos quais o indivíduo e a coletividade constroem valores sociais, conhecimentos, habilidades, atitudes e competências voltadas para a conservação do meio ambiente, bem de uso comum do povo, essencial à sadia qualidade de vida e sua sustentabilidade" (art. 1º).

Princípio da Informação (P. da Informação do Consumidor) (Direito do Consumidor).

Decorre do Código de Defesa do Consumidor e consiste nas relações de consumo, ao direito do consumidor em ser informado e o do fornecedor de informar. Tem fundamento no princípio da transparência, tombado no art. 36, parágrafo único do CDC, instrumento este que estipula que "o fornecedor, na publicidade de seus produtos ou serviços, manterá, em seu poder, para informação dos legítimos interessados, os dados fáticos, técnicos e científicos que dão sustentação à mensagem".

O princípio da informação encontra-se embasado nos arts. 6º, III e 54, § 4º, do Código Consumerista. O art. 6º, III informa que dentre os direitos básicos do consumidor encontra-se o direito "a informação adequada e clara sobre os diferentes produtos e serviços, com especificação correta de quantidade, características, composição, qualidade, tributos incidentes e preço, bem como sobre os riscos que apresentem". O art. 54, § 4º trata do direito a informação nos contratos de adesão, estipulando que as cláusulas que determinem limitação nos direitos dos consumidores deverão ser redigidas no contrato de maneira explícita e destacada, sendo claras o suficiente para proporcionar sua fácil compreensão.

Princípio da Informalidade (P. da Informalidade e da Simplicidade, P. da Informalidade do Processo, P. do Informalismo) (Direito de Mediação).

A conciliação e a mediação são instrumentos que tem por natureza a característica da informalidade. Sua configuração permite que sejam menos rígidos e mais flexíveis do que um procedimento judicial típico. Não existe a obrigatoriedade de que haja uma estrutura definida. As partes, em conjunto com o conciliador/mediador, buscarão as melhores maneiras para proceder. Não há um rito engessado, rígido, que deva ser seguido pelas partes ou imposto pelo mediador/conciliador.

Apesar disso, o procedimento tem por finalidade o alcance de uma composição justa e comum entre as partes, livre das amarras que conduzem o sistema jurisdicional tradicional, porém, sem se afastar da clareza e da correção dos atos. Essa atmosfera de informalidade e simplicidade pode ser constatada no âmbito dos Juizados Especiais.

Princípio da Informalidade (Processo do Trabalho).

A informalidade é uma das características principais do Processo do Trabalho, elemento que possibilita a existência dos princípios da celeridade, simplicidade e do *jus postulandi*. As verbas trabalhistas (salários, férias, 13º, hora extra, adicionais, etc.) possuem natureza salarial, daí decorre o fato do legislador ter optado pela informalidade do Processo do Trabalho, pois, desta maneira, o trabalhador tem a possibilidade de resolução mais rápida da lide. Caso assim não fosse, o Processo Laboral se revestiria das formalidades próprias do Direito Civil, o que tornaria seu rito consideravelmente mais lento devido às particularidades que o cercam, impossibilitando, assim, a celeridade, característica primordial das causas trabalhistas.

Nas palavras de Leone (2013, p. 63), "a mencionada informalidade refere-se ao fato de que o procedimento judicial na Justiça do Trabalho não é tão solene e rígido quanto aos demais, justamente para garantir o pleno atendimento à justiça, mas sempre conforme os limites da lei".

O princípio da informalidade busca diminuir o excesso de formalidades dentro do processo, aquelas que pelo rigor excessivo poderiam, de outra forma, obstaculizar aquilo que se busca atingir com a propositura da demanda. Entretanto, daquelas formalidades essenciais ao rigor processual às partes nunca poderão se afastar.

"Vige, no processo do trabalho, o princípio da informalidade, que permite que não seja exigido excessivo rigor técnico às petições elaboradas pelas partes, principalmente, a reclamação trabalhista" (TRT-14, 1ª Turma. RO 0000418. Rel. Des. Maria Cesarineide de Souza Lima, j. 17.08.2011, DJe 18.08.2011).

Princípio do Informalismo (P. do Informalismo Procedimental) (Direito Administrativo).

Trata-se de um princípio típico do processo administrativo, sendo a informalidade característica que não se encontra no processo judicial. Consiste em dispensar formas rígidas e solenes do processo administrativo. A Administração Pública irá se assegurar que sejam observadas as formalidades necessárias para que se garanta a certeza jurídica dos atos, bem como o contraditório e a ampla defesa.

Segundo a jurisprudência pátria, "o processo administrativo goza do princípio do informalismo, o qual dispensa procedimento rígido ou rito específico" (STJ. RMS 2670 1993/0007476-8/PR. Rel. Min. Pedro Acioli, j. 24.06.1994, DJ 29.08.1994). Essa esfera processual de âmbito administrativo, segundo o que dispõe o saudoso mestre Hely Lopes Meirelles, dispensa ritos procedimentais e formas demasiadamente rígidas (TJ. MS 361806/PR. Rel. Moacir Guimarães, j. 19.04.1996, DJ 19.04.1996).

Na esteira dos ensinamentos da doutrina, destacamos o entendimento de Ferraz e Dallari (2012, p. 125/126): "O princípio da informalidade significa que, dentro da lei, sem quebra da legalidade, pode haver dispensa de algum requisito formal sempre que sua ausência não prejudicar terceiros nem comprometer o interesse público. Um direito não pode ser negado em razão da inobservância de alguma formalidade instituída para garanti-lo, desde que o interesse público almejado tenha sido atendido. Dispensam-se, destarte, ritos sacramentais e despidos de relevância, tudo em favor de uma decisão mais expedita e, pois, efetiva".

Princípio da Inicialidade Legislativa.

Segundo o princípio da inicialidade legislativa, a iniciativa de certas leis será reservada ao Poder Judiciário. Determinadas leis, como por exemplo, o Estatuto da Magistratura, serão de iniciativa do Supremo Tribunal Federal (art. 93, *caput*, CF). Outro exemplo que ilustra oportunamente o disposto encontra-se no art. 96, II, b, também da Constituição Federal. Segundo o dispositivo, será de iniciativa privativa do Supremo Tribunal Federal, dos Tribunais Superiores e dos Tribunais de Justiça, observado o disposto no art. 169 (CF/88), propor ao respectivo Poder Legislativo "a criação e a extinção de cargos e a remuneração dos seus serviços auxiliares e dos juízos que lhes forem vinculados, bem como a fixação do subsídio de seus membros e dos juízes, inclusive dos tribunais inferiores, onde houver".

A inicialidade legislativa tem por base o art. 2º da Carta Maior, dispositivo este que estabelece a independência entre os Poderes Legislativo, Executivo e Judiciário, tendo estreita relação ainda com o princípio da autonomia administrativa e financeira quanto à independência que o Poder Judiciário possui perante os demais poderes. Importante ressaltar que devido à iniciativa reservada (exclusiva) de certas leis ao Poder Judiciário, a ocorrência de procedimento contrário a tal mandamento legal será maculado pelo vício da inconstitucionalidade formal

Princípio da Iniciativa da Proposta Orçamentária ao Poder Executivo.

Segundo o que dispõe a Constituição Federal quanto ao orçamento público, será de competência exclusiva do Presidente da República enviar ao Congresso Nacional o plano plurianual, o projeto de lei de diretrizes orçamentárias e as propostas de orçamento. Trata-se de competência exclusiva do Presidente, não podendo ser por ele delegada, sendo que sua não implementação, ou seja, o seu não envio ao Congresso Nacional dentro do prazo estabelecido na Constituição, importará em crime de responsabilidade. Somente o Chefe do Poder Executivo dentro das responsabilidades que o cargo lhe obriga poderá dispor acerca da forma e do conteúdo do projeto de lei orçamentária a ser apresentada ao Congresso (cf. arts. 84, XXIII e 165, I, II e III, CF).

Ensina Alexandre de Moraes (2017, p. 735/736): "O Presidente da República poderá, ainda, enviar mensagem ao Congresso Nacional para propor modificação nos citados projetos enquanto não iniciada a votação, na Comissão mista, da parte cuja alteração é proposta". O Presidente enviará a proposta de orçamento ao Congresso Nacional para que esta casa proceda a sua avaliação. Aprovada a proposta orçamentária, caberá ao Chefe do Executivo sancioná-la e proceder a sua execução.

Princípio da Inoponibilidade das Exceções Pessoais (P. da Inoponibilidade das Exceções Pessoais a Terceiro de Boa Fé).

O princípio da inoponibilidade das exceções pessoais decorre do princípio da autonomia das obrigações cambiais, e é um dos princípios mais importantes do Direito Cambiário. Alguns autores sequer se referem ao princípio da inoponibilidade das exceções pessoais, inserindo-o dentro da autonomia. "Os títulos de crédito são dotados de autonomia e, por isso, quando da sua circulação, não cabe a oposição das exceções pessoais, já que o terceiro de boa-fé exercita um direito próprio" (TJ. AC 70044579548/RS. Rel. Elaine Maria Canto da Fonseca, j. 10.12.2015, DJe 15.12.2015).

Na obra Manual de Direito Civil, Assis Neto (*et al.*) (2016, p. 618) estabelecem que "o devedor não pode opor a um dos credores solidários as exceções pessoais oponíveis somente contra os demais". Prossegue afirmando que "se o direito de um dos credores solidários está sujeito a termo, tal exceção não pode ser oposta aos demais".

A Lei nº 7.357/1985 (Lei do Cheque) dispõe que aquele que for demandado por obrigação resultante de cheque não pode opor ao portador exceções fundadas em relações pessoais com o emitente, ou com os portadores anteriores, salvo se o portador o adquiriu conscientemente em detrimento do devedor (cf. art. 25).

"Tendo o cheque circulado, eis que na posse de terceiros, inoponíveis as exceções pessoais que o devedor tinha em relação ao credor originário, salvo se restar demonstrado a má-fé do portador, através da qual tenha tido a intenção de prejudicar o emitente do título (...)" (TJ, Décima Segunda Câmara Cível. AC 70063842017/RS. Rel. Guinther Spode, j. 10.09.2015, DJe 11.09.2015).

Princípio da Inscrição e Obrigatoriedade (Direito Registral).

O Brasil adota quanto ao registro de imóveis o sistema alemão, o qual determina que a transferência da propriedade imobiliária somente ocorrerá com o ato registral no registro de imóveis, *conditio sine qua non* para que ocorra a transferência do bem. Sendo um dos mecanismos que informam o registro de imóveis, o princípio da inscrição é um elemento balizador dos efeitos do ato registral, orientando sobre seus efeitos, anteriores e posteriores ao registro do bem.

De acordo com o Código Civil, art. 1.227, os direitos reais sobre imóveis constituídos, ou transmitidos por atos entre vivos, só se adquirem com o registro no Cartório de Registro de Imóveis dos referidos títulos. Ainda segundo a Lei Civil, ocorrerá a transferência entre vivos da propriedade mediante o registro do título translativo no Registro de Imóveis e, enquanto não ocorrer esse registro, o alienante continuará a ser considerado o dono do imóvel (cf. art. 1.245, § 1º, CC). Portanto, a inscrição define que os atos imobiliários só serão efetuados com seu registro no respectivo cartório, regendo com efetiva segurança as relações negociais no que tange aos direitos reais. A Lei dos Registros Públicos (Lei nº 6.015/73) define informações relevantes acerca do princípio da inscrição em seus artigos 167, I e II, 168, 169 e 172.

Princípio da Insignificância (P. da Bagatela, P. da Criminalidade de Bagatela, P. da Insignificância Penal, P. da *Minima non Curat Praetor*, P. do Preceito Bagatelar).

É de saber que o princípio da insignificância encontra estreita relação com o princípio da intervenção mínima (penal). Tendo sua origem no Direito Romano, trazia a máxima que *minimis non curat praetor*, ou seja, o pretor não se preocupa com questões insignificantes. Na Roma antiga, Pretor era um magistrado encarregado da administração da Justiça. Hoje em dia equivaleria a um Juiz de 1ª instância. Atualmente, tal máxima condiz na afirmativa de que não cabe ao Juiz/Magistrado cuidar de bagatelas, futilidades. Cabe ao magistrado o dever de cuidar de questões de maior relevância no âmbito penal.

De acordo com o sítio eletrônico do STF, o princípio da insignificância tem o sentido de excluir ou de afastar a própria tipicidade penal, ou seja, não considera o ato praticado como um crime, por isso, sua aplicação resulta na absolvição do réu e não apenas na diminuição e substituição da pena ou sua não aplicação. Para ser utilizado, faz-se necessária a presença de certos requisitos, tais como: "(i) a mínima ofensividade da conduta do agente, (ii) a nenhuma periculosidade social da ação, (iii) o reduzidíssimo grau de reprovabilidade do comportamento e (iv) a inexpressividade da lesão jurídica provocada" (exemplo: o furto de algo de baixo valor).

Sua aplicação decorre no sentido de que o direito penal não se deve ocupar de condutas que produzam resultado cujo desvalor - por não importar em lesão significativa a bens jurídicos relevantes - não represente, por isso mesmo, prejuízo importante, seja ao titular do bem jurídico tutelado, seja à integridade da própria ordem social (delito de bagatela). [34]

O STJ, por sua vez, traz o seguinte aresto: "Sedimentou-se a orientação jurisprudencial no sentido de que a incidência do princípio da insignificância pressupõe a concomitância de quatro vetores: a) mínima ofensividade da conduta do agente; b) nenhuma periculosidade social da ação; c) reduzidíssimo grau de reprovabilidade do comportamento e d) inexpressividade da lesão jurídica provocada" (STJ, 6ª Turma. AgRg no REsp 1377789/MG 2013/0127099-0. Rel. Min. Nefi Cordeiro, j. 07.10.2014, DJe 21.10.2014).

Princípio da Instância (P. da Instância Registral, P. da Reserva de Iniciativa, P. da Rogação) (Direito Registral).

Dentro do rol de princípios que regem o registro público da propriedade dos bens imóveis dentro do Direito Registral, encontra-se o princípio da instância. É a Lei nº 6.015 de 1973 o instrumento que dispõe acerca dos registros públicos ao estabelecer que, salvo as anotações e as averbações obrigatórias, os atos do registro serão praticados por ordem judicial, a requerimento verbal ou escrito dos interessados e por meio de requerimento do Ministério Público, quando a lei assim autorizar (cf. art. 13, I, II e III da lei supra).

Em outras palavras, o procedimento de registro público só se inicia por meio de requerimentos dos interessados, pois os registradores não podem agir de ofício (*ex officio*) por ordem legal. No mesmo sentido, aponta Gonçalves (2006, p. 282) que o princípio da instância "não permite que o oficial proceda a registros de ofício, mas somente a requerimento do interessado, ainda que verbal".

Constitui exceção à regra o disposto nos arts. 167 e 213 da lei supra. De acordo com o art. 167, II, 13, por ocasião do registro de imóveis, além da matrícula, será efetuada também a averbação *ex officio* dos nomes dos logradouros decretados pelo poder público. O art. 213, I, alíneas "a" a "f", permite ao oficial retificar o registro ou a averbação em alguns casos, como, por exemplo, quando ocorrer omissão ou erro cometido na transposição de qualquer elemento do título, alteração de denominação de logradouro público comprovada por documento oficial, e retificação que vise a indicação de rumos, ângulos de deflexão ou inserção de coordenadas georeferenciadas, em que não haja alteração das medidas perimetrais, dentre outros casos.

Princípio da Instrumentalidade das Formas (P. da Finalidade, P. da Instrumentalidade, P. da Instrumentalidade Processual, P. da *Pas de Nullité Sans Grief*, P. do Prejuízo, P. da Primazia da Finalidade sobre a Forma) (Direito Processual Civil).

Podemos entender pelo princípio da instrumentalidade das formas que o ato praticado dentro da esfera do processo tem por finalidade o atingimento de uma determinada finalidade. Porém, quando este fim for alcançado por forma diversa da disposta na lei, mas, entretanto, atingir seu objetivo sem prejuízo das partes e do processo, esse ato poderá ser mantido. O conteúdo do ato deverá prevalecer sobre sua forma. O ato, mesmo praticado em desconformidade com a forma suscitada na lei será válido, desde que atinja sua finalidade sem causar prejuízo.

Conforme explica Bueno (2015, p. 210), o descumprimento da forma não invalida o ato quando praticado sem prejuízo as partes. Continua o autor: "O que releva mais é verificar se e em que medida a *finalidade* do ato foi ou não alcançada e, por isto mesmo, constatar que o plano da *eficácia* do ato mitiga ou, quando menos, tende a mitigar, de alguma forma, eventuais defeitos derivados do plano da *existência* ou do plano da *validade*".

O princípio encontra-se consagrado nos arts. 188, 277, 282 e 283 do CPC. Dispõe o art. 188 que "os atos e os termos processuais independem de forma determinada, salvo quando a lei expressamente a exigir, considerando-se válidos os que, realizados de outro modo, lhe preencham a finalidade essencial". No mesmo sentido o art. 277, *in verbis*: "Quando a lei prescrever determinada forma, o juiz considerará válido o ato se, realizado de outro modo, lhe alcançar a finalidade". O art. 282, § 1º, trata das nulidades, observando que, quando o ato não prejudicar a parte ele não será repetido nem sua falta será suprida.

"Em respeito ao princípio da instrumentalidade das formas, somente se reconhece eventual nulidade de atos processuais caso haja a demonstração efetiva de prejuízo pela parte interessada" (STJ. AgRg no REsp 1402089/GO 2011/0112024-4. Rel. Min. João Otávio de Noronha, j. 11.11.2014, DJe 24.11.2014).

"O princípio processual da instrumentalidade das formas, também identificado pelo brocardo pas de nullitè sans grief, determina que não sejam anulados os atos inquinados de invalidade quando deles não tenha decorrido nenhum prejuízo concreto" (STJ. AgRg no REsp 647722/SP 2004/0016914-9. Rel. Min. Mauro Campbell Marques, j. 23.02.2010, DJe 08.03.2010).

Princípio da Intangibilidade Salarial (P. da Intangibilidade, P. da Intangibilidade e da Integralidade do Salário, P. da Intangibilidade do Salário).

O salário do trabalhador é impenhorável, sendo totalmente protegido contra terceiros, ressalvados os casos de pagamento de pensão alimentícia (art. 833, IV, § 2º, CPC). O princípio da intangibilidade salarial decorre do princípio da proteção ao salário e visa proteger o salário do empregado, tanto de condutas abusivas do empregador quanto de variantes econômicas - não cabendo ao trabalhador participar dos riscos da atividade econômica - haja vista possuir o salário caráter alimentar, não só do obreiro, mas também de sua família.

Tal compreensão decorre de diversos instrumentos legais, vide entendimento do art. 7º, VI e X, da CF, art. 462 da CLT ("ao empregador é vedado efetuar qualquer desconto nos salários do empregado, salvo quando este resultar de adiantamentos, de dispositivos de lei ou de contrato coletivo") e Súmula 342 do TST ("descontos salariais efetuados pelo empregador, com a autorização prévia e por escrito do empregado, para ser integrado em planos de assistência odontológica, médico-hospitalar, de seguro, de previdência privada, ou de entidade cooperativa, cultural ou recreativo-associativa de seus trabalhadores, em seu benefício e de seus dependentes, não afrontam o disposto no art. 462 da CLT, salvo se ficar demonstrada a existência de coação ou de outro defeito que vicie o ato jurídico").

Como exceção ao princípio da intangibilidade, apresenta-se o § 1º do art. 462, da CLT, segundo o qual o desconto no salário será lícito quando previamente acordado entre empregador e empregado, ou quando da ocorrência de dolo por parte deste.

"O art. 7º, inc. X da Constituição Federal estabelece a proteção ao salário na forma da lei, além de prever como crime sua retenção dolosa. (...) A ideia do legislador visa, exatamente, proteger as necessidades básicas de sustento do trabalhador, como corolário do princípio da dignidade do ser humano" (TJ. APL 2411492/PE. Rel. Des. Francisco Eduardo Gonçalves Sertorio Canto, j. 20.02.2014, DJe 06.03.2014).

Princípio da Intangibilidade das Situações Jurídicas Definitivamente Consolidadas (P. da Intangibilidade das Situações Definitivamente Consolidadas).

O princípio da intangibilidade das situações jurídicas definitivamente consolidadas encontra-se estampado na Carta Maior, art. 5º, XXXVI, segundo o qual "a lei não prejudicará o direito adquirido, o ato jurídico perfeito e a coisa julgada". Este instituto constitucional consagra princípio fundamental que se destina a resguardar a incolumidade de situações jurídicas definitivamente consolidadas.

Consoante magistério de Assis Neto (*et al.*) (2016, p. 75), nosso ordenamento (LINDB, art. 6º) determina que a lei em vigor terá efeito imediato e geral aplicando-se a todos os atos ocorridos após sua vigência, de acordo como brocardo latino *tempus regit actum*. Porém, em respeito a estabilidade de nosso ordenamento e aos institutos resguardados pelo artigo supra, a vigência das leis deverá obedecer a limites que visam resguardar situações jurídicas devidamente consolidadas, zelando, sobretudo, pela segurança jurídica.

No mesmo diapasão, Paulo e Alexandrino (2009, p. 147): "Essa limitação tenciona obstar, em homenagem à segurança jurídica, leis que incidam retroativamente sobre situações atinentes à esfera jurídica do indivíduo, já consolidadas na vigência da lei pretérita. (...) Assim, essa garantia não impede que o Estado adote leis retroativas, desde que essas leis estabeleçam situações mais favoráveis ao indivíduo do que as consolidadas sob as leis anteriores".

Princípio da Integração da Decisão Recorrida (Direito Processual Civil).

O que se pretende por meio do efeito integrativo é que a decisão recorrida seja complementada naquilo em que foi omissa, contraditória ou obscura (art. 1.022, CPC), certificando-se o Juízo apelado para que corrija sua falha caso assim entenda correto. A decisão original deverá ser saneada com a correção da omissão. De acordo com o art. 1.013, § 3º, III, do CPC, a apelação, quando interposta, devolverá ao tribunal o conhecimento da matéria impugnada, devendo o mesmo julgar o mérito da questão quando constatar a omissão no exame de um dos pedidos. A decisão resultante do recurso será integrada a decisão anterior, completando-a em suas omissões. Caso o julgado não possua omissão, contradição ou obscuridade, não ha o que se falar a respeito de efeito integrativo do recurso.

Ainda segundo o Regimento processual, depois de publicada a sentença o juiz só poderá alterá-la para corrigir-lhe, de ofício ou a requerimento da parte, inexatidões materiais ou erros de cálculo, por meio de embargos de declaração (cf. art. 494, CPC).

Princípio da Integração do Microssistema Processual Coletivo (P. da Integratividade do Microssistema Processual Coletivo).

Trata-se o princípio da integração do microssistema processual coletivo como um dos princípios informativos e norteadores do Processo Coletivo Brasileiro (Processo Coletivo Comum), atuando como um instrumento de tutela dos direitos metaindividuais. Existem diversas leis que fazem parte deste universo do Direito Coletivo, mas sobressaem em relevância a Lei de Ação Civil Pública (Lei nº 7.347/85) e o Código de Defesa do Consumidor (Lei nº 8.078/90).

In praxi, ocorre uma integração entre leis diversas que formam o universo do Direito Coletivo brasileiro, onde cada uma delas poderá permitir que outra norma do Direito Coletivo interfira em sua esfera, ou seja, atue dentro dela. Esta autorização, típica do Direito Coletivo pátrio, é chamada de norma de reenvio, instrumento que permite que uma determinada lei seja aplicada em um Diploma específico.

Notadamente podemos citar dois exemplos em nossa legislação onde uma lei autoriza que outra norma atue em seu nome, quais sejam os arts. 90 do CDC e 21 da LACP (Lei de Ação Civil Pública). De acordo com o art. 21 da LACP, "aplicam-se à defesa dos direitos e interesses difusos, coletivos e individuais, no que for cabível, os dispositivos do Título III da lei que instituiu o Código de Defesa do Consumidor". No Título III do CDC constam as ações de responsabilidade do fornecedor de produtos e serviços. Segundo o art. 90 do CDC, "aplicam-se às ações previstas neste título as normas do Código de Processo Civil e da Lei n° 7.347, de 24 de julho de 1985, inclusive no que respeita ao inquérito civil, naquilo que não contrariar suas disposições". [35]

Princípio da Integralidade (P. da Integralidade do Salário, P. da Integralidade do Trabalho).

Decorrendo do princípio da proteção ao salário, o princípio da integralidade visa à proteção contra atos do empregador que visem a descontar do trabalhador valores indevidos na parcela salarial. A regra geral é de que são proibidos descontos no salário do trabalhador, salvo aqueles autorizados por ele. A CF/88 é bem clara ao estabelecer que é direito do trabalhador a "proteção do salário na forma da lei, constituindo crime sua retenção dolosa" (cf. art. 7º, X).

A teor do disposto no art. 462 da CLT, "ao empregador é vedado efetuar qualquer desconto nos salários do empregado, salvo quando este resultar de adiantamentos, de dispositivos de lei ou de contrato coletivo". Apesar da vedação citada, o desconto será lícito quando correr dano causado pelo empregado, desde de que esta possibilidade tenha sido acordada ou na ocorrência de dolo do empregado (cf. § 1º). Ainda de acordo com o artigo, seu § 4º dispõe que "é vedado às empresas limitar, por qualquer forma, a liberdade dos empregados de dispor do seu salário".

A Súmula 342 do TST apresenta quais os descontos que poderão ser realizados pelo empregador de maneira lícita, sem ofender o art. 462 da CLT: "Descontos salariais efetuados pelo empregador, com a autorização prévia e por escrito do empregado, para ser integrado em planos de assistência odontológica, médico-hospitalar, de seguro, de previdência privada, ou de entidade cooperativa, cultural ou recreativo-associativa de seus trabalhadores, em seu benefício e de seus dependentes, não afrontam o disposto no art. 462 da CLT, salvo se ficar demonstrada a existência de coação ou de outro defeito que vicie o ato jurídico".

"Em regra, são vedados quaisquer descontos ao salário, salvo aqueles devidamente autorizados pelo empregado - e mesmo assim, somente se não evidenciarem prática fraudulenta (TRT – 10ª Turma. RO 9958020105010043/RJ. Rel. Flavio Ernesto Rodrigues Silva, j. 25.06.2012, DJe 07.12.2012).

Princípio do Interesse Jurisdicional no Conhecimento do Mérito (Direito Processual Coletivo).

Na Teoria Geral do Processo Coletivo o (princípio) interesse jurisdicional no conhecimento do mérito consiste na preocupação do julgador em evitar que o processo coletivo seja extinto sem que ocorra o julgamento do mérito. O alcance da tutela jurisdicional é elemento chave deste instrumento e seu propósito maior, podendo para tanto permitir que o Juiz promova a flexibilização do procedimento para que se obtenha a resolução do mérito.

Considerado por alguns como subprincípio da instrumentalidade das formas, o princípio do interesse jurisdicional no conhecimento do mérito deverá atuar como instrumento de salvaguarda dos direitos e garantias fundamentais no campo do Processo Coletivo brasileiro.

Princípio da Interpretação Conforme a Constituição (P. da Interpretação Intrínseca, P. da Interpretação das Leis em Conformidade com a Constituição).

De acordo com este princípio, uma mesma norma que possua mais de uma interpretação - sendo que ao menos uma delas seja compatível com os ditames da Constituição Federal, além de não ser manifesta e inequivocamente inválida, não deve ser declarada inconstitucional pelo aplicador da Constituição. A interpretação da norma que seguir o estabelecido no arcabouço constitucional deverá prevalecer.

Paulo e Alexandrino (2009, p. 72) dispõem em apertada síntese que no caso de normas que admitem em seu bojo mais de uma interpretação (normas polissêmicas ou plurissignificativas), deve-se adotar aquela interpretação que seja compatível com a ordem constitucional. Ainda segundo os autores, "uma lei não deve ser declarada inconstitucional quando for possível conferir a ela uma interpretação em conformidade com a Constituição".

Apesar de existir um zelo para que a melhor interpretação da norma prevaleça, existem limites definidos pela jurisprudência e pela doutrina para a utilização do princípio da interpretação conforme a Constituição. Dentre eles, que a vontade do legislador originário responsável pela confecção da norma seja respeitada, que somente a interpretação da norma que respeite o estabelecido na Carta Magna prevaleça e que a interpretação da norma mais favorável somente deverá ocorrer em face de normas que não sejam inconstitucionais.

Princípio da Interpretação mais Favorável (P. Equivalência Material, P. da Interpretação, P. da Interpretação mais Favorável ao Aderente, P. da Interpretação mais Favorável ao Consumidor).

Este princípio encontra abrigo nos artigos 47 do Código de Defesa do Consumidor e 423 do Código Civil. Segundo o Código de Defesa do Consumidor, diante de uma relação de consumo em que haja cláusulas dúbias, de difícil interpretação, estas cláusulas contratuais deverão ser interpretadas pelo intérprete de maneira favorável ao consumidor, a parte vulnerável da relação. Vejamos, pois, o teor do art. 47 deste diploma: "As cláusulas contratuais serão interpretadas de maneira mais favorável ao consumidor".

De acordo com o art. 423 do Código Civil, fica estabelecido que "quando houver no contrato de adesão cláusulas ambíguas ou contraditórias, dever-se-á adotar a interpretação mais favorável ao aderente". Segue-se aqui o raciocínio adotado no CDC, entretanto, tratando especificamente dos contratos de adesão. No Código Civil também se adota a tese de que diante de cláusulas que maculem a boa fé, dever-se-á adotar uma interpretação que favoreça o aderente/consumidor.

Conforme especifica o art. 54, *caput*, do CDC, contrato de adesão é o documento "cujas cláusulas tenham sido aprovadas pela autoridade competente ou estabelecidas unilateralmente pelo fornecedor de produção ou serviços, sem que o consumidor possa discutir ou modificar substancialmente o seu conteúdo".

A teor do disposto acima segue ementa: "Em se tratando de contrato de adesão, as cláusulas contratuais devem ser interpretadas de forma mais benéfica ao consumidor, consoante o disposto no artigo 47 do Código de Defesa do Consumidor, afastando-se a força do princípio do pacta sunt servanda. (TJ. APC 20120111114852/DF, Rel. Sebastião Coelho, j. 17.09.2014, DJe 01.10.2014).

Princípio da Interpretação Sistemática.

Em apertada síntese, Spitzcovsky (2014, p. 47) diz que o princípio da interpretação sistemática "impede que se analise uma regra da Constituição Federal de forma isolada do contexto em que ela está inserida". A Constituição Federal, como fonte inspiradora das leis, como "lei das leis", deve ser analisada como um todo, de maneira sistemática, sistêmica, organizada, não devendo ocorrer à interpretação independente de trechos dela, pois, se assim fosse possível, destruiríamos a coerência e a coesão do seu texto, que devidamente, foi elaborado de maneira a respeitar uma salutar harmonia.

Sua estrutura obedece a um equilíbrio, onde as normas inseridas em seu arcabouço devem coexistir, sendo que nenhuma norma é maior, superior à outra, mas de maneira que cada uma delas guarde espécie de dependência em relação às demais. Daí a imponderabilidade e descabimento da análise de uma norma sem considerar as demais.

Princípio da Intervenção Estatal (P. da Ação Governamental).

Fundamentado nos arts. 5º, XXXII, e 170, V, da CF/88, bem como no art. 4º do CDC, o princípio da intervenção estatal dispõe que o Estado deverá promover a defesa do consumidor na forma da lei, exercendo a mesma também por meio da Política Nacional das Relações de Consumo. Esta, por sua vez, compreende ações governamentais que objetivam a proteção do consumidor que se darão por iniciativa direta do Estado, por incentivos à criação e desenvolvimento de associações representativas, pela presença do Estado no mercado de consumo e pela garantia dos produtos e serviços com padrões adequados de qualidade, segurança, durabilidade e desempenho. O consumidor, como parte mais fraca na relação de consumo, deve ser objeto de proteção do Estado.

Princípio da Intervenção Estatal Obrigatória na Defesa do Meio Ambiente (P. da Indisponibilidade do Interesse Público na Proteção do Meio Ambiente).

Cabe ao Poder Público o dever de defender e preservar o meio ambiente para as gerações presentes e futuras. Este encargo decorre do entendimento que se extrai do art. 225, *caput*, da CF e da Declaração de Estocolmo sobre o Ambiente Humano de 1972. Esta conferência realizada pelas Nações Unidas proclamou dentre outras resoluções: "Deve-se confiar às instituições nacionais competentes a tarefa de planejar, administrar ou controlar a utilização dos recursos ambientais dos estados, com o fim de melhorar a qualidade do meio ambiente" (Princípio 17).

Deste modo, compreende-se pelo instrumento em estudo que o meio ambiente tem natureza indisponível, pertencendo a coletividade. Sua natureza indisponível impede a possibilidade de que venha a integrar o patrimônio público. Mesmo assim, cabe a ele, o Estado, o compromisso de cuidar do meio ambiente, sendo este um encargo inescusável e exigível, inclusive, por meio das vias judiciais. Por outro lado, a obrigação de zelar pelo meio ambiente não pode ser considerada um ônus exclusivo do Estado, haja vista que tal responsabilidade recai sobre a sociedade como um todo.

Princípio da Intervenção Mínima (P. da Fragmentariedade, P. da Subsidiariedade, P. da Supletividade, P. da *Ultima Ratio*) (Direito Penal).

Em nosso país o Direito Penal assume caráter fragmentário e subsidiário, o que comporta afirmar que sua utilização somente ocorrerá em último caso (*ultima ratio*), quando as medidas protetivas tutelares, civis ou administrativas, se mostrarem ineficazes ou insuficientes aos bens dos titulares do direito ou aos próprios titulares do direito.

Somente quando os demais ramos do Direito não consigam satisfazer totalmente as expectativas jurídicas, o Direito Penal agirá expondo sua característica mais profunda, qual seja a punibilidade. Sendo assim, expõe-se que nossa legislação tende a evitar ao máximo a punição.

Assim, Nucci (2009, p. 74) conceitua o princípio da intervenção mínima: "Significa que o direito penal não deve interferir em demasia na vida do indivíduo, retirando-lhe autonomia e liberdade". Prossegue o autor com seu raciocínio afirmando que "a lei penal não deve ser vista como a primeira opção (*prima ratio*) do legislador para compor conflitos existentes em sociedade, os quais, pelo atual estágio de desenvolvimento moral e ético da sociedade, sempre estarão presentes".

Desta feita, de acordo com o princípio da intervenção mínima, o Direito Penal deverá ser a última esfera do direito a ser acionada na defesa e proteção dos bens da sociedade e dos direitos sociais quando as demais esferas jurídicas se mostrem incapazes de sua tutela, haja vista seu caráter subsidiário e o direito à liberdade e a dignidade humana previstos na Constituição Federal.

Colocamos a fragmentariedade em separado somente por questões didáticas, mas esta faz parte do princípio da intervenção mínima.

Princípio da Intervenção Mínima (P. da Intervenção Mínima do Estado na Vida Privada, P. da Pluralidade das Entidades Familiares, P. da Pluralidade Familiar, P. do Pluralismo das Entidades Familiares) (Direito de Família).

De acordo com o fundamento estabelecido no § 2º do art. 1.565 do Código Civil brasileiro, "o planejamento familiar é de livre decisão do casal, competindo ao Estado propiciar recursos educacionais e financeiros para o exercício desse direito, vedado qualquer tipo de coerção por parte de instituições privadas ou públicas".

A partir deste entendimento a doutrina moderna entendeu que o princípio da intervenção mínima passou a fazer parte do Direito de Família, pois compreendeu-se que o Estado abriu mão do controle familiar, dando ao casal plena liberdade em decidir sobre qual tipo de sociedade familiar adotar. O Estado deixou claro sua intenção de não interferência nas decisões sobre as formas de sociedades conjugais. A família formada exclusivamente pelo casamento agora pode dar-se por diversas outras formas, como a estabelecida pela união estável e as oriundas das famílias monoparentais, aquelas formadas somente um dos pais e o (s) filho (s).

Princípio da Intervenção Mínima na Autonomia da Vontade Coletiva.

A Lei nº 13.467 de 2017, chamada de Reforma Trabalhista, trouxe profundas mudanças no Diploma Laboral, uma delas foi a instauração do princípio da intervenção mínima na autonomia da vontade coletiva em nosso ordenamento trabalhista. Agasalhado nos artigos 8º, § 3º e 611-A, § 1º, da CLT, a interpretação dos dispositivos justrabalhistas nos conduz a uma situação em que o legislador tentou atribuir a Consolidação das Leis do Trabalho um papel mais centralizador, ou, em outras palavras, tentou atribuir as partes maior poder de negociação sobre a convenção coletiva e o acordo coletivo, garantindo-se a predominância da autonomia da vontade sobre as leis. Os termos estipulados em acordo ou convenção poderão inovar a lei, mesmo que haja supressão ou redução de direitos dos trabalhadores, haja vista, mais uma vez, a importância dada pelo legislador à autonomia da vontade.

De acordo com o artigo 8º, § 3º: "No exame de convenção coletiva ou acordo coletivo de trabalho, a Justiça do Trabalho analisará exclusivamente a conformidade dos elementos essenciais do negócio jurídico, respeitado o disposto no art. 104 da Lei nº 10.406, de 10 de janeiro de 2002 (Código Civil), e balizará sua atuação pelo princípio da intervenção mínima na autonomia da vontade coletiva".

Anota-se que o dispositivo civilista citado no artigo dispõe acerca das regras que a lei exige para a validade do negócio jurídico, quais sejam agente capaz, objeto lícito, possível, determinado ou determinável e forma prescrita ou não defesa em lei (cf. art. 104, I, II e III, do CC).

O artigo 611-A introduzido pela Reforma Trabalhista dispõe em seu *caput* acerca dos casos em que a convenção coletiva e o acordo coletivo de trabalho terão prevalência sobre a lei, estabelecendo também em seu parágrafo 1º que "no exame da convenção coletiva ou do acordo coletivo de trabalho, a Justiça do Trabalho observará o disposto no § 3º do art. 8º" da CLT.

Apesar do desiderato do legislador ao instituir a Lei nº 13.467 de 2017, o teor dos termos anuídos nos acordos e convenções do trabalho sob o prisma do princípio da intervenção mínima na autonomia da vontade coletiva, poderão, em tese e aos olhos da CF/88, serem discutidos na via judicial, haja vista que a lei não excluirá da apreciação do Poder Judiciário lesão ou ameaça a direito, conforme estabelecido no art. 5º, XXXV da Carta Magna.

Princípio da Interveniência Sindical na Normatização Coletiva.

É cediço que em nosso ordenamento jurídico configura-se como certeza a hipossuficiência do trabalhador frente ao maior poderio econômico, social e financeiro do empregador. Baseado nisso e no consubstanciado no art. 8º, III e VI, da Constituição Federal, estipula a lei ser obrigatória a participação dos sindicatos nas negociações coletivas de trabalho, haja vista caber as entidades sindicais a defesa dos direitos e interesses coletivos ou individuais da categoria sindical como forma de equalizar as forças, tornando a negociação mais justa e menos tendente a ocorrer mediante pressão econômica do empregador.

O princípio da interveniência sindical na normatização coletiva, insculpido no artigo 8º da Lei Maior, visa garantir a equivalência entre o sindicato profissional e a empresa, sujeitos que firmam as cláusulas coletivas (TST. RR 3840-74.2009.5.03.0137. Rel. Delaíde Miranda Arantes, j. 07.08.2012, DJe 10.08.2012).

Princípio da Inversão do Ônus da Prova.

O art. 369 do Código de Processo Civil assim define prova: "As partes têm o direito de empregar todos os meios legais, bem como os moralmente legítimos, ainda que não especificados neste Código, para provar a verdade dos fatos em que se funda o pedido ou a defesa e influir eficazmente na convicção do juiz". A CF assegura aos litigantes e acusados em geral o direito ao contraditório e a ampla defesa como meios de defesa e apresentação de provas (cf. art. 5º, LV). Neste contexto, a inversão do ônus da prova se trata de importante instrumento processual presente em diversas áreas do Direito com vistas a tornar o procedimento da produção probatória mais eficiente e justo para aqueles indivíduos que, por diversos fatores, tenham dificuldades em executar essa fase imprescindível ao devido rito do processo.

O CPC permite ao magistrado se valer da teoria da carga dinâmica da prova, também chamada de teoria da carga dinâmica do ônus da prova, quando perceber a ocorrência da chamada prova diabólica para uma das partes. Assim, quando determinada parte da relação processual encontre dificuldades ou mesmo impossibilidade para a produção de provas no processo, poderá o juiz determinar sua desincumbência nesta tarefa transferindo a outra parte o ônus probante dos fatos.

Desta forma, conforme § 1º do art. 373 do CPC, nos casos previstos em lei ou diante de peculiaridades da causa relacionadas à impossibilidade ou à excessiva dificuldade de cumprir o encargo, ou mesmo à maior facilidade de obtenção da prova do fato contrário, poderá o juiz atribuir o ônus da prova de modo diverso, desde que o faça por decisão fundamentada, caso em que deverá dar à parte a oportunidade de se desincumbir do ônus que lhe foi atribuído.

No Processo do Trabalho o instituto da inversão do ônus probatório geralmente recai sobre o empregador, que, na maior parte das vezes, é o reclamado na relação, e a parte que possui maiores condições de comprovar ou não os fatos por meio de documentação etc. Comprova-se também nesta seara jurídica a hipossuficiência técnica, econômica e social do trabalhador, em regra, reclamante na lide, para que reúna e apresente à justiça um rol de documentos que comprovem a veracidade dos fatos relatados.

Importante considerar que tal tema não foi contemplado na CLT, mas inobstante tal fato, a própria Convenção Laboral estipula que nos casos omissos, o direito processual comum será fonte subsidiária do direito processual do trabalho, exceto naquilo em que for incompatível com as normas deste Diploma (art. 769). Assim sendo, a aplicação da inversão do ônus da prova no âmbito do Processo do Trabalho encontra guarida nos termos do Processo Civil.

Levando-se em conta o fato do reclamante, via de regra, ser o empregado, o TST estipula certos casos em que o ônus da prova não será dele, mas sim do reclamado (empregador), conforme se dessume das Súmulas nº 06, VIII e 212.

Quanto a seara consumerista, o próprio CDC (Lei nº 8.078/1990) reconhecimento da vulnerabilidade do consumidor no mercado de consumo (art. 4º, I), determinando como um dos direitos básicos do consumidor "a facilitação da defesa de seus direitos, inclusive com a inversão do ônus da prova, a seu favor, no processo civil, quando, a critério do juiz, for verossímil a alegação ou quando for ele hipossuficiente, segundo as regras ordinárias de experiências" (art. 6º, VIII). Essa inversão se dará quando o juiz perceber que o exercício do direito a produção de provas se tornar excessivamente difícil a uma parte por fatores como hipossuficiência técnica, econômica e de informação.

Conforme ensina Nunes (2012, p. 852), a "hipossuficiência, para fins da possibilidade de inversão do ônus da prova, tem sentido de desconhecimento técnico e informativo do produto e do serviço, de suas propriedades, de seu funcionamento vital e/ou intrínseco, de sua distribuição, dos modos especiais de controle, dos aspectos que podem ter gerado o acidente de consumo e o dano, das características do vício etc". Desta forma, continua o autor, a inversão do ônus da prova nada tem a ver com a possibilidade do consumidor ser "pobre", mas sim pelos fatores acima citados.

Princípio da Investidura (P. da Investidura Regular).

Investidura significa a ação de investir, de dar ou tomar posse de um cargo. [36] Somente o Juiz investido no cargo por meio de aprovação em concurso público pode exercer a jurisdição e aplicar as leis, ou seja, representar a vontade do Estado. O Juiz aposentado não é mais Juiz, portanto, não pode exercer a jurisdição. Nas palavras de Bezerra Leite (2013, p. 153), "a jurisdição só é validamente exercida por quem esteja legalmente investido na autoridade de juiz".

Naturalmente, aquele que se vale da aparência ou de outro meio para ilegalmente exercer a jurisdição responderá criminalmente pelo crime de usurpação do exercício de função pública (art. 328, CP). Além disso, os atos praticados serão considerados inválidos.

Princípio da Inviolabilidade dos Domicílios (P. da Inviolabilidade Domiciliar).

Segundo a redação do art. 5º, XI, CF, "a casa é asilo inviolável do indivíduo, ninguém nela podendo penetrar sem consentimento do morador, salvo em caso de flagrante delito ou desastre, ou para prestar socorro, ou, durante o dia, por determinação judicial". Ninguém poderá adentrar da casa do indivíduo a não ser nos casos citados (flagrante, delito ou desastre), ou, durante o dia, por meio de mandado (ordem judicial – cláusula de reserva jurisdicional) de busca e apreensão expedido por autoridade judiciária. O termo também encontra no art. 150, §§ 4º e 5º, do Código Penal.

Impende destacar que o termo "casa" possui um sentido mais amplo no mundo jurídico, alcançando tanto a residência convencional do indivíduo como também qualquer recinto fechado (compartimento ou aposento habitados de forma individual ou coletiva), ou ainda os locais de caráter profissional como empresas, consultórios, escritórios ou semelhantes, mesmo que exercidos no âmbito residencial. Entende o STF que o quarto de hotel ocupado também goza de proteção constitucional, merecendo o mesmo tratamento de inviolabilidade que os demais recintos. (STF. RHC 90376. Rel. Min. Celso de Mello, DJe 18.5.2007).

Na esfera penal, o princípio *sub examine* encontra-se presente no art. 150, § 3º, do Código Penal, ponderando que a entrada ou permanência em casa alheia ou em suas dependências não constituem crime quando o forem com vistas a efetuar prisão ou outra diligência durante o dia, respeitando as formalidades legais, bem como a qualquer hora do dia ou da noite, quando algum crime está sendo ali praticado ou na iminência de o ser. Já o art. 283, § 2º do CPP determina que "a prisão poderá ser efetuada em qualquer dia e a qualquer hora, respeitadas as restrições relativas à inviolabilidade do domicílio".

"Do conjunto probatório se verifica que, no caso, a ação policial não atentou contra a inviolabilidade domiciliar, uma vez que o embargante estava portando drogas para a venda. O crime de tráfico de drogas é delito permanente, sendo o estado de flagrância constante, configurando-se a ressalva ao princípio da inviolabilidade domiciliar". (TJ. RVCR 70054428297/RS. Rel. Des. Rogerio Gesta Leal, j. 14.03.2014, DJe 01.04.2014).

Princípio da Inviolabilidade do Sigilo das Comunicações.

A inviolabilidade do sigilo das comunicações encontra fundamento constitucional, baseada que está no art. 5º, XII, segundo o qual, "é inviolável o sigilo da correspondência e das comunicações telegráficas, de dados e das comunicações telefônicas, salvo, no último caso, por ordem judicial, nas hipóteses e na forma que a lei estabelecer para fins de investigação criminal ou instrução processual penal". Insta observar que, apesar da norma constitucional, prevalece em nosso ordenamento jurídico o entendimento de que não existem direitos e garantias fundamentais absolutos.

No caso das correspondências o que a lei proíbe é a sua interceptação, mas a hipótese de busca e apreensão com ocorrência anterior ao envio ou após sua entrega ao destinatário será permitida. O que se proíbe em nosso ordenamento é a interceptação da comunicação dos dados e não dos seus resultados após o recebimento pelo destinatário. A única exceção quanto a inviolabilidade do sigilo das comunicações se dá pela interceptação telefônica permitida por ordem judicial, pois sua ocorrência não deixa pistas. Seu resultado não deixa rastros, é perdido.

Por outro lado, a comunicação por correspondência, das comunicações telegráficas e de dados é inviolável, mas seu resultado, por deixar marcas, poderá ser violado para que se alcance um bem coletivo. O STF permitiu em que pese sua excepcionalidade, a interceptação de correspondência remetida por sentenciados sempre que o direito a inviolabilidade estiver sendo utilizado como instrumento para a salvaguarda de práticas ilícitas (STF. HC 70.814 SP. Rel. Min. Celso de Mello, j. 01.03.1994, DJ 24.06.1994).

Conforme citado, a interceptação telefônica poderá ocorrer somente por meio de autorização expressa da justiça. Em decorrência deste fato, as provas produzidas em inquérito por meio de gravações clandestinas, os chamados "grampos", afrontam o princípio da inviolabilidade do sigilo de comunicações. Nestes termos temos na jurisprudência: "A mera visualização de registros telefônicos ou mensagens de textos salvas na memória do aparelho telefônico legitimamente apreendido, não caracteriza interceptação telefônica, não representando afronta à garantia da inviolabilidade das comunicações" (TJ. APR 20140710391337/DF. Rel. Souza e Avila, j. 17.12.2015, DJe 22.01.2016). Por outro lado, o STF admite a utilização como meio de prova de gravação ambiental realizada por um dos interlocutores em conversa. Por gravação ambiental entenda a captação de sons e/ou imagens por um dos interlocutores sem que o outro tenha conhecimento desse fato.

A Lei 9.034/95 que trata sobre a utilização de meios operacionais para a prevenção e repressão de ações praticadas por organizações criminosas permite a captação e a interceptação ambiental, conforme entendimento constante no art. 2º, IV (alterado pela Lei nº 10.217/2001).

O sigilo bancário, ainda que não conste no rol constitucional das inviolabilidades, também goza deste predicado. Entretanto, assim como os outros direitos, não poderá ser absoluto. Temos esse entendimento da jurisprudência: "Ainda que se considere que o sigilo bancário encontra sede no Texto Constitucional - como espécie, seja do direito à privacidade, seja do direito à inviolabilidade do sigilo de dados -, não há como se admitir seja ele um direito absoluto" (TRF – 5. AG 1779420144050000. Rel. Des. Fed. Francisco Cavalcanti Julgamento, 27.03.2014, DJe 03.04.2014).

Acerca do princípio cumpre transcrever a lição de lavra do eminente doutrinador Alexandre de Moraes (2017, p. 61): "(...) apesar de a exceção constitucional expressa referir-se somente à interceptação telefônica, entende-se que nenhuma liberdade individual é absoluta, sendo possível, respeitados certos parâmetros, a interceptação das correspondências e comunicações telegráficas e de dados sempre que as liberdades públicas estiverem sendo utilizadas como instrumento de salvaguarda de práticas ilícitas".

Princípio da Irrecorribilidade das Decisões Interlocutórias (P. da Irrecorribilidade Imediata das Decisões Interlocutórias, P. da Irrecorribilidade Imediata das Locutórias, P. da Irrecorribilidade em Separado das Decisões Interlocutórias, P. da Recorribilidade em Separado das Interlocutórias, P. da Recorribilidade Temperada das Interlocutórias).

O instrumento guarda estreita relação com o princípio da oralidade. O art. 1.015 do Código de Processo Civil instrui o rol de decisões interlocutórias passíveis de agravo de instrumento. Será permitida a recorribilidade imediata das interlocutórias nos casos dos incisos III a XI do artigo supra, empregando-se, naturalmente, o agravo de instrumento, por tratarem de temas perfeitamente discutíveis antes da fase de julgamento, sendo tal adiamento "contraproducente" ao andamento do processo e a própria celeridade processual (Kozikoski, 2016, p. 169).

Dispunha o já revogado Código processual de 1973, nos arts. 497, segunda parte, e 522, *caput*, que o regular andamento do processo não deveria ser interrompido mesmo com a interposição do agravo de instrumento, ferramenta a ser utilizada no caso de interlocutórias e que seria recebida apenas no efeito devolutivo.

Segundo Sandro Marcelo Kozikoski (*idem*, p. 168) em sua obra Sistema Recursal, "o agravo de instrumento é cabível para impugnação das decisões interlocutórias relacionadas com as tutelas provisórias (CPC, art. 294 e ss) fundadas em urgência ou evidência".

Alguns autores propagam que o entendimento consubstanciado no novo CPC abarca o conceito de não mais ser condizente com o atual entendimento de Código processual a utilização do termo irrecorribilidade em separado das decisões interlocutórias, *vide* existirem diversas situações em que a recorribilidade será imediata, sendo mais cabível o emprego do termo recorribilidade temperada das interlocutórias.

É o que se percebe do entendimento de Bueno (2015, p. 604): "Por isso parece ser mais apropriado sustentar (...) que o sistema processual civil hoje consagra um princípio diverso daquele clássico, de inspiração Chiovendiana, que merece ser enunciado como *recorribilidade temperada das interlocutórias*, no sentido de sua recorribilidade imediata depender de prévia previsão legislativa e a concessão de efeito suspensivo depender da avaliação concreta do magistrado". Os motivos acima expostos sustentam nossa opção por alocarmos todos os termos referentes às interlocutórias neste objeto, sendo absoluto, por certo, o pleno respeito às opiniões contrárias.

Na seara Processual Trabalhista, o princípio da irrecorribilidade em separado das interlocutórias está albergado no art. 893, § 1º da CLT, *verbis*: "Os incidentes do processo são resolvidos pelo próprio Juízo ou Tribunal, admitindo-se a apreciação do merecimento das decisões interlocutórias somente em recursos da decisão definitiva". "Assim, na hipótese de decisão interlocutória proferida pelo magistrado trabalhista, não é cabível a interposição de recurso imediato ou direto, somente sendo admitida a apreciação de seu merecimento em recurso da decisão definitiva (recurso mediato ou indireto). (Leone, 2013, p. 632/633).

Por outro lado, a Súmula 214 do TST demonstra que a irrecorribilidade imediata das interlocutórias não é absoluta: "Na Justiça do Trabalho, nos termos do art. 893, § 1º, da CLT, as decisões interlocutórias não ensejam recurso imediato, salvo nas hipóteses de decisão: a) de Tribunal Regional do Trabalho contrária à Súmula ou Orientação Jurisprudencial do Tribunal Superior do Trabalho; b) suscetível de impugnação mediante recurso para o mesmo Tribunal; c) que acolhe exceção de incompetência territorial, com a remessa dos autos para Tribunal Regional distinto daquele a que se vincula o juízo excepcionado, consoante o disposto no art. 799, § 2º, da CLT".

Princípio da Irredutibilidade Salarial (P. da Irredutibilidade do Salário).

O princípio da irredutibilidade salarial decorre do princípio da proteção ao salário e está insculpido no art. 7º, VI, da Carta Magna de 1988. Segundo o texto constitucional, está estabelecida em nosso ordenamento a impossibilidade de redução do salário dos trabalhadores urbanos e rurais devido ao seu caráter alimentar. Portanto, configura-se como regra a irredutibilidade do salário. A exceção encontra-se disposta nos casos de convenção ou acordo coletivo que poderão deliberar sobre o tema.

A exceção ao artigo fica por conta do disposto em convenção ou acordo coletivo de trabalho, únicas hipóteses em que os salários poderão ser alvo de redução temporária.
Entretanto, importante ressaltar segundo ensinamentos de Ivan Horcaio (2008, p. 183), que "a irredutibilidade salarial não diz respeito ao valor real dos salários, mas à sua expressão nominal, não os protegendo da efetiva perda de poder aquisitivo diante de fenômenos como a inflação".

De acordo com o art. 7º, VI, CF, são direitos dos trabalhadores urbanos e rurais, além de outros que visem à melhoria de sua condição social a irredutibilidade do salário, salvo o disposto em convenção ou acordo coletivo.

Ainda, vale a pena transcrever o teor da Súmula 248 do TST, segundo a qual "a reclassificação ou a descaracterização da insalubridade, por ato da autoridade competente, repercute na satisfação do respectivo adicional, sem ofensa a direito adquirido ou ao princípio da irredutibilidade salarial".

Princípio da Irredutibilidade do Valor dos Benefícios (Direito Previdenciário).

De acordo com o art. 194, parágrafo único, inciso IV da Carta Maior, compete ao Poder Público, nos termos da lei, organizar a seguridade social com base em vários objetivos, dentre os quais o da irredutibilidade do valor dos benefícios. Tal instrumento normativo confirma a garantia jurídica de que os benefícios previdenciários serão preservados.

Diante desta presunção constitucional, esclarece Kravchychyn (*et al.*) (2014, p. 26) que o princípio em estudo "(...) significa que o benefício legalmente concedido – pela Previdência Social ou pela Assistência Social – não pode ter o seu valor nominal reduzido, não podendo ser objeto de desconto – salvo os determinados por lei ou ordem judicial -, nem de arresto, sequestro ou penhora".

As exceções ficam por conta da matéria tratada no art. 115 da Lei 8.213/91 (Dispõe sobre os Planos de Benefícios da Previdência Social e dá outras providências), segundo o qual poderão ser descontados dos benefícios previdenciários, por exemplo, contribuições devidas pelo segurado à Previdência Social, Imposto de Renda retido na fonte e pensão de alimentos decretada em sentença judicial, dentre outras possibilidades.

Princípio da Irredutibilidade do Valor dos Benefícios de Forma a Preservar-lhes o Poder Aquisitivo (P. da Preservação Real do Benefício, P. da Preservação do Valor Real dos Benefícios).

Se por um lado a Constituição Federal de 1988 impediu a redução do valor dos benefícios da Seguridade Social (art. 194, parágrafo único, IV), também determinou em sentido semelhante o reajuste dos benefícios da Previdência Social tendo em vista preservar-lhes o valor real. Este instituto constitucional tem por fim a manutenção do valor real dos benefícios em proveito dos beneficiários.

Esse é o entendimento substanciado no art. 201, § 4º da Carta Magna, *verbis*: "É assegurado o reajustamento dos benefícios para preservar-lhes, em caráter permanente, o valor real, conforme critérios definidos em lei".

O objetivo do princípio em tela é impedir que as prestações previdenciárias sofram redução capaz de diminuir o poder aquisitivo dos beneficiários da Previdência. Esta preocupação se faz presente, pois as prestações da Previdência possuem caráter alimentar e sua restrição certamente causaria uma desordem social haja vista o número elevado de dependentes. As prestações previdenciárias não devem sofrer degeneração capaz de apequenar seu poder de compra.

Segundo Castro (*et al.*) (2020, p. 166), o princípio "significa que o benefício legalmente concedido – pela Previdência Social ou pela Assistência Social – não pode ter seu valor nominal reduzido, não podendo ser objeto de desconto – salvo os determinados por lei ou ordem judicial -, nem de arresto, sequestro ou penhora".

Tal direito encontra-se presente também na legislação que trata sobre a organização da Seguridade Social e institui o plano de custeio (Lei 8.212/1991, art. 1.º, "d"), na Lei nº 8.213/1991, artigo 2.º, V, instituto este que dispõe acerca dos planos de benefícios da Previdência Social e o Decreto nº 3.048/1999 que, em seu artigo 1.º, IV, aprova o regulamento da Previdência Social.

Princípio da Irrenunciabilidade de Direitos (P. da Inderrogabilidade, P. da Indisponibilidade, P. da Indisponibilidade de Direitos, P. da Irrenunciabilidade, P. da Irrenunciabilidade de Direitos Trabalhistas, P. da Irrenunciabilidade dos Direitos Trabalhistas, P. da Irrenunciabilidade das Garantias, P. da Irrenunciabilidade e da Intransacionabilidade) (Direito Trabalhista).

De acordo com este princípio, o empregado não pode renunciar a direito algum. Consagrado pelo art. 9º da CLT, que traz em seu texto que "serão nulos de pleno direito os atos praticados com o objetivo de desvirtuar, impedir ou fraudar a aplicação dos preceitos contidos na presente Consolidação", além dos artigos 444 e 468 do mesmo diploma. Este princípio reconhece que os direitos trabalhistas são indisponíveis, inderrogáveis e irrenunciáveis, logo, as partes não podem renunciar ou transacionar/negociar seus direitos, seja no momento da admissão, durante ou após o término do contrato de trabalho.

O obreiro não pode deixar de gozar as vantagens estabelecidas pela Consolidação laboral, mesmo que voluntariamente. Por ser a parte mais frágil na esfera econômica e social na relação trabalhista, caso pudesse negociar seus direitos, certamente estes seriam alvo de drástica redução pelo empregador. Não há possibilidade de modificação das leis trabalhistas *in pejus* dos trabalhadores.

Princípio da Irrepetibilidade (Direito Constitucional).

Segundo o texto da Constituição, o processo legislativo compreenderá a elaboração de leis e outras espécies normativas pelos órgãos competentes (emendas à Constituição, leis complementares, leis ordinárias, leis delegadas, medidas provisórias, decretos legislativos e resoluções, consoante o estabelecido no art. 59 da CF), quanto aos seus atos, quais sejam "iniciativa, emenda, votação, sanção e veto, promulgação e publicação" (Paulo e Alexandrino, 2009, p. 463).

Nesses casos, caberá as duas Casas Legislativas do Congresso Nacional (Câmara dos Deputados e Senado Federal), sempre de acordo com o regimento interno de cada uma delas, proceder às discussões e deliberações acerca de projeto de lei. Quando a iniciativa de projeto de lei ocorrer perante uma das Casas Legislativas, a outra casa caberá o papel de revisora. No caso da aprovação do texto integral do projeto na casa iniciadora, o mesmo será enviado à outra casa para revisão.

Entretanto, caso seja reprovado, aplicar-se-á o disposto no art. 67 da Carta Maior, segundo o qual a matéria constante de projeto de lei rejeitado não poderá constituir objeto de novo projeto na mesma sessão legislativa, a não ser que ocorra proposta da maioria absoluta dos membros de qualquer das Casas do Congresso Nacional neste sentido. Segue o artigo supra, *in verbis*: "A matéria constante de projeto de lei rejeitado somente poderá constituir objeto de novo projeto, na mesma sessão legislativa, mediante proposta da maioria absoluta dos membros de qualquer das Casas do Congresso Nacional".

Na casa revisora, que poderá ser tanto a Câmara dos Deputados como o Senado Federal, a depender da iniciativa do projeto, o mesmo poderá ser aprovado sem emendas, com emendas ou rejeitado. Caso seja rejeitado mais uma vez, ocorrerá o disposto no art. 67, situação que configura o princípio da irrepetibilidade. A irrepetibilidade também ocorrerá caso o projeto de lei aprovado pelas Casas Legislativas seja alvo de veto do Presidente da República e o mesmo seja mantido pelos votos dos deputados e senadores, situação que irá ocasionar seu arquivamento.

Princípio da Irrepetibilidade dos Alimentos (P. da Irrepetibilidade).

A prestação alimentícia tem por base o princípio da solidariedade familiar e, resumidamente, fundamenta-se na obrigação que irá recair sobre indivíduo para que se obrigue voluntariamente ou por via judicial, na medida de suas possibilidades, a custear a alimentação, bem como o nível de vida do alimentando, nas relações que envolvam parentes consanguíneos até o segundo grau, matrimoniais ou nas relações estáveis. A irrepetibilidade dos alimentos configura-se como uma das características da prestação de alimentos. Os alimentos pagos pelo alimentante ao alimentado não serão restituídos caso se comprove não ser aquele o devedor. "Não há falar em devolução dos valores pagos a título de pensão alimentícia, eis que os alimentos prestados são irrepetíveis" (TJ. AI 10024111216628001/MG. Rel. Fernando Caldeira Brant, j. 24.01.2013, DJe 29.01.2013).

O art. 1.707 do Código Civil proíbe qualquer espécie de compensação dos créditos referentes a alimentos. Determina a jurisprudência do STJ que nem mesmo os valores recebidos a título de benefício previdenciário determinados judicialmente e posteriormente rescindidos, poderão ser restituídos por força do princípio da irrepetibilidade dos alimentos (AR 4.185/SE, 3ª Seção, Rel. Min. Felix Fischer, DJe de 24/9/2010) (STJ. AR 4204/SP 2009/0026003-7. Rel. Min. Marilza Maynard, j. 26.06.2013, DJe 12.08.2013).

Por outro lado, a regra da irrepetibilidade será flexibilizada uma vez comprovado o pagamento excedente do valor da obrigação, tendo por base a vedação do enriquecimento ilícito. "Uma vez verificado o pagamento a maior de verba alimentar, correta a decisão que determinou a restituição do valor ao executado, devendo ser mitigado o principio da irrepetibilidade dos alimentos, sob pena de caracterização de locupletamento ilícito" (TJ. AC 10707120269279001/MG. Rel. Duarte de Paula, j. 20.02.2014, DJe 26.02.2014).

Princípio da Irresponsabilidade por Atos Jurisdicionais.

Vicente Paulo e Marcelo Alexandrino (2009, p. 186) definem o princípio com propriedade, afirmando que "o princípio da irresponsabilidade por atos jurisdicionais tem a finalidade de assegurar a liberdade e a independência dos magistrados e, assim, do próprio Poder Judiciário".

O Poder Judiciário possui sua independência garantida constitucionalmente por meio do art. 2º, da Constituição Federal, bem como os juízes, que, por meio do art. 95, I a III, do mesmo diploma citado, gozam das garantias de vitaliciedade, inamovibilidade e irredutibilidade de subsídio.

Os artigos 370 do CPC e 765 da CLT corroboram este entendimento na medida em que definem que caberá ao juiz do processo determinar as provas necessárias à instrução do processo, e que Juízos e Tribunais terão ampla liberdade na direção do processo.

Prosseguindo com o raciocínio de Paulo e Alexandrino: "(*idem*) regra geral é só haver responsabilidade civil do Estado quando ele está atuando como Administração Pública (em qualquer dos três Poderes). Nas atividades legislativa e jurisdicional, diversamente, a regra é a inexistência de responsabilidade civil do Estado".

Exceção ao princípio da irresponsabilidade por atos jurisdicionais encontra-se presente na Constituição Federal, especificamente na primeira parte do inciso LXXV, que diz que o Estado terá de indenizar o condenado quando houver erro judiciário, ou seja, quando na esfera penal, houver uma condenação indevida, injusta.

Mais uma vez nos valemos dos ensinamentos dos autores supracitados (*ibidem*): "(...) Com efeito, no caso de erro judiciário (...), há responsabilidade civil do Estado, podendo a pessoa que foi injustamente condenada pleitear judicialmente indenização pelos danos morais e materiais decorrentes dessa condenação".

Princípio da Irretroatividade da Condição Resolutiva (P. da Irretroatividade da Condição).

No que tange ao plano de eficácia do negócio jurídico, considera-se condição a cláusula que derivando exclusivamente da vontade das partes subordina o efeito do negócio jurídico a evento futuro e incerto, conforme determina o art. 121 do Código Civil. Neste contexto, configuram-se como espécies de condições lícitas as condições suspensivas que subordinam a eficácia do negócio jurídico à ocorrência de evento que enquanto não verificado não permite a obtenção do direito (art. 125), condições positivas e negativas condicionadas a ocorrência de um evento positivo a uma das partes ou a um compromisso de não fazer (Assis Neto, *et al.*,

2016, p. 354), e as condições resolutivas, cujos efeitos já se iniciam desde a conclusão do negócio jurídico sendo cessados na ocorrência do evento (condição resolutiva) (art. 127).

Neste ínterim, quanto a condição resolutiva, dispõe o art. 128 do CC que sobrevindo esta, todos os direitos a que ela se opõe serão extintos, ou seja, seu exercício está condicionado a sua ineficácia da condição. Entretanto, se a condição resolutiva for oposta a um negócio de execução continuada ou periódica, a sua realização, salvo disposição em contrário, não tem eficácia quanto aos atos já praticados, desde que compatíveis com a natureza da condição pendente e conforme aos ditames de boa-fé. Configura-se aqui o princípio da irretroatividade da condição resolutiva.

Princípio da Irretroatividade da Lei Penal mais Severa (P. da Irretroatividade, P. da Irretroatividade da Lei, P. da Irretroatividade da Lei Penal, P. da Irretroatividade da Lei Penal mais Gravosa, P. da Irretroatividade *in Pejus*, P. da Irretroatividade Penal) (Direito Penal).

Diz a Constituição Federal que "a lei penal não retroagirá, salvo para beneficiar o réu" (Art. 5º, XL). Com efeito, a partir da análise do citado artigo, é vedado no ordenamento pátrio que o Poder Legislativo institua (crie) nova lei desfavorável ao réu, e que esta retroaja para atingi-lo, onerando sua pena. "A lei nova desfavorável ao réu (*lex gravior*) não será retroativa, somente alcançando delitos praticados após o início da sua vigência" (Vicente Paulo e Marcelo Alexandrino, 2009, p. 154).

Analisando-se o artigo em comento chega-se a conclusão que somente a irretroatividade da lei penal nova com vistas a prejudicar o réu (*in malam partem*) é vedada, ou seja, a lei nova que venha a beneficiar o réu (*in bonam partem*) deverá retroagir. Conclui-se disto que o princípio da retroatividade da lei penal mais favorável é corolário do princípio da irretroatividade penal.

"Em virtude do princípio constitucional da irretroatividade *in pejus*, podemos afirmar que a lei posterior que de qualquer modo vier a prejudicar o agente não terá aplicação retroativa, ou seja, não poderá alcançar os fatos ocorridos anteriormente à sua entrada em vigor (GRECCO, Rogério. Curso de Direito Penal. 4ª ed. Rio de Janeiro: Editora Impetus, 2004. p 131)". (TJ. 844520-1/PR. Rel. Des. Rogério Etzel, j. 19.04.2012).

Princípio da Irretroatividade das Leis.

Lei nova não poderá prejudicar o direito adquirido, o ato jurídico perfeito e a coisa julgada, conforme expõe o art. 5º, XXXVI, da CF. Neste sentido determina o art. 6º da LINDB (Lei de Introdução às normas do Direito Brasileiro - Decreto-Lei nº 4.657/1942) que "a Lei em vigor terá efeito imediato e geral, respeitados o ato jurídico perfeito, o direito adquirido e a coisa julgada", ou seja, a lei nova terá efeitos *ex nunc*, posteriores a sua edição, pois não irá retroagir. Em regra, as leis e atos normativos serão confeccionadas para terem vigência posterior ao ato de sua edição.

Se expõe na doutrina de Assis Neto (*et al.*) (2016, p. 75) que "o princípio da irretroatividade das leis se fundamenta na proteção das situações jurídicas consolidadas à luz do direito anterior (...)", pois as mesmas gozam de amparo na CF/88. No mesmo sentido, Paulo e Alexandrino (2009, p. 147) explicam que em homenagem à segurança jurídica é vedado ao Estado instituir lei nova que afronte "situações constituídas na vigência da lei antiga". Em resumo, o princípio da irretroatividade das leis apregoa que lei nova não poderá alcançar situações jurídicas constituídas na vigência da lei pretérita (TRT - 1. AP 01233001820055010342/RJ. Rel. Dalva Amelia de Oliveira, j. 04.08.2015, DJe 19.08.2015).

Princípio da Irretroatividade Tributária.

De acordo com o entendimento do art. 150, III, a, da CF/88, "sem prejuízo de outras garantias asseguradas ao contribuinte, é vedado à União, aos Estados, ao Distrito Federal e aos Municípios (...), cobrar tributos em relação a fatos geradores ocorridos antes do início da vigência da lei que os houver instituído ou aumentado (...)".

Na legislação tributária nacional não é permitido que a cobrança atinja fatos passados, anteriores à sua vigência. Ou seja, se determinado Estado da federação decide criar certo imposto, sua cobrança somente poderá ser efetuada a partir do fato gerador futuro. Neste sentido, importante a regra consubstanciada no inciso XXXVI, do art. 5º, da CF, que diz que "a lei não prejudicará o direito adquirido, o ato jurídico perfeito e a coisa julgada".

No que tange a aqueles fatos geradores que se prolongam no tempo, pendentes, importante entendimento do STF é trazido à baila por Vicente Paulo e Marcelo Alexandrino (2009, p. 897): "Conquanto boa parte da doutrina defenda que a lei nova que institua ou aumente tributo somente possa alcançar os fatos geradores que venham a ter início depois do começo de sua vigência, não é esse o entendimento assentado pelo Supremo Tribunal Federal. Perfilha a Corte Maior a orientação de que a irretroatividade tributária, por si só, não impede que a lei nova alcance o fato gerador pendente (já iniciado, mas ainda não terminado)". *Vide* Súmula 584 do STF.

Consta como exceção ao princípio o disposto no art. 106, II, "c", do CTN, segundo o qual a lei será aplicada a ato ou fato pretérito quando tratar-se de ato não definitivamente julgado, e que a penalidade cominada seja menos severa que a prevista na lei vigente ao tempo da sua prática.

Princípio da Isonomia Conjugal (P. da Igualdade dos Cônjuges, P. da Igualdade entre Cônjuges ou Companheiros, P. da Igualdade entre Homem e Mulher, P. da Igualdade Jurídica dos Cônjuges e dos Companheiros, P. da Igualdade Jurídica entre os Cônjuges e Companheiros, P. da Isonomia entre Homens e Mulheres, P. da Possibilidade de Mudança de Nome pelo Homem e pela Mulher).

Passado o momento da história em que cabia somente ao homem exercer o poder patriarcal, decidir sobre os rumos do casamento e da própria mulher, onde esta era submetida a um papel submisso, restrito a cuidar dos filhos, do marido, e das tarefas domésticas, a Constituição Federal de 1988 veio consolidar a igualdade entre homens e mulheres no matrimônio. A partir da nova redação, a Carta de 1988 inovou ao afirmar que homens e mulheres são iguais em direitos e obrigações (art. 5º, I), passando a não mais existir o papel de preponderância outrora destinado aos homens durante séculos. Ainda segundo o Diploma, "os direitos e deveres referentes à sociedade conjugal são exercidos igualmente pelo homem e pela mulher" (cf. art. 226, § 5º).

Nos dizeres de Gonçalves (2010, v. 6, p. 23): "A regulamentação instituída no aludido dispositivo acaba com o poder marital e com o sistema de encapsulamento da mulher, restrita a tarefas domésticas e à procriação. O patriarcalismo não mais se coaduna, efetivamente, com a época atual, em que grande parte dos avanços tecnológicos e sociais estão diretamente vinculados às funções da mulher na família e referendam a evolução moderna, confirmando verdadeira revolução no campo social".

Por este prisma, o casamento passa a ser determinado não mais pelo poder do mais forte, mas sim por princípios morais, afetivos e sociais como respeito, amor, diálogo etc, bem como por princípios jurídicos como os da liberdade, da dignidade da pessoa humana e da igualdade; raciocínio fundamentado constitucionalmente nos termos do art. 5º, *caput*, da CF/88, segundo o qual todos são iguais perante a lei, sem distinção de qualquer natureza (...). Põe-se fim a subordinação da mulher ao homem no casamento, passando ambos a deterem iguais responsabilidades, ônus e bônus matrimoniais.

Reforça o sentido de igualdade o art. 1.565, *caput*, do CC, segundo o qual, pelo casamento, homem e mulher assumem mutuamente a condição de consortes, companheiros e responsáveis pelos encargos da família.

A igualdade entre os companheiros no matrimônio se estende também ao nome, atingindo, assim, o Direito Civil. Como era costume, cabia à esposa acrescentar ao seu nome o sobrenome do marido. Hoje, qualquer dos nubentes poderá acrescentar ao seu nome o sobrenome do outro, conforme determina o § 1º, do art. 1.565 do Código Civil: "Qualquer dos nubentes, querendo, poderá acrescer ao seu o sobrenome do outro". Essa possibilidade dada a qualquer dos cônjuges consubstancia o chamado princípio da possibilidade de mudança de nome pelo homem e pela mulher, o qual achamos por bem incluir dentro do princípio da igualdade dos cônjuges por tratar de assuntos correlatos.

Tomamos a liberdade de definir este como um princípio à parte do princípio da comunhão plena de vida por entendermos que os institutos tratam de temas distintos, entretanto alguns autores os consideram como um só. [37]

Princípio da Isonomia entre as Partes (Direito de Mediação).

O princípio da mediação encontra-se previsto no art. 2º, II, da Lei de Mediação (Lei nº 13.140, de 26 de junho de 2015), onde consta que a mediação será orientada por alguns princípios, dentre eles o da isonomia entre as partes. O conceito de isonomia na mediação tem profunda relação com a imparcialidade que deverá reger a relação entre o mediador e as partes.

Aquele tem o dever de tratar as partes de maneira igualitária, sem privilégios que tornem o procedimento injusto e imparcial. A igualdade passa pelo conceito de proporcionar as partes o igual direito de expressão, possibilitando que a via do diálogo seja obtida com o sucesso necessário para a consecução de um acordo justo entre as partes.

Princípio da Isonomia Salarial (P. da Isonomia de Salários).

Ao trabalho realizado em igualdade de condições não poderão recair quaisquer tipos de discriminação, seja em relação a critérios de admissão no que toca a sexo, cor, idade e estado civil, ou mesmo do trabalhador portador de deficiência física ou mental, salários e exercício de funções (cf. art. 7º, incisos XXX e XXXI, CF).

Corolário deste entendimento é o art. 461 da CLT, segundo o qual o trabalhador que trabalhe para o mesmo empregador, prestando trabalho de igual valor, na mesma localidade e exercendo função idêntica, deverá receber igual salário, sendo vedada qualquer distinção efetuada pelo empregador no que tange a sexo, nacionalidade ou idade. Por trabalho de igual valor entende-se aquele que for feito com igual produtividade e mesma perfeição técnica, entre pessoas cuja diferença de tempo de serviço para o mesmo empregador não seja superior a 4 (quatro) anos e a diferença de tempo na função não seja superior a 2 (dois) anos. Portanto, em relação a cargos e funções idênticas, a remuneração deverá ser igual.

Previsto no art. 461 da CLT, o princípio da isonomia salarial proíbe distinções meramente discriminatórias exercidas pelo empregador em face do empregado, distinções essas sem fundação legal (razoabilidade).

Importante citar o § 4º do artigo supracitado que trata do trabalhador readaptado em nova função por motivo de deficiência física ou mental. Este, quando tiver a deficiência atestada pelo órgão competente da Previdência Social não servirá de paradigma para fins de equiparação salarial.

Princípio do *Iura Novit Curia* (P. do *Jura Novit Curia*).

De acordo com o art. 3º do Decreto-Lei 4.657 de 1942 (LINDB - Lei de Introdução às Normas do Direito Brasileiro), ninguém se escusa de cumprir a lei, alegando que não a conhece, ou seja, as leis têm como uma de suas principais características a obrigatoriedade a todos, verdadeiro efeito *erga omnes*. O fato de alguém desconhecer determinada lei não lhe dá direito ao seu descumprimento, nem, tampouco, a anistia por prática de possível ilícito. O objetivo deste artigo é garantir a eficácia das leis.

O princípio do *iura novit curia*, também conhecido por *jura novit curia*, determina que o juiz é conhecedor do direito, por isto, não é necessário que as partes representadas por seus respectivos advogados informem na petição inicial os fundamentos legais. Observe-se que a regra determina a não obrigatoriedade da informação dos fundamentos legais, entretanto, os fundamentos jurídicos (causa de pedir) serão sempre necessários. O instituto processual do *iura novit curia* que traz por significado que o juiz é conhecedor da lei, encontra-se representado pelo brocardo *mihi factum, dabo tibi ius* ("narra-me os fatos que te dou o direito").

O art. 376 do CPC apresenta exceção ao princípio ao determinar que a parte que alegar direito municipal, estadual, estrangeiro ou consuetudinário (usos e costumes de um lugar específico), provar-lhe-á o teor e a vigência, se assim determinar o magistrado. Isto ocorre, pois impossível a qualquer juiz ser conhecedor de toda a gama de leis do ordenamento nacional e internacional. Sendo assim, o princípio do *iura novit cúria* não se aplica ao direito municipal, estadual, estrangeiro ou consuetudinário. Nestes casos, as partes deverão informar o direito. Este princípio é aplicado somente em relação às leis federais, como, por exemplo, a Constituição Federal, a Consolidação das Leis do Trabalho e o Código de Processo Civil, dentre outras.

J

Princípio do Juiz Natural (P. do Juiz Legal, P. do Juízo Natural, P. da Vedação dos Tribunais de Exceção).

Um dos pilares do Estado Democrático de Direito, assim exsurge o princípio do Juiz natural. Consubstanciado na Carta de 1988, mais especificamente no art. 5º, LIII, tem por dizeres que "ninguém será processado nem sentenciado senão pela autoridade competente". Compreende, assim, importante instrumento protetor da imparcialidade e da independência do julgador. Proclamado pelo STF como "garantia do juízo natural" o princípio do Juiz natural "é uma das mais eficazes condições de independência dos magistrados. Independência, a seu turno, que opera como um dos mais claros pressupostos de imparcialidade que deles, julgadores, se exige" (STF, RE 418.852, j. 06.12.2005, rel. Min. Carlos Britto).

Importante frisar que, caso se verifique em determinada demanda casos de conexão ou continência, a mudança de competência não configura hipótese de desrespeito ao princípio do Juiz natural.

Parafraseando Mouzalas (2013, p. 33), o princípio do Juiz natural "assegura o julgamento de determinada causa por um juiz, cuja competência funcional seja preestabelecida constitucionalmente (...)". Tais palavras do ilustre jurista nos trazem à baila outra vertente do referido princípio, qual seja a proibição de criação de tribunal de exceção em nosso ordenamento, tal qual determina o inciso XXXVII, do art. 5º, CF.

Proibiu-se, assim, a instituição de Juiz *ad hoc* e de Promotor *ad hoc*. Entretanto a norma admite a escolha de foro. Defende-se a imparcialidade das decisões judiciais. Para fins didáticos, o termo *ad hoc* significa para determinado fim; destinado a esse fim; nomeado para cumprir certo propósito. [38]

Por outro lado, determina o STF na Súmula 704, que "não viola as garantias do Juiz natural, da ampla defesa e do devido processo legal a atração por continência ou conexão do processo do co-réu ao foro por prerrogativa de função de um dos denunciados".

Princípio do Juízo Imediato.

O princípio do juízo imediato encontra-se determinado no ECA, art. 147, I e II, segundo o qual a competência nas questões que envolvam crianças e adolescentes será determinada (i) pelo domicílio dos pais ou responsável ou (ii) pelo lugar onde se encontre a criança ou adolescente, à falta dos pais ou responsável.

Isto posto, conclui-se que o juízo imediato se sobrepõe às regras gerais de competência, como, por exemplo, a *perpetuatio jurisdictionis* (princípio da *perpetuatio jurisdictionis*), instituto trazido no art. 43 do Novo CPC e que Barbosa (2015, p. 83) explica: "a competência será determinada no momento em que a ação for proposta", e que "eventuais mudanças que possam ocorrer quanto ao estado de fato ou de direito, voluntárias ou não, não terão, como regra, o condão de alterar o juízo competente". Ocorre que perante o princípio do juízo imediato a competência será mitigada a favor da criança e do adolescente sempre que assim determinar o princípio do melhor interesse.

Destaca-se decisão do STJ: "As questões suscitadas pelo embargante não constituem pontos contraditórios, tampouco equívocos do julgado, mas mero inconformismo com os fundamentos adotados pelo acórdão embargado, ao concluir que o princípio do juízo imediato, previsto no art. 147, I e II, do ECA, desde que firmemente atrelado ao princípio do melhor interesse da criança e do adolescente, sobrepõe-se às regras gerais de competência do CPC , entre elas a da *perpetuatio jurisdictionis*, sempre guardadas as peculiaridades de cada processo" (STJ, 2ª Seção. EDcl no CC 111130/SC 2010/0050164-8. Rel. Min. Nancy Andrighi, j. 23.02.2011, DJe 02.03.2011).

Princípio do Julgamento Objetivo (P. do Julgamento Objetivo das Propostas).

Este princípio determina que a Administração Pública irá julgar as propostas de acordo com critérios objetivos, ou seja, de acordo com o estabelecido no edital, que nada mais é que a "lei" da licitação. As regras estabelecidas no edital vinculam a Administração que deverá seguir rigorosamente aquilo que foi pré-estabelecido, devendo, por outro lado, se esquivar de análises subjetivas das propostas enviadas pelos licitantes, sob pena de invalidar o certame licitatório. A análise das propostas não poderá se embasar em critérios subjetivos ou não previstos anteriormente no ato convocatório.

O princípio do julgamento objetivo encontra-se inicialmente previsto nos arts. 44 e 45 da Lei de Licitações (Lei 8.666/93), segundo os quais no julgamento das propostas a Comissão de licitação deverá levar em consideração os critérios objetivos definidos no edital ou convite.

Princípio da Juridicidade.

Conforme destaca Rafael Carvalho Rezende Oliveira (2016, p. 37), a legalidade administrativa encontra-se inserida na juridicidade, conforme determina a Lei nº 9.784, de 29 de janeiro de 1999, que regula o processo administrativo no âmbito da Administração Pública Federal, em seu art. 2º, parágrafo único, I, impondo a Administração Pública o dever de observar nos processos administrativos a atuação conforme a lei e o Direito.

Enquanto a legalidade determina que a atuação da Administração Pública deva ser pautada conforme os ditames legais, ou seja, o exercício de atividades deverá ser autorizado por meio de lei, a juridicidade impõe uma inovação no Direito Administrativo ultrapassando a abrangência da própria legalidade administrativa. Existe uma normatização mesmo fora do âmbito legal, e o administrador público deverá agir em defesa da Constituição Federal quando existir uma lacuna na norma administrativa. Conforme determina a lei supra, o administrador deverá atuar conforme autorizado por lei e, caso não exista normatização a respeito, agir em respeito à Constituição.

Princípio da Jurisdicionalidade (P. da Cláusula de Reserva Jurisdicional, P. da Judicialidade, P. da Jurisdicionariedade).

O princípio da jurisdicionalidade se exterioriza por meio do brocardo *nulla poena sine praevio iudicio*, ou seja, uma pena não poderá ser aplicada sem que ocorra o emprego do devido processo com todas as oportunidades que lhe são inerentes. O dispositivo encontra-se encartado no art. 5º, LXI da CF, dispondo que "ninguém será preso senão em flagrante delito ou por ordem escrita e fundamentada de autoridade judiciária competente, salvo nos casos de transgressão militar ou crime propriamente militar, definidos em lei". Trata-se de instrumento cautelar do Processo Penal.

Para o grande jurista e professor gaúcho Aury Lopes Júnior (2013, p. 164/165), a jurisdicionalidade é uma garantia da independência e da imparcialidade dos magistrados, conforme se denota do texto, *verbis*: "A garantia da jurisdicionalidade deve ser vista no contexto das garantias orgânicas da magistratura, de modo a orientar a inserção do juiz no marco institucional da independência, pressuposto da imparcialidade, que deverá orientar sua relação com as partes no processo. Ademais, o acesso à jurisdição é premissa material e lógica para a efetividade dos direitos fundamentais".

Quanto a jurisdicionalidade no processo de execução, a Lei de Execução Penal (LEP - Lei nº 7.210/1984) estipula em seu art. 2º, *caput*, que a atuação do Juiz na execução da pena será jurisdicional, conforme se denota do artigo citado: "A jurisdição penal dos Juízes ou Tribunais da Justiça ordinária, em todo o Território Nacional, será exercida, no processo de execução, na conformidade desta Lei e do Código de Processo Penal".

Quanto a isso, Rogério Sanches Cunha (2016, p. 14) explica que o processo de execução deverá ocorrer tendo por base os arts. 2º, *caput*, e 194 da LEP: "o processo de execução será conduzido por um juiz de direito, como estabelecido no art. 2º (...). A natureza jurisdicional da execução se extrai, ainda, da simples leitura do art. 194: 'O procedimento correspondente às situações previstas nesta Lei será judicial, desenvolvendo-se perante o Juízo da execução'".

Princípio do *Jus Postulandi*.

O princípio do *jus postulandi* encontra-se localizado nos artigos 791 e 839 da CLT. A tradução literal do latim *jus postulandi* significa direito de postular, o que, por si só, não encerra a compreensão do termo, pois, de acordo com Augusto Menegatti (2011, p. 20), "(...) o direito de postular é intrínseco ao Estado Democrático de Direito na medida em que a todos é possível a busca de uma tutela jurisdicional perante o Estado, que possui o monopólio da jurisdição".

O *jus postulandi*, segundo Bezerra Leite (2007, p. 374), é a capacidade de postular em juízo, por isso chama-se também de capacidade postulatória que é capacidade reconhecida pelo ordenamento jurídico para a pessoa praticar pessoalmente e diretamente os atos processuais. O mesmo Bezerra Leite (2013, p. 452) ainda nos brinda com nova definição sobre o assunto, segundo o qual: "(...) o jus postulandi, no processo do trabalho, é a capacidade conferida por lei às partes, como sujeitos da relação de emprego, para postularem diretamente em juízo, sem necessidade de serem representadas por advogado".

Desta forma, podemos conceituar o *jus postulandi* como a capacidade das partes, empregados e empregadores, de postularem na Justiça do Trabalho, pessoalmente, sem o patrocínio de defensor, na defesa de seus direitos, inclusive para recorrer nas instâncias superiores. Entretanto, as partes deverão obrigatoriamente nomear advogado para representá-las caso haja a necessidade de recurso para o Supremo Tribunal Federal (STF).

Princípio do *Jus Variandi*.

O *jus variandi* se traduz como uma forma de exposição do poder diretivo do empregador, consubstanciado no Direito do Trabalho pelos poderes de organização, controle e disciplina que regem a relação empregatícia.

O empregador poderá efetuar alterações no contrato de trabalho do empregado desde que estas não transformem de maneira substancial sua essência. O empregador, naturalmente, possui autoridade e comando junto aos seus empregados. Esse poder diretivo lhe concede certo arbítrio quanto ao comando das atividades de seus subordinados desde que não haja de forma a promover modificações de tal ordem que venham a alterar profundamente o pacto laboral estabelecido. As mudanças permitidas, entretanto, serão aquelas que não tenham força para agredir a dignidade do trabalhador.

Ato contínuo, Sérgio Pinto Martins (2017, p. 502) nos brinda com extraordinária síntese do princípio em pauta: "O empregador poderá fazer, unilateralmente, ou em certos casos especiais, pequenas modificações no contrato de trabalho que não venham a alterar significativamente o pacto laboral, nem importem prejuízo ao operário (...)".

O autor ainda cita situação na qual poderá o empregador promover alterações no pacto laboral, como é o caso do art. 469 da CLT, onde o empregado poderá ser transferido para localidade diversa da que resultar do contrato, desde que essa não ocasione a mudança do seu domicílio. Ocupando o empregado cargo de confiança ou estando esta possibilidade prevista de maneira implícita ou explícita no contrato, a transferência será cabível quando esta decorrer de real necessidade de serviço sem que seja necessária a anuência do empregado.

Princípio da Justa Distribuição dos Ônus e Benefícios da Organização (Direito Urbanístico).

Trata-se da justiça social voltada ao campo do Direito Urbanístico. Este princípio também será pautado pelo selo da equidade que deve reger as decisões da Administração Pública, porém, na seara urbanística. Os benefícios gerados pela urbanização deverão atingir a maior parte da sociedade possível e, do mesmo modo, os prejuízos advindos do processo urbanístico também deverão ser compartilhados por todos.

A Administração deverá otimizar os recursos públicos de modo que os proveitos advindos da urbanização sejam distribuídos de maneira igualitária por toda a coletividade. Inobstante, todo processo urbanístico gera também prejuízos como o desmatamento e o desaparecimento de espécies animais e vegetais nativas, causando impacto ambiental, prejuízo ecológico que, naturalmente, atingirá toda a sociedade.

Princípio da Justa Indenização (P. da Justa Indenização da Propriedade).

O ordenamento jurídico pátrio estabelece que a desapropriação ocorrerá mediante prévia e justa indenização. É o que se extrai da leitura do art. 5º, XXIV, da CRFB, aqui transcrito: "a lei estabelecerá o procedimento para desapropriação por necessidade ou utilidade pública, ou por interesse social, mediante justa e prévia indenização em dinheiro, ressalvados os casos previstos nesta Constituição". Esta justa indenização decorre da garantia do direito de propriedade existente no inciso XXII, também do art. 5º.

Então, toda desapropriação decorrente de lei ou decreto emanado pelo Poder Executivo deverá ser precedida de prévia indenização em dinheiro ao proprietário do bem expropriado em respeito ao princípio da justa indenização. A jurisprudência do STJ admite recurso especial fundado em violação ao princípio da justa indenização (STJ, EDcl no REsp 408.172/SP, Rel. Min. Eliana Calmon, j. 21.10.2004).

Princípio da Justeza (P. da Conformidade Funcional, P. da Correção Funcional, P. da Exatidão Funcional).

A lição de Pedro Lenza (2009, p. 95) é precisa: "o intérprete máximo da Constituição, no caso brasileiro o STF, ao concretizar a norma constitucional, será responsável por estabelecer a força normativa da Constituição, não podendo alterar a repartição de funções constitucionalmente estabelecidas pelo Constituinte Originário".

Nas palavras de Paulo e Alexandrino (2009, p. 71): "O princípio da justeza (...) estabelece que o órgão encarregado de interpretar a Constituição não pode chegar a um resultado que subverta ou perturbe o esquema organizatório-funcional estabelecido pelo legislador constituinte".

Sintetizando, o Supremo Tribunal Federal, órgão máximo da Justiça a quem cabe a guarda da Constituição Federal (art. 102, *caput*, da CF/88), ao materializar norma constitucional em respeito a estrutura da separação dos poderes (Executivo, Legislativo e Judiciário) não poderá alterar as competências constitucionais estabelecidas pelo Poder Constituinte. A interpretação normativa executada pelo SFT não poderá causar desordem ou desestabilizar a estrutura funcional estabelecida na Constituição Federal. O arcabouço legal da repartição de poderes estabelecido pelo legislador não poderá ser desequilibrado em seu cerne.

Princípio da Justiça Contratual.

O princípio da justiça contratual guarda estreita relação com o princípio constitucional da dignidade humana, isto porque o objetivo da justiça contratual é nortear não só as relações construídas por meio dos pactos estabelecidos entre agentes, mas também a moral, ética e probidade com que essas convenções são estabelecidas entre as partes, envolvendo, inclusive, interesses de terceiros que possam ser afetados pelo contrato. O sinalagma negocial deverá ser justo e igualitário.

A justiça contratual enquanto princípio de ordem pública se traduz por meio de diversos postulados jurídicos próprios das relações contratuais, tais como a função social do contrato, reciprocidade, boa-fé objetiva e a proibição do enriquecimento sem causa, só para citar alguns.

Neste ponto, poderá a justiça mitigar a aplicação do princípio da força obrigatória dos contratos (*pacta sunt servanda*) em prol da justiça do pacto laboral. Nesse sentido, segue julgado: "Pode o Poder Judiciário revisar contratos privados, tendo em vista a relativização do princípio da "pacta sunt servanda" diante dos princípios da boa-fé, equilíbrio e justiça contratual" (TJ. 910332-8/PR. Rel. Guilherme Luiz Gomes, j. 14.08.2012, DJe 14.12.2012).

Por fim, trazemos à baila o entendimento consubstanciado pelo jurista André Luiz Menezes Azevedo Sette (2002, p. 147) em sua obra Direito dos Contratos: "A justiça contratual consiste, pois, numa justa distribuição de ônus e riscos entre as partes do contrato, exercendo além da função de controle da equivalência das prestações (ou seja, que a contraprestação seja adequada à prestação), outra integrativa das questões que as partes deixaram de regulamentar no contrato, bem como, ainda, uma função de interpretação das normas contratuais em busca do bem comum e da igualdade material".

Princípio da Justiça Social.

A justiça social, inicialmente, é marcada pela noção de equidade que deve abarcar as decisões tomadas pelo Estado brasileiro em prol de todos. Decisões favoráveis deverão abranger a coletividade, afastando-se de medidas que componham benefícios a certas classes. Da mesma forma será o raciocínio quanto àquelas decisões impopulares ou que, de alguma forma, sejam prejudiciais; estas também deverão possuir o selo da equidade social. As medidas públicas deverão ser marcadas pela universalidade.

Isto posto, a Constituição Federal dispõe que a justiça social abarca mais do que somente aspectos sociais, mas também aspectos relacionados a ordem econômica nacional. Natural que a justiça social plena alcance aspectos relacionados a fatores econômicos nacionais, pois sem que haja equilíbrio e desenvolvimento nessa seara dificilmente os objetivos sociais serão cumpridos. Três são os artigos da Carta Magna que dispõem diretamente sobre o tema: arts. 3º, 170 e 193.

O art. 3º da CF/88 elenca os objetivos primordiais do país, dentre os quais destacam-se a busca por uma sociedade livre, justa e solidária, o esforço contra qualquer espécie de discriminação e o combate as desigualdades sociais. Com o mesmo viés social encontra-se o art. 193, *verbis*: "A ordem social tem como base o primado do trabalho, e como objetivo o bem-estar e a justiça sociais".

Já o art. 170 traz como liame a justiça social baseada na ordem econômica como fator inerente a propiciar a base sólida que dê sustentação ao alcance dos objetivos sociais almejados pela Carta Maior. Assim, este artigo propõe que a defesa da livre concorrência, da função social da propriedade, da propriedade privada e da busca do pleno emprego, dentre outros objetivos, poderão propiciar, conjuntamente, um ambiente favorável à obtenção da justiça social.

Por todo o exposto, entende-se que a justiça social está associada a preceitos sociais e econômicos, e que a defesa desse propósito ocorrerá mediante o cumprimento dos ditames impostos pela Constituição Federal.

Princípio da Justiça Universal (P. Cosmopolita, P. da Jurisdição Universal, P. da Justiça Cosmopolita, P. da Justiça Penal Universal, P. da Universalidade) (Direito Penal).

O princípio da justiça universal encontra inicialmente fundamento no art. 7º, II, "a", do Código Penal brasileiro, segundo o qual ficam sujeitos à lei brasileira, embora cometidos no estrangeiro, os crimes que, por tratado ou convenção, o Brasil se obrigou a reprimir.

O Brasil assinou vários tratados internacionais como o Estatuto de Roma, a Convenção de Genebra sobre Direito Internacional Humanitário e vários tratados sobre direitos humanos, e se obriga a punir crimes como tráfico de mulheres e crianças, tráfico internacional de entorpecentes, pirataria, atentados a cabos submarinos e genocídio, dentre outros. Aquele que cometa qualquer um dos crimes dos quais o Brasil se comprometeu a punir ficará sujeito a lei penal do país, não importando sua nacionalidade.

L

Princípio da Laicidade (P. do Estado Laico, P. da Laicidade Estatal).

Conforme o estabelecido no art. 5º, VI a VIII, da CF/88, o Estado brasileiro é laico, também chamado Estado secular, leigo ou não confessional. A laicidade do Estado significa que haverá uma separação entre o poder do Estado e o poder da religião. Não haverá por parte do Estado poder de influência nos assuntos de ordem religiosa, bem como o contrário não será admitido em matérias de ordem administrativa e política.

Assim, veda-se ao Estado (União, Estados, Distrito Federal e Municípios) estabelecer cultos religiosos ou igrejas, subvencioná-los, embaraçar-lhes o funcionamento ou manter com eles ou seus representantes relações de dependência ou aliança, ressalvada, na forma da lei, a colaboração de interesse público (art. 19, I, CF). O objetivo da laicidade é evitar que haja uma confusão entre Estado e religião.

Princípio da Lealdade (Direito de Mediação).

Para que se obtenha êxito em uma justa composição no procedimento mediatório, as partes que compõem a mediação deverão se comportar de maneira pertinente com o método. Regras como cordialidade, urbanidade, comportamento pacífico, cooperativo e construtivo, além de atitudes que propiciem o diálogo entre as partes, deverão ser observadas pelos envolvidos. Portanto, é o entendimento consolidado que as partes envolvidas deverão ser leais ao procedimento da mediação a que se propuseram de maneira autônoma, para que, assim, ocorra a composição.

Princípio da Lealdade e Transparência (P. da Lealdade e Transparência na Negociação Coletiva).

Um dos princípios do direito coletivo do trabalho, o princípio da lealdade e transparência assegura condições para que a negociação coletiva determinada consensualmente entre os sujeitos da relação trabalhista estabeleça um vínculo não somente legal estabelecido entre as partes pela via contratual, mas que se estabeleça também uma relação baseada na lealdade e transparência das cláusulas constantes nos acordos coletivos formatados. Estes acordos devem ser claros e transparentes, sem cláusulas ambíguas ou que levem uma das partes a desvantagens posteriores.

Como definem as regras estabelecidas em nosso ordenamento jurídico relativas aos contratos, quando seus efeitos e objetivos não forem atingidos por fatores imprevistos ou imprevisíveis ocorrendo prejuízo a um dos pólos da relação, poderá ocorrer uma alteração contratual para que o equilíbrio de fatores entre as partes seja restabelecido. Tal possibilidade é conhecida por Teoria da Imprevisão ou cláusula *rebus sic stantibus*. Outra situação conhecida como *exceptio non adimpleti contractus* ou exceção do contrato não cumprido, regulada pelo Código Civil nos artigos 476 e 477, dá ensejo para que uma das partes não cumpra sua obrigação contratual quando verificar que o outro contratante não adimpliu com a obrigação lhe cabia.

Este princípio visa à proteção da boa-fé objetiva nas relações que envolvam os sujeitos da negociação coletiva do trabalho. As partes deverão agir com lealdade e transparência para que não haja desigualdades entre si que possam acarretar a uma das partes se colocar em situação de superioridade perante a outra. Buscam-se condutas íntegras que gerem segurança a negociação coletiva.

Princípio da Legalidade (P. da Legalidade da Despesa, P. da Legalidade das Despesas Públicas, P. da Legalidade Orçamentária, P. da Prévia Autorização) (Direito Orçamentário).

O princípio da legalidade no âmbito das despesas e receitas públicas (orçamento público) tem assento constitucional nos arts 37, 165, 166 e 167, sendo corolário do princípio da legalidade tributária. O art. 37 registra que a Administração Pública direta e indireta de qualquer dos Poderes da União, dos Estados, do Distrito Federal e dos Municípios deverá obedecer ao princípio da legalidade. Insta observar que a Carta Magna determina quanto aos orçamentos anuais que os mesmos deverão ser estabelecidos por meio de leis de iniciativa do Poder Executivo (cf. art. 165, III).

Noutro ponto, o art. 166 dispõe que "os projetos de lei relativos ao plano plurianual, às diretrizes orçamentárias, ao orçamento anual e aos créditos adicionais serão apreciados pelas duas Casas do Congresso Nacional, na forma do regimento comum". Neste sentido, entende-se que todas as despesas e receitas da lei orçamentária (orçamento) deverão respeitar os trâmites legislativos (legais) da Câmara dos Deputados e do Senado Federal. Assim, regra geral, para que uma despesa ocorra, ela deverá constar na lei orçamentária. Entende-se como requisito primordial tanto para a arrecadação de receitas quanto para a execução de despesas, a ocorrência de prévia autorização do Poder Legislativo.

Registre-se, de acordo com inteligência de Osvaldo Maldonado Sanches (2004, p. 274/275), que a legalidade aqui tratada se refere a um "princípio orçamentário clássico, segundo o qual a arrecadação de receitas e a execução de despesas pelo setor público deve ser precedida de expressa autorização do Poder Legislativo."

A Lei nº 4.320/64 dispõe acerca do princípio da legalidade em matéria de despesa pública, deliberando as Normas Gerais de Direito Financeiro para elaboração e controle dos orçamentos e balanços da União, dos Estados, dos Municípios e do Distrito Federal. Registre-se, por oportuno, o *caput* do art. 2º: "A Lei do Orçamento conterá a discriminação da receita e despesa de forma a evidenciar a política econômica/financeira e o programa de trabalho do Governo, obedecidos os princípios de unidade, universalidade e anualidade".

Princípio da Legalidade (P. da Estrita Legalidade, P. do Império da Lei, P. da Legalidade Estrita, P. da Tipicidade, P. da Tipicidade Fechada) (Direito Constitucional).

O princípio da legalidade se extrai do disposto no art. 5º, II, da CF, segundo o qual "ninguém será obrigado a fazer ou deixar de fazer alguma coisa senão em virtude de lei". A norma insculpida no artigo dispõe que a lei torna-se a única fonte capaz de gerar direitos e obrigações (de fazer e não fazer) aos particulares. Por outro lado, aquilo que não é proibido pela legislação é de livre prática.

Só a lei pode obrigar ou desobrigar o particular. Note-se que quanto ao particular, este é livre fazer tudo aquilo que a lei não proíba. Já em relação à Administração Pública isso não ocorre, haja vista sua subordinação a lei (*sub legen*), ou seja, ela é obrigada a seguir tudo o que a lei expressamente determina. Esta subordinação imposta a Administração Pública pode ser vinculada ou discricionária (ver princípio da legalidade no âmbito administrativo, sob a égide do art. 37, *caput*, da CF).

Nas palavras de Paulo e Alexandrino (2009, p. 112), sob a ótica do Direito Administrativo, "o Poder Público não pode atuar, nem contrariamente às leis, nem na ausência da lei". O princípio da legalidade é verdadeira arma constitucional, na medida em que protege o particular de atos de outros particulares e de desmandos e arbítrios do próprio Estado.

Segundo lição do Prof. Damásio Evangelista de Jesus: "O princípio da legalidade tem significado político, no sentido de ser uma garantia constitucional dos direitos do homem. Constitui a garantia fundamental da liberdade civil, que não consiste em fazer tudo o que se quer, mas somente aquilo que a lei permite. À lei e somente a ela compete fixar as limitações que destacam a atividade criminosa da atividade legítima. Esta é a condição de segurança e liberdade individual. Não haveria, com efeito, segurança ou liberdade se a lei atingisse, para os punir, condutas lícitas quando praticadas, e se os juízes pudessem punir os fatos ainda não incriminados pelo legislador" (Bianchini, 2000, nº 772).

Na feliz síntese de Silva (*et al.*) (2011, p. 24) na obra "Dos Recursos em Matéria de Trânsito, "(...) na Administração Particular é lícito fazer tudo o que a lei não proíbe (...)" Prosseguem, *verbis*: "A lei, para o particular, significa "pode fazer assim" (...)".

Neste sentido e em apertada síntese, Paulo e Alexandrino (2009, p. 112) definem o princípio *sub examine*: "No que respeita aos particulares, tem ele como corolário a afirmação de que somente a lei pode criar obrigações e, por outro lado, a asserção de que a inexistência de lei proibitiva de determinada conduta implica ser ela permitida".

Princípio da Legalidade (P. da Legalidade Objetiva, P. da Supremacia da Lei) (Direito Administrativo).

Deflui do art. 37, *caput*, da Constituição, que a administração pública direta e indireta de qualquer dos Poderes da União, dos Estados, do Distrito Federal e dos Municípios obedecerá, dentre outros, ao princípio da legalidade. O que se infere do artigo supra é que a Administração Pública, direta ou indireta de todos os Poderes, estará vinculada a lei. Todos os seus atos deverão ser pautados conforme a lei.

Assim, a Administração Pública só estará autorizada a atuar dentro dos parâmetros legais. De outra banda se dá a atuação dos particulares. Estes poderão atuar de maneira discricionária, haja vista poderem fazer tudo o que a lei não determinar como proibido.

Bem é assim que o saudoso mestre Hely Lopes Meirelles (1993, p. 83) definiu em sua obra Direito Administrativo Brasileiro que no direito privado o particular poderá fazer tudo aquilo que não for proibido por lei, enquanto que no direito público a Administração Pública só poderá fazer aquilo que a lei autoriza.

Deste entendimento que, sob distintos prismas legais que diferem a atuação dos particulares e da Adm. Pública, surgem os princípios da não contradição a lei e da subordinação a lei. Conforme já explicado, o princípio da não contradição a lei ilustra a situação do particular que no direito privado poderá fazer tudo aquilo que a não estipular como proibido. Sob outra ótica, o princípio da subordinação a lei retrata a posição da Adm. Pública que estará vinculada aos ditames da lei, ou seja, só poderá fazer o determinado em lei.

Carvalho Filho (2012, p. 20) nos traz interessante conclusão: "(...) na teoria do Estado moderno, há duas funções estatais básicas: a de criar a lei (legislação) e a de executar a lei (administração e jurisdição). Esta última pressupõe o exercício da primeira, de modo que só se pode conceber a atividade administrativa diante dos parâmetros já instituídos pela atividade legiferante. Por isso é que administrar é função subjacente à de legislar. O princípio da legalidade denota exatamente essa relação: só é legítima a atividade do administrador público se estiver condizente com o disposto na lei".

Princípio da Legalidade (P. da Legalidade Registral, P. da Qualificação, P. da Qualificação Registral) (Direito Registral).

Todos os atos registrais devem ser analisados pelo oficial de registros imobiliários, constituindo-se tal direito em verdadeira obrigação. É ato que gera responsabilidades, vinculando, para tanto, o oficial registrador. Pra tanto, estipula o art. 236, § 1º, da Constituição Federal que a Lei, além de regular as atividades e disciplinar a responsabilidade civil e criminal dos notários, oficiais de registro e seus prepostos, também definirá a fiscalização de seus atos pelo Poder Judiciário. A inobservância das prescrições legais ou normativas são infrações disciplinares que sujeitam os notários e os oficiais de registro as penalidades previstas na Lei (Lei nº 8.935/94, art. 31, I).

Tal análise tem por fim verificar a qualificação da documentação apresentada visando a um registro imobiliário livre de imperfeições e defeitos que possam futuramente macular o ato de alguma forma. Estando toda a documentação referente ao negócio imobiliário correta, proceder-se-á ao apontamento do título no registro de imóveis.

O princípio da qualificação registral encontra-se consagrado no art. 198, da Lei de Registros Públicos (Lei. 6.015/1973), o qual apresentamos, para fins didáticos, seu respectivo *caput*, *in verbis*: "Havendo exigência a ser satisfeita, o oficial indicá-la-á por escrito. Não se conformando o apresentante com a exigência do oficial, ou não a podendo satisfazer, será o título, a seu requerimento e com a declaração de dúvida, remetido ao juízo competente para dirimi-la (...)".

Princípio da Legalidade (P. da Legalidade em Sentido Estrito, P. da *Nulla Poena Sine Crimen*, P. do *Nullum Crimen Sine Lege*, P. da Reserva Absoluta da Lei Formal, P. da Reserva Legal, P. da Reserva da Lei, P. da Reserva Parlamentar) (Direito Penal).

O princípio da legalidade na esfera penal tem previsão legal no Código Penal brasileiro, em seu art. 1º, segundo o qual: "Não há crime sem lei anterior que o defina.

Não há pena sem prévia cominação legal" (*nullum crimen nulla poena sine previa lege*). Encontra-se previsto também na Constituição Federal, art. 5º, XXXIX, tendo por escopo que "não há crime sem lei anterior que o defina, nem pena sem prévia cominação legal". Ambas as redações dizem a mesma coisa, mas configura-se a importância do princípio, haja vista por constar na CF/88 e repetir-se no Código Penal.

Preleciona Capez (2014, p. 73) que "os órgãos incumbidos da persecução penal não podem possuir poderes discricionários para apreciar a conveniência ou oportunidade da instauração do processo ou do inquérito". Observa com precisão Moraes (2017, p. 44) que a reserva legal "consiste em estatuir que a regulamentação de determinadas matérias há de fazer-se necessariamente por lei formal". Prossegue ensinando que "encontramos o princípio da reserva legal quando a Constituição reserva conteúdo específico, caso a caso, à lei" (*idem*).

Sobre o tema, importante julgado: "O tema da insignificância penal diz respeito à chamada legalidade penal, expressamente positivada como ato-condição da descrição de determinada conduta humana como crime, e, nessa medida, passível de apenamento estatal, tudo conforme a regra que se extrai do inciso XXXIX do art. 5º da CF, *ipsis litteris*: não há crime sem lei anterior que o defina, nem pena sem prévia cominação legal. É que a norma criminalizante (seja ela proibitiva, seja impositiva de condutas) opera, ela mesma, como instrumento de calibração entre o poder persecutório-punitivo do Estado e a liberdade individual. A norma legal que descreve o delito e comina a respectiva pena atua por modo necessariamente binário, no sentido de que, se, por um lado, consubstancia o poder estatal de interferência na liberdade individual, também se traduz na garantia de que os eventuais arroubos legislativos de irrazoabilidade e desproporcionalidade se expõem a controle jurisdicional. (STF, 2ª Turma. HC 111017/RS. Rel. Min. Ayres Britto, j. 07.02.2012, DJe 26.06.2012).

Princípio da Legalidade Tributária (P. da Estrita Legalidade, P. da Tipicidade Tributária) (Direito Tributário).

O art. 150, I, da Constituição Federal consagra o princípio da legalidade no âmbito tributário, ou, simplesmente, princípio da legalidade Tributária, determinando que, sem prejuízo de outras garantias asseguradas ao contribuinte, é vedado à União, aos Estados, ao Distrito Federal e aos Municípios exigir ou aumentar tributo sem lei que o estabeleça. Conclui-se pelo presente artigo que os entes públicos somente poderão instituir ou majorar tributos por meio de lei, conforme disposto no art. 97, I e II do CTN.

Com fulcro nas lições de Casalino (2012, p. 25), vejamos: "O princípio da legalidade tributária significa a aplicação do princípio da legalidade ao campo da tributação. Em termos simplificados, podemos dizer que a *instituição (criação)* ou o *aumento* do tributo apenas pode ocorrer por meio de "lei". A lei, portanto, é a espécie normativa por meio da qual o tributo deve ser instituído ou majorado". Ainda, segundo Casalino (Idem), este dispositivo decorre do art. 5º, II, da CF/88, *in verbis*: "ninguém será obrigado a fazer ou deixar de fazer alguma coisa senão em virtude de lei".

Nas palavras do mestre Carrazza (2011, p. 533): "No Brasil, por injunção do princípio da legalidade, os tributos são criados, *in abstracto*, por meio de lei, que deve descrever todos os *elementos essenciais* da norma jurídica tributária".

Princípio da Legitimidade Democrática.

O princípio da legitimidade democrática tem índole eminentemente constitucional. O povo é quem detém a legitimidade ou titularidade do poder, devendo ele exercer sua soberania pela via democrática de escolha de seus governantes por meio do sufrágio universal. Eleitos os seus representantes (Poder Constituinte) o povo decidirá às bases da iniciativa de uma nova Constituição Federal, ou, caso esta já exista, os possíveis pontos a serem revistos e/ou acrescentados na presente Constituição.

Na lição de Alexandre de Moraes (2017, p. 25/26) *apud* Ferreira Filho (1985, p. 15): "Necessário transcrevermos a observação de Manoel Gonçalves Ferreira Filho, de que 'o povo pode ser reconhecido como o titular do Poder Constituinte mas não é jamais quem o exerce. É ele um titular passivo, ao qual se imputa uma vontade constituinte sempre manifestada por uma elite'. Assim, distingue-se a *titularidade* e o *exercício* do Poder Constituinte, sendo o *titular* o povo e o *exequente* aquele que, em nome do povo, cria o Estado, editando a nova Constituição".

O povo, titular do Poder Constituinte, não o exerce, pois esta função é atribuída por ele a seus representantes democraticamente eleitos. Estes representantes serão, em tese, os responsáveis por "construir" uma Constituição que represente os anseios da sociedade.

Princípio da Legitimidade Tributária.

Segundo aponta Alexandre de Moraes (2017, p. 04), a constante evolução daquilo que hoje chamamos de Estado gerou a imprescindibilidade por um conceito formatado com base no respeito aos direitos humanos, à dignidade humana e as liberdades individuais. Prossegue o autor no sentido de que tal evolução do conceito de Estado gerou maior expectativa do povo quanto à legitimidade de seus representantes, devendo ser alguém que realmente representasse os anseios do povo. Desta maneira, ganhou impulso a "universalização do voto", com a consequente legitimação daqueles que detinham o poder. Assim, todas as leis seriam legítimas, pois elaboradas pelos verdadeiros representantes do povo, fazendo surgir a concepção de Estado Democrático fundamentado na soberania popular.

A legalidade caminha junto à legitimidade em um cenário jurídico perfeito, ou seja, além da obrigatoriedade de atuação estatal por meio de leis seguindo o procedimento legislativo correto (legalidade formal), deverão as mesmas serem elaboradas por representantes do povo, eleitos por meio do sufrágio universal e pelo voto direto e secreto (art. 14, *caput*, CF/88), devendo respeitar os fundamentos e objetivos da República Federativa do Brasil como a soberania, a dignidade da pessoa humana e a busca por uma sociedade livre, justa e solidária (arts. 1º e 3º, CF/88).

Sob este prisma se darão as leis tributárias, respeitando as normas de soberania que embasam um Estado Democrático de Direito, como é o caso do Brasil. Estas leis terão que percorrer os trâmites de criação legislativa que terá começo por iniciativa daqueles legitimados no poder. O que se busca com a legitimidade tributária é que ocorra o processo legislativo por meio da criação de leis (legalidade formal) concomitantemente a constatação do respeito aos fundamentos basilares da República, oportunizando a estas leis o manto da legalidade revestido de legitimidade.

Princípio da Lei Mais Favorável (P. do F*avor Negotti*, P. da Manutenção dos Efeitos do Contrato, P. da Prevalência do Negócio).

Trata-se o princípio da lei mais favorável de instrumento particular do Direito Internacional Privado que tem por missão estabelecer regras que irão sistematizar os contratos internacionais. O Direito Comercial Internacional possui regramento próprio, um conjunto normativo composto para regular e intermediar o comércio internacional entre os países.

Determinada lei estrangeira poderá ter aplicação inadmitida em outro país por questões internas, particulares. Fatores como diferenças culturais, políticas, econômicas e sociais podem resultar em diferentes ponderações normativas e, não raro, situação admitida em nosso país poderá ser proibido em outro Estado. Assim, questões de ordem pública do direito interno podem limitar a aplicação de lei estrangeira. Estes fatores poderão impedir a aplicação de lei estrangeira sobre certo contrato quando esta for contrária ao arcabouço normativo do juízo onde, porventura, ocorrer a análise dessa convenção.

O *favor negotti* (ou *favor negotii*), assim como a ordem pública e o *prélèvement* dentre outras, é uma das formas de limitação da aplicação do direito estrangeiro. Segundo explica Tatiana Weisberg (2013, p. 154/156), o *favor negotti*, ao contrário do *prélèvement* que protege o interesse nacional, defende o interesse do contrato firmado no cenário internacional, aplicando-se no âmbito do Direito Comercial.

Neste sentido, o Decreto nº 2.044/1908 que define a letra de câmbio e a nota promissória além de regular as operações cambiais, dispõe no parágrafo único do art. 42: "Tendo a capacidade pela lei brasileira, o estrangeiro fica obrigado pela declaração, que firmar, sem embargo da sua incapacidade, pela lei do Estado a que pertencer". Vejamos o julgado do STJ: "A eleição de foro estrangeiro é válida, exceto quando a lide envolver interesses públicos" (STJ, T. 03. REsp 242.383/SP 1999/0115183-0. Rel. Min. Humberto Gomes de Barros, j. 03.02.2005, DJ 21.03.2005).

Princípio da *Lex Loci Executionis* (P. da Territorialidade) (Direito do Trabalho).

Devemos aqui ter em mente duas situações distintas acerca do princípio da *lex loci executionis*: quanto à aplicação ou não das leis nacionais ao trabalho prestado por obreiro em país estrangeiro e ao trabalho exercido dentro do país, porém em diferentes unidades da federação, quanto à aplicação das leis de cada local.

Tratando-se do primeiro tema, podemos afirmar que o princípio da *lex loci executionis* ou princípio da territorialidade, sofreu profunda mitigação em sua função essencial desde o cancelamento da Súmula nº 207 do TST, que trazia em sua antiga redação que "a relação jurídica trabalhista é regida pelas leis vigentes no país da prestação de serviço e não por aquelas do local da contratação".

Segundo este já obsoleto regramento laboral, a relação jurídica trabalhista do obreiro seria regida pelas leis do local onde fosse realizado o trabalho no exterior, pouco importando que fossem leis menos favoráveis ao trabalhador do que as leis nacionais.

A nova compreensão acerca do tema favorece em suma o princípio da norma mais favorável, decorrente do princípio da proteção. Em decorrência da alteração introduzida pela Lei nº 11.962/2009 no art. 1º da Lei nº 7.064/1982, passou-se a aplicar a legislação brasileira de proteção ao trabalho quando mais favorável que a legislação territorial, independentemente de o empregado ter sido contratado no Brasil e transferido ao exterior ou contratado diretamente para prestar serviços no país estrangeiro, vide entendimento plasmado nos arts. 3º, II e 14 desta lei.

Assim, entende-se pela relativização do princípio da *lex loci executionis* em nosso ordenamento jurídico, cabendo na atualidade o entendimento firmado no sentido de se prestigiar o princípio da norma mais favorável ao trabalhador, tendo aplicação das leis nacionais aos trabalhadores brasileiros que forem prestar serviços no exterior, quando estas forem mais favoráveis aos obreiros, pouco importando como se deu a contratação.

"Ao contrato de trabalho de brasileiro contratado no país para laborar no exterior aplica-se a lei brasileira naquilo em que for mais benéfica, segundo a teoria do conglobamento mitigado. A Lei 7.064/82 mitigou o princípio da lex loci executionis ao estipular, em seu art. 3º, inciso II, 'que a aplicação da legislação brasileira de proteção ao trabalho, naquilo que não for incompatível com o disposto nesta Lei, quando mais favorável do que a legislação territorial, no conjunto de normas e em relação a cada matéria'" (TRT – 4. RO 0000155-04.2012.5.04.0371/RS. Rel. Joe Ernando

Deszuta, j. 11.11.2015, DJe 11.11.2015). A teoria do conglobamento é também conhecida por incindibilidade.

Quanto ao trabalho exercido pelo obreiro dentro do território nacional, porém em local diverso daquele onde ocorreu sua contratação, aduz a jurisprudência no sentido de que o contrato de trabalho será regido pela norma coletiva vigente e eficaz no local da prestação dos serviços, mesmo que a empresa empregadora tenha sede em outro Estado da Federação. Princípio da lex loci executionis (TRT – 1, 3ª T. RO 00108172420145010247/RJ. j. 18.07.2016, DJe 27.07.2016).

Princípio *Lex Posterior Derogat Priori* (P. *Lex Posterior*, P *Lex Posterior Derogat Legi Priori*).

Diz respeito às normas de mesmo nível hierárquico editadas em momentos distintos, prevalecendo para todos os efeitos perante o sistema jurídico pátrio à lei mais recente. Para tanto a lei posterior derroga a lei anterior quando não forem compatíveis entre si.

Em razão do princípio *lex posterior derogat priori*, no momento em que lei nova adentra no ordenamento jurídico passa a possuir hierarquia sobre a lei antiga de mesmo nível, mas com aquela divergente e contraditória em seu conteúdo.

O princípio *lex posterior derogat priori* determina que a lei posterior irá revogar a anterior de mesma classe naquilo em que se contradizem por ser impossível a coexistência de ambas as leis devido a sua incompatibilidade material (TJ. EI. 0223996-3/02/PR. Rel. Des. Lélia Samardã Giacomet, j. 30.03.2004, DJ 30.03.2004).

Princípio da Liberdade (Direito Constitucional).

O princípio da liberdade é um dos elementos essenciais do regime democrático juntamente aos princípios da maioria e da igualdade. Nas palavras de Vicente Paulo e Marcelo Alexandrino (2009, p. 93), o princípio da liberdade se caracteriza e fundamenta nos direitos de primeira geração (ou dimensão), nos direitos fundamentais do ser humano surgidos no fim do século XVIII e caracterizados por exigirem do ente estatal uma obrigação de abstenção, de não fazer, de não intromissão na vida do indivíduo. São exemplos o direito à vida, à liberdade de expressão, à liberdade, à participação na vida política, à liberdade de crença, o livre exercício profissional, à liberdade de expressão ou comunicação na propaganda política eleitoral etc.

Assim, ainda de acordo com os autores (*idem*), exige-se do "Estado um dever de abstenção, de não fazer, de não interferência, de não intromissão no espaço de autodeterminação de cada indivíduo". De acordo com este princípio, permite-se ao indivíduo fazer tudo aquilo que não é defeso na lei, ou seja, tudo o que não é proibido é permitido. Entretanto, esta liberdade é relativizada, mitigada, pois a liberdade constitucional do indivíduo não lhe dá o direito de interferir na esfera da vida privada dos outros indivíduos sociais.

Princípio da Liberdade de Associação (P. da Livre Associação).

O princípio da liberdade de associação encontra-se encartado no art. 5º, XVI, XVII e XX da Constituição Federal da República. Por liberdade de associação entende-se a liberdade instituída pela Carta Magna a todos de poderem se reunir de forma pacífica, sem armas, em locais abertos ao público independentemente de autorização, sendo requisito primordial que não frustrem outra reunião convocada anteriormente para o mesmo local. A autoridade competente necessariamente deverá ser informada previamente desta reunião para que possa tomar as medidas cabíveis quanto à segurança, transporte, controle de tráfego, mobilidade urbana, infraestrutura do evento etc.

A liberdade de associação só será permitida quando seus fins forem lícitos, sendo vedada terminantemente a criação de associações de caráter paramilitar. Além disso, a lei é bastante clara no que tange a proibição de práticas que visem coagir alguém para que se associe ou que permaneça associado contra sua vontade.

Princípio da Liberdade de Constituir uma Comunhão de Vida Familiar (P. da Não Intervenção, P. da Não Intervenção Familiar).

Segundo entendimento de Carlos Roberto Gonçalves (2010, v. 6, p. 25), a vida familiar constituída "seja pelo casamento, seja pela união estável", não poderá sofrer interferência, seja "imposição ou restrição de pessoa jurídica de direito público ou privado". Esta é a constatação daquilo que determina o art. 1.513 do Código Civil, segundo o qual "é defeso a qualquer pessoa, de direito público ou privado, interferir na comunhão de vida instituída pela família".

Mantendo íntima relação com o princípio da autonomia da vontade, o princípio em pauta determina que as uniões entre as pessoas ocorrerão com ampla liberdade, livres de qualquer tipo de interferência externa, seja de direito público ou de direito privado. Desta forma, ninguém poderá interferir nas escolhas de comunhão familiar, nem mesmo o Estado.

Assim sendo, será lícito aos nubentes antes de celebrado o casamento estipular quanto aos seus bens o que lhes aprouver, sendo admissível após a celebração do mesmo a alteração do regime de bens mediante autorização judicial determinada por pedido motivado de ambos os cônjuges (cf. art. 1.639, §§ 1º e 2º, C.C.).

Por derradeiro, apresentamos a interpretação de Assis Neto (*et al.*) (2016, p. 1568): "(...) verifica-se que o Princípio da Liberdade resguarda as relações pessoais e familiares, possibilitando relações entre pessoas de forma livre, inclusive não interferindo no seu planejamento e forma de manutenção, cabendo ao Estado apenas assegurar recursos para a educação e vida digna das entidades familiares, não podendo impor limites, ou qualquer outra forma de coação para limitar as regras de constituição das entidades familiares".

Princípio da Liberdade de Construir (P. da Liberdade de Construção) (Direito Urbanístico).

O proprietário de um imóvel urbano ou rural possui o direito de construir em seu próprio terreno. Vejamos o consignado no art. 1.299 do Códex Civilista: "O proprietário pode levantar em seu terreno as construções que lhe aprouver, salvo o direito dos vizinhos e os regulamentos administrativos". Para que o proprietário do terreno possa exercer seu direito de construir deverá respeitar e seguir as normas estabelecidas nos regulamentos administrativos e nas demais leis, como o Estatuto das Cidades (Lei 10.257/2001), o plano diretor (obrigatório para cidades com mais de 20 mil habitantes) ou a Lei orgânica dos municípios (Lei municipal).

Segundo a CF, compete aos municípios promover o adequado ordenamento territorial, mediante planejamento e controle do uso, do parcelamento e da ocupação do solo urbano, haja vista ser atribuição dos municípios legislar sobre assuntos de interesse local (cf. art. 30, I e VIII, da CF).

O Estatuto das Cidades, que estabelece diretrizes gerais da política urbana, estipula em certos casos uma espécie de outorga onerosa do direito de construir, onde o proprietário do terreno poderá edificar acima do coeficiente de aproveitamento básico adotado mediante contrapartida pecuniária. Observe que qualquer construção ou liberalidade estipulada por órgão público responsável deverá observar a função social da propriedade, atendendo às exigências fundamentais de ordenação da cidade expressas no plano diretor ou na Lei municipal na falta daquela (cf. art. 182, § 2º, CF/88). Ou seja, toda construção deve respeitar os parâmetros fixados para o regular desenvolvimento das funções sociais da cidade, bem como visar o bem-estar da população.

Por fim, estabelece o Estatuto das Cidades que suas normas são de ordem pública e visam regular o uso da propriedade urbana em prol do bem coletivo, da segurança, do bem-estar dos cidadãos e do equilíbrio ambiental.

Princípio da Liberdade Contratual (P. da Liberdade de Contratar, P. da Liberdade Contratual de *Per Si*).

O princípio da liberdade contratual decorre do princípio da autonomia da vontade (Princípio da autonomia privada) e deve caminhar de mãos dadas com o princípio da função social do contrato. É um dos pilares do Direito Civil. Como todo direito, não é absoluto, devendo respeitar e harmonizar com os demais princípios do ordenamento jurídico.

Importante aqui se estabelecer a distinção entre liberdade de contratar e liberdade contratual. A liberdade de contratar decorre da capacidade civil, do livre arbítrio que o indivíduo tem de contratar ou não e da conveniência para tanto (pessoa, lugar, momento). De outra sorte, a liberdade contratual se revela na liberdade das partes em poder deliberar acerca dos termos do contrato e pactuá-lo com o conteúdo consensual.

Colhe-se da jurisprudência: "Na hipótese, restou demonstrado que o descadastro da recorrente ocorreu devido a sua inatividade, condição prevista no contrato firmado entre as partes, o qual rege-se pelo princípio da liberdade contratual" (TJ. ACJ 20140110591822/DF 0059182-54.2014.8.07.0001. Rel. Des. Marco Antônio do Amaral, j. 23.09.2014, DJe 26.09.2014).

"Diante do princípio da liberdade contratual, é lícito aos contratantes adotar qualquer forma para concretização dos negócios jurídicos por eles celebrados, ainda que incomum, desde que não vedada por lei" (TJ. AC 391810/SC 2005.039181-0. Rel. Des. Sérgio Izidoro Heil, j. 28.09.2009).

"Em atenção ao princípio da autonomia da vontade, traduzido na liberdade de contratar, os contratantes ficam sujeitos aos termos da avença com que anuíram" (TJ. AC 495815/SC 2007.049581-5. Rel. Min. Fernando Carioni, j. 10.01.2008).

Princípio da Liberdade de Crença e Religião (P. da Liberdade ao Culto Religioso).

O princípio da liberdade de crença e religião decorre do que dispõe o art. 5º, VI, da CF/88, *verbis*: "é inviolável a liberdade de consciência e de crença, sendo assegurado o livre exercício dos cultos religiosos e garantida, na forma da lei, a proteção aos locais de culto e a suas liturgias". Em abono da clareza, o que o artigo define é que qualquer cidadão poderá exercer sua religiosidade e sua crença com plena liberdade, livre de qualquer interferência estatal ou particular no sentido de direcioná-lo ou que vise prejudicar sua escolha, devendo o Estado garantir que este direito seja garantido.

Ainda do texto constitucional extraímos o conteúdo dos incisos VII e VIII do art. 5º que asseguram a prestação de assistência religiosa nas entidades civis e militares de internação coletiva, desde que se dê nos termos da lei, além de garantir que ninguém será privado de seus direitos por motivo de crença religiosa ou de convicção filosófica ou política, salvo se as invocar para eximir-se de obrigação legal a todos imposta e recusar-se a cumprir prestação alternativa fixada em lei. A adoção de crença religiosa ou convicção filosófica não será obstáculo para o alcance de direitos do cidadão, desde que este cumpra aquilo que a lei determina.

Por fim, sem abandonarmos a seara constitucional, o art. 19, I, define que é vedado à União, aos Estados, ao Distrito Federal e aos Municípios "estabelecer cultos religiosos ou igrejas, subvencioná-los, embaraçar-lhes o funcionamento ou manter com eles ou seus representantes relações de dependência ou aliança, ressalvada, na forma da lei, a colaboração de interesse público". Assim, fica proibida a intervenção estatal no funcionamento das igrejas, elemento basilar da liberdade de crença e religião.

Segundo Casalino (2012, p. 69), a Constituição é clara ao proteger qualquer tipo de manifestação religiosa, seus cultos, sua cultura, ou seja, a liberdade religiosa independente de qual seja a denominação gozará de proteção do Estado. Em precioso arremate, trazemos à discussão a lição do mestre Eduardo Sabbag (2015, p. 107): "A pluralidade de religiões corrobora o Estado de Direito, que prima pela necessária equidistância entre o Estado e as Igrejas, servindo como um dos pilares do *liberalismo*".

Princípio da Liberdade de Escolha (P. da Liberdade de Escolha do Pacto Antenupcial, P. da Livre Estipulação do Pacto, P. dos Pactos Antenupciais).

Inicialmente, antes de adentrar no estudo do princípio em si, importante a definição trazida por Gagliano e Pamplona Filho (Gagliano, 2010, p. 118) sobre regime de bens: "Por regime de bens (...) entende-se o conjunto de normas que disciplina a relação jurídico-patrimonial entre os cônjuges, ou, simplesmente, o estatuto patrimonial do casamento".

Este princípio, um dos que compõem o regime de bens, é determinado pelo CC por meio do art. 1.639, segundo o qual, antes de celebrado o casamento será lícito aos nubentes a determinação, quanto aos bens, do regime que irá reger o matrimônio. O regime de bens escolhido terá sua vigência a partir da data do casamento, e poderá ser modificado por autorização de ambos os cônjuges mediante justificativa plausível e desde que não frustre interesses de terceiros.

Como bem ensina Castro (2016, p. 349): "A liberdade dos pactos antenupciais abrange não apenas a possibilidade de os nubentes adotarem, na integralidade, alguns dos regimes previamente indicados pelo legislador – os chamados regimes típicos -, mas também a possibilidade de estipularem outro diverso, misturando elementos, de acordo com o que lhes aprouver e respeitados os limites da lei".

No mesmo diapasão Gagliano e Pamplona Filho (*idem*), verbis: "A escolha do regime de bens (...) é feita por meio de um contrato especial, denominado pacto antenupcial. Trata-se de um negócio jurídico solene, condicionado ao casamento, por meio do qual as partes escolhem o regime de bens que lhes aprouver, segundo o princípio da autonomia privada".

Princípio da Liberdade de Expressão (P. da Liberdade de Comunicação).

O princípio da liberdade de expressão encontra-se encartado na Constituição Federal como um dos fundamentos da República, estando consubstanciado no art. 5, IV, V, IX e XIV. Trata-se de um direito concedido à coletividade, porém, veda-se o anonimato, consoante se retrata no inciso IV: "é livre a manifestação do pensamento, sendo vedado o anonimato". Esta vedação ao anonimato ocorre com "o intuito de possibilitar a responsabilização de quem cause danos a terceiros em decorrência da expressão de juízos ou opiniões ofensivos, levianos, caluniosos, difamatórios etc" (Paulo e Alexandrino, 2009, p. 116). Assim, fica assegurado o direito de resposta proporcional ao agravo, além da indenização por dano material, moral ou à imagem (cf. V).

Do mesmo modo, em defesa da liberdade de expressão garantiu-se a manifestação de atividades de cunho intelectual, artístico, científico e de comunicação, independente de censura ou licença (cf. IX).

No Direito Eleitoral a liberdade de expressão ou comunicação traduz-se como um elemento essencial ao fortalecimento da democracia em nosso país, em que pese a importância do debate para o engrandecimento das ideias, o direito a manifestação do pensamento e da livre opinião acerca de temas de grande relevância nacional, tanto no campo político como nos demais segmentos da sociedade.

Por fim, é mister mencionar as considerações tecidas por Alexandre de Moraes (2017, p. 46): "A manifestação do pensamento é livre e garantida em nível constitucional, não aludindo a censura prévia em diversões e espetáculos públicos. Os abusos porventura ocorridos no exercício indevido da manifestação do pensamento são passíveis de exame e apreciação pelo Poder Judiciário com as consequentes responsabilidades civil e penal de seus autores, decorrentes inclusive de publicações injuriosas na imprensa, que deve exercer vigilância e controle da matéria que divulga".

Princípio da Liberdade das Formas (P. da Liberdade das Formas Mitigada, P. da Liberdade das Formas Relativizada) (Direito Processual Civil).

Somente quando a lei processual assim determinar, haverá a exigência de forma preestabelecida para a prática dos atos jurídicos. Regra geral predomina a liberdade das formas quanto a prática dos atos jurídicos processuais. É o que dessume do art. 188 do Diploma Processual, *verbis*: "Os atos e os termos processuais independem de forma determinada, salvo quando a lei expressamente a exigir, considerando-se válidos os que, realizados de outro modo, lhe preencham a finalidade essencial".

Assim, colhe-se do referido artigo do CPC que os atos e termos processuais não dependem de forma predeterminada, a não ser que a lei expressamente exija que assim seja. Além disso, mesmo quando a lei determine forma especial os atos e termos realizados de outro modo serão válidos se atingirem a finalidade.

Sobre o assunto, trazemos à baila o entendimento consubstanciado por Bueno (2015, p. 184): "Em termos gerais, os atos processuais não dependem de forma determinada, o que só ocorre nos casos em que a lei for expressa em sentido contrário. Mesmo nestes casos, ainda é o art. 188 que assim estabelece, os atos serão considerados válidos ainda que, realizados de modo diverso, atinjam a sua finalidade".

Princípio da Liberdade de Informação (Direito Eleitoral).

Em apertada síntese Gomes (2017, p. 482) explica que de acordo com o princípio em tela, "os cidadãos tem direito a receber todas as informações – positivas ou negativas – acerca do candidato, de sorte que possam formular juízo seguro a respeito de sua pessoa, das ideias e do programa que representa. Conforme aludido, o direito à privacidade, ao segredo e à intimidade sofre acentuada redução nesse terreno".

Naturalmente que tal princípio mitiga direitos fundamentais como a intimidade e a vida privada, conquistas asseguradas na Carga Magna (art. 5º, X), mas, devido ao interesse público em torno do conhecimento da vida pregressa e das ambições e propostas dos candidatos, tais direitos sofrem considerável redução em virtude disso. Há de ser observado quanto à imprensa o seu direito em disponibilizar a todos o acesso à informação obtida, sendo-lhe, entretanto, permitido resguardar o sigilo da fonte (art. 5º, XIV).

Princípio da Liberdade Negativa de Filiação (P. da Liberdade Negativa de Associação).

Consubstanciado no art. 5º, XX da Carta Magna – "ninguém poderá ser compelido a associar-se ou a permanecer associado", o princípio da liberdade negativa de filiação dá o direito de qualquer indivíduo permanecer desassociado, ou seja, de não se associar ou mesmo de desistir de fazer parte de associação. Da mesma forma que existe o direito de associação, o direito de não associação também tem grande relevância no Estado Democrático.

Princípio da Liberdade Sindical (P. da Liberdade Associativa e Sindical, P. da Liberdade de Filiação, P. da Preferência Sindical).

Este princípio está presente na Carta Maior, especificamente no art. 8º, *caput* e V, segundo os quais será livre a associação profissional ou sindical observados os requisitos da lei, sendo que "ninguém será obrigado a filiar-se ou a manter-se filiado a sindicato". Nas palavras de Paulo e Alexandrino (2009, p. 130), nossa Constituição "assegura ampla liberdade de associação, independentemente de autorização dos poderes públicos, além de vedar a interferência estatal no funcionamento das associações". Dando sequência ao raciocínio, estipula a CF/88 que essa liberdade "só alcança as associações para fins lícitos, proibidas expressamente as de caráter paramilitar".

O Estado não poderá interferir na liberdade de constituição ou extinção dos sindicatos, não poderá interferir na liberdade de organização dessas entidades sindicais, nem, tampouco, na liberdade de filiação ou desligamento dos associados.

"É indevida a cobrança de contribuição a trabalhadores não filiados a sindicato, sob pena de ofensa ao princípio da liberdade de filiação (artigo 5º, inciso II e 8º, inciso V, ambos da CF), devendo o sindicato restituir os descontos efetuados. (TRT – 15. RO 42610/SP 042610/2011. Rel. Edmundo Fraga Lopes, DJe 08.07.2011).

O princípio da liberdade associativa e sindical encontra-se amplamente fundamentado na Constituição Federal de 1988 nos arts. 5º, XVI, XVII e XX e 8º. O texto constitucional assegura a todos a plena liberdade de associação desde que exista para fins lícitos e pacíficos, sendo vedada aquela de caráter paramilitar além de também ser vedada a associação fundamentada por meio de coação, pois ninguém poderá ser compelido a associar-se ou a permanecer associado. Também é livre a associação que ocorra visando à formação de sindicato representativo de categoria, conforme se denota no *caput* do art. 8º da CF, segundo o qual "é livre a associação profissional ou sindical".

Princípio da Liberdade de Tráfego (P. da Liberdade de Tráfego de Pessoas e Bens, P. da Não Limitação ao Tráfego de Pessoas e Bens).

Este princípio encontra inicialmente fundamento no artigo 150, inciso V, da Constituição Federal, cuja redação a seguir se reproduz: "Sem prejuízo de outras garantias asseguradas ao contribuinte, é vedado à União, aos Estados, ao Distrito Federal e aos Municípios estabelecer limitações ao tráfego de pessoas ou bens, por meio de tributos interestaduais ou intermunicipais, ressalvada a cobrança de pedágio pela utilização de vias conservadas pelo Poder Público".

Não é permitido ao Poder Público utilizar tributos, sejam eles interestaduais ou intermunicipais, para impor limitações ao tráfego de pessoas e bens. O ir e vir das pessoas e o trânsito de mercadorias não podem ser limitados. Os entes federativos não podem impedir a livre circulação de pessoas e bens, haja vista tratar-se de garantia constitucional estabelecida e definida no art. 5º, XV, da Carta Maior: "é livre a locomoção no território nacional em tempo de paz, podendo qualquer pessoa, nos termos da lei, nele entrar, permanecer ou dele sair com seus bens".

É de saber que o art. 150 traz em seu bojo uma importante ressalva, qual seja, a cobrança de pedágio. O pedágio, segundo Casalino (2012, p. 47), "não é cobrado em virtude da locomoção das pessoas, mas como contrapartida à conservação das vias públicas". Ainda segundo o autor, a cobrança do pedágio visa somente à manutenção das vias, e será cobrada unicamente daquelas pessoas que as utilizarem.

De acordo com a Súmula 323 do STF, "é inadmissível a apreensão de mercadorias como meio coercitivo para pagamento de tributos".

Princípio da Licitação (P. da Obrigatoriedade, P. da Obrigatoriedade da Licitação) (Licitação).

Inicialmente, verificamos ser importante conceituar licitação, procedimento no qual buscamos apoio na feliz síntese de Carvalho Filho (2012, p. 234): "(...) podemos conceituar a licitação como *o procedimento administrativo vinculado por meio do qual os entes da Administração Pública e aqueles por ela controlados selecionam a melhor proposta entre as oferecidas pelos vários interessados, com dois objetivos – a celebração de contrato, ou a obtenção do melhor trabalho técnico, artístico ou científico*".

A obrigatoriedade do procedimento licitatório constitui preceito constitucional, estando agasalhado no art. 37, XXI da CF/88, estabelecendo que a Administração Pública, além de ter a obrigação de obedecer a vários princípios, deverá também guardar o devido respeito ao procedimento licitatório na contratação de obras, serviços, compras e alienações, ressalvados os casos especificados na legislação de dispensa e inexigibilidade.

De modo ilustrativo destacamos o inciso XXI citado, *verbis*: "ressalvados os casos especificados na legislação, as obras, serviços, compras e alienações serão contratados mediante processo de licitação pública que assegure igualdade de condições a todos os concorrentes, com cláusulas que estabeleçam obrigações de pagamento, mantidas as condições efetivas da proposta, nos termos da lei, o qual somente permitirá as exigências de qualificação técnica e econômica indispensáveis à garantia do cumprimento das obrigações".

O art. 22, *caput* e inciso XXVII, do Diploma Constitucional definem que será de competência privativa da União legislar sobre "normas gerais de licitação e contratação, em todas as modalidades, para as administrações públicas diretas, autárquicas e fundacionais da União, Estados, Distrito Federal e Municípios, obedecido o disposto no art. 37, XXI, e para as empresas públicas e sociedades de economia mista, nos termos do art. 173, § 1°, III". O art. 173, *caput*, trata dos casos em que será permitida a exploração direta de atividade econômica pelo Estado, dispondo no § 1º, III, que a empresa pública e a sociedade de economia mista, bem como suas subsidiárias que explorem atividade econômica de produção ou comercialização de bens ou de prestação de serviços, deverão observar o procedimento licitatório na contratação de obras, serviços, compras e alienações.

Arremata José Afonso da Silva (1992, p. 573): "o princípio da licitação significa que essas contratações ficam sujeitas, como regras, ao procedimento de seleção de propostas mais vantajosas para a administração pública. Constitui um princípio instrumental de realização dos princípios da moralidade administrativa e do tratamento isonômico dos eventuais contratantes com o Poder Público".

De forma geral, a obrigatoriedade do dever de licitar consagra a via democrática da contratação pública entre os entes da Administração e os particulares, embasados em parâmetros justos, técnicos e legais, a medida que consagra também a isonomia que deverá reger os procedimentos licitatórios. A obrigatoriedade quanto ao procedimento licitatório confere ainda transparência aos contratos estabelecidos pelo Estado como um todo.

Entretanto, trata-se de regra que admite exceções, pois a própria lei permite o que chamamos de contratação direta. Em tais casos acontecerá a contratação pela Administração Pública, mas não ocorrerá procedimento licitatório, pois a legislação própria da licitação permite a dispensa (art. 17, obrigatória, e art. 24, facultativa) e a inexigibilidade (art. 25).

Princípio da Limitação Expropriatória.

Por este princípio devem-se expropriar somente os bens do devedor necessários à garantia da execução. Garantidos bens suficientes ao pagamento do (s) credor (res) não se deve ultrapassar o valor da dívida, caso contrário, ocorrerá verdadeiro desvio da execução, ao passo em que ocorrerá expropriação dos bens do devedor acima dos valores devidos.

Importante salientar que de acordo com os artigos 831 e 899 do CPC, a penhora deverá incidir em tantos bens quantos bastem para o pagamento não só do principal atualizado, mas também dos juros, custas e honorários advocatícios, além do que deverá ser suspensa a arrematação logo que o produto da alienação dos bens for suficiente para a satisfação do credor e para a satisfação das despesas da execução.

Neste sentido, oportuno o julgado: "Segundo informa o princípio da limitação expropriatória, o objetivo da execução é compelir o devedor a cumprir a obrigação contida no título exequendo, sendo vedados os atos que acarretem excessos na alienação do patrimônio do devedor" (TRT, 2ª Turma. AP 0000233/RO. Rel. Min. Carlos Augusto Gomes Lôbo, j. 12.05.2010, DJe 13.05.2010).

Princípio da Limitação da Responsabilidade dos Sócios pelas Obrigações Sociais (Direito Comercial).

Surge como medida protetiva aos investimentos realizados pelos sócios na sociedade empresária visando, dentre outras consequências, manter o capital do sócio protegido diante dos riscos da atividade empresarial. Busca incentivar os investimentos e mitigar o receio dos investidores em atividades de risco.

Além do fator protetivo do capital empenhado na atividade empresária, a limitação da responsabilidade dos sócios visa também manter a segurança setorial no investimento por parte dos empresários, fator este de equilíbrio da atividade. Desempenha também um estímulo a futuros aportes de capital nas instituições na medida em que reduz consideravelmente os riscos aos novos investimentos.

A limitação da responsabilidade dos sócios pelas obrigações sociais da sociedade representa uma mitigação imposta pela lei de modo que este dever seja imposto de forma subsidiária, nos limites fixados pela norma. Decorrendo de lei ordinária, a limitação da responsabilização dos sócios nas obrigações sociais referentes a sociedade empresária não se trata de regra geral, pois atinge somente alguns setores do Direito Comercial.

Princípio do Limite (P. do Controle do Poluidor pelo Poder Público) (Direito Ambiental).

A interpretação do art. 225, § 1º, V, da Carta Maior, nos conduz a uma interpretação do termo meio ambiente ecologicamente equilibrado, pois para que essa diretriz constitucional ocorra de forma simultânea e harmônica com o desenvolvimento sustentável, torna-se necessária a estipulação de limites pelo ente público para o despejo de agentes poluentes no meio ambiente causada pela atividade industrial e comercial.

Conforme delineado no instrumento *supra*, o Poder Público na qualidade de defensor do meio ambiente ecologicamente equilibrado deverá agir visando sua preservação e defesa, estabelecendo o controle da produção, da comercialização e o emprego de técnicas, métodos e substâncias que comportem risco para a vida, a qualidade de vida e o meio ambiente.

O princípio em tela objetiva estabelecer parâmetros mínimos de segurança ao meio ambiente quando da emissão de gases ou partículas no ar, lixo hospitalar, poluição sonora causada pela atividade econômica, gases, rejeitos e demais situações causadas pela atividade econômica que possam causar danos ao meio ambiente. Observe que a fixação de tais parâmetros visa ao alcance de um desenvolvimento sustentável, que possa ser usufruído por essa e pelas futuras gerações.

O Poder Público deverá promover o controle da produção de poluentes, bem como reduzir a eliminação de resíduos nocivos no meio ambiente por meio da fixação de padrões de qualidade que possam reduzir o impacto no meio ambiente e na saúde da população.

Princípio de Lista Aberta.

No sistema eleitoral brasileiro do tipo proporcional será adotada a chamada lista aberta, regime eleitoral onde as vagas conquistadas pelos partidos políticos ou suas coligações serão ocupadas pelos candidatos mais votados, ou seja, os eleitores decidirão quais candidatos desejam que ocupem os respectivos cargos relativos àquele pleito eleitoral. Não ocorrerá uma lista fechada onde "a ordem dos candidatos é concebida e apresentada pelos respectivos partidos, sendo essa ordem inalterável pela votação dos eleitores" (Gomes, 2017, 151). Portanto, é um sistema relativo a um só nome que tem por mote a consagração da vontade do eleitor, não do partido.

Explica Gomes (2017, 150/151): "O Código Eleitoral agasalhou o princípio de *lista aberta.* De modo que são *os eleitores que definem quais são os candidatos eleitos dentre os integrantes da lista apresentada pelo partido*. Nos termos do artigo 109, § 1º, desse diploma o efetivo preenchimento dos lugares com que cada partido ou coligação for contemplado far-se-á segundo a ordem de votação recebida pelos seus candidatos. Assim, cabe aos próprios eleitores (e não aos partidos) formar a ordem nominal a ser observada na indicação dos eleitos, de sorte que os candidatos mais votados é que ocuparão as cadeiras destinadas ao partido".

De acordo com o parágrafo primeiro do Código Eleitoral (Lei nº 4.737/1965), "o preenchimento dos lugares com que cada partido ou coligação for contemplado far-se-á segundo a ordem de votação recebida por seus candidatos".

Princípio da Literalidade.

Inicialmente trazemos à colação o esclarecimento do ilustre doutrinador Carlos Roberto Gonçalves (2010, v. 3, p. 626): "Pelo princípio da literalidade somente produzem efeitos jurídicos-cambiais os atos constantes do próprio título de crédito. Qualquer obrigação expressa em instrumento apartado nele não estará integrada, ainda que guarde com ele alguma relação".

A literalidade faz parte do rol de princípios dos Títulos de Crédito, que, por sua vez, estão inseridos na seara do Direito de Empresa. Este princípio determina que somente terão validade os atos que constarem do próprio título de crédito. Trata-se a literalidade de um pressuposto capital dos títulos de crédito, pois o que neles constar produzirá efeitos "jurídicos-cambiais". O título de crédito será regulado pelo que nele constar e, mesmo que haja documento apartado onde constem obrigações quanto a este título, de nada valerá, pois, mesmo que tenha com ele relação não consta em seu conteúdo. 39

Princípio da Livre Apreciação da Prova pelo Juiz.

O presente princípio encontra-se presente no art. 155, *caput*, do Código de Processo Penal, *verbis*: "O juiz formará sua convicção pela livre apreciação da prova produzida em contraditório judicial, não podendo fundamentar sua decisão exclusivamente nos elementos informativos colhidos na investigação, ressalvadas as provas cautelares, não repetíveis e antecipadas".

Trazendo à tona os ensinamentos do mestre Capez (2014, p. 65): "É dever do magistrado superar a desidiosa iniciativa das partes na colheita do material probatório, esgotando todas as possibilidades para alcançar a verdade real dos fatos, como fundamento da sentença. Por óbvio, é inegável que, mesmo nos sistemas em que vigora a livre investigação das provas, a verdade alcançada será sempre formal, porquanto '*o que não está nos autos, não está no mundo*'".

Conforme novo entendimento do CPC acerca do livre convencimento do Juiz que deixou de ser livre e passou a ser motivado, e que alcança também o Processo Penal, "o juiz apreciará a prova constante dos autos, independentemente do sujeito que a tiver promovido, e indicará na decisão as razões da formação de seu convencimento" (cf. art. 371 CPC).

Neste sentido é que se tem no entendimento de Fredie Didier Jr. (Novo Código de Processo Civil anot. e comp. para concursos, 2015, p. 383/384) que a decisão do Juiz deverá ser racional, atendendo "às regras de validade da argumentação e do raciocínio jurídico", e objetivando a "justificar racionalmente a decisão, de modo que seja possível controlar também a racionalidade dessa justificativa".

Assim, a regra estabelecida pelo Direito Processual Civil irá abarcar o Direito Processual Penal, sendo o papel do Juiz o de fundamentar suas decisões acerca da apreciação das provas produzidas pelas partes e as que julgar necessárias ao deslinde da causa.

Princípio da Livre Concorrência (P. da Liberdade de Concorrência).

A ordem econômica terá como um de seus princípios basilares a livre concorrência (art. 170, IV, CF/88). Como forma de preservar o respeito a este princípio, aduz a lei que ao Estado só será permitida a exploração de atividade econômica quando imprescindível aos imperativos da segurança nacional ou a relevante interesse coletivo. Como forma de proteção à livre concorrência, mesmo nas hipóteses em que o Estado venha a explorar atividade econômica, salvo os casos permitidos de monopólio estatal, a lei atuará no sentido de reprimir qualquer forma de abuso do poder econômico que vise à dominação dos mercados, à eliminação da concorrência e ao aumento arbitrário dos lucros (cf. art. 173, § 4º, CF).

Fica ainda vedada a concessão de benefícios fiscais às empresas públicas e às sociedades de economia mista exploradoras de atividade econômica que não sejam também extensíveis as empresas privadas, como forma de proteção à livre concorrência e ao equilíbrio da ordem econômica (Paulo e Alexandrino, 2009, p. 939). Faz todo sentido, pois se elas exercem atividade econômica em concorrência com particulares, não é cabível que haja desrespeito ao princípio constitucional da livre concorrência com o recebimento de privilégios (Casalino, 2012, p. 70).

Princípio do Livre Convencimento do Árbitro.

Um dos princípios da arbitragem internacional juntamente aos princípios do contraditório, igualdade das partes, devido processo legal, boa-fé, celeridade, duplo grau de jurisdição, inafastabilidade do acesso ao Poder Judiciário e da imparcialidade, o princípio do livre convencimento do árbitro decorre do princípio do convencimento motivado do Juiz. Sabe-se que em decorrência do novo Código de Processo Civil fica afastado o uso do termo "livre convencimento do juiz", haja vista que o novo ordenamento institui que todas as decisões proferidas pelo juiz devam ser motivadas dentro de uma lógica jurídica.

O CPC institui a arbitragem em seu art. 3º, § 1º. A Lei n.º 9.307/1996 que dispõe sobre a arbitragem consigna em seu art. 26 que é imprescindível que a fundamentação da sentença arbitral ocorra analisando-se questões de fato e de direito. Será nula a sentença arbitral que não contiver os requisitos constantes no art. 26 (cf. art. 32, III).

Para maiores esclarecimentos ver o princípio do convencimento motivado do Juiz.

Princípio da Livre Iniciativa (P. da Liberdade de Iniciativa) (Direito Constitucional).

Um dos princípios que regem a atividade econômica, o princípio da livre iniciativa é um dos pilares do sistema capitalista de produção, ou simplesmente, capitalismo. Inicialmente, encontra-se agasalhado no art. 1º, IV, da CF/88, sendo considerado um dos pilares da República Federativa do Brasil. Em um segundo momento encontra-se consubstanciado no art. 170, *caput*, do Diploma Constitucional, e determina que a ordem econômica terá por fundamentos a valorização do trabalho humano e a livre iniciativa visando assegurar a todos existência digna, conforme os ditames da justiça social.

Neste sentido, por pura dedução da Carta Maior, entendem Paulo e Alexandrino (2009, p. 926) que "o texto constitucional procura transmitir uma ideia de integração, de harmonia, de sorte que assegura a livre iniciativa (portanto, a apropriação privada dos meios de produção, a liberdade de empresa), mas determina que o resultado dos empreendimentos privados deva ser a concretização da justiça social, o que exige, entre outras coisas, a valorização do trabalho humano".

A doutrina de Moraes (2017, p. 862) é exata: "Apesar de o texto constitucional de 1988 ter consagrado uma economia descentralizada, de mercado, autorizou o Estado a intervir no domínio econômico como agente normativo e regulador, com a finalidade de exercer as funções de fiscalização, incentivo e planejamento indicativo ao setor privado, sempre com fiel observância aos princípios constitucionais da ordem econômica (...)", dentre eles a livre iniciativa.

O Estado, apesar de defender a liberdade e a descentralização na ordem constitucional econômica por meio da livre iniciativa, estipula meios de controle para que possa regular e normatizar o mercado sempre que entender que seja necessário. Assim, "a liberdade de exercício de qualquer atividade econômica exige que o Estado proporcione condições ao particular de exercer amplamente o direito à livre iniciativa, permitindo ressalvas, tão somente, quando necessárias à proteção de direitos fundamentais (TJ, Tribunal Pleno. ADI 4001704-07.2014.8.04.0000/AM. Rel. Jorge Manoel Lopes Lins, j. 26.05.2015, DJe 28.05.2015).

Princípio do Livre Planejamento Familiar (P. do Planejamento Familiar).

O princípio constitucional do livre planejamento familiar encontra-se encartado no art. 226, § 7º, da Carta da República, segundo o qual a família, base da sociedade, tem especial proteção do Estado, sendo o planejamento familiar de livre decisão do casal, competindo ao Estado propiciar recursos educacionais e científicos para o exercício desse direito, vedada qualquer forma coercitiva por parte de instituições oficiais ou privadas.

No Código Civil este princípio está consignado no art. 1.565, § 2º. Pela comunhão familiar, seja por meio de casamento ou união, o homem e mulher assumem mutuamente a condição de consortes, companheiros e responsáveis por todos os encargos da família, sendo o planejamento familiar de livre decisão do casal, competindo ao Estado propiciar recursos educacionais e financeiros para o exercício desse direito, vedado qualquer tipo de coerção por parte de instituições privadas ou públicas.

Este princípio que encontra fundamento nos princípios da dignidade da pessoa humana e da paternidade responsável, determina que o planejamento familiar será de exclusividade plena da família, estando esta livre de qualquer modalidade de interferência externa, sendo responsabilidade do Estado garantir condições benéficas para o exercício deste direito por meio de políticas públicas.

Conforme aduz Assis Neto (*et al.*) (2016, p. 1568): "caberá ao estado propiciar condições para a manutenção das famílias, como educação, saúde e moradia, não cabendo qualquer intervenção quanto ao planejamento familiar, ficando livre o seu planejamento e forma de condução".

Princípio da Lógica do Razoável (P. da Razoabilidade) (Direito Processual Civil).

Sobre o assunto, colhe-se da jurisprudência do TRT: "O valor da indenização deve ser pautado pelo Princípio da Lógica do Razoável, ou seja, convém que seja moderado, sensato, comedido, nada obstante as diversas formas (principais) de fixação da pretendida indenização admitida pela doutrina e jurisprudência, quais sejam, a gravidade do dano, o grau de culpabilidade do ofensor, a capacidade econômica da vítima e a capacidade econômica do ofensor, já que o Código Civil não determina, de forma expressa, qual critério a ser utilizado" (TRT – 1, 5ª T. RO 2554620125010078/RJ. Rel. Mirian Lippi Pacheco, j. 03.09.2013, DJe 04.10.2013).

Veja-se a respeito interessante julgado: "Cabe ao julgador, de acordo com o seu prudente arbítrio, atentando para a repercussão do dano e a possibilidade econômica do ofensor, estimar uma quantia a título de reparação pelo dano moral. O princípio da lógica do razoável deve ser a bússola norteadora do julgador. Razoável é aquilo que é sensato, comedido, moderado, que guarda certa proporcionalidade. O juiz, ao valorar o dano moral, deve arbitrar uma quantia que, de acordo com seu prudente arbítrio, seja compatível com a reprovabilidade da conduta ilícita, a intensidade e duração do sofrimento experimentado pela vítima, a capacidade econômica do causador do dano, as condições sociais do ofendido, e outras circunstâncias mais que se fizerem necessárias. O dano não pode ser fonte de lucro, nem pode ser de valor tão insignificante que não sirva de repreensão ao ofensor" (TJ. APL 0277572-94.2010.8.19.0001/RJ. Rel. Des. Leticia de Faria Sardas, j. 17.12.2012, DJe 20.02.2013).

Princípio Lógico.

Segundo explica Mouzalas (2013, p. 29/30), o princípio lógico trata-se de um dos princípios informativos do Processo Civil (existem também os princípios fundamentais do

Processo Civil): "segundo este princípio, a lógica do processo é aproximar o juiz da verdade a partir de uma sequência ordenada de atos, a qual possibilite uma justa composição aos conflitos de interesses apresentados".

Para parte da doutrina os princípios informativos tratam-se de ideais visualizados pelo mundo jurídico como os mais adequados ao perfeito desempenho do sistema processual brasileiro. Seu fundamento está na obrigação do processo seguir uma sequência de atos albergados pela racionalidade, ou seja, os atos deverão seguir uma ordem lógico/racional para que o próprio processo faça sentido e não se transforme em uma série de atos desconexos desprovidos de organização, sequência e sentido.

M

Princípio da Maior Proximidade (P. da Conexão mais Estreita).

Apesar de haverem sistemas jurídicos diferentes para tratar dos temas adstritos a bens móveis e imóveis, o que o princípio da maior proximidade afirma é que se devem aplicar aos bens móveis as mesmas leis afetas aos bens imóveis em razão da efetividade. O princípio da eficácia ou efetividade das decisões traz o conceito de que nem sempre a lei competente (*lex fori*) será a melhor lei para o caso quando houver dúvidas acerca da efetividade do resultado.

Enfim, será exercida a lei estrangeira quando a lei de determinado Estado pecar pela falta de efetividade e eficácia, quando o resultado prático demonstrar que a aplicação da lei do foro (*lex fori*) não irá gerar o resultado prático aguardado e que sua aplicação não é viável.

Princípio do Maior Rendimento (P. do Rendimento, P. da Leal Contraprestação) (Direito do Trabalho).

Talvez o mais controvertido dos princípios do Direito do Trabalho, o princípio do maior rendimento adota em sua definição um viés nitidamente voltado a defesa dos interesses patronais. De acordo com o instituto, o trabalhador possui o dever, verdadeira obrigação, em entregar todo o seu esforço na execução das tarefas diárias que são incumbidas em prol da empresa, adotando para tanto comportando profissional, leal e desempenando suas tarefas com presteza e pontualidade.

Trata-se de clara manifestação de lealdade e boa-fé dos trabalhadores em face da empresa onde labutam. Devem ser leais e dedicados ao empregador que lhes confiou uma vaga de trabalho. Para tanto devem desempenhar suas tarefas visando a obtenção do maior rendimento possível por meio do máximo esforço. Denota-se um claro interesse do empregador em compelir o trabalhador em entregar toda a sua força de trabalho em nome da empresa.

Princípio da Maioria (P. da Maioria Absoluta) (Direito Constitucional).

Um dos elementos fundamentais do regime democrático brasileiro acompanhado dos princípios da liberdade e da igualdade, o princípio da maioria, também conhecido como princípio da maioria absoluta, consiste em, como o próprio nome diz, fazer com que a vontade da maioria seja observada estabelecendo assim um referencial de justiça. Ou seja, aquilo que a maioria estabelecer deverá ser respeitado. A minoria resta vencida.

As eleições para Presidente da República, Governadores dos Estados e do Distrito Federal, além dos Prefeitos das cidades com mais de duzentos mil eleitores, adotarão o sistema de dois turnos denominado majoritário. Assim, adota-se para este sistema eleitoral o princípio da maioria, pois será considerado eleito o candidato que obtiver a maioria absoluta dos votos válidos, ou seja, sem contar os votos em branco e os nulos. Este princípio encontra-se reservado no art. 77, § 2º, da Carta Magna.

Princípio da Maioria Limitada (Direito Constitucional).

Apesar da existência do princípio da maioria, encontra-se presente em nosso ordenamento o princípio da maioria limitada. A coexistência de ambos os princípios, embora pareça contraditória, justifica-se pelo fato de que nenhum direito pode ser absoluto, inclusive o direito das maiorias. O direito das minorias restringirá o direito das maiorias. Não existe dúvida alguma que o direito adquirido pela maioria deverá ser preservado e respeitado, entretanto, não poderá ser utilizado como meio de suprimir direitos das minorias. O direito das maiorias não significa a eliminação ou mitigação dos direitos das minorias, ou seja, um direito não deverá excluir o outro.

Princípio da Majoração dos Poderes do Juiz do Trabalho.

O princípio da majoração dos poderes do Juiz do trabalho na direção do processo tem relevante importância no campo trabalhista. A CLT por meio do art. 765 assegura aos juízos e Tribunais do Trabalho ampla liberdade na direção do processo, devendo observar o rápido andamento das causas, lhes sendo cabível determinar qualquer diligência necessária ao esclarecimento delas.

O Processo do Trabalho assegura ao Juiz plenos poderes para "administrar" o processo no sentido de que sua conclusão seja rápida e eficaz. Tal liberdade lhe assegura ainda o direito de determinar diligências acerca de fatos os quais seu esclarecimento entenda ser essencial ao deslinde da causa. Segundo Leone (2013, p. 72), "o juiz do Trabalho tem amplos poderes na condução do processo, sendo considerado seu diretor".

Princípio Majoritário.

Constante do sistema eleitoral brasileiro, o princípio majoritário prioriza a votação do candidato em si, ou seja, os votos válidos dados a ele pelos eleitores sem levar em conta o partido político ao qual estará registrado. "Sistema utilizado nas eleições para os cargos de Presidente da República, governador de estado e do Distrito Federal, senador e prefeito, em que será eleito o candidato que obtiver a maioria dos votos". [40]

Tal entendimento decorre do preceito constitucional da democracia participativa ou semidireta, que se dá por meio do art. 1º, parágrafo único, e que, segundo o qual, "todo o poder emana do povo, que o exerce por meio de representantes eleitos ou diretamente, nos termos desta Constituição". O poder emana do povo, titular do direito, porém será exercido por aqueles eleitos por meio do voto.

O princípio majoritário encontra subdivisões, quais sejam o princípio majoritário em dois turnos (ou majoritário absoluto) que trata do sistema eleitoral aplicado nos processos eleitorais para eleição de Presidente da República, Governador de Estado e do DF e Prefeito de municípios com mais de duzentos mil eleitores, e o princípio majoritário simples (ou majoritário puro), aplicado nas eleições para Senador Federal e Prefeito em municípios com até duzentos mil eleitores.

Para maiores informações acerca do tema remetemos o prezado leitor ao estudo do princípio dos sistemas eleitorais.

Princípio Majoritário das Deliberações Sociais (P. da Maioria) (Direito Empresarial).

A sociedade empresária será composta por sócios que irão deliberar acerca das decisões a serem definidas na administração da empresa por meio da vontade da maioria deles. Será preponderante nessas decisões a vontade da maioria dos sócios com direito a voto na sociedade. Neste caso, cada sócio poderá responder por uma quota maior que os demais, o que lhe dá um maior poder de decisão.

Assim, nem sempre a vontade da maioria será determinante para as deliberações sobre a sociedade, haja vista a possibilidade de um ou alguns dos sócios possuírem quotas de ações com direito a voto muito grandes, o que lhes propicia grande poder de decisão acerca dos rumos da sociedade.

O presente princípio encontra-se substanciado no Código Civil brasileiro quando este impõe que a destituição de sócio nomeado administrador no contrato somente será levada a cabo se ocorrer mediante a aprovação de titulares de quotas correspondentes a mais da metade do capital social, salvo disposição contratual diversa (cf. art. 1.063, § 1º, CC). O artigo 1.076, incisos I, II e III do mesmo Diploma determina a proporção de votos necessários dos sócios para deliberar acerca de casos determinados.

Segundo a Lei nº 6.404/1976, Lei das Sociedades por Ações (LSA), as deliberações da assembléia-geral, ressalvadas as exceções previstas em lei, serão tomadas por maioria absoluta de votos, não se computando os votos em branco. É o que determina o art. 129, *caput*, da referida lei. Outros pontos da LSA abordam o princípio *sub examine* como os arts. 110, 115 e 136 da lei. Conforme consta na Lei, o estatuto da sociedade poderá prever limitação ao número de votos de cada acionista (cf. art. 110, § 1º)

Princípio Majoritário em Dois Turnos (P. Majoritário Absoluto).

É o sistema eleitoral aplicado nas eleições para Presidente da República, Governador de Estado e do DF e Prefeito de municípios com mais de duzentos mil eleitores.

Difere do princípio majoritário simples, pois ao contrário deste, que elege aquele candidato que obtiver o maior número de votos, excluídos os votos em branco e os nulos, o sistema majoritário em dois turnos determina que o candidato vencedor obtenha a maioria absoluta dos votos, excluídos os em branco e os nulos. Por maioria absoluta dos votos podemos entender que o candidato necessitaria de mais da metade dos votos do total de eleitores em um processo eleitoral para vencer em primeiro turno. Caso não exista vencedor em primeiro turno, deverá haver um segundo turno onde concorrerão os dois candidatos mais votados, sendo declarado vencedor aquele que obtiver a maioria dos votos válidos (Paulo e Alexandrino, 2009, p. 399).

Para melhor compreensão acerca do tema, remetemos o leitor ao estudo do princípio dos sistemas eleitorais.

Princípio Majoritário Simples (P. Majoritário Puro).

É o sistema utilizado nas eleições para Senador Federal e Prefeito em municípios com até duzentos mil eleitores. Nestes termos, não ocorrerá segundo turno para o cargo de Prefeito, sendo vencedor ainda no primeiro turno o candidato que obtiver o maior número de votos, excluídos os em branco e os nulos. No caso dos Senadores da República não existe hipótese legal de ocorrência de segundo turno. A eleição será decidida ainda no primeiro turno, sendo eleitos os candidatos que obtiverem mais votos, excluídos os votos em branco e os nulos (Paulo e Alexandrino, 2009, p. 398/399).

Para melhor compreensão acerca do tema, remetemos o leitor ao estudo do princípio dos sistemas eleitorais.

Princípio da Manifestação do Consentimento.

A manifestação do consentimento é a expressa manifestação exteriorizada por um determinado Estado no sentido de consentir em fazer parte de determinado tratado internacional. O Decreto nº 7.030, de 14 de dezembro de 2009 ratifica a validade da Convenção de Viena sobre o Direito dos Tratados de 23 de maio de 1969 em território nacional.

A Convenção determina em seu art. 11 os meios pelos quais os Estados poderão manifestar seu consentimento em obrigar-se por um tratado. Define o instituto que "o consentimento de um Estado em obrigar-se por um tratado pode manifestar-se pela assinatura, troca dos instrumentos constitutivos do tratado, ratificação, aceitação, aprovação ou adesão, ou por quaisquer outros meios, se assim acordado". Desta maneira, um Estado só irá se submeter a determinado tratado caso se manifeste positivamente quanto a sua norma.

Princípio da Manutenção dos Efeitos da Sentença.

Em regra, os recursos trabalhistas são dotados apenas do efeito devolutivo. Isso é o que se percebe do art. 899, *caput*, da CLT, *in verbis*: "Os recursos serão interpostos por simples petição e terão efeito meramente devolutivo, salvo as exceções previstas neste Título, permitida a execução provisória até a penhora". Determina a lei que os recursos poderão ser interpostos por simples petição e possuirão efeito devolutivo perante o Processo do Trabalho, salvo as exceções presentes no Diploma laboral. Essa previsão de ausência de efeito suspensivo dos recursos nesta seara possibilita a manutenção dos efeitos da sentença proferida. Diante disso ocorrerá a aplicabilidade imediata das sentenças na justiça do trabalho.

Bezerra (2013, p. 592) destaca que é fundamento da manutenção dos efeitos da sentença a natureza alimentar das verbas trabalhistas, o que lhes dá o caráter de urgência, o *jus postulandi* inerente ao processo do trabalho e os princípios da celeridade, simplicidade, informalidade e da oralidade. Além disso, essa característica possibilita a extração da carta e o início da execução provisória até a penhora. De acordo com Súmula 414, I, parte final do TST, o efeito suspensivo nos recursos trabalhistas dar-se-á mediante o ajuizamento de ação cautelar.

Importante salientar que o art. 899, *caput*, do Diploma Trabalhista, deverá ser analisado conjuntamente ao Código de Processo Civil no corpo do art. 520, instituto este que trata do cumprimento provisório de sentença

Princípio da Máxima Efetividade (P. da Eficiência, P. da Interpretação Efetiva, P. da Máxima Efetividade da Constituição, P. da Máxima Efetividade das Normas Constitucionais) (Direito Constitucional).

Prius, trazemos à baila o entendimento de Canotilho (1993, p. 227) acerca do princípio da máxima efetividade. Segundo o doutrinador "é um princípio operativo em relação a todas e quaisquer normas constitucionais, e embora a sua origem esteja ligada à tese da atualidade das normas programáticas (THOMA), é hoje sobretudo invocado no âmbito dos direitos fundamentais (no caso de dúvidas deve preferir-se a interpretação que reconheça maior eficácia aos direitos fundamentais".

Assim, ensina o doutrinador que no embate entre normas constitucionais deve-se dar preferência a aquela norma que privilegie os direitos fundamentais do cidadão. O objetivo ao se escolher determinada norma constitucional em detrimento de outra é que se alcance a produção de efeitos reais para a coletividade (máxima efetividade), ou seja, o direito se realize. "Normas legais devem ser interpretadas em sonância com a Carta Magna, a qual é conferida máxima efetividade" (TJ. RI 0294025-62.2013.8.19.0001/RJ. Rel. Maria do Carmo Alvim Padilha Gerk, j. 09.01.2014, DJe 02.07.2015). Tem-se por objetivo alcançar as potencialidades das normas constitucionais.

Dadas às circunstâncias de cada caso, serão as normas constitucionais interpretadas para que se criem as condições mais favoráveis possíveis ao alcance dos direitos sociais. Segundo o STF, a manutenção de decisões das instâncias ordinárias divergentes da interpretação constitucional revela-se afrontosa à força normativa da Constituição e ao princípio da máxima efetividade da norma constitucional (TJ. AR 200800010024672/PI. Rel. Des. Sebastião Ribeiro Martins, j. 22.04.2010, DJe 22.04.2010).

Princípio da Máxima Efetividade do Processo Coletivo (P. do Ativismo, P. do Ativismo Judicial, P. da Máxima Efetividade) (Direito Processual Coletivo).

A máxima efetividade do processo coletivo é um dos princípios regentes do processo coletivo comum brasileiro, e consiste basicamente no aumento de poderes conferido ao órgão jurisdicional conferindo ao Juiz poderes ditos extraordinários na condução dos processos coletivos. Naturalmente que a ampliação dos poderes atribuídos ao Estado-Juiz na condução do processo deverá ser unicamente em prol do interesse público (tutela coletiva). Nesse sentido, inserido como decorrência do alargamento de seus poderes, o

Juiz poderá tornar menos rígidas certas regras, procedimentos e condutas, tornando o processo mais versátil.

O ativismo judicial oriundo do Direito Norte-Americano (*defining function*) consiste na interpretação dos preceitos constitucionais de modo que, por vezes, tais regras procedimentais entabuladas na Carta Magna poderão ter sua perspectiva ampliada pelo Poder Judiciário. O Juiz inova a lei. Os poderes a ele conferidos lhe proporcionam interpretar as leis, regras e procedimentos sob uma nova ótica daquela corriqueiramente empregada.

O ativismo judicial parte do princípio de que haja maior liberdade decisória do Tribunal. Entende-se que deva haver um campo mais largo para a atuação do magistrado onde este possa inovar na análise das leis, interpretando-as de maneira mais ou menos rigorosa. O ativismo significa uma postura proativa, a criatividade que poderá ter o Poder Judiciário inovando a lei, oxigenando e inovando sua interpretação, é a criação do direito, é a contribuição dada ao ordenamento jurídico. Por vezes essa inovação poderá resultar até mesmo na antecipação da criação da própria lei. A aplicação da sentença observará seu raciocínio dentro dessa liberdade interpretativa, observando-se os ditames legais.

Sob a ótica do ativismo judicial, o Poder Judiciário deverá ter uma participação muito mais intensa nas decisões que digam respeito ao arcabouço político/jurisprudencial, com maior interferência nos outros poderes da União, quais sejam Executivo e Legislativo. É, sem dúvida, um assunto alvo de muitas discussões e diferentes pontos de vista, longe ainda de ser pacificado em nosso ordenamento.

"Em matéria de políticas públicas, o ativismo deve ser contido (judicial *self restraint*), pois não é recomendável que o Judiciário substitua o administrador público na implementação de políticas em curso, privilegiando uns em detrimento de muitos, agindo, assim, de maneira não igualitária" (TJ. AI 0125882015/MA 0001931-63.2015.8.10.0000. Rel. Paulo Sérgio Velten Pereira, j. 29.09.2015, DJe 15.10.2015).

Princípio da Maximização do Ativo Falimentar (P. da Conservação e Maximização dos Ativos do Agente Econômico Devedor, P. da Maximização dos Ativos).

O Direito Empresarial por meio da Lei de Falências e Recuperação de Empresas (Lei 11.101/2005) regulará a arrecadação dos bens do falido, tarefa a ser implementada pelo administrador judicial. Conforme se dessume do art. 108, *caput*, da Lei, o administrador judicial efetuará a arrecadação dos bens e documentos e a avaliação dos bens, separadamente ou em bloco, no local em que se encontrem, requerendo ao juiz, para esses fins, as medidas necessárias. Esta tarefa é de suma importância para assegurar garantias de recebimento dos créditos dos credores da empresa falida e aumentar as chances de recuperação do empreendimento, devendo ser realizada de maneira a se atingir a maximização dos ativos da empresa.

De acordo com a lei a avaliação dos bens ocorrerá individualmente ou em bloco. Entretanto, para que se conserve a maximização do ativo falimentar oferecendo oportunidade para a recuperação da empresa e a garantia de recebimento dos créditos pelos credores, a lei prioriza a venda da empresa em bloco. De acordo com o art. 140, I, da Lei de Falências e Recuperação de Empresas, a alienação dos bens da empresa em crise será realizada respeitando-se, como ordem de preferência, a venda de seus estabelecimentos em bloco.

O procedimento de alienação dos ativos da empresa em blocos tem como objetivo evitar a perda dos intangíveis, sendo uma das formas do administrador judicial garantir a preservação dos ativos do agente devedor. Outrossim, poderá ele ainda celebrar contratos utilizando-se da massa falida do agente enquanto não ocorrer sua venda. Esses contratos trarão rendimentos que auxiliarão nas garantias a terceiros e na recuperação da empresa em dificuldades.

Princípio do Máximo Benefício da Tutela Jurisdicional Coletiva.

O princípio do máximo benefício da tutela jurisdicional coletiva se consubstancia como um dos princípios informativos do processo coletivo brasileiro, encontrando-se expresso no art. 103, §§ 3º e 4º do CDC. Conforme se pode conferir do § 3º, *in verbis*: "Os efeitos da coisa julgada de que cuida o art. 16, combinado com o art. 13 da Lei nº 7.347, de 24 de julho de 1985, não prejudicarão as ações de indenização por danos pessoalmente sofridos, propostas individualmente ou na forma prevista neste código, mas, se procedente o pedido, beneficiarão as vítimas e seus sucessores, que poderão proceder à liquidação e à execução, nos termos dos arts. 96 a 99". O mesmo entendimento será aplicado quanto à sentença penal condenatória (cf. art. 103, § 4º, CDC).

Prescreve o princípio que a coisa julgada coletiva somente beneficiará o indivíduo, mesmo que seja a sentença julgada improcedente. Explicamos. Mesmo que a coisa julgada coletiva lhe seja desfavorável, isso não impedirá que outros demandantes ingressem na justiça de maneira individual, desde que suas demandas possuam o mesmo pedido e causa de pedir. Diante deste entendimento normativo, conclui-se que ocorrendo a sentença coletiva procedente não existirá necessidade de propositura de demandas individuais haja vista o êxito em se alcançar os benefícios da coisa julgada coletiva, ou seja, a máxima utilidade da tutela jurisdicional coletiva. O aproveitamento dos efeitos da coisa julgada coletiva pelo indivíduo é chamado de transporte *in utilibus* da coisa julgada coletiva.

Pouco importa se o autor seja vencedor ou vencido na demanda coletiva, pois independente de qual seja o resultado persistirão os direitos individuais de eventuais demandantes.

Princípio do Meio Termo (P. do Critério da Qualidade Média ou Intermediária, P. da Equivalência das Prestações, P. do Gênero Médio, P. da Qualidade Média).

Princípio que consta no Código Civil no plano da teoria das obrigações, trata-se de uma das regras nos negócios que envolvem a obrigação de dar coisa incerta, situação onde à coisa objeto do contrato não é individualizada pelas partes. Segundo o que determina a legislação civilista, nas obrigações que envolvam coisa incerta deverão ser indicadas ao menos o gênero e a quantidade. Nesses casos, quando não ocorrer estipulação expressa na obrigação, a escolha caberá ao devedor, não podendo entregar a coisa pior ou ser obrigado a entregar a melhor (cf. arts. 243 e 244 do CC).

Exemplificando: se o devedor se obrigou a entregar 10 canetas ao credor, não poderá entregar aquelas de pior qualidade, mas também não será obrigado a entregar as de melhor qualidade. Deve-se observar o meio termo. Nos casos em que for estipulado pelo contrato que a escolha será do credor, ele não será obrigado a aceitar o pior, mas poderá exigir o melhor produto do devedor (Assis Neto, *et al.* 2016, p. 604). Será respeitada a regra da qualidade média nos casos em que o contrato nada disser a respeito, caso contrário a escolha caberá ao credor.

Princípio do Melhor Interesse da Criança e do Adolescente (P. do Maior Interesse da Criança, P. do Maior Interesse do Menor, P. do Melhor Benefício para Crianças e Adolescentes, P. do Melhor Interesse, P. do Melhor Interesse da Criança, P. do Melhor Interesse para a Criança e Adolescente).

O Poder Público deve garantir a proteção dos interesses correlatos às crianças e aos adolescentes nesta fase de desenvolvimento moral, psíquico, físico, cultural etc. A fonte que embasa tal entendimento se consubstancia na CF, art. 227, *caput*, e no ECA, arts. 3º, 4º, *caput*, e 5º.

Segundo Castro (2016, p. 332), este princípio tem origem na chamada "doutrina da proteção integral da criança", assim estipulada, pois decorre da doutrina protetiva estipulada pelo Brasil em sua Constituição Federal e no sistema protetivo internacional consubstanciado pela Declaração Universal dos Direitos da Criança (ONU) e o Pacto de São José da Costa Rica.

Segundo o art. 227. *caput*, da CF/88, incumbe a família, a sociedade e ao Estado o dever de assegurar à criança e ao adolescente, com absoluta prioridade, o direito à vida, à saúde, à alimentação, à educação, ao lazer, à profissionalização, à cultura, à dignidade, ao respeito, à liberdade e à convivência familiar e comunitária, além de protegê-los de toda forma de negligência, discriminação, exploração, violência, crueldade e opressão que possam enfrentar.

O entendimento definido no Estatuto da Criança e do Adolescente corrobora o definido na Constituição na medida em define nos artigos supracitados que é dever da família, da comunidade, da sociedade em geral e do poder público, assegurar com absoluta prioridade a efetivação dos direitos referentes à vida, à saúde, à alimentação, à educação, ao esporte, ao lazer, à profissionalização, à cultura, à dignidade, ao respeito, à liberdade e à convivência familiar e comunitária, definindo por fim, que nenhuma criança ou adolescente será objeto de qualquer forma de negligência, discriminação, exploração, violência, crueldade e opressão, punido na forma da lei qualquer atentado, por ação ou omissão, aos seus direitos fundamentais.

Princípio da Menor Onerosidade (P. da Dignidade da Pessoa do Executado, P. da Execução de Forma Menos Onerosa para o Devedor, P. da Execução de Forma Menos Onerosa para o Executado, P. da Execução Menos Onerosa ao Executado, P. da Humanização da Execução, P. da Menor Gravosidade, P. da Menor Gravosidade da Execução, P. da Menor Gravosidade ao Executado, P. da Menor Onerosidade ao Devedor, P. da Menor Onerosidade do Devedor, P. da Menor Onerosidade para o Devedor, P. da Menor Onerosidade na Execução, P. da Menor Onerosidade do Processo Executivo para o Devedor, P. da Menor Restrição Possível, P. do Menor Sacrifício do Executado, P. do Não Aviltamento do Devedor, P. da Não Prejudicialidade, P. da Não Prejudicialidade do Devedor, P. da Não Prejudicialidade para o Devedor) (Execução).

O art. 805 do CPC consagra o princípio da menor onerosidade ao executado. O artigo processual em comento estatui que "quando por vários meios o exequente puder promover a execução, o juiz mandará que se faça pelo modo menos gravoso para o executado". Quando o executado alegar perante o Juiz que a medida executória empregada contra si é mais gravosa, deverá indicar os meios mais eficazes e menos onerosos para a continuidade da execução. O intuito deste instrumento é criar alternativas à justiça para que o processo de execução ocorra de maneira menos onerosa ao executado ao mesmo tempo em que seja justa ao exequente.

Insta observar segundo apontamento constante na obra Novo código de processo civil anotado da OAB do Rio Grande do Sul (2015, p. 555), que o meio menos gravoso ao executado não se relaciona "ao procedimento ou à espécie de execução incidente no caso concreto". Trata-se de ponto sobre o qual não há debate. O tema menor onerosidade significa que, "(...) no procedimento para a cobrança da quantia, centrado que é na expropriação de bens do devedor, a escolha dos meios para tal fim há de se pautar pelo menor sacrifício ao devedor, desde que, é certo, não resulte de tal escolha prejuízo à satisfação do credor exequente". Assim, a menor onerosidade ao devedor não poderá resultar em prejuízos a execução.

"A fim de que o princípio da menor onerosidade tenha aplicação, é necessário que o juízo tenha alternativas diante de si, de modo que possa eleger uma medida que seja capaz de resguardar os interesses da parte exequente sem onerar desnecessariamente a parte executada" (STJ. REsp 1384883/PR 2013/0144353-0. Rel. Min. Eliana Calmon, j. 17.09.2013, DJe 24.09.2013).

Princípio da *Mihi Factum Dabo Tibi Ius* (P. da Ampla Tutela Jurisdicional, P. *Narra Mihi Factum Dabo Tibi Jus*, P. da *Mihi Facta, Dabo Tibi Ius*).

Ao julgador se impõe a obrigação de decidir a ação conforme os fatos narrados pelas partes e o conjunto probatório apresentado. "Face ao brocardo jurídico da *mihi factum dabo tibi jus* (dá-me os fatos que eu te dou o direito), impõe-se ao Julgador analisar as situações fáticas narradas, qualificando-as juridicamente, ainda que se mostrem embaraçadas" (TJ. APL 13078790/PR 1307879-0 (Acórdão). Rel. Luiz Lopes, j. 23.07.2015, DJe 14.08.2015). A parêmia latina *mihi factum dabo tibi ius* significa "narra-me os fatos e eu te darei o Direito". Aliado ao princípio da *iura novit curia*, brocardo pelo qual se entende que o juiz conhece o direito, a *mihi factum dabo tibi ius* assegura que, baseado no fato do magistrado conhecer a lei, basta a ele a narrativa dos fatos para que decida o direito.

"Assim sendo, consoante o brocardo da *mihi factum, dabo tibi ius* (dá-me o fato, dar-te-ei o direito), ao juiz cabe a análise da controvérsia decidindo a lide consoante a legislação e fundamentos jurídicos que entende adequados" (TJ. AC 20080097124/SC 2008.009712-4 (Acórdão). Rel. Gerson Cherem II, j. 16.07.2014, DJe 16.07.2014). Assim, o julgador poderá dar aos fatos narrados o enquadramento jurídico que entender pertinente.

Princípio do Mínimo Existencial (P. do Mínimo Existencial Ecológico, P. da Proibição da Insuficiência).

O princípio do mínimo existencial defende a ideia de que o ser humano necessita de condições mínimas de dignidade para sobreviver, sendo dever do Poder Público oferecer tais condições. Sua estrutura encontra-se substanciada na Declaração dos Direitos Humanos da ONU de 1948, documento que preza pela defesa da dignidade do ser humano, trazendo em seu art. 25, I: "Todo o homem tem direito a um padrão de vida capaz de assegurar a si e a sua família saúde e bem-estar, inclusive alimentação, vestuário, habitação, cuidados médicos e os serviços sociais indispensáveis, e direito à segurança em caso de desemprego, doença, invalidez, viuvez, velhice ou outros casos de perda de meios de subsistência em circunstâncias fora de seu controle".

Não obstante, não podemos olvidar por outra via que a qualidade de vida e a dignidade do ser humano encontram-se estreitamente relacionadas com a qualidade do meio ambiente que o circunda. O meio ambiente sadio configura-se como elemento fundamental da dignidade da pessoa. Impõe a lei que o Estado deverá garantir o desenvolvimento nacional promovendo simultaneamente a defesa e manutenção do meio ambiente ecologicamente equilibrado, sendo este bem de uso comum do povo e essencial à sadia qualidade de vida. Impõe-se ao Poder Público e à coletividade o dever de defender e preservar o meio ambiente para as presentes e futuras gerações (cf. arts. 3º, II, 170, VI e 225, *caput*, da CF/88). Não haverá nível mínimo de dignidade para o ser humano caso não seja observada a defesa ambiental como um dos fatores essenciais do desenvolvimento humano.

O princípio do mínimo existencial representando as condições mínimas de dignidade humana necessárias à sobrevivência da pessoa deve preponderar em relação à reserva do financeiramente possível, que preconiza que a Administração Pública só pode fazer aquilo que possui condições financeiro-orçamentárias para realizar (TJ. APL 00079473320078190042 RJ. Rel. Sidney Hartung Buarque, j. 19.05.2009, DJ 28.05.2009).

Princípio da Mitigação do Contraditório.

Inicialmente cumpre observar que o princípio do contraditório é um direito encartado na Constituição Federal como verdadeiro fundamento da República, precisamente estampado no art. 5º, LV da Carta Magna, segundo o qual: "aos litigantes, em processo judicial ou administrativo, e aos acusados em geral são assegurados o contraditório e ampla defesa, com os meios e recursos a ela inerentes". Portanto, ao réu deverão ser oportunizados todos os meios legais de resposta para que possa se defender em juízo das acusações a ele endereçadas. Para maiores esclarecimentos acerca do princípio do contraditório remeto o caro leitor ao estudo específico do princípio em seu respectivo sítio nesta obra.

O artigo 9º do CPC dispõe que não será proferida decisão contra uma das partes antes que lhe tenha sido disponibilizada oportunidade de defesa nos autos do processo. Ocorre que o parágrafo único deste artigo apresenta situações em que ocorrerá a "mitigação do princípio do contraditório". Serão três as exceções ilustradas nos incisos do parágrafo.

O inciso I dispõe que não ocorrerá o contraditório na ocasião em que se conceda tutela provisória de fundada em urgência. O inciso II determina a exceção nas hipóteses de tutela de evidência previstas no art. 311, II e III, situações em que as alegações de fato puderem ser comprovadas apenas por meio documental e houver tese firmada em julgamento de casos repetitivos ou em súmula vinculante, ou ainda quando se tratar de pedido reipersecutório fundado em prova documental adequada do contrato de depósito, caso em que será decretada a ordem de entrega do objeto custodiado, sob cominação de multa. Nestes casos o juiz poderá decidir liminarmente, conforme aduz o parágrafo único do respectivo artigo.

Por fim, a última exceção encontra-se fundamentada no inciso III (cf. art. 701), situação "que autoriza a expedição do mandado de pagamento, de entrega de coisa ou para execução de obrigação de fazer ou não fazer contra o réu na chamada 'ação monitória'" (Bueno, 2015, p. 89).

Insta observar com extrema cautela que não ocorrerá "exclusão" do procedimento do contraditório, mas sim mera postergação de sua aplicação, haja vista a necessária prestação da efetividade processual naqueles casos apresentados, sob pena de prejuízos a parte e ao processo. O contraditório é um direito concretado em nosso ordenamento jurídico sem o qual estaríamos diante de um seríssimo vício processual. Portanto, nestes casos, o contraditório ocorrerá sim, mas em um momento postergado para que não haja prejuízos ao processo nos casos apresentados no art. 9º, do Código de Processo Civil.

Princípio da Moderação.

Trata-se de instituto que regula as verbas honorárias. Segundo dispõe a jurisprudência nacional "o princípio da moderação tem aplicação quando vencida a Fazenda Pública, e também, quando vencedora" (STJ. REsp 1416267/RS 2013/0362909-5. Rel. Min. Napoleão Nunes Maia Filho, DJ 15.02.2017). A verba honorária deverá ocorrer conforme o regulado pelo princípio da moderação quando se tratar de condenação da Fazenda Pública. O percentual das verbas honorárias deverá ser fixado a ponto de não impor ônus excessivo aos cofres públicos.

O princípio da moderação encontra-se consagrado no art. 85, §§ 2º, 3º e 5º, do Código de Processo Civil. Determina o CPC que nas causas em que a Fazenda Pública for parte a fixação dos honorários observará o grau de zelo despendido pelo profissional, o lugar de prestação do serviço, a natureza e a importância da causa e o trabalho realizado pelo advogado e o tempo exigido para o seu serviço. Além disso, deverão ser observados também os percentuais dispostos em faixas que levam em consideração o valor da condenação ou o proveito econômico obtido. O Código de Ética e Disciplina da OAB dispõe acerca de honorários profissionais no art. 35 e seguintes.

Princípio da Modicidade (P. da Modicidade das Tarifas).

Trata-se de um princípio de extrema importância, pois torna possível o acesso de grande parte da população aos serviços públicos por meio de tarifas módicas em razão da contraprestação oferecida. É instrumento que guarda estreita relação com a dignidade da pessoa humana (art. 1°, III, CF), na medida em que visa tornar possível o acesso a certos serviços públicos a população em geral por meio de um preço diminuto.

De acordo com a Lei 8.987/1995 que regulamenta os serviços públicos, o poder concedente, com vistas a possibilitar a modicidade das tarifas, poderá prever em favor da concessionária no edital de licitação a possibilidade de outras fontes provenientes de receitas alternativas, complementares, acessórias ou de projetos associados, com ou sem exclusividade (art. 11).

Incumbe ao Poder Público a prestação de serviços públicos na forma da lei, diretamente ou por meio de concessão ou permissão, dispondo também por meio de lei acerca da política tarifária (art. 175, III, CF). O raciocínio acerca da modicidade encontra-se fundamentado na possibilidade de disponibilização do acesso à população ao serviço público prestado diretamente pelo Poder Público ou por meio de concessão ou permissão. A cobrança de tarifas elevadas impossibilitaria o amplo acesso da população a tais serviços.

Princípio da Monogamia.

O Código Civil define em seu dispositivo, art. 1.516, § 3°, que "será nulo o registro civil do casamento religioso se, antes dele, qualquer dos consorciados houver contraído com outrem casamento civil". Do mesmo modo, o Diploma civil determina ainda que "as relações não eventuais entre o homem e a mulher, impedidos de casar, constituem concubinato (art. 1.727).

Dispostas as determinações legais acerca do tema, podemos definir o princípio da monogamia como a proibição de que haja paralelamente ao instituto do casamento outra união, seja outro casamento ou união estável. Nosso ordenamento jurídico não permite que durante o casamento ou união estável seja reconhecido outro casamento ou outra união estável. Conforme a jurisprudência, "não é permitido, no nosso ordenamento jurídico, a coexistência de dois casamentos ou de uma união estável paralela ao casamento ou de duas uniões estáveis paralelas" (TJ. AC 70065432593/RS. Rel. Sérgio Fernando de Vasconcellos Chaves, j. 29.07.2015, DJe 31.07.2015). O princípio da monogamia implica o dever de lealdade entre os cônjuges.

Independente do dever de fidelidade, o princípio da monogamia constante em nosso ordenamento busca resguardar as relações estabelecidas por meio do casamento e da união estável em prol do bem-estar da sociedade. O que se discute por meio desse instituto não é a infidelidade, mas sim as relações paralelas (Assis Neto, *et al.*, 2016, p. 1.570).

Princípio da Moralidade (Direito Eleitoral).

O princípio da moralidade em matéria eleitoral encontra lastro legal na Constituição Federal, conforme determina o art. 14, § 9º, que dispõe acerca dos direitos políticos, *in verbis*: "Lei complementar estabelecerá outros casos de inelegibilidade e os prazos de sua cessação, a fim de proteger a probidade administrativa, a moralidade para exercício de mandato considerada vida pregressa do candidato, e a normalidade e legitimidade das eleições contra a influência do poder econômico ou o abuso do exercício de função, cargo ou emprego na administração direta ou indireta".

Segundo explica Spitzcovsky (2014, p. 41/42), o princípio da moralidade na seara eleitoral "assume um perfil específico", haja vista definir os casos de inelegibilidade dos candidatos ao pleito eleitoral considerando a análise de sua vida pregressa. Visa prevenir que pessoas que já possuam condenação anterior possam se candidatar a cargos eletivos como representantes do povo a fim de preservar a moralidade.

A Lei da Ficha Limpa (LC 135/2010) alterou a redação do art. 1º, I, e, da Lei Complementar nº 64/1990, passando a vigorar com a premissa de que serão inelegíveis para qualquer cargo os candidatos que forem condenados, em decisão transitada em julgado ou proferida por órgão judicial colegiado, desde a condenação até o transcurso do prazo de 8 (oito) anos após o cumprimento da pena.

"O art. 14, § 9º, da Constituição Federal traz determinação expressa para que o legislador complementar fixe, de maneira objetiva, critérios definidores de inelegibilidade condizentes com a probidade administrativa e a moralidade eleitoral, considerada a vida pregressa do postulante ao cargo eletivo" (TSE. RO 452425/MG. Rel. Min. Marco Aurélio Mendes de Farias Mello, j. 13.01.2011, DJ 14.12.2010).

Princípio da Moralidade (P. da Moralidade Administrativa, P. da Probidade, P. da Probidade Administrativa) (Direito Administrativo).

Princípio cada vez mais vinculante na atividade da Administração Pública, encontra-se embasado no art. 37 da Constituição Federal que define os princípios da Administração Pública. Defende-se aqui a moralidade administrativa no trato da coisa pública por meio de seus gestores.

No sentido literal de moralidade, a Administração Pública como administradora daquilo que é do povo, da coletividade, deve pautar-se em fundamentos morais tais como virtude, moral e honestidade. Qualquer ato que ultrapasse estes limites será considerado ato imoral e, portanto, inconstitucional. O ato administrativo inconstitucional contrário à moral administrativa estará sujeito a controle pelo Poder Judiciário, devendo ser declarado nulo. Não cabe revogação neste caso, pois nos dizeres de Vicente Paulo e Marcelo Alexandrino (2009, p. 335) "o controle de moralidade não é controle de mérito administrativo".

Assim Paulo e Alexandrino (*idem*, p. 334) o definem: "O princípio da moralidade administrativa envolve um conceito jurídico indeterminado, o que não significa que não deva ser efetivamente utilizado para anular atos que lhe sejam contrários". Desenvolvem o raciocínio afirmando que "a moral administrativa liga-se à ideia de probidade e de boa-fé" (Lei nº. 9.784/1999).

Princípio da Motivação (P. da Motivação dos Atos Administrativos).

Ainda que a Constituição Federal em seu art. 93, X, aborde somente a motivação no que tange as decisões administrativas dos Tribunais e nada diga a respeito da motivação na Administração Pública, nem mesmo em seu art. 37, o "lar" dos princípios da Administração Pública, é consagrado o princípio da motivação em nosso ordenamento.

Todos os atos da Administração Pública, vinculados ou discricionários, devem ser motivados observando-se os pressupostos de fato e de direito que deram ensejo ao ato administrativo. Essa vinculação deve ocorrer para que a aspiração, o objetivo da Administração com tal ato, não seja afastado por motivos alheios ao interesse público. Essa motivação dos atos da Administração Pública é obrigatória, mesmo que seja sucinta. Entretanto, alguns atos da Administração não precisam de motivação, tais quais os atos de impossível motivação, os atos de mero expediente e os atos *ad nutum*. Imprescindível anotar que após a motivação dos atos da administração, estes ficam vinculados aos motivos expostos, não podendo deles se afastar. Insta observar que o ato administrativo sem motivação é nulo.

Princípio da Municipalização da Execução de Serviços (P. da Municipalização).

A municipalização foi instituída como forma de descentralização dos recursos públicos e como política pública de valorização da autonomia municipal, preceito valorizado a partir da CF/88, com a premissa de serem reconhecidos como entes da Federação. Permitiu-se que a municipalidade participasse na definição dos projetos de natureza pública e na aplicação dos recursos em serviços essenciais a sua população.

O poder conferido a municipalidade encontra-se disposto na Constituição. O art. 23 estabelece competências comuns aos entes da Administração Pública e o art. 30 relaciona competências relativas aos municípios como legislar sobre assuntos de interesse local e suplementar a legislação federal e a estadual no que couber. O texto constitucional também determinou ser obrigatório aos municípios o respeito aos princípios da legalidade, impessoalidade, moralidade, publicidade e eficiência, relativos à administração pública direta e indireta, conforme se defere do art. 37, *caput*, da CF.

De acordo com o art. 204, I, as ações governamentais na área da assistência social serão realizadas com observância da descentralização político-administrativa, cabendo a coordenação e as normas gerais à esfera federal e a coordenação e a execução dos respectivos programas às esferas estadual e municipal, bem como a entidades beneficentes e de assistência social.

Outros dispositivos elevam a autonomia municipal como o Estatuto das Cidades (Lei nº 10.257/2001), instrumento que define diretrizes gerais da política urbana ao regulamentar os arts. 182 e 183 da Carta Maior, e o ECA (Lei nº 8.069/1990), ao estabelecer a municipalização do atendimento dos direitos das crianças e dos adolescentes como uma das diretrizes (art. 88, I).

Princípio da Mutabilidade do Regime de Bens (P. da Autonomia da Vontade do Casal, P. da Mutabilidade, P. da Mutabilidade Justificada, P. da Mutabilidade Justificada do Regime Adotado, P. da Mutabilidade Motivada, P. da Mutabilidade do Regime Adotado, P. da Mutabilidade do Regime Jurídico, P. da Mutabilidade de Regimes) (Direito de Família).

O presente princípio encontra-se consagrado no art. 1.639, § 2º, do Código Civil, segundo o qual "é admissível alteração do regime de bens, mediante autorização judicial em pedido motivado de ambos os cônjuges, apurada a procedência das razões invocadas e ressalvados os direitos de terceiros".

O CC permite que os cônjuges, após o casamento, alterem o regime de bens adotado anteriormente nos casos em que ambos apresentem requisição motivada e justa, sendo imprescindível que tal alteração não traga prejuízos a terceiros e respeite os limites da lei. A lei passou a admitir a mudança como um direito do casal, podendo ser realizada a qualquer tempo, desde que seja consensual e não contaminada por ilegalidade que possa viciar o ato. A mudança será concedida por meio de autorização judicial.

Corrobora com tal entendimento o mestre Carlos Roberto Gonçalves (2010, v. 6, p. 421): "O aludido princípio evita, com efeito, que um dos cônjuges abuse de sua ascendência para obter alterações em seu benefício. O interesse de terceiros também fica resguardado contra mudanças no regime de bens, que lhes poderiam ser prejudiciais". Arremata o autor afirmando que o Código Civil por meio do § 2º do art. 1.639 estabelece que a imutabilidade do regime de bens não é absoluta, e que qualquer modificação deverá passar pelo crivo judicial por meio da verificação de sua completa idoneidade, sendo condição *sine qua non* que a requisição de alteração do regime seja formulada por ambos os cônjuges, e nunca unilateralmente.

Observa-se daí ser a regra a imutabilidade do regime de bens, mas que tal regra atingirá os casos onde a mudança for requisitada por um só dos cônjuges, ou seja, de maneira unilateral, não sendo o caso quando ocorrer por pedido conjunto das partes interessadas, situação abarcada pela lei.

"Nos termos do artigo 1.639, § 2º, do Código Civil, 'é admissível alteração do regime de bens, mediante autorização judicial em pedido motivado de ambos os cônjuges, apurada a procedência das razões invocadas e ressalvados os direitos de terceiros'. Quanto ao regime de bens, vigora em regra geral, o princípio da autonomia da vontade. Assim, por questão de razoabilidade e justiça, e em virtude da ausência de qualquer prejuízo aos cônjuges ou a terceiro, permite-se a alteração do regime de bens, para o eleito pelo casal" (TJ, 3ª Turma Cível. APL 12110188200780700001/DF 0121101-88.2007.807.0001. Rel. Humberto Adjuto Ulhôa, j. 23.07.2008, DJe 01.08.2008).

Princípio da Mutabilidade do Regime Jurídico (P. da Flexibilidade dos Meios aos Fins, P. da Mutabilidade, P. da Mutabilidade do Regime Jurídico-Administrativo) (Direito Administrativo).

Prevalece em nosso ordenamento o princípio da mutabilidade do regime jurídico dos serviços públicos, tendo por diretriz a possibilidade da Administração Pública alterar o regime de execução do serviço público de forma unilateral, inexistindo direito adquirido de certas categorias do serviço público a determinado regime jurídico. Essa possibilidade assegura a Administração o poder de alterar o regime jurídico-administrativo do serviço e adaptá-lo ao melhor interesse público.

"Administração Pública, em razão do princípio da mutabilidade do regime jurídico-administrativo, pode promover a reestruturação de seus cargos, desde que não haja redução ou perda nos vencimentos de seus funcionários" (TJ. AC 10002120027145001/MG. Rel. Des. Caetano Levi Lopes, j. 19.08.2014, DJe 02.09.2014). Assim, conforme estabelece o princípio da mutabilidade, o servidor público não goza de direito adquirido quanto ao regime jurídico, podendo ocorrer seu reenquadramento em outro nível da carreira mesmo que esteja aposentado, com a ressalva da irredutibilidade de seu vencimento.

"É sabido que a Administração Pública, em decorrência do princípio da mutabilidade do regime jurídico-administrativo, pode reestruturar os cargos e remunerações, não podendo, todavia, suprimir direitos já incorporados aos vencimentos do servidor, tais como adicionais por tempo de serviço, violando direito adquirido. - Os meros dissabores suportados pela parte não podem ser erigidos à condição de dano moral, por não se equipararem aos sentimentos de dor e humilhação que dão ensejo à indenização/reparação" (TJ. AC 10372110000943001/MG. Rel. Min. Luís Carlos Gambogi, j. 30.04.2015, DJe 12.05.2015).

N

Princípio da Nacionalidade (Direito Internacional).

A nacionalidade é princípio que decorre da subsidiariedade da adoção internacional. Deve-se dar prioridade aos residentes no território nacional para que possam adotar crianças e adolescentes, pois existe o interesse de que os adotados permaneçam em seu país de origem próximos a tudo aquilo que lhes seja familiar.

Evita-se, assim, choques culturais extremos, bem como a exposição dos mesmos a casos de tráfico internacional de crianças e adolescentes. Muitos questionam a validade desse princípio, pois é considerado um instrumento que dificulta demasiadamente a adoção internacional além de ser considerado por muitos uma ferramenta que estimula a xenofobia.

Princípio da Nacionalidade (P. da Nacionalidade Ativa, P. da Personalidade, P. da Personalidade Ativa) (Direito Penal).

Consubstanciado no art. 7º, II, "b" do Código Penal, segundo o qual, ficam sujeitos à lei brasileira, embora cometidos no estrangeiro, os crimes praticados por brasileiro. Assim, o Brasil fica obrigado a punir os nacionais que pratiquem delitos fora do país (Nucci, 2009, p. 127), independente da nacionalidade da vítima ou do bem jurídico afetado.

A razão de existir do princípio da nacionalidade, segundo entendimento de Nucci, deve-se ao fato da Constituição proibir a extradição de brasileiros. O raciocínio envolve a lógica de que o país deve punir os brasileiros que cometam crimes em outros países e retornem ao território nacional antes da aplicação da punição naquele país, caso contrário estaria resolvendo pela impunidade de seu cidadão.

Segundo Nucci (2009, p. 122), para que não haja impunidade, o brasileiro que cometeu crime no exterior deve ser julgado por um tribunal pátrio. Trata-se de um dos princípios que expressam a extraterritorialidade da lei penal brasileira.

Principio da Nacionalidade Passiva (P. da Personalidade Passiva) (Direito Penal).

Enquanto que na nacionalidade ativa a lei obriga o país (Brasil) a punir seus cidadãos que cometam delitos no exterior independente da nacionalidade da vítima ou do bem jurídico afetado por este delito, na nacionalidade passiva, por sua vez, a infração cometida pelo nacional no estrangeiro deverá, necessariamente, atingir bem jurídico de um compatriota ou do Brasil. São casos em que crimes cometidos no exterior por estrangeiro ficam sujeitos à lei brasileira. Desta forma, será aplicada a lei brasileira aos crimes cometidos por estrangeiro contra brasileiro fora do Brasil, se, reunidas certas condições (as previstas no § 2º do art. 7º do CP), não foi pedida ou foi negada a extradição e houve requisição do Ministro da Justiça (art. 7º, § 3º, “a” e “b”).

O princípio da nacionalidade passiva surge como uma necessidade do Estado de proteger e tutelar de modo especial certos bens e interesses situados fora do território nacional, mas que merecem proteção. Trata-se de um dos princípios que expressam a extraterritorialidade da lei penal brasileira.

Conforme se extrai da Constituição Federal, os crimes praticados por brasileiro no exterior serão da competência da justiça federal. Neste sentido o art. 109, IV, determina que compete aos Juízes federais processar e julgar os crimes políticos e as infrações penais praticadas em detrimento de bens, serviços ou interesse da União ou de suas entidades autárquicas ou empresas públicas, excluídas as contravenções e ressalvada a competência da Justiça Militar e da Justiça Eleitoral.

Princípio da Não Abusividade (P. da Coibição de Abusos) (Direito do Consumidor).

Segundo determina o art. 4º, VI do CDC, a Política Nacional das Relações de Consumo tem por objetivo o atendimento das necessidades dos consumidores, o respeito à sua dignidade, saúde e segurança, a proteção de seus interesses econômicos, a melhoria da sua qualidade de vida, bem como a transparência e harmonia das relações de consumo, atendidos alguns princípios, dentre os quais a coibição e repressão eficientes de todos os abusos praticados no mercado de consumo, inclusive a concorrência desleal e utilização indevida de inventos e criações industriais das marcas e nomes comerciais e signos distintivos que possam causar prejuízos aos consumidores. Da mesma forma que esse instrumento, o art. 6º, IV, confere que dentre os direitos básicos do consumidor haverá a sua proteção contra práticas e cláusulas consideradas abusivas ou mesmo impostas no fornecimento de produtos e serviços. Nas palavras de Nunes (2012, p. 187): "A ideia da abusividade tem relação com a doutrina do abuso do direito. Foi a constatação de que o titular de um direito subjetivo pode dele abusar no seu exercício que acabou por levar o legislador a tipificar certas ações como abusivas".

O art. 39 deste diploma dispõe acerca de práticas abusivas vedadas aos fornecedores de produtos ou serviços como, por exemplo, enviar ou entregar ao consumidor, sem solicitação prévia, qualquer produto, ou fornecer qualquer serviço, prevalecer-se da fraqueza ou ignorância do consumidor, tendo em vista sua idade, saúde, conhecimento ou condição social, para impingir-lhe seus produtos ou serviços, exigir do consumidor vantagem manifestamente excessiva e executar serviços sem a prévia elaboração de orçamento e autorização expressa do consumidor, ressalvadas as decorrentes de práticas anteriores entre as partes.

Princípio da Não Abusividade da Publicidade (Direito do Consumidor).

A não abusividade da publicidade é princípio que se encontra expresso na Lei, presente no art. 37, § 2º, do Código de Defesa do Consumidor. Antes de qualquer coisa, devemos diferenciar as figuras da abusividade da publicidade e da publicidade enganosa. Enquanto que na publicidade enganosa (ver princípio da veracidade da publicidade) caracteriza-se como enganosa qualquer informação ou comunicação que induza o consumidor a erro quanto a dados e características do produto (art. 37, § 1º, CDC), a publicidade abusiva tem por mote a publicidade discriminatória que induza a comportamentos que atentem contra os valores morais e que possam prejudicar a saúde e/ou a segurança do consumidor (art. 37, § 2º, CDC).

Apresentamos na íntegra os institutos citados presentes no art. 37 do CDC para uma maior compreensão acerca do tema:

§ 1° É enganosa qualquer modalidade de informação ou comunicação de caráter publicitário, inteira ou parcialmente falsa, ou, por qualquer outro modo, mesmo por omissão, capaz de induzir em erro o consumidor a respeito da natureza, características, qualidade, quantidade, propriedades, origem, preço e quaisquer outros dados sobre produtos e serviços.

§ 2° É abusiva, dentre outras a publicidade discriminatória de qualquer natureza, a que incite à violência, explore o medo ou a superstição, se aproveite da deficiência de julgamento e experiência da criança, desrespeita valores ambientais, ou que seja capaz de induzir o consumidor a se comportar de forma prejudicial ou perigosa à sua saúde ou segurança

Princípio da Não Adversariedade (P. da Busca do Consenso, P. da Cooperação, P. da Não Competitividade) (Direito de Mediação).

A própria essência do processo de mediação, buscar uma solução ao conflito por meio do acordo justo e consensual entre as partes, vai de encontro a cultura da adversidade, do rancor e do confronto. Na mediação não há confronto. Há sim espaço para a discussão civilizada e independente de agentes externos entre os atores processuais, para que, mediante consenso, cheguem a um acordo proveitoso para ambos.

Pode a mediação ser definida como um acordo democrático, pois neste procedimento nada é imposto. O fim da mediação é criar um clima de tranquilidade e segurança entre as partes que seja capaz de auxiliar na promoção da resolução do problema.

Princípio da Não Afetação de Receitas (P. da Não Afetação de Impostos, P. da Não Afetação da Receita de Impostos a Órgão, Fundo ou Despesa, P. da Não Vinculação, P. da Não Vinculação da Receita de Impostos a Órgão, Fundo ou Despesa).

Trata-se de um dos princípios régios do orçamento público, encontrando guarida no art. 167, IV da CF/88 e no art. 8º, parágrafo único da Lei de Responsabilidade Fiscal (Lei complementar nº 101, de 4 de maio de 2000). Como estabelece o instituto constitucional relativo ao orçamento público, são vedados a vinculação de receita de impostos a órgão, fundo ou despesa, ressalvando-se os demais casos previstos na lei como, por exemplo, a destinação de recursos para as ações e serviços públicos de saúde, para manutenção e desenvolvimento do ensino e para realização de atividades da administração tributária. No trecho da LRF supracitada se extrai que "os recursos legalmente vinculados a finalidade específica serão utilizados exclusivamente para atender ao objeto de sua vinculação, ainda que em exercício diverso daquele em que ocorrer o ingresso".

Assim, o que se dessume da lei é que não será possível a vinculação de certos impostos a órgão, fundo ou despesa, perante o princípio da não afetação aplicado às receitas provenientes de impostos, exceto em certos casos previamente definidos no ordenamento constitucional.

O STF, Corte Excelsa do Judiciário, apresenta o seguinte posicionamento: "Nos termos da jurisprudência da Corte, é inconstitucional a destinação de receitas de impostos a fundos ou despesas, ante o princípio da não afetação aplicado às receitas provenientes de impostos" (STF. AgR ARE 665291/RS. Rel. Min. Roberto Barroso, j. 16.02.2016, DJe 16.02.2016).

Princípio da Não Agressão (P. da Defesa da Paz, P. da Paz e Segurança).

O Brasil, assim como os demais países participantes da ONU, estabeleceu como compromisso perante os demais Estados o esforço pela manutenção da paz e a resolução de qualquer conflito ou estado beligerante por meios pacíficos, conforme o estabelecido pelo art. 1º, § 1º, da Carta das Nações Unidas: "Manter a paz e a segurança internacionais e, para esse fim: tomar, coletivamente, medidas efetivas para evitar ameaças à paz e reprimir os atos de agressão ou outra qualquer ruptura da paz e chegar, por meios pacíficos e de conformidade com os princípios da justiça e do direito internacional, a um ajuste ou solução das controvérsias ou situações que possam levar a uma perturbação da paz".

Todos os Membros deverão evitar em suas relações internacionais a ameaça ou o uso da força contra a integridade territorial ou a dependência política de qualquer Estado, ou qualquer outra ação incompatível com os Propósitos das Nações Unidas (cf. art. 2º, § 4º, da Carta da ONU).

Por outro lado, visando o respeito à soberania, a ONU admite exceções a não agressão. Por exemplo, é permitido que cada nação exerça sua legítima defesa contra agressões externas. Em muitos casos, a defesa adotada pelo Estado violado será na forma de um contra-ataque ao país agressor visando o fim das agressões.

A Carta das Nações Unidas define e defende que as relações internacionais devem pautar-se pela paz e respeito mútuos entre os Estados, com o objeto maior de estabelecer uma paz eterna.

Princípio da Não Autoincriminação (P. do Direito ao Silêncio, P. da Não Incriminação, P. *Nemo Tenetur se Detegere*, P. da Vedação à Autoincriminação).

O princípio da não autoincriminação, ou princípio *nemo tenetur se detegere*, instrumento a serviço da informação da atividade probatória, significa o direito consagrado a qualquer uma das partes a não produzir provas contra si mesmo, ou seja, ninguém será obrigado a se autoincriminar. Trata-se de um princípio constante na Constituição Federal. A CF trata expressamente sobre o princípio em seu art. 5º, LXIII, segundo o qual "o preso será informado de seus direitos, entre os quais o de permanecer calado, sendo-lhe assegurada a assistência da família e de advogado". O Código de Processo Penal em complemento a Carta Magna institui que o silêncio do acusado não importará em confissão e não poderá ser interpretado em prejuízo da defesa.

A legislação internacional também normatiza este princípio, tratado por ela como direito fundamental do cidadão. Encontra-se estabelecido no texto da Convenção Americana de Direitos Humanos (Pacto de São José da Costa Rica) - promulgado pelo Decreto n. 678, de 1992, art. 8º, 2, g, como um dos reflexos dos direitos essenciais do homem exteriorizado no plano das garantias judiciais que, quando acusado de delito, o direito de não ser obrigado a depor contra si mesmo, nem a declarar-se culpado.

Conforme destaca Edilson Mougenot Bonfim (2008, p. 319): "É importante ressaltar que o silêncio ou a não-colaboração, conforme o caso, não podem ser interpretados contrariamente à defesa, não servindo de prova contra o acusado".

A teor do princípio *nemo tenetur se detegere*, vejamos o seguinte aresto da jurisprudência do STJ: "O brocardo *nemo tenetur se detegere*, que configura o princípio da vedação à autoincriminação ou do direito ao silêncio, veio a ser expressamente reconhecido no Pacto de San José da Costa Rica - promulgado pelo Decreto n. 678, de 1992 -, art. 8º, 2, g, em que se resguarda o direito de toda pessoa acusada de um delito de não ser obrigada a depor ou a produzir provas contra si mesma, garantindo que o seu silêncio não seja interpretado em prejuízo de sua defesa. Precedentes: HC 130.590/PE, Rel. Ministro Arnaldo Esteves Lima, Quinta Turma, DJe 17/5/2010; HC 179.486/GO, Rel. Ministro Jorge Mussi, Quinta Turma, DJe 27/6/2011. O princípio que protege a pessoa acusada de não ser obrigada a produzir provas contra si mesma não implica desconsiderar, de forma absoluta, o teor do depoimento feito, quando, em havendo nos autos outros elementos idôneos de convicção quanto aos fatos verificados e à conduta investigada do confesso, o próprio demandado escolhe confessar o ato delituoso cometido" (STJ. AgRg no REsp 1497542/PB 2014/0306372-4. Rel. Min. Benedito Gonçalves, j. 18.02.2016, DJe 24.02.2016).

Princípio do Não Aviltamento do Devedor (P. da Humanização da Execução, P. da Dignidade da Pessoa do Executado).

O princípio do não aviltamento do devedor encontra estreita ligação com o princípio da dignidade da pessoa humana (art. 1º, III, CF/88), haja vista que no procedimento processual executivo, apesar do direito inerente ao exequente de receber aquilo que lhe é de direito, deverá ser observado o respeito ao executado não devendo a execução ser procedida de maneira que lhe atinja a honra e a dignidade.

Não deverá haver a penhora de bens que sejam fundamentais para o sustento do executado e de sua família. A execução deverá ser realizada de forma humanizada ao mesmo tempo em que o bem jurídico seja entregue ao exequente, detentor do direito, e a cobrança não seja executada por via que despreze, humilhe ou deprecie o executado. A execução será ordenada da forma menos dolorosa ao obrigado.

"Havendo prova nos autos de que o imóvel objeto da constrição judicial é destinado à moradia do Executado e de sua família, revelada está a afronta à sua dignidade humana, em face da provável expropriação do imóvel objeto de sua residência, situação que fere os princípios basilares que informam a execução, seja da não prejudicialidade do devedor como também do seu não-aviltamento, o que torna, por via de consequência, insubsistente a penhora realizada, ante o comando legal da sua impenhorabilidade insculpido no art. 1º da Lei n. 8.009/90" (TRT - 23. AP 00919.2003.002.23.00-1/MT. Rel. Min. Maria Berenice, j. 20.07.2011, DJe 26.07.2011).

Princípio da Não Colidência (Direito Empresarial).

É a Lei nº 9.279/1996 que regula os direitos e obrigações relativos à propriedade industrial. Segundo esta lei, serão suscetíveis de registro como marca os sinais distintivos visualmente perceptíveis, não compreendidos nas proibições legais (art. 122). Marca, de produto ou serviço, que é o que interessa aqui, é definida por aquele instrumento normativo como sendo aquela usada para distinguir produto ou serviço de outro idêntico, semelhante ou afim, de origem diversa (art. 123, I).

As marcas deverão ser registradas no Instituto Nacional de Propriedade Industrial (INPI), órgão estatal (autarquia federal) que fornecerá a devida proteção contra registros idênticos ou semelhantes, ou, conforme são corriqueiramente denominados, colidentes. A colidência entre marcas ocorre quando semelhanças existentes entre marcas de titulares diferentes podem induzir o consumidor a erro.

Segundo leciona Silva (2007, p. 125), no Direito de Propriedade Industrial a marca está vinculada ao princípio da não colidência. Apoiando-se uma vez mais na Lei nº 9.279/96, o art. 124, V, determina que não são registráveis como marca a reprodução ou imitação de elemento característico ou diferenciador de título de estabelecimento ou nome de empresa de terceiros, suscetível de causar confusão ou associação com estes sinais distintivos. Essa legislação protetiva é necessária para que não ocorra colidência entre marcas e haja efetiva proteção das marcas já existentes e também do mercado consumidor.

Princípio da Não Compensação (P. da Incompensabilidade dos Alimentos, P. da Incompensabilidade da Verba de Natureza Alimentar, P. da Não Compensação da Dívida Alimentar) (Direito Civil).

Princípio da não compensação dos valores referentes à pensão alimentícia. O Código Civil brasileiro, *ex vi legis*, prevê a impossibilidade da compensabilidade de alimentos nos artigos 373, II, e 1.707. Conforme se extrai do art. 373, II, a diferença de causa nas dívidas não impede a compensação, exceto se uma se originar de comodato, depósito ou alimentos. Consoante determina o art. 1.707, o direito a alimentos poderá não ser exercido pelo credor por tratar-se de um critério pessoal, mas não poderá ser renunciado por ele, sendo este crédito insuscetível de compensação, cessão ou penhora.

Neste sentido há diversos precedentes jurisprudenciais: "O crédito alimentar é insuscetível de compensação, na forma do artigo 1.707 do Código Civil" (TJ. AC 70054075924/RS. Rel. Liselena Schifino Robles Ribeiro, j. 02.05.2013, DJe 06.05.2013). "A dívida de alimentos não admite compensação, qualquer que seja a natureza da dívida que se lhe oponha" (TJ. AC 105631/RN 2010.010563-1. Rel. Des. Dilermando Mota, j. 22.03.2011, DJe 22.03.2011).

Apesar da regra da não compensação dos valores referentes à pensão alimentícia, será ela permitida em casos excepcionais, sendo requisito que a dívida que se pretenda compensar tenha caráter alimentar. Haverá a mitigação da não compensação para que não ocorra o enriquecimento sem causa do alimentado/beneficiado. Nesse sentido o princípio deverá ser aplicado de maneira ponderada para que não ocorra o enriquecimento do credor da pensão alimentícia. "Vigora, em nossa legislação civil, o princípio da não compensação dos valores referentes à pensão alimentícia, como forma de evitar a frustração da finalidade primordial desses créditos: a subsistência dos alimentários. Todavia, em situações excepcionalíssimas, essa regra deve ser flexibilizada, mormente em casos de flagrante enriquecimento sem causa dos alimentandos (...)" (STJ. REsp 982857/RJ 2007/0204335-4. Rel. Min. Massami Uyeda, j. 18.09.2008, DJe 03.10.2008).

Com fulcro na lição de Cristiano Chaves de Farias e Nelson Rosenvald (2013, p. 806/807), vejamos: "Em decorrência de sua característica personalíssima, a obrigação alimentar não permite o uso da compensação, contemplada no Código Civil, como forma de extinção das obrigações (cumprimento indireto da obrigação). Por isso, se o devedor de alimentos, por outro motivo qualquer, se tornar credor do alimentando, não poderá lhe opor este crédito para abater do quantum devido. (...) A regra, no entanto, não pode ganhar ares absolutos. É que, em certos casos, com o propósito de evitar enriquecimento sem causa do credor que recebeu uma determinada parcela alimentícia a maior, é possível a compensação do valor pago indevidamente nas parcelas vincendas, de modo a obstar acréscimo patrimonial indevido. De igual modo, a jurisprudência admite, em casos específicos e diferenciados, a compensação de verba alimentícia. Todavia, cuida-se de hipótese excepcional, somente tolerada quando demonstrado, a toda evidência, o caráter indevido do pagamento realizado e desde que não comprometa a subsistência do alimentando (ou seja, desde que a compensação no mês seguinte não ultrapasse ao percentual tolerável de descontos em salários de 30%)".

Princípio da Não Contradição.

O princípio da não contradição decorre da percepção de que algo não pode ser e não ser ao mesmo tempo. Algo ocorreu ou não ocorreu. Algo existe ou não existe. Algo é falso ou verdadeiro (TRF – 4. AG 0009381-63.2012.404.0000/SC. Rel. Otávio Roberto Pamplona, j. 18.03.2014, DJe 26.03.2014). O princípio da não contradição impede que algo seja verdadeiro e falso ao mesmo tempo, ou seja, de duas afirmações iguais e contrárias, necessariamente, uma delas será verdadeira e a outra falsa (TRT -12. RO 02032-2008-051-12-00-2/SC. Rel. José Ernesto Manzi, j. 14.09.2009, DJe 28.09.2009).

Este princípio ainda se caracteriza por ser autofundante, ou seja, existe por si só estabelecendo seus próprios alicerces que o definem, sendo correto afirmar que todos os demais princípios requisitam a sua fundamentação (TRF - 2. AC 335901/ES 2001.50.02.000100-9. Rel. Des. Fed. Alberto Nogueira, j. 29.08.2006, DJU, 09.07.2007).

Por fim, e ainda em sede jurisprudencial, trazemos à baila a decisão acerca da interposição de recurso no Tribunal de Justiça do Estado de Minas Gerais requerendo a conversão da pena restritiva de direito em privativa de liberdade: "Com efeito, ainda que se trate de Promotor de Justiça diverso do que interpôs o recurso, por ser o Ministério Público órgão uno e indivisível não pode haver, dentro de um mesmo processo, posicionamentos conflitantes entre membros do mesmo órgão, por afronta ao princípio da não contradição, emanado da lógica processual" (TJ. AGEPN 10231140050288001/MG. Rel. Matheus Chaves Jardim, j. 25.09.2014, DJe 06.10.2014).

Princípio da Não Contradição a Lei.

Decorre do princípio da legalidade no Direito Administrativo. Trata-se de princípio do Direito Administrativo que decorre do princípio da legalidade. A Administração Pública, na figura do administrador, só poderá agir ou deixar de agir quando a lei assim estabelecer. A conduta do agente público deverá guardar correspondência com a lei, sem a qual torna-se ilegítima.

No mesmo sentido, conforme estabelece o eminente doutrinador Carvalho Filho (2012, p. 20), o Estado, enquanto Estado de Direito, deverá "respeitar as próprias leis que edita". Em decorrência disso, a conduta do Estado nunca poderá contradizer o estabelecido no ordenamento pátrio. Em sentido diverso, no direito privado o particular pode fazer aquilo não proibido em lei.

Princípio da Não Cumulatividade (P. Impositivo).

O princípio da não cumulatividade no Direito Tributário encontra-se encartado nos arts. 153, § 3º, II, 154, I e 155, § 2º, I, todos da Constituição Federal, referindo-se, respectivamente ao IPI, Impostos Residuais da União e ICMS. Pois bem, desta forma o IPI será não-cumulativo, compensando-se o que for devido em cada operação com o montante cobrado nas anteriores. Quanto aos Impostos Residuais da União, a mesma poderá instituí-los mediante lei complementar, desde que sejam não-cumulativos e não tenham fato gerador ou base de cálculo próprios dos discriminados nesta Constituição. Por fim, o ICMS também deverá ser não cumulativo, compensando-se o que for devido em cada operação relativa à circulação de mercadorias ou prestação de serviços com o montante cobrado nas anteriores pelo mesmo ou outro Estado ou pelo Distrito Federal.

O que se dessume deste princípio é que o Estado por meio de sua legislação instituiu a vedação da tributação em cascata sobre os tributos. Não poderá haver a incidência de cobrança do mesmo tributo em mais de uma etapa, ou seja, será vedada a sobreposição de incidência dos impostos supracitados. Recolhe-se o imposto somente uma única vez.

"A não cumulatividade é uma técnica de tributação que visa impedir que incidências sucessivas nas diversas operações de uma cadeia econômica de produção ou comercialização de um produto impliquem ônus tributário muito elevado, decorrente da tributação da mesma riqueza diversas vezes. Em outras palavras, a não cumulatividade consiste em fazer com que os tributos não onerem em cascata o mesmo produto" (Paulsen, 2017, p. 161).

Princípio de Não Devolução.

Este é considerado como o princípio fundamental do Direito Internacional que regula as normas imperativas que tratam do complexo jurídico que protege os refugiados. Por meio deste instrumento de não devolução (*non-refoulement*) fica proibida a extradição de refugiados para países onde sua vida, saúde e/ou liberdade sejam colocadas em risco por fatores como religião, opinião política, raça, cor etc. Temos diversos Diplomas internacionais que regulam essa proteção.

A Convenção Internacional sobre o Estatuto dos Refugiados de 1951 proíbe terminantemente que qualquer Estado expulse um refugiado para local que ponha em risco sua vida ou liberdade em virtude de raça, grupo social a que pertence ou das suas opiniões políticas (art. 33, 1). O Protocolo sobre o Estatuto dos Refugiados de 1967 sublinha a importância do princípio. É o Decreto nº 70.946 de 1972 que promulga o Protocolo sobre o Estatuto dos Refugiados.

Citando outro Diploma, a Convenção Americana sobre Direitos Humanos (Pacto de São José da Costa Rica de 22 de novembro de 1969) fundamenta em seu art. 22, VIII, que "em nenhum caso o estrangeiro pode ser expulso ou entregue a outro país, seja ou não de origem, onde seu direito à vida ou à liberdade pessoal esteja em risco de violação por causa da sua raça, nacionalidade, religião, condição social ou de suas opiniões políticas".

Por fim, temos o Decreto nº 40/1991, norma legal que promulga a Convenção Contra a Tortura e Outros Tratamentos ou Penas Cruéis, Desumanos ou Degradantes, dispondo em seu texto que "nenhum Estado Parte procederá à expulsão, devolução ou extradição de uma pessoa para outro Estado quando houver razões substanciais para crer que a mesma corre perigo de ali ser submetida a tortura (cf. art. 3º, I).

Princípio da Não Discriminação (Direito do Trabalho).

O princípio da não discriminação nas relações trabalhistas, em consonância com o disposto na CFR/88, preza pela dignidade da pessoa humana e os valores sociais do trabalho (art. 1º, III, IV) na medida em que proíbe qualquer prática discriminatória na relação de trabalho. Do mesmo modo que o *caput* do art. 5º garante a igualdade de todos perante a lei sem distinção de qualquer natureza, o art. 7º, XXX, proíbe terminantemente a diferença de salários, de exercício de funções e de critério de admissão por motivo de sexo, idade, cor ou estado civil aos trabalhadores urbanos e rurais.

É a Lei nº 9.029/1995 o instrumento normativo que torna defesa qualquer prática discriminatória na relação jurídica de trabalho, seja para efeitos admissionais ou de permanência do trabalhador. Segundo o art. 1º da Lei, "é proibida a adoção de qualquer prática discriminatória e limitativa para efeito de acesso à relação de trabalho, ou de sua manutenção, por motivo de sexo, origem, raça, cor, estado civil, situação familiar, deficiência, reabilitação profissional, idade, entre outros, ressalvadas, nesse caso, as hipóteses de proteção à criança e ao adolescente previstas no inciso XXXIII do art. 7º da Constituição Federal".

Qualquer ato configurado como discriminatório na relação de trabalho será um ato ilícito e, nos moldes do Código Civil, "aquele que, por ação ou omissão voluntária, negligência ou imprudência, violar direito e causar dano a outrem, ainda que exclusivamente moral, comete ato ilícito" (cf. art. 186).

"Persegue-se, assim, no claro intuito da lei, a efetividade dos princípios e das garantias constitucionais que protegem os trabalhadores contra qualquer tipo de discriminação e asseguram a preservação da intimidade, vida privada e honra dos trabalhadores" (TST. RR 10190066201351300007. Rel. José Roberto Freire Pimenta, j. 25.02.2015, DJe 06.03.2015).

Princípio da Não Discriminação pela Procedência ou Destino (P. da Não Diferenciação Tributária, P. da Não Discriminação Tributária, P. da Não Discriminação Tributária em Razão da Origem ou do Destino).

O princípio da não discriminação pela procedência ou destino encontra-se fundamentado no art. 152 da CF/88, o qual é descrito, *ipsis literis*: "É vedado aos Estados, ao Distrito Federal e aos Municípios estabelecer diferença tributária entre bens e serviços, de qualquer natureza, em razão de sua procedência ou destino".

Proibidos estão estes entes federativos de estabelecerem alíquotas diferenciadas aos produtos e serviços baseando-se na procedência ou destino. O Estado do Espírito Santo não poderá estabelecer alíquota de ICMS de 10% sobre o mamão papaia proveniente da Bahia e alíquota de 15% sobre o mesmo produto proveniente do Estado do Rio de Janeiro. Da mesma forma não poderia estabelecer alíquotas diferenciadas se este mesmo produto tivesse como destino estes Estados.

Este princípio direciona-se aos Estados, Distrito Federal e Municípios, ao contrário do princípio da uniformidade geográfica que direcionado à União. Além disso, decorre do princípio federativo.

Neste sentido, segue julgado: "Prevendo a Constituição Federal as limitações do poder de tributar, adotando o princípio da não discriminação tributária, em razão da procedência ou do destino dos bens, é inconstitucional decreto estadual (nº 2.736/98) na parte que confere o diferimento unicamente as mercadorias produzidas no território paranaense, violando aquele princípio" (TJ, 2ª Câmara Cível. APCVREEX 1104358/PR. Rel. Accácio Cambi, j. 12.12.2001, Publicação: 6055).

Princípio da Não Interferência (P. da Não Intervenção) (Direito Internacional).

O princípio da não interferência internacional visa à preservação da soberania dos entes internacionais no plano interno e externo, tendo sido acolhido na CF/88, mais precisamente em seu art. 4º, I, definindo que a República Federativa do Brasil será regida nas suas relações internacionais, dentre outros, pelo princípio da independência nacional. Em respeito a soberania de cada ente internacional, nenhum Estado deverá intervir nos assuntos internos ou externos dos demais Estados. Assim, torna-se defesa a intervenção tanto nos assuntos domésticos de um país como em sua economia, política, cultura, sociedade etc.

Corrobora nesse sentido o art. 2º, § 7º, da Carta das Nações Unidas, segundo o qual nenhum dispositivo da presente Carta autorizará as Nações Unidas a intervirem em assuntos que dependam essencialmente da jurisdição de qualquer Estado ou obrigará os membros a submeterem tais assuntos a uma solução, nos termos da presente Carta. A ONU estabelece que a proibição da interferência internacional de um Estado sobre outro poderá ser desconsiderada quando ocorra intervenção que objetive a cooperação internacional a um Estado necessitado, ou seja, a intervenção possuir razões humanitárias ou visar a defesa dos direitos humanos.

Princípio da Não Intervenção (Direito Constitucional).

A intervenção é medida excepcional adotada em prol do restabelecimento do equilíbrio nacional e posta em prática no ente federativo que esteja descumprimento preceitos constitucionais. Segundo Moraes (2017, p. 340/346), a regra é a autonomia dos entes estatais. Ocorre que essa autonomia deverá ser afastada para que o Estado haja por meio da intervenção naquele ente que esteja agindo em desacordo com o normativo constitucional e pondo em risco a autonomia do Estado Federal.

Conforme determinam os arts. 34 e 35 da CF/88, somente a União poderá intervir nos Estados e DF, bem como somente os estados-membros poderão intervir nos municípios que façam parte de seu território. É vedada a intervenção da União nos municípios.

A decisão que determina a intervenção se dará por meio de decreto, sendo ato privativo do Chefe do Poder Executivo. Assim, no âmbito federal, a decretação e execução da intervenção serão de competência privativa do Presidente da República, conforme se averigua no art. 84, X, da CF. Na esfera estadual, a intervenção do Estado-membro no município será decretada pelo respectivo Governador.

Extrai-se da lição de Gilmar Mendes (2017, p. 733/735): "Cabe à União exercer a competência de preservar a integridade política, jurídica e física da federação, atribuindo-se-lhe a competência para realizar a intervenção federal. A intervenção federal é mecanismo drástico e excepcional, destinado a manter a integridade dos princípios basilares da Constituição, enumerados taxativamente no art. 34 da CF".

Prossegue com seu raciocínio o eminente doutrinador (*idem*): "A intervenção federal somente pode recair sobre Estado-membro, Distrito Federal ou Municípios integrantes de território federal. Não cabe, portanto, a intervenção federal em Municípios integrantes de Estado-membro, mesmo que a medida seja pedida por desrespeito, por parte do Município, de decisões de tribunais federais".

Princípio da Não Intervenção na Arbitragem (P. da Não Interferência na Arbitragem).

A Constituição consagra a arbitragem no art. 114, §§ 1º e 2º, ao tratar do emprego do instituto nos conflitos que envolvem a Justiça do Trabalho. O CC trata do tema nos arts. 851 a 853 apresentando as condições de sua admissibilidade, bem como ocasiões em que não poderá ocorrer.

A arbitragem é uma ferramenta existente em nosso ordenamento e de utilização decorrente da autonomia das partes, podendo ser celebrada quando do estabelecimento de uma convenção entre agentes capazes, para que se possa dirimir "litígios relativos a direitos patrimoniais disponíveis" (cf. art. 1º, *caput*, da Lei nº 9.307/1996). Ainda segundo a Lei de Arbitragem, "as partes interessadas podem submeter a solução de seus litígios ao juízo arbitral mediante convenção de arbitragem, assim entendida a cláusula compromissória e o compromisso arbitral" (cf. art. 3º).

De acordo com o disposto em lei, o estabelecimento da convenção de arbitragem produzirá efeitos *inter partes*, destacando-se dentre eles a vedação da interferência do Judiciário. Não será cabível a interferência externa do Judiciário na decisão proferida pelo árbitro, pois esta possui os mesmos efeitos da sentença judicial. Assim, a sentença arbitral não estará sujeita a recurso ou mesmo homologação pelo Poder Judiciário. Em outra vertente, caso a parte vencida na decisão não cumpra o seu dever a sentença arbitral poderá ser executada pelo polo prejudicado diretamente no Judiciário por tratar-se de título executivo judicial (art. 515, VII, CPC).

Princípio da Não Intervenção das Partes (P. da Não Intervenção da Acusação ou da Defesa).

O interrogatório é o meio de prova no qual o Juiz de maneira imparcial e sem emitir juízo de valor ouve os argumentos do acusado sobre os fatos articulados na denúncia ou na queixa, ocasião em que este poderá expor sua própria versão dos fatos. O acusado além de expor seus argumentos perante o magistrado poderá optar também por indicar provas (art. 189, CPP) e permanecer em silêncio. O silêncio, que não importará em confissão, não poderá ser interpretado em prejuízo da defesa (art. 186, parágrafo único, CPP). Além disso, trata-se também de ocasião em que ele poderá, sendo o caso, confessar.

O interrogatório é meio de prova por meio do qual poderá o Juiz coletar dados que levem a incriminação ou absolvição do acusado, mas, ao mesmo tempo, conforme argumenta doutrina de jaez, também é meio de defesa, na medida em que aquele poderá se aproveitar da ocasião para se defender da acusação. Atualmente, vige em nosso ordenamento a posição adotada pela doutrina e jurisprudência de que o interrogatório possui natureza mista, ou seja, apresenta-se tanto como meio de defesa como também meio de prova (STJ. REsp 60.067-7/SP. Rel. Min. Luiz Vicente Cernicchiaro, v.u., DJ, 5.02.1996).

Segundo dispõe o Código de Processo Penal em seu art. 187, o interrogatório será constituído de duas partes, uma sobre a pessoa do acusado onde o interrogado será perguntado sobre local onde reside, onde exerce sua profissão, antecedentes criminais, vida pregressa etc. Na outra parte do interrogatório o acusado será perguntado sobre a acusação em si, se esta é verdadeira ou não e todos os fatos a ela relacionados.

O interrogatório é um ato privativo do magistrado, sendo o momento em que ele irá proceder à colheita de provas perante o acusado (art. 187 CPP). Nenhuma das partes, defensor ou Ministério Público, poderá nele intervir. Só ao Juiz será permitido proceder ao interrogatório. Segundo ensina Capez (2014, p. 426): "somente o juiz poderá interrogar o acusado, sendo vedado ao defensor e ao Ministério Público interferirem no ato". Apesar de tratar-se de ato privativo do Juiz, este indagará as partes após proceder ao interrogatório se restou algum fato para ser esclarecido, formulando as perguntas correspondentes se o entender pertinente e relevante, conforme se aduz do art. 188, do Código de Processo Penal.

Princípio da Não Mercantilização (P. da Não Mercantilização do Trabalho).

O princípio da não mercantilização do trabalho é um princípio adotado pela Organização Internacional do Trabalho (OIT) e incorporado pela Constituição Federal em consonância com o art. 5º, §§ 1º a 3º (TST. AIRR 13990220125150099. Rel. Min. Mauricio Godinho Delgado, j. 26.11.2014, DJe 28.11.2014).

A OIT trata a não mercantilização do labor humano como a pedra de toque da relação trabalhista na medida em que valoriza o trabalho e a dignidade da pessoa humana. É por meio da Declaração da Filadélfia de 1944 que a OIT traçou os princípios que inspirariam sua política. Isto ocorreu no anexo do documento referente a declaração dos fins e objetivos da Organização, onde se determinou que (a) o trabalho não é uma mercadoria.

Não se pode atribuir ao trabalho valor meramente econômico, deve ser considerado também o valor humano por detrás do labor. Em virtude do valor social do trabalho o Estado deverá promover sua tutela impedindo que na negociação entre empregado e empregador os termos trabalhistas fixados se afastem do padrão mínimo exigido em prol da dignidade do trabalhador.

"O Direito do Trabalho tem entre os seus pilares o princípio da não mercantilização do trabalho. O trabalho humano não é mercadoria, mas elemento essencial à dignidade da pessoa humana e sua proteção e fundamento do Estado Democrático de Direito (art. 1º, incisos III e IV, da Constituição Federal)" (STF. Rcl 15910/RO. Rel. Min. Cármen Lúcia, j. 21.06.2013, DJe 28.06.2013).

Além do art. 5º, outros dispositivos constitucionais se apresentam em defesa da não mercantilização labor. O art. 7º, *caput* e inciso I, determina que haverá a favor dos trabalhadores urbanos e rurais a proteção da relação de emprego contra despedida arbitrária ou sem justa causa. O art. 170, VIII, assegura a busca do pleno emprego como um dos princípios da ordem econômica, tendo-se em conta a valorização do trabalho humano e a livre iniciativa.

Princípio da Não Preclusão e do Pronunciamento *ex Officio*.

Esse é um dos princípios basilares das nulidades processuais no Processo Penal brasileiro. Para fins conceituais e em breve definição, nulidade nada mais é do que um vício processual que ao ser constatado poderá levar a invalidação de todo o processo ou somente parte dele, caso assim seja possível.

Este princípio trata somente das nulidades absolutas, não abrangendo as relativas. Assim, conforme esse instrumento, as nulidades absolutas não precluem. Esse fato deverá ser reconhecido de ofício pelo Juiz ou pelo Tribunal, mesmo que não haja requerimento a respeito da nulidade pela parte contrária. Importante trazer à baila que a nulidade absoluta poderá ser decretada em qualquer tempo ou fase processual, tendo em vista a regra de sua não preclusão enquanto não ocorrer o trânsito em julgado da decisão. O CPP trata do tema das nulidades nos arts. 563 e seguintes.

Como bem ensina Capez (2014, p. 708): "As nulidades não precluem e podem ser reconhecidas independentemente de arguição pela outra parte. Tal princípio somente é aplicável às nulidades absolutas, as quais poderão ser conhecidas de ofício, a qualquer tempo, pelo juiz ou Tribunal, enquanto a decisão não transitar em julgado".

A exceção fica por conta do entendimento sedimentado pela Súmula 160 do STF que entende ser nula a decisão do Tribunal que acolhe, contra o réu, nulidade não arguida no recurso da acusação, ressalvados os casos de recurso de ofício. Desta feita, o que o STF pretende é que o reconhecimento das nulidades absolutas pelo juiz ou Tribunal a qualquer tempo ou fase processual não ocorra quando da declaração da nulidade decorrer prejuízo ao réu. A Súmula 523 do STF apresenta regras que diferem a nulidade absoluta da relativa: "No processo penal, a falta da defesa constitui nulidade absoluta, mas a sua deficiência só o anulará se houver prova de prejuízo para o réu". A deficiência da defesa constitui nulidade relativa.

Conforme constata Capez (*idem*), a referida súmula não distingue a nulidade, absoluta ou relativa. Por isso, a nulidade absoluta não poderá ser arguida de ofício, devendo ser requerida pela parte adversa. Arremata o doutrinador (*ibidem*): "De fato, mesmo tendo ocorrido um vício de tal gravidade, o tribunal somente poderá reconhecer a eiva em prejuízo do réu, se a acusação argui-la expressamente em seu recurso".

Princípio do Não Saneamento (Direito Registral).

No Direito Registral não se admite que um registro de um título defeituoso seja convalidado com o tempo. Segundo a Lei civil (art. 1.245, § 2º), enquanto nenhum interessado requerer a decretação de invalidade do registro e seu respectivo cancelamento por meio da devida ação, aquele que o adquiriu continua a ser considerado o proprietário do bem imóvel. Sendo acatado pela Justiça o pedido de retificação ou anulação do registro do título defeituoso este será cancelado, podendo o proprietário requerer o imóvel (art. 1.247, parágrafo único).

Princípio da Não Sucedaneidade dos Órgãos (Direito Registral).

Cada órgão registral tem sua respectiva competência para realizar determinados atos que irão abranger sua respectiva área de atuação. Neste sentido, os atos de competência de um ofício registral não poderão ser realizados por outro órgão, pois assim estariam ultrapassando seus limites legais.

Trata-se de princípio que orienta pela segurança jurídica ao passo que consolida as atribuições e competências de cada órgão do Direito Registral. Em apertada síntese, importa dizer que as atividades de atribuição referentes a um determinado ofício registral não poderão ser realizados por outro órgão devido a ausência de competência para a realização do ato. Cada ofício será competente para realizar somente os atos assim definidos em lei, não podendo ultrapassar sua esfera de atuação.

Princípio da Não Suspensividade da Decadência.

De acordo com este princípio, salvo disposição legal em contrário, não se aplicam à decadência as normas que impedem, suspendem ou interrompem a prescrição (art. 207 CC). "O prazo decadencial não se suspende, não se interrompe nem pode ter seu curso impedido de prosseguimento, consoante orientação jurisprudencial e doutrinária já anteriores ao Código Civil atual, que consolidou essa orientação no artigo 207" (TRF – 4. AC 5001081-39.2014.404.7119/RS. Rel. Paulo Paim da Silva, j. 20.05.2015, DJe 27.05.2015).

Mesmo que ocorra pedido de reconsideração do prazo de decadência esta não se suspende nem interrompe, devendo, além disso, ser reconhecida de ofício pelo Juiz (TJ. APCVREEX 0656668-3/PR. Rel. Rosene Arão de Cristo Pereira, j. 18.05.2010, DJ 18.05.2010).

A exceção a este princípio decorre do art. 208 do Código Civil. Da mesma forma que não ocorre a prescrição contra os absolutamente incapazes também não ocorrerá contra eles a decadência (arts. 195 e 198, I, CC) (Assis Neto, *et al.*, 2016, p. 516). Outro exemplo de exceção à regra da não suspensividade da decadência decorre do art. 26 do CDC, § 2º, I e III. Segundo o instrumento, serão causas para sua interrupção a reclamação comprovadamente formulada pelo consumidor perante o fornecedor de produtos e serviços até a resposta negativa correspondente, que deve ser transmitida de forma inequívoca, e a instauração de inquérito civil, até seu encerramento (cf. I e III).

Princípio da Não Tipicidade dos Direitos Fundamentais.

Com fins meramente didáticos entendemos ser fundamental apresentar breve explanação acerca dos direitos fundamentais, consoante diretrizes elaboradas pela doutrina e jurisprudência constitucional alemã em jurisprudência do STF: "Os direitos fundamentais não podem ser considerados apenas como proibições de intervenção (*Eingriffsverbote*), expressando também um postulado de proteção (*Schutzgebote*). Pode-se dizer que os direitos fundamentais expressam não apenas uma proibição do excesso (*Übermassverbote*), como também podem ser traduzidos como proibições de proteção insuficiente ou imperativos de tutela (*Untermassverbote*)" (STF. HC 104410/RS. Rel. Min. Gilmar Mendes, j. 06.03.2012, DJe 27.03.2012).

A enumeração dos direitos fundamentais na Constituição Federal de 1988 é meramente ilustrativa, não sendo o rol de direitos nela constantes taxativo. Com efeito, a CF em seu art. 5º, § 2º determina que os direitos e garantias nela expressos não excluem outros decorrentes do regime e dos princípios por ela adotados ou dos tratados internacionais em que a República Federativa do Brasil seja parte. A Lei Maior garante que os direitos fundamentais nela presentes não sejam fechados, permitindo que novos direitos possam ser incorporados.

Princípio da Não Transatividade das Leis (P. da Não Transatividade).

Decorre do princípio o entendimento de que nenhuma lei, seja a do local do foro (*lex fori*) ou lei estrangeira, que não possua ligação com determinado caso, deverá ser utilizada para sua resolução. A lei que seja utilizada para julgar, independente de sua origem, deverá, necessariamente, guardar correspondência com a situação.

Assim, o princípio da não transitividade das leis ao mesmo tempo em que delimita quais ordenamentos jurídicos serão excluídos não podendo servir de base para a resolução da causa por não guardarem nenhuma ligação com ela, indica também os ordenamentos que poderão auxiliar na resolução da contenda. Não resta dúvida de que a não aplicação deste princípio no DIP (Direito Internacional Privado) traria séria insegurança jurídica a todos os envolvidos haja vista a incerteza que seria implantada quanto às expectativas criadas na resolução do fato.

Princípio da Não Vinculação à Hierarquia das Fontes.

Enquanto que no direito interno vigora o princípio da hierarquia das normas segundo o qual a lei hierarquicamente superior irá derrogar a lei inferior na hierarquia das normas jurídicas (*lex superior derogat legi inferiori*), no Direito Internacional Público vigora a não vinculação à hierarquia das fontes, pois não existe hierarquia entre as fontes do DIP. Uma das principais características das fontes do Direito Internacional Público é a ausência de hierarquia entre elas. Todas são equiparadas.

As fontes do DIP encontram-se enumeradas em um rol exemplificativo constante no art. 38 do Estatuto da Corte Internacional de Justiça de 1945. São elas as convenções internacionais, os costumes internacionais, os princípios gerais de direito, a doutrina e a jurisprudência internacional e o *ex aequo et bono*, sendo as três primeiras fontes primárias e as três últimas fontes secundárias.

Por fim, importante colacionar que haverá exceção ao princípio da não vinculação à hierarquia das fontes quando uma dessas fontes conflitar com a Constituição Federal, pois esta irá sobrepujar aquela. Sempre a Carta Magna irá prevalecer sobre a fonte, seja esta primária ou secundária.

Princípio da Necessidade (P. da Exigibilidade, P. da Indispensabilidade) (Direito Constitucional).

Atualmente, o cidadão possui em nosso ordenamento jurídico uma ampla gama de normas que lhe asseguram o direito a garantias fundamentais, sendo papel do Estado interferir minimamente nesses direitos. Tais direitos individuais não devem sofrer restrições, mas quando isso for inevitável, que sejam os menores possíveis. Qualquer medida que cause restrições a um direito individual/fundamental somente ocorrerá quando for indispensável à proteção de um interesse público, coletivo. O princípio da necessidade, decorrente do princípio da proporcionalidade, é balizado pela exigência de extrema necessidade, pois interfere em direitos adquiridos do cidadão e, sendo assim, deve ser guiado pela excepcionalidade.

O aplicador da norma (legislador ou Adm. Pública) deverá estudar a situação e avaliar quais as medidas aplicáveis ao caso concreto. Concluindo pela existência de mais de uma medida cabível deverá optar pela utilização daquela que seja menos gravosa ao indivíduo, que mais se aproxime de interferir minimamente em seus direitos. Importante frisar que a medida menos prejudicial aplicada em face do indivíduo, deverá ser igualmente eficaz e adequada, caso contrário se afastaria de outros princípios que devem reger a Administração Pública.

"O subprincípio da necessidade (*Notwendigkeit oder Erforderlichkeit*) significa que nenhum meio menos gravoso para o indivíduo revelar-se-ia igualmente eficaz na consecução dos objetivos pretendidos. Em outros termos, o meio não será necessário se o objetivo almejado puder ser alcançado com a adoção de medida se revele a um só tempo adequada e menos onerosa" (TJ. AC 501736/SC 2009.050173-6. Rel. Paulo Henrique Moritz Martins da Silva, j. 09.08.2011, DJe 09.08.2011).

Princípio da Necessidade Concreta da Pena.

O Juiz estará autorizado pela lei, em certos casos, após verificar a culpabilidade do agente, a verificar a real necessidade de sua punibilidade. Mesmo que os pressupostos para a aplicação da pena estejam pressentes, o magistrado analisará a concreta necessidade de sua aplicação podendo optar pelo perdão judicial, haja vista lhe faltar o interesse de punir o agente. Exterioriza-se como elemento fundamentador do princípio da necessidade concreta da pena, por exemplo, o art. 121, § 5º do Código Penal, onde o Juiz poderá deixar de aplicar a pena no caso de homicídio culposo quando as consequências da ação atinjam o próprio agente causador de maneira tão grave que a medida punitiva se torne desnecessária.

Do mesmo modo, o art. 59 também exemplifica o princípio. Por força do disposto neste artigo, o Juiz, após atestar a culpabilidade do agente, irá analisar elementos como motivos e circunstâncias do crime, sua conduta social e antecedentes, dentre outros, e analisar a necessidade concreta de aplicação da pena. Pode ser que o exame pormenorizado dos fatos leve o magistrado a optar pelo afastamento da necessidade de aplicação do castigo ao infrator.

Princípio da Necessidade-Possibilidade.

O princípio da necessidade-possibilidade tem previsão no Código Civil brasileiro estando consagrado no art. 1.694, § 1º deste Diploma, *verbis*: "Os alimentos devem ser fixados na proporção das necessidades do reclamante e dos recursos da pessoa obrigada".

Este princípio baseia-se no binômio necessidade-possibilidade, ou seja, as necessidades do alimentando deverão ser equivalentes as possibilidades do alimentante em prestá-las. Assim, aquele que deseja receber alimentos deverá comprovar a justiça sua necessidade para que faça jus ao recebimento de tal verba, sendo que o pedido deverá levar em conta as possibilidades do requerido (alimentante) em arcar com tal ônus sem que seu próprio sustento seja prejudicado.

Neste ponto, cabe a menção da jurisprudência: "Comprovada a relação de parentesco, a fixação dos alimentos, nos termos do § 1º do art. 1.694 do Código Civil, deve atender às proporções de sua necessidade pelo alimentando, assim como as condições do alimentante em prestá-los" (TJ. AC 92342010/MA. Rel. Jorge Rachid Mubárack Maluf, j. 25.05.2010, DJe 25.05.2010).

A mudança na condição social de uma ou de ambas as partes na relação de alimentos poderá gerar revisão em seu valor ou até mesmo sua supressão. Neste sentido, "a revisão da pensão alimentícia é possível se a parte requerente comprova a alegada mudança na sua condição pessoal, bem como do alimentante, ou de ambos, levando-se sempre em conta que a pensão há de ser proporcional à necessidade de um e à capacidade do outro" (TJ. APL 0098042013/MA 0002417-50.2012.8.10.0001. Rel. Jorge Rachid Mubárack Maluf, j. 08.08.2013, DJe 16.08.2013).

Princípio *Nemo Plus Iuris Transferre Potest Quam Ipse Habet* (Direito Internacional Público).

O brocardo jurídico *nemo plus iuris transferre potest quam ipse habet* significa que ninguém pode transferir mais direitos do que realmente possui. Trata-se de máxima de uso comum desde o Império Romano. Sendo um dos princípios regentes do Direito Internacional Público, o axioma jurídico estabelece que nas diversas espécies de relações entre as nações, inclusive as comerciais, nenhum Estado poderá comercializar ou utilizar-se de garantias que verdadeiramente não possua. Ou seja, durante a negociação internacional será vedado a uma ou ambas as partes (Estados) ajustar obrigações de qualquer categoria, fundadas em bens ou recursos de que não dispõem de fato.

Esta é uma regra adotada e consagrada pelo Direito Internacional como meio para proteger a integridade do comércio internacional e seus diversos agentes de práticas pouco dignas de comercialização entre nações.

Princípio do *Nemo Potest Venire Contra Factum Proprium* (P. do *Venire Contra Factum Proprium*).

Princípio que deriva da boa-fé objetiva, o *nemo potest venire contra factum proprium* proíbe o comportamento contraditório do agente. Essa locução latina significa que ninguém poderá se voltar contra fato próprio, ou seja, fato praticado pelo próprio agente. O agente intencionalmente cria uma conjuntura que lhe é favorável ante a parte contrária e, enquanto lhe for conveniente, pratica o fato. A partir do momento em que este cenário passa a não ser tão proveitoso ele se volta contra o fato.

Neste sentido Assis Neto (*et al.*) (2016, p. 500/502): "Não pode o agente criar situação teoricamente favorável a si e dela se valer enquanto lhe convém para, depois, quando já não mais lhe interessa, voltar-se contra fato por si próprio praticado, frustrando, com isso, legítimas expectativas de quem mais integra a relação jurídica".

Tal entendimento também se aplica ao Direito Consumerista quanto às relações de consumo, pois, conforme definição do brocardo latino que dá nome ao princípio, ninguém pode comportar-se contra seus próprios atos. É a confiança que se deposita nos atos dos agentes. Tal confiança não poderá ser frustrada por atos incoerentes e incompatíveis.

"O princípio da boa-fé objetiva proíbe que a parte assuma comportamentos contraditórios no desenvolvimento da relação processual, o que resulta na vedação do *venire contra factum proprium*, aplicável também ao direito processual" (STJ. AgRg no REsp 1280482/SC. Rel. Min. Herman Benjamin, j. 07.02.2012, DJe 13.04.2012). "Portanto, a ninguém é dado vir contra o próprio ato, sendo vedado comportamento contraditório" (STJ. HC 121308/MG 2008/0256742-2. Rel. Min. Adilson Vieira Macabu, j. 06.12.2011, DJe 03.02.2012).

Princípio da Neutralidade de Rede.

É o Marco Civil da Internet (Lei nº 12.965, de 23 de abril de 2014) o instrumento normativo que estabelece os princípios gerais, as garantias, os direitos e deveres para o uso da Internet no Brasil. Segundo determina o art. 3º, IV desta lei, a disciplina do uso da internet em nosso país terá como um de seus princípios a preservação e garantia da neutralidade de rede. É o desdobramento do princípio da neutralidade de rede, ferramenta pela qual "o responsável pela transmissão, comutação ou roteamento tem o dever de tratar de forma isonômica quaisquer pacotes de dados, sem distinção por conteúdo, origem e destino, serviço, terminal ou aplicação".

Nos casos em que ocorra discriminação ou degradação do tráfego o responsável pela transmissão, comutação ou roteamento, deverá se abster de causar dano aos usuários; agir com proporcionalidade, transparência e isonomia; informar previamente de modo transparente, claro e suficientemente descritivo aos seus usuários sobre as práticas de gerenciamento e mitigação de tráfego adotadas, inclusive as relacionadas à segurança da rede; e oferecer serviços em condições comerciais não discriminatórias e abster-se de praticar condutas anticoncorrenciais (art. 9º, § 2º, I, II, III e IV). Por fim, o § 3º da lei determina que "na provisão de conexão à internet, onerosa ou gratuita, bem como na transmissão, comutação ou roteamento, é vedado bloquear, monitorar, filtrar ou analisar o conteúdo dos pacotes de dados (...)".

A neutralidade de rede impede que haja condições desiguais na prestação dos serviços de internet pelas operadoras ao proibir a discriminação no fornecimento dos serviços de dados. "A neutralidade é o princípio que determina que todos sejam tratados com igualdade, sem que haja benefício para uns e não para outros na hora de navegar ou que haja limitação para clientes específicos". [41]

"Tal preceito implica, na prática, em restringir a liberdade dos difusores de conteúdo da internet quanto ao trato dos pacotes de dados que recebem" (Assis Neto, *et al.*, 2016, p. 198).

Princípio do Nominalismo (P. Nominalista, P. do Nominalismo Monetário, P. do Valor Nominal) (Direito Civil).

Os pagamentos das dívidas em dinheiro deverão ocorrer conforme a data estabelecida no vencimento, na moeda circulante oficial e pelo valor nominal. O princípio do nominalismo encontra-se consagrado no art. 315 do CC/2000. É a intelecção do art. 315: "As dívidas em dinheiro deverão ser pagas no vencimento, em moeda corrente e pelo valor nominal, salvo o disposto nos artigos subsequentes". A luz do princípio o que se deduz é que a dívida deverá ser paga em moeda nacional, corrente, e pelo valor nominal.

Nesse sentido, o Estado democrático adotou o princípio do nominalismo monetário, instrumento que cuida de estabelecer o valor legal da moeda (STJ. REsp 202142/SC 1999/0006845-9. Rel. Min. Demócrito Reinaldo, j. 04.05.1999, DJ 14.06.1999). É o Estado que atribui a moeda seu valor nominal. Serão nulas as convenções de pagamento em ouro ou em moeda estrangeira, conforme texto de lei (art. 318, CC). Entende-se por este dispositivo que na data do vencimento de um título, o valor a ser pago pelo devedor ao credor será exatamente aquele descrito no instrumento.

Porém, a parte final do art. 315 possibilita a modificação do princípio do nominalismo, consubstanciado pelo art. 316, na medida em que autoriza a chamada cláusula de escala móvel, também conhecida por cláusula monetária, ou seja, a aplicação da correção monetária sobre o valor nominal nos casos em que o pagamento não seja efetuado à vista. Na redação do artigo, *verbis*: "É lícito convencionar o aumento progressivo de prestações sucessivas".

"A política do monetarismo, no País, que adotou o princípio do nominalismo, pela modalidade do curso forçado da moeda circulante oficial, somente autoriza a utilização da cláusula monetária em caráter excepcional, orientada pelo princípio da estrita legalidade, para os casos de indexação das dívidas de dinheiro" (TRF – 2. AC 354808 RJ 2002.51.01.509570-3. Rel. Des. Fed. Luiz Antônio Soares, j. 05.09.2006, DJU 23.10.2006). Esse reajuste das prestações por meio da correção monetária será realizado para que se recupere o valor da desvalorização causada pela inflação do período.

Neste sentido, assim determina o art. 317 deste Diploma: "Quando, por motivos imprevisíveis, sobrevier desproporção manifesta entre o valor da prestação devida e o do momento de sua execução, poderá o juiz corrigi-lo, a pedido da parte, de modo que assegure, quanto possível, o valor real da prestação".

Princípio da Norma mais Favorável (P. da Aplicação da Norma mais Benéfica ao Empregado, P. da Aplicação da Norma mais Favorável, P. da Lei mais Favorável, P. da Norma mais Benéfica, P. da Norma mais Favorável ao Empregado, P. da Norma mais Favorável ao Obreiro, P. da Norma mais Favorável ao Trabalhador) (Direito do Trabalho).

Decorre do princípio da proteção ao hipossuficiente, conhecido também como princípio da proteção ou princípio protetor, dentre ou denominações, variando conforme a doutrina. Este princípio subdivide-se em princípio do *in dubio pro operário* ou princípio *in dubio pro misero*, princípio da norma mais favorável e princípio da condição mais benéfica. Na justiça laboral, quando ocorrerem conflitos de normas aplicáveis ao caso concreto deverá ser utilizada a norma mais favorável ao trabalhador, e não a norma hierarquicamente superior.

Ensina Horcaio (2008, p. 76) que "a regra geral em outras áreas do direito nos ensina que quando há conflito de normas aplicáveis ao mesmo caso concreto, deve-se aplicar a de grau superior e, dentre as de igual hierarquia, a promulgada mais recentemente". Mas na justiça do trabalho isso não ocorre, conforme visto acima, pois a regra que a baliza decorre do princípio da norma mais favorável que deverá proteger o hipossuficiente, assim visto o trabalhador diante da desigualdade de forças ante o empregador. Não haverá assim, respeito a grau ou hierarquia de norma. Diante do caso concreto, ou seja, diante do conflito de normas, será adotará aquela que mais favoreça o trabalhador.

Importante ressaltar que pouco importa se a norma está abaixo de outras normas de hierarquia teoricamente superior, pois sempre prevalecerá aquela que represente maiores vantagens ao empregado. O princípio da norma mais favorável se desdobra em principio da elaboração de normas mais favoráveis, principio da hierarquia das normas jurídicas e principio da interpretação mais benéfica.

Merece publicidade o parecer do MTE (PARECER/CONJUR/MTE/Nº 532/2008. Processo nº 46230.001590/2008-41. Ministério do Trabalho e Emprego) no qual o grande mestre Maurício Godinho Delgado nos brinda com venerável raciocínio ao discorrer sobre o princípio da norma mais favorável: "O presente princípio dispõe que o operador do Direito do Trabalho deve optar pela regra mais favorável ao obreiro em três situações ou dimensões distintas: no instante de elaboração da regra (princípio orientador da ação legislativa, portanto) ou no contexto de confronto entre regras concorrentes (princípio orientador do processo de hierarquização de normas trabalhistas), ou por fim, no contexto de interpretação das regras jurídicas (princípio orientador do processo de revelação do sentido da regra trabalhista). (...) Como princípio de interpretação do Direito, permite a escolha da interpretação mais favorável ao trabalhador, caso antepostas ao intérprete duas ou mais consistentes alternativas de interpretação em face de uma regra jurídica enfocada. Ou seja, informa esse princípio que, no processo de aplicação e interpretação do Direito, o operador jurídico, situado perante um quadro de conflito de regras ou de interpretações consistentes a seu respeito, deverá escolher aquela mais favorável ao trabalhador, a que melhor realize o sentido teleológico essencial do Direito do Trabalho". [42]

Neste sentido, importante ressaltar importante mudança ocorrida a partir da Lei nº 13.467/2017 (Reforma Trabalhista) donde se extrai alteração no art. 620 da CLT, segundo o qual e de acordo com seu novo teor, os termos definidos em acordo coletivo de trabalho sempre irão preponderar sobre os termos estipulados em convenção coletiva de trabalho. O antigo teor do artigo, com redação dada pelo Decreto-Lei nº 229/1967, definia que as condições estabelecidas em convenção quando mais favoráveis ao obreiro deveriam prevalecer sobre as estipuladas em acordo coletivo do trabalho. Como se percebe a mudança foi profunda.

Princípio da Normatização Coletiva (P. da Inescusabilidade Negocial, P. da Jurisdição Normativa).

Nas palavras de Bezerra Leite (2013, p. 79), o princípio da normatização coletiva trata-se de um princípio peculiar do Direito Processual do Trabalho. É o art. 114, § 2º da CF o elemento corroborativo da normatização coletiva na medida em que estipula que será de competência da Justiça do Trabalho processar e julgar as lides em que as partes se recusam à negociação coletiva ou à arbitragem, autorizando às mesmas de comum acordo a ajuizar dissídio coletivo de natureza econômica, podendo a Justiça do Trabalho decidir o conflito respeitadas as disposições mínimas legais de proteção ao trabalho, bem como as convencionadas anteriormente. Assim, determina o instrumento constitucional que o Processo do Trabalho gozará de poder normativo nesses casos.

Neste sentido, pondera a CLT que "os Sindicatos representativos de categorias econômicas ou profissionais e as empresas, inclusive as que não tenham representação sindical, quando provocados, não podem recusar-se à negociação coletiva" (cf. art. 616).

Aponta Bezerra Leite (2013, p. 88/89): "A Justiça do Trabalho brasileira é a única que pode exercer o chamado poder normativo, que consiste no poder de criar normas e condições gerais e abstratas (atividade típica do Poder Legislativo), proferindo sentença normativa (*rectius*, acórdão normativo) com eficácia *ultra partes*, cujos efeitos irradiarão para os contratos individuais dos trabalhadores integrantes da categoria profissional representada pelo sindicato que ajuizou o dissídio coletivo".

Com efeito, considera Leone Pereira (2013, p. 80/81) que esse poder normativo do Processo do Trabalho "é a competência constitucionalmente assegurada aos tribunais trabalhistas de criar normas e condições gerais e abstratas, sendo uma atividade atípica do Poder Judiciário e típica do Poder Legislativo, conhecida como Poder Legiferante da Justiça do Trabalho".

Princípio do *Notorium non Eget Probatione* (P. *Notorium non Eget Probationem*).

De acordo com o brocardo jurídico *notorium non eget probatione* os fatos notórios não necessitam de prova. Ou seja, aqueles fatos que são públicos e evidentes ao homem médio não necessitarão de provas, ou melhor, não precisam ser provados.

Renato Brasileiro de Lima (2016, p. 797/798) assim define fatos notórios: "são aqueles de conhecimento público geral. São os fatos cujo conhecimento está inserido na cultura normal e própria de determinada esfera social no tempo em que ocorrer a decisão, como as datas históricas, os fatos políticos ou sociais de conhecimento público, ou seja, o fato que pertença ao patrimônio estável de conhecimento do cidadão de cultura média numa sociedade historicamente determinada. Exemplificando, não é necessário provar que o Aeroporto de Congonhas fica na cidade de São Paulo, nem tampouco que o dia 15 de novembro é feriado nacional no Brasil. No âmbito processual civil, há dispositivo expresso acerca do assunto (art. 374, I, CPC). Com base no art. 3º do CPP, nada impede a aplicação do princípio *notorium non eget probationem* no processo penal".

O Código de Processo Civil dispõe que não dependem de prova os fatos notórios (cf. art. 374, I). Medina (2011, p. 337) conceitua fato notório como "aqueles pertencentes à cultura geral do homem médio".

Princípio da Novidade (Direito Empresarial).

Trata-se de um princípio relativo a propriedade industrial e que se encontra presente em diversos instrumentos normativos. O art. 1.163, parágrafo único, do CC, expressa que o nome de empresário deverá ser diferenciado de qualquer outro nome de empresário já inscrito no mesmo registro e, caso este tenha nome idêntico ao de outros já inscritos, deverá acrescentar designação que o distinga dos demais. É o mesmo objeto constante no art. 34 da Lei nº 8.934/1994 que dispõe sobre o Registro Público de Empresas Mercantis, segundo a qual "o nome empresarial obedecerá aos princípios da veracidade e da novidade".

Como o próprio nome do princípio *sub examine* sugere, o nome empresarial criado deverá inovar, ou seja, deverá ser diferente dos já existentes. Não poderá copiar ou imitar nome empresarial resguardado sob o manto protetivo do registro prévio. Para que isso não ocorra e antes de qualquer coisa, caberá ao empresário se dirigir a uma Junta Comercial para a verificação do nome empresarial que pretende utilizar visando descobrir se este se encontra desimpedido para uso.

O princípio da novidade também consta na Instrução Normativa Diretor do Departamento Nacional do Registro do Comércio (DNRC) nº 104/2007. Segundo essa instrução o nome empresarial deverá atender aos princípios da veracidade e da novidade, sendo que em respeito a este, fica vedada a existência de dois nomes empresariais idênticos ou semelhantes na mesma unidade federativa (cf. arts 4º e 6º).

O nome empresarial deverá gozar de exclusividade. É por esse fato que a lei proíbe a coexistência em uma mesma unidade federativa de dois nomes idênticos ou similares, já que caso fosse permitida esta coexistência, certamente seria motivo de grande confusão entre consumidores, fornecedores etc.

A Instrução Normativa nº 53/96 do Departamento Nacional do Registro do Comércio (DNRC) é instrumento que dispõe sobre a formação de nome empresarial e sua proteção, além de garantir outros regramentos.

Princípio da Nulidade das Leis Inconstitucionais (P. da Nulidade, P. da Nulidade da Lei Inconstitucional) (Direito Constitucional).

Nosso país, sob a égide de um Estado Democrático de Direito, assegura diversos direitos sociais e individuais aos cidadãos, sendo um dos principais o direito de ninguém ser obrigado a fazer ou deixar de fazer alguma coisa senão em virtude de lei (cf. art. 5º, II, CF). Só a lei pode impelir a alguém a obrigação de fazer ou deixar de fazer alguma coisa. Nosso ordenamento determina que as leis e os atos normativos serão regidos sob a égide do princípio da presunção da constitucionalidade das leis, haja vista gozarem do requisito da validade. Para que uma lei atinja o requisito constitucional da validade, deverá atingir as exigências legais (formais e materiais) constantes na Carta Maior.

À lei declarada inconstitucional será atribuída nulidade absoluta por lhe faltar justamente o requisito da validade. A incompatibilidade com a Constituição Federal fere de morte a lei que, já não tendo o requisito primordial de validade, será decretada nula. [43]

Ocorre que a decretação de nulidade de lei ou ato normativo publicado pelo Poder Público poderá sofrer mitigação em razão da chamada modulação dos efeitos da decisão, tanto no controle concentrado como no controle difuso. Trata-se de técnica jurídica que, segundo o magistério de Pedro Lenza (2010, p. 201), "permite uma melhor adequação da declaração de inconstitucionalidade, assegurando, por consequência, outros valores também constitucionalizados, como os da segurança jurídica, do interesse social e da boa-fé".

Assim, tanto no controle concentrado como no difuso aplicar-se-á o disposto no art. 27 da Lei 9.868/1999 que dispõe sobre o processo e julgamento da ação direta de inconstitucionalidade e da ação declaratória de constitucionalidade perante o Supremo Tribunal Federal. Vejamos: "Ao declarar a inconstitucionalidade de lei ou ato normativo, e tendo em vista razões de segurança jurídica ou de excepcional interesse social, poderá o Supremo Tribunal Federal, por maioria de dois terços de seus membros, restringir os efeitos daquela declaração ou decidir que ela só tenha eficácia a partir de seu trânsito em julgado ou de outro momento que venha a ser fixado".

Declaram Paulo e Alexandrino (2009, p. 791), que "esse dispositivo legal passou a permitir que o Supremo Tribunal Federal, excepcionalmente, proceda à modulação (ou manipulação) temporal dos efeitos da declaração de inconstitucionalidade em ação direta, em respeito à segurança jurídica e ao interesse social".

Como se denota, a técnica legal da modulação dos efeitos da decisão de inconstitucionalidade de lei ou ato normativo será utilizada somente em situações excepcionais em que sejam vislumbradas pelo STF razões de segurança jurídica ou de excepcional interesse social que justifiquem restrição de efeitos ou postergação do momento de sua eficácia.

Princípio da *Nulla Executio Sine Titulo* (P. do Título).

O Código de Processo Civil brasileiro disciplina que para que ocorra a execução é necessário que haja um título executivo para que o credor possa requerer seu direito (cf. art. 784). Dispõe o art. 783 do CPC que "a execução para cobrança de crédito fundar-se-á sempre em título de obrigação certa, líquida e exigível". Em outras palavras, a execução somente poderá ser baseada em título que reúna as características da certeza na obrigação, de liquidez e exigibilidade. O processo executivo pressupõe a existência de título que possua tais características, sem as quais sua propositura resta prejudicada pela falta de pressupostos essenciais. Portanto, título executivo é o documento essencial para a propositura de ação executória e que possui como características primordiais a obrigação certa, líquida e exigível.

Nesse sentido, importante o magistério de Bueno (2015, p. 477): "O título, (...), é pressuposto *necessário* e *suficiente* para autorizar a prática de atos executivos. *Necessário* porque, sem título executivo, não há execução ("princípio da *nulla executio sine titulo*"). *Suficiente* porque, consoante o entendimento predominante, basta a apresentação do título para o início dos atos de cumprimento (atos executivos) pelo Estado-juiz, independentemente de qualquer juízo de valor expresso acerca do direito nele retratado".

A luz do princípio *nulla executio sine titulo*, a falta de título executivo, essencial à prova da existência do crédito, acarreta a nulidade da execução (TJ. CJ 1055865-7/PR. Rel. Fernando César Zeni, j. 11.07.2013, DJ 18.07.2013).

O

Princípio do Objetor Persistente (P. do Negador Persistente) (Direito Internacional).

O Estatuto da Corte Internacional de Justiça (CIJ) de 1945 elenca as fontes que serão utilizadas para decidir de acordo com o direito internacional as controvérsias que lhe forem submetidas, sendo elas (as fontes) as convenções internacionais, o costume internacional, os princípios gerais de direito, as decisões judiciárias e a doutrina dos juristas mais qualificados das diferentes nações como meio auxiliar e o *ex aequo et bono*. Trata-se de um rol puramente exemplificativo.

Os costumes configuram-se como fonte do Direito Internacional Público (DIP), sendo caracterizados como práticas reiteradas que, consubstanciadas em comportamento omissivo ou comissivo, sejam praticadas de forma geral (elemento objetivo) e aceitas como o direito que se deve respeitar (elemento subjetivo).

Os Estados não são obrigados a se vincular a um costume internacional caso não seja de seu interesse. Nisso se constitui o princípio do objetor ou negador persistente, ou seja, o Estado não precisará se vincular a um determinado costume internacional, pois nenhum ente internacional será obrigado ao cumprimento caso demonstre sua rejeição a ele de forma expressa desde o seu surgimento. Nisso se constitui o princípio do objetor persistente, a não obrigatoriedade do cumprimento de costume internacional por um Estado, demonstrando desde sua origem e de maneira segura e enfática sua recusa.

Princípio da Obrigatoriedade (P. da Legalidade, P. da Legalidade Criminal. P. da Legalidade Penal) (Direito Processual Penal).

É a obrigatoriedade que tem o Ministério Público de iniciar a ação penal pública quando se apure que os fatos representam ilícitos penais. Assim, temos na lei processual penal que os crimes de ação pública deverão ser promovidos por meio de denúncia do Ministério Público, dependendo, porém, quando a lei o exigir, de requisição do Ministro da Justiça, ou de representação do ofendido ou de quem tiver qualidade para representá-lo (art. 24, *caput*, CPP).

No mesmo diapasão se extrai da jurisprudência: "Se no curso do inquérito civil fica evidenciado que os fatos apurados configuram ilícitos penais, o Ministério Público, com fundamento no princípio da obrigatoriedade, deve iniciar a persecução penal. Nos termos do art. 39, § 5º, do CPP, o Órgão ministerial deve promover a ação penal se estiver munido de elementos necessários ao oferecimento da denúncia" (STJ. REsp 681612 GO 2004/0093410-0. Rel. Min. Arnaldo Esteves Lima, j. 17.09.2009, DJe 19.10.2009). De acordo com o art. 39, § 5º do CPP: "O órgão do Ministério Público dispensará o inquérito, se com a representação forem oferecidos elementos que o habilitem a promover a ação penal, e, neste caso, oferecerá a denúncia no prazo de quinze dias".

A respeito do tema corrobora Capez (2014, p. 167): "Identificada a hipótese de atuação, não pode o Ministério Público recusar-se a dar início à ação penal. (...) No Brasil, quanto à ação penal pública, vigora o princípio da legalidade, ou obrigatoriedade, impondo ao órgão do Ministério Público, dada a natureza indisponível do objeto da relação jurídica material, a sua propositura, sempre que a hipótese preencher os requisitos mínimos exigidos". "A responsabilidade pelo não oferecimento da denúncia em relação aos corrompidos, a evidenciar violação do princípio da obrigatoriedade da ação penal, recai sobre o órgão do Ministério Público, à luz do art. 28 do CPP (...)".

A Lei Complementar 75/1993 dispõe acerca da organização, das atribuições e do estatuto do Ministério Público da União, conferindo ao MP poderes investigativos conforme se dessume do entendimento do art. 8º, II e IV e § 2º. "Na esteira de precedentes desta Corte, malgrado seja defeso ao Ministério Público presidir o inquérito policial propriamente dito, não lhe é vedado, como titular da ação penal, proceder a investigações. A ordem jurídica, aliás, confere explicitamente poderes de investigação ao Ministério Público (...) (REsp 665.997/GO)". (STJ. REsp 681612/GO 2004/0093410-0. Rel. Min. Arnaldo Esteves Lima, j. 17.09.2009, DJe 19.10.2009).

Princípio da Obrigatoriedade da Ação Penal (P. da Compulsoriedade, P. da Obrigatoriedade) (Direito Processual Penal).

Um dos princípios da ação penal pública incondicionada, o princípio da obrigatoriedade da ação penal encontra-se plasmado no art. 28 do Código de Processo Penal. Se o órgão do Ministério Público (MP), ao invés de apresentar a denúncia, requerer o arquivamento do inquérito policial ou de quaisquer peças de informação, o Juiz, no caso de considerar improcedentes as razões invocadas, fará remessa do inquérito ou peças de informação ao procurador-geral, e este oferecerá a denúncia, designará outro órgão do Ministério Público para oferecê-la, ou insistirá no pedido de arquivamento, ao qual só então estará o Juiz obrigado a atender. Caso existam indícios contundentes da autoria do crime e provas de sua materialidade, não poderá o MP optar pelo não oferecimento da ação penal. Caso seja comprovada a hipótese de atuação do Ministério Público o órgão será obrigado a dar início à ação penal, não podendo se esquivar de sua obrigação (Capez, 2014, p. 167).

Nesse sentido se tem na jurisprudência: "Pelo Princípio da Obrigatoriedade da Ação Penal Pública o Ministério Público é obrigado a denunciar e a aditar, tendo em vista a formação da culpa mais próxima da realidade só pode ser alcançada através da realização da dialética processual a obtida através da regular instrução criminal" (TJ. HC 8147420068171320/PE 0011109-46.2012.8.17.0000. Rel. Des. Marco Antônio Cabral Maggi, j. 14.08.2012, DJe 14.08.2012).

O aresto do TRF abarca o mesmo raciocínio: "O princípio da obrigatoriedade da ação penal traduz a ideia de vedação de escolha por parte do Ministério Público do réu a ser denunciado se presentes os requisitos para a denúncia. Ausentes os indícios mínimos exigidos para a formação da justa causa, impera a abstenção por parte do MP de denunciar" (TRF-2. ACR 4424/RJ 1991.51.01.039957-0. Rel. Des. Fed. Messod Azulay Neto, j. 04.02.2009, DJe 18.02.2009).

Princípio da Obrigatoriedade da Atuação Sindical.

O princípio da obrigatoriedade da atuação sindical, um dos princípios gestores da negociação coletiva, encontra-se expresso na Constituição Federal em seu art. 8º, VI, colacionando que será livre a associação profissional ou sindical, sendo obrigatória a participação dos sindicatos nas negociações coletivas de trabalho. Sua função é tornar tais acordos mais justos e equânimes entre as partes, empregados e empregadores, haja vista a condição de inferioridade dos trabalhadores. A participação dos sindicatos nesses acordos visa também dar maior legitimidade aos pactos, devido a importância de sua representatividade.

Nos dizeres de Paulo e Alexandrino (2009, p. 223): "É obrigatória a participação dos sindicatos nas negociações coletivas de trabalho, não podendo ser realizada nenhuma negociação coletiva sem a presença do sindicato dos trabalhadores".

A CLT determina que "os empregados de uma ou mais empresas que decidirem celebrar Acordo Coletivo de Trabalho com as respectivas empresas darão ciência de sua resolução, por escrito, ao Sindicato representativo da categoria profissional, que terá o prazo de 8 (oito) dias para assumir a direção dos entendimentos entre os interessados, devendo igual procedimento ser observado pelas empresas interessadas com relação ao Sindicato da respectiva categoria econômica". Expirado o prazo de oito dias sem que o sindicato tenha assumido sua função os interessados darão ciência dos fatos a Federação a qual seja ligado o sindicato e, na falta dessa, a correspondente Confederação (cf. art. 617, § 1º, CLT).

A atuação sindical na negociação coletiva representa a presença do sindicato como devido representante da classe trabalhadora. Não obstante, a classe empresarial também poderá ser representada pelo sindicato patronal nos casos de negociação coletiva do trabalho. Quando for o caso de acordo coletivo do trabalho, a própria empresa poderá negociar com o sindicato dos trabalhadores.

Princípio da Obrigatoriedade da Execução da Sentença Coletiva (P. da Obrigatoriedade do Cumprimento e da Execução da Sentença).

O princípio da obrigatoriedade da execução da sentença coletiva encontra-se previsto no art. 15 da Lei nº 7.347/85, que disciplina a Ação Civil Pública, segundo o qual, "decorridos sessenta dias do trânsito em julgado da sentença condenatória, sem que a associação autora lhe promova a execução, deverá fazê-lo o Ministério Público, facultada igual iniciativa aos demais legitimados".

Outro instrumento que regulamenta o princípio *sub examine* é a Lei nº 4.717 de 1965 (art. 16), que regula a Ação Popular, norma que também confere ao MP o papel de substituto processual das partes na ação coletiva promovendo sua respectiva execução quando estas se absterem. Neste mesmo sentido está o art. 100 do Código de Defesa do Consumidor.

De acordo com estes dispositivos caberá ao Ministério Público o papel de promover a execução da sentença condenatória quando não o fizer nos autos o autor ou terceiro, sob pena de, não o fazendo nos limites do prazo regulamenta cometer falta grave.

Princípio da Obrigatoriedade da Lei (P. da Obrigatoriedade das Leis).

Decorre do princípio da obrigatoriedade da lei, consagrado no art. 3º da LINDB, a Lei de Introdução às normas do Direito brasileiro (Decreto-Lei nº 4.657/1942), que "ninguém se escusa de cumprir a lei, alegando que não a conhece". Temos presente, portanto, o brocardo jurídico "*nemine excusat ignorantia legis*", ou seja, ninguém poderá se escusar do cumprimento das leis alegando ignorar sua existência.

A alegação de desconhecimento das leis não dá aos cidadãos o poder de não cumpri-las ou sequer serem punidos pelo fato. De fato, o não cumprimento de leis poderá levar a punições e perda de direitos pelo decurso do prazo legal de seu exercício. "O princípio da obrigatoriedade da lei impõe seja essa aplicada mesmo aos que alegam desconhecê-la, inclusive no tocante a prazos fixados nessa para exercício de um direito" (TJ. AC 4450397/DF. Rel. Des. Jair Soares, j. 05.06.1997, DJe 03.09.1997). Assim é que temos que "o ordenamento não se importa se o cidadão teve ou não a oportunidade de conhecer o texto legal, pois uma vez em vigência, a lei vincula coativamente a todos e deve ser observada" (Assis Neto, *et al.*, 2016, p. 68).

O princípio da obrigatoriedade da lei não permite que haja a violação de qualquer regimento legal sob a mera alegação de seu desconhecimento. Devido a característica da imperatividade inerente à própria existência das leis, não é necessário nem obrigatório que o Estado exija o seu cumprimento e obediência. Isto está implícito pelo simples fato do instrumento normativo existir no arcabouço jurídico pátrio. Sua existência é suficiente para lhe servir como instrumento de validade.

Princípio da Obrigatoriedade Mitigada (P. da Discricionariedade Regrada).

Temos no princípio da obrigatoriedade ou legalidade que o representante do Ministério Público ao identificar elementos que levem a materialidade de um crime deverá dar início a ação penal sob pena de punição disciplinar. Ou seja, não lhe cabe recusar a propositura da ação penal quando se constatar elementos consubstanciadores de crime.

Entretanto, no que cabe aos Juizados Especiais Criminais não irá vigorar a obrigatoriedade da ação penal, mas sim o princípio da obrigatoriedade mitigada. Tal possibilidade encontra fundamento na CF, estabelecendo no art. 98, I, que será permitida a transação penal nas infrações penais de menor potencial ofensivo. Ou seja, conforme nos explica Capez (2014, p. 168), o instrumento constitucional "possibilita a transação penal entre Ministério Público e autor do fato, nas infrações penais de menor potencial ofensivo (crimes apenados com, no máximo, dois anos de pena privativa de liberdade e contravenções penais)".

O parágrafo único do art. 2º da Lei nº 10.259/2001 dispõe ser da competência do Juizado Especial Federal Criminal, nas causas que julguem infrações de menor potencial ofensivo, observar o instituto da transação penal. Segundo a Lei nº 9.099/1995, "consideram-se infrações penais de menor potencial ofensivo, (...), as contravenções penais e os crimes a que a lei comine pena máxima não superior a 2 (dois) anos, cumulada ou não com multa" (cf. art. 61).

A possibilidade que possui o MP de transação da pena nas infrações penais de menor potencial ofensivo nos Juizados Especiais Criminais encontra-se fundamentada no art.

76 da Lei nº 9.099/1995. Essa regra possibilita a aplicação de uma pena não privativa de liberdade, podendo ser restritiva de direitos ou multa. Ainda segundo o magistério do mestre Capez (*idem*), "o Ministério Público passa a ter liberdade para dispor da ação penal, embora esta liberdade não seja absoluta, mas limitada às hipóteses legais".

Princípio da Obrigatoriedade do Vernáculo (P. da Obrigatoriedade do Uso do Vernáculo).

Conforme definição retirada do Dicionário Dicio (Dicionário Online de Português), vernáculo, do latim *vernaculus*, é o idioma (língua) particular falado num país (nação ou região), é a língua nacional, a língua pátria. [44]

O princípio da obrigatoriedade do vernáculo decorre do que define a Constituição Federal no art. 13, *caput*, segundo o qual a língua portuguesa é o idioma oficial da República Federativa do Brasil. Como a Constituição é nossa lei maior, naturalmente que na seara processual não há que se falar em sentido contrário. Importante trazer a baila o consubstanciado no art. 192, *caput*, do CPC, *in verbis*: "Em todos os atos e termos do processo é obrigatório o uso da língua portuguesa".

Todos os procedimentos do processo – petições, recursos, despachos, decisões interlocutórias, etc., deverão ser redigidos em língua portuguesa, sendo permitido, todavia, que haja citações em língua estrangeira. Ato contínuo é defeso ao juiz sentenciar em língua estrangeira. O documento redigido em língua estrangeira somente poderá ser juntado ao processo que tramite no Brasil quando acompanhado de versão traduzida para a língua portuguesa firmada por tradutor juramentado. É o que aduz o parágrafo único do art. 192 do CPC.

Por fim, sempre que necessário o juiz nomeará intérprete ou tradutor para traduzir documento redigido em língua estrangeira e quando for necessário verter para o português as declarações das partes e das testemunhas que não conhecerem o idioma nacional (art. 162, CPC).

Princípio da Observância das Normas de Ordem Pública.

Constitui um dos princípios que regem os contratos no Direito Civil brasileiro. Contrato nada mais é que o negócio jurídico bilateral ou plurilateral em que os interesses das partes se contrapõem, ou seja, temos a oferta e a aceitação, onde as relações de natureza patrimonial passam por transformações no mundo jurídico. Assis Neto (*et al.*) (2017, p. 28) define o contrato da seguinte forma: "O contrato é um negócio jurídico bilateral ou plurilateral que representa um acordo (pacto) de duas ou mais vontades, cujos interesses se contrapõem, já que uma das partes contratantes quer a prestação e a outra a contraprestação. É um acordo de vontades, capaz de criar, modificar ou extinguir relações jurídicas".

Assim, todo contrato deverá guardar a observância das normas de ordem pública. Definem-se normas de ordem pública como o conjunto de regras formais decorrentes do ordenamento jurídico e que visam o interesse da coletividade. Trata-se de uma norma inafastável. Assim, constituem normas de ordem pública, por exemplo, a Constituição Federal e as normas penais e processuais, dentre outras diversas.

Apesar da liberdade das partes em pactuar o contrato, deverão aquelas guardar respeito as imposições decorrentes das normas de ordem pública para que ele seja válido.

Princípio da Ofensividade (P. da Exclusiva Proteção dos Bens Jurídicos, P. da Exclusiva Tutela de Bens Jurídicos, P. do Fato, P. do Fato e da Exclusiva Proteção do Bem Jurídico, P. da Lesividade) (Direito Penal).

O princípio da ofensividade, típico do Direito Penal, decorre do entendimento de que somente incorrerá em punição o indivíduo que cometa ato capaz de adentrar na esfera jurídica alheia causando-lhe lesão ou ameaça de lesão, ou seja, aquele ato que não exsurgir da esfera pessoal do indivíduo não será punido, pois impossível de causar danos ao bem jurídico tutelado. Pode-se afirmar que não ocorre crime se o bem jurídico tutelado não é atingido.

Tal princípio decorre do brocardo *nullum crimen, nulla poena sine injuria*, que significa que não há crime nem pena se não há ofensa ou lesão ao bem jurídico tutelado. Se o bem jurídico protegido pelo Direito penal não é afetado não se pode denominar o ato como crime, nem tampouco aplicar-lhe pena.

Este princípio decorre do entendimento consubstanciado nos arts. 5º, XXXIX, CF/88 (não há crime sem lei anterior que o defina, nem pena sem prévia cominação legal) e art. 13, *caput*, do Código Penal ("O resultado, de que depende a existência do crime, somente é imputável a quem lhe deu causa. Considera-se causa a ação ou omissão sem a qual o resultado não teria ocorrido").

Segundo se tem na jurisprudência, o princípio da ofensividade é um "pilar do Direito Penal em um Estado Democrático de Direito, que impõe como função primordial do Direito Penal a tutela dos mais relevantes bens jurídicos individuais e coletivos, exigindo que para tanto exista a ofensividade capaz de ensejar a intervenção penal (*nullum crimen sine iniuria*)" (TJ. 2.0000.00.302375-6/001(1)/MG. Rel. Alexandre Victor de Carvalho, j. 17.10.2000, DJ 28.10.2000).

Os atos desprezíveis para a vida em sociedade não serão passíveis de punibilidade pelo Estado, mas tão somente os imprescindíveis para tanto serão puníveis. Para que haja punição é necessário que o ato ofereça algum perigo concreto e real ao bem jurídico. Meros pensamentos, condutas éticas e intenções dos agentes não possuem o condão de serem tipificados e sofrerem futura sanção penal.

Pelos motivos acima explicados, o Direito Penal brasileiro não pune o planejamento e a preparação dos crimes, pois estes isoladamente são incapazes de ocasionar qualquer lesão ao bem jurídico protegido. Nosso ordenamento apresenta algumas exceções como os crimes autônomos e o conluio. Podemos citar algumas condutas cuja criminalização não é possível, como a tentativa de suicídio, a lesão corporal leve (quando autorizada pela vítima), a prostituição, a autolesão e o crime impossível.

Princípio da Oficialidade (P. da Impulsão do Processo, P. do Impulso Processual, P. da Oficiosidade) (Direito Administrativo).

Previsto na Lei 9.784/99 (Lei que regula o processo administrativo no âmbito da Administração Pública Federal), este princípio aduz que cabe a Administração Pública impulsionar o processo de forma automática, pois a ela cabe o poder de instauração do processo, sua instrução e (quando for o caso) a revisão de suas decisões. Entretanto, tal obrigação não pode causar nenhum prejuízo à atuação dos interessados.

"No âmbito da sistemática jurídica que regula o processo administrativo disciplinar encontra-se o princípio da oficialidade, segundo o qual a Comissão responsável pela condução do processo tem o poder-dever, na consecução do interesse público, de elucidar os fatos, requerendo, até mesmo de ofício, todas as diligências necessárias" (TRF – 1. AC 2790/DF 95.01.02790-2. Rel. Des. Fed. Luciano Tolentino Amaral, j. 07.04.2000, DJ 08.05.2000).

"No Direito Administrativo, por força do princípio da oficialidade a autoridade competente para decidir tem também o poder/dever de inaugurar e impulsionar o processo, até que se obtenha um resultado final conclusivo e definitivo, pelo menos no âmbito da Administração Pública. Diante do fato de que a administração pública tem o dever elementar de satisfazer o interesse público, ela não pode, para isso, depender da iniciativa de algum particular. O princípio da oficialidade se revela pelo poder de iniciativa para instaurar o processo, na instrução do processo e na revisão de suas decisões, inerente à Administração Pública. E, por isso, tais ações independem de expressa previsão legal. A Administração Pública tem o dever de dar prosseguimento ao processo, podendo, por sua conta, providenciar a produção de provas, solicitar laudos e pareceres, enfim, fazer tudo aquilo que for necessário para que se chegue a uma decisão final conclusiva". [45]

Princípio da Oficialidade (Direito Processual Penal).

Com fulcro nas lições de Fernando Capez (2014, p. 74), vejamos: "Posto que a função penal tem índole eminentemente pública, a pretensão punitiva do Estado deve se fazer valer por órgãos públicos, quais sejam, a autoridade policial, no caso do inquérito, e o Ministério Público, no caso da ação penal pública".

Pois bem, o festejado autor nos traz em traços limpos um breve comentário acerca do princípio da oficialidade, um dos princípios informadores do Processo Penal. Assim, cabe ao Estado, sempre por meio da autoridade policial nos casos de inquérito policial e por meio do Ministério Público nos casos de ação penal pública (art. 129, I, da CF/88), a promoção do exercício da pretensão punitiva, por vezes *ex officio*, pois, em alguns casos, mesmo que não haja requisição do ofendido, o Estado tem o dever de atuar na defesa do bem juridicamente tutelado e em nome do princípio da dignidade da pessoa humana. Significa oficialidade na persecução dos delitos.

Quando o Estado atua movido por motivação autônoma (de *per si*) atuará promovendo a ação penal pública. Por outro lado, a ação penal privada subsidiária da pública e a ação penal privada constituem exceções ao princípio da oficialidade *vide* arts. 29 e 30 do CPP. Além destas, outra exceção ao princípio em análise é a ação penal popular que encontra previsão no art. 14 da Lei nº 1.079/50 ("É permitido a qualquer cidadão denunciar o Presidente da República ou Ministro de Estado, por crime de responsabilidade, perante a Câmara dos Deputados") que define os crimes de responsabilidade e regula o respectivo processo de julgamento.

"O desinteresse e satisfação da vítima com o desfecho do processo criminal, não influencia o direito Estatal de *persecutio criminis*, uma vez que os fatos narrados são processados através de ação penal pública incondicionada, cuja instauração cabe exclusivamente ao Ministério Público, em face do princípio da oficialidade" (TJ. APR 10657110003057001/MG. Rel. Des. Marcílio Eustáquio Santos, j. 05.12.2013, DJe 13.12.2013).O princípio da oficialidade apresenta-se presente não somente no Processo Penal, mas também do Direito Administrativo e Tributário.

Princípio da Oficiosidade (Direito Processual Penal).

Temos aqui um dos princípios informadores do Processo Penal e da ação penal pública incondicionada. Consagra o princípio em tela que no caso de persecução penal (procedimento criminal composto por duas fases: a investigação preliminar do crime e a ação penal) os órgãos por ela responsáveis, a autoridade policial e o Ministério Público, deverão agir de ofício (*ex officio*), sem que sejam provocados para tanto. Não será necessária provocação para que possam agir, pois possuem o dever de atuar na ocorrência delituosa. As autoridades legais prescindem da necessidade de autorização para que possam atuar.

"Os órgãos incumbidos da persecução penal devem proceder *ex officio*, não devendo aguardar provocação de quem quer que seja, ressalvados os casos de ação penal privada e de ação penal pública condicionada à representação do ofendido (CPP, arts. 5º, §§ 4º e 5º, e 24)" (Capez, 2014, p. 74).

De acordo com o substanciado no art. 5º, I e II do CPP, nos crimes de ação pública o inquérito policial será iniciado de ofício pela autoridade policial ou mediante requisição da autoridade judiciária ou do Ministério Público, ou a requerimento do ofendido ou de quem tiver qualidade para representá-lo.

Nesse sentido, ressalta Masson (2014, p. 429) que "salvo no caso da ação pública condicionada, os órgãos encarregados da persecução penal devem agir de ofício, independentemente de provocação". Portanto, os órgãos responsáveis pela persecução penal não poderão agir de ofício quando a ação pública for condicionada a representação do ofendido (ou de quem tiver qualidade para representá-lo) ou a requisição do Ministro da Justiça (cf. art. 100, § 1°, CP e art. 24, *caput*, CPP).

Princípio da Onieficácia do Recurso (P. da Onieficácia Defensiva).

Quanto aos recursos vigora em nosso ordenamento o princípio da pessoalidade dos recursos, instrumento segundo o qual os efeitos da decisão somente serão aproveitados por aquele que recorreu, em detrimento daquele que não recorreu. Este último em nada aproveitará os efeitos da sentença, pelo contrário, sentirá seus resultados.

Por outro lado, a onieficácia dos recursos apresenta-se como princípio que se contrapõe a ideia da pessoalidade, contradizendo seus efeitos. Oni é um sufixo de origem latina que significa "todo", enquanto que eficácia é a propriedade daquilo em gerar seus resultados. Portanto, entende-se que na onieficácia dos recursos, a sentença atingirá a todas as partes, sejam elas recorrentes ou não. Em nosso ordenamento processual civil, alguns dispositivos como, por exemplo, os artigos 345, I, e 509, tendem a onieficácia.

"Pontes de Miranda alude ao princípio da onieficácia dos recursos, segundo o qual a eficácia da decisão do recurso aproveita e prejudica a quem recorre, a todos os litisconsortes e aos demais, a quem essa eficácia tenha de apanhar, em contraposição ao princípio da pessoalidade dos meios de recurso, segundo o qual a eficácia da decisão do recurso só aproveita a quem recorre e as conseqüências de não se ter recorrido só prejudicam a quem deixou de recorrer ou recorre fora do prazo" (TJ. AGI 24010143873/ES. Rel. Des. Fábio Clem de Oliveira, j. 07.06.2011, DJe 25.08.2011).

Princípio do Ônus da Prova (Direito Processual Civil).

Cabe ao autor da ação o ônus da prova dos fatos constitutivos que pretende provar, ou seja, deverá ele invocar ao processo elementos de prova que comprovem que os fatos por si alegados são verdadeiros, sendo ele possuidor do direito. Por outro lado, incumbe ao réu o ônus de juntar ao processo elementos probatórios de fato impeditivo, modificativo ou extintivo do direito do autor. Repousa no Código de Processo Civil, art. 373, o regramento deste instituto.

Assim temos na jurisprudência pátria: "Cediço que o princípio do ônus da prova repousa no fato de caber, à parte autora, o encargo de produzir provas capazes de formar, em seu favor, a convicção do juiz e à parte ré, de demonstrar fato extintivo, impeditivo ou modificativo desse direito" (TJ. AC 70067583997/RS. Rel. Des. Clademir José Ceolin Missaggia, j. 08.03.2016, DJe 10.03.2016).

Adverte Bueno (2015, p. 314) que quando ocorrer a reconvenção os papéis atribuídos a autor e réu no *caput* do artigo supra serão invertidos. Assim, na reconvenção o réu passa a ser autor (reconvinte), cabendo a ele o ônus de provar seu direito. Já o autor passará a ser réu (reconvindo), sendo seu papel o de combater os elementos apresentados por meio de fato impeditivo, modificativo ou extintivo, "naquilo que sejam novos em relação ao pedido do autor e ao seu respectivo fundamento e forneçam substrato ao pedido reconvencional".

Princípio da Operabilidade (P. da Operacionalidade).

Trata-se de um dos princípios norteadores do Código Civil brasileiro. De acordo com o princípio da operabilidade o direito deverá ser alcançado em sua plenitude, evitando-se a adoção de teorias mais complexas que posterguem ou dificultem seu alcance. As normas jurídicas devem atingir operacionalidade efetiva.

Nesse sentido, pontua Carlos Roberto Gonçalves (2010, v. 2, p. 44) acerca da operabilidade do direito: "Leva em consideração que o direito é feito para ser efetivado, para ser executado. Por essa razão, o novo Código evitou o bizantino, o complicado, afastando as perplexidades e complexidades. (...) No bojo do princípio da operabilidade está implícito o da concretitude, que é a obrigação que tem o legislador de não legislar em abstrato, mas tanto quanto possível, legislar para o indivíduo situado".

O princípio civilista da operabilidade busca a solução mais simples, mais viável, e que leve ao desfecho do caso concreto. O direito deverá ser aplicado de modo singelo, prático, desviando-se de técnicas demasiadamente ortodoxas ou dificultosas. Segundo Godoy (2004, p. 118), de acordo com o princípio da operabilidade "procura-se a superação de divergências teoréticas e formais, acerca de institutos de direito, pela sua capacidade de ser executado".

Princípio da Oponibilidade (Direito Registral).

A oponibilidade é uma característica própria dos direitos reais, na qual permite que o proprietário exerça seus direitos sobre a propriedade, inclusive contra terceiros de má fé. Neste sentido, o Código Civil dispõe que o proprietário terá aptidão para usar, gozar e dispor da coisa, tendo também o direito de reavê-la do poder de quem a possua ou detenha por meios injustos (art. 1.228).

Entretanto, a aptidão para que o negócio jurídico seja oponível contra terceiros só ocorrerá caso ocorra o registro ou a averbação da respectiva propriedade no Cartório de Registro de Imóveis. Sem que se suceda tal providência, não existirá o atributo da oponibilidade.

Princípio da Oportunidade (P. da Conveniência, P. da Conveniência da Ação Penal de Iniciativa Privada, P. da Facultatividade) (Direito Penal).

Um dos princípios da ação penal privada, o princípio da oportunidade confere ao querelante certa discricionariedade quanto à instauração do processo penal. Ou seja, o Estado confere ao querelante somente nos crimes de ação penal privada o poder e direito de decidir se impetra ou não a ação. Não cabe ao Estado tal decisão, mas somente e tão somente ao ofendido. Assim é o que determina o art. 30 do CPP, *verbis*: "Ao ofendido ou a quem tenha qualidade para representá-lo caberá intentar a ação privada".

Segundo Capez (2014, p. 74), em relação ao princípio da oportunidade "o Estado confere ao titular da ação penal dada parcela de discricionariedade para instaurar ou não o processo penal, conforme sua conveniência e oportunidade". O princípio da oportunidade além de opor-se ao princípio da obrigatoriedade incide antes do oferecimento da queixa-crime. Constituem exceções as regras do princípio a ação privada e a ação pública condicionada.

De acordo com a lição de Renato Brasileiro de Lima (2017, p. 145): "por força desse princípio, aplicável exclusivamente à ação penal de iniciativa privada e à representação, cabe ao ofendido ou ao seu representante legal o juízo de oportunidade ou conveniência acerca do oferecimento (ou não) da queixa-crime (ou da representação). Consiste, pois, na faculdade que é outorgada ao titular da ação penal para dispor, sob determinadas condições, de seu exercício, com independência de que se tenha provado a existência de um fato punível contra um autor determinado".

Princípio da Oralidade (P. da Oralidade do Procedimento, P. da Prevalência da Palavra Oral sobre a Escrita).

Pelo princípio da oralidade decorre que existe a predomínio da palavra falada, oral, sobre a palavra escrita, sem que, contudo, essa perca sua importância perante o Juiz. Deste modo, a oralidade se apresenta como um princípio correlato aos princípios da identidade física do Juiz, celeridade, irrecorribilidade das decisões interlocutórias, economia processual e imediatidade, principalmente no que diz respeito a sua vastíssima utilização pela Justiça trabalhista (arts. 845, 847, 848 até 852, 852 – H etc.), mas não somente, haja vista ser o instituto difundido entre diversos ramos do direito.

Somente para fins exemplificativos, diante da Lei 9.099/95 que dispõe sobre os Juizados Especiais Cíveis e Criminais, o instituto está presente, por exemplo, nos artigos 9º, § 3º; 14, § 3º; 28; 29; 30; 36; 49 e 52, IV, e na legislação Processual Penal nos arts. 400, § 1º; 403 e 411, §§ 2º e 4º.

Explica Bebber (1997, p. 395): "A prevalência da palavra oral se revela em audiência, quando as partes se dirigem direta e oralmente ao magistrado formulando requerimento, perguntas, protestos, contraditas, produzindo razões finais (debates orais), etc. E assim como as partes, o magistrado, também oralmente, decidirá as questões em audiência, mandando fazer o registro em ata. Nos tribunais, a oralidade se dá na sessão de julgamento, iniciando-se pela leitura do relatório, seguindo da sustentação oral, e da votação, também oral, dos membros do corpo julgador".

A oralidade também se faz presente na modalidade licitatória chamada pregão presencial (10.520/2002). Nesta modalidade as propostas são realizadas verbalmente, enquanto que na modalidade convencional são feitas de modo escrito. Neste sentido, trazemos à colação o ensinamento de Carvalho Filho (2009, p. 291), segundo o qual "a particularidade especial da modalidade de pregão reside na adoção parcial do princípio da oralidade. Enquanto nas formas comuns de licitação a manifestação de vontade dos proponentes se formaliza sempre através de documentos escritos".

A oralidade pressupõe a identidade física do Juiz. Isso se deve ao fato de ter sido aquela autoridade a realizar a audiência, tendo ouvido as partes e colhido as provas, tendo, portanto, pleno conhecimento dos fatos.

Por fim, consubstancia-se também a oralidade como um dos princípios gerais das provas no Processo Penal à medida que trata de priorizar as provas faladas as provas escritas. Em geral sua incidência será verificada a maior nos casos em que as provas são produzidas em audiência. No que tange a produção de provas este princípio está previsto de forma determinante nos processos de competência dos Juizados Especiais Criminais (JECrim). Defende Nucci (2016, p. 68) que em algumas fases do processo como forma de se exaltar princípios como a concentração, a imediatidade e a identidade física do juiz, a palavra oral deva prevalecer sobre a palavra escrita.

A lição de Renato Brasileiro de Lima (2016, p. 864) é sobremaneira precisa: "Antes da reforma processual de 2008, a oralidade só era adotada no âmbito dos Juizados Especiais Criminais (Lei nº 9.099/95, art. 82) e no Plenário do Júri. Com as alterações trazidas pela Lei nº 11.719/08 e pela Lei nº 11.689/08, a oralidade passou a ser adotada, como regra, no procedimento comum e também em ambas as fases do procedimento bifásico do Júri. Optou-se, assim, pela adoção do princípio da oralidade, em razão do qual deve ser dada preponderância à palavra falada sobre a escrita, sem que esta seja excluída".

Princípio da Oralidade (Direito de Mediação e Conciliação).

A oralidade como princípio da conciliação e da mediação encontra-se previsto do art. 166, *caput*, do Código de Processo Civil, bem como no art. 2º, III, da Lei 13.140/2015, que dispõe sobre a mediação. De acordo com o presente princípio toda a negociação entre os mediandos e o mediador (necessariamente um terceiro imparcial, autônomo e independente) poderá ser realizada sem que exista a obrigatoriedade de que seja reduzida a termo. Isso se deve a outra característica fundamental da mediação, qual seja, a informalidade. Sendo este um dos traços mais marcantes deste procedimento, não faria sentido cercar de formalidades a mediação, pois a mesma perderia em parte a sua essência.

A hipótese em que ocorrerá a lavratura de termo de acordo firmado entre as partes encontra-se consolidada no *caput* do art. 20 da Lei de Mediação. Segundo a Lei, "o procedimento de mediação será encerrado com a lavratura do seu termo final, quando for celebrado acordo ou quando não se justificarem novos esforços para a obtenção de consenso, seja por declaração do mediador nesse sentido ou por manifestação de qualquer das partes". O presente artigo ainda informa em seu parágrafo único, que nos casos em que ocorra acordo, o termo final da mediação constituirá título executivo extrajudicial. Na hipótese do mesmo ser homologado judicialmente, o documento terá valor de título executivo judicial.

Desta forma, haja vista a informalidade necessária do procedimento quanto a desnecessidade de se reduzir a negociação a termo, a celebração do acordo ou a ausência do mesmo deverá se encerrar após sua lavratura junto a autoridade judiciária.

Princípio do Orçamento Bruto (P. da Não Compensação) (Direito Orçamentário).

O princípio do orçamento bruto é extraído da Lei 4.320/64 que determina normas gerais de direito financeiro para a elaboração e o controle dos orçamentos e balanços da União, dos Estados, dos Municípios e do Distrito Federal, mais precisamente do art. 6º, *caput*, *in verbis*: "Todas as receitas e despesas constarão da Lei de Orçamento pelos seus totais, vedadas quaisquer deduções". Disso se entende que todas as receitas e despesas deverão constar no orçamento pelos valores brutos, sendo vedada qualquer dedução. Isso se dá para que seja possível haver sobre o orçamento público um controle financeiro eficiente.

O endereço eletrônico da Câmara dos Deputados apresenta a seguinte definição sobre a ideia de orçamento bruto: "A intenção é a de impedir a inclusão de valores líquidos ou de saldos resultantes do confronto entre receitas e as despesas de determinado serviço público. Lei 4.320/64 consagra este princípio em seu art. 6º (...). Reforçando este princípio, o § 1º do mesmo artigo estabelece o mecanismo de transferência entre unidades governamentais. Dessa forma, as cotas de receita que uma entidade pública deva transferir a outra incluir-se-ão, como despesa, no orçamento da entidade obrigada à transferência e, como receita, no orçamento da que as deva receber". [46]

"Esse princípio determina que todas as receitas e despesas constem na Lei do Orçamento pelo valor total, vedando qualquer dedução" (TCU. 01215420113. Rel. Bruno Dantas, j. 03.12.2014, DJe 03.12.2014).

Princípio do Orçamento Diferenciado (Direito Previdenciário).

A Constituição Federal estabelece que haja uma fonte distinta para a manutenção da Seguridade Social, um orçamento próprio abrangendo todas as entidades e órgãos a ela vinculados, diverso daquele orçamento específico que possui a União Federal para gerir suas obrigações.

Esta medida é necessária para que o orçamento da Seguridade Social seja respeitado não ocorrendo má gestão dos recursos nem desvio destes para outras áreas, tudo isto de acordo com os artigos 165, § 5º, III e 195, §§ 1º e 2º da Carta Magna.

Conforme definido pelo art. 165, § 5º, III, o orçamento da seguridade social integrará a lei orçamentária anual (LOA). De acordo com o art. 195, § 1º, "as receitas dos Estados, do Distrito Federal e dos Municípios destinadas à seguridade social constarão dos respectivos orçamentos, não integrando o orçamento da União".

Conforme explica Castro (*et al.*) (2020, p. 168), "o legislador constituinte ordinário pretendeu, com tal medida, evitar que houvesse sangria de recursos da Seguridade para despesas públicas que não as pertencentes às suas áreas de atuação".

Princípio do Orçamento Participativo.

É a Lei nº 10.257/2001, comumente denominada de Estatuto das Cidades, o instrumento que irá definir as diretrizes gerais da política urbana regulamentando os arts. 182 e 183 da Constituição Federal. Esta ferramenta normativa estabelece que o planejamento municipal será um dos instrumentos da política urbana, sendo realizado, dentre outros meios, pela via da gestão orçamentária participativa (art. 4º, III, f). Ainda segundo a lei e em prol da gestão democrática da cidade, se extrai do art. 44 que "no âmbito municipal, a gestão orçamentária participativa (...) incluirá a realização de debates, audiências e consultas públicas sobre as propostas do plano plurianual, da lei de diretrizes orçamentárias e do orçamento anual, como condição obrigatória para sua aprovação pela Câmara Municipal".

Este modelo de gestão orçamentária incentiva a participação popular na tomada de decisões, definindo por meio da vontade da maioria onde serão investidos os recursos do município. É um modelo que fortalece a gestão democrática dos recursos públicos uma vez que dá voz à população e estabelece o diálogo entre esta e os seus representantes eleitos por meio do voto. Isso decorre da CF que obriga os municípios a adotarem como um dos princípios da gestão democrática das cidades a "cooperação das associações representativas no planejamento municipal" conforme preceitua o art. 29, XII.

Neste sentido, o estatuto das Cidades seguindo o rito procedimental da Carta Maior estabeleceu que a gestão democrática das cidades ocorrerá por meio da participação da população e de associações representativas dos vários segmentos da comunidade na formulação, execução e acompanhamento de planos, programas e projetos de desenvolvimento urbano. Trata-se de um sistema que busca tornar mais racional e cristalina a escolha das prioridades da municipalidade por meio da participação popular nas decisões. A população participa, delibera e ajuda a decidir onde serão aplicados os recursos públicos.

Princípio de Ordem Pública Internacional.

A globalização acentuou as relações entre as nações quanto ao comércio internacional, o intercâmbio cultural e a troca de informações entre os Estados. Tamanho emaranhado de novas possibilidades necessita de regulamentação que ocorre por meio de leis estrangeiras e tratados internacionais. Ocorre que, não raro, essas leis internacionais podem vir de encontro com a ordem pública do Estado. Ou seja, as leis estrangeiras se mostram incompatíveis com o ordenamento interno de determinado país.

A ordem pública surge como um fator limitador da aplicação da lei estrangeira no território daquele Estado quando se constatar que esta lei não se compatibiliza com os regramentos legais por ele adotados. A aplicação da ordem pública no direito internacional guarda também estreita relação com a defesa dos direitos fundamentais.

Com frequência, práticas culturalmente aceitas em determinados Estados são veementemente repreendidas e combatidas em outros. Por este motivo é de praxe que os tratados internacionais contenham cláusulas que permitam aos

Estados signatários invocar a ordem pública em defesa do ordenamento interno.

Princípio da Organização Horizontal.

De acordo com o princípio da organização horizontal os direitos fundamentais, ainda que na seara das relações privadas, terão plena eficácia. Neste sentido, colaciona Daniel Sarmento (2006, p. 323): "O Estado e o Direito assumem novas funções promocionais e se consolida o entendimento de que os direitos fundamentais não devem limitar o seu raio de ação às relações políticas, entre governantes e governados, incidindo também em outros campos, como o mercado, as relações de trabalho e a família". Moraes (2017, p. 29) dispõe que se trata da previsão constitucional dos direitos e garantias individuais e coletivas do cidadão em relação aos demais cidadãos. Pode-se definir a eficácia vertical como a tutela protetiva que possui o particular ante o Estado e a eficácia horizontal como a proteção do particular diante de outro particular que interfira em seus direitos.

Atualmente a eficácia horizontal possui plena aplicabilidade em nosso ordenamento quanto às relações privadas, pois tanto o Estado quanto o particular poderão desrespeitar os direitos fundamentais. Neste caso, como as normas definidoras dos direitos e garantias fundamentais têm aplicação imediata (art. 5º, § 1º, CF), os direitos daqueles ofendidos poderão ser requisitados mesmo nas relações entre particulares sem que o Estado interceda. Segundo Gilmar Mendes (2017, p. 142) o texto constitucional "se refere aos direitos fundamentais em geral, não se restringindo apenas aos direitos individuais".

Para Vitor Cruz (2017, p. 161): "Historicamente, esses direitos se constituem em uma conquista de uma proteção do cidadão em face do poder autoritário do Estado (daí serem classificados como elementos limitativos da Constituição). Porém, atualmente, já se vislumbra o uso de tais direitos nas relações entre os próprios particulares, o que chamamos de eficácia horizontal dos direitos fundamentais".

Princípio da Organização Legal do Serviço Público.

Vigora em nosso ordenamento jurídico norma que exige a existência de lei que autorize a criação de cargos, empregos e funções na Administração Pública e a criação e extinção de ministérios e órgãos da Administração. Nisso consiste o princípio da organização legal do serviço público, na exigência de lei autorizadora que permita a criação de vagas no serviço público, criação de ministérios e sua extinção, bem como a criação de outros órgãos da Administração Pública. Nenhum ministério, órgão, cargo, emprego ou função na Administração poderá ser criado sem lei que o autorize.

Determina a Constituição Federal que cabe ao Congresso Nacional com a sanção de Presidente da República dispor sobre a criação, transformação e extinção de cargos, empregos e funções públicas, e a criação e extinção de Ministérios e órgãos da administração pública, conforme redação dada pela Emenda Constitucional nº 32, de 2001 (cf. art. 48, X e XI). No que tange a extinção de funções ou cargos públicos quando estes estejam vagos, será de competência privativa do Presidente da República dispor acerca do tema mediante decreto (art. 84, VI, b).

"Não se cogita, *data venia*, da possibilidade de criação de novas vagas no serviço público, simplesmente para satisfazer a mera expectativa do servidor em ser promovido, já que, no Brasil vigora o denominado princípio da organização legal do serviço público que decorre, basicamente, da exigência constitucional de que a criação de cargos, empregos e funções públicas seja feita por meio de lei" (TST. AIRR 117340-34.2007.5.05.0493. Rel. Min. Márcio Eurico Vitral Amaro, j. 02.02.2011, DJe 04.02.2011).

Corrobora no mesmo sentido o art. 61, § 1º, II, alíneas "a" e "b", instrumento constitucional que dispõe que são de iniciativa privativa do Presidente da República as leis que disponham sobre a criação de cargos, funções ou empregos públicos na administração direta e autárquica ou aumento de sua remuneração, criação e extinção de Ministérios e órgãos da administração pública.

Segundo dispõem Paulo e Alexandrino (2009, p. 339/340): "Em que pese a existência desse princípio, depois da EC n.º 32/2001 passaram a integrar as competências do Presidente da República dispor, mediante decreto, sobre a organização e o funcionamento da Administração federal, quando não implicar aumento de despesa nem criação ou extinção de órgãos públicos, e extinguir, mediante decreto, funções ou cargos públicos, quando vagos".

Apesar da exigência de lei específica para que ocorra a criação de cargos, funções ou empregos públicos na Administração Pública, essa determinação legal poderá sofrer mitigação. "Realmente, o princípio da organização legal do serviço público exige que a criação de cargos, empregos e funções na Administração seja feita sempre por meio de lei específica. Tal situação não impede, todavia, que o Administrador Público nomeie pessoas de sua mais alta confiança para ocupar cargos considerados estratégicos para sua boa gestão, inclusive sem aprovação em concurso, diante de sua natureza provisória" (TST. RR 112600-36.2009.5.15.0056. Rel. Pedro Paulo Manus, j. 09.05.2012, DJe 11.05.2012).

P

Princípio da Padronização (Direito Administrativo).

Este princípio encontra-se consagrado no art. 15, I, da Lei 8.666/93, estabelecendo que as compras, sempre que possível, deverão atender ao princípio da padronização, que imponha compatibilidade de especificações técnicas e de desempenho, observadas, quando for o caso, as condições de manutenção, assistência técnica e garantia oferecidas.

A padronização é uma determinação dada por lei federal para que os entes públicos a observem nos procedimentos licitatórios. Tal determinação visa estabelecer padrões a serem adotados pela Administração Pública quando da necessidade de novas aquisições para que haja economicidade e eficiência. Tais padrões serão previamente fixados e sua utilização será compulsória. Objetiva-se o atendimento do interesse público e a economia ao Erário.

Observe, se todas as agências da Empresa Brasileira de Correios e Telégrafos (Correios) utilizam um determinado padrão visual, não seria lógico adquirir mobiliário diferente daquilo que é utilizado. Isso acarretaria gastos imotivados e desnecessários. A manutenção do padrão neste caso visa ao atendimento de interesse público.

De acordo com o Decreto nº 7.892/2013 que regulamenta o Sistema de Registro de Preços previsto no art. 15 da Lei nº 8.666/1993, tratando-se de serviços deverá ser evitada a contratação, em um mesmo órgão ou entidade, de mais de uma empresa para a execução de um mesmo serviço, em uma mesma localidade, para assegurar a responsabilidade contratual e o princípio da padronização (cf. art. 8º, §§ 1º e 2º).

Por fim, trazemos à baila interessante julgado: "O uso da padronização não se insere no âmbito da discricionariedade do Administrador, pois será afastada tão-somente quando demonstrada a sua inviabilidade. E, uma vez adotada, as futuras aquisições devem observar as diretrizes traçadas. A padronização tem por finalidade a redução dos custos de implantação e manutenção, bem como de treinamento de mão-de-obra, e a sua adoção encontra guarida, ainda, nos princípios da economicidade e da eficiência" (TRF-1, 5ª Turma. AG 23544/DF 2005.01.00.023544 Rel. Des. Fed. Selene Maria de Almeida. j. 05.10.2005, DJe 27.10.2005).

Princípio do *Par Conditio Creditorum* (P. da Execução Concursal, P. da Igualdade entre Credores, P. da Paridade, P. do Tratamento Paritário dos Credores) (Direito de Falência).

Um dos princípios da falência, o *par conditio creditorum* (igual condição de crédito) significa a obrigação dentro do processo de execução no âmbito falimentar de que todos os credores delimitados dentro da mesma categoria, sejam eles civis ou comerciais, deverão ter tratamento igualitário no que tange aos créditos disponíveis, excepcionando. É instrumento que excepciona a regra da individualidade da execução dentro do direito comercial. É o art. 83 da Lei de Falências (Lei nº 11.101/2005) o instrumento que define a ordem da classificação dos créditos na execução falimentar.

Importante ressaltar que no âmbito do direito laboral o Juízo da Recuperação Judicial já instaurado, dentro do que tange a Lei de Falências, será competente para julgar as demandas que versarem sobre a execução de títulos executivos judiciais produzidos pela Justiça do Trabalho.

Neste sentido segue julgado: "O Juízo da Recuperação Judicial é competente para processar a execução do título executivo judicial produzido pela Justiça do Trabalho. Os atos de constrição, a teor da Lei de Falências (Lei 11.101/2005), deverão ser executados pelo juízo universal, em atenção ao princípio da *par conditio creditorum*" (TRT-5, 2ª Turma. AP 0087600-27.2008.5.05.0192/BA. Rel. Luíza Lomba, DJe 11.06.2014).

Destaca-se na Lei 11.101/2005 quanto ao juízo falimentar a qualidade denominada *vis attractiva*, característica segundo a qual este juízo possui competência para conhecer e julgar todas as ações sobre bens, interesses e negócios do falido (cf. art. 76, *caput* e parágrafo único).

Em sua defesa decorre o art. 172 da Lei de Recuperação e Falências, instrumento normativo que pune com pena de reclusão de 2 (dois) a 5 (cinco) anos e multa, aquele que "praticar, antes ou depois da sentença que decretar a falência, conceder a recuperação judicial ou homologar plano de recuperação extrajudicial, ato de disposição ou oneração patrimonial ou gerador de obrigação, destinado a favorecer um ou mais credores em prejuízo dos demais". Denota-se que o legislador deu ao princípio em comento alto grau de importância.

Princípio da Parcelaridade.

Trata do controle concentrado de constitucionalidade. Por meio deste princípio, pode o STF julgar a inconstitucionalidade apenas de parte de lei que esteja em conflito com norma constitucional e não de todo o texto, oportunizando assim que a parte legal da lei continue em vigor desde que guarde independência com o texto revogado. Note-se que a Corte Maior poderá retirar do ordenamento tanto um artigo inteiro como apenas parte de alínea ou uma palavra apenas. Até mesmo uma vírgula fora do lugar que imprima ao texto vício de inconstitucionalidade poderá ser revogado. Esta é a visão do princípio mediante a atuação do Pretório Maior.

Entretanto, diferente é a abordagem quando se trata do veto presidencial do projeto de lei concluído nas Casas do Congresso Nacional. Neste caso não se aplica o princípio da parcelaridade, pois veto presidencial não poderá ser parcial, deverá abranger todo o texto de artigo, inciso, parágrafo ou alínea (veto total ou parcial).

Assim é o disposto na Constituição Federal, art. 66, § 2º, segundo o qual o veto parcial do Presidente da República somente abrangerá texto integral de artigo, de parágrafo, de inciso ou de alínea. Portanto, se o Presidente no exercício de suas atribuições vetar o parágrafo único de um determinado artigo, seu *caput*, desde que independente do assunto tratado no parágrafo vetado, será sancionado.

Princípio da Paridade de Armas (P. da Igualdade de Armas, P. da Igualdade no Processo, P. da Igualdade Processual, P. da Igualdade Substancial, P. da Igualdade de Tratamento, P. da

Igualdade de Tratamento Processual das Partes, P. da Isonomia Probatória, P. da Isonomia Processual, P. da *Par Conditio*, P. da Paridade de Armas Probatória, P. da Paridade de Atos, P. da Paridade das Formas, P. da Paridade entre as Partes, P. da Paridade Processual) (Direito Processual Civil).

O princípio em pauta encontra-se cristalizado nos arts. 7º e 139, I, do CPC, trazendo o entendimento de que as partes serão asseguradas a igualdade (paridade) de tratamento em relação ao exercício de direitos e faculdades processuais, aos meios de defesa, aos ônus, aos deveres e à aplicação de sanções processuais. Esse direito encontra-se garantido também por meio do Decreto nº 678/1992 que promulgou a Convenção Americana sobre Direitos Humanos (Pacto de São José da Costa Rica), de 22 de novembro de 1969, ao garantir que durante o trâmite processual haja por parte do juiz ou Tribunal uma atuação independente e imparcial.

Corolário dos princípios da igualdade e do devido processo legal, o princípio da paridade de armas encontra-se previsto também na Constituição Federal, estando consagrado no art. 5º, *caput*, segundo o qual todos são iguais perante a lei, sem distinção de qualquer natureza.

O princípio da paridade de armas também conhecido por princípio da igualdade de tratamento das partes ou princípio da isonomia processual, dentre várias outras denominações adotadas pelo ordenamento pátrio, chamada de *parità dele armi tra le parti* pela doutrina italiana de Giuseppe Tarzia (TJ-RS, 1ª Turma Recursal. 71004647228/RS. Rel. Pedro Luiz Pozza, j. 06.05.2014, DJe 08.05.2014), visa, segundo doutrina de Rinaldo Mouzala de Souza e Silva (2013, p. 32), "garantir aos litigantes no processo civil, particularmente, tratamento justo e equilibrado, capaz de, suprindo as desigualdades naturais existentes entre as partes, garantir uma igualdade de condições no interior do processo". O autor ainda lista situações que se enquadram como exemplos do princípio como a tramitação processual prioritária em favor de pessoas com idade igual ou superior a 60 (sessenta) anos, e daqueles que sejam portadores de doenças graves, bem como outros importantes exemplos.

"As exceções ao princípio da paridade de armas apenas têm lugar quando houver fundamento razoável baseado na necessidade de remediar um desequilíbrio entre as partes, e devem ser interpretadas de modo restritivo, conforme a parêmia *exceptiones sunt strictissimae interpretationis*" (STF,

Tribunal Pleno. ARE 648629/RJ. Rel. Min. Luiz Fux, j. 24.04.2013, DJe repercussão geral – mérito).

"Em face do princípio de paridade de armas, que orienta o contraditório, há que se atribuir a ambas as partes o mesmo prazo para se manifestarem quanto a atos processuais, não podendo influenciar a fixação do prazo processual a organização interna da pessoa jurídica que figura na condição de executada" (TJ, 4ª Turma Cível. AGI 20150020095276/DF. Rel. Arnoldo Camanho de Assis, j. 02.12.2015, DJe 10.12.2015).

Princípio da Paridade de Tratamento dos Ordenamentos Jurídicos.

Por este princípio entende-se que se deve privilegiar a uniformidade aplicada ao ordenamento jurídico internacional, pois se cada Estado privilegiar a lei do foro, também conhecida por *lex fori*, estaria sendo colocada em segundo plano a harmonia jurídica internacional, elo fundamental na segurança jurídica e na continuidade dos julgados.

O que se busca é dar as leis estrangeiras a necessária competência diante da *lex fori*, de modo que possa ser aplicada perante um caso em iguais condições perante a lei do foro.Este princípio guarda correspondência com o princípio da harmonia jurídica internacional na medida em que ambos se completam.

Princípio da Participação (P. da Cooperação, P. da Gestão Democrática, P. da Oportunidade para a Participação Pública, P. da Participação Popular na Proteção do Meio Ambiente).

O princípio da participação, também conhecido como princípio da oportunidade para a participação pública, dá oportunidade à sociedade não só de participação nas discussões quanto às políticas públicas ambientais, mas também de participação nas decisões governamentais acerca do tema meio ambiente.

É o *caput* do art. 225 da CF/88 o instrumento normativo que consagra o princípio da participação. De acordo com a inteligência do artigo "todos têm direito ao meio ambiente ecologicamente equilibrado, bem de uso comum do povo e essencial à sadia qualidade de vida, impondo-se ao Poder Público e à coletividade o dever de defendê-lo e preservá-lo para as presentes e futuras gerações". Em outras palavras, o direito a um meio ambiente ecologicamente equilibrado ao mesmo tempo em que se consagra como um direito impõe-se também como um dever a ser defendido por todos, Poder Público, cidadãos, estrangeiros residentes no país, empresas, ONGS, cooperativas, associações, sindicatos, entidades de classe, conselhos profissionais etc.

Segundo Beltrão (2013, p. 30): "O princípio da participação consiste em dar oportunidade à sociedade para, seja de forma individual, seja por intermédio das mais diversas organizações sociais, participar efetivamente do processo decisório das autoridades governamentais competentes no tocante à política ambiental a ser implementada". Ainda segundo o autor, o referido princípio "efetiva-se por meio das audiências públicas, das consultas públicas etc".

Neste sentido a Declaração do Rio sobre Meio Ambiente e Desenvolvimento de 1992 também conferiu a coletividade condições para assegurar aos cidadãos plena participação nas decisões do Poder Público relativas ao meio ambiente. Conforme consta no documento, "os Estados irão facilitar e estimular a conscientização e a participação popular, colocando as informações à disposição de todos", sendo assegurado ainda a qualquer cidadão "o acesso efetivo a mecanismos judiciais e administrativos, inclusive no que se refere à compensação e reparação de danos" (Princípio 10).

Atualmente, o Poder Público exige consulta pública como pressuposto obrigatório para a criação de unidades de conservação, com exceção da Estação Ecológica e da Reserva Biológica. O Plano Nacional de Resíduos Sólidos, Decreto nº 7.404/2010 (originado a partir da lei 12.305/2010, que instituiu a Política Nacional de Resíduos Sólidos – PNRS), bem como seus congêneres a nível estadual e municipal, deverão, de acordo com o parágrafo único do art. 15, ser elaborados mediante processo de mobilização e participação social, incluindo a realização de audiências e consultas públicas.

No licenciamento ambiental as regras de participação da sociedade por meio de audiência pública serão disciplinadas pela Resolução CONAMA 9, de 03 de dezembro de 1987.

Princípio da Participação Popular.

Na legislação brasileira existem vários dispositivos que prevêem a participação popular junto a Administração Pública no que tange a facilitação do acesso a informações públicas, a participação popular na tomada de decisões por parte dos governantes e na fiscalização das contas públicas. A participação popular é dos pilares da administração pública eficiente na medida em que opina por meio de anseios majoritários e fiscaliza a Administração.

Por tratar-se de assunto de extrema relevância, a própria CF/88 delibera acerca do tema. O art. 5º, XXXIII estabelece que "todos têm direito a receber dos órgãos públicos informações de seu interesse particular, ou de interesse coletivo ou geral, que serão prestadas no prazo da lei, sob pena de responsabilidade, ressalvadas aquelas cujo sigilo seja imprescindível à segurança da sociedade e do Estado". Este dispositivo constitucional dispõe acerca do amplo direito da coletividade em ter acesso a informações que irão propiciar dados concretos para que possa atuar em defesa da eficiente gestão do Estado.

Ainda no âmbito constitucional, porém no plano municipal, determina a Lei Maior que as contas destes entes deverão permanecer durante sessenta dias, anualmente, à disposição de qualquer contribuinte para exame e apreciação, o qual poderá questionar-lhes a legitimidade, nos termos da lei (cf. art. 31, § 3º).

No procedimento licitatório, cujos parâmetros encontram-se definidos por meio da Lei nº 8.666/93, define-se que qualquer cidadão poderá acompanhar o desenvolvimento da licitação, podendo ainda requerer à Administração Pública os quantitativos das obras e preços unitários de determinada obra executada, conforme o estabelecido nos arts. 4º, *caput,* e 7º, § 8º.

A Lei nº 9.784/99 que regula o processo administrativo no âmbito da Administração Pública Federal assegura que possa haver período de consulta pública para manifestação de terceiros quando a matéria envolver assunto de interesse geral (art. 31, § 1º) ou mesmo a realização de audiência pública antes da tomada de decisão diante da relevância de questão (art. 32). Dispõe ainda a lei que "os órgãos e entidades administrativas, em matéria relevante, poderão estabelecer outros meios de participação de administrados, diretamente ou por meio de organizações e associações legalmente reconhecidas", conforme se extrai do art. 33.

A Lei de Responsabilidade Fiscal (LC nº 101/2000) trata da participação popular ao incentivar o envolvimento da coletividade na elaboração do orçamento público, bem como na fiscalização da correta utilização de seus recursos (cf. arts. 48, 48-A e 49).

Princípio da Partilha das Competências Constitucionais.

A hierarquia dentro do rol dos poderes administrativos exsurge como um poder típico da função administrativa, exclusivo dessa função. Insta observar, porém, que a hierarquia será encontrada no exercício das funções legislativa e judicial (Poder Executivo e Poder Judicial), entretanto, somente nas atribuições atípicas desses poderes (Oliveira, 2016, p. 275). Complementa Carvalho Filho (2012, p. 69) que "(...) inexiste hierarquia entre os agentes que exercem *função jurisdicional* ou *legislativa*, visto que inaplicável o regime de comando que a caracteriza".

Na esfera do Poder Legislativo vigora o princípio da partilha das competências constitucionais, característico de formas federativas de governo como a do Brasil. O poder legislativo é sinônimo de poder legiferante, ou seja, o poder que detêm o Poder Legislativo, representado pelo Congresso Nacional (Câmara dos Deputados e Senado Federal), Assembléias Legislativas e Câmaras Municipais, de criar as leis do país. Decorre do princípio da predominância do interesse.

Conforme a Constituição Federal a distribuição desse poder legiferante já vem definido em sua estrutura (cf. arts. 21 a 25, 30 e 32, § 1º), estabelecendo as respectivas competências de cada ente federativo, sendo defesa a intromissão da competência legislativa de um ente sobre o outro. Não existe poder de comando ou de mando por uma esfera legislativa de um ente federado sobre outro quando a matéria a ser legislada couber a este último. Parafraseando Carvalho Filho (2012, p. 70), "não há poder de mando, (...), do Legislativo federal em relação ao estadual quando a matéria é suscetível de ser disciplinada por este", "nem do legislativo estadual sobre o municipal" quando a competência for reservada a este. Seguindo o mesmo raciocínio, lei federal não irá preponderar quando a matéria tratada for de competência legislativa municipal.

Princípio da Paternidade Responsável (P. da Paternidade e Maternidade Responsável, P. da Paternidade Responsável e Planejamento Familiar, P. do Planejamento Familiar, P. da Responsabilidade Parental).

Tratando-se de direito a uma garantia fundamental, o princípio da paternidade responsável traduz-se na ideia da responsabilidade que deverá ser observada tanto na formação quanto na manutenção da família. Os pais deverão cuidar e zelar pelo bem-estar dos filhos desde sua concepção até a idade onde seja justificável o seu acompanhamento, devendo assistir, criar e educar os filhos menores (cf. art. 229, CF). Nota-se que este princípio guarda estreita relação com o princípio da dignidade humana.

Este princípio encontra-se presente em nosso ordenamento jurídico na CF/88, art. 226, § 7º, no qual traz o conceito de que a família será a base da sociedade e terá especial proteção do Estado, competindo a este propiciar todos os recursos necessários para o exercício desse direito. "A Lei n. 9.253/96 regulamentou o assunto, especialmente no tocante à responsabilidade do Poder Público" (Carlos Roberto Gonçalves, 2010, v. 6, p. 24).

A Lei 8.069/90 (Estatuto da Criança e do Adolescente) regulamentou o assunto nos arts. 3º e 4º, além de trazer importante conceito em seu art. 27, *verbis*: "O reconhecimento do estado de filiação é direito personalíssimo, indisponível e imprescritível, podendo ser exercitado contra os pais ou seus herdeiros, sem qualquer restrição, observado o segredo de Justiça". Dispõe ainda o Diploma que "aos pais incumbe o dever de sustento, guarda e educação dos filhos menores, cabendo-lhes ainda, no interesse destes, a obrigação de cumprir e fazer cumprir as determinações judiciais" (cf. art. 22).

Além de presente na CF/88 e no ECA, o princípio da paternidade responsável encontra-se também demarcado no Código Civil brasileiro no inciso IV do art. 1.566, definindo que são deveres de ambos os cônjuges o sustento, guarda e educação dos filhos, e também no art. 1.634, I, que estampa em seu texto que competirá a ambos os pais dirigir a criação e educação dos filhos.

Nota-se, assim, que a proteção da criança e do adolescente é preceito fundamental em nosso ordenamento jurídico tendo especial atenção no arcabouço jurídico pátrio, sendo papel do Poder Público e de toda sociedade, mas, tratando-se de paternidade responsável, primordialmente dos pais.

No que tange as medidas específicas de proteção a criança e ao adolescente que constam no ECA, estas medidas deverão visar o fortalecimento dos vínculos familiares e comunitários, sendo a responsabilidade parental um de seus princípios. De acordo com o princípio a intervenção deverá ser efetuada de modo que os pais assumam os seus deveres para com a criança e o adolescente (cf. art. 100, IX, ECA).

Para direcionar a responsabilidade parental nas relações familiais, os deveres a serem observados pelos pais vêm expressamente preconizados no artigo 229 da Constituição Federal, no artigo 22 do Estatuto da Criança e do Adolescente e no artigo 1.634 do Código Civil (TJ. 11139849/PR 1113984-9 (Acórdão). Rel. Marcel Guimarães Rotoli de Macedo, j. 02.07.2014, DJe 30.07.2014).

Princípio da Patrimonialidade (P. da Natureza Real, P. da Patrimonialidade da Execução, P. da Realidade, P. da Responsabilidade Patrimonial) (Direito de Execução).

A patrimonialidade encontra inicialmente fundamento no art. 789 do CPC (bem como no art. 5º, LXVII, CF/88), cuja redação a seguir se reproduz: "O devedor responde com todos os seus bens presentes e futuros para o cumprimento de suas obrigações, salvo as restrições estabelecidas em lei". Trata-se de verdadeira responsabilidade patrimonial do devedor em face daquele que detém o direito como forma de se garantir a execução da sentença por meio de restrição de bens daquele (devedor). O patrimônio do devedor deverá garantir o débito.

Deve-se levar em conta que o Código de Processo Civil em seu art. 649 elenca um rol de bens que são absolutamente impenhoráveis, como, por exemplo: os bens inalienáveis e os declarados, por ato voluntário, não sujeitos à execução; os móveis, os pertences e as utilidades domésticas que guarnecem a residência do executado, salvo os de elevado valor ou que ultrapassem as necessidades comuns correspondentes a um médio padrão de vida; os vestuários, bem como os pertences de uso pessoal do executado, salvo se de elevado valor; os vencimentos, os subsídios, os soldos, os salários, as remunerações, os proventos de aposentadoria, as pensões, os pecúlios e os montepios, bem como as quantias recebidas por liberalidade de terceiro e destinadas ao sustento do devedor e de sua família, os ganhos de trabalhador autônomo e os honorários de profissional liberal, ressalvado o § 2º; os livros, as máquinas, as ferramentas, os utensílios, os instrumentos ou outros bens móveis necessários ou úteis ao exercício da profissão do executado; a pequena propriedade rural, assim definida em lei, desde que trabalhada pela família; a quantia depositada em caderneta de poupança, até o limite de 40 (quarenta) salários mínimos; dentre outros.

Convêm ainda ressaltar entendimento da Lei nº 8.009 de 29 de março de 1990 que dispõe sobre a impenhorabilidade do bem de família, art. 1º: "O imóvel residencial próprio do casal, ou da entidade familiar, é impenhorável e não responderá por qualquer tipo de dívida civil, comercial, fiscal, previdenciária ou de outra natureza, contraída pelos cônjuges ou pelos pais ou filhos que sejam seus proprietários e nele residam, salvo nas hipóteses previstas nesta lei".

Mister mencionar a Súmula nº 364 do STJ: "O conceito de impenhorabilidade de bem de família abrange também o imóvel pertencente a pessoas solteiras, separadas e viúvas". Impende observar que a impenhorabilidade é matéria de ordem pública.

Quanto à execução nada muda, pois quem responderá pelo cumprimento das obrigações será o patrimônio do executado. Importante informar que resta superada a tempos a tese de que o próprio executado responderia pelo cumprimento das obrigações decorrentes do processo de execução. Em nosso ordenamento jurídico a responsabilidade pessoal deu lugar a responsabilidade patrimonial em respeito à dignidade da pessoa humana. Outro fator que corroborou tal entendimento foi o fato do Brasil ter sido um dos países signatários da Convenção Americana sobre Direitos Humanos, mais conhecida por Pacto de São José da Costa Rica, assinado em 22 de novembro de 1969.

Princípio da Paz Social.

Os conflitos ocorrem de forma corriqueira em todas as áreas da sociedade. É algo que não podemos evitar, mas, de forma equilibrada, podemos tentar administrar suas consequências. No âmbito do direito coletivo do trabalho os conflitos, também chamados de controvérsias ou dissídios, poderão ocorrer nas hipóteses em que empregados e empregadores discutem temas relacionados a avanços e retrocessos trabalhistas. Temos na doutrina várias formas de solução de conflitos, dentre as quais destacam-se a autodefesa, autocomposição e a heterocomposição, sendo que esta última se subdivide em mediação, arbitragem e a tutela (jurisdição) (Martins, 2017, p. 1144/1147).

Um dos princípios informadores da negociação coletiva trabalhista, o princípio da paz social surge como instrumento essencial do direito coletivo do trabalho buscando a autocomposição de conflitos. A paz social tem por fim a solução de conflitos que porventura surjam, buscando a manutenção da harmonia entre as partes negociantes durante e após a celebração do acordo, bem como em sua implementação. O processo da negociação coletiva deverá ser balizado por uma conduta ordeira, respeitosa e equilibrada entre os agentes negociantes para que se preserve a paz, evitando-se discussões e desentendimentos desnecessários.

Os interlocutores deverão guardar entre si a cordialidade e o respeito como elementos essenciais da manutenção da paz social para que a negociação coletiva seja orquestrada de maneira que ocorra somente a discussão dos temas pertinentes a negociação. Não serão admitidos comportamentos desrespeitosos que atentem contra a honra e o caráter uns dos outros, tampouco ameaças ou agressões físicas. O princípio da paz social deverá ser respeitado, e a parte que não observar suas regras poderá ser penalizada por meio da legislação trabalhista.

Princípio do Pedido.

O princípio do pedido no ordenamento pátrio determina que o judiciário, no que tange ao controle abstrato de constitucionalidade das leis, somente poderá exercer a fiscalização das leis quando provocado, e não por iniciativa própria. Esta provocação deverá ser apresentada por meio de uma petição formulada por um dos legitimados constantes no rol constitucional (art. 103 CF/88) e deverá apresentar o dispositivo da lei ou do ato normativo impugnado e os fundamentos jurídicos do pedido em relação a cada uma das impugnações, além do pedido, com suas especificações, conforme art. 3º da Lei 9.868 de 1999.

Este limite imposto ao Poder Judiciário visa contribuir para a redução do caráter político da fiscalização da constitucionalidade das leis tornando o processo uma via judicial mais segura, bem como para evitar que o judiciário munido de amplos poderes assuma um papel de supremacia frente aos demais poderes (cf. Paulo e Alexandrino, 2009, p. 766).

Vale dizer que o STF apesar de estar vinculado aos dispositivos da lei ou do ato normativo impugnado constante na petição inicial, não o estará em relação aos fundamentos jurídicos do pedido.

Corrobora neste sentido o entendimento firmado por Paulo e Alexandrino (*idem*) segundo o qual "embora o

Supremo Tribunal Federal esteja vinculado ao pedido, vale dizer, como regra somente possa apreciar a constitucionalidade dos dispositivos legais expressamente mencionados na inicial, não o está em relação aos fundamentos jurídicos do pedido, ou seja, à causa de pedir". Arrematam afirmando que "o Tribunal é livre para declarar a inconstitucionalidade da norma não apenas pelos motivos indicados pelo impetrante da ação direta, mas também poderá fazê-lo tendo como fundamento qualquer outro parâmetro constitucional" (*ibidem*).

Princípio da Periodicidade (Direito Constitucional).

Consta no art. 37, X, da Carta Magna, com a redação conferida pela Emenda Constitucional nº 19/98, que "a remuneração dos servidores públicos e o subsídio de que trata o § 4º do art. 39 somente poderão ser fixados ou alterados por lei específica, observada a iniciativa privativa em cada caso, assegurada revisão geral anual, sempre na mesma data e sem distinção de índices". Foi somente a partir dessa emenda constitucional que passou a constar na lei a previsão de revisão anual da remuneração dos servidores públicos e o subsídio de que trata o art. 37, X, exigindo uma revisão geral.

Assim, decorre de lei a obrigatoriedade do Chefe do Poder Executivo de enviar anualmente ao menos um projeto de lei que trate sobre a reposição salarial dos servidores públicos, pois compete privativamente a esta autoridade estabelecer leis que disponham sobre o aumento da remuneração desta categoria (art. 61, § 1º, II, a, CF/88). Segundo nos ensina Moraes (2017, p. 379): "(...) a obrigatoriedade do envio de pelo menos um projeto de lei anual, tratando da reposição do poder aquisitivo do subsídio do servidor público, deriva do próprio texto constitucional".

Em oposição ao princípio foi editada em 15 de dezembro de 2016 a Emenda Constitucional nº 95 que alterou o Ato das Disposições Constitucionais Transitórias para instituir o Novo Regime Fiscal no contexto dos Orçamentos Fiscal e da Seguridade Social da União (arts. 106 a 114 do ADCT). Foram estabelecidos para alguns entes públicos para cada exercício limites individualizados para as despesas primárias, ou seja, resumidamente, aquele aglomerado de dispêndios que abrangem os gastos da Administração Pública, os serviços públicos prestados a coletividade e investimentos sociais, deduzindo desses valores as despesas financeiras do Estado.

Desta maneira, a EC 95/16 mudou completamente o cenário da periodicidade em nossas leis. Para tanto, registre-se, por oportuno, a feliz síntese de inteligência do mestre Alexandre de Moraes (*idem*, p. 379): "(...) a partir da edição da EC nº 95, de 15 de novembro de 2016, o descumprimento do novo regime no âmbito dos Orçamentos Fiscal e da Seguridade Social da União, estabelecendo, para cada exercício, limites individualizados para as despesas primárias no âmbito dos três poderes, Ministério Público e Defensoria Pública, veda a aplicação do princípio da periodicidade".

Princípio da *Perpetuatio Jurisdictionis* (P. da Perpetuação da Competência, P. da Perpetuação da Jurisdição, P. da Perpetuidade da Jurisdição).

O princípio da *perpetuatio jurisdictionis* encontra-se presente no art. 87 do CPC, conforme se verifica: "Determina-se a competência no momento do registro ou da distribuição da petição inicial, sendo irrelevantes as modificações do estado de fato ou de direito ocorridas posteriormente, salvo quando suprimirem órgão judiciário ou alterarem a competência absoluta".

Assim sendo, estabelecida à competência, Mouzalas (2013, p. 185) pondera que "ela deve prevalecer durante todo o processo (...)". Já Bezerra Leite (2013, p. 74) defende que "melhor seria falar não em princípio da perpetuação da jurisdição, mas, sim, em princípio da perpetuação da competência".

Segundo Fredie Didier Jr. (2009, p. 107): "(...) a *perpetuatio jurisdictionis* (...) consiste na regra segundo a qual a competência fixada no momento da propositura da demanda - com a sua distribuição (...) ou com o despacho judicial -, não mais se modifica. Trata-se de uma das regras que compõem o sistema de estabilidade do processo (...)".

"A *perpetuatio jurisdictionis* visa a não alteração do foro da ação pela mudança dos critérios originários de fixação da competência" (STJ. MS 9680/DF 2004/0056897-9. Rel. Min. Luiz Fux, j. 27.10.2004, DJ 28.03.05). "Entende-se que a criação de nova vara ou justiça especializada provoca o deslocamento da competência, porque altera a competência em razão da matéria" (STJ. REsp 675262/RJ 2004/0125355-0. Rel. Min. Felix Fischer, j. 22.03.2005, DJ 02.05.05).

"Segundo o princípio da perpetuidade da jurisdição (...), a competência é determinada no instante da propositura da ação, sendo irrelevantes as modificações do estado de fato ou de direito ocorridas posteriormente, salvo quando suprimirem o órgão judiciário ou alterarem a competência em razão da matéria ou hierarquia" (TRF-5, 3ª Turma. AC 385831/RN 2004.84.00.002926-5. Rel. Des. Fed. Geraldo Apoliano, j. 14.12.2006, DJe 13.03.2007).

Princípio da Perpetuidade (P. da Perpetualidade) (Direitos Reais).

O princípio da perpetuidade é um dos princípios gestores dos direitos reais. Segundo ele, os direitos reais são direitos perpétuos, ou seja, o simples não uso de um bem não é capaz de gerar ao proprietário a perda do mesmo. A não utilização, o ato de não usar um bem de sua propriedade não enseja, por si só, razão para que ocorra sua perda. Ninguém pode ser punido pelo desuso de um bem.

Segundo Carlos Roberto Gonçalves (2010, v. 5, p. 37) a propriedade é um direito perpétuo haja vista não se perder pelo não uso, mas somente pelos meios e formas legais tais qual o usucapião, a renúncia, a desapropriação, o abandono etc.

"Inexistindo previsão legal de prazo decadencial para o exercício desse poder potestativo, incide, no caso, o princípio da perpetuidade, pelo qual, em regra, os direitos potestativos não se submetem a limitação de ordem temporal" (TRT-14, 1ª Turma. ED 809 RO 0000809. Rel. Des. Vulmar de Araújo Coêlho Junior, j. 05.05.2010, DJe 10.05.2010).

Princípio da Personalidade dos Recursos (P. da Pessoalidade dos Meios de Recursos) (Direito Processual Penal).

O princípio em comento encontra-se consagrado no art. 580 do CPP, instrumento este que estipula: "No caso de concurso de agentes (Código Penal, art. 25), a decisão do recurso interposto por um dos réus, se fundado em motivos que não sejam de caráter exclusivamente pessoal, aproveitará aos outros".

Nos termos aduzidos no mecanismo processual penal a personalidade dos recursos fundamenta-se na propriedade que possui o dispositivo recursal de beneficiar somente a parte que o interpôs, ou seja, os efeitos do recurso serão pessoais quando, em caso de concurso de agentes, os motivos fundantes do recurso interposto por um dos réus sejam de caráter eminentemente pessoal. Nos casos em que as razões do recurso efetuado por um dos réus no concurso de agentes tenham caráter coletivo, seus efeitos alcançarão os demais.

Princípio da Pessoalidade (Direito Processual Civil).

Em respeito ao princípio da pessoalidade, na audiência de conciliação as partes deverão comparecer pessoalmente acompanhadas por seus respectivos advogados, podendo ser representadas por preposto devidamente designado caso se trate de pessoa jurídica.

Este princípio também atingirá a citação dos envolvidos, porém, cada esfera jurídica guarda suas próprias particularidades quanto ao assunto. Na esfera cível, observa Mouzalas (2013, p. 271), o princípio da pessoalidade se fará presente quando a citação for real, ou seja, apresentada ao réu, seja pessoalmente ou na pessoa de representante designado legalmente ou advogado. Por outro lado, serão exceções ao princípio da pessoalidade os casos de citação ficta, quando o réu não é encontrado pessoalmente e presume-se que tomou conhecimento da citação por outros meios legais (citação por edital e citação por hora certa).

Diferente ocorre na seara trabalhista conforme se extrai do julgado que segue: "No processo do trabalho, diferentemente do processo civil, à notificação citatória (citação inicial) não se aplica o princípio da pessoalidade da citação, ou seja, ela é válida quando dirigida ao correto endereço do réu e pode ser recebida por qualquer pessoa lá presente, independentemente de ser representante legal ou procurador legalmente autorizado da empresa executada. É, pois, do destinatário o ônus de provar a irregularidade da citação. Inteligência da Súmula 16, do c. TST" (TRT-5, 1ª Turma. AP 0056700-93.1992.5.05.0201/BA. Rel. Min. Edilton Meireles, DJe 21.05.2015).

O entendimento acima exposto encontra-se embasado no § 1º do art. 841 da CLT, *verbis*: "A notificação será feita em registro postal com franquia. Se o reclamado criar embaraços ao seu recebimento ou não for encontrado, far-se-á a notificação por edital, inserto no jornal oficial ou no que publicar o expediente forense, ou, na falta, afixado na sede da Junta ou Juízo".

Princípio da Pessoalidade da Pena (P. da Impossibilidade da Transmissão da Pena, P. da Intranscendência, P. da Intranscendência da Ação Penal, P. da Intranscendência das Medidas Restritivas de Direito, P. da Intransmissibilidade, P. da Intransmissibilidade da Pena, P. da Personalidade, P. da Personalidade da Pena, P. da Pessoalidade, P. da Responsabilidade Pessoal) (Direito Constitucional e Direito Processual Penal).

Na dicção do art. 5º, inciso XLV, "nenhuma pena passará da pessoa do condenado, podendo a obrigação de reparar o dano e a decretação do perdimento de bens ser, nos termos da lei, estendidas aos sucessores e contra eles executadas, até o limite do valor do patrimônio transferido".

Não pode a lei determinar que sucessores do condenado sejam alcançados pela pena a ele editada, pois a responsabilidade penal é intransferível. Claro está na Lei supra que só atingirá os sucessores na medida do patrimônio a ser recebido, ou, nas palavras de Paulo e Alexandrino (2009, p. 157), "patrimônio que a ele caberia por sucessão *causa mortis*".

Neste mesmo sentido, Nucci (2009, p. 73) esclarece que "a punição, em matéria penal, não deve ultrapassar a pessoa do delinquente", haja vista que a família não será afetada pela punição conferida ao condenado. Por outro lado, "isso não significa que não haja possibilidade de garantir à vítima do delito a indenização civil ou que o Estado não possa confiscar o produto do crime (...)".

"Não há ofensa ao Princípio da Personalidade da Pena (artigo 5º, inciso XLV, da Constituição Federal), em virtude do qual somente o condenado deverá submeter-se à sanção imposta, não cabendo estendê-la a ninguém, haja vista seu caráter personalíssimo, tendo em vista a natureza não penal da constrição de bens, uma vez que de caráter civil (cautelar), destinada a aparelhar eventual reparação do dano (artigo 387, IV do CPP), bem como as custas processuais" (TRF-4, Oitava Turma. 2009.70.00.000889-2/PR. Rel. Min. Victor Luiz dos Santos Laus, DJe 09.09.2010).

Princípio do Planejamento Urbano (Direito Urbanístico).

O planejamento urbano deverá balizar toda a política de ocupação territorial delineando um zoneamento racional em que a cidade possa ser ocupada de modo que se torne utilizável aos cidadãos. O planejamento urbano deverá prever as atuais e futuras demandas que a cidade poderá enfrentar adiantando-se a posteriores necessidades da sociedade e ao crescimento populacional e territorial, destinando espaços para empreendimentos e tornando a cidade um ambiente prático e bem organizado, potencializando espaços e considerando, sobretudo, as necessidades e carências da população quanto a moradia, saúde, transporte público, lazer, trabalho etc.

O planejando urbano tem previsão Constitucional, encontrando-se encartado no art. 182 deste Diploma, e é decorrente da política urbana adotada por cada um dos entes dos Poderes Públicos municipais, balizados, mormente pelo o que dispõe a Carta Maior.

Princípio da Plenitude de Defesa.

O princípio da plenitude de defesa foi instituído pela Constituição Federal por meio do art. 5º, XXXVIII, alínea a, segundo o qual é reconhecida a instituição do júri, com a organização que lhe der a lei, assegurada a plenitude de defesa. Portanto, do texto se conclui que o referido instituto da plenitude de defesa é exclusivo para o Tribunal do Júri (Tribunal do Povo). A plenitude de defesa no Tribunal do Júri tem por finalidade o convencimento dos jurados.

Conforme já observado, a plenitude de defesa será utilizada no Tribunal do Júri com o intuito de convencer os jurados utilizando-se o defensor de todos os meios de defesa possíveis admitidos no direito, podendo ainda o advogado utilizar-se de recursos não técnicos, não jurídicos, aqueles legalmente estipulados nos diplomas nacionais e internacionais, como por exemplo, argumentos de fundo religioso, político, moral, social etc.

Importante constar que não se confundem os institutos da ampla defesa e da plenitude de defesa. Ambos situam-se no mesmo art. 5º da Constituição Federal, nos incisos LV e XXXVIII, "a", respectivamente, embora a plenitude de defesa tenha maior abrangência.

Assim Mouzalas (2013, p. 32) define ampla defesa: "Como extensão do contraditório, a ampla defesa se trata (...) de garantia constitucional, por meio da qual, os sujeitos parciais do processo tem assegurado o uso de todos os meios processuais disponíveis para a defesa de seus interesses". A ampla defesa será exercida pelos litigantes tanto em processos judiciais como administrativos, tratando da defesa técnica em relação aos aspectos jurídicos – com os meios e recursos a ela inerentes (cf. art. 5º, LV, CF).

A título de maior esclarecimento segue o julgado: "Excepcionalmente, a apelação intempestiva deve ser admitida com base no princípio da plenitude de defesa, que tem status constitucional e, assim, não pode sucumbir diante de eventuais irregularidades no curso do processo" (TJ. HBC 20130020131318/DF 0013974-84.2013.8.07.0000. Rel. George Lopes Leite, j. 20.06.2013, DJe 08.07.2013).

No mesmo sentido: "O princípio da plenitude de defesa não impõe que todas as provas requeridas sejam, obrigatoriamente, deferidas pelo Magistrado" (TJ. HC 0089573-35.2012.8.26.0000/SP. Rel. Des. Péricles Piza, j. 30.07.2012, DJe 02.08.2012).

Princípio da Pluralidade de Estados Soberanos.

O princípio da pluralidade dos estados soberanos regula as relações entre os Estados dentro da ordem jurídica internacional. Importante notar que todo Estado é soberano, pois a soberania é uma das condições para sua formação. Assim, para que haja uma ordem jurídica internacional, fundamental se faz que existam diversos Estados dotados de autodeterminação, sendo o Direito Internacional Público a reger as relações entre esses entes internacionais.

Esta regulação exercida entre os Estados por meio do Direito Internacional Público se dá por meio de princípios e normas de ordem jurídica, que tratam, dentre outros assuntos, da cooperação entre os povos e o comércio internacional.

Princípio da Pluralidade de Instâncias.

Deparamo-nos aqui com um dos princípios específicos do processo administrativo. Maria Sylvia Zanella Di Pietro (2007, p. 588) leciona que "o princípio da pluralidade de instâncias decorre do poder de autotutela de que dispõe a Administração Pública e que lhe permite rever seus próprios atos, quando ilegais, inconvenientes ou inoportunos". Este poder que possui a Administração Pública de rever seus próprios atos por razões de conveniência e oportunidade decorre das Súmulas do STF nº 346 ("A administração pública pode declarar a nulidade dos seus próprios atos") e nº 473 ("A administração pode anular seus próprios atos, quando eivados de vícios que os tornam ilegais, porque deles não se originam direitos; ou revogá-los, por motivo de conveniência ou oportunidade, respeitados os direitos adquiridos, e ressalvada, em todos os casos, a apreciação judicial").

Portanto, a pluralidade de instâncias decorre do poder conferido ao administrado de recorrer das decisões administrativas do Poder Público quando entender que existe lesão a direito, podendo recorrer das decisões até que alcance o órgão hierarquicamente superior, ou, nas palavras de Di Pietro (2008, p. 598/599), "até alcançar a autoridade máxima da organização administrativa". É o direito à revisibilidade das decisões administrativas.

Conforme art. 57 da Lei nº 9.784/1999 que regula o processo administrativo no âmbito da Administração Pública Federal, "o recurso administrativo tramitará no máximo por três instâncias administrativas, salvo disposição legal diversa". Tal instituto também goza de previsão constitucional, segundo consta no art. 5º, LV, assegurando aos litigantes em processo judicial ou administrativo, e aos acusados em geral o direito ao contraditório e a ampla defesa, com os meios e recursos a ela inerentes.

Demonstrado que a pluralidade de instâncias é um direito assegurado ao administrado, convém informar que só não ocorrerá o instituto quando a decisão administrativa decorrer da autoridade máxima. Nestes casos caberá ao administrado elaborar pedido de reconsideração, ou, quando indeferido este, apelar ao poder judiciário.

Princípio da Pluralidade de Sócios.

Nas palavras de Silva (2007, p. 314) sociedade simples é "uma sociedade que realiza a atividade com predominância do trabalho dos sócios". Prossegue o autor (*idem*, p. 321) explicando que "a sociedade simples não é uma sociedade empresária, pois ela é a sociedade que realiza atividade econômica sem estrutura empresarial". Portanto, a sociedade simples não se confunde com a sociedade empresária, pois diferem na forma em que exercem a atividade econômica.

O princípio da pluralidade de sócios trata dentro do Direito de Empresa da obrigatoriedade da sociedade simples ser composta por mais de um sócio. O Diploma Civil no art. 997, na parte que trata do contrato social da sociedade simples, em nenhum momento dispõe que a sociedade simples poderá ser configurada por apenas uma pessoa. Pelo contrário, trata somente dos direitos e obrigações dos sócios da sociedade. Tanto é que a lei civil impõe a pluralidade de sócios, que o art. 1.033, IV, determina que a sociedade simples seja dissolvida quando ocorrer à falta de pluralidade de sócios não reconstituída no prazo de 180 (cento e oitenta) dias. Portanto, quando um dos sócios deixar a sociedade e esta ficar sem uma pluralidade de sócios – ao menos dois – a sociedade terá 180 (cento e oitenta) dias para buscar um novo membro e sanar a irregularidade, caso contrário será extinta.

Princípio do Pluralismo Político.

O princípio do pluralismo político encontra-se fundamentado na Constituição da República, no art. 1º, V, constituindo-se como um dos pilares, um dos princípios fundamentais da República Federativa do Brasil. Segundo a CF a República Federativa do Brasil, formada pela união indissolúvel dos Estados e Municípios e do Distrito Federal, constitui-se em Estado Democrático de Direito e tem como um de seus fundamentos o pluralismo político.

Segundo o festejado escritor, professor e advogado Celso Spitzcovsky (2014, p. 34/37), decorre deste princípio dois importantes desdobramentos, quais sejam a pluralidade de ideias e a pluralidade em relação à criação de partidos políticos. É natural que existam diferentes sentenças em cada pessoa, e nada mais justo que haja a liberdade partidária para que sejam criados partidos políticos que possam abarcar as mais variadas correntes ideológicas. O ser humano pode possuir o desejo de se expressar e de defender ao menos uma bandeira a qual ache justa. Pode ser a bandeira que defende o meio ambiente sustentável, pode ser a bandeira do direito dos trabalhadores, o direito do empresariado, o direito à educação de qualidade, das mulheres etc. Daí o direito ao multipartidarismo existente em nosso ordenamento ser a melhor via a ser adotada, pois dificilmente um mesmo partido conseguiria conviver com correntes ideológicas que naturalmente se contrapõem.

Assim, a CF/88 traz no *caput* do art. 17 que "é livre a criação, fusão, incorporação e extinção de partidos políticos, resguardados a soberania nacional, o regime democrático, o pluripartidarismo e os direitos fundamentais da pessoa humana" desde que observados os preceitos legais.

Princípio Político.

O princípio político é um dos princípios gerais do processo, um dos princípios informativos, cuja aplicação atingirá todas as normas processuais. Seu objetivo é tornar o aparato jurídico mais eficiente e célere.

Importante à definição trazida por Mouzalas (2013, p. 30), segundo o qual: "para este princípio, as regras processuais deverão estar em conformidade ao regime político adotado pelo sistema. O processo deve ter o maior rendimento possível, cumprindo sua instrumentalidade sem grandes sacrifícios às partes. O órgão julgador deve resolver as lides que lhe são apresentadas, mesmo no caso de lacunas no ordenamento jurídico, garantindo assim a sua completude".

Observe que o ilustre autor corrobora o entendimento de que o processo deve ter regras previamente determinadas regulando sua eficiência e celeridade, objetivando ainda, que as partes, autor ou réu, vencedor ou vencido, não sejam sacrificadas além de suas obrigações no decorrer do caminho processual. O tratamento oferecido às partes deve ser justo, tarefa que deverá se desempenhada pelo juiz, e nem aquele que não tem razão deverá ser sacrificado em suas liberdades individuais e coletivas. Em síntese, deve-se maximizar as garantias e minimizar os sacrifícios.

Princípio do Poluidor-Pagador (P. da Reparação, P. da Reparação Integral, P. da Reparação Integral do Dano Ambiental, P. da Responsabilidade, P. da Responsabilização das Condutas e Atividades Lesivas ao Meio Ambiente) (Direito Ambiental).

O prestigiado princípio ambientalista do poluidor-pagador encontra-se presente no art. 6º, II, da Lei 12.305/2010 que instituiu a Política Nacional de Resíduos Sólidos e também na Lei 6.938/81 que trata da Política Nacional do Meio Ambiente, mais precisamente no art. 4º, VII, primeira parte, segundo o qual cabe ao poluidor e ao predador a obrigação de recuperar e/ou indenizar os danos causados ao meio ambiente. No que tange a Carta Maior, encontra-se devidamente albergado no § 3º do art. 225, instituto este que impõe aos infratores a reparação integral dos prejuízos causados ao meio ambiente, dentre outras responsabilidades.

O presente princípio visa à prevenção, quando o dano não ocorreu, ou a reparação, quando o dano já foi ocasionado, para todos aqueles que poluírem ou degradarem o meio ambiente. Ou seja, caberá punição pecuniária por meio de multa e/ou recuperação ao estado em que o ambiente degradado se encontrava antes da ação prejudicial à natureza. Importante ressaltar que o pagamento de multa ou a obrigação de recuperar o meio ambiente não dá o direito de poluir/degradar.

Vale à pena transcrever a lição de lavra de Antônio F. G. Beltrão (2013, p. 32): "Pode-se afirmar que toda poluição gera um custo ambiental para a sociedade. O princípio do poluidor-pagador consiste no dever do poluidor de pagar por este custo ambiental, seja de forma preventiva, por meio de investimentos em tecnologia e de outros mecanismos, seja por meio de medidas reparadoras, quando o dano ambiental já ocorreu".

"De acordo com o princípio do poluidor pagador, fazendo-se necessária determinada medida à recuperação do meio ambiente, é lícito ao julgador determiná-la mesmo sem que tenha sido instado a tanto" (STJ. REsp 967.375/RJ 2007/0155607-3. Rel. Min. Eliana Calmon, j. 02.09.2010, DJe 20.09.2010).

"De acordo com o princípio do poluidor-pagador, será responsabilizado pelo dano efetivamente causado aquele que concorreu para tanto, de modo a impor-lhe a regeneração do meio ambiente, no local onde esses danos foram causados pela atividade respectiva" (TRF-5. AC 200683000146665. Rel. Des. Fed. Marcelo Navarro, j. 20.06.2013, DJe 27.06.2013).

Princípio da Ponderação de Interesses (P. do Balanceamento, P. da Ponderação de Valores e Bens Jurídicos, P. do Sopesamento e da Ponderação) (Diversos diplomas do Direito).

A ponderação de interesses é considerada por muitas vozes uma técnica ou método utilizado na equação de conflitos entre princípios da Constituição Federal. Traremos aqui outra abordagem com fins primordialmente didáticos.

Este princípio é tratado por Carvalho Filho (2012, p. 42 *apud* Cretton, 2001, p. 75) como um super princípio por ser considerado um instrumento "*fundante do próprio Estado de Direito Democrático contemporâneo (pluralista, cooperativo, publicamente razoável e tendente ao justo)*". O princípio da ponderação deverá buscar alcançar a harmonização e o balanceamento entre os valores e os bens jurídicos constantes no caso concreto levando-se em consideração o ordenamento constitucional diante de direitos que de alguma forma colidem entre si. Não é incomum que certos direitos "trombem" de frente com outros direitos fundamentais do ser humano. Nesse sentido, todos os aspectos deverão ser sopesados para que se encontre um ponto de equilíbrio onde os interesses envolvidos sejam alcançados de forma razoável.

Diante do caso concreto onde se encontram os direitos colidentes, o que o princípio da ponderação deseja é descobrir "qual dos interesses – que abstratamente estão no mesmo nível – tem maior peso no caso concreto" (Alexy, 2008, p. 95). Conforme ensina o citado mestre, os interesses encontram-se, abstratamente, em um mesmo nível prioritário, porém, diante da situação, um deles terá maior peso, predominância sobre o outro, claro, sempre diante do caso concreto.

Segundo disposto na doutrina de Leone Pereira (2013, p. 70), o princípio constitucional da ponderação de interesses deverá pautar a atuação do Juiz do Trabalho naquilo que trata da aplicação subsidiária das normas do Processo Civil ao Processo do Trabalho. Mas, importante frisar, tanto no direito do trabalho quanto nos diversos ramos do direito brasileiro, o princípio da ponderação de interesses deverá realizar a devida ponderação entre as normas que estejam em conflito dentro do caso concreto, de modo que a solução seja a mais objetiva possível.

As especificidades de cada caso delimitarão sua faceta frente a ponderação e o sopesamento do conflito envolvendo o choque entre diferentes direitos fundamentais. Neste processo de harmonização dos interesses cada direito receberá um peso que será fornecido sempre se levando em conta as particularidades do caso concreto, relacionando para tanto valores, bens e interesses envolvidos.

Princípio da Precaução (P. da Cautela, P. da Prudência) (Direito Ambiental).

Um dos princípios regentes do Direito Ambiental a precaução tem como missão gerar maior segurança ambiental ante as incertezas científicas. Ou seja, mesmo diante da falta de dados científicos conclusivos se determinada atividade é ou não nociva ao meio ambiente, a simples dúvida acerca dos estudos deve levar ao Poder Público um sentido mais aguçado de cautela, podendo, ainda, proibir que certas atividades sejam levadas adiante com o indeferimento de sua licença ambiental.

Portanto, observa-se um cuidado elevado diante das incertezas, pois o meio ambiente não deve correr riscos desnecessários. Trata-se de verdadeira precaução.

O princípio da precaução foi internacionalmente difundido no ano de 1992 por ocasião da Conferência das Nações Unidas para o Meio Ambiente e Desenvolvimento que teve como decorrência a "Declaração do Rio de Janeiro", encontrando-se posicionado no artigo 15 do referido diploma, *verbis*: "Com o fim de proteger o meio ambiente, o princípio da precaução deverá ser amplamente observado pelos Estados, de acordo com suas capacidades. Quando houver ameaça de danos graves ou irreversíveis, a ausência de certeza científica absoluta não será utilizada como razão para o adiamento de medidas economicamente viáveis para prevenir a degradação ambiental".

Este princípio também se encontra previsto na Convenção-Quadro das Nações Unidas sobre a Mudança Climática assinada em Nova Iorque no ano de 1992 e ratificada no Brasil por meio do Decreto nº 2.652 de 1998, e na Convenção da Diversidade Biológica, conhecida por Protocolo de Nagoya, realizada na cidade de mesmo nome em 2010.

No plano nacional, o princípio da precaução encontra-se previsto na Constituição Federal, art. 225, § 1º, V, na Lei 11.105 de 2005, que criou o Conselho Nacional de Biossegurança (CNBS) e estabeleceu a Política Nacional de Biossegurança (PNB) em seu art. 1º, na Lei Federal 11.428 de 2006 que estabelece regras sobre a utilização e proteção da vegetação nativa do Bioma Mata Atlântica e, finalmente, também no art. 6º, I, da Lei 12.305 de 2010 que instituiu a Política Nacional de Resíduos Sólidos. [47]

Em respeito ao princípio da precaução, consta no art. 225, § 1º, IV da CF que o Estudo de Impacto Ambiental (EIA) deverá ser realizado previamente ao projeto. O princípio da precaução comumente é confundido como princípio da prevenção. Entretanto aquele representa segundo Beltrão (2013, p. 20), "um passo adiante na evolução do direito ambiental".

O venerável mestre Antônio F. G. Beltrão (*idem*, p. 21) apresenta a diferença entre estes princípios com rara destreza e lucidez: "(...) enquanto a prevenção pressupõe uma razoável previsibilidade dos danos que poderão ocorrer a partir de determinado impacto, a precaução pressupõe, ao contrário, imprevisibilidade dos danos que poderão ocorrer dada a incerteza científica dos processos ecológicos envolvidos. Em outra palavras, para o princípio da prevenção o dano futuro é certo, razão pela qual se deve agir preventivamente; para o princípio da precaução, entretanto, o dano futuro é incerto. Não há certeza científica de que o dano ocorrerá, nem tampouco de que o dano não ocorrerá".

Princípio da Precedência.

Um dos princípios do orçamento, o princípio da precedência tem fundamento no que dispõe o art. 35, § 2º, incisos I, II e III, do Ato das Disposições Constitucionais Transitórias (ADCT). O ciclo orçamentário brasileiro é composto por três instrumentos principais, quais sejam o Plano Plurianual (PPA), a Lei de Diretrizes Orçamentárias (LDO) e a Lei Orçamentária Anual (LOA). Pelo que determina o art. 35 todo o ciclo orçamentário brasileiro deverá ser aprovado antes do exercício financeiro a que se referir. Ou seja, os projetos do PPA, da LDO e da LOA serão encaminhados para aprovação no Congresso Nacional dentro de períodos diversos, e deverão necessariamente ser aprovados antes do exercício a que se referirem para que possam vigorar.

O projeto do Plano Plurianual para vigência até o final do primeiro exercício financeiro do mandato presidencial subsequente será encaminhado até quatro meses antes do encerramento do primeiro exercício financeiro e devolvido para sanção até o encerramento da sessão legislativa. O projeto de Lei de Diretrizes Orçamentárias será encaminhado até oito meses e meio antes do encerramento do exercício financeiro e devolvido para sanção até o encerramento do primeiro período da sessão legislativa. Por fim, o projeto de Lei Orçamentária Anual da União será encaminhado até quatro meses antes do encerramento do exercício financeiro e devolvido para sanção até o encerramento da sessão legislativa.

Compõem exceções ao princípio as leis de crédito suplementar e de crédito adicional especial.

Princípio da Precedência da Fonte de Custeio (P. da Preexistência do Custeio em Relação aos Benefícios ou Serviços).

O financiamento da Seguridade Social se dará mediante recursos provenientes dos orçamentos da União, dos Estados, Distrito Federal e dos Municípios, sendo que nenhum benefício ou serviço da Seguridade Social poderá ser criado, majorado ou estendido sem a correspondente fonte de custeio total, isto de acordo com o § 5º do art. 195 da Carta Maior.

Este princípio possui intima relação com o princípio do equilíbrio financeiro e atuarial, haja vista o rigor existente na criação das fontes de custeio das atividades da Seguridade Social. Neste ínterim, cumpre transcrever a lição de lavra do eminente doutrinador Jefferson Luis Kravchychyn (*et al.*) (2014, p. 30) de que "somente possa ocorrer aumento de despesa para o fundo previdenciário quando exista também, em proporção adequada, receita que venha a cobrir os gastos decorrentes da alteração legislativa, a fim de evitar o colapso das contas do regime".

"A contribuição social possui natureza peculiar, porque imanente à moderna ideia de sistema de seguridade social (artigos 194 e 195 da Constituição Federal e 125 da Lei 8.213 /91). Sua natureza não se confunde com a tributária, mas indenizatória. - O sistema previdenciário brasileiro é eminentemente solidário e contributivo/retributivo, sendo indispensável a preexistência de custeio em relação ao benefício e/ou serviço a ser pago ou prestado. (...) A certidão de tempo de serviço somente pode ser expedida, para fins de aposentadoria, se recolhidas as contribuições vencidas com os acréscimos legais, eis que não existe benefício sem o correspondente custeio. - Para fins de contagem recíproca, indispensável a indenização das contribuições previdenciárias correspondentes ao tempo laborado (art. 96 , IV da Lei 8213 /91)" (TRF – 3. AMS 12930 2001.61.00.012930-0/SP. Rel. Juíza Vera Jucovsky, j. 17.09.2007, DJe 24.10.2007).

Princípio da Preclusão (P. da Convalidação) (Direito Processual Civil).

O princípio da preclusão ou da convalidação decorre do princípio dispositivo e encontra-se previsto inicialmente nos artigos 278 e 507 do CPC, bem como no artigo 795 da CLT. Os artigos processuais tratam que a nulidade dos atos deverá ser alegada na primeira oportunidade em que couber à parte falar nos autos, sob pena de preclusão (cf. art. 278, *caput*, CPC), e que é vedado à parte discutir no curso do processo as questões já decididas a cujo respeito se operou a preclusão (cf. art. 507, CPC).

"A declaração das nulidades relativas depende da iniciativa da parte interessada, sempre que a infração à lei lhe seja prejudicial, devendo ser alegada na primeira oportunidade que tenha para se manifestar no processo, sob pena de preclusão (...). (...) Se não alegadas, as nulidades relativas convalescem e essa preclusão impede o interessado de fazer posterior alegação e o juiz, de anular o ato" (TRF - 3. AC 23913/SP 2000.61.19.023913-0. Rel. Juiz Henrique Herkenhoff, j. 17.07.2007, DJe 03.08.2007).

Na seara trabalhista é consignado na CLT que as nulidades não serão declaradas senão mediante provocação das partes, as quais deverão argui-las à primeira vez em que tiverem de falar em audiência ou nos autos (cf. art. 795, *caput*).

"Dispõe o art. 795 da CLT que as nulidades não serão declaradas senão mediante provocação das partes, as quais deverão argui-las à primeira vez em que tiverem de falar em audiência ou nos autos (...)" (TRT 1, 5ª Turma. AGVPET 853009820055010066/RJ. Rel. Tania da Silva Garcia, j. 13.11.2012, DJe 27.11.2012).

Neste sentido, observa Bezerra Leite (2013, p. 783) que "tratando-se de nulidade absoluta decorrente de inobservância de norma de ordem pública, conhecível, portanto, *ex officio* pelo juiz, não há lugar para a preclusão", pois assim, prossegue o autor, "questões alusivas a condições da ação ou pressupostos processuais não se sujeitam à preclusão, podendo ser renovadas (ou apreciadas de ofício pelo tribunal) no recurso, ainda que não tenham sido suscitadas pelas partes".

Princípio da Predominância do Interesse.

O Brasil é um Estado Federado composto naturalmente por entes federados, quais sejam: União, Estados, Distrito Federal e Municípios, todos autônomos nos termos da Constituição. Convém recordar que atualmente o país não possui territórios, pois a Constituição Federal de 1988 decidiu abolir esta categoria específica de divisão administrativa.

Cada ente possui rol próprio de competências estabelecidas na Constituição, sendo elas regidas pelo princípio da predominância do interesse. Antônio Beltrão (2013, p. 51) diz que em decorrência deste princípio, compete à União as matérias em que predomine o interesse nacional, aos Estados as matérias de interesse regional, ao DF as matérias que dizem respeito à aquela unidade da federação e, enfim, aos Municípios as matérias de interesse local.

Embora não haja um artigo específico que delimite o tema, o presente princípio encontra-se disperso em diversos pontos da CF/88, como no art. 5º e no Título III (Da Organização do Estado), nos Capítulos I (Da Organização Político Administrativa), II, (Da União), III (Dos Estados Federados), IV (Dos Municípios) e V (Do Distrito Federal e Dos Territórios).

"O conceito de federalismo cooperativo provém dos Estados Unidos da América, cunhado como réplica ao conceito do federalismo dualista. Na lógica do federalismo de cooperação e coordenação, a definição do ente competente, no caso de competências concorrentes, se sujeita à predominância do interesse. José Afonso da Silva aponta a predominância do interesse como o princípio geral que norteia a repartição de competência entre as entidades componentes do Estado Federal (Paulo José Leite Farias em "Competência Federativa e Proteção Ambiental", Sergio Antônio Fabris Editor, Porto Alegre, 1999, pg. 327 (...))" (TRF-1, Quinta Turma: QUOAC 0003304-55.2008.4.01.3300/BA. Rel. Des. Fed. Selene Maria de Almeida, j. 15.12.2010, DJe 21.01.2011, p. 510).

"Tanto os Estados quanto os Municípios têm competência para legislar sobre questões atinentes aos direitos dos consumidores, tais como o tempo de espera nas filas das Instituições Bancárias e a disponibilidade de assentos para aqueles que deles necessitam, sem que isso implique em ofensa à Constituição Federal, porque que não se trata de regular a atividade fim exercida pelos Bancos, cuja competência privativa é da União" (TJ. AC 0581759-6/PR. Rel. Min. Leonel Cunha, j. 14.07.2009, DJe 192).

Princípio da Predominância do Interesse Imediato dos Credores (P. do Interesse Imediato dos Credores, P. da Participação Ativa dos Credores, P. da Relevância do Interesse dos Credores).

Os credores serão os agentes principais em todos os procedimentos decorrentes de insolvência decorrentes de recuperação judicial ou falimentar, por isso deverão ter participação ativa nestes processos. Seus interesses nos processos de execução falimentar ou de recuperação judicial deverão ser postos em destaque, pois tanto a habilitação dos créditos da falência como a execução do plano de recuperação judicial devem proporcionar aos credores o recebimento dos seus respectivos créditos. A equalização de seus interesses deverá ser constituída o mais próximo possível daquilo que o credor teria a receber, ocorrendo de maneira imparcial.

Quando aqui nos referimos aos interesses imediatos dos credores, significa dizer que não importa aquela hierarquia definida em lei para fins de ordem de recebimento de créditos, todos serão iguais, sejam eles empregados, fornecedores, instituições bancárias, entes públicos etc.

Princípio da Preferência (Direito Civil).

Reza o art. 1.475 do Código Civil que é nula a cláusula que proíbe ao proprietário alienar imóvel hipotecado, porém, pode-se convencionar que vencerá o crédito hipotecário se o imóvel for alienado. Este artigo consagra o princípio da preferência, um dos princípios dos direitos reais que constam no rol do art. 1.225 do Código Civil brasileiro.

Segundo raciocínio apresentado por Venosa (2012, p. 21, 22 e 25), os direitos reais cuidam de um ramo subjetivo do Direito Civil, tratando-se de direitos considerados absolutos. Por outra via, em nosso ordenamento nenhum direito pode ser considerado absoluto "sob pena de negar a própria existência do Direito". Desta feita, o caráter absoluto dos direitos reais deve ser mitigado. O art. 1.225 do CC elenca os direitos reais e, quanto a eles, somente poderão ser criados por lei.

Tratando-se do princípio em tela, a hipoteca não retira do imóvel sua comerciabilidade, podendo o proprietário de imóvel hipotecado dele se desfazer por meio de alienação. A alienação não retira do imóvel a característica de garantia. Mesmo alienado, permanecerá a garantia sobre o bem. Por outro lado, ao adquirir o bem, deverá o adquirente ter ciência da sua obrigação de quitar a dívida que onera o imóvel. "O princípio de preferência é fixado pela prioridade de data da hipoteca" (Venosa, 2012, p. 573).

"Princípio de preferência pela anterioridade da penhora cede às preferências do direito material instituídas na lei" (TJ. AI 0089638-30.2012.8.26.0000/SP. Rel. Candido Alem, j. 19.06.2012, DJe 05.07.2012).

Princípio do Prejuízo (P. *Pas de Nullité Sans Grief*, P. da Transigência) (Direito Processual Penal).

Segundo o princípio do prejuízo, não há nulidade sem prejuízo de quem a alega. É a utilização pelo Direito Processual Penal do brocardo jurídico *pas de nullité sans grief*.

Daí decorre o entendimento de que não existirá nulidade sem demonstração do prejuízo. Tal diretriz encontra-se substanciada no CPP brasileiro. De acordo com o art. 563, nenhum ato será declarado nulo se da nulidade não resultar prejuízo para a acusação ou para a defesa.

Ainda segundo o Diploma Processual Penal, "não será declarada a nulidade de ato processual que não houver influído na apuração da verdade substancial ou na decisão da causa" (art. 566). "Nos termos do art. 563 do Código de Processo Penal, 'nenhum ato será declarado nulo, se da nulidade não resultar prejuízo para a acusação ou para a defesa'. É a consagração, entre nós, do princípio do prejuízo, também conhecido para expressão *pas de nullité sans grief"* (STJ, T 5. HC 198832/PE 2011/0043710-4. Rel. Min. Laurita Vaz, j. 12.11.2013, DJe 25.11.2013).

Princípio do Prejuízo (P. *Pas de Nullité Sans Grief*, P. da Transcendência) (Direito Processual do Trabalho).

O princípio do prejuízo ou da transcendência está consagrado no art. 794 da CLT, segundo o qual nos processos sujeitos à apreciação da Justiça do Trabalho só haverá nulidade quando resultar dos atos inquinados manifesto prejuízo às partes litigantes.

Este princípio encontra íntima relação com o princípio da instrumentalidade das formas, e está consubstanciado pelo brocardo *pas de nullité sans grief*, que significa que não há nulidade sem prejuízo, ou seja, só haverá nulidade quando dos atos processuais praticados resultarem prejuízo às partes. Quando dos atos decorrem erros que não causem prejuízo algum às partes não que se falar em nulidade, pois esta ocorreria sem razão. Insta observar que somente os prejuízos de ordem processual serão causa de nulidades. O prejuízo deve ser manifesto quanto às partes litigantes.

Encontra-se disposto no CPC nos arts. 282, § 1º e 283, parágrafo único. Segundo o art. 282, § 1º, o juiz ao declarar a nulidade irá informar quais atos serão atingidos ordenando quais as providências necessárias a fim de que sejam repetidos ou retificados, observando-se a regra de que o ato não será repetido nem sua falta será suprida quando não prejudicar a parte. Conforme se extrai do artigo seguinte, o erro de forma do processo acarreta unicamente a anulação dos atos que não possam ser aproveitados, devendo ser praticados os que forem necessários a fim de se observarem as prescrições legais, dando-se o aproveitamento dos atos praticados desde que não resulte prejuízo à defesa de qualquer parte.

"Descabe falar-se em nulidade sob o fundamento de que houve excesso de prazo para a conclusão dos trabalhos da Comissão Processante. O excesso de prazo para conclusão do processo administrativo disciplinar não é causa de nulidade, quando não demonstrado qualquer prejuízo à defesa do servidor. Supremo Tribunal Federal e o Superior Tribunal de Justiça têm decidido, reiteradamente, no sentido de que as nulidades porventura existentes no âmbito do PAD, somente são declaradas quando restar evidenciada a ocorrência de qualquer prejuízo ao investigado, uma vez que no processo administrativo disciplinar aplica-se, também, o princípio do prejuízo - *pas de nullité sans grief*" (TJ, Corte Especial. MS 3838297/PE. Rel. Fausto de Castro Campos, J. 26.10.2015, DJe 20.01.2016).

"Evidentemente respeitado o que dispõe o art. 5º, LV, da CF/88, no que tange ao contraditório e ampla defesa, sabe-se, por outro lado, que o direito à produção de provas não é absoluto. (...) em se tratando de processo trabalhista, as nulidades sujeitam-se ao princípio do prejuízo (*pas de nullité sans grief*), insculpido no art. 794, da CLT. Isto é, não se pode cogitar que do indeferimento de diligência desnecessária ou inútil, incapaz de gerar prejuízo à parte, decorra algum vício processual" (TRT – 9. 1105-2010-653-9-0-1/PR. Rel. Sueli Gil El- Rafihi, DJe 18.01.2012). O art. 130 do antigo CPC corresponde atualmente ao art. 370.

Princípio da Presença do Estado (P. da Presença do Estado nas Relações de Consumo).

Tal princípio, um dos pilares da proteção ao consumidor, é assim definido por Almeida (2010, p. 34/35): "O princípio da presença do Estado nas relações de consumo é, de certa forma, corolário do princípio da vulnerabilidade do consumidor, pois, se há reconhecimento da situação de hipossuficiência, de fragilidade e desigualdade de uma parte em relação a outra, está claro que o Estado deve ser chamado para proteger a parte mais fraca, por meios legislativos e administrativos, de sorte a garantir o respeito aos seus interesses".

É papel do Estado intervir nas relações de consumo onde se detecte a ocorrência de prejuízos ao consumidor decorrentes de sua hipossuficiência e fragilidade ante ao fornecedor. A presença do Estado em defesa do consumidor decorre do Código de Defesa do Consumidor, segundo o qual a Política Nacional das Relações de Consumo tem por objetivo o atendimento das necessidades dos consumidores, o respeito à sua dignidade, saúde e segurança, a proteção de seus interesses econômicos, a melhoria da sua qualidade de vida, bem como a transparência e harmonia das relações de consumo, sendo observada a ação governamental no sentido de proteger efetivamente o consumidor (cf. art. 4º, II, CDC). Também decorre da Constituição Federal por meio dos arts. 5º, XXXII, e 170, V, que estipulam a defesa do consumidor.

Princípio da Preservação da Empresa (P. da Continuidade da Empresa, P. da Manutenção da Empresa, P. da Preservação da Atividade Empresarial, P. da Preservação e Recuperação Econômica da Empresa).

Inicialmente, para melhor compreensão da matéria devemos conceituar empresa. Fábio Nusdeo (2001, p. 246) nos brinda com sua brilhante definição, segundo o qual "a empresa é a unidade produtora cuja tarefa é combinar fatores de produção com o fim de oferecer ao mercado bens ou serviços, não importa qual o estágio da produção".

Silva (2007, p. 490) defende que "é possível sustentar que, ao menos nas sociedades contratuais, a vontade de um ou mais sócios em continuar a sociedade deve prevalecer, de modo a não ocorrer a dissolução total da sociedade, mas apenas parcial, pagando-se os haveres aos sócios retirantes, ainda que os sócios que desejam o fim da sociedade sejam majoritários, em virtude do princípio da preservação da empresa, pois o Estado deve proteger a atividade econômica". Ao buscar a preservação da empresa o Estado busca meios de propiciar o pleno emprego (art. 170, VIII, CF) e a dignidade humana, haja vista ser a atividade econômica a mola propulsora do desenvolvimento de qualquer nação.

A própria Lei de Falências aborda o assunto ao tratar que a recuperação judicial tem por objetivo viabilizar a superação da situação de crise econômico-financeira do devedor a fim de permitir a manutenção da fonte produtora, do emprego dos trabalhadores e dos interesses dos credores, promovendo, assim, a preservação da empresa, sua função social e o estímulo à atividade econômica (cf. art. 47 da Lei 11.101/95).

"O princípio da preservação da empresa cumpre preceito da norma maior, refletindo, por conseguinte, a vontade do poder constituinte originário, de modo que refoge à noção de razoabilidade a possibilidade de valores inexpressivos provocarem a quebra da sociedade comercial, em detrimento da satisfação de dívida que não ostenta valor compatível com a repercussão sócio-econômica da decretação da quebra. A decretação da falência, ainda que o pedido tenha sido formulado sob a sistemática do Decreto-Lei 7.661/45, deve observar o valor mínimo exigido pelo art. 94 da Lei 11.101/2005, privilegiando-se o princípio da preservação da empresa" (STJ, T 4. REsp 1023172/SP 2008/0012014-0. Rel. Min. Luis Felipe Salomão, j. 19.04.2012, DJe 15.05.2012).

Princípio da Presunção (P. da Legitimação, P. da Legitimação Registral, P. da Presunção, P. da Presunção de Exatidão, P. da Presunção Relativa ou Absoluta da Validade dos Atos, P. da Presunção da Veracidade) (Direito Registral).

A luz do princípio da presunção de validade dos atos jurídicos constantes no registro de imóveis temos que a eficácia dos atos registrais terá presunção relativa até que haja prova em contrário. É o que se dessume dos arts. 234 e seguintes da Lei de Registros Públicos (LRP, Lei nº 6.015 de 1973). Enquanto o registro não for cancelado produzirá todos os efeitos legais, ainda que posteriormente se comprove que o título está desfeito, anulado, extinto ou rescindido. No mesmo sentido temos o art. 1.245, § 2º, do Código Civil, segundo o qual, enquanto não se promover a decretação de invalidade do registro e seu respectivo cancelamento por meio da ação própria, o adquirente continuará a ser considerado como o dono do imóvel.

A exceção a presunção da validade dos atos registrais fica por conta do Registro Torrens, procedimento autorizado somente para imóveis rurais e que confere "presunção absoluta de propriedade a quem tiver seu certificado" (Venosa, 2012, p. 187). O Registro Torrens encontra-se descrito nos arts. 278 e seguintes da Lei nº 6.015/73.

Princípio da Presunção de Constitucionalidade das Leis (P. da Presunção de Constitucionalidade, P. da Presunção de Legalidade, P. da Presunção de Legitimidade, P. da Presunção de Legitimidade das Leis).

Tem-se consubstanciado em nosso ordenamento que, tanto as leis como os atos normativos editados pelo Poder Público, possuem presunção de constitucionalidade, pois seu processo elaborativo decorre da vontade do povo e em respeito à segurança jurídica, conforme ensinam Paulo e Alexandrino (2009, p. 693).

O art. 5º, II, da CF/88 dispõe que "ninguém será obrigado a fazer ou deixar de fazer alguma coisa senão em virtude de lei". Naturalmente que essa obrigação de fazer ou deixar de fazer será imposta por uma lei que deverá, naturalmente, ser revestida de constitucionalidade para que possa ser implementada.

Naturalmente que o legislador poderá declarar a inconstitucionalidade de uma norma quando esta apresentar conflitos com a Constituição Federal. Neste caso, somente pelo voto da maioria absoluta de seus membros ou dos membros do respectivo órgão especial poderão os tribunais declarar a inconstitucionalidade de lei ou ato normativo do Poder Público, regra conhecida como "reserva de plenário" (art. 97, CF/88).

"A alegação de que não se pode imputar o ajuizamento da ação à União em função de seus agentes estarem vinculados ao princípio da presunção de constitucionalidade das leis não prospera. Em primeiro lugar, porque as leis em sentido estrito são editadas pelo Congresso Nacional, com sanção do Presidente da República, ou seja, é a própria União que edita as suas leis. Em segundo lugar, porque, mesmo considerando a União enquanto Administração Pública, o princípio da presunção de constitucionalidade das leis não afasta a responsabilidade pela aplicação de lei inconstitucional, tanto que o Chefe do Poder Executivo pode deixar de cumprir lei eivada dessa espécie de vício" (TRF – 4. APELREEX 7209/SC 0000934-66.2007.404.7209. Rel. Vânia Hack de Almeida, j. 15.06.2010, DJe 07.07.2010).

Princípio da Presunção de Inocência (P. do Estado de Inocência, P. da Inocência, P. da Inocência do Réu, P. da Não Culpabilidade, P. da Presunção do Estado de Inocência).

Este princípio encontra-se fundamentado no art. 5º, LVII, da Carta Maior, segundo o qual "ninguém será considerado culpado até o trânsito em julgado de sentença penal condenatória". Deve-se aguardar o trânsito em julgado da sentença penal para que se estabeleça um juízo quanto à culpabilidade ou não do réu. Importante citar a Súmula 09 do STJ, segundo a qual "a exigência da prisão provisória, para apelar, não ofende a garantia constitucional da presunção de inocência".

Entretanto, este princípio comporta exceção, como a existente na Lei Complementar 135/2010, denominada Lei da Ficha Limpa. Nesta Lei, que altera a Lei Complementar nº 64 de 18 de maio de 1990, se estabelece, de acordo com o § 9º do art. 14 da Constituição Federal, casos de inelegibilidade, prazos de cessação e determina outras providências, para incluir hipóteses de inelegibilidade que visam a proteger a probidade administrativa e a moralidade no exercício do mandato. Portanto, sob o manto da Lei da Ficha Limpa poderão ocorrer casos de "inelegibilidades resultantes de decisões judiciais sem o trânsito em julgado", segundo Celso Spitzcovsky (2014, p. 91).

Conclui Spitzcovsky (*idem*) que "a lei admitiu que pessoas se tornassem inelegíveis ainda que tivessem sido condenadas por decisão judicial que comporte algum tipo de recurso".

Princípio da Presunção de Legitimidade dos Atos Administrativos (P. da Presunção de Legalidade dos Atos Administrativos, P. da Presunção de Veracidade, P. da Presunção de Veracidade dos Atos Administrativos, P. da Veracidade dos Atos Administrativos) (Direito Civil).

Os atos administrativos desde sua edição já possuem como característica, além da imperatividade e da autoexecutoriedade, a presunção de legitimidade. Essa presunção de legitimidade que reveste os atos administrativos decorre, como bem ensina Carvalho Filho (2012, p. 120), "na circunstância de que se cuida de atos emanados de agentes detentores de parcela do Poder Público, imbuídos, como é natural, do objetivo de alcançar o interesse público que lhes compete proteger".

"Os atos administrativos que gozam da presunção de legitimidade e veracidade decorrem do princípio da legalidade na Administração Pública (art. 37 CF)" (TJ. AI 0099882-18.2012.8.26.0000/SP. Rel. Sergio Gomes, j. 27.06.2012, DJe 27.06.2012).

"De comum sabença, os atos administrativos gozam de presunção de legitimidade, veracidade e de legalidade, não sendo possível seu eventual afastamento por medida liminar, com flagrante ofensa ao princípio do devido processo legal, a não ser diante de evidências concretas e unívocas (...)" (in AG 2004.01.00.012760 - 2/MT, Desembargador Federal Luciano Tolentino Amaral, 01/04/2004) (TRF – 1. AGA 36900/BA 0036900-31.2011.4.01.0000. Rel. Des. Fed. Reynaldo Fonseca. j. 02.04.2013, DJe 19.04.2013).

Princípio da Prevalência dos Direitos Humanos (P. do Respeito aos Direitos Humanos).

O art. 4º, II, da CF/88 consagra o princípio da prevalência dos direitos humanos. Segundo a Constituição, a República Federativa do Brasil rege-se nas suas relações internacionais pelo princípio da prevalência dos direitos humanos, dentre outros.

Paulo e Alexandrino (2009, p. 88) afirmam que se trata de um princípio fundamental internacional, e que, "em casos extremos de afronta a esses direitos por um Estado, pode levar o Brasil a apoiar a interferência de outros Estados naquele, a fim de impedir a continuação de situações de profunda degradação da dignidade humana", prevalecendo os direitos humanos sobre à própria soberania.

O Brasil ao adotar tal ideologia em seu ordenamento institui e eleva a proteção aos direitos humanos como princípio fundamental, comprometendo-se a promover a proteção dos direitos humanos tanto no plano interno quanto no plano externo, observando quanto a isto, a sua prevalência nas relações internacionais.

Princípio da Prevalência da Intenção dos Agentes.

A prevalência da intenção dos agentes configura-se como uma das regras nodais para a interpretação dos negócios jurídicos em nosso ordenamento civilista, encontrando-se o referido princípio plasmado no art. 112 do Código Civil, segundo o qual "nas declarações de vontade se atenderá mais à intenção nelas consubstanciada do que ao sentido literal da linguagem". O que importa na essência do artigo é a vontade real dos agentes, e não a vontade escrita. A vontade das partes que compõem o negócio jurídico por meio de contrato deverá ser traduzida, não devendo o agente avaliador se ater unicamente a letra fria do instrumento contratual.

A real intenção dos agentes deverá ser alvo de meticulosa investigação pelo intérprete legal. O exame do texto contratual deverá levar ao real interesse dos agentes quando da assinatura do negócio jurídico. Desta feita, as cláusulas constantes nos negócios jurídicos devem observar, além da intenção dos agentes também ao princípio da boa-fé (art. 113, CC).

Nesta toada, "quando as circunstâncias reais do negócio jurídico divergirem do conteúdo escrito do contrato, dever-se-á respeitar mais a intenção consubstanciada na declaração de vontade do que o sentido literal da linguagem" (Assis Neto, *et al.*, 2016, p. 315).

"De acordo com os artigos 112 e 113 do Código Civil, na interpretação do negócio jurídico se buscará atender mais à intenção das partes contratantes do que ao sentido literal do contrato" (TJ. ACJ 20121210064959/DF 0006495-38.2012.8.07.0012. Rel. Edi Maria Coutinho Bizzi, j. 15.07.2014, DJe 25.07.2014). "As declarações de vontade devem ser interpretadas com prevalência da intenção das partes sobre o sentido literal da linguagem utilizada (CC/2002, art. 112)" (TRT-17. RO 00230005420055170002. Rel. José Luiz Serafini, DJ 07.03.2007).

Princípio da Prevenção (P. da Avaliação Prévia dos Impactos Ambientais das Atividades de Qualquer Natureza, P. da Prevenção de Danos e Degradações Ambientais) (Direito Ambiental).

Princípio fundamental no Direito Ambiental, sua premissa é a prevenção em face de qualquer dano que possa ser vislumbrado ao meio ambiente. Defende a lógica de que é melhor prevenir do que remediar, afinal prevenir um dano ambiental é muito mais racional, correto e barato do que repará-lo. Portanto, o Poder Público deverá adotar todas as cautelas possíveis para a prevenção de danos ambientais por meio de medidas públicas.

A Declaração Universal sobre o Meio Ambiente de 1972 já trazia em seu bojo o princípio da prevenção. No ordenamento jurídico nacional encontra-se amplamente difundido. Na Constituição Federal, encontra-se embasado no *caput* do art. 225: "Todos têm direito ao meio ambiente ecologicamente equilibrado, bem de uso comum do povo e essencial à sadia qualidade de vida, impondo-se ao Poder Público e à coletividade o dever de defendê-lo e preservá-lo para as presentes e futuras gerações".

Além disso, encontra-se, por exemplo, em regulamentos como a Lei nº 6.938/81 que dispõe acerca da

Política Nacional do Meio Ambiente (incisos II, III, IV, VI, VII, IX e X do art. 2º e incisos III, IV e V do art. 4º), na Lei 12.305/2010 que trata da Política Nacional de Resíduos Sólidos (art. 6º, I) e no Decreto 2.519/1998 que promulgou a Convenção sobre Diversidade Biológica, assinada no Rio de Janeiro, em 05 de junho de 1992.

Em respeito ao princípio, o Estudo de Impacto Ambiental (EIA) deverá ser realizado anteriormente ao projeto, devendo sempre possuir caráter prévio. Nada mais lógico, pois de nada adiantaria um estudo posterior ao dano causado pela intervenção humana - a não ser, claro, a título de informação ou como dado puramente estatístico. É comum que a avaliação prévia de impacto ambiental ocorra por meio do EIA, dispositivo obrigatório nas atividades identificadas como potencialmente causadoras de significativa degradação ao meio ambiente (art. 225, §1º, IV, CF).

Portanto, nada mais lógico afirmar que quaisquer práticas que possam causar danos graves ou permanentes ao meio ambiente, ou até mesmo extinção de espécies da fauna e da flora, devem ser veementemente proibidas.

Princípio da Prevenção (P. da Prevenção Geral, P. da Prevenção Especial) (ECA).

O princípio *sub examine* encontra fundamento no ECA, e a própria lei trata de dividi-lo em dois, quais sejam, princípio da prevenção geral (art. 70 ao 73) e princípio da prevenção especial (art. 74 ao 80).

Para uma melhor compreensão estudaremos os dois institutos separadamente, mas frisando que se tratam da mesma norma. Iniciaremos então pela prevenção geral.

O princípio da prevenção geral compreende os artigos 70 a 73 do Estatuto da Criança e do Adolescente. Segundo este importante instrumento é dever de todos prevenir a ocorrência de ameaça ou violação dos direitos da criança e do adolescente, devendo a União, os Estados, o Distrito Federal e os Municípios atuar de forma articulada na elaboração de políticas públicas e de políticas educacionais eficientes.

Aqui deverá ser dispensada atenção para se evitar casos de maus tratos, castigos físicos e/ou mentais, ou qualquer forma de degradação humana que atente contra os direitos das crianças e dos adolescentes. O cuidado deverá ser o mais abrangente possível, devendo a Administração Pública zelar por sua organização e implementação. Além disso, a criança e o adolescente têm direito a informação, cultura, lazer, esportes, diversões, espetáculos e produtos e serviços que respeitem sua condição peculiar de pessoa em desenvolvimento (art. 71).

Trazemos à baila importante julgado: "A empresa organizadora de espetáculo em que adolescentes são encontrados consumindo bebidas alcoólicas é legitimada para figurar no pólo passivo da presente demanda, independentemente da terceirização da venda de bebidas para outra empresa, uma vez que aquela tem o dever de fiscalizar o cumprimento da legislação de proteção à criança e ao adolescente, por força do princípio da prevenção geral, previsto no art. 70 do ECA" (TJ. AC 2009217444/SE. Rel. Des. Marilza Maynard Salgado de Carvalho, j. 01.03.2010).

Passaremos agora ao estudo do princípio da prevenção especial, mecanismo que se encontra previsto no ECA do art. 74 ao 80. O poder público deverá por meio de seu órgão responsável regular as diversões e espetáculos públicos, informando sua classificação etária e outras informações pertinentes, bem como alertando se tais eventos se mostrem inadequados a crianças e adolescentes.

Não serão permitidas a entrada e permanência de crianças e adolescentes em ambientes que explorem bilhar, sinuca ou congênere, bem como em casas de apostas ou de concursos de prognóstico; além disso, visando sua proteção, será terminantemente proibida a venda de armas, munições, explosivos, bebidas alcoólicas, cigarros, revistas pornográficas, fogos de artifício e produtos passíveis de causar dependência, dentre outras proibições.

Neste sentido: "Os pais, no exercício do poder familiar, têm liberdade, ressalvados os limites legais, para conduzir a educação de seus filhos, segundo os preceitos morais, religiosos, científicos e sociais que considerem adequados. - O ECA, como a maior parte da legislação contemporânea, não se satisfaz com a simples tarefa de indicar os meios legais para que se reparem os danos causados a este ou aquele bem jurídico. O legislador, antes de tudo, quer prevenir a ocorrência de lesão aos direitos que assegurou. Foi com intuito de criar especial prevenção à criança e ao adolescente que o legislador impôs ao poder público o dever de regular as diversões e espetáculos públicos, classificando-os por faixas etárias (art. 74, ECA)" (STJ, 3ª Turma. REsp 1072035 RJ 2008/0143814-8. Rel. Min. Nancy Andrighi, j. 28.04.2009, DJe 04.08.2009).

Princípio da Primazia das Decisões de Mérito (P. da Inibição das Sentenças Terminativas, P. do Interesse Jurisdicional no Conhecimento do Mérito, P. do Máximo Aproveitamento Processual, P. do Primado das Decisões Meritórias, P. da Primazia do Conhecimento do Mérito).

É no art. 4º do Código de Processo Civil que encontramos os fundamentos existenciais do princípio da primazia das decisões de mérito. Conforme o dispositivo, "as partes têm o direito de obter em prazo razoável a solução integral do mérito, incluída a atividade satisfativa". Além do princípio da celeridade, também decorre deste artigo a necessidade de que o processo tramite de maneira a que o mérito da questão seja sanado, "coibindo expedientes tendentes a obstar o resultado final, mas sem sacrificar a qualidade da decisão que se postula e sem risco para a segurança jurídica" [48]

A decisão meritória deverá ser alcançada sempre que possível pelo órgão julgador para que seja satisfeito o direito, devendo o magistrado proceder de modo a fazer com que as partes litigantes procedam de maneira cooperativa no sentido de reparar quaisquer vícios sanáveis que impeçam o processo de ser resolvido definitivamente.

Segundo explica Bueno (2015, p. 82), a ênfase do processo não deverá recair somente em sua etapa cognitiva, mas, do mesmo modo, também na etapa satisfativa do direito, no "cumprimento de sentença", ou seja, a entrega do direito pleiteado deverá ocorrer com a mesma intensidade de seu estágio cognitivo. Completa o autor: "Importa frisar, portanto, que o art. 4º permite, por si só, a compreensão de que a atividade jurisdicional pode não se esgotar com o reconhecimento (declaração) dos direitos, indo além, no caminho de sua *concretização*".

No que tange ao Processo Coletivo brasileiro, o que se compreende é que devido ao caráter transindividual das demandas sob análise da justiça, deve-se, ao máximo, evitar a extinção do processo coletivo sem a resolução do mérito para que se cumpra a função jurisdicional (o papel da jurisdição) prometida pelo Estado, mas também para que haja satisfação a coletividade quanto a questões de grande relevância social. Portanto, é dever do magistrado buscar meios legais para que a demanda coletiva, dada sua importância, não seja extinta sem resolução de seu mérito.

Princípio da Primazia da Lei (P. da Preferência da Lei, P. da Prevalência da Lei).

Este princípio deriva do princípio da hierarquia das normas, sendo tratado por alguns doutrinadores como um subprincípio deste. Remetemos o (a) leitor (a) ao princípio da hierarquia das normas para um estudo mais detalhado acerca do tema.

Princípio da Primazia da Realidade (P. da Primazia da Realidade sobre a Forma, P. da Realidade dos Fatos) (Direito do Trabalho).

Segundo entendimento de Ivan Horcaio (2008, p. 77): "O princípio da primazia da realidade destina-se a proteger o trabalhador, já que seu empregador poderia, com relativa facilidade, obrigá-lo a assinar documentos contrários aos fatos e aos seus interesses". Continuando o raciocínio, completa o autor (*idem*): "Ante o estado de sujeição permanente que o empregado se encontra durante o contrato de trabalho, algumas vezes submete-se à ordens do empregador, mesmo contra sua vontade". Na seara trabalhista, na ocorrência de desacordo entre a realidade fática e a realidade documental prevalecerá para os devidos fins a realidade dos fatos.

Do princípio da primazia da realidade decorre o princípio da busca da verdade real. De acordo com este princípio deverá prevalecer aquilo que realmente ocorreu na relação de trabalho inobstante não estar de acordo com aquilo que está escrito, pois no direito laboral busca-se sempre a verdade real em detrimento da verdade formal. Prevalecerá sempre o que foi praticado, o fato, a realidade, e não o rótulo. Desta maneira, procura-se impedir que o empregador exerça fraudes que mascarem a relação de emprego e prejudiquem o empregado. Como exemplo, um trabalhador é contratado como repositor em um supermercado (verdade formal), mas na realidade trabalha como caixa (verdade real).

"O Direito do Trabalho é informado pelo princípio da primazia da realidade, por meio do qual a verdade dos fatos se sobrepõe à verdade formal no que diz respeito às relações de emprego" (TRT-1. RO 786003720075010034/RJ. Rel. Valmir de Araujo Carvalho, j. 27.03.2012, DJe 18.04.2012).

"O Direito do Trabalho é informado pelo princípio da primazia da realidade, sobrepondo esta aos registros documentais. Assim, tem-se que o valor probante dos documentos é relativo, devendo-se analisá-los em cotejo com as demais provas, inclusive testemunhal" (TRT-6. RO 1875200500606007/PE 2005.006.06.00.7. Rel. Ivanildo da Cunha Andrade, DJ 14.06.2007).

Principio da Primazia da Tutela Especifica (P. da Maior Coincidência Possível, P. da Máxima Coincidência Possível, P. da Primazia da Tutela Específica na Execução, P. da Tutela Equivalente, P. da Tutela Específica) (Execução).

A busca pela tutela específica no processo de execução se trata de uma das normas fundamentais do processo executivo. Um dos princípios que regem a execução, a primazia da tutela específica define ser direito do credor receber dentro do possível, levando-se em conta as particularidades processuais, o montante a que teria direito caso o executado tivesse cumprido suas obrigações.

Assim, a medida executiva em prol do exequente deverá oferecer a este prestação exata daquilo que o devedor deveria ter adimplido caso não houvesse ocorrido à necessidade do processo. Isto é o desejado, porém, caso não seja possível por motivos diversos, a prestação deverá ser a mais próxima possível da ideal assegurando um resultado equivalente. Para maiores esclarecimentos consultar os arts. 297, 497, 499, 500, 536 e 537, todos do CPC.

Princípio da Prioridade (Direito Empresarial).

A Convenção de Paris para a Proteção da Propriedade Industrial de 1883 foi um importante documento cujo objetivo principal foi a harmonização das diferentes legislações nacionais em prol da proteção da propriedade industrial (patentes etc) pelos países signatários. De acordo com o art. 1º, item 2 da Convenção, a proteção da propriedade industrial tem por objeto as patentes de invenção, os modelos de utilidade, os desenhos ou modelos industriais, as marcas de fábrica ou de comércio, as marcas de serviço, o nome comercial e as indicações de proveniência ou denominações de origem, bem como a repressão da concorrência desleal. Essa Convenção deu origem ao que hoje denominamos de Sistema Internacional da Propriedade Industrial.

No Brasil, é a Lei de Propriedade Industrial (Lei nº 9.279/1996), com base na Convenção de Paris, o instrumento normativo que regula direitos e obrigações relativas à propriedade industrial (art. 1º).

O princípio da prioridade encontra-se expresso no art. 3º, I, da lei, segundo o qual aplica-se a proteção dos direitos relativos à propriedade industrial "ao pedido de patente ou de registro proveniente do exterior e depositado no País por quem tenha proteção assegurada por tratado ou convenção em vigor no Brasil". Esse instrumento permite que qualquer cidadão de país signatário da Convenção de Paris para a Proteção da Propriedade Industrial possa requerer registro industrial ou reivindicar para si o direito de prioridade de patente em solo nacional. Esta permissão decorre do fato do Brasil ser membro do Sistema Internacional da Propriedade Industrial e permite aos brasileiros em território de país signatário os mesmos direitos.

Princípio da Prioridade Absoluta (P. da Absoluta Prioridade, P. da Garantia Prioritária) (ECA).

A prioridade absoluta é um princípio constitucional previsto no artigo 227 da CF/88, bem como no art. 4º da Lei 8.069/90 (Estatuto da Criança e do Adolescente – ECA). Por absoluta prioridade entende Liberati (1991, p. 21) que crianças e adolescentes "deverão estar em primeiro lugar na escala da preocupação dos governantes; devemos entender que, primeiro, devem ser atendidas todas as necessidades das crianças e adolescentes (...)".

Sendo assim, entende-se que a Administração Pública deve priorizar o bem estar das crianças e adolescentes como pessoas em desenvolvimento que são. Desta maneira, devem ser privilegiadas obras e serviços que colaborem com o desenvolvimento mental, cultural e psíquico dessas pessoas, tais quais, creches, escolas, bibliotecas, postos de saúde, hospitais infantis, vacinação e saneamento básico, dentre outras. O princípio da prioridade absoluta guarda estreita relação com o princípio da humanidade.

O art. 227, *caput*, da Constituição, prevê que é dever da família, de toda a sociedade e do Estado assegurar com absoluta prioridade à criança, ao adolescente e ao jovem, o direito à vida, à saúde, à alimentação, à educação, ao lazer, à profissionalização, à cultura, à dignidade, ao respeito, à liberdade e à convivência familiar e comunitária, além de colocá-los a salvo de toda forma de negligência, discriminação, exploração, violência, crueldade e opressão.

O art. 4º, *caput*, do ECA confere estes mesmos direitos, aduzindo que a garantia da prioridade compreende (i) a primazia de receber proteção e socorro em quaisquer circunstâncias; (ii) a precedência de atendimento nos serviços públicos ou de relevância pública; (iii) a preferência na formulação e na execução das políticas sociais públicas; e (iv) a destinação privilegiada de recursos públicos nas áreas relacionadas com a proteção à infância e à juventude.

Questão pertinente a ser abordada configura a absoluta prioridade que também protege o idoso conforme art. 3° do Estatuto do Idoso (Lei 10.741/2003). A doutrina e jurisprudência atuais entendem que existindo confronto entre as necessidades de crianças/adolescente e idosos, prevalece a prioridade daquelas haja vista serem pessoas em desenvolvimento.

Princípio da Prioridade à Manutenção da Criança no Ambiente da Família Natural (P. da Continuidade das Relações Familiares, P. da Convivência Familiar).

Inicialmente insta apresentar a posição da CF/88 acerca do tema tratado no art. 227, *caput*, deste Diploma, posição na qual define que será dever da família, da sociedade e do Estado, dentre outros deveres, assegurar à criança, ao adolescente e ao jovem, com absoluta prioridade a convivência familiar e comunitária.

De acordo com o tema, Maria Berenice Dias (2016, p. 56) confere que "em face da garantia à convivência familiar, há toda uma tendência de buscar o fortalecimento dos vínculos familiares e a manutenção de crianças e adolescentes no seio da família natural".

Temos na jurisprudência: "O art. 227 da CFRB/88 confere especial proteção à criança e ao adolescente, assegurando-lhes absoluta prioridade na efetivação de seus direitos fundamentais" (TJ. AI 0039003-06.2013.8.19.0000/RJ. Rel. Des. Roberto de Abreu e Silva, j. 25.02.2014, DJe 08.04.2014).

Quanto a adoção internacional, o princípio da prioridade à manutenção da criança no ambiente da família natural atende ao anseio legal de privilegiar a convivência da criança e do adolescente no seio familiar. Em casos de adoção de crianças ou adolescentes em território nacional por estrangeiros deverá ser dada preferência a permanência dos adotantes junto aos parentes consanguíneos, privilegiando também a convivência comunitária tão importante ao desenvolvimento mental, moral, espiritual e social (ECA, art.

3º, *caput*), caso não seja possível sua reintegração ao seio familiar originário. A garantia do direito à convivência familiar a todas as crianças e adolescentes se consubstancia também por meio da Lei nº 12.010/2009, art. 1º, *caput*, §§ 1º e 2º.

O Estatuto da Criança e do Adolescente é Diploma farto quanto a esse direito. Diversos institutos desse Estatuto conferem a crianças e adolescentes o direito a convivência familiar. O art. 16, V, por exemplo, confere a eles o direito de participar da vida familiar e comunitária, sem que haja discriminação. Conforme se extrai do art. 19, *caput*, é direito da criança e do adolescente ser criado e educado no seio de sua família. Ocorrendo a impossibilidade da convivência no seio familiar, sua criação ocorrerá de maneira excepcional em uma família substituta em ambiente que garanta seu desenvolvimento integral, sendo assegurada, entretanto, sua convivência junto a familiares e a comunidade onde mantém relação, para que seus vínculos de parentesco e sociais não se percam.

Toda criança ou adolescente que estiver inserido em programa de acolhimento familiar ou institucional terá sua situação reavaliada, no máximo, a cada 3 (três) meses, devendo a possibilidade de reintegração familiar ser avaliada pela autoridade judiciária competente tendo por base relatório elaborado por equipe interprofissional ou multidisciplinar. A manutenção ou a reintegração de criança ou adolescente à sua família terá preferência em relação a qualquer outra providência (cf. art. 19, §§ 1º e 3º).

Este princípio, por priorizar a convivência de crianças e adolescentes junto ao núcleo familiar e da comunidade acaba por dificultar a adoção internacional.

Princípio da Prioridade da Penhora Anterior sobre a Posterior (P. *Prior Tempore Potior Jure*, P. da Prioridade) (Direito Falimentar).

De acordo com a Enciclopédia Jurídica o termo *prior tempore, potior jure*, quando escrito desta forma significa literalmente: o primeiro no tempo, preferente no direito. Quando escrito utilizando outra grafia – *Prior in tempore, potior in jure*: quem se antecipar no tempo tem preferência no exercício do direito. [49]

Segundo Georgios Alexandridis (2015, p. 791), no momento em que ocorre a promoção da penhora e os bens são penhorados, o exequente terá preferência sobre o resultado da alienação destes bens. Caso ocorra mais de uma penhora sobre o mesmo bem, a preferência será a adotada nos arts. 908 e 909, também do CPC, que tratam da ordem dos registros de penhora efetivados.

Esta é a regra do art. 797, do CPC, segundo o qual ressalvado o caso de insolvência do devedor em que tem lugar o concurso universal, realiza-se a execução no interesse do exequente que adquire, pela penhora, o direito de preferência sobre os bens penhorados. Recaindo mais de uma penhora sobre o mesmo bem, cada exequente conservará o seu título de preferência.

O art. 908 acima citado expressa que quando ocorrer pluralidade de credores ou exequentes, o dinheiro lhes será distribuído e entregue consoante a ordem das respectivas preferências e, deverá ser observada a anterioridade de cada penhora na distribuição de dinheiro quando não haja título legal á preferência.

Prossegue Alexandridis (*idem*, p. 912): "(...) na falta de credores com preferência no recebimento do crédito, vige a regra da anterioridade da penhora, de modo que deverá receber em primeiro lugar aquele em favor de quem tenha sido efetivada primeiramente a penhora".

"Havendo duas penhoras sucessivas sobre o mesmo imóvel, não tem o credor que penhorou em segundo lugar direito líquido e certo de manter a penhora que promoveu na execução movida contra o anterior proprietário, não lhe garantindo a lei mais do que recolher, do valor apurado com a alienação forçada, se algo sobejar após a satisfação do crédito do primeiro penhorante, a importância do seu crédito, ou parte dela. A penhora não constitui, por si, direito real" (STJ, T-4. RMS 11508/RS 2000/0003534-3. Rel. Min. Sálvio de Figueiredo Teixeira, j. 18.05.2000, DJU 07.08.2000).

Ver princípio da *par conditio creditorum.*

Princípio da Prioridade de Registro (P. da Prioridade, P. da Prioridade Registral, P. do Privilégio Registral) (Direito Registral).

Temos no Direito Imobiliário que pelo princípio da prioridade o registro de imóveis ocorrerá tendo por prioridade aquele título que primeiramente for apresentado no cartório ao oficial de registro. Tal definição decorre do consubstanciado nos arts. 1.246 do Código Civil e 185 e 186 da Lei de

Registros Públicos (Lei nº 6.015, de 31 de dezembro de 1973). De acordo com o CC, "o registro é eficaz desde o momento em que se apresentar o título ao oficial do registro, e este o prenotar no protocolo".

A LRP determina em seus artigos citados que, respectivamente, "todos os títulos tomarão, no protocolo, a data da sua apresentação e o número de ordem que, em razão dela, lhes competir, sendo neles lançados o nome do apresentante e a identidade do título, reproduzindo-se, neste, a data e o número de ordem" e que "a escrituração do protocolo incumbirá tanto ao oficial titular como ao auxiliar expressamente designado por aquele e autorizado pelo Juiz competente, ainda que o primeiro não esteja afastado ou impedido".

Seja qual for o motivo, se um indivíduo alienar um mesmo bem imóvel para mais de uma pessoa por meio de escrituras diversas, será o proprietário deste bem aquele que primeiro efetuar seu registro no cartório de imóveis. Por outro lado, aquele que adquire bem imóvel e não procede ao respectivo registro não será dono deste bem. Só se torna dono do bem quem o registra.

Assim, temos na lei a determinação de que o registro de imóveis deverá ocorrer no cartório por meio do oficial de registro ou por auxiliar determinado por ele, sendo necessário, nesse caso, autorização expressa do Juiz para que o auxiliar possa desempenhar tal função, tendo prioridade de registro o título que primeiro for apresentado. O controle da ordem de apresentação dos registros será efetuado pelo oficial por meio de lançamento prévio dos dados no protocolo.

Essa característica da prioridade por meio da ordem de registro não é privativa dos bens imóveis, mas de todos os direitos reais, conforme se verifica no art. 187 da LRP ao determinar que "o número de ordem determinará a prioridade do título e, esta, a preferência dos direitos reais, ainda que apresentados pela mesma pessoa mais de um título simultaneamente". No mesmo sentido corroboram tal afirmação os 1.422 e 1.493 do CC.

Prevê a doutrina de Assis Neto (*et al.*) (2016, p. 1.381/1.382) que o art. 190 da LRP age no sentido de garantir a devida efetividade ao princípio da prioridade: "(...) dispõe, (...) o art. 191 da citada legislação que não serão registrados, no mesmo dia, títulos pelos quais se constituam direitos reais contraditórios sobre o mesmo imóvel".

Ainda segundo a Lei nº 6.015/1973, determina o art. 192, *caput* e parágrafo único: "Prevalecerão, para efeito de prioridade de registro, quando apresentados no mesmo dia, os títulos prenotados no protocolo sob número de ordem mais baixo, protelando-se o registro dos apresentados posteriormente, pelo prazo correspondente a, pelo menos, um expediente diário. Parágrafo único. Excetuam-se da norma deste artigo as escrituras públicas lavradas na mesma data que, apresentadas no mesmo dia, determinem taxativamente a hora da sua lavratura, prevalecendo, para efeito de prioridade, a que foi lavrada em primeiro lugar".

No mesmo sentido, colhe-se a lição de Sílvio de Salvo Venosa (2012, v. 5, p. 537/538): "O princípio da prioridade estabelecido pelos direitos reais de garantia fixa exceção à paridade de créditos entre os diversos credores (*par conditio creditorum*). A incidência da prioridade em favor do credor com garantia real não decorre de exceção legal, mas dos princípios gerais reguladores do direito real. A prioridade decorre da eficácia *erga omnes*. Entre os credores hipotecários, a preferência estabelece-se pela prioridade de inscrição. A hipoteca registrada precedentemente terá preferência na excussão e assim sucessivamente para um segundo ou terceiro credor hipotecário".

Princípio da Prioridade na Tramitação.

A prioridade na tramitação é norma constante no rol dos princípios do processo coletivo comum brasileiro e, apesar de não possuir previsão legal no ordenamento pátrio, é matéria de ordem pública dada sua amplitude por ser de interesse de toda a sociedade, a coletividade propriamente dita. Assim, nesta espécie de relação processual os processos coletivos terão preferência sobre aqueles classificados como individuais. O Direito Coletivo, também definido como direito transindividual da coletividade, não pertence a um indivíduo somente, mas sim a toda sociedade dada sua dimensão, por isso, deverá ter prioridade frente as ações individuais.

Princípio da Privacidade (Direito de Mediação).

Segundo este princípio as partes somente poderão levar a discussão como objeto da mediação temas que se encontrem na esfera privada de cada um delas, ou seja, não lhes será permitido discutir temas que sejam de interesse público. A matéria que tenha por razão o interesse público não poderá ser discutida ou pactuada por meio de mediação.

Assim, de acordo com a autonomia da vontade, poderão ser objeto da mediação temas de interesse privado das partes que poderão ser discutidos e livremente pactuados, claro, conforme o regramento legal. Por outro lado, quando envolver interesse público não será possível adotar a mediação (Lei 13.140 de 2015 - Lei da Mediação)

Princípio da Probidade (Direito Civil).

O princípio da probidade encontra-se expresso no art. 422 do Código Civil, segundo o qual os contratantes são obrigados a guardar, assim na conclusão do contrato, como em sua execução, os princípios de probidade e boa-fé.

Guardando estreita relação com o princípio da boa-fé, até mesmo sendo definido por alguns autores como um dos aspectos objetivos deste princípio, o princípio da probidade define que serão elementos dos contratos a honestidade, a clareza, a retidão e a boa-fé. Estes elementos deverão ser observados pelas partes tanto na formação do contrato como em sua execução.

Neste sentido, sintetiza Castro (2016, p. 149): "A ideia é que as partes atuem com justiça comutativa e busquem prestações equilibradas; não é dado a qualquer dos contratantes enxergar o outro como uma fonte de lucro a ser explorada".

"A doutrina e a jurisprudência pátrias reconhecem a possibilidade de reparação de danos decorrentes do desrespeito aos princípios da probidade e da boa-fé na fase pré-contratual" (TRT-14, Primeira Turma. RO 0000249. Rel. Des. Ilson Alves Pequeno Junior, j. 30.11.2011, DJe 01.12.2011).

Princípio da Programação (P. do Planejamento) (Direito Orçamentário).

O princípio da programação é um dos mais avançados princípios orçamentários, fundamentando-se na Lei nº 4.320/1964 (cf. arts. 47 a 50) e no Decreto-Lei nº 200/1967 (cf. arts. 7º e 18). Estabelece que o Poder Executivo deverá, obrigatoriamente, especificar todos os seus gastos por meio de um programa anual de trabalho que trará, de maneira pormenorizada, todas as despesas previstas naquele período, assegurando às unidades orçamentárias a soma de recursos necessários e suficientes a melhor execução dos seus programas. Objetiva-se alcançar equilíbrio e responsabilidade nos gastos orçamentários, dentro do universo de metas e objetivos traçados no programa de trabalho.

O programa de trabalho deverá estar em sintonia com o Plano Plurianual, que "é o instrumento legal de planejamento de maior alcance no estabelecimento das prioridades e no direcionamento das ações do governo" (Paludo, 2013, p. 245).

Princípio da Progressividade.

A progressividade é princípio do Direito Tributário com assento constitucional, sendo decorrência dos princípios da capacidade contributiva e da igualdade. No ordenamento jurídico brasileiro, à luz do princípio da progressividade, os tributos passíveis desta regra deverão sofrer elevação de forma gradativa, respeitando a capacidade contributiva de cada cidadão. A progressividade na elevação dos impostos deverá ocorrer de forma a observar as diferenças sociais, levando-se em conta a base de cálculo do fato gerador da incidência do imposto. A lógica contida neste princípio é que o rico deverá pagar mais impostos que o pobre por possuir uma maior capacidade contributiva.

Eduardo Sabbag (2015, p. 41) define progressividade como a "técnica de incidência de alíquotas variadas, cujo aumento se dá na medida em que se majora a base de cálculo do gravame". A guisa de esclarecimento é importante exprimir que tal regra só irá abranger determinados impostos, sendo eles o imposto sobre a renda e proventos de qualquer natureza (IR; art. 153, III, § 2º, I, CF), imposto sobre a propriedade predial e territorial urbana (IPTU; art. 156, I, § 1º, I e II, CF, c/c art. 182, § 4º, II, CF) e o imposto sobre a propriedade territorial rural (ITR, art. 153, VI, § 4º, I, CF).

Em relação ao imposto sobre a transmissão *causa mortis* e doação de bens e direitos (ITCMD), temos que o STF por meio do julgado RE nº 562.045/RS, admite a constitucionalidade da aplicação da regra da progressividade na cobrança do referido imposto. Portanto, inclui-se o ITCMD junto ao IR, IPTU e ITR dentre os impostos que devem obedecer a progressividade.

Portanto, conclui-se que o princípio da progressividade possui um importante viés social na medida em que impõe aos mais abastados uma maior carga tributária (impostos) em relação aos menos favorecidos.

Princípio da Proibição da Analogia *in Malam Partem* (P. da Vedação da Analogia *in Malam Partem*).

Diante de um caso concreto onde o magistrado se encontre impedido de julgar pelo fato de não existir norma aplicável, estará este diante de uma lacuna. Assim sendo, diante da omissão da lei, poderá decidir o caso de acordo com a analogia, os costumes e os princípios gerais de direito (cf. art. 4º da Lei de Introdução às normas do Direito Brasileiro - LINDB), pois "o direito não admite lacunas" (Assis Neto, *et al.*, 2016, p. 69). A analogia poderá ser utilizada para preenchimento de lacuna da norma jurídica. Esta integração normativa ocorrerá quando surgirem casos distintos, porém, que possam ser solucionados com o mesmo artifício.

De acordo com Assis Neto (*et al.*) (2016, p. 70): "a analogia consiste em aplicar a um fato disposições legais previstas para situações semelhantes". A analogia *in malam partem* que decorre do princípio da legalidade é defesa pelo ordenamento jurídico pátrio, pois no Direito Processual Penal somente é cabível o uso da analogia em benefício do réu (*in bonam partem*), nunca para prejudicá-lo (*in malam partem*).

"Inviável a aplicação da agravante prevista no artigo 61, inciso II, alínea "e", do Código Penal na hipótese de ter sido o crime cometido contra ex-companheira, por ausência de previsão legal, haja vista a proibição da analogia in malam partem no direito penal (TJ, 3ª Turma Criminal. APR 20130910277969/DF 0027192-55.2013.8.07.0009. Rel. José Guilherme, j. 09.10.2014, DJe 15.10.2014).

"Apesar de a condenação pelo crime de associação para o tráfico acarretar consequências semelhantes àquelas previstas para os crimes hediondos, não pode ser a ele equiparado, sob pena de configuração de analogia in malam partem (...)" (TJ. EP 0057912-33.2012.8.19.0000/RJ. Rel. Des. José Muinos Pineiro Filho, j. 11.12.2012, DJe 07.05.2013).

Princípio da Proibição do Atalhamento da Constituição (P. da Proibição do Atalhamento Constitucional, P. da Proibição do Atalhamento Constitucional e do Desvio de Poder Constituinte).

Em definição apertadíssima, explica Pedro Lenza (2008, p. 181/182) que o princípio do atalhamento da constituição tem por fim "vedar qualquer mecanismo a ensejar o 'atalhamento da Constituição', vale dizer, qualquer artifício que busque abrandar, suavizar, abreviar, dificultar ou impedir a ampla produção de efeitos dos princípios constitucionais". Ainda segundo ensinamentos de Lenza (2010, p. 267), trata-se da vedação da "utilização de meio aparentemente legal buscando atingir finalidade ilícita".

Ilustra o eminente doutrinador Fábio Konder Comparato (*APUD* Pedro Lenza, 2010, p. 276) tratar-se de "um 'desvio de poder constituinte', que os autores alemães denominam Verfassunsbeseitigung, expressão que traduzida literalmente significa 'atalhamento da Constituição'".

Ocorrerá o atalhamento da Constituição Federal quando o legislador legislar no sentido de alcançar finalidade ilícita ainda que por meios aparentemente legais, como a introdução de leis no ordenamento jurídico, entretanto esta lei vai de encontro ao arcabouço jurídico já estabelecido. A nova lei tenta burlar o sistema introduzindo norma contrária ao já estabelecido. Aparentemente trata-se de um ato normativo lícito, mas não é o caso, pois o fim é ilícito. O atalhamento constitucional é terminantemente vedado em nosso ordenamento.

Princípio da Proibição do *Bis in Idem* (P. do *Ne Bis in Idem*, P. do *Non Bis in Idem*, P. da Vedação da Dupla Punição pelo Mesmo Fato).

De acordo com este princípio é totalmente vedado em nosso sistema jurídico que haja sobre um mesmo agente dupla punição ou duplo processo, em respeito a dignidade humana. Apesar de sua importância no âmbito do direito penal, o princípio do *non bis in idem* não encontra previsão expressa na CF/88.

O *non bis in idem*, inclusive, é um dos pressupostos da extradição de não brasileiros, segundo Nucci (2009, p. 128), *verbis*: "o extraditando não pode estar sendo processado, nem pode ter sido condenado ou absolvido no Brasil pelo mesmo fato em que se fundar o pedido".

"O Plenário do Supremo Tribunal Federal, no julgamento do RE 453.000/RS, Rel. Min. Marco Aurélio, julgado em 04/04/2013, cuja repercussão geral foi reconhecida, decidiu, por unanimidade, que o instituto da reincidência, previsto no art. 61, I, do Código Penal, não ofende os princípios do *non bis idem* e da individualização da pena (art. 5º, XXXVI e XLVI, CF)" (STF. HC 94236/RS. Rel. Min. Teori Zavascki, j. 03.09.2013, DJe 19.09.2013).

"Havendo duas condenações transitadas em julgado em data anterior ao fato em julgamento, é cabível a utilização de uma delas como maus antecedentes e da outra para caracterizar a reincidência, sem que tal prática configure *bis in idem*" (TJ. APR 20140610044333/DF. Rel. Des. Jesuino Rissato, j. 26.11.2015, DJe 30.11.2015)

Princípio da Proibição do Estorno de Verbas (P. do Estorno de Verbas, P. da Proibição do Estorno).

Um dos princípios do orçamento público, a proibição do estorno de verbas encontra-se consagrado no art. 167, VI, da Constituição Federal e estipula que não será permitida a transposição, o remanejamento ou a transferência de recursos de uma categoria de programação para outra ou de um órgão para outro, sem que haja prévia autorização legislativa neste sentido.

O administrador público encontra-se impossibilitado de efetuar qualquer alteração na destinação dos recursos disponibilizados entre categorias ou órgãos. Neste sentido, seria necessária uma autorização legislativa para que tal hipótese fosse possível. Poderá o Poder Executivo ao verificar a ocorrência de insuficiência de recursos para certo setor requisitar junto ao Poder Legislativo autorização para a abertura de crédito suplementar ou especial, conforme as regras definidas pelo art. 167, V.

A Emenda Constitucional nº 85/2015 incluiu no artigo 167 da Carta Magna o § 5º, instrumento que permitiu a ocorrência de transposição, remanejamento ou transferência de recursos de uma categoria de programação para outra quando ocorrer no âmbito das atividades de ciência, tecnologia e inovação, com o objetivo de viabilizar os resultados de projetos restritos a essas funções mediante ato do Poder Executivo sem necessidade da prévia autorização legislativa prevista no inciso VI deste artigo.

Princípio da Proibição do *Nemo Allegans Propriam Turpitudinem Auditur* (P. do Interesse, P. do *Nemo Auditur Propriam Turpitudinem Suam Allegans*).

Este princípio decorre da alegação de que a ninguém é dado alegar a própria torpeza em seu proveito. Ninguém pode se beneficiar da própria torpeza. Quem deu causa ao erro não pode alegar tal fato em seu próprio benefício.

O brocardo jurídico *nemo allegans propriam turpitudinem auditur*, também conhecido por *tu quoque*, que significa "até tu" (expressão atribuída ao imperador Júlio César de Roma que, ao descobrir ter sido traído pelo próprio filho, Brutus, proferiu a sentença: "até tu, Brutus?"), traz em seu conceito a ideia de que nenhum ato orquestrado pela parte para futuramente lhe causar benefícios, poderá ser aceito pela justiça, mesmo que tal ato benéfico tenha sido praticado por erro ou omissão do beneficiado.

É descabida a alegação da apelada de que o processo deve ser considerado nulo desde a citação por conta da falha da formatação de seu próprio instrumento procuratório (*nemo auditur propriam turpitudinem allegans*) (TJ. AC 254332006/MA. Rel. Min. Anildes de Jesus Bernardes Chaves Cruz. j. 19.03.2009).

Não confundir com o princípio do interesse público também chamado de princípio do interesse.

Princípio da Proibição do Pacto Sucessório.

Nosso ordenamento proíbe terminantemente o pacto sucessório, também denominado de *pacta corvina* ou secessão contratual. É o que se percebe do texto do art. 426 do Código Civil, instrumento que institui não poder ser objeto de contrato a herança de pessoa viva. A herança de pessoa viva não pode ser objeto de contrato, pois se tal situação fosse possível, estaríamos diante de verdadeiro pacto de corvos, sentido da expressão latina que faz alusão ao sobrevoo dessas aves sobre animais doentes prestes a morrer.

Na lição de Assis Neto (*et al.*) (2016, p. 1770): "Sucessão contratual é a que deriva de acordo de vontades. Nosso direito positivado, de regra, proíbe o pacto sucessório (...), que é o negócio jurídico a respeito de herança de pessoa viva (...)".

Tal entendimento se traduz em nossa jurisprudência: "Fiel à tradição do nosso direito, o Código Civil, condena os pactos sucessórios, especialmente porque determina o surto de sentimentos imorais, 'porque toma por base de suas combinações a morte da pessoa de cuja sucessão se trata' e também porque 'contraria o princípio da liberdade essencial às disposições de última vontade', razão pela qual qualquer discussão ou acerto quanto eventual divisão dos bens dos pais ainda vivos não assume nenhuma consequência ou gera qualquer efeito ou obrigação" (TJ. AC 20040111115968/DF. Rel. João Egmont, j. 23.08.2006, DJU 30.11.2006).

Por outro lado, poderá o ascendente dono da herança dispor por meio de partilha e como bem entender, da parte disponível da herança, desde que com isso não prejudique a parcela chamada de legítima, que deverá necessariamente ser repartida entre os herdeiros necessários do art. 2018 do CC. Segue o artigo, *in verbis*: "É válida a partilha feita por ascendente, por ato entre vivos ou de última vontade, contanto que não prejudique a legítima dos herdeiros necessários". Portanto, não será permitido em nosso país o contrato que possuir como conteúdo a disposição de herança de pessoa que esteja viva.

Princípio da Proibição de Proteção Deficiente (P. da Proteção Penal Eficiente).

O princípio da proibição da proteção deficiente deriva do instituto da proporcionalidade, instrumento este balizador das medidas de aplicabilidade e dosagem das penas em Direito Penal, segundo o qual "as penas devem ser harmônicas com a gravidade da infração penal cometida, não tendo cabimento o exagero, nem tampouco a extrema liberalidade na cominação das penas nos tipos penais incriminadores" (Nucci, 2009, p. 77/78).

A proibição da proteção eficiente tem por desígnio a proteção da sociedade nos casos em que haja a omissão do Estado quando este, tendo a obrigação de agir, não o faz, ou agindo, atua de forma ineficiente, deficitária. Considera a obrigação do Estado em agir na proteção de bens jurídicos fundamentais levando-se em conta os potenciais riscos a sociedade.

Neste sentido: "Há um defeito de proteção quando o Estado não emprega medidas suficientes para garantir proteção adequada aos direitos fundamentais, cumprindo ao Poder Judiciário adotar as medidas necessárias para proteger os bens indispensáveis, no caso, a vida, a integridade física e a ordem pública" (TJ. HC. 0632025-48.2018.8.06.0000/CE. Rel. Haroldo Correia de Oliveira Máximo, j. 20.02.2019, DJe 20.02.2019).

Vejamos a título de exemplo, os seguintes excertos de jurisprudência:

"A luz do princípio da proporcionalidade, não deve ser posto em liberdade o réu que, embora sofrendo constrangimento ilegal por excesso de prazo, apresenta risco concreto de reiteração delitiva, por força do princípio da proibição da proteção deficiente do Estado" (TJ. HC 0628978-08.2014.8.06.0000/CE. Rel. Francisco Carneiro Lima. DJe 28.07.2015).

"Ainda que configurado excesso de prazo na formação da culpa, a jurisprudência nacional tem evoluído no sentido de que a concessão da liberdade não é consequência obrigatória da verificação de extrapolação temporal, ante o princípio da proibição da proteção deficiente. (TJ. HC. 0632025-48.2018.8.06.0000/CE. Rel. Haroldo Correia de Oliveira Máximo, j. 20.02.2019, DJe 20.02.2019).

Princípio da Proibição da Prova Ilícita (P. da Inadmissibilidade das Provas Ilícitas, P. da Inadmissibilidade das Provas Obtidas por Meios Ilícitos, P. da Licitude e Probidade da Prova, P. da Licitude das Provas, P. da Proibição da Prova Obtida Ilicitamente, P. da Prova Lícita, P. da Vedação da Prova Ilícita, P. da Vedação das Provas Obtidas por Meios Ilícitos).

Inicialmente, cumpre-nos diferenciar as provas ilícitas, das provas ilegítimas e ilegais, motivo pelo qual trazemos à baila os ensinamentos do festejado autor Alexandre de Moraes (1999, p. 114): "As provas ilícitas são aquelas obtidas com infringência ao direito material, as provas ilegítimas são obtidas com desrespeito ao direito processual. Por sua vez, as provas ilegais seriam o gênero do qual as espécies são as provas ilícitas e as ilegítimas, pois configuram-se pela obtenção com violação de natureza material ou processual ao ordenamento jurídico".

O mestre Capez (2014, p. 79) nos ensina que as provas ilícitas "são aquelas produzidas com violação a regras de direito material, ou seja, mediante a prática de algum ilícito penal, civil ou administrativo". Assim, continua o autor citando exemplos práticos como "a diligência de busca e apreensão sem prévia autorização judicial ou durante a noite", bem como "a confissão obtida mediante tortura", dentre outros exemplos que poderíamos aqui citar.

O ordenamento nacional veda a obtenção de provas por meios ilícitos, conforme art. 5º, LVI, CF/88, segundo o qual são inadmissíveis, no processo, as provas obtidas por meios ilícitos. Partindo-se do preceito constitucional, o Código de Processo Penal também inadmite esta espécie de prova obtida por meios que violam as normas constitucionais ou legais, determinando que em sua ocorrência deverão ser desentranhadas do processo (cf. art. 157, *caput*, CPP). São também inadmissíveis as provas derivadas das ilícitas, salvo quando não evidenciado o nexo de causalidade entre umas e outras, ou quando as derivadas puderem ser obtidas por uma fonte independente das primeiras (cf. § 1º, art. 157, CPP).

"O princípio da ampla defesa garante às partes o direito à prova, sendo vedada, entretanto, a utilização de provas obtidas por meios ilícitos, consoante dispõem os arts. 5º, inciso LVI, da Constituição Federal e 157, *caput*, do Código de Processo Penal. Conforme entendimento do Superior Tribunal de Justiça, é lícita a gravação ambiental realizada entre dois ou mais indivíduos, quando por iniciativa de um dos interlocutores, que procede sem conhecimento dos demais, não se confundindo com a gravação ilícita, feita por terceiros e sem conhecimento dos participantes" (TRE. AP 181918/MS. Rel. Luiz Cláudio Bonassini da Silva, j. 25.06.2013, DJe 03.07.2013).

Princípio da Proibição da *Reformatio in Pejus* (P. do *Ne Reformatio in Pejus*, P. da *non Reformatio in Pejus*, P. da Proibição do *Reformatio in Peius*, P. da Vedação da *Reformatio in Pejus*).

Não pode o órgão julgador de recurso julgar a pior. Ou seja, quando uma das partes na fase recursal, vencedor ou vencido, propor um recurso, não pode o julgador decidir a pior, não pode a decisão recursal ser pior que a matéria impugnada. Façamos nos valer da doutrina como base de apoio a compreensão da matéria.

Rinaldo Mouzalas Souza e Silva (2013, p. 750), ante o caso, afirma que ocorre a "impossibilidade de o órgão julgador de recurso decidir em prejuízo do único recorrente, uma vez que, por estar tal princípio vinculado ao princípio do dispositivo, o órgão recursal deve lançar decisão balizada na matéria impugnada e no pedido formulado pelo recorrente".

Cassio Scarpinella Bueno (2015, p. 604) por sua vez, aduz que "a noção de *reformatio in pejus* (...), reside na descrição da situação jurídica de uma das partes ser piorada pelo julgamento de um recurso mesmo sem pedido do recorrente ou independente de recurso seu".

Por fim, José Miguel Garcia Medina (2011, p. 539), traz a definição de que "o órgão *ad quem* deve examinar a questão posta nos limites estabelecidos pelo recorrente e não pode piorar a situação deste (...)".

Princípio do Promotor Natural (P. do Promotor Legal, P. do Promotor Natural e Imparcial).

É defeso em nosso ordenamento jurídico a designação de Promotor ou Procurador de exceção, ou *ad hoc* (art. 5º, XXXVII, CF/88), aquele instituído com a finalidade de julgar um caso específico, isso porque em nossa estrutura processual deve ser garantida a imparcialidade do julgamento. Fundamentado no art. 5º, LIII, da CF/88, o princípio do promotor natural determina que o Ministério Público é o órgão responsável por julgar, sendo proibida, segundo Capez (2014, p. 70), a "designação casuística de promotor" ou Procurador para julgar determinado caso.

"O Promotor ou o Procurador não pode ser designado sem obediência ao critério legal, a fim de garantir julgamento imparcial, isento. Veda-se, assim, designação de Promotor ou Procurador *ad hoc* no sentido de fixar prévia orientação, como seria odioso indicação singular de magistrado para processar e julgar alguém. Importante, fundamental é prefixar o critério de designação. O Réu tem direito público, subjetivo de conhecer o órgão do Ministério Público, como ocorre com o juízo natural" (STJ. RMS 5.867/SP. Rel. Min. Luiz Vicente Cernicchiaro, v.u., DJ, 16.09.96).

Para maiores informações recomendamos a leitura da Lei nº 8.625 de 12 de fevereiro de 1993, que institui a Lei Orgânica Nacional do Ministério Público e dispõe acerca das normas gerais para a organização do Ministério Público dos Estados.

Princípio da Proporcionalidade (P. da Proporcionalidade dos Meios aos Fins) (Direito Administrativo).

Ensina Carvalho Filho (2012, p. 90/91) que o princípio da proporcionalidade deriva do poder de polícia típico da Administração Pública, pois não seria sensato que a tal poder fosse disposto caráter ilimitado e desproporcional em sua consecução pelo agente público. Esse poder deverá ser pautado por uma proporcionalidade inerente a regra descumprida pelo cidadão. Se o ato praticado pelo cidadão é passível de punição por meio de multa, não seria razoável que o agente público aplicasse, por exemplo, uma punição de fechamento de estabelecimento. Trata-se de um dos princípios fundamentais dos atos sancionatórios da Administração Pública.

Ainda segundo o autor (*idem*): "Não havendo proporcionalidade entre a medida adotada e o fim a que se destina, incorrerá a autoridade administrativa em *abuso de poder* e ensejará a invalidação da medida na via judicial, inclusive através de mandado de segurança".

Esse princípio busca obstar por parte da Administração Pública a adoção de atos desarrazoados quando da aplicação do poder de polícia, sendo pautado pela busca entre a compatibilidade e a coerência entre os meios e os fins utilizados no emprego da sanção ao particular. A conduta administrativa deverá guardar correspondência com o ato praticado pelo particular, ou seja, a sanção deverá ser aplicada em total conformidade com a natureza do ato infracional. O emprego de punição superior ao ato irregular praticado consubstancia abuso de poder.

Princípio da Proporcionalidade (Direito Penal).

A Constituição Federal ao descrever em seu art. 5º, inciso XLVI, as penas que serão adotadas e individualizadas pela lei - quais sejam, privação ou restrição da liberdade, perda de bens, multa, prestação social alternativa, suspensão ou interdição de direitos, implicitamente descreve que deverá haver proporcionalidade na aplicação das penas pelo Estado.

Um crime considerado grave não poderá ser cominado com uma pena tão singela que não cumpra seu caráter punitivo, nem um delito simples ser punido com pena de excessivo rigor. Exemplificando, o furto de um pacote de biscoito não deve ser punido com o mesmo rigor de quem comete um estupro. Da mesma maneira, o assassinato não deve ter uma pena tão branda como a do indivíduo que furta um relógio.

Imperioso se faz destacar a definição de Nucci (2009, p. 77/78) acerca do princípio da proporcionalidade: "Significa que as penas devem ser harmônicas com a gravidade da infração penal cometida, não tendo cabimento o exagero, nem tampouco a extrema liberalidade na cominação das penas nos tipos penais incriminadores. Não teria sentido punir um furto simples com elevada pena privativa de liberdade, como também não seria admissível punir um homicídio qualificado com pena de multa".

Diante do Processo Penal, explica Capez (2014, p. 350), que para a aplicação das medidas cautelares deverá ser observado o binômio necessidade e adequação. Necessidade para a aplicação da lei penal, para a investigação ou a instrução criminal e, nos casos expressamente previstos, para evitar a prática de infrações penais, e a adequação da medida à gravidade do crime, circunstâncias do fato e condições pessoais do indiciado ou acusado (cf. art. 282, I, e II, CPP).

Ainda segundo Capez (2014, p. 373), "de acordo com essa teoria, sempre em caráter excepcional e em casos extremamente graves, tem sido admitida a prova ilícita, baseando-se no princípio do equilíbrio entre os valores contrastantes (admitir uma prova ilícita para um caso de extrema necessidade significa quebrar um princípio geral para atender a uma finalidade excepcional justificável)".

Quanto ao princípio da proporcionalidade *pro reo*, ou seja, em favor do réu/da defesa, tanto a doutrina quanto à jurisprudência admitem a utilização da prova obtida ilicitamente como elemento comprobatório de inocência, haja vista sua excepcionalidade. Inobstante este entendimento, não se observa atualmente o mesmo comportamento quanto à proporcionalidade *pro societate*, ou seja, em favor do Estado. Apesar de divergências, grande parte da jurisprudência e da doutrina pátrias é contrária à aplicação da proporcionalidade favorável ao Estado.

"A intervenção estatal por meio do Direito Penal deve ser sempre guiada pelo princípio da proporcionalidade, incumbindo também ao legislador o dever de observar esse princípio como proibição de excesso e como proibição de proteção insuficiente. (...) Em atenção ao princípio constitucional da proporcionalidade e razoabilidade das leis restritivas de direitos (CF, art. 5º, LIV), é imprescindível a atuação do Judiciário para corrigir o exagero e ajustar a pena cominada à conduta inscrita no art. 273, § 1º-B, do Código Penal" (STJ, Corte Especial. AI no HC 239363/PR 2012/0076490-1. Rel. Min. Sebastião Reis Júnior, j. 26.02.2015, DJe 10.04.2015).

"Em conformidade com o estabelecido no acórdão impugnado, esta Corte Superior firmou o entendimento de que a redação do art. 289 do Código Penal respeita o princípio da proporcionalidade ao apenar mais severamente aquele que promove a circulação de moeda falsa para obter vantagem financeira indevida e aplicar pena mais branda ao agente que, após receber uma cédula falsa de boa-fé, repassa-a para não sofrer prejuízo" (STJ, 6ª Turma. AgRg no AREsp 55436/SP 2011/0216124-7. Rel. Min. Sebastião Reis Júnior, j. 20.08.2013, DJe 06.09.2013).

Princípio da Proporcionalidade (P. da Adequação dos Meios aos Fins, P. da Adequação Punitiva, P. do Balanceamento dos Interesses e dos Valores, P. do Devido Processo Legal em Sentido Substantivo, P. da Lógica do Razoável, P. da Proibição de Excesso, P. da Razoabilidade) (Direito Constitucional).

A teoria da proporcionalidade teve origem no direito alemão no período pós-guerra. Comumente relacionada com a razoabilidade por alguns doutrinadores, preferimos tratá-la de maneira individualizada nesta obra. Este princípio que permeia todo o ordenamento jurídico pátrio define que deverá existir ampla harmonia entre as normas e os direitos fundamentais, podendo haver certa relativização desses direitos em casos extremos e em situações excepcionais. Para que se faça justiça, é necessário que a aplicação da norma seja proporcional mesmo que ocorra diante da violação de direitos da sociedade considerados fundamentais. Nenhuma garantia fundamental possui valor absoluto, não poderá se sobrepor de tal maneira a outra norma que lhe tire a razão de existir.

Diante, por exemplo, da prova apresentada pela parte que comprove sua inocência, mesmo que obtida de maneira ilícita, poderá a justiça utilizá-la para lhe inocentar. Mesmo não sendo permitido em nosso ordenamento a utilização de provas obtidas por meios ilícitos (cf. entendimento consubstanciado nos arts. 5º, LVI, CF, e 157, CPP), quando esta vier para beneficiar o réu demonstrando a ausência de culpa, deverá o Estado permitir seu aproveitamento haja vista não ser aceitável que este puna um agente tendo convicção de sua inocência.

O princípio da proporcionalidade em sentido amplo é dividido em três outros, sendo o princípio da proporcionalidade em sentido estrito, o princípio da adequação do processo e o princípio da necessidade.

Medina (2011, p. 566) define que diante do princípio da proporcionalidade os fins almejados devem guardar uma correta relação com os meios utilizados para sua consecução, sendo os princípios da máxima efetividade e da menor restrição possível seus elementos.

Quanto ao princípio da proporcionalidade *pro reo*, ou seja, em favor do réu/da defesa, tanto a doutrina quanto à jurisprudência admitem a utilização da prova obtida ilicitamente como elemento comprobatório de inocência, haja vista sua excepcionalidade. Inobstante este entendimento, não se observa atualmente o mesmo comportamento quanto à proporcionalidade *pro societate*, ou seja, no caso em que forem admitidas as provas ilícitas "quando demonstrada a prevalência do interesse público na persecução penal" (Capez, 2014, p. 375). Apesar de divergências, grande parte da jurisprudência e da doutrina pátrias é contrária à aplicação da proporcionalidade favorável ao Estado.

De acordo com a jurisprudência firmada pelo STJ, "o valor estabelecido pelas instâncias ordinárias, a título de indenização por danos morais, pode ser revisto tão somente nas hipóteses em que a condenação se revelar irrisória ou exorbitante, distanciando-se dos padrões de razoabilidade e proporcionalidade" (STJ, 4ª Turma. AgRg no AREsp 540568/RJ 2014/0159910-7. Rel. Min. Raul Araújo, j. 18.09.2014, DJe 15.10.2014).

"A exigência de experiência profissional em edital no qual se busca selecionar os servidores públicos de carreira com mais aptidão para o desempenho de cargos em comissão de chefia e de assessoria não ofende o art. 5º, V, da Constituição Federal, pois a autolimitação do conceito de 'livre provimento' está cingida aos limites do sentido da auto-organização do próprio poder executivo, estando devidamente motivada e fundamentada e, portanto, não viola os princípios da razoabilidade e da proporcionalidade" (STJ, 2ª Turma. RMS 39257/GO 2012/0211944-1. Rel. Min. Humberto Martins, j. 07.08.2014, DJe 15.08.2014).

Para outras informações ver o princípio da proibição da prova ilícita.

Princípio da Proporcionalidade em Sentido Estrito (P. da Justa Medida, P. da Ponderação de Interesses) (Direito Administrativo).

Sobre o princípio da proporcionalidade em sentido estrito é dito que um juízo definitivo sobre a proporcionalidade da medida há também de resultar da rigorosa ponderação e do possível equilíbrio entre o significado da intervenção para o atingido e os objetivos perseguidos pelo legislador (TJ. AC

501736/SC 2009.050173-6. Rel. Paulo Henrique Moritz Martins da Silva, j. 09.08.2011, DJe 09.08.2011).

Decorrente do princípio da proporcionalidade este subprincípio configura-se muito importante na aplicação das sanções por parte da Administração Pública, devendo guardar a devida harmonia e coerência entre os fatos e os resultados, ou seja, entre a infração praticada e a aplicação da pena ou medida administrativa.

Observa com precisão Luís Roberto Barroso (2010, p. 260) que a razoabilidade deve embutir a ideia de proporcionalidade em sentido estrito (*stricto sensu*), consistente na ponderação entre o ônus imposto e o benefício trazido para constatar se a medida é legítima.

Na lição de Stumm (1995, p. 85), o princípio da proporcionalidade em sentido estrito deve "(...) ser compreendido como o princípio da 'justa medida', pois ao concluir-se a adequação e a necessidade da medida interventiva do Poder Público para chegar a certa finalidade, ainda assim é necessário questionar-se quanto ao resultado, melhor dizer proveito, a ser obtido com a intervenção".

Para uma melhor compreensão da matéria recomendamos ao leitor o estudo do princípio da proporcionalidade.

Princípio da Propriedade Formal (Direito Registral).

A estrutura do registro de imóveis engloba uma gama de leis e exigências tanto administrativas quanto tributárias e fiscais que tornam o procedimento um tanto trabalhoso. São procedimentos administrativos realizados em cartórios e órgãos públicos referentes a compra e venda, taxas relativas ao negócio imobiliário e impostos presentes e futuros que incidem sobre a transferência do bem imóvel. A burocracia é grande, o que torna o processo de compra e venda algo relativamente denso e custoso a depender do valor do bem.

Além dos gastos referentes ao registro do imóvel em nome do adquirente, este ainda deverá arcar com o imposto sobre a transmissão de bens imóveis e de direitos a eles relativos, mais conhecido pela sigla ITBI. Este é um imposto municipal que incidirá sobre o valor do bem adquirido, podendo chegar a até 3% do valor do mesmo. Cada município irá determinar o valor a ser cobrado até o limite citado. Além disso temos os valores devidos a União por ocasião do IR.

Podemos concluir então que a estrutura que compõe o registro imobiliário brasileiro é complexo e burocrático a ponto de desestimular que as partes negociantes regularizem o imóvel. Infelizmente isto ainda é muito comum. Simplesmente a legalização da situação de transferência de propriedade entre adquirente e vendedor no cartório competente não ocorre por receio dos custos e da burocracia. Apesar de ser uma prática antiga ela persiste, o que dá azo para fraudes de toda sorte. [50]

Princípio da Propriedade Privada (P. da Garantia e Defesa da Propriedade Privada, P. da Garantia da Propriedade, P. da Garantia da Propriedade Privada).

A propriedade privada em nosso ordenamento deve se vista sob dois aspectos. O primeiro, no que toca aos direitos e garantias individuais do indivíduo, consta do inciso XXII do art. 5º, da Constituição vigente, tendo por força normativa que "todos são iguais perante a lei, sem distinção de qualquer natureza, garantindo-se aos brasileiros e aos estrangeiros residentes no País a inviolabilidade do direito à vida, à liberdade, à igualdade, à segurança e à propriedade", garantindo-se, além de outras, o direito à propriedade.

O outro aspecto é o que trata a propriedade privada como um dos princípios gerais da atividade econômica, e que se encontra albergado no art. 170, II, da CF/88, segundo o qual "a ordem econômica, fundada na valorização do trabalho humano e na livre iniciativa, tem por fim assegurar a todos existência digna, conforme os ditames da justiça social", observado o princípio da propriedade privada, dentre outros.

Tratando-se de garantia individual, a garantia do direito à propriedade privada apesar de ser elemento firmado na Constituição Federal não é absoluta (como qualquer garantia constante em nosso ordenamento), haja vista que toda propriedade deverá atender a uma função socioambiental, *vide* arts. 5º, XXIII, e 170, III, da Constituição pátria. Neste sentido, o Código Civil estabelece que "o direito de propriedade deve ser exercido em consonância com as suas finalidades econômicas e sociais e de modo que sejam preservados, de conformidade com o estabelecido em lei especial, a flora, a fauna, as belezas naturais, o equilíbrio ecológico e o patrimônio histórico e artístico, bem como evitada a poluição do ar e das águas", conforme o exposto no art. 1228, § 1º.

O Estatuto da Cidade (Lei nº 10.257/2001) dispõe que a propriedade privada deverá seguir regramento instituído pelas diretrizes gerais de política urbana, instrumento delimitado pelo plano diretor e que irá tratar de planejar e ordenar a utilização da propriedade urbana visando o crescimento equilibrado da cidade de maneira a valorizar sua função social, a dignidade da pessoa humana, a segurança e o respeito ao meio ambiente (arts. 1º e 2º).

Entendem Vicente Paulo e Marcelo Alexandrino (2009, p. 135) que o direito à propriedade privada é norma constitucional de eficácia contida, pois, apesar da CF/88 assegurar sua eficácia imediata, "o mesmo texto constitucional já autoriza a imposição de restrições ao seu exercício (...)".

Princípio da Proteção Especial ao Deficiente Físico (P. de Proteção à Pessoa Portadora de Deficiência).

De acordo com a lei, (art. 3º, I, do Decreto nº 3.298/1999), considera-se deficiência toda perda ou anormalidade de uma estrutura ou função psicológica, fisiológica ou anatômica que gere incapacidade para o desempenho de atividade, dentro do padrão considerado normal para o ser humano.

O princípio constitucional da proteção especial ao deficiente físico configura-se como instrumento fundamental de inclusão da pessoa com deficiência na sociedade, ou mesmo como ferramenta que irá proporcionar sua reinclusão, a depender do caso.

Existem diversos instrumentos legais que possibilitam a pessoa portadora de deficiência direitos especiais. O primeiro desses instrumentos, naturalmente, é a Constituição Federal que determina logo em seu art. 1º, III, como um de seus preceitos fundamentais, a dignidade da pessoa humana elevada a toda a coletividade. O art. 3º da Carta Magna dispõe constituírem-se como objetivos fundamentais da República Federativa do Brasil, dentre outros, construir uma sociedade livre, justa e solidária e promover o bem de todos, sem preconceitos de origem, raça, sexo, cor, idade e quaisquer outras formas de discriminação (cf. arts. 3º, I e IV).

Ainda, o art. 5º, *caput*, da CF nos traz a disposição de que todos são iguais perante a lei, sendo defesa a existência de qualquer forma de distinção discriminatória. Trata-se de garantia fundamental do cidadão. A CF ainda dispõe acerca do direito das pessoas com deficiência em diversos outros dispositivos ao longo de seu texto legal: art. 7º, XXXI, art. 23,

II, art. 24, XIV, art. 37, VIII, art. 203, IV e V, art. 208, III e V, art. 227, § 1º, II e § 2º e art. 244.

A Lei nº 8.112/1990 que dispõe sobre o regime jurídico dos servidores públicos civis da União, das autarquias e das fundações públicas federais, estipula um direito extremamente relevante em prol da busca da dignidade das pessoas portadoras de deficiência. O § 2º do art. 5º desta lei determina que nos concursos públicos seja reservado um percentual de até 20% (vinte por cento) das vagas oferecidas no concurso às pessoas portadoras de deficiência. Tal medida possibilita que mais pessoas portadoras de deficiência tenham acesso aos cargos oferecidos pelo Poder Público com as vantagens que tais cargos oferecem como a estabilidade, por exemplo. O art. 37, VIII, da CF/88 embasa tal direito ao instituir que a lei reservará percentual dos cargos e empregos públicos para as pessoas portadoras de deficiência e definirá os critérios de sua admissão.

As empresas com 100 (cem) ou mais funcionários terão a obrigação de contratar funcionários reabilitados ou pessoas portadoras de deficiência de acordo com a lei. A Lei nº 8.213/1991 estipula em seu art. 93 esta obrigatoriedade informando que essas empresas deverão preencher de 2% (dois por cento) a 5% (cinco por cento) dos seus cargos com tal categoria de empregados, a depender da quantidade de funcionários que a empresa possuir.

São inúmeros os instrumentos legais de proteção à pessoa portadora de deficiência em nosso ordenamento. Podemos exemplificar, além das já citadas, a Lei 7.713 de 1998 que dispõe acerca da isenção do Imposto de Renda para pessoas portadoras de certas doenças debilitantes (art. 6º, XIV e XXI).

Princípio da Proteção à Família (P. da Proteção, P. da Proteção à Entidade Familiar, P. da Proteção da Unidade Familiar) (Direito de Família).

O art. 226 da Constituição Federal define família como a base da sociedade, sendo sua proteção dever do Estado. Na verdade, a CF trata que a entidade familiar (cf. § 4º do art. 226 da CF) possui especial proteção do Estado, devendo este primar e defender a sua sadia preservação. Assim estabelecido, a proteção da família deve ocorrer em todos os âmbitos jurídicos, seja na esfera administrativa, previdenciária ou mesmo tributária (Castro, 2016, p. 331).

Um dos casos em que prevalece o princípio em pauta ocorre quando a Administração Pública remove servidor público para localidade diversa de onde reside com sua família. Nestes casos, respeitado o direito à manutenção do núcleo familiar caberá ao cônjuge do servidor transferido, caso também seja funcionário público, o direito de remoção para a mesma localidade, independente de vaga.

Na esteira da jurisprudência: "Diante da lacuna das legislações estaduais, no que tange à remoção de servidora para acompanhamento de cônjuge, também servidor, por analogia, deverão ser aplicadas as disposições do art. 36 da Lei Federal 8.112 /1990. A remoção nas hipóteses em que o cônjuge for deslocado no interesse da Administração terá como fundamento o princípio da proteção à família como base da sociedade brasileira e dever do Estado, conforme dispõe o art. 226 da CR/88, sendo desnecessária a demonstração da existência de vaga na comarca para a qual pretende a servidora ser removida, haja vista a preponderância da unidade familiar em detrimento do interesse público" (TJ. AC 10024123290629002/MG. Rel. Des. Afrânio Vilela, j. 03.06.2014, DJe 11.06.2014).

Princípio da Proteção Integral (P. de Proteção aos Idosos e Garantia à Vida, P. da Proteção Integral a Crianças e Adolescentes, P. da Proteção Integral a Crianças, Adolescentes e Idosos).

O princípio da proteção integral está consubstanciado tanto na Constituição Federal como em leis infraconstitucionais, como também na Lei 8.069/90 (Estatuto da Criança e do Adolescente), o famoso ECA, e na Lei 10.741/2003 que dispõe sobre o Estatuto do Idoso.

Quanto às crianças e aos adolescentes a lei reservou especial tratamento haja vista sua condição de fragilidade, tanto física quanto ao seu desenvolvimento moral. O assunto é inicialmente abordado na Constituição no art. 227, *caput*, *verbis*: "É dever da família, da sociedade e do Estado assegurar à criança, ao adolescente e ao jovem, com absoluta prioridade, o direito à vida, à saúde, à alimentação, à educação, ao lazer, à profissionalização, à cultura, à dignidade, ao respeito, à liberdade e à convivência familiar e comunitária, além de colocá-los a salvo de toda forma de negligência, discriminação, exploração, violência, crueldade e opressão". Para efeitos didáticos, a lei considera criança a pessoa até doze anos de idade incompletos, e adolescente aquela entre doze e dezoito anos de idade.

De acordo com o artigo 1º do ECA este estatuto deverá dispor sobre a proteção integral à criança e ao adolescente. Tanto a criança quanto o adolescente gozarão de integral proteção do Estado para que tenham todos os direitos fundamentais inerentes à pessoa humana, assegurando-se-lhes, por lei ou por outros meios, todas as oportunidades e facilidades a fim de lhes facultar o desenvolvimento físico, mental, moral, espiritual e social, em condições de liberdade e de dignidade.

Os idosos também gozam de ampla proteção do Estado ante a consolidação dos seus direitos, tanto na CF/88 quanto no Estatuto do Idoso, criado no ano de 2003 e que trouxe enormes conquistas. A Carta Magna traz no bojo do art. 230, *caput*, que a família, a sociedade e o Estado têm o dever de amparar as pessoas idosas, assegurando sua participação na comunidade, defendendo sua dignidade e bem-estar e garantindo-lhes o direito à vida.

O Estatuto do Idoso veio corroborar este entendimento ampliando e delimitando os direitos dos idosos e os deveres do Poder Público e de toda sociedade, para que aqueles tenham uma vida digna e plena, gozando de todos os seus direitos. Assim sendo, o idoso goza de todos os direitos fundamentais inerentes à pessoa humana sem prejuízo da proteção integral de que trata esta Lei, assegurando-se-lhe, por lei ou por outros meios, todas as oportunidades e facilidades para preservação de sua saúde física e mental e seu aperfeiçoamento moral, intelectual, espiritual e social, em condições de liberdade e dignidade (art. 2º).

Ainda de acordo com a lei, é definido que nenhum idoso será objeto de qualquer tipo de negligência, discriminação, violência, crueldade ou opressão, e todo atentado aos seus direitos, por ação ou omissão, será punido na forma da lei, sendo um dever de todos prevenir a ameaça ou violação aos seus direitos.

Princípio da Proteção da Legítima Confiança (P. da Confiabilidade, P. da Confiança, P. da Confiança Legítima, P. da Confiança no Tráfego Jurídico, P. da Proteção à Confiança, P. da Proteção da Confiança, P. da Proteção à Confiança Legítima, P. da Proteção de Expectativa de Confiança Legítima, P. de Proteção das Expectativas de Confiança Legítima, P. da Proteção à Legítima Confiança) (Direito Constitucional e Processual Civil).

A ferramenta da proteção da legítima confiança, princípio constitucional implícito, trata da confiança depositada pela coletividade no sistema administrativo e jurídico nacionais. Trata da confiança que os Juízes e Tribunais pátrios devem transmitir no que tange a garantia da aplicação plena da justiça, da imutabilidade das situações, da proibição da criação de tribunais de exceção (*ad hoc*) etc.

Quanto ao âmbito administrativo, deve-se valorizar a confiança que os administrados têm sobre as decisões da administração (Poder Público). Bem como "a 'confiança' que o sujeito passivo deposita na atividade administrativa" (Casalino, 2012, p. 163) quando se tratar do Direito Tributário, conforme entendimento do art. 146 do CTN.

O Poder Judiciário deve garantir que a jurisprudência adotada não sofra alterações a bel prazer dos tribunais, ou seja, a confiança adquirida pela sociedade na reiteração dos julgados por um considerável espaço temporal e baseados em leis vigentes deve ser respeitada. Sem dúvida que novos posicionamentos poderão ser adotados, o que é salutar, pois a sociedade desenvolve sua ideologia e o que é justo hoje pode não o ser amanhã. Mas o que este princípio procura evitar é a surpresa jurídica. Aquilo que toma a sociedade repentinamente, sendo completamente diferente do que estava estabelecido em julgados anteriores baseados nas mesmas normas jurídicas.

Este princípio será balizado primordialmente pelo art. 14 do CPC, segundo o qual "a norma processual não retroagirá e será aplicável imediatamente aos processos em curso, respeitados os atos processuais praticados e as situações jurídicas consolidadas sob a vigência da norma revogada". Nas palavras de Medina (2011, p. 30): "A conduta dos órgãos judiciários influencia significativamente o comportamento das partes: estas correspondem às determinações judiciais na medida em que os órgão do Poder Judiciário despertam, objetivamente, a confiança dos litigantes".

A proteção da legítima confiança baseia-se no princípio da segurança jurídica, não na segurança quanto as leis (legalidade), mas sim no que tange a confiabilidade (fidúcia) e credibilidade transmitidas pelo Judiciário aos jurisdicionados conforme o explicitado no parágrafo anterior. A confiança depositada pelos jurisdicionados em decisões reiteradas da Justiça não comporta desvios.

Princípio da Proteção do Núcleo Essencial.

Sabe-se ser plenamente possível que uma lei infraconstitucional restrinja um direito fundamental. Inobstante tal sentença, o que o princípio da proteção do núcleo essencial não admite é que o direito fundamental seja mitigado a tal ponto que sua aplicação seja afrontada perdendo seus efeitos de garantia fundamental do cidadão. Em outras palavras, um direito fundamental até poderá sofrer certa restrição em sua atuação, mas a sua essência, seu núcleo, não poderá ser restringido de tal modo que lhe faça desaparecer seu sentido, que sua utilidade seja precarizada. O princípio da proteção do núcleo essencial visa defender o âmago da questão presente no direito fundamental, o sentido de sua existência, o ponto nodal de sua validade; não permitindo que a essência desse direito seja posta em cheque.

A legislação brasileira não estipulou expressamente nenhum instrumento formal de proteção ao núcleo essencial dos direitos fundamentais, o que, presume-se, subentendido. O art. 60, § 4º, IV da CF determina não ser possível deliberar acerca de proposta que tenha tendência a abolir direitos e garantias individuais (Mendes, 2017, p. 192). Segundo explica Gilmar Mendes (*idem*), "embora omissa no texto constitucional brasileiro, a ideia de um núcleo essencial decorre do próprio modelo garantístico utilizado pelo constituinte".

Talvez seja a Lei Fundamental da República Federal Alemã de 1949 o Diploma constitucional mais antigo de uma nação a tratar sobre o tema, conforme se verifica no artigo 19.2 da lei, dispondo que "em nenhum caso, um direito fundamental poderá ser violado em sua essência". [51]

Princípio da Proteção ao Salário.

O princípio da proteção ao salário é composto pelos princípios da integralidade, irredutibilidade do salário e intangibilidade do salário. A integralidade do salário compreende a vedação de descontos indevidos pelo empregador no salário do empregado, a não ser que tais descontos sejam autorizados (cf. art. 7º, X, CF; art. 462 CLT e Súmula 342 TST). A irredutibilidade do salário visa garantir que o empregado não tenha seu salário reduzido pelo empregador durante o prazo do contrato de trabalho, pois sua remuneração representa verba alimentícia para seu sustento e de sua família (cf. art. 7º, VI, CF). Por fim, mas não menos importante, o princípio da intangibilidade do salário protege este dos efeitos da penhora, nos termos do art. 833, IV do Código de Processo Civil, segundo o qual são impenhoráveis os salários (vencimentos, subsídios, soldos, remunerações).

Para maiores informações a respeito do princípio da proteção ao salário remetemos o leitor ao estudo dos princípios da integralidade, da irredutibilidade do salário e da intangibilidade do salário.

Princípio da Proteção do Sócio Minoritário (Direito Societário).

Diferente do princípio majoritário onde será preponderante a vontade da maioria dos sócios votantes nas decisões da sociedade, na proteção do sócio minoritário o enfoque é oposto, ou seja, serão protegidos os interesses daqueles sócios que possuem uma cota significativamente menor dentre as ações que compõem o capital na sociedade empresária. Os sócios minoritários, ainda que possuam um poder deliberativo substancialmente pequeno na condução dos atos negociais da sociedade empresária, precisam ter seus interesses protegidos assim como os sócios majoritários.

Trata-se de uma limitação ao poder conferido pelo princípio majoritário na medida em que reforça os direitos dos sócios minoritários na sociedade empresária dando-lhes certos poderes.

Princípio da Proteção ao Trabalhador (P. da Defesa, P. da Proteção, P. da Proteção ao Hipossuficiente, P. da Proteção Mitigada, P. da Proteção Processual, P. da Proteção Temperada, P. da Proteção ao Trabalhador Hipossuficiente, P. do Protecionismo Mitigado, P. do Protecionismo Relativizado, P. do Protecionismo Temperado, P. do Protecionismo Temperado Mitigado ao Trabalhador, P. do Protecionismo

Temperado Relativizado ao Trabalhador, P. do Protecionismo Temperado ao Trabalhador, P. Protecionista, P. Protetivo, P. Protetor, P. Tuitivo, P. Tutelar) (Direito do Trabalho).

Muitos tratam o princípio da proteção ao hipossuficiente como o princípio mais importante do Direito do Trabalho, sendo também conhecido por princípio mãe ou princípio dos princípios. Devido sua importância, é o princípio que fundamenta todos os demais no direito laboral.

Segundo entendimento de Valentin Carrion (2000, p. 64/65) os princípios fundamentais de Direito do Trabalho "são os que norteiam e propiciam a sua existência, tendo como pressuposto a constatação da desigualdade das partes, no momento do contrato de trabalho e durante seu desenvolvimento".

Cumpre anotar, segundo Bezerra Leite (2013, p. 81), que o Processo do Trabalho é permeado por desigualdades econômicas, sociais e culturais entre empregado e empregador e, sendo assim, natural que ocorra a existência de um princípio que vise regular essas relações protegendo o trabalhador.

Ainda sobre o assunto, a doutrina do saudoso Américo Plá Rodriguez (2000, p. 83) assim dispõe: "O princípio da proteção se refere ao critério fundamental que orienta o Direito do Trabalho, pois este, ao invés de inspirar-se num propósito de igualdade, responde ao objetivo de estabelecer um amparo preferencial a uma das partes: o trabalhador".

O princípio da proteção ao hipossuficiente se baseia no fato do Estado ter o poder para impor certa desigualdade às regras para que seja alcançado um equilíbrio de forças entre as partes. Essa intervenção estatal decorre da necessidade de proteção ao trabalhador diante da sua inferioridade ante o empregador que, em muitos casos, configura-se em um poderoso grupo econômico.

O princípio da proteção ao hipossuficiente desdobra-se em outros três, quais sejam: princípio do *in dubio pro operário*, princípio da norma mais favorável e princípio da condição mais benéfica.

O princípio da proteção recebe de alguns doutrinadores a denominação de princípio da igualdade substancial (princípio da igualdade substancial das partes) ou princípio da irrenunciabilidade de direitos (princípio da irrenunciabilidade). Entretanto, preferimos defini-los separadamente. Assim, remetemos o leitor ao estudo dos referidos princípios.

Princípio da Proteção aos Trabalhadores (Direito de Falimentar).

Corolário dos princípios da proteção ao trabalhador e da norma mais favorável, a proteção aos direitos dos trabalhadores no âmbito da recuperação judicial e falência visa, preservando as diretrizes dispostas pelos princípios acima dispostos, proteger os interesses legítimos dos trabalhadores enquanto a empresa enfrenta o processo de recuperação judicial ou falimentar. O trabalhador credor terá preferência no pagamento devido aos salários serem créditos de natureza alimentar e, portanto, prioritários.

A Lei de Falências (Lei nº 11.101/2005) estabelece uma ordem de prioridades quanto a classificação dos créditos no procedimento falimentar, estando no topo delas os créditos derivados da legislação do trabalho, limitados a 150 (cento e cinquenta) salários-mínimos por credor, e os decorrentes de acidentes de trabalho (cf. art. 83, I). Na esteira deste entendimento, dispõe ainda a Lei em seu art. 151, que "os créditos trabalhistas de natureza estritamente salarial vencidos nos 3 (três) meses anteriores à decretação da falência, até o limite de 5 (cinco) salários-mínimos por trabalhador, serão pagos tão logo haja disponibilidade em caixa".

Princípio do Protetor-Recebedor.

O presente estudo tem por objetivo discutir o princípio do protetor-recebedor, princípio este que estabelece que serão recompensados financeiramente os agentes sociais que atuem no sentido de preservar a natureza. Aquele que atuar em prol da natureza poderá receber da Administração Pública benefícios tributários/fiscais decorrentes desses atos. É a chamada extrafiscalidade na seara ambiental, que guarda correspondência com o Direito Tributário.

Deve-se garantir o acesso a recursos ou benefícios as pessoas, grupos ou comunidades cujo modo de vida ou ação auxilie na conservação do meio ambiente. O princípio decorre do art. 6º, II, da Lei nº 12.305/2010 que institui a Política Nacional de Resíduos Sólidos.

Preceitua Beltrão (2013, p. 300) que o instituto introduz em nosso ordenamento jurídico a figura do "serviço ambiental", pois "o princípio do protetor-recebedor pretende compensar financeiramente todo aquele que voluntariamente protege um recurso ambiental, deixando de explorá-lo, em benefício da coletividade".

Princípio da Publicidade (P. da Publicidade na Administração, P. da Publicidade dos Atos, P. da Publicidade dos Atos Administrativos, P. da Publicidade da Atuação da Administração Pública, P. da Publicidade e Transparência, P. da Visibilidade) (Direito Administrativo).

Inicialmente, trazemos o conceito adotado por Carvalho Filho (2012, p. 25), segundo o qual o princípio da publicidade "indica que os atos da Administração devem merecer a mais ampla divulgação possível entre os administrados, e isso porque constitui fundamento do princípio propiciar-lhes a possibilidade de controlar a legitimidade da conduta dos agentes administrativos".

A Administração Pública, em respeito aos interesses da coletividade e à transparência que deverá reger seus atos, deverá dar a eles a devida publicidade. De acordo com o estabelecido no art. 5º, XXXIII, da CF, "todos têm direito a receber dos órgãos públicos informações de seu interesse particular, ou de interesse coletivo ou geral, que serão prestadas no prazo da lei, sob pena de responsabilidade, ressalvadas aquelas cujo sigilo seja imprescindível à segurança da sociedade e do Estado". Todo cidadão tem o direito de obter o devido acesso as informações e documentos de interesse particular ou coletivo. O inciso XXXIV, "b", do mesmo artigo trata do direito a todos concedido de se obter, independente de taxas, certidões em repartições públicas, para defesa de direitos e esclarecimento de situações de interesse pessoal.

Corrobora com o direito a publicidade dos atos administrativos a Lei de Acesso a Informações Públicas (12.527/11); lei esta que dispõe sobre os procedimentos a serem observados pela União, Estados, Distrito Federal e Municípios com o fim de garantir o acesso a informações previsto no art. 5º, XXXIII, art. 37, § 3º, II, e no art. 216, § 2º da Constituição Federal. A publicidade dos atos constitui a regra, não obstante existam exceções.

A publicidade é necessária para que qualquer cidadão saiba os rumos adotados pela Administração pública, a origem e o destino dos recursos públicos, os atos administrativos, dados relativos a interesse particular ou coletivo e, além de outros, dar segurança a contratos estabelecidos pela Administração ou por particulares. Exemplificando, Carlos Roberto Gonçalves (2010, v. 5, p. 32) afirma que os direitos reais sobre bens imóveis devem ser registrados no Cartório de Registro de Imóveis para que todos possam conhecer seus titulares a fim de que não sejam molestados, pois o registro e a tradição estabelecem sua devida publicidade.

Segundo Carvalho Filho (2012, p. 25), é em decorrência do princípio da publicidade que os atos administrativos sejam publicados em órgãos de imprensa, afixados em locais de repartições públicas ou em sítios na rede mundial de computadores.

Da mesma maneira, o procedimento licitatório também deverá respeitar a publicidade de suas etapas, sendo maior a publicidade conforme o vulto da licitação objetivando trazer um maior número de participantes. Tal publicidade deverá ser realizada por meio de editais afixados nos locais das repartições interessadas, bem como por publicações no Diário Oficial da União, do Estado ou do Distrito Federal, ou em jornal de grande circulação no Estado, Município, de acordo com as regras definidas no art. 21 da Lei 8.666/93.

Decorre ainda deste princípio baseado nos arts. 37, 165, § 3º e 166, § 7º da Constituição Federal, a obrigação de responsabilidade da Administração Pública em divulgar o orçamentário de maneira integral por meio dos veículos oficiais de comunicação para o conhecimento público de toda a sociedade.

Princípio da Publicidade (P. da Ficção do Conhecimento) (Direito Registral).

A publicidade no Direito Registral está regulada pelas Leis nº 6.015/73 (Lei dos Registros Públicos – LRP) e nº 8.935/94 (Lei dos Cartórios), além de estar presente também no Código Civil brasileiro, regulada do art. 1.245 ao 1.247. Conforme se extrai da Lei de Registros Públicos, a certidão do registro do imóvel poderá ser requerida por qualquer interessado, não havendo instrumento que o obrigue a informar ao oficial ou funcionário do Cartório o motivo ou interesse de seu requerimento (cf. art. 17, LRP). A Lei dos Cartórios traz em seu bojo dispositivo estabelecendo que os serviços notariais e de registro são compreendidos como de organização técnica e administrativa com a proposta de garantir, dentre outros, a publicidade dos atos jurídicos (cf. art. 1º).

Em suma, o ato de registro de bem imóvel deve gerar publicidade para que se torne de conhecimento geral e amplo, isto para que haja a garantia da oponibilidade por todos em decorrência da consequência do que representa o próprio ato registral. É o que se chama de "ficção do conhecimento".

Walter Ceneviva (1988, p. 28) traz em sua obra Lei dos Registros Públicos comentada um interessante registro sobre o tema: "Aqueles que se acham submetidos ao ordenamento jurídico brasileiro devem respeitar o direito registrado, pois a todos ele é oponível. Registrado, ninguém pode ignorar o direito a que corresponde, porque impedido pela publicidade consequente do registro, no âmbito do ordenamento nacional. Pelo sistema obrigatório de publicidade imobiliária defluente do registro (LRP, art. 169), qualquer transformação (objetiva e subjetiva) da propriedade imóvel torna-se cognoscível por todos".

Princípio da Publicidade (P. da Visibilidade) (Direito Civil).

A matéria relativa aos direitos reais encontra-se consubstanciada nos arts. 1.225 e seguintes do Código Civil brasileiro, sendo este o artigo que estipula o rol de suas espécies. Os direitos reais tratam da relação estruturada entre um agente e um bem dotado de valor patrimonial cuja ocorrência deverá ser visível por todos, ou melhor dizendo, dotada da devida publicidade para que todos dela tenham ciência.

Assim sendo, quanto aos direitos reais sobre imóveis a devida publicidade ocorrerá por meio de seu registro no Cartório de Registro de Imóveis conforme o art. 1.227 do CC. Por outro lado, quanto aos direitos reais sobre coisas móveis, o art. 1.226 estipula que a publicidade ocorrerá pela simples tradição.

O importante é que esses atos sejam notórios por toda a sociedade, haja vista o caráter oponível *erga omnes* que acompanha os direitos reais. Esta característica possibilita que o titular do direito real sobre o bem exerça seu poder sobre ele, cabendo a todas as pessoas o dever de respeitar esse direito constituído legalmente.

Princípio da Publicidade dos Atos Processuais (P. da Publicidade) (Direito Processual Civil).

Decorrente dos princípios do contraditório e da ampla defesa, o princípio da publicidade dos atos processuais encontra-se embasado no inciso LX, do art. 5º da Constituição Federal, segundo o qual, "a lei só poderá restringir a publicidade dos atos processuais quando a defesa da intimidade ou o interesse social o exigirem". O princípio também se encontra presente no art. 93, IX, do mesmo diploma que trata do Estatuto da Magistratura, no qual podemos constatar, *in verbis*: "todos os julgamentos dos órgãos do Poder Judiciário serão públicos, e fundamentadas todas as decisões, sob pena de nulidade, podendo a lei limitar a presença, em determinados atos, às próprias partes e a seus advogados, ou somente a estes, em casos nos quais a preservação do direito à intimidade do interessado no sigilo não prejudique o interesse público à informação".

Quanto ao Código de Processo Civil, o princípio em estudo encontra-se consagrado no art. 11, primeira parte e parágrafo único. De acordo com o dispositivo todos os julgamentos dos órgãos do Poder Judiciário serão públicos, podendo, em casos determinados pela lei, a determinação do segredo de justiça.

A intenção deste princípio é que os litigantes tenham pleno conhecimento de todos os atos exercidos dentro do processo (andamento processual), além da publicidade a população em geral e aos que se encontrem na posição de possíveis interessados na lide, para que, assim, tomem as providências necessárias em relação a suas expectativas de direito.

Todavia, existem casos em que os atos processuais não gozarão de publicidade. A CF/88 assim dispõe ao instituir serem invioláveis a intimidade, a vida privada, a honra e a imagem das pessoas, assegurando o direito a indenização pelo dano material ou moral decorrente de sua violação (art. 5º, X), combinado com a segunda parte do art. 93. O CPC lista no art. 189, incisos I a IV, os casos em que os atos processuais tramitarão em segredo de justiça, senão vejamos: nos casos em que o exija o interesse público ou social; naqueles que versem sobre casamento, separação de corpos, divórcio, separação, união estável, filiação, alimentos e guarda de crianças e adolescentes; em que constem dados protegidos pelo direito constitucional à intimidade; e, enfim, nos processos que versem sobre arbitragem, inclusive sobre cumprimento de carta arbitral, desde que a confidencialidade estipulada na arbitragem seja comprovada perante o juízo.

O CPP em seu art. 792, *caput*, também dispõe que, em regra, serão públicas as audiências, sessões e os atos processuais. Entretanto, conforme se prevê no § 1º do artigo em comento, "se da publicidade da audiência, da sessão ou do ato processual, puder resultar escândalo, inconveniente grave ou perigo de perturbação da ordem, o juiz, ou o tribunal, câmara, ou turma, poderá, de ofício ou a requerimento da parte ou do Ministério Público, determinar que o ato seja realizado a portas fechadas, limitando o número de pessoas que possam estar presentes".

Neste sentido, explica Capez (2014, p. 409) que "os atos judiciais (e portanto a produção de provas) são públicos, admitindo-se somente como exceção o segredo de justiça".

Vejamos a jurisprudência: "Embora a ausência de designação de audiência de conciliação, por si só, não constitua nulidade, tendo em vista que as partes podem transigir a qualquer tempo no processo, é certo que, uma vez designada, devem ser observadas as formalidades legais previstas no art. 236, § 1º, do Código de Processo Civil, para a correta intimação das partes acerca da remarcação da data inicialmente indicada, em homenagem ao princípio da publicidade dos atos processuais" (TJ. APL 0115720-70.2005.807.0001/DF. Rel. Des. Angelo Passareli, j. 24.09.2008, DJe 01.10.2008).

Q

Princípio da Quantificação dos Créditos Orçamentários (P. do Nominalismo dos Créditos Orçamentários).

O crédito orçamentário pode ser definido como uma "obrigação tributária em estado ativo" (Sabbag, 2015, p. 437). O princípio da quantificação dos créditos orçamentários encontra-se plasmado na Constituição Federal, art. 167, II e VII. Diz o texto constitucional no inciso VII que é vedado ao legislador estabelecer orçamento com a concessão ou utilização de créditos ilimitados, bem como, conforme se extrai do inciso II do mesmo instrumento, será vedada a realização de despesas ou a assunção de obrigações diretas que excedam os créditos orçamentários ou adicionais.

R

Princípio do Racionalismo Dogmático (P. do Normativismo Jurídico).

Segundo ensinamento de Leone Pereira (2013, p. 594): "No ordenamento jurídico brasileiro, à luz do princípio do racionalismo dogmático ou normativismo jurídico de Hans

Kelsen, toda norma inferior deverá respeitar, ser compatível e encontrar o seu fundamento de validade na norma superior, no caso, a Constituição Federal".

Trata-se da Teoria da Norma Fundamental de Kelsen. Segundo esta norma o ordenamento jurídico tem por característica a unicidade, ou seja, toda norma criada será subordinada a outra norma hierarquicamente superior. Toda norma hierarquicamente inferior terá fundamento em uma norma principal, superior que será o vetor de todo o ordenamento jurídico. Em nosso caso, todas as normas se apoiam naquilo que encontra-se determinado na Carta Magna de 1988, não podendo contrariar seus ditames.

Voltando ao racionalismo dogmático, Hans Kelsen apoiava-se na concepção de que o sistema jurídico era fechado, cíclico, baseado no fato da norma inferior buscar guarida jurídica na estrutura da norma principal. Sua fundamentação era totalmente criada tendo por base o arcabouço essencial da norma superior.

Princípio da Realização em Benefício da Parte Credora.

O presente princípio encontra-se consubstanciado no CPC, art. 797, *caput*, segundo o qual a execução será realizada no interesse e em benefício do exequente (credor), que irá adquirir, pela penhora, o direito de preferência sobre os bens penhorados. Assim, respeitando-se o consubstanciado no *caput* do art. 805, também do CPC, que disciplina que a execução se dará da forma menos gravosa ao executado, o exequente gozará do direito de preferência sobre os valores arrecadados com alienação do (s) bem (s) penhorados.

Princípio *Rebus Sic Stantibus*.

O brocardo jurídico *rebus sic stantibus* encontra-se previsto nos arts. 478 e seguintes do Código Civil e trata da Teoria da Imprevisão. De acordo com essa teoria, naqueles contratos em que se constate após decurso de prazo que a prestação de uma das partes se tornou excessivamente onerosa para uma delas e vantajosa em demasia para a outra por motivos extraordinários e imprevisíveis ao pacto, aquele que se sentir prejudicado pela onerosidade superveniente poderá requisitar a resolução do mesmo.

De acordo com o Enunciado nº 17 da I Jornada do CJF (Conselho da Justiça Federal), "a interpretação da expressão 'motivos imprevisíveis' constante do art. 317 do novo Código Civil deve abarcar tanto causas de desproporção não-previsíveis como também causas previsíveis, mas de resultados imprevisíveis".

Mas a resolução do contrato nem sempre ocorrerá. Poderá ser evitada caso a parte que tenha se beneficiado com a ocorrência superveniente da onerosidade excessiva concorde em modificar o contrato, reestabelecendo o equilíbrio nas obrigações do pacto conforme estabelecido no art. 479 do CC.

Por fim, cabendo no contrato obrigações a somente uma das partes, poderá esta, conforme determina o art. 480 do Códex civil, "pleitear que a sua prestação seja reduzida, ou alterado o modo de executá-la, a fim de evitar a onerosidade excessiva", com vistas ao reestabelecimento do equilíbrio outrora existente e à manutenção do negócio jurídico.

Este princípio se estabelece como verdadeira exceção ao princípio da força obrigatória dos contratos (*pacta sunt servanda*) que permeia os negócios jurídicos no Brasil.

Princípio da Reciprocidade de Tratamento (P. da Reciprocidade) (Direito Internacional).

Trata-se de instituto presente no âmbito da cooperação jurídica internacional. Entre o Brasil e os Estados estrangeiros deverá haver cooperação jurídica. Isto é o que determina o art. 41 do CPC. Segundo este dispositivo, será considerado autêntico o documento que instruir pedido de cooperação jurídica internacional, inclusive tradução para a língua portuguesa, quando encaminhado ao Estado brasileiro por meio de autoridade central ou por via diplomática, dispensando-se a juramentação, autenticação ou qualquer procedimento de legalização. O parágrafo único do artigo supra estipula que essa determinação não impedirá o Estado brasileiro de aplicar o princípio da reciprocidade de tratamento quando assim entender necessário.

Ensina Bueno (2015, p. 109) que "a razão de ser da regra é a de facilitar e agilizar o processamento de todas as formas de cooperação jurídica internacional", sendo essa importância dada a cooperação entre os entes internacionais claro reflexo das atuais mudanças procedimentais pelas quais passou o Código de Processo Civil brasileiro recentemente.

É o art. 178, *caput* e parágrafo único, da CF/88 o instrumento que regula e estabelece regras acerca do transporte internacional, setor que também deverá atender ao princípio da reciprocidade, regulando, inclusive, as condições em que a navegação interior e o transporte de mercadorias na cabotagem poderão ser realizados por embarcações estrangeiras.

A EC nº 7/1995 alterou o entendimento anterior deste artigo, extinguindo certos privilégios como a exclusividade concebida as embarcações brasileiras, passando a permitir a propriedade dessas embarcações por estrangeiros e sua atuação no território nacional nos termos estabelecidos em lei (Paulo e Alexandrino, 2009, p. 948). Segue artigo, *verbis*: "A lei disporá sobre a ordenação dos transportes aéreo, aquático e terrestre, devendo, quanto à ordenação do transporte internacional, observar os acordos firmados pela União, atendido o princípio da reciprocidade. Parágrafo único. Na ordenação do transporte aquático, a lei estabelecerá as condições em que o transporte de mercadorias na cabotagem e a navegação interior poderão ser feitos por embarcações estrangeiras".

Princípio da Recorribilidade dos Atos Jurisdicionais (P. da Recorribilidade das Resoluções Judiciais Relevantes).

Os atos jurisdicionais praticados pelo Juiz no exercício típico da função não serão passíveis de ocasionar responsabilidade civil ao Estado. Esses atos estão protegidos por dois princípios, quais sejam o da soberania do Estado e o da recorribilidade dos atos jurisdicionais.

Quanto a recorribilidade dos atos jurisdicionais, consiste esta na possibilidade que recai sobre a parte que se sentiu prejudicada por uma decisão do magistrado de se utilizar dos mecanismos recursais como forma de pleitear a revisão daquilo que postula como injusto (Carvalho Filho, 2012, p. 569).

"Em decorrência do princípio da recorribilidade dos atos jurisdicionais, a parte eventualmente prejudicada, pode lançar mão de recursos e ações para reverter a situação desfavorável" (TRF-2. AC 285181/RJ 2002.02.01.015204-4. Rel. Des. Fed. Fernando Marques, j. 23.11.2005, DJU 23.01.2006).

Princípio da Redução das Desigualdades Regionais e Sociais.

Trata-se de princípio plasmado na CF/88, no art. 3º, III, um dos objetivos principais da República além de princípio da ordem econômica e social. A redução das desigualdades regionais e sociais é um dos principais objetivos do Estado brasileiro em prol da democracia, a igualdade entre todos os brasileiros, o crescimento econômico e social igualitário e a dignidade da pessoa humana.

Conforme constatam Paulo e Alexandrino (2009, p. 87), a redução dessas desigualdades tem por objetivo "assegurar a igualdade material entre os brasileiros, possibilitando a todos iguais oportunidades para alcançar o pleno desenvolvimento de sua personalidade, bem como para autodeterminar e lograr atingir suas aspirações materiais e espirituais, condizentes com a dignidade inerente a sua condição humana".

O art. 170 da Carta Magna dispõe acerca dos princípios que regem a atividade econômica no país, listando a redução das desigualdades regionais e sociais (inciso VII) como um dos fatores primordiais para que a pátria possa possibilitar a todos que aqui vivam uma existência digna, conforme os ditames da justiça social.

Princípio da Regionalização (Direito Orçamentário).

O princípio encontra fundamento no art. 165, § 7º, da CF/88. De acordo com o instrumento constitucional, a Lei Orçamentária Anual (orçamento público) deverá ser o mais abrangente possível de forma a atingir uma de suas funções, qual seja a de reduzir as desigualdades inter-regionais, levando-se em conta o critério populacional.

De acordo com o texto constitucional, os orçamentos do setor público previstos para serem elaborados com o maior nível de especificação possível sobre determinada área são aqueles compreendidos no § 5º, I e II da CF. São eles (i) "o orçamento fiscal referente aos Poderes da União, seus fundos, órgãos e entidades da administração direta e indireta, inclusive fundações instituídas e mantidas pelo Poder Público", e (ii) "o orçamento de investimento das empresas em que a União, direta ou indiretamente, detenha a maioria do capital social com direito a voto".

Neste sentido, Sanches (2004, p. 305) apresenta uma breve, mas elucidativa explicação acerca da regionalização do orçamento: "Princípio orçamentário de natureza complementar, segundo o qual os orçamentos do setor público devem ter a sua programação regionalizada, ou seja, detalhada sobre a base territorial com o maior nível de especificação possível para o respectivo nível de Administração."

Princípio da Regra Moral (P. da Responsabilidade Civil) (Direito Civil).

Um dos princípios gerais do direito das obrigações no Direito Civil, a regra moral "idealizada por Georges Ripert, (...) pressupõe que em toda obrigação há de se atender a um princípio moral atinente à sua elaboração e à atividade das partes" (Assis Neto, *et al.*, 2016, p. 592).

Pelo princípio da regra moral entende-se que a relação estabelecida entre as partes pela lide, divergências a parte, deverá ser pautada por condutas fundadas na ética, boa-fé e moral. Mesmo o resultado do processo deverá ter por base o estabelecimento da justiça entre os litigantes, a entrega da prestação objetivada ao vencedor da lide e os castigos impostos pela lei ao vencido. A lição do civilista foi no sentido de que deverá haver a influência da regra moral no Direito, sendo que a lei não poderá em nenhuma hipótese ignorar a realidade do caso concreto.

"É preciso inquietarmo-nos com os sentimentos que fazem agir os assuntos de direito, proteger os que estão de boa-fé, castigar os que agem por malícia, má-fé, perseguir a fraude e mesmo o pensamento fraudulento. O dever de não fazer mal injustamente aos outros é o fundamento do princípio da responsabilidade civil; o dever de se não enriquecer à custa dos outros, a fonte da ação do enriquecimento sem causa" (Georges Ripert, in "A Regra Moral nas Obrigações Civis"). (TJ. AC 10024131103889001/MG. Rel. Rogério Medeiros, j. 15.05.2014, DJe 23.05.2014).

Princípio da Relatividade Contratual (P. da Relatividade, P. da Relatividade dos Contratos, P. da Relatividade das Convenções, P. da Relatividade dos Efeitos do Contrato, P. da Relatividade dos Efeitos Contratuais, P. da Relatividade dos Efeitos do Negócio Jurídico, P. da Relatividade dos Efeitos do Negócio Jurídico Contratual) (Contratos).

Afirma Castro (2016, p. 139) que "contrato é o acordo de duas ou mais pessoas que cria, regula, modifica ou extingue direitos patrimoniais". Na mesma toada complementa o tema Assis Neto (*et al.*) (2016, p. 891) ao aduzir que "contrato é o negócio jurídico bilateral pelo qual as partes buscam criar um vínculo patrimonial cujo objetivo é criar, regular, modificar ou extinguir obrigações entre elas.

Pois bem, definido o instituto devemos esclarecer que de acordo com o princípio da relatividade os atos e efeitos dos contratos não poderão atingir terceiros estranhos a relação. As obrigações estipuladas entre as partes contratantes não terão o condão de prejudicar ou beneficiar terceiros que da relação não façam parte. Seus efeitos serão *inter partes*. Assim, os contratos irão vincular somente quem deles participa, seja por ato pessoal ou por meio de representante legalmente designado, ou, em outras palavras, "as partes apenas podem criar obrigações para si próprias" (Nader, 2010, p. 09).

Castro (*idem*, p. 140) acrescenta que a celebração do contrato poderá, em certos casos, vincular os sucessores dos pactuantes numa demonstração de que a regra da relatividade contratual não é absoluta, podendo, em casos determinados, atingir direitos de terceiros (*e.g.* contrato de seguro de vida em favor de terceiro).

Portanto, em regra, os efeitos do contrato atingirão somente as partes pactuantes. Entretanto, em casos legalmente determinados esta regra deverá ser mitigada com os efeitos do pacto contratual atingindo direitos de terceiros. Desta maneira, *res inter alios acta allis nec prodest nec nocet*, ou seja, os atos dos contratantes não aproveitam nem prejudicam a terceiros.

Princípio da Reparação Integral (P. da Reparação Integral dos Danos) (Direito do Consumidor).

O princípio da reparação integral do Direito Civil abrange também o Direito do Consumidor, haja vista ser necessária diante de um caso em que o consumidor sofra prejuízos decorrentes da relação de consumo, da integral reparação dos prejuízos a ele causados. Tal direito encontra-se fundamentado no CDC, art. 6º, VI, instituto segundo o qual se define que são direitos básicos do consumidor a efetiva prevenção e reparação de danos patrimoniais e morais, individuais, coletivos e difusos.

Desta maneira, conclui-se que nas hipóteses em que o consumidor se encontrar em situação na qual sofra perdas diante de uma relação de consumo tendo por responsável por tal prejuízo o fornecedor, poderá recorrer à justiça buscando o ressarcimento dos danos patrimoniais e morais, individuais, coletivos e difusos. Há que se lembrar que o consumidor, via de regra, é considerado a parte vulnerável na relação de consumo haja vista a capacidade estrutural dos fornecedores.

A reparação civil deverá ser integral abrangendo os danos morais e materiais quando presentes os requisitos legais, quais sejam a conduta ilícita, a culpa ou dolo do agente, a existência de dano e o nexo de causalidade entre os dois primeiros (TJ. APL 0533972014/MA 0001313-57.2011.8.10.0001. Rel. Jamil de Miranda Gedeon Neto, j. 15.06.2015, DJe 22.06.2015).

Princípio da Reparação Integral dos Danos (P. da Reparabilidade do Dano, P. da Reparação Integral) (Direito Civil).

Foi no ideário presente no Direito Francês donde ressoava o conceito de que "todo o dano será indenizado, mas nada mais do que o dano", o estopim embrionário do conceito de reparação integral em nosso país. Tendo por base legal o art. 944, *caput*, do CC, donde se ressai que a indenização será medida pela extensão do dano, a reparação integral consiste na premissa de que todo dano deverá ser indenizado. "A fixação da regra da proporcionalidade entre a extensão do dano e a indenização (...), permite concluir pela premissa da reparação integral, assumindo a função de complementaridade do ordenamento jurídico, que deve se adequar ao preceito de que nenhum dano deve passar sem a correspondente reparabilidade" (Assis Neto, *et al.*, 2016, p. 845).

Não obstante a regra da reparação integral dos danos, a Súmula 246 do STJ define que o valor do seguro obrigatório deverá ser deduzido da indenização a ser paga, o que absolutamente não se trata de uma redução da indenização, mas sim do abatimento da indenização a ser paga diretamente pela parte que cometeu o dano. Naturalmente que posteriormente ao fato a seguradora busque o ressarcimento de seus gastos com terceiros.

Consta na Súmula 37 do STJ que "são cumuláveis as indenizações por dano material e dano moral oriundos do mesmo fato". Poderá a parte, quando o caso concreto assim o permitir, cumular no mesmo pedido as indenizações por dano moral e material decorrentes do mesmo fato. Não seria sensato do ponto de vista jurídico negar a cumulação das indenizações por dano material e por dano moral quando provenientes de um único fato, obrigando o autor a tecer ações distintas para requerer seu direito.

Conforme se depreende do parágrafo único do artigo supra, se houver excessiva desproporção entre a gravidade da culpa e o dano, poderá o juiz reduzir, equitativamente, a indenização.

Princípio da Reparação Objetiva (P. da Responsabilização Objetiva) (Direito do Consumidor).

Regra geral, a responsabilidade civil do fornecedor de serviços por danos causados ao consumidor será objetiva. De acordo com a inteligência do art. 14, *caput*, do Código de Defesa do Consumidor, "o fornecedor de serviços responde, independentemente da existência de culpa, pela reparação dos danos causados aos consumidores por defeitos relativos à prestação dos serviços, bem como por informações insuficientes ou inadequadas sobre sua fruição e riscos".

Assim sendo, a responsabilidade objetiva do fornecedor de serviços consagra-se quando a Lei define que ela ocorrerá nos casos de danos causados aos consumidores relativos a prestação de serviços, e também naqueles casos onde informações insuficientes e inadequadas ponham em risco sua saúde e bem estar, independente de culpa.

O mesmo dispositivo define que nos casos de profissionais liberais a responsabilidade será subjetiva, sendo sua responsabilidade pessoal definida mediante a verificação de sua culpa (cf. art. 14, § 4º). Esta será uma exceção à regra.

Princípio da Repartição dos Encargos (P. da Igualdade do Ônus e Encargos Sociais, P. da Justa Repartição dos Encargos Públicos, P. da Repartição dos Encargos Sociais).

Para tratarmos do princípio da repartição dos encargos na Administração Pública necessário se torna discorrermos primeiramente, e de forma sucinta, acerca da responsabilidade objetiva do Estado. Por esta teoria pacificamente aceita em nosso ordenamento entende-se o dever do Estado em reparar os danos sofridos pelo particular por sua ação ou omissão, sendo, para tanto, irrelevante haver ou não o elemento culpa na conduta danosa do agente público. A aplicação da responsabilidade objetiva do Estado pressupõe que estejam presentes o fato administrativo, o dano e o nexo causal. São seus fundamentos a teoria do risco administrativo e a repartição dos encargos sociais.

A teoria do risco administrativo decorre da própria atividade do Estado que atua em diversas áreas gerando benefícios em prol da coletividade. Quando de tais atividades decorrer dano a particular, o ressarcimento de tais prejuízos deverá ser suportado por toda a coletividade de maneira justa e igualitária. Não seria justo ao Poder Público arcar com todo o ônus. A coletividade, beneficiada pela atividade estatal, também deverá suportar o ônus dos encargos públicos. Esse é o conceito do princípio da repartição dos encargos.

Princípio Representativo (Direito Constitucional).

O princípio em testilha encontra assento no art. 58, §§ 1º e 4º, da Constituição Federal da República. O Congresso Nacional e suas Casas – quais sejam a Câmara dos Deputados e Senado Federal, terão comissões permanentes e temporárias constituídas na forma e com as atribuições previstas no respectivo regimento ou no ato de que resultar sua criação (cf. art. 58, *caput*, da CF/88).

Por comissão permanente temos como exemplo as comissões de constituição e justiça que tem por função principal "analisar a compatibilidade do projeto de lei ou proposta de emenda constitucional apresentados com o texto da Constituição Federal" (Moraes, 2017, p. 748) e, por temporárias, as comissões parlamentares de inquérito (CPI), criadas com o intuito de investigar determinado fato que tenha por característica o interesse público.

Isto posto e conforme o entendimento consubstanciado no § 1º do artigo supra, o princípio representativo pressupõe a representação proporcional dos partidos políticos ou blocos que componham as Casas do Congresso nestas comissões. Vejamos o texto de lei, *in verbis*: "Na constituição das Mesas e de cada Comissão, é assegurada, tanto quanto possível, a representação proporcional dos partidos ou dos blocos parlamentares que participam da respectiva Casa".

No período de recesso parlamentar deverá ser composta uma Comissão com fins de representação do Congresso durante esse interregno, cuja composição também deverá respeitar o princípio representativo (§ 4º, art. 58, CF).

Princípio Republicano.

O constituinte originário trouxe já no primeiro artigo da Constituição de 1988 a definição de que o Brasil, ou melhor dizendo, a República Federativa do Brasil, será formada pela união indissolúvel dos Estados e Municípios e do Distrito Federal, constituindo-se em um Estado Democrático de Direito. A república é a forma de governo adotada por nosso país.

Apesar de ser a república a forma de governo adotada, esta não se encontra elencada no rol de cláusulas pétreas. Entretanto, o desrespeito ao princípio republicano pelos estados-membros ou pelo Distrito Federal constitui motivo suficiente para que ocorra intervenção federal para o reestabelecimento de tal instituto (Paulo e Alexandrino, 2009, p. 84). É o que se dessume do art. 34, VII, a, da CF/88, segundo o qual a União não intervirá nos estados-membros nem no Distrito Federal, exceto para assegurar a observância de certos seguintes princípios constitucionais, dentre os quais a forma republicana de governo.

"A responsabilidade dos governantes tipifica-se como uma das pedras angulares essenciais a configuração mesma da ideia republicana. (...) O princípio republicano exprime, a partir da ideia central que lhe é subjacente, o dogma de que todos os agentes públicos - os Governadores de Estado e do Distrito Federal, em particular - são igualmente responsáveis perante a lei" (STF. ADI 1008 PI. Rel. Min. Ilmar Galvão, j. 19.10.1995, DJ 24.11.19950).

Em se tratando do instituto da reeleição presente no § 5º do art. 14 do texto Constitucional no qual aduz que o Presidente da República, os Governadores de Estado e do Distrito Federal, os Prefeitos e quem os houver sucedido, ou substituído no curso dos mandatos poderão ser reeleitos para um único período subsequente, podemos deduzir que tal entendimento decorre do princípio republicano.

É o que se infere do julgado do STF: "O instituto da reeleição tem fundamento não somente no postulado da continuidade administrativa, mas também no princípio republicano, que impede a perpetuação de uma mesma pessoa ou grupo no poder. O princípio republicano condiciona a interpretação e a aplicação do próprio comando da norma constitucional, de modo que a reeleição é permitida por apenas uma única vez. Esse princípio impede a terceira eleição não apenas no mesmo Município, mas em relação a qualquer outro Município da federação. Entendimento contrário tornaria possível a figura do denominado 'prefeito itinerante' ou do 'prefeito profissional', o que claramente é incompatível com esse princípio, que também traduz um postulado de temporariedade/alternância do exercício do poder. Portanto, ambos os princípios – continuidade administrativa e republicanismo – condicionam a interpretação e a aplicação teleológicas do art. 14, § 5º, da Constituição. O cidadão que exerce dois mandatos consecutivos como prefeito de determinado Município fica inelegível para o cargo da mesma natureza em qualquer outro Município da federação" (STF. RE 637.485. Rel. Min. Gilmar Mendes, j. 01.08.2012, DJE 21.05.2013).

Princípio da Reserva do Impossível (Direito Constitucional).

O processo de criação de Municípios encontra-se regulado no § 4º do art. 18 da Constituição Federal, com a redação dada pela EC 15/1996. É a intelecção do art. 18 da CF/88: "A criação, a incorporação, a fusão e o desmembramento de Municípios, far-se-ão por lei estadual, dentro do período determinado por Lei Complementar Federal, e dependerão de consulta prévia, mediante plebiscito, às populações dos Municípios envolvidos, após divulgação dos Estudos de Viabilidade Municipal, apresentados e publicados na forma da lei".

Este processo de organização político-administrativa dos Municípios em território nacional deve respeitar a autonomia entre os entes políticos que se desdobra por meio do princípio federativo. Considerando-se a autonomia conferida aos Municípios por meio deste princípio constitucional, chegamos ao ponto nevrálgico da discussão. Quando da criação do chamado Município putativo, ou seja, aquele criado em desrespeito aos ditames da lei, poderá o julgador ante a excepcionalidade do caso entender pela constitucionalidade da manutenção da municipalidade diante de fatos que testemunhem pela existência da cidade, em respeito aos princípios da continuidade do Estado e da segurança jurídica, bem como ao princípio federativo.

Sobre o tema, ensina o festejado jurista Pedro Lenza (2010, p. 263): "a anulação da decisão política de que resultou a criação do Município avança sobre o que poderíamos chamar de 'reserva do impossível', no sentido de não ser possível anularmos o fato dessa decisão política de caráter institucional sem agressão ao princípio federativo".

Em julgado do Supremo Tribunal Federal acerca da inconstitucionalidade de lei estadual que originou a criação de Município no Estado da Bahia após a Emenda Constitucional 15/96, a Suprema Corte decidiu que, tratando-se de situação excepcional consolidada e considerando-se os princípios federativo e da segurança jurídica, esta não poderia ser desconsiderada. Assim o STF decidiu pelo "reconhecimento da existência válida do Município, a fim de que se afaste a agressão à federação". A manutenção do Município imperou ante sua "existência consolidada" no plano temporal e sob a égide dos princípios supracitados (STF. ADI 2240/BA. Rel. Min. Octavio Gallotti, j. 24.07.2000, DJe 01.08.2000).

Princípio da Reserva Jurisdicional (P. da Reserva de Jurisdição).

Em simples palavras, a reserva de jurisdição pode ser definida como aqueles atos que só podem ser realizados pelo Poder Judiciário, ou seja, que só podem ser decretados pelo Judiciário. Assim sendo, determinados atos, como por exemplo, prisões cautelares e a interceptação telefônica, só poderão ocorrer caso haja prévia autorização judicial do Estado-Juiz.

Para esclarecimentos mais contundentes acerca do tema, apresentamos o seguinte aresto do STF, a Corte excelsa do judiciário nacional: "A cláusula constitucional da reserva de jurisdição – que incide sobre determinadas matérias, como a busca domiciliar (CF, art. 5º, XI), a interceptação telefônica (CF, art. 5º, XII), e a decretação da prisão de qualquer pessoa, ressalvada a hipótese de flagrância (CF, art. 5º, LXI) – traduz a noção de que, nesses temas específicos, assiste ao Poder Judiciário, não apenas o direito de proferir a última palavra, mas, sobretudo, a prerrogativa de dizer, desde logo, a primeira palavra, excluindo-se, desse modo, por força e autoridade do que dispõe a própria Constituição, a possibilidade do exercício de iguais atribuições, por parte de quaisquer outros órgãos ou autoridades do Estado (STF. MS – 23452/RJ. Rel. Min. Celso de Melo, j. 16.09.1999, DJe 12.05.2000).

Princípio da Reserva de Plano (Direito Urbanístico).

Inicialmente, insta observar que o princípio da reserva de plano consta do art. 182, § 2º da CF/88. Neste dispositivo encontra-se a definição de que será o plano diretor o elemento direcionador da política de ordenação e desenvolvimento da cidade. Estas exigências apresentadas pelo plano diretor serão de fundamental importância para o crescimento ordenado e planejado do município.

O plano diretor consubstancia-se como o planejamento prévio do desenvolvimento da cidade, assim, ele somente obterá êxito se a intervenção englobar a plenitude dos setores alvo. Daí ser demanda relevante a compreensão por todos os órgãos da administração local de que o ordenamento do território é competência do órgão urbanístico responsável.

Victor Carvalho Pinto (2010, p. 183/184) assim define a reserva de plano: "O princípio da reserva de plano é o que garante institucionalmente que as diversas demandas setoriais sejam coordenadas pelo órgão de planejamento. Ele consiste na exigência de que as medidas que possam vir a afetar a transformação do território constem dos planos urbanísticos, como condição para que possam ser executadas". Continua o autor afirmando que "o princípio da reserva de plano é o que permite a articulação entre o ordenamento jurídico e o planejamento".

Princípio da Reserva de Plenário (P. do Colegiado, P. da Colegialidade, P. da Colegialidade nos Tribunais).

Inicialmente cumpre-nos transcrever a lição de lavra do eminente doutrinador Cassio Scarpinella Bueno (2015, p. 45/46): "Por 'princípio da colegialidade' deve ser entendido que a manifestação dos Tribunais brasileiros deve se colegiada no sentido de não poder ser realizada por um só de seus membros isoladamente ou, como se costuma dizer, monocraticamente".

Corrobora Medina (2011, p. 649) afirmando que "de acordo com o princípio da colegialidade, os recursos devem ser julgados por órgãos colegiados dos tribunais, isto é, pelas câmaras, turmas, seções etc".

No que tange ao Poder Judiciário brasileiro, dispõe a CF/88 que somente pelo voto da maioria absoluta de seus membros ou dos membros do respectivo órgão especial poderão os tribunais declarar a inconstitucionalidade de lei ou ato normativo do Poder Público (art. 97). Segundo a doutrina, "só o Tribunal Pleno ou, onde existir – e desde que haja delegação regimental neste sentido (art. 93, XI, da CF) -, o órgão especial é que tem competência para declarar a inconstitucionalidade de lei ou ato normativo" (Bueno, *idem*,

p. 601). Somente o Tribunal Pleno ou o respectivo órgão especial possuem competência para declarar lei ou ato normativo inconstitucional, o que se dará por meio do voto da maioria absoluta de seus membros. É tratada pelo Direito norte americano como cláusula do *full bench*.

Corrobora tal entendimento a Súmula Vinculante nº 10 do STF. Tal instrumento condiciona que viola a cláusula de reserva de plenário a decisão de órgão fracionário de tribunal que, embora não declare expressamente a inconstitucionalidade de lei ou ato normativo do Poder Público, afasta sua incidência, no todo ou em parte. Fica assim preservada a competência do Tribunal ou do respectivo órgão especial, afastando-se a hipótese de competência de seus órgãos fracionários. [52]

As hipóteses em que se declarar a inconstitucionalidade de preceito normativo federal sem o devido respeito as regras da reserva de plenário será cabível recurso extraordinário. O STF exerce, por excelência, o controle difuso de constitucionalidade quando do julgamento do recurso extraordinário, tendo os seus colegiados fracionários competência regimental para fazê-lo sem ofensa ao art. 97 da CF (STF. RE 361.829 ED. Rel. Min. Ellen Gracie, j. 02.03.2010, DJe 19.03.2010).

Não se aplica o instrumento constitucional da reserva de plenário quando do uso de jurisprudência consolidada pelo Pleno ou ambas as Turmas do STF (STF. AI 607.616 AgR. Rel. Min. Joaquim Barbosa, j. 31.08.2010, DJe 01.10.2010).

"O art. 97 da Constituição, ao subordinar o reconhecimento da inconstitucionalidade de preceito normativo a decisão nesse sentido da 'maioria absoluta de seus membros ou dos membros dos respectivos órgãos especiais', está se dirigindo aos tribunais indicados no art. 92 e aos respectivos órgãos especiais de que trata o art. 93, XI. A referência, portanto, não atinge juizados de pequenas causas (art. 24, X) e juizados especiais (art. 98, I), os quais, pela configuração atribuída pelo legislador, não funcionam, na esfera recursal, sob regime de plenário ou de órgão especial" (STF. ARE 792.562 AgR. Rel. Min. Teori Zavascki, j. 18.03.2014, DJe 02.04.2014).

Princípio da Reserva do Possível (P. da Reserva do Financiamento Possível, P. de Reserva do Financeiramente Possível).

A cláusula da reserva do possível, ou também como é conhecida, princípio implícito da reserva do possível, será um instrumento de uso excepcional pelo Poder Público que poderá alegá-lo sempre que determinada prestação social superar suas expectativas financeiras ante a impossibilidade econômico-financeira em arcar com tal demanda.

Os direitos sociais encontram-se distribuídos em um capítulo próprio entre os artigos 6º e 11 da Constituição Federal, mas podem ser encontrados pulverizados por todo o texto constitucional. É usual em nossa justiça os pedidos para que o Estado forneça medicação, principalmente a proveniente do exterior de custo extremamente elevado. No geral a esses casos é concedido o direito aos pacientes ao recebimento da medicação em face do direito à vida presente no texto constitucional, não obstante argumentação estatal no sentido de que esse tipo de fornecimento compulsório enfraquece o Estado em outras frentes, face a reserva do possível.

Ante tal exemplo destaca-se a jurisprudência: "Aplica-se o princípio da reserva do possível em situações excepcionais, desde que o ente público demonstre, de forma objetiva, a impossibilidade econômico-financeira de custear a medicação pleiteada" (TJ. RMO 20130111639603/DF. Rel. Nídia Corrêa Lima, j. 16.09.2015, DJe 02.10.2015).

O art. 7º, IV, da CF, destaca que o salário mínimo nacional deverá ser em montante capaz de atender as necessidades vitais básicas do trabalhador e às de sua família com moradia, alimentação, educação, saúde, lazer, vestuário, higiene, transporte e previdência social. Apesar do texto constitucional altamente protetivo, o que ocorre atualmente é a constatação de que o salário mínimo vigente em nosso país é insuficiente para atender tais demandas. Mas por que não ocorre uma ida maciça da população aos Tribunais propor demandas que defendam os termos do artigo supra, pois o papel do Estado como zelador e garantidor do valor satisfatório do salário mínimo não está sendo cumprido? Infelizmente não é tão simples como parece. O Estado uma vez instigado por tal demanda alegaria em sua defesa a reserva do possível, ou seja, ser impossível do ponto de vista econômico-financeiro suprir tal necessidade, pois o mesmo viria à bancarrota se fosse obrigado a tal papel.

Por outro lado, em razão da proteção integral constitucionalmente assegurada à criança e ao adolescente, a condenação dos entes estatais ao atendimento do direito fundamental à educação não representa ofensa ao princípio da reserva do possível (TJ. AC 70067762260/RS. Rel. Rui Portanova, j. 03.03.2016, DJe 07.03.2016).

Segundo Paulo e Alexandrino (2009, p. 225), justamente por exigirem disponibilidade financeira do Estado para sua efetivação, os direitos sociais encontram-se passíveis da ocorrência da cláusula da reserva do possível. Por fim, complementam no sentido de que esta cláusula ou princípio "tem como consequência o reconhecimento de que os direitos sociais assegurados na Constituição devem, sim, ser efetivados pelo Poder Público, mas na medida exata em que isso é possível".

Princípio do Respeito ao Autorregramento da Vontade (P. da Autonomia da Vontade, P. do Autorregramento da Vontade) (Direito Processual Civil).

Consta como uma das grandes novidades do atual Código de Processo Civil (Lei 13.105/2015) o princípio do autorregramento da vontade. Este princípio permite as partes decidirem questões em torno do processo, permite a elas o autorregramento do mesmo. Assim, poderão as mesmas dispor acerca de certas regras do processo o que estabelece os negócios jurídicos processuais. A rígida normatização estatal sempre afastou as partes litigantes de qualquer tipo de liberdade de discussão das regras processuais e de uma participação mais estreita. O CPC de 2015 valoriza o autorregramento da vontade.

Segundo o art. 166, § 4º do CPC, que trata dos institutos da conciliação e mediação, estes serão informados pelo princípio do respeito ao autorregramento da vontade (princípio da autonomia da vontade), dentre outros princípios, e serão orientados de acordo com a livre autonomia dos interessados, inclusive no que diz respeito à definição das regras procedimentais. Naturalmente que na seara processual a negociação será mais regulada por envolver o exercício da jurisdição e, assim sendo, não poderá envolver temas relacionados à proteção dos direitos indisponíveis, por exemplo.

Em suma, o princípio do autorregramento da vontade busca tornar o processo um ambiente mais democrático, pois corolário da liberdade, onde as partes envolvidas possam dele participar com um maior poder sobre determinadas decisões. O direito de autorregulação poderá será exercido pelas partes tornando o exercício das liberdades sensivelmente mais elevado.

Princípio *Res Perit Domino*.

Um dos princípios do Direito das Obrigações no Direito Civil, o princípio *res perit domino* vem de tempos remotos, desde o Código de Hamurabi, cuja data é incerta, mas que estudiosos calculam ter sido elaborado entre 1.700 e 2.000 a.C., por Khammu-rabi, rei da Babilônia, atual Irã. O art. 244 deste antigo Códex assim dispõe: "Se um homem alugou um boi ou um jumento e se o leão o matou em campo aberto, a perda será do proprietário". [53]

Aí está o conceito de que a coisa perece ao dono. Ou seja, aquele o qual seja o dono da coisa irá arcar com os prejuízos advindos quando seu bem estiver em posse de terceiro de boa-fé e este não tiver culpa pelo perecimento da coisa. Em nosso ordenamento jurídico esta definição se encontra presente no art. 234 do Código Civil de 2002, cujo teor define que nos casos em que a obrigação seja de dar coisa certa e a coisa se perder sem culpa do devedor antes da tradição, ou pendente a condição suspensiva, fica resolvida a obrigação para ambas às partes (credor e devedor); se a perda resultar de culpa do devedor, responderá este pelo equivalente e mais perdas e danos.

Somente quando o devedor concorrer com culpa para o perecimento do bem é que surgirá a obrigação deste em restituí-lo, caso contrário, o proprietário do bem (credor) deverá suportar integralmente o prejuízo. Paulo Nader (2010, p. 484) assevera que de acordo com o princípio do *res perit domino* "(...) o risco de perecimento da coisa, em virtude de caso fortuito ou força maior, é exclusivamente de seu dono (...)".

Princípio da Responsabilidade (Direito Constitucional).

O princípio da responsabilidade surge como um dos instrumentos constitucionais de defesa da ordem econômica. Consta da Constituição que a ordem econômica nacional será fundada na valorização do trabalho humano e na livre iniciativa, tendo por fim assegurar a todos uma existência digna, de acordo com a justiça social, observando-se, dentre outros princípios, a livre concorrência, a redução das desigualdades regionais e sociais, a propriedade privada, a defesa do consumidor, a soberania social e a busca do pleno emprego (cf. art. 170).

Segundo o que reza a lei com as ressalvas presentes na Carta Magna, a exploração direta de atividade econômica pelo Estado só será permitida quando necessária aos imperativos da segurança nacional ou a relevante interesse coletivo.

Isto posto, fica estabelecida a responsabilidade advinda desta intervenção do Estado no domínio econômico. Por meio do art. 173, § 5º, define-se que a pessoa jurídica terá sua responsabilidade perante os danos que seus atos vierem a causar diante de sua participação na atividade econômica definida em lei, sendo sujeita às punições compatíveis com sua natureza nos atos praticados contra a ordem econômica e financeira e contra a economia popular.

Os dirigentes da pessoa jurídica responderão individualmente por seus atos. A lei tenciona evitar que o Estado, aproveitando-se de seu vasto poderio econômico, cometa práticas econômicas abusivas diante do mercado provocando prejuízos irreparáveis a diversos segmentos da economia. A título de exemplo, poderia o Estado no topo de seu poder econômico praticar atos como a taxação de preços em determinado setor, prática de condutas desleais de mercado, concorrência desleal etc.

Princípio da Responsabilidade (Registro Imobiliário).

O sistema registral nacional por meio de seu conjunto de regras legalmente instituídas tem por função proporcionar organização e segurança ao registro de imóveis e, por consequência, aos agentes envolvidos.

Neste cenário, o agente de registro de imóveis desempenha papel primordial executando os diversos serviços que está legalmente autorizado a prestar. Agente público que é, seus atos serão dotados de fé pública, tendo o dever de atuar de forma a precaver toda espécie de conflito.

Porém, toda conduta praticada por agente público gera responsabilidades. Segundo entendimento consagrado pelo Superior Tribunal de Justiça, os agentes responsáveis pelos serviços de registro público de imóveis serão responsabilizados por danos que causarem a terceiros no exercício de suas atividades. Portanto, os atos executados pelo oficial de registro de imóveis que estejam em desacordo com a legislação e/ou princípios éticos legais que regem a Administração Pública e que causem prejuízo a terceiros, estarão sujeitos a punição nas esferas administrativa, civil e penal.

Princípio da Responsabilidade por Atos Jurisdicionais.

O Estado não será responsabilizado por atos do Poder Judiciário, salvo nos casos expressamente especificados por lei. Por outro lado, a responsabilidade objetiva do Estado por erro judiciário será aplicável aos membros do Poder Judiciário. Nos casos em que haja erro cometido por membro da justiça, dispõe a Lei Orgânica da Magistratura Nacional (Lei Complementar nº 35/79, art. 49), que o magistrado responderá por perdas e danos quando proceder com dolo ou fraude no exercício de suas funções e recusar, omitir ou retardar, sem justo motivo, providência que deva ordenar o ofício, ou a requerimento das partes.

Neste sentido é o entendimento da Carta Maior por meio do art. 5º, LXXV, onde, na esfera penal, caberá ao Estado indenizar o condenado por erro judiciário e também nos casos de prisão que se estenda por período superior ao determinado em sentença. O inciso LXXVIII do artigo supra é instrumento que garante a razoável duração do processo no âmbito judicial e administrativo, situação que também daria azo a responsabilidade objetiva do Estado em indenizar.

Nos casos em que couber ao Estado indenizar terceiros por danos causados por erro judiciário, o art. 37, § 6º, CF/88, assegura ao Poder Público o direito de regresso contra o agente responsável nos casos de dolo ou culpa. Corrobora o entendimento o art. 143 do CPC ao afirmar que o juiz responderá, civil e regressivamente, por perdas e danos pelos fatos nele elencados. Neste sentido, os fatos serão os mesmos narrados pelo art. 49 da Lei Complementar nº 35/79.

Consoante jurisprudência consolidada pela Corte Maior: "O Supremo Tribunal Federal já firmou entendimento de que a responsabilidade civil objetiva do Estado não alcança os atos judiciais praticados de forma regular, salvo nos casos expressamente declarados em lei" (STF. AI 759880/RS. Rel. Min. Roberto Barroso, j. 05.08.2014, DJe 25.08.2014). A posição do STF é no sentido de que não incidirá a responsabilidade objetiva do Estado sobre os atos "normais", cotidianos, praticados pelo judiciário que visem o regular andamento processual. Por fim, incidirá a responsabilidade do Estado nos casos indicados por lei.

Princípio da Responsabilidade na Causação (P. da Invalidade, P. da Responsabilidade na Causação da Invalidade) (Direito Processual Civil).

Entende-se deste princípio processual que nos casos em que a lei indicar determinada forma sob pena de nulidade a parte que lhe deu causa não a poderá pleitear, pois se assim fosse, estaria utilizando-se de subterfúgios ilegais para obter benefícios no processo. Em prol de um melhor esclarecimento citamos o art. 276 do CPC, *in verbis*: "Quando a lei prescrever determinada forma sob pena de nulidade, a decretação desta não pode ser requerida pela parte que lhe deu causa". Tanto a doutrina como a jurisprudência concordam no sentido de que a nulidade não aproveita a quem lhe deu causa.

É o que explica Rinaldo Mouzalas de Souza e Silva (2013, p. 294/295), segundo o qual a parte que der origem à irregularidade não poderá dela se beneficiar requerendo a anulação do ato, pois nosso ordenamento proíbe que alguém se utilize da torpeza em benefício próprio.

Conforme explica Bueno (2015, p. 211), o art. 276 do CPC veda àquele que deu ensejo à nulidade relativa a legitimidade para argui-la. Conforme se denota da explanação do autor, o ato se resume aos casos em que a parte der ensejo a nulidade relativa, restando aos casos de nulidade absoluta seu reconhecimento de ofício devido ao interesse público presente (cf. art. 278, parágrafo único, CPC).

Princípio da Responsabilidade do Credor na Execução Injusta.

Apesar de ser um direito do exequente romper a inércia da justiça e propor o incidente executivo processual, sempre que se constatar que dos atos executórios decorreram danos ao patrimônio do obrigado por força de fatos considerados injustos ou desleais, poderá este propor demanda em face daquele requerendo a devida indenização pelos prejuízos injustamente causados em seu conjunto de bens. É o que se denota do entendimento consubstanciado no art. 776 do Código de Processo Civil, *verbis*: "O exequente ressarcirá ao executado os danos que este sofreu, quando a sentença, transitada em julgado, declarar inexistente, no todo ou em parte, a obrigação que ensejou a execução".

A ocorrência de danos ao executado decorrentes da declaração da inexistência total ou parcial da obrigação que deu origem a demanda executiva poderá ser considerada, inclusive, como verdadeira litigância de má-fé. É o que se dessume do texto do art. 80, III, do CPC, segundo o qual será considerado litigante de má-fé aquele que usar do processo para conseguir objetivo ilegal.

Conforme ensina Bueno (2015, p. 473): "O exequente é responsável pelos danos que os atos executivos acarretarem ao executado quando a sentença, transitada em julgado, declarar inexistente, no todo ou em parte, a obrigação que ensejou a execução".

Mesmo que ocorra o cumprimento provisório da sentença impugnada por recurso desprovido de efeito suspensivo – a ser realizado da mesma forma que o cumprimento definitivo, este ato obrigará o exequente a reparar os danos que o executado haja sofrido caso a sentença venha a ser reformada (cf. art. 520, *caput*, I, CPC). A liquidação de eventuais prejuízos causados ao demandado ocorrerá nos mesmos autos (art. 520, II, CPC).

Princípio da Responsabilidade das Custas pelo Executado (P. da Causalidade, P. da Responsabilidade pelas Despesas Processuais, P. da Responsabilidade das Despesas Processuais pelo Executado, P. da Responsabilidade do Devedor) (Execução).

Neste princípio do processo de execução o executado (devedor) responde não só pelo valor exequendo, o qual deverá suportar de acordo com o art. 789 do CPC, "(...) com todos os seus bens presentes e futuros para o cumprimento de suas obrigações, salvo as restrições estabelecidas em lei", mas também pelas custas judiciais, despesas processuais e honorários advocatícios cabíveis ao patrono do credor haja vista a execução ocorrer à custa do executado. Desta forma, o obrigado responderá pelo cumprimento da execução, incluindo as custas processuais, com seu patrimônio, pois a execução será realizada à custa do executado.

O princípio da causalidade dispõe que será ônus da parte que der causa à instauração do incidente processual arcar com as despesas dele decorrentes. Assim ocorrerá com o executado que terá de arcar com as custas processuais, haja vista ter-se instaurada a demanda em decorrência justamente de atos por ele originados e que, por consequência, levaram o executante a adquirir direitos.

Portanto, as custas do processo de execução, as despesas processuais e também os honorários advocatícios do advogado do exequente serão sempre de responsabilidade do executado e pagos ao final.

Principio da Responsabilidade pelo Fato.

O Direito Penal pátrio proíbe a tipificação de pessoas, pois resta a esta seara jurídica tipificar os fatos e as condutas penais indicando-lhe as respectivas penas. Tipificar o sujeito e não os fatos criminosos/delituosos seria ato típico de um regime totalitário onde a preocupação maior seria calar os insurgentes, aqueles elementos contrários ao poder estabelecido, independente de sua conduta ser criminosa ou não. Um regime democrático não comportaria tal regra. Devido a isto, torna-se incabível a existência de um Direito Penal que não seja voltado à tipificação das condutas penais, relacionando-as com as respectivas penas. Importante que haja para cada conduta penal uma punibilidade preestabelecida.

O Direito Penal do autor, portanto, é elemento defeso em nosso ordenamento penal, restringindo-se a lei a tipificar as condutas determinadas como inaceitáveis em nossa sociedade, regrando, para tanto, as respectivas penalidades para cada caso.

Neste sentido, vaticina o mestre Fernando Capez (2006, p. 24/25) que "(...) o direito penal não se presta a punir pensamentos, ideias, ideologias, nem o modo de ser das pessoas, mas, ao contrário, fatos devidamente exteriorizados no mundo concreto e objetivamente descritos e identificados em tipos legais".

Assim sendo, o que se denota do princípio da responsabilidade pelo fato é que nosso ordenamento jurídico não pode se prestar ao papel de buscar a punibilidade de indivíduos simplesmente pelo fato de pertencerem a determinados grupos e ou correntes de pensamento, mas sim buscar a punibilidade de condutas nocivas à sociedade com penas previamente estabelecidas.

Princípio da Responsabilidade Objetiva do Estado (P. da Responsabilidade Civil do Estado, P. da Responsabilidade Civil Objetiva do Poder Público, P. da Responsabilidade do Estado, P. da Responsabilidade Estatal, P. da Responsabilização Objetiva, P. da Socialização dos Prejuízos).

O art. 37, *caput*, da CF/88 estabelece os princípios aos quais deverá obedecer toda a administração pública direta e indireta de qualquer dos Poderes da União, dos Estados, do Distrito Federal e dos Municípios, quais sejam os já conhecidos princípios da legalidade, impessoalidade, moralidade, publicidade e eficiência.

Determinando a responsabilidade objetiva dos agentes da Administração Pública de qualquer dos Poderes ou dos agentes concessionários ou permissionários de serviço público no que tange a responsabilidade civil, determina o § 6º do artigo supracitado que "as pessoas jurídicas de direito público e as de direito privado prestadoras de serviços públicos responderão pelos danos que seus agentes, nessa qualidade, causarem a terceiros, assegurado o direito de regresso contra o responsável nos casos de dolo ou culpa".

Deveras ilustrativo o exemplo da jurisprudência: "Tratando-se de atividade prestada por concessionária ou permissionária de serviço público, a responsabilidade pelos danos causados a terceiros é objetiva, nos termos do art. 37, § 6º, da Constituição. A responsabilidade objetiva das pessoas enumeradas no artigo supracitado não se limita aos usuários, estendendo-se também a terceiros não-usuários, já que fundada na teoria do risco e no princípio da socialização dos prejuízos, em consonância com a tendência moderna de ampliação da responsabilização e facilitação da defesa das vítimas" (TJ. 1.0024.03.940657-4/001(1)/MG. Rel. Wagner Wilson, j. 28.02.2008, DJe 04.04.2008).

Consagra-se a teoria do risco administrativo, onde "a responsabilidade civil das pessoas jurídicas de direito público e das pessoas jurídicas de direito privado prestadoras de serviço público baseia-se no risco administrativo, sendo objetiva". Continua o autor apontando os requisitos imprescindíveis para a ocorrência da responsabilidade objetiva do Estado: "ocorrência do dano; ação ou omissão administrativa; existência de nexo causal entre o dano e a ação ou omissão administrativa e ausência de causa excludente da responsabilidade estatal" (Moraes, 2017, p. 395/396).

Não se trata de princípio de caráter absoluto, pois a responsabilidade civil do Estado poderá ser abrandada ou até mesmo suprimida quando se configurem situações como culpa exclusiva da vítima, culpa concorrente, caso fortuito e força maior.

Princípio da R*estitutio in Integrum* (P. da Restituição Integral).

O instituto da *restitutio in integrum* tem por objetivo o restabelecimento do *status quo ante* daquele que sofreu um prejuízo ocasionado pela ação ou omissão de outrem. A tradução do próprio instituto já define que deverá haver a recomposição integral dos danos causados por terceiros, ou seja, os danos deverão ser reparados integralmente por quem a eles deu causa.

O princípio da *restitutio in integrum* encontra-se incorporado em diversos dispositivos do nosso ordenamento. Consagram este princípio, por exemplo, o art. 5º, V e X, da CF/88, que consagra a parte lesada o direito de obter indenização pelos danos morais, materiais e à imagem porventura sofridos, o art. 6º, VI, do CDC e a Súmula 37 do STJ que regula serem cumuláveis as indenizações por dano material e dano moral oriundos do mesmo fato. Além disso, o Código Civil também trata do assunto nos arts. 389, 402, 404 e 944, dentre outros.

Dispõe a lei que o devedor inadimplente no cumprimento de sua obrigação responderá por perdas e danos, abrangendo além do que ele efetivamente perdeu o que razoavelmente deixou de lucrar, incidindo sobre o montante juros, atualização monetária e honorários advocatícios. Nestes casos a indenização será medida pela extensão do dano sofrido pela parte prejudicada.

A restituição integral tem por escopo assegurar à vítima o pleno ressarcimento dos prejuízos sofridos por responsabilidade de terceiro, tendo por base o entendimento consolidado na lei de que aquele que causa prejuízos a outrem deverá ressarcir integralmente a parte lesada naquilo que perdeu e no que deixou de ganhar.

Princípio da Restrição Processual à Decretação da Ineficácia (P. da Restrição Processual à Declaração da Nulidade, P. da Restrição Processual à Decretação da Invalidade).

O princípio da restrição processual à decretação da ineficácia, um dos princípios referentes às nulidades no Processo Penal, consiste basicamente no entendimento de que a decretação de ineficácia de um ato processual defeituoso somente poderá ocorrer caso atenda a dois requisitos primordiais: existência de instrumento processual adequado para tanto e comprovação de que o momento seja oportuno.

Elementar trazermos à baila o enriquecedor entendimento de Renato Brasileiro de Lima (2016, p. 2217/2218) acerca do princípio: "Por força do princípio da restrição processual à decretação da ineficácia, a invalidação de um ato processual defeituoso somente pode ser decretada se houver instrumento processual adequado e se o momento ainda for oportuno. Como a nulidade dos atos processuais não é automática (princípio da eficácia dos atos processuais), ainda que o ato processual seja praticado em desacordo com o modelo típico, causando prejuízo às partes, esse vício somente poderá ser reconhecido se houver instrumento processual idôneo para o reconhecimento judicial e desde que o momento ainda seja adequado, ou seja, que não tenha havido preclusão temporal".

Princípio da Retificação (P. da Primazia da Realidade, P. da Primazia da Verdade) (Direito Registral).

Se o conteúdo do registro imobiliário ou da averbação não exprimir a verdade dos fatos, ocorrendo tal episódio por erro ou omissão, poderá o interessado requerer ao oficial de registros públicos que o documento seja retificado ou anulado. O ato de retificação poderá ocorrer de ofício ou a requerimento do interessado. Caso ocorra o cancelamento do registro, o proprietário poderá reivindicar para si o imóvel independente da boa-fé ou do título do terceiro adquirente. Tudo isso conforme entendimento consubstanciado nos arts. 213 da Lei de Registros Públicos e 1.247, *caput* e parágrafo único do Código Civil brasileiro.

Princípio da Retratabilidade.

Segundo os termos preestabelecidos pelo CPC (art. 330) a petição inicial será indeferida quando for inepta, a parte for manifestamente ilegítima, o autor carecer de interesse processual e quando não forem atendidas as prescrições dos arts. 106 e 321 deste Diploma. Baseando-se no direito ao contraditório e a ampla defesa que permeia nosso ordenamento, é cabível ao autor nos casos em que a petição inicial for indeferida apelar dessa decisão junto ao magistrado, caso em que o Juiz poderá retratar-se no prazo de 5 (cinco) dias.

Esse procedimento é conhecido por juízo de retratabilidade, onde, interposta a apelação pelo autor da petição inicial indeferida pelo magistrado, três situações poderão ocorrer. Inicialmente, não havendo retração, o Juiz mandará citar o réu para que possa responder ao recurso. Caso haja a reforma da sentença pelo tribunal decidindo pelo deferimento da inicial, o prazo para a contestação começará a correr da intimação do retorno dos autos. Por fim, caso o autor não apele do indeferimento da inicial, o Juiz irá proferir a intimação do réu para que tome ciência do trânsito em julgado da sentença e para que possa tomar, caso seja de seu interesse, as devidas providências em face do autor da ação e em defesa de seus interesses pessoais (art. 331 e parágrafos, CPC).

O art. 332 do mesmo diploma processual estipula que nas causas que dispensem a fase instrutória, o Juiz, independentemente da citação do réu, julgará liminarmente improcedente o pedido que contrariar enunciado de súmula do Supremo Tribunal Federal ou do Superior Tribunal de Justiça, acórdão proferido pelo Supremo Tribunal Federal ou pelo Superior Tribunal de Justiça em julgamento de recursos repetitivos, entendimento firmado em incidente de resolução de demandas repetitivas ou de assunção de competência e enunciado de súmula de tribunal de justiça sobre direito local, podendo o Juiz, inclusive, julgar liminarmente improcedente o pedido se verificar, desde logo, a ocorrência de decadência ou de prescrição.

Neste caso, sendo interposta a apelação, o Juiz poderá retratar-se em 5 (cinco) dias. Não interposta a apelação, o réu será intimado do trânsito em julgado da sentença. Havendo retratação do indeferimento da petição inicial pelo Juiz, este determinará o prosseguimento do processo com a citação do réu e, caso não ocorra a retratação, determinará a citação do réu para que apresente contrarrazões, no prazo de 15 (quinze) dias.

Princípio da Retroatividade da Lei Penal mais Favorável (P. da Extra-Atividade da Lei Penal mais Favorável, P. da Retroação Benéfica, P. da Retroatividade Benéfica, P. da Retroatividade Benéfica Penal, P. da Retroatividade da Lei Penal, P. da Retroatividade da Lei Penal Benéfica, P. da Retroatividade da Lei Penal mais Benigna).

Na dicção do art. 5°, XL, "a lei penal não retroagirá, salvo para beneficiar o réu". Traduzindo o entendimento constitucional, ocorrerá a retroatividade da lei penal quando o ordenamento pátrio instituir lei posterior que seja mais benéfica que a lei anterior revogada. Será aplicada a lei nova sempre que esta for mais benéfica ao réu.

No entendimento de Paulo e Alexandrino (2009, p. 154): "Se a nova lei penal for favorável (*lex mitior*), ela sempre retroagirá para beneficiar o réu, ainda que já tenha ocorrido a sua condenação definitiva, transitada em julgado, com base na lei antiga, mesmo que ele já esteja cumprindo a pena. Lei penal benigna é sempre lei retroativa".

O STJ, por sua vez, traz os seguintes arestos: "Na hipótese dos autos, a decisão atacada não levou em consideração a referida norma, porquanto proferida anteriormente ao seu advento. Entretanto, a superveniência da nova disciplina legal deve ser retroativamente aplicada, por se tratar de lei penal mais benéfica (art. 2°, parágrafo único, do Código Penal)" (STJ, 5ª Turma. HC 210062/SC 2011/0138565-7. Rel. Min. Gurgel de Faria, j. 19.03.2015, DJe 06.04.2015).

Veja-se também este outro julgado do STJ: "Segundo entendimento pacífico deste Superior Tribunal, em razão da vedação à combinação de leis, impõe-se às instâncias ordinárias verificar, em cada caso concreto, a incidência da lei mais benéfica - princípio da retroatividade da lei penal mais benigna - para a parte ré (Lei n. 6.368/1967 ou Lei n. 11.343 /2006)" (STJ, 6[Turma. EDcl no AgRg nos EDcl no REsp 721555/PI 2005/0014090-4. Rel. Min. Sebastião Reis Júnior. J. 06.08.2013, DJe 20.08.2013).

Princípio da Retroatividade da Lei Tributária (P. da Benignidade, P. da Retroatividade Benigna).

Quanto à aplicação da legislação tributária temos que as leis poderão retroceder de maneira benigna em oposição ao princípio da irretroatividade tributária (princípio da irretroatividade da norma tributária), conforme artigo 106 do CTN. Trata-se de exceção a regra da irretroatividade que baliza o Direito Tributário.

A regra é a irretroatividade da lei tributária, porém, de forma excepcional, a retroatividade benéfica poderá ser aplicada nos casos de ato ou fato pretérito quando se tratar de lei interpretativa e nos casos em que ocorra lei mais benéfica.

De acordo com o art. 106 do Código Tributário Nacional, a lei será aplicada a ato ou fato pretérito em qualquer caso quando seja expressamente interpretativa, excluída a aplicação de penalidade à infração dos dispositivos interpretados, e quando se tratar de ato não definitivamente julgado, especificamente quando deixe de defini-lo como infração, quando deixe de tratá-lo como contrário a qualquer exigência de ação ou omissão, desde que não tenha sido fraudulento e não tenha implicado em falta de pagamento de tributo, e quando lhe comine penalidade menos severa que a prevista na lei vigente ao tempo da sua prática.

Temos no inciso II, alínea "c", do art. 106, a retroação benéfica da multa, instrumento o qual determina que a lei se aplica a ato ou fato pretérito no caso de ato não definitivamente julgado quando lhe comine penalidade menos severa que a prevista na lei vigente ao tempo da sua prática. "Ainda não definitivamente julgado o ato fiscal e tendo sobrevindo lei penalizadora menos gravosa, é de ser aplicado o princípio da benignidade, como alvitrado no art. 106, II, c, do CTN, reduzindo a multa infligida ao contribuinte" (TRF – 4. AC 148158/RS 2000.04.01.148158-4. Rel. Min. Luiz Carlos de Castro Lugon, j. 24.10.2002, DJ 08.01.2003).

Conforme jurisprudência, o princípio da retroatividade benigna "afirma que a lei se aplica a ato ou fato pretérito quando lhe comine penalidade menos severa que a estabelecida na lei vigente ao tempo da sua prática" (TJ. ACIA 923105-6/PR. Rel. Des. Denise Hammerschmidt, j. 29.01.2013, DJe 29.01.2013).

Princípio da Retroatividade Mínima (P. da Retroatividade Mitigada, P. da Retroatividade Temperada).

No que tange ao grau de retroatividade das normas constitucionais, encontram-se presentes em nosso ordenamento três espécies: a retroatividade máxima ou restitutória, a retroatividade média e a retroatividade mínima, temperada ou mitigada.

Trataremos neste ponto da retroatividade mínima. Entende a jurisprudência que a retroatividade mínima define que certos dispositivos constitucionais têm vigência imediata, alcançando os efeitos futuros de fatos passados (TRF-4. AC 143113/SC 2000.04.01.143113-1. Rel. Luiz Carlos Cervi, j. 28.05.2003, DJ 04.06.2003). Ou seja, a lei constitucional nova incidirá sobre os efeitos futuros dos atos ou fatos pretéritos, mas somente sobre seus efeitos futuros, não retroagindo para incidir sobre os atos/fatos passados nem sobre as condições ainda pendentes. Ocorre a preservação dos atos e fatos passados bem como as condições pendentes relacionadas, ocorrendo, entretanto, o ajuste dos efeitos futuros.

Em se tratando das Constituições, suas normas desfrutam da retroatividade mínima, salvo nos casos em que a Constituição Federal apresentar disposição expressa em sentido contrário, pois as normas constitucionais originárias possuem como uma de suas principais características a aplicabilidade imediata. É firme a posição do STF nesse sentido: "As normas constitucionais federais é que, por terem aplicação imediata, alcançam os efeitos futuros de fatos passados (...)" (STF. AI 258337/MG. Rel. Min. Moreira Alves, j. 06.06.2000, DJ 04.08.2000). Assim o é, pois decorrem do poder constituinte originário.

Princípio da Revisão dos Contratos (P. da Modificação das Prestações Desproporcionais, P. da Onerosidade Excessiva, P. da Revisão) (Contratos).

Estatui o art. 478 do Código Civil que nos contratos de execução continuada ou diferida se a prestação de uma das partes se tornar excessivamente onerosa, com extrema vantagem para a outra, em virtude de acontecimentos extraordinários e imprevisíveis, poderá o devedor pedir a resolução do contrato.

Pode ser que fatores diversos ao estabelecido no contrato tornem a prestação de uma das partes extremamente penosa para um dos lados, causando-lhe prejuízos e à outra parte vantagens excessivas. Neste caso o contrato poderá ser revisto. Haverá a possibilidade de apreciação do pedido de revisão contratual por onerosidade excessiva junto à justiça. Caso haja decisão judicial a favor da revisão contratual, os efeitos da sentença que a decretar retroagirão à data da citação. De outra banda, poderá evitar-se a resolução contratual caso o réu acorde na revisão equitativa das condições do contrato. (cf. art. 479, CC).

Também conhecido no mundo jurídico por cláusula "*rebus sic stantibus*", o princípio da revisão dos contratos se traduz em um princípio extremamente importante para que as relações contratuais não se tornem abusivas em decorrência de situações estranhas ao contrato.

Com fulcro nas lições de Carlos Roberto Gonçalves (2010, v. 03, p. 51), vejamos: "Opõe-se tal princípio ao da obrigatoriedade, pois permite aos contraentes recorrerem ao Judiciário, para obterem alteração da convenção e condições mais humanas, em determinadas situações. (desde que sejam situações imprevisíveis) A teoria da imprevisão consiste (...) na possibilidade de desfazimento ou revisão forçada do contrato quando, por eventos imprevisíveis e extraordinários, a prestação de uma das partes tornar-se exageradamente onerosa – o que, na prática, é viabilizado pela aplicação da cláusula *rebus sic stantibus* (...)".

É o que se denota da jurisprudência: "É possível a revisão do contrato com relação aos juros cobrados, quando se revelar excessiva a onerosidade das taxas praticadas, com base nos princípios da razoabilidade e proporcionalidade" (TJ. 1.0439.04.031255-5/001(1)/MG. Rel. Heloisa Combat, j. 13.07.2006, DJ 25.08.2006).

Por fim, tem ainda a lei a condição de que caso no contrato em questão as obrigações couberem a apenas uma das partes, poderá esta pleitear que a sua prestação seja reduzida, ou alterado o modo de executá-la, a fim de evitar a onerosidade excessiva. (cf. art. 480, CC).

S

Princípio da Saisine (P. *Droit de Saisine*, P. de *Saisine*).

É a intelecção do art. 1.784 constante no livro V do Código Civil que trata do direito das sucessões: "Aberta a sucessão, a herança transmite-se, desde logo, aos herdeiros legítimos e testamentários". A sucessão ocorre no ato da morte do *de cujus* em benefício dos herdeiros e legatários que, em decorrência disso, assumirão no lugar daquele, seus direitos (bens) e obrigações.

Corroborando tal entendimento, Assis Neto (*et al.*) (2016, p. 1769) aduz: "(...) em sentido estrito, *sucessão*, é compreendida como 'a transmissão do conjunto de bens e direitos pertencentes a uma pessoa, em razão da morte do indivíduo, a um ou mais herdeiros ou legatários'".

Assim, compreendido o fenômeno da sucessão, basta a sua ocorrência para que a herança seja transmitida aos herdeiros legítimos e legatários. A morte do autor da herança dá ensejo para que ocorra a transmissão automática e instantânea da propriedade da herança para estes agentes, ou seja, a transmissão da propriedade ocorre automaticamente para os herdeiros e legatários.

Mesmo que os herdeiros e legatários não tenham conhecimento da morte do autor da herança, ocorrerá a transmissão da propriedade dos direitos dela decorrentes. Assim, nestes casos, a herança não poderá ser considerada coisa sem dono (*res nullius*) ou coisa abandonada (*res derelicta*) (Assis Neto, *et al.*, 2016, p. 1771).

Carlos Roberto Gonçalves (2010, v. 7, p. 37), por sua vez, estabelece: "Uma vez aberta a sucessão (...), a herança transmite-se, desde logo, aos herdeiros. Nisso consiste o princípio da saisine, segundo o qual o próprio defunto transmite ao sucessor a propriedade e a posse da herança".

Princípio do Sancionamento das Desconformidades de Consumo.

O princípio do sancionamento das desconformidades de consumo decorre do princípio da vulnerabilidade do consumidor, pois trata das práticas comerciais abusivas que visam elevar a vulnerabilidade inerente ao consumidor nas relações de consumo perante o maior poder econômico do fornecedor. O próprio CDC em seu art. 4º eleva a posição do consumidor em sentido protetivo, afirmando que a Política Nacional das Relações de Consumo tem por objetivo o atendimento das necessidades dos consumidores, o respeito à sua dignidade, saúde e segurança, a proteção de seus interesses econômicos, a melhoria da sua qualidade de vida, bem como a transparência e harmonia das relações de consumo. Ainda segundo o CDC, são direitos básicos do consumidor, dentre outros, a proteção contra a publicidade enganosa e abusiva, métodos comerciais coercitivos ou desleais, bem como contra práticas e cláusulas abusivas ou impostas no fornecimento de produtos e serviços (cf. art. 6º, IV).

Práticas comerciais abusivas podem ser definidas como aquelas praticadas pelos fornecedores de produtos ou serviços que abusam da boa-fé do consumidor e, tanto nas relações contratuais como nas extracontratuais, se afastam dos termos convencionados em detrimento da relação consumerista com vistas a burlar os direitos do consumidor. São práticas que invariavelmente burlam direitos dos consumidores em favor do benefício dos fornecedores se aproveitando de sua superioridade técnica, econômica e cultural.

O artigo 39 do CDC elenca práticas consideradas abusivas contra o consumidor. Podemos citar dentre as quais exigir do consumidor vantagem manifestamente excessiva; recusar atendimento às demandas dos consumidores na exata medida de suas disponibilidades de estoque; enviar ou entregar ao consumidor, sem solicitação prévia, qualquer produto, ou fornecer qualquer serviço, ou até mesmo elevar sem justa causa o preço de produtos ou serviços.

Princípio do Sancionamento e Interpretação das Cláusulas e das Normas Jurídicas.

O conjunto de normas jurídicas estabelecido em nosso arcabouço jurídico ilustra um modelo geral de interpretação destas normas, dentro das quais se apresenta um espaço para que os ordenadores do direito façam a devida interpretação das leis. Como cada caso concreto pode demandar uma diferente solução, essencial que haja uma brecha de interpretação das normas jurídicas para que esta possa se moldar a cada ocorrência, determinando assim a solução mais justa. O magistrado deverá apresentar um juízo de ponderação para cada caso.

Pondera em nosso ordenamento a interpretação conforme a Constituição (CF/88), estando esta no topo de nosso ordenamento jurídico, acima das leis infraconstitucionais.

Em apertada síntese, explica Miguel Reale (2008, p. 580): "O juiz ou o advogado, que tem diante de si um sistema de Direito, não pode receber apenas como concatenação lógica de proposições. Deve sentir que nesse sistema existe algo de subjacente, que são os fatos sociais aos quais está ligado um sentido ou um significado que resulta dos valores, em um processo de integração dialética, que implica ir do fato à norma e da norma ao fato (...)".

Assim, conforme explica o mestre, a interpretação das normas jurídicas não deverá ocorrer de maneira robotizada e adstrita a um modelo de atuação, mas sim dentro de uma esfera de ponderações onde as normas jurídicas serão analisadas conforme o caso concreto.

Princípio do Saneamento das Nulidades (P. da Renovação dos Atos Processuais Viciados).

O princípio em estudo encontra-se agasalhado no art. 282, *caput*, parte final, do CPC, *verbis*: "Ao pronunciar a nulidade, o juiz declarará que atos são atingidos *e ordenará as providências necessárias a fim de que sejam repetidos ou retificados*."

Conforme nos ensina Bueno (2015, p. 210): "Todos os defeitos processuais, quer se localizem no plano da *existência* jurídica ou no plano da *validade*, devem ser entendidos como sanáveis. Todos os esforços da doutrina e do magistrado, em cada caso concreto, devem ser praticados no sentido de saneá-los, aproveitando os seus efeitos ou determinando a sua renovação para aproveitamento dos outros atos processuais que lhe são anteriores e que foram devidamente realizados".

Consiste em nosso ordenamento a regra pela busca do saneamento das nulidades no processo. Assim, deverá o juiz ordenar as providências necessárias para que os atos nulos sejam aproveitados. Consta na lei que o ato tido por nulo não será repetido nem sua falta será suprida quando não prejudicar a parte (cf. § 1º, art. 282, CPC). Portanto, aqueles atos nulos que não prejudiquem a parte não terão pronunciada a sua nulidade, nem tampouco, ordenará o magistrado sua repetição ou retificação. O art. 796, "a", da CLT, também legisla acerca do assunto ao determinar que a nulidade não será pronunciada quando for possível suprir sua falta ou repetir-se o ato.

Leciona Leone (2013, p. 394) que o princípio do saneamento das nulidades visa "o aproveitamento ao máximo da relação jurídica processual, renovando os atos processuais defeituosos, sem a necessidade de extinção prematura do processo".

Princípio da Secularização.

O que se defende com o princípio da secularização é a separação entre Direito e moral, sendo esta um campo onde o legislador não poderá intervir, pois é preceito de ordem íntima do cidadão. Não se concebe a existência de conexão entre Direito e moral.

Quanto a aplicação do princípio ao Direito Penal, temos no respectivo Código que na fixação da pena serão levados em conta os antecedentes do agente, bem como sua conduta social, dentre outros fatores. É o que se percebe do art. 59, *caput*, do Código Penal.

"A valoração dos antecedentes na individualização da pena não caracteriza penalização dupla do réu. Embora relevante doutrina sustente a exclusão dos antecedentes do conjunto de circunstâncias judiciais do art. 59 do Código Penal, sob o argumento de que destoa do 'princípio da secularização', a recomendar a punição 'pelo fato', deve ser reconhecida a imposição de seu exame na individualização da pena, para que, juntamente com as demais balizas, sejam viabilizados ao julgador os elementos necessários para a fixação e individualização da pena adequada a cada réu, com características distintas dentre o universo de réus existentes (pessoas desiguais, que devem ser tratadas na justa medida de sua desigualdade)". (TJ. ACR 70050440767/RS. Rel. José Conrado Kurtz de Souza, j. 18.12.2012, DJe 23.01.2013).

Em alegação de apelação a seguir apresentada, fica consubstanciado no campo do Direito Penal o entendimento da jurisprudência pátria no sentido da validade da avaliação dos antecedentes e da conduta social do agente na fixação de sua pena, *verbis*: "A defesa também alega que há ofensa ao Princípio da Secularização pelo juízo *a quo*, porém emitir juízo de valor acerca, sobretudo da personalidade, ao efeito de fixação da pena base não o viola, pois não se conectam aqui os campos jurídico e moral, e sim no campo do direito positivado" (TJ. APL 201330218020/PA. Rel. Nadja Nara Cobra Meda, j. 21.01.2014, DJe 07.02.2014).

Princípio da Segurança (Direito do Consumidor).

O Código de Defesa do Consumidor é instrumento que contém regras que proporcionam a defesa da proteção da saúde e da segurança dos consumidores. O Estado por meio deste Código e de outras leis deverá garantir aos consumidores produtos e serviços de qualidade. Para isso, deverá proporcionar legislação eficaz e fiscalização eficiente.

E é por meio de seu regramento que a proteção ao consumidor ocorre. Dentre os direitos básicos do consumidor temos a proteção da vida, da saúde e da segurança contra os riscos provocados por práticas no fornecimento de produtos e serviços considerados perigosos ou nocivos (art. 6º, I). Nenhum produto ou serviço poderá por em risco à saúde ou segurança dos consumidores, com exceção daqueles que por sua natureza singular possam ocasionar danos. Entretanto, neste caso, os fornecedores deverão informar sobre tais riscos, conforme determina o art. 8º.

É terminantemente proibido a qualquer fornecedor colocar no mercado de consumo produto ou serviço que saiba ou devesse saber apresentar alto grau de nocividade ou periculosidade à saúde ou segurança dos consumidores. Caso isso ocorra, deverá o fornecedor informar as autoridades competentes sobre o fato ocorrido o mais rápido possível, e também aos consumidores, mediante anúncios publicitários veiculados na mídia. Neste caso específico, poderemos ter o chamado *recall*, situação em que a empresa convoca aqueles clientes que adquiriram o produto defeituoso para que ocorra sua substituição ou conserto de forma gratuita. Também caberá ao Poder Público, após a ciência do fato, informar aos consumidores sobre produtos nocivos e perigosos que estejam no mercado (art. 10, §§ 1º, 2º e 3º).

Princípio da Segurança Jurídica (P. de Certeza do Direito, P. da Confiabilidade, P. da Confiança, P. da Confiança Legítima, P. da Estabilidade do Ordenamento, P. da Estabilidade do Ordenamento Jurídico, P. da Estabilidade das Relações Jurídicas, P. da Estabilidade das Relações Jurídicas e Sociais, P. da Estabilidade das Relações Sociais, P. da Legítima Confiança, P. da Proteção a Confiança, P. da Proteção da Confiança, P. da Segurança, P. da Segurança e da Estabilidade Social, P. da Segurança Jurídica e Estabilidade das Relações Jurídicas e Sociais, P. da Segurança das Relações Jurídicas) (Direito Constitucional).

A teor do disposto no art. 5º, XXXVI, da CF/88, "a lei não prejudicará o direito adquirido, o ato jurídico perfeito e a coisa julgada". As situações já consolidadas no mundo jurídico serão protegidas pela legislação. Não seria razoável que circunstâncias firmadas no plano jurídico pudessem sofrer modificações a qualquer momento, pois tal situação traria insegurança jurídica. Por isso que não poderá a lei prejudicar "o direito adquirido, o ato jurídico perfeito e a coisa julgada", requisitos estes considerados verdadeiras "pedras de toque" do princípio da segurança jurídica.

O princípio da segurança jurídica encontra-se expresso na Lei do processo Administrativo (Lei nº 9.784/99), em seu art. 2º, *caput*: "A Administração Pública obedecerá, dentre outros, aos princípios da legalidade, finalidade, motivação, razoabilidade, proporcionalidade, moralidade, ampla defesa, contraditório, segurança jurídica, interesse público e eficiência". Casalino (2012, p. 36) trata o princípio da segurança jurídica como a "diretriz básica dos ordenamentos jurídicos modernos".

Como bem ensina Pereira (2013, p. 70), "a segurança e a estabilidade das relações jurídicas e sociais devem ser respeitadas, com base no princípio da segurança jurídica".

Vale ressaltar, conforme frisa Mouzalas (2013, p. 97), que "a formação do litisconsórcio (...) é justificada em atenção aos princípios da economia processual e da segurança jurídica, porque, em um único pronunciamento jurisdicional, são resolvidas várias lides harmonicamente".

Por fim, cabe aqui inserir o Enunciado 363 da Jornada do Conselho da Justiça Federal (CJF) em referência ao art. 422 do CC: "Os princípios da probidade e da confiança são de ordem pública, sendo obrigação da parte lesada apenas demonstrar a existência da violação".

Princípio da Segurança do Trânsito.

A Resolução nº 300 do Contran "estabelece procedimento administrativo para submissão do condutor a novos exames para que possa voltar a dirigir quando condenado por crime de trânsito, ou quando envolvido em acidente grave, regulamentando o art. nº 160 do Código de Trânsito Brasileiro". [54]

Assim, o art. 160, § 1º, do Código de Trânsito Brasileiro consubstancia o princípio da segurança do trânsito na medida em que determina a submissão do condutor condenado por delito de trânsito a novos exames para que possa voltar a dirigir, inclusive em caso de acidente grave, a juízo da autoridade executiva estadual de trânsito, assegurada ampla defesa ao condutor. A autoridade executiva estadual de trânsito poderá apreender o documento de habilitação do condutor até a sua aprovação nos exames realizados (cf. § 2º, art. 160 CTB).

Conforme determina a Resolução 300 do Contran, "considerando para fins da aplicação do art. 160, § 1º, o Princípio da Segurança do Trânsito, onde deverá ser avaliada a aptidão física, mental e psicológica e a forma de dirigir do condutor envolvido em acidente grave", o art. 3º desta Resolução estabelece em seus incisos I a IV, que o condutor condenado por delito de trânsito deverá ser submetido e aprovado nos exames de aptidão física e mental; avaliação psicológica; exame escrito, sobre legislação de trânsito; e de direção veicular, realizado na via pública, em veículo da categoria para a qual estiver habilitado.

Princípio da Seletividade.

Competirá a União definir a alíquota que incidirá relativamente ao imposto sobre produtos industrializados – IPI, em função da essencialidade do produto. Ou seja, cabe exclusivamente à União instituir impostos sobre produtos industrializados, sendo que no caso do IPI, a alíquota imposta poderá ser seletiva em função da essencialidade do produto. Cabe à União por meio de seus órgãos responsáveis definir a essencialidade dos produtos produzidos determinando a respectiva alíquota (cf. art. 153, IV, § 3º, I, CF/88).

No que tange à instituição do imposto sobre circulação de mercadorias e serviços – ICMS, cuja competência é exclusiva dos Estados e do Distrito Federal, também vige o princípio da seletividade. Assim, no que tange à competência dos Estados e do DF em instituir o ICMS (operações relativas à circulação de mercadorias e sobre prestações de serviços de transporte interestadual e intermunicipal e de comunicação, ainda que as operações e as prestações se iniciem no exterior), este imposto também poderá ser seletivo em função da essencialidade das mercadorias e dos serviços. Observando-se o procedimento do IPI, caberá aos entes competentes a fixação das alíquotas (cf. art. 155, II, § 2º, III, CF/88).

Portanto, em suma, as alíquotas determinadas pela União, Estados e DF quanto ao IPI e ICMS serão graduadas conforme se analise a essencialidade dos produtos, mercadorias e serviços.

Conforme ensina Eduardo Sabbag (2015, 694), trata-se a seletividade de um princípio constitucional orientador e não impositivo. Continua explicando que "a seletividade decorre da conceituação do que é mais essencial ou do que é menos essencial ou supérfluo, visando-se à minimização da carga tributária daquilo que é mais essencial e maior onerosidade do que é dispensável".

Princípio da Seletividade e Distributividade (P. da Seletividade e Distributividade na Prestação dos Benefícios e Serviços).

Por este princípio insculpido no art. 194, parágrafo único, III da Constituição Federal, deve-se possibilitar que a maior quantidade possível de necessitados usufrua dos benefícios sociais. Entretanto, o Poder Público por meio de critérios objetivos deverá definir quem terá direito a gozar destes benefícios.

Ressalta-se que nem todos terão direito aos benefícios sociais, mas somente aqueles que demonstrarem ao Poder Público que fazem parte de nicho populacional merecedor do mesmo, cabendo ao Estado definir os critérios para o recebimento de cada benefício social. Deste modo, a seletividade será um fator de limitação da cobertura e a distributividade um fator de limitação do atendimento.

De acordo com Castro (*et al.*) (2020, p. 166), "o princípio da seletividade pressupõe que os benefícios são concedidos a quem deles efetivamente necessite, razão pela qual a Seguridade Social deve apontar os requisitos para a concessão de benefícios e serviços". Por outro lado, a distributividade inserida na ordem social, deve ser interpretada "em seu sentido de distribuição de renda e bem-estar social, ou seja, pela concessão de benefícios e serviços visa-se ao bem-estar e à justiça social".

Princípio da Separação de Poderes (P. da Divisão Funcional do Poder do Estado, P. da Divisão de Funções, P. da Divisão de Poderes, P. da Divisão dos Poderes ou Funções, P. da Independência e Harmonia dos Poderes, P. da Independência e Harmonia entre os Poderes, P. da Independência entre os Poderes, P. da Limitação de Poderes, P. da Separação de Funções, P. da Separação de Funções Estatais, P. da Separação e Independência dos Poderes, P. da Separação das Instâncias, P. da Separação dos Poderes, P. da Trias Política, P. da Tripartição dos Poderes).

O princípio da separação de poderes encontra-se albergado no art. 2º da Carta Magna de 1988, dispondo que o Legislativo, o Executivo e o Judiciário, todos Poderes da União, são independentes e harmônicos entre si.

Adota-se em nosso ordenamento jurídico a corrente tripartite. Desenvolvida por Montesquieu na obra "O Espírito das Leis", mas baseada no ideário de Locke, nela adotam-se três esferas de poder, quais sejam o Executivo, o Legislativo e o Judiciário. Estes três Poderes guardam independência entre si, além de completa ausência de subordinação ou dependência entre eles. [55]

Assim, citando Vicente Paulo e Marcelo Alexandrino (2009, p. 87), "ao Poder Executivo incumbe, tipicamente, exercer as funções de Governo e Administração (execução não contenciosa das leis); ao Poder Legislativo cabe precipuamente a elaboração das leis (atos normativos e primários); ao Poder Judiciário atribui-se, como função típica, o exercício da jurisdição (dizer o direito aplicável aos casos concretos, na hipótese de litígio)".

Apesar de não existir entre os Poderes da União qualquer tipo de subordinação ou dependência, há controle recíproco entre eles. A esse controle recíproco dá-se o nosso de sistema de freios e contrapesos (*checks and balances*), que é o sistema adotado em nosso ordenamento. Originado na doutrina americana, essa "previsão de interferências legítimas de um poder sobre o outro", segundo Vicente Paulo e Marcelo Alexandrino (2009. p. 386), é um sistema limitador de poder previsto na Constituição utilizado como forma de impor certos limites aos três Poderes para que não haja Poder sem controle, evitando-se "o arbítrio e o desmando de um poder em detrimento do outro".

Segundo Ferreira Filho (2007, p. 175), apesar dessa classificação (tripartite) ser considerada obra de Montesquieu, "encontra, porém, antecedentes na obra de Aristóteles e Locke".

Convém citar julgado que traz exemplo acerca do referido princípio: "Ademais, a fixação dos parâmetros para reajuste de auxílio alimentação a servidor público do Poder Executivo pelo Judiciário afronta o Princípio da Separação dos Poderes, pois não cabe ao Poder Judiciário adentrar na competência da Administração Pública e modificar suas regras remuneratórias próprias. Sobre essa matéria, a Súmula 339 do STF dispõe que 'não cabe ao Poder Judiciário, que não tem função legislativa, aumentar vencimentos de servidores públicos sob fundamento de isonomia'". – (TRF, 3ª Região. RSE 0013746-68.2014.4.03.6128/SP. Rel. Des. Fed. José Lunardelli, j. 22.09.2015, DJe 01.10.2015).

"O sistema constitucional brasileiro, ao consagrar o princípio da limitação de poderes, teve por objetivo instituir modelo destinado a impedir a formação de instâncias hegemônicas de poder no âmbito do Estado, em ordem a neutralizar, no plano político-jurídico, a possibilidade de dominação institucional de qualquer dos Poderes da República sobre os demais órgãos da soberania nacional. Com a finalidade de impedir que o exercício abusivo das prerrogativas estatais pudesse conduzir a práticas que transgredissem o regime das liberdades públicas e que sufocassem, pela opressão do poder, os direitos e garantias individuais, atribuiu-se ao Poder Judiciário a função eminente de controlar os excessos cometidos por qualquer das esferas governamentais" (STF. MS 23452/RJ. Rel. Min. Celso de Mello, j. 01.06.1999, DJe 08.06.1999).

Princípio do Sigilo (P. do Sigilo das Propostas) (Licitação).

O princípio do sigilo das propostas privilegia a concorrência honesta e isonômica entre as partes concorrentes. O sigilo é necessário para que não ocorram no procedimento licitatório vantagens por parte dos licitantes com maior poderio econômico em face daqueles licitantes menos favorecidos. Caso o sigilo não fosse respeitado, o objetivo maior da licitação que é a escolha da melhor proposta para a Administração pública estaria em risco. Por isso dizer que o princípio do sigilo decorre do princípio da igualdade.

Estabelece a Lei 8.666/93 em seu art. 94 que devassar o sigilo de proposta apresentada em procedimento licitatório, ou proporcionar a terceiro o ensejo de devassá-lo caracteriza-se como ilícito penal sujeito a detenção, de 2 (dois) a 3 (três) anos, e multa.

Princípio do Sigilo dos Livros Escriturais (P. do Sigilo, P. do Sigilo dos Livros, P. da Sigilosidade) (Direito Empresarial).

A legislação empresarial brasileira obriga que haja em cada empreendimento comercial um Livro Diário, espécie de controle contábil que registra as operações que ocorrem diariamente na empresa. O Livro Diário é uma ferramenta de gestão empresarial que auxilia no controle financeiro, patrimonial e administrativo da empresa. Assim como o Livro Diário, existem outros livros de escrituração que funcionam como importantes ferramentas de auxílio a gestão empresarial como o Livro Razão, por exemplo.

Quanto ao conteúdo destes livros de escrituração a legislação faz pairar sobre eles um sigilo, traduzido pela lei como princípio do sigilo dos livros escriturais e disposto no art. 1.190 do Código Civil. Conforme a lei e ressalvados os casos previstos, "nenhuma autoridade, juiz ou tribunal, sob qualquer pretexto, poderá fazer ou ordenar diligência para verificar se o empresário ou a sociedade empresária observam, ou não, em seus livros e fichas, as formalidades prescritas em lei".

A exceção ao princípio do sigilo encontra-se disposto no art. 1.191, *caput*, segundo o qual "o juiz só poderá autorizar a exibição integral dos livros e papéis de escrituração quando necessária para resolver questões relativas a sucessão, comunhão ou sociedade, administração ou gestão à conta de outrem, ou em caso de falência".

O sigilo aqui disposto não se aplica as autoridades fazendárias no exercício do poder de fiscalização do pagamento dos impostos (cf. art. 1.193, CC).

Princípio do Sigilo das Votações.

O sigilo das votações é um princípio constitucional plasmado no art. 5º, XXXVIII, no qual reconhece a instituição do júri com a organização que lhe der a lei, sendo assegurados a plenitude de defesa, a soberania dos veredictos, a competência para o julgamento dos crimes dolosos contra a vida e o sigilo das votações.

Segundo Fernando Capez (2014, p. 653/654), "o sigilo nas votações é princípio informador específico do Júri, a ele não se aplicando o disposto no art. 93, IX, da CF, que trata do princípio da publicidade das decisões do Poder Judiciário. (...) Quando a decisão se dá por unanimidade de votos, quebra-se esse sigilo, pois todos sabem que os sete jurados votaram naquele sentido".

Explica Moraes (2017, p. 94, 95) que o sigilo das votações se trata de um preceito constitucional que assegura a plena liberdade de convicção e opinião e a independência dos jurados na avaliação do caso concreto.

Desta feita, o sigilo das votações garante a imparcialidade de julgamento e de opinião que deverá permear a atuação dos jurados que irão compor o Conselho de Sentença, devendo ao Estado assegurar meios que visem a preservação deste mandamento.

Princípio da Sigilosidade (ECA).

O princípio da sigilosidade encontra-se previsto no art. 143, *caput*, da Lei nº 8.069/1990, Estatuto da Criança e do Adolescente (ECA), *verbis*: "É vedada a divulgação de atos judiciais, policiais e administrativos que digam respeito a crianças e adolescentes a que se atribua autoria de ato infracional". Acrescente-se a ele o parágrafo único, segundo o qual "qualquer notícia a respeito do fato não poderá identificar a criança ou adolescente, vedando-se fotografia, referência a nome, apelido, filiação, parentesco, residência e, inclusive, iniciais do nome e sobrenome".

Em qualquer ato infracional que envolva a atuação de crianças e adolescentes a autoridade responsável deverá zelar pelo completo sigilo das mesmas. Nenhuma informação divulgada poderá levar a identificação da criança ou adolescente, compromisso este que visa preservar a sua individualidade haja vista a necessidade de reintegrá-lo a sociedade. Não seria interessante ao menor voltar ao convívio em sociedade marcado pelo preconceito e discriminação.

O sigilo em face do menor prepondera até mesmo em face do princípio da publicidade dos atos processuais, haja vista a determinação de que a expedição de cópia ou certidão de atos que envolvam menores de idade somente será deferida pela autoridade judiciária competente se demonstrado o interesse e justificada a finalidade (art. 144 ECA).

Princípio da Simetria (P. da Simetria das Esferas Federativas, P. da Simetria do Processo Legislativo).

Pelo princípio da simetria a figura legislativa (processos legislativos) da administração direta e indireta dos Estados, Distrito Federal e Municípios terá formato semelhante a da Administração Direta e Indireta da União. Exemplo sobremaneira ilustrativo encontra-se no art. 125, § 2º, da CF/88, no qual se estabelece o controle abstrato nos Estados por meio da ADI, segundo o qual "cabe aos Estados a instituição de representação de inconstitucionalidade de leis ou atos normativos estaduais ou municipais em face da Constituição Estadual, vedada a atribuição da legitimação para agir a um único órgão". Estes poderão instaurar também ADI por omissão, ADC e ADPF.

Conforme leciona Assis Neto (*et al.*) (2016, p. 62): "Registre-se, por oportuno, que, pelo princípio constitucional da simetria, as mesmas regras valem para os processos legislativos estaduais e municipais". Assim, as mesmas regras inerentes ao processo legislativo da União serão validamente reconhecidas aos estados e municípios.

O princípio constitucional da simetria estabelece que deverá existir uma relação simétrica entre os processos legislativos da União, dos Estados e Municípios. As normas jurídicas da Constituição Federal, dos Estados-Membros, bem como as leis orgânicas dos Municípios deverão guardar entre si equivalência. Assim, no procedimento legislativo ordinário ou comum, processo onde se compõem as leis ordinárias, as normas legislativas elaboradas para Estado ou Município, deverão guardar simetria com as diretrizes estabelecidas pelas normas do legislativo federal. A Constituição Federal será a referência, o norte a ser observado na aplicação da simetria.

Segue jurisprudência quanto a simetria no âmbito municipal no sentido de corroborar com tal entendimento: "Compete ao Chefe do Poder Executivo Municipal a iniciativa de leis concernentes a organização administrativa de cargos na Administração Pública e sua remuneração, ante a aplicação do princípio da simetria perante as Constituições Federal e Estadual" (TJ, Tribunal Pleno. ADI 100110025671/ES. Rel. Ney Batista Coutinho, j. 08.03.2012, DJe 15.03.2012).

Princípio da Simetria das Formas Jurídicas (P. da Homologia das Formas, P. do Paralelismo das Formas, P. da Simetria das Formas).

À guisa de introdução do tema temos o entendimento estabelecido pelo princípio da reserva legal que a criação ou autorização para instituição de qualquer entidade da Administração Indireta deverá ocorrer mediante a constituição de lei. Será a lei o elemento que dará azo ao surgimento destas entidades. Neste sentido estabelece o art. 37, XIX, da CF/88.

Neste ínterim, surge o questionamento: se as entidades da Administração Indireta só podem ser instituídas mediante lei específica, como se dará o seu fim? O princípio da simetria das formas jurídicas estabelece que tanto o surgimento quanto a extinção das pessoas da Administração Indireta, independente do Poder a qual estejam vinculadas, ocorrerá mediante a instituição de lei.

Segundo Carvalho Filho (2012, p. 466), o princípio da simetria das formas jurídicas define que "a forma de nascimento dos institutos jurídicos deve ser a mesma para sua extinção". No mesmo sentido é o posicionamento de Oliveira (2016, p. 121) quanto a necessidade de lei para que se promova a extinção das estatais: "Em virtude da teoria da simetria das formas, a extinção das empresas estatais depende de autorização legislativa".

Princípio da Simplicidade das Formas (P. da Simplicidade).

Segundo Carlos Henrique Bezerra Leite (2013, p. 89), o princípio da simplicidade das formas decorre dos princípios da instrumentalidade e da oralidade, constituindo verdadeiro "objetivo de todo e qualquer sistema processual, seja ele civil, penal ou trabalhista". Continua o autor sintetizando que são exemplos da simplicidade objetivada pelo sistema processual os juizados especiais cíveis e criminais.

Leone Pereira (2013, p. 62/63) nos ensina que na Justiça do Trabalho a simplicidade decorre do fato de que o procedimento judicial nesta justiça não ser "tão solene e rígido quanto aos demais, justamente para garantir o pleno atendimento à justiça, mas sempre conforme os limites da lei".

E é na Justiça do Trabalho que esse princípio encontra maior relevância, haja vista os diversos dispositivos constantes na CLT para que a simplicidade dos processos judiciais seja efetivada visando o amplo atendimento da justiça.

Verifica-se a aplicação do princípio da simplicidade das formas na Justiça Laboral no ajuizamento da reclamação trabalhista pela forma verbal (art. 840, *caput* e § 2º, CLT), pela menor quantidade de requisitos exigidos na petição inicial trabalhista (art. 840, § 1º, CLT) em comparação com os requisitos exigidos pelo CPC (art. 319, CPC), a possibilidade de apresentação de defesa oral pelo reclamado em audiência após a leitura da reclamação (art. 847, CLT), o fato dos recursos serem interpostos por simples petição e possuírem efeito meramente devolutivo (salvo as exceções previstas na CLT) (art. 899, CLT) e, dentre outros exemplos, no procedimento sumaríssimo trabalhista no caso dos dissídios individuais cujo valor seja superior a dois salários mínimos e não exceda a quarenta vezes o salário mínimo vigente na data do ajuizamento da reclamação trabalhista (art. 852-A, CLT).

Princípio do Sincretismo entre Cognição e Execução (P. do Sincretismo Processual).

De um ponto de vista filosófico, sincretismo significa a fusão de elementos diferentes que possuem sua origem em pontos de vista, teorias filosóficas ou visões de mundo distintas. [56]

O Processo Civil brasileiro anteriormente era basilado pela autonomia (princípio da autonomia) entre o processo de cognição e o processo de execução, sistemas autônomos que visavam a segurança jurídica. Vigia em nosso ordenamento a necessidade de provocação do Judiciário para que fosse dado início ao processo executivo, procedimento autônomo que era até o advento da Lei nº 11.232/2005.

Esta lei trouxe o moderno ideário da fusão de sistemas entre cognição e execução. "Houve a inovação processual no sentido do sincretismo entre a ação de conhecimento e a respectiva execução de sentença, ou seja, sem a necessidade de instauração de um novo processo para o mister, considerando que a execução passou a ser uma mera fase do processo de conhecimento de cumprimento de sentença" (TRF – 1, 1ª T. AI 0049198-50.2014.4.01.0000. Rel. Des. Fed. Carlos Augusto Pires Brandão, j. 06.07.2016, DJe 01.08.2016).

Tornou-se desnecessária a confecção de nova petição inicial e citação haja vista a perda da autonomia existente entre as fases, pois se instalou em nosso ordenamento o sincretismo processual. Atualmente, o princípio do sincretismo entre cognição e execução prepondera sobre o princípio da autonomia.

Princípio do Sistema de Sanções Precário.

Trata-se de um dos princípios sociológicos do direito internacional público, verdadeira característica da ordem jurídica que rege as relações internacionais. O sistema das sanções precário trata das sanções aplicadas aos entes participantes do Direito Internacional que desrespeitam os tratados e os acordos internacionais.

Inobstante existirem e serem aplicadas aos Estados que não as respeitem, estas sanções nem sempre são efetivas a ponto de alcançarem os efeitos desejados. Não são raras às vezes em que países ignoram as sanções aplicadas por órgãos internacionais importantes como a ONU. Isto ocorre principalmente pelo poderio econômico, político e militar que certas nações (potências mundiais) apresentam, fazendo com que as sanções não surtam os efeitos punitivos desejados. Por representarem grandes centros de poder internacional, alguns países ignoram solenemente certas resoluções e tratados por não temerem sanções.

Princípio dos Sistemas Eleitorais (Direito Eleitoral).

No ordenamento jurídico brasileiro o princípio dos sistemas eleitorais se consubstancia como um dos princípios constitucionais eleitorais, surgindo, segundo Celso Spitzcovsky (2014, p. 31), "como consequência lógica de o Brasil ser uma democracia representativa, de acordo com a previsão estabelecida no art. 1º, parágrafo único, da CF/1988". O país apresenta dois sistemas eleitorais distintos, quais sejam o proporcional e o majoritário. Vamos analisar cada um deles separadamente.

O sistema proporcional é utilizado quando ocorrerem eleições que visem eleger os cargos de Deputado Federal, Deputado Estadual e Vereador. O tema é regulamentado conforme o art. 84 do Código Eleitoral (Lei nº 4.737/65), segundo o qual a eleição para a Câmara dos Deputados, Assembléias Legislativas e Câmaras Municipais, obedecerá ao princípio da representação proporcional. Esses cargos são ocupados por representantes do povo. Segundo este sistema, a quantidade de votos atribuída à legenda tem maior importância e relevância do que os votos obtidos pelo candidato (Spitzcovsky, 2014, p. 32).

O número de Deputados à Assembléia Legislativa (Deputados Estaduais) corresponderá ao triplo da representação do Estado na Câmara dos Deputados e, atingido o número de trinta e seis, será acrescido de tantos quantos forem os Deputados Federais acima de doze, e seu mandato será de quatro anos, aplicando-se-lhes as regras desta Constituição sobre sistema eleitoral, inviolabilidade, imunidades, remuneração, perda de mandato, licença, impedimentos e incorporação às Forças Armadas (cf. art. 27, § 1º, CF).

Em se tratando da Câmara dos Deputados, esta será composta por representantes do povo eleitos pelo sistema proporcional em cada Estado, em cada Território e no Distrito Federal, sendo que o número total de Deputados bem como a representação por Estado e pelo Distrito Federal será estabelecido por lei complementar proporcionalmente à população, procedendo-se aos ajustes necessários no ano anterior às eleições para que nenhuma daquelas unidades da Federação tenha menos de oito ou mais de setenta Deputados. Por fim, cada Território elegerá quatro deputados. (cf. art. 45, *caput*, § 1º, § 2º, CF).

Por outro lado, o sistema majoritário é utilizado nas eleições para eleger o chefe do executivo em todas as esferas, como o Presidente da República, Governador de Estado e do Distrito Federal e Prefeito municipal, além dos representantes do Senado Federal. Segundo o art. 83 do Código Eleitoral, na eleição direta para o Senado Federal, para Prefeito e Vice-Prefeito, adotar-se-á o princípio majoritário.

Nas eleições para eleger o Presidente da República, Governador de estado e do Distrito Federal e Prefeito municipal, - além dos respectivos vices, será declarado vencedor aquele candidato que registrado por partido político obtiver a maioria absoluta de votos, não computados os em branco e os nulos (Spitzcovsky, 2014, p. 31). Caso nenhum candidato alcance maioria absoluta na primeira votação, far-se-á nova eleição em até vinte dias após a proclamação do resultado, concorrendo os dois candidatos mais votados e considerando-se eleito aquele que obtiver a maioria dos votos válidos (cf. art. 77, §§ 2º e 3º, CF/88).

As eleições para o Senado Federal (Senadores são representantes dos Estados e do Distrito Federal) também serão realizadas conforme o sistema majoritário, conforme o art. 46, § 1º, da CF/88: "O Senado Federal compõe-se de representantes dos Estados e do Distrito Federal, eleitos segundo o princípio majoritário. Cada Estado e o Distrito Federal elegerão três Senadores, com mandato de oito anos".

Para um melhor entendimento sobre o assunto, recomendamos que o leitor faça a leitura do princípio majoritário simples (p. majoritário puro) e do princípio majoritário em dois turnos.

Princípio da Situação Excepcional Consolidada.

Baseado na obra de Pedro Lenza (2010, p. 264), Direito Constitucional Esquematizado, o autor justifica o princípio da situação excepcional consolidada, a título exemplificativo, baseando-se em decisão do Supremo Tribunal Federal acerca de ação direta de inconstitucionalidade (ADI 2240/BA) movida contra a criação de Município no interior do estado da Bahia. Por ocasião do julgamento da ADI que teve por relator o Ministro Eros Grau, o Excelso Pretório denegou a referida ação alegando que, apesar do vício de inconstitucionalidade nos trâmites legais de criação do Município, a declaração de nulidade não seria a escolha mais adequada haja vista atingir de morte o princípio federativo, o princípio da segurança jurídica e a excepcionalidade dos fins sociais. Assim, o relator votou no sentido de declarar a inconstitucionalidade, mas não a nulidade pelo prazo de 24 meses.

Vejamos o teor (parte) do Informativo n. 466 do Supremo Tribunal Federal: "(...) Considerou-se que, não obstante a inexistência da lei complementar federal a que se refere o § 4º do art. 18 da CF, o aludido Município fora efetivamente criado a partir de uma decisão política, assumindo existência de fato como ente federativo dotado de autonomia há mais de 6 anos, o que produzira uma série de efeitos jurídicos, não sendo possível ignorar essa realidade fática, em respeito ao princípio da segurança jurídica. Ressaltou-se, entretanto, que a solução do problema não poderia advir da simples decisão da improcedência do pedido formulado, haja vista o princípio da nulidade das leis inconstitucionais, mas que seria possível primar pela otimização de ambos os princípios por meio de técnica de ponderação. Asseverou-se que a necessidade de ponderação entre esses princípios constitui o motivo condutor do desenvolvimento de novas técnicas de decisão no controle de constitucionalidade e demonstrou-se ser cada vez mais comum observar-se o emprego delas no direito comparado. Aduziu-se que, no Brasil, também tem sido reconhecida a insuficiência ou a inadequação da mera pronúncia da nulidade ou cassação da lei para resolver todos os problemas relacionados à inconstitucionalidade da lei ou do ato normativo e que, nesse contexto, a jurisprudência do Supremo tem evoluído de forma significativa, especialmente depois do advento da Lei 9.868/99, cujo art. 27 veio colmatar a lacuna existente no âmbito das técnicas de decisão no processo de controle de constitucionalidade, possibilitando que o Tribunal lançasse mão de novas técnicas de decisão para mitigação de efeitos da decisão de inconstitucionalidade. Em seguida, afirmou-se que a norma contida no art. 27 da Lei 9.868/99 tem caráter

fundamentalmente interpretativo, desde que se entenda que os conceitos jurídicos indeterminados utilizados - segurança jurídica e excepcional interesse social - se revestem de base constitucional, e que, consoante a interpretação preconizada, o princípio da nulidade somente há de ser afastado se puder demonstrar, com base numa ponderação concreta, que a declaração de inconstitucionalidade ortodoxa envolve o sacrifício da segurança jurídica ou de outro valor constitucional materializável sob a forma de interesse social".
[57]

Como se denota do texto do STF, certos casos darão azo para que situações anormais do ponto de vista constitucional sejam declaradas inconstitucionais pelo ordenamento jurídico, sem, no entanto, ocorrer à declaração de nulidade do ato. Isto ocorrerá quando situação excepcional estiver consolidada no mundo jurídico a tal ponto de que uma eventual declaração de nulidade gere transtornos tais que não seja a solução indicada. A nulidade do ato inconstitucional traria prejuízos de tal ordem que melhor seria consolidar a situação excepcional em prol da segurança jurídica e do interesse social. Importante ressalvar, apesar de tudo o que foi explanado, que a regra geral prossegue sendo a decretação de nulidade das situações declaradas inconstitucionais (princípio da nulidade).

"O STJ reiteradamente tem afirmado que a norma prevista no art. 36, parágrafo único, III da Lei 8.112 /90, pode ser atenuada em situações excepcionais já consolidadas pelo decurso do tempo, como no caso dos autos, em que o servidor foi removido da Delegacia da Receita Federal de Foz do Iguaçu/PR para a Delegacia da Receita Federal de Petropólis/RJ, por força de liminar concedida em 2001, para acompanhamento de cônjuge. Esta Corte já se manifestou pela mitigação da regra do art. 36, parágrafo único, III, da Lei 8.112 /90, em respeito aos princípios da razoabilidade e proporcionalidade, implícitos no ordenamento jurídico (REsp 1252219/CE, Rel. Ministra Eliana Calmon, segunda turma, julgado em 04/06/2013, DJe 11/06/2013)" (STJ. AgRg no REsp 1157628/RJ 2009/0180495-1. Rel. Min. Walter de Almeida Guilherme (Desembargador convocado do TJ/SP), j. 21.10.2014, DJe 03.11.2014).

Princípio da Soberania (P. da Independência Nacional, P. do Respeito à Soberania Nacional, à Ordem Pública e aos Bons Costumes, P. da Soberania da Nação, P. da Soberania Nacional) (Direito Constitucional).

A soberania nacional como princípio insculpido no art. 1º, I, da Constituição Federal, é um dos pilares da República Federativa do Brasil. O princípio da soberania representa o poder do Estado brasileiro para que dentro das limitações impostas por seu arcabouço jurídico, possa promover as interferências necessárias para que o país possa gerir seu desenvolvimento nacional (econômico, financeiro e social) de maneira ampla, para que o desenvolvimento da sociedade seja alcançado de forma digna, sempre que possível em nível de igualdade perante outros povos, além de promover sua soberania perante os demais Estados. Representa assim a ânsia pela integração econômica e globalização visando ao desenvolvimento nacional.

Em se tratando de decisão judicial estrangeira, o Brasil se submete à jurisdição do Tribunal Penal Internacional, conforme entendimento do art. 5º, § 4º, CF ("O Brasil se submete à jurisdição de Tribunal Penal Internacional a cuja criação tenha manifestado adesão"). [58]

Paulo e Alexandrino (2009, p. 106) apontam: "Em regra, o princípio da soberania não permite que um Estado se obrigue a acatar decisão judicial proferida por órgão integrante de outro Estado. Para que uma decisão judicial estrangeira tenha validade no Brasil é necessário que ela seja homologada pelo nosso Poder Judiciário. A competência para a homologação de sentenças estrangeiras é do Superior Tribunal de Justiça – STJ (CF, art. 105, I, "i")".

No âmbito do Processo Civil brasileiro no que tange a possibilidade de atuação dos órgãos judiciários de outros Estados, ensina Silva (2013, p. 172) que os limites espaciais da jurisdição brasileira são delimitados pelos arts. 88 a 90 do CPC, que tratam da competência (jurisdição) internacional. Esses artigos estabelecem as competências da autoridade judiciária brasileira em situações diversas. Esta delimitação tratada pelo CPC, segundo o autor, "(...) decorre de vários princípios, dentre os quais o princípio da efetividade e da soberania, pelos quais, só deve haver jurisdição até onde o Estado consiga executar suas sentenças de forma soberana".

Princípio da Soberania do Estado (Direito Administrativo).

Trata-se de princípio que aborda a existência de soberania da Administração Pública (Estado) perante seus administrados. O Estado representa um poder supremo perante aqueles a quem representa, tendo poder de decisão sob diferentes enfoques.

A edição de atos administrativos (decretos, regimentos, ofícios, pareceres, resoluções, portarias, despachos, atestados, autorizações, permissões, multas etc) é uma forma de expressão desta soberania, bem como sua extinção por meio de invalidação, revogação, cassação e caducidade.

Não haverá poder maior que o conferido ao titular do poder supremo, mesmo que seja um fato que tal poder lhe tenha sido conferido pelo próprio povo para que o represente. Deste modo, mesmo que seja preceito constitucional o fato de que "todo o poder emana do povo", este será administrado com base na soberania do Estado, tendo que se submeter a sua autoridade (cf. art. 1º, parágrafo único, da CF).

Princípio da Soberania dos Estados (Direito Internacional).

O princípio da soberania dos Estados estabelece que cada Estado poderá deliberar acerca de seus assuntos internos conforme seus interesses e da maneira que lhe for mais conveniente, sem que sofra qualquer espécie de interferência de Estado estrangeiro. Cada Estado atua no mercado internacional de acordo com a sua soberania.

Não existe órgão centralizador (a ONU é uma organização internacional intergovernamental, não é um órgão centralizador). Certos assuntos são de competência exclusiva de cada Estado, que delibera de forma absoluta acerca de suas decisões. Não deve haver nenhum tipo de limitação, pois não existe hierarquia entre eles. Portanto, não deverá ocorrer qualquer intervenção em sua soberania. Entretanto, tal liberdade encontra limites fixados pelo Direito Internacional.

Para o saudoso jurista Miguel Reale (1960, p. 127), a soberania pode ser conceituada como o "poder de organizar-se juridicamente e de fazer valer dentro de seu território a universalidade de suas decisões nos limites dos fins éticos de convivência". Vattel (2004, p. 16), por sua vez, afirma que "toda nação que se governa por si mesma, sob qualquer forma que seja, sem dependência de nenhum estrangeiro, é um

Estado soberano. Os seus direitos são exatamente os mesmos dos demais Estados".

Em 1º de julho de 1998 o Decreto nº 2.652 promulgou no ordenamento pátrio a Convenção-Quadro das Nações Unidas sobre Mudança do Clima, assinada em Nova Iorque em 9 de maio de 1992, reafirmando o princípio da soberania dos Estados na cooperação internacional para enfrentar a mudança do clima.

A Carta da ONU de 1945 reconhece a soberania dos Estados em seu artigo 2º, alíneas 1 e 7ª, que consagram respectivamente os princípios da igualdade de seus membros (os Estados Membro são iguais perante a lei) e da não-intervenção (um Estado não deve intervir nos assuntos internos de outro). Da mesma maneira, o art. 1º da Carta da OEA (Organização dos Estados Americanos) estatui que "a Organização dos Estados Americanos não tem mais faculdades que aquelas expressamente conferidas por esta Carta, nenhuma de cujas disposições a autoriza a intervir em assuntos da jurisdição interna dos Estados membros". [59]

Princípio da Soberania Popular.

A soberania popular é um princípio de *status* constitucional, encontrando-se consagrado em nosso ordenamento jurídico por meio do parágrafo único do art. 1º da Constituição Federal da República, *verbis*: "Todo o poder emana do povo, que o exerce por meio de representantes eleitos ou diretamente, nos termos desta Constituição". Este dispositivo constitucional arvora como um dos elementos fundantes da Carta Magna, disciplinando que o povo é a única fonte de poder. O povo utilizando-se de seu poder deverá indicar aqueles que serão seus representantes nos termos estabelecidos pela CF/88. Desta feita, as decisões tomadas pelos representantes do povo, eleitos ou indicados, deverão traduzir a vontade destes nas esferas governamentais.

Mais adiante na Carta Maior, o art. 14 traz a forma pela qual será exercida a soberania popular em nosso país, sendo realizada mediante o sufrágio universal e o voto direto e secreto com valor igual para todos, e, nos termos da lei, mediante plebiscito, referendo e iniciativa popular (cf. art. 14, *caput*, I, II, III, CF).

É fato conhecido em nossa sociedade que o princípio da soberania popular vem sendo constantemente desrespeitado. Parcela significativa daqueles políticos democraticamente eleitos - e demais agentes públicos, indicados para serem os instrumentos próprios para darem voz a vontade popular, acabam por agir em causa própria, com vistas a interesses pessoais. Desta maneira, agem em total falta de sintonia com o poder que caracteriza a soberania popular.

Princípio da Soberania dos Veredictos (P. da Soberania do Veredicto, P. da Soberania do Veredicto do Júri).

O princípio da soberania dos vereditos do Tribunal do Júri encontra-se estampado no art. 5º, XXXVIII, da Constituição Federal, e atribui um caráter de imutabilidade a decisão proferida pelo Conselho de Sentença. Nas palavras da lei, será reconhecida a instituição do júri com a organização que lhe der a lei, asseguradas, dentre outras garantias, a soberania dos veredictos.

Entretanto, a soberania dos veredictos é um princípio relativo conforme ensina Capez (2014, p. 654), haja vista não poder ser um elemento impeditivo de outro importante princípio balizador do processo penal, qual seja a busca da verdade real. O próprio entendimento do STF é nesse sentido na medida em que assenta entendimento de que os veredictos do Tribunal do Júri são sim soberanos e não podem ser revistos, salvo quando a decisão dos jurados for manifestamente contrária à prova dos autos (STF. 1ª T. HC 108685 MS. Rel. Min. Rosa Weber, j. 05.06.2012, DJe 29.06.2012). Neste caso, existe a possibilidade do réu interpor recurso de apelação em face da decisão do Tribunal do Júri, conforme permite o Código de Processo Penal, podendo o tribunal *ad quem*, caso se convença de que a decisão dos jurados é manifestamente contrária à prova dos autos, dar-lhe provimento para sujeitar o réu a novo julgamento. Importante observar que não se admite pelo mesmo motivo uma segunda apelação (cf. art. 593, III, d, § 3º).

Corrobora com tal entendimento Moraes (2017, p. 95) ao aduzir que, neste caso, a soberania dos veredictos não será afetada, pois a nova decisão também será proferida pelo Tribunal do Júri.

Princípio da Socialidade do Contrato (P. da Sociabilidade, P. da Socialidade).

Paulo Nader (2010, p. 48) em sua obra Curso de Direito Civil, afirma que o Código Civil sem adotar o dirigismo estatal consagrou o princípio da socialidade do contrato, que impede que ocorram distorções econômicas entre as obrigações.

Um dos princípios norteadores do Código Civil brasileiro, o princípio da socialidade defende a dignidade da pessoa humana como elemento primordial de nosso ordenamento jurídico, no qual os direitos coletivos possuem mais importância do que os individuais. Privilegia-se a coletividade, pois o objetivo é o bem-estar social. Este princípio põe fim ao individualismo característico do CC de 1916.

"Pelo princípio da socialidade, deve preponderar o interesse coletivo sem prejuízo da dignidade da pessoa humana. O confronto entre direitos justifica julgar mediante opção por um deles, conforme a preponderância indicada pelas circunstâncias" (TJ. AI 70064855562/RS. Rel. Min. Carlos Cini Marchionatti, j. 12.11.2015, DJe 02.12.2015).

Princípio da Solenidade (P. da Solenidade das Formas).

É sabido que os atos administrativos da Administração Pública devem observar, em regra, o princípio da solenidade das formas. Neste sentido, colaciona Carvalho Filho (2012, p. 110) que "diversamente do que se passa no direito privado, onde vigora o princípio da liberdade das formas, no direito público a regra é a solenidade das formas".

Configura-se como um dos deveres da Administração Pública praticar seus atos administrativos obedecendo formalidades próprias de um ente governamental. Seus atos devem ser formais, submetendo-se a regras existentes para tais.

Os atos administrativos emitidos pela Administração Pública deverão, em regra, observar o princípio da solenidade das formas, pois os atos verbais nesta esfera não geram efeitos válidos no universo jurídico. Os atos administrativos têm como um dos seus requisitos básicos a forma escrita.

Princípio da Solidariedade (Direito do Consumidor, Civil e Processual Civil).

No que tange ao CDC, o princípio da solidariedade encontra-se esparso em diversos dispositivos da Lei Consumerista que cuidam, resumidamente, da tutela do consumidor representada pela responsabilidade solidária existente entre fabricante, produtor, construtor, nacional ou estrangeiro, comerciante, fornecedor de serviços e o importador pela reparação dos danos nas relações de consumo.

Segundo ementa proferida pelo Tribunal de Justiça do Distrito Federal baseado em festejada doutrina: "No sistema do CDC respondem pelo vício do produto todos aqueles que ajudaram a colocá-lo no mercado, desde o fabricante (que elaborou o produto e o rótulo), o distribuidor, ao comerciante (que contratou com o consumidor). A cada um deles é imputada a responsabilidade pela garantia de qualidade adequação do produto. Parece-nos, em um primeiro estudo, uma solidariedade imperfeita, porque tem como fundamento a atividade de produção típica de cada um deles. É como se a cada um deles a lei impusesse um dever específico, respectivamente, de fabricação adequada, de distribuição somente de produtos adequados, de comercialização somente de produtos adequados e com as informações devidas. O CDC adota, assim, uma imputação, ou, atribuição objetiva, pois todos são responsáveis solidários, responsáveis, porém, em última análise, por seu descumprimento do dever de qualidade, ao ajudar na introdução do bem viciado no mercado. A legitimação passiva se amplia com a responsabilidade solidária e com um dever de qualidade que ultrapassa os limites do vínculo contratual consumidor/fornecedor direto. [...] Assim, no sistema do CDC, da tradicional responsabilidade assente na culpa passa-se á presunção geral desta e conclui-se com a imposição de uma responsabilidade legal. O novo regime de vícios no CDC caracteriza-se com um regime de responsabilidade legal do fornecedor, tanto daquele que possui um vínculo contratual com o consumidor, quando daquele cujo vínculo contratual é apenas com a cadeia de fornecedores". (Cláudia Lima Marques, Antônio Hermam V. Benjamim e Bruno Miragem, em Comentários ao Código de Defesa do Consumidor, 3ª ed., ver., ampl. e atual., RT, 2010, p. 484/485). (TJ. Acórdão n. 928706, APC 2004.01.1.061387-2/DF, Rel. João Egmont, j. 16.03.2016, DJe: 01.04.2016. Pág.: 233). [60]

Em se tratando de Direito Civil, o princípio da solidariedade encontra-se encartado no art. 942 do Código Civil, *verbis*: "Os bens do responsável pela ofensa ou violação do direito de outrem ficam sujeitos à reparação do dano causado; e, se a ofensa tiver mais de um autor, todos responderão solidariamente pela reparação. Parágrafo único.

São solidariamente responsáveis com os autores os co-autores e as pessoas designadas no art. 932".

A esse respeito vejamos a síntese de Assis Neto (*et al.*) (2016, p. 849): "se o causador do dano responde por culpa (responsabilidade subjetiva), a conduta do coautor também deverá ser culposa; se responde sem culpa (responsabilidade objetiva), a conduta do cúmplice não necessitará ser acrescida do elemento subjetivo (culpa ou dolo)".

No plano processual, estará presente a solidariedade quando o réu requerer o chamamento ao processo dos demais devedores solidários, quando o credor exigir de um ou de alguns o pagamento da dívida comum (art. 130, III, CPC) ou no caso do estabelecido no art. 1.005, *caput* e parágrafo único, do mesmo Diploma Processual conforme se denota do texto: "O recurso interposto por um dos litisconsortes a todos aproveita, salvo se distintos ou opostos os seus interesses. Havendo solidariedade passiva, o recurso interposto por um devedor aproveitará aos outros quando as defesas opostas ao credor lhes forem comuns".

Princípio da Solidariedade (P. da Fraternidade, P. da Solidariedade Familiar).

Os direitos fundamentais de terceira geração consagram o princípio da solidariedade (Paulo e Alexandrino, 2009, p. 94). Este princípio encontra-se estipulado nos artigos 3º, 226, 227 e 230 da Constituição da República, sendo, inclusive, um dos objetivos fundamentais da República Federativa do Brasil (cf. art. 3º, *caput* e I).

A Constituição protege a entidade familiar e a individualidade de cada ente assegurando assistência à entidade e aos seus integrantes ao mesmo tempo em que assegura à criança, ao adolescente e ao jovem, com absoluta prioridade, o necessário amparo para que possam se desenvolver física, psicológica e mentalmente de maneira salutar (cf. arts. 226 e 227). Além disso, tanto a família quanto a sociedade e o Estado terão por dever prestar solidariedade às pessoas idosas, garantindo seu amparando quando necessário, assegurando sua participação na comunidade, defendendo sua dignidade e bem-estar e garantindo-lhes o direito à vida (cf. art. 230, *caput*).

A solidariedade configura-se como o dever da sociedade e do Estado em assegurar aos marginalizados e desprovidos condições (físicas, mentais ou sociais) o necessário amparo para o seu desenvolvimento, bem como da família, conjuntamente a coletividade e ao Estado, nos cuidados fundamentais que devem existir entre os membros da entidade familiar no sentido do desenvolvimento natural de cada ente.

Apesar de alguns autores entenderem solidariedade e fraternidade como princípios distintos, preferimos mantê-los juntos.

Princípio da Solidariedade (P. da Solidariedade Social, P. do Solidarismo) (Direito Previdenciário).

Princípio do Direito Previdenciário, a solidariedade encontra-se vigente no *caput* do art. 194 da Carta Maior, segundo o qual a Seguridade Social irá compreender um conjunto integrado de ações de iniciativa dos Poderes Públicos e da sociedade destinadas a assegurar os direitos relativos à saúde, à previdência e à assistência social.

A solidariedade reflete o verdadeiro caráter do Direito Previdenciário que é o amparo daqueles que necessitam do cuidado do Estado, tratando-se de verdadeiro direito social conforme se depreende do art. 6º da Carta Maior. Na lição de Carlos Roberto Gonçalves (2010, v. 2, p. 43), o princípio da solidariedade "reflete a prevalência dos valores coletivos sobre os individuais, sem perda, porém, do valor fundamental da pessoa humana".

Na feliz síntese de Sérgio Pinto Martins (2008, p. 279): "A Previdência Social consiste, portanto, em uma forma de assegurar ao trabalhador, com base no princípio da solidariedade, benefícios ou serviços quando seja atingido por uma contingência social. Entende-se assim que o sistema é baseado na solidariedade humana, em que a população ativa deve sustentar a inativa, os aposentados. As contingências sociais seriam justamente o desemprego, a doença, a invalidez, a velhice a maternidade, a morte etc".

Neste contexto, o princípio da solidariedade, um dos mais importantes do direito previdenciário, preconiza que a coletividade deve por meio de cotas ser o arcabouço protetivo dos menos favorecidos, de forma que cada ser social arque com uma parte, permitindo, segundo Kravchychyn (*et al.*) (2014, p. 22), "a subsistência de um sistema previdenciário".

O SEBRAE (Serviço Brasileiro de Apoio às Micro e Pequenas Empresas) é agraciado com uma contribuição de 0,3% incidente sobre a folha salarial de todas as empresas vinculadas ao comércio, sejam elas microempresas, empresas de pequeno porte ou grandes empresas. Essa contribuição atende ao princípio da solidariedade; senão vejamos o seguinte julgado: "A contribuição destinada ao SEBRAE possui natureza de exação de intervenção no domínio econômico, devendo ser suportada por todas as empresas, sejam elas de pequeno, médio ou grande porte, tudo em atenção ao princípio da solidariedade social, insculpido no artigo 195, 'caput', da Constituição Federal" (TRF – 3, 6ª T. AC 1317/SP 2004.61.00.001317-7. Rel. Des. Fed. Lazarano Neto, j. 10.06.2010, DJe 10.06.2010).

Sob o mesmo prisma, mas acerca de assunto diverso, tratou o STF: "O Supremo Tribunal Federal consolidou o entendimento de que é constitucional a cobrança de contribuição previdenciária sobre o salário do aposentado que retorna à atividade. O princípio da solidariedade faz com que a referibilidade das contribuições sociais alcance a maior amplitude possível, de modo que não há uma correlação necessária e indispensável entre o dever de contribuir e a possibilidade de auferir proveito das contribuições vertidas em favor da seguridade" (STF, 1ª T. RE 430418/RS. Rel. Min. Roberto Barroso, j. 18.03.2014, DJe 06.05.2014).

Princípio da Solidariedade Cambial (P. da Solidariedade, P. da Solidariedade Cambiária) (Títulos de Crédito).

A solidariedade aplicada nos títulos de crédito em quase nada se assemelha a solidariedade prevista no Código Civil. "A solidariedade cambial não se confunde com a solidariedade civil (...)" (STJ. AgRg no REsp 207746/SP 1999/0022315-2. Rel. Min. Fernando Gonçalves, j. 15.09.2009, DJe 05.10.2009).

A solidariedade cambiária distingue-se da comum (ou civil) em diversos aspectos. Dentre as diferenças, destaque-se que a solidariedade comum é simultânea entre os co-devedores, isto é, a dívida reparte-se entre eles de pleno direito, havendo direito de regresso entre os coobrigados somente pela cota individual (art. 283 do CC/02) (TJ. APC 20140110941197/DF. Rel. Min. Ana Maria Duarte Amarante Brito, j. 27.01.2016, DJe 02.02.2016).

De outra monta, na cambial ou cambiária, apesar de todas as obrigações serem solidárias, a solidariedade será direta e não subsidiária, pois cada um dos coobrigados (sacador, aceitante, emitente, endossante ou avalista) poderá ser chamado para arcar com a inteireza da obrigação. A responsabilidade pelo pagamento do título de crédito será de todos os coobrigados, podendo o credor cobrar de um ou de todos simultaneamente.

Princípio da Solidariedade Internacional.

Decorre do princípio da liberdade sindical presente no art. 8º, *caput* e inciso V, da CF/88, segundo o qual será livre a associação profissional ou sindical observados os requisitos da lei, sendo que "ninguém será obrigado a filiar-se ou a manter-se filiado a sindicato".

A solidariedade internacional está inserida na seara dos direitos sindicais e assegura aos trabalhadores o direito de se relacionar ou se filiar em organizações (sindicatos) internacionais. De acordo com Moraes (2017, p. 216/217), o princípio da solidariedade internacional se manifesta por meio do direito de relacionamento ou de filiação em organizações sindicais internacionais.

As organizações sindicais internacionais desempenham um importante serviço na defesa e no empoderamento das classes trabalhadoras ao promover diversas atividades que promovem e facilitam a cooperação entre os diversos entes sindicais inseridos no cenário do regime de Cooperação Internacional para o Desenvolvimento (CID). As organizações sindicais estão inseridas no sistema de Cooperação Sindical Internacional para o Desenvolvimento (CSID), um sub-regime do CID. A Confederação Sindical Internacional (CSI) destaca-se como a principal federação sindical internacional.

Princípio da Solidariedade Obrigacional.

A solidariedade obrigacional encontra-se consagrada nos arts. 264 e seguintes do Código Civil. Ocorrerá solidariedade na mesma obrigação, segundo a lei, quando concorrer mais de um credor, cada um com direito a toda a dívida, ou mais de um devedor, cada um obrigado com a totalidade da dívida. A solidariedade não será presumida pelas partes, decorrerá da lei ou da vontade delas, "não podendo em hipótese alguma ser presumida pela natureza do objeto da prestação ou por outras circunstâncias do caso" (Assis Neto, *et al.*, 2016, p. 616).

Ainda segundo a lei civil, "a obrigação solidária pode ser pura e simples para um dos co-credores ou co-devedores, e condicional, ou a prazo, ou pagável em lugar diferente, para o outro" (cf. art. 266, CC).

Segundo ensina Caio Mário da Silva Pereira (2011, p. 79): "Pode-se dizer que há solidariedade quando, na mesma obrigação, concorre pluralidade de credores, cada um com direito à divida toda, ou pluralidade de devedores, cada um obrigado a ela por inteiro". Consoante entendimento de Assis Neto (*et al.*) (2016, p. 587), são solidárias aquelas obrigações "em que há mais de um credor com direito ao mesmo objeto (solidariedade ativa) ou mais de um devedor obrigado à mesma prestação (solidariedade passiva)".

Princípio do Solidarismo Contratual (Direito Civil).

O solidarismo contratual decorre da solidariedade *lato sensu*, ou seja, aquela solidariedade que busca o alcance do bem comum para o desenvolvimento digno de todos, seja da coletividade, seja o desenvolvimento individual, e que guarda estreita ligação com a solidariedade social (princípio da solidariedade social). O solidarismo contratual é uma obrigação contratual na qual as partes envolvidas na relação deverão estabelecer cooperação mútua entre si a fim de resolver quaisquer pontos que devam ser equacionados e que sejam relacionados à relação contratual durante o período de sua duração.

Assim dispõe o art. 5º do Decreto-Lei nº 4.657/1942 (Lei de Introdução às normas do Direito Brasileiro): "Na aplicação da lei, o juiz atenderá aos fins sociais a que ela se dirige e às exigências do bem comum". Neste sentido, destaca-se a decisão do Tribunal Regional do Trabalho: "(...) o solidarismo contratual atua como restritivo da autonomia da vontade, o que significa afirmar que os interesses individuais se subordinam ao interesse coletivo, que hoje se pauta na ideia de justiça social (...)" (TRT – 9, 2ª T. 131-2011-654-9-0-0/PR. Rel. Ana Carolina Zaina, DJe 16.08.2011).

Princípio da Subordinação a Lei.

O princípio da subordinação a lei decorre do princípio da legalidade no Direito Administrativo, sito no *caput* do art. 37 da Carta Maior. O entendimento consubstanciado neste instrumento é de que a Administração Pública só poderá atuar caso exista permissivo legal autorizador da conduta. A lei deverá informar o campo de atuação da Administração. Para maiores informações encaminhamos o leitor ao estudo do princípio da legalidade administrativa.

Princípio da Subsidiariedade (Direito do Trabalho).

Determina a CLT que nos casos em que houver omissão (lacuna) na lei trabalhista, o Código de Processo Civil será a fonte subsidiária do Direito Processual do Trabalho, exceto naquilo que for incompatível com esta (art. 769, CLT). Portanto, para que ocorra a subsidiariedade da lei processual civil deverão estar presentes os requisitos da omissão da CLT e das demais leis trabalhistas, além da compatibilidade de princípios e regras das respectivas leis.

Serão também fontes subsidiárias da Justiça do Trabalho na falta de disposições legais ou contratuais desta com as autoridades administrativas, a jurisprudência, a analogia, a eqüidade e outros princípios e normas gerais de direito, principalmente do direito do trabalho, e, ainda, os usos e costumes e o direito comparado, mas sempre de maneira que nenhum interesse de classe ou particular prevaleça sobre o interesse público. O direito comum será fonte subsidiária do direito do trabalho (art. 8º, § 1º, CLT).

Recorda Leone (2013, p. 65) que, conforme o art. 889 da CLT, na fase de execução trabalhista "a Lei de Execução Fiscal (Lei nº 6.830/1980) será fonte subsidiária do Processo do Trabalho" caso atenda aos requisitos constantes no art. 769, quais sejam omissão da lei quanto à matéria e compatibilidade entre as regras.

Princípio da Subsidiariedade (P. da Excepcionalidade, P. da Subsidiariedade da Adoção Internacional) (ECA).

Segundo nosso ordenamento jurídico a adoção de crianças e adolescentes no Brasil deverá ocorrer, em regra, por pessoas ou casais brasileiros que vivam no país. De forma subsidiária e excepcional poderá ocorrer a adoção por estrangeiros. Conforme estabelecido pelo ECA (Lei 8.069/90), "a colocação em família substituta estrangeira constitui medida excepcional, somente admissível na modalidade de adoção (cf. art. 31).

Os casais e pessoas interessados em adotar farão parte de um cadastro nacional onde poderão participar do processo de adoção, fornecendo aos órgãos responsáveis suas escolhas e prioridades. Por outro lado, os postulantes estrangeiros à adoção farão parte de cadastro próprio e, somente quando não existirem postulantes nacionais habilitados é que serão consultados, conforme se dessume do art. 50, §§ 5º e 6º do Estatuto da Criança e do Adolescente.

O próprio art. 50 determina em seu § 10 a ordem do processo: "Consultados os cadastros e verificada a ausência de pretendentes habilitados residentes no País com perfil compatível e interesse manifesto pela adoção de criança ou adolescente inscrito nos cadastros existentes, será realizado o encaminhamento da criança ou adolescente à adoção internacional".

Parte da doutrina argumenta que o princípio da subsidiariedade se configura como verdadeira barreira a adoção internacional, tornando extremamente dificultosa a adoção no país por estrangeiros. Por outro lado, entende-se que tais normas sejam necessárias para garantir maior segurança, lisura e clareza ao processo adotivo, inclusive para combater, dentre outros crimes, o tráfico internacional de crianças.

Nossos tribunais consagram o princípio da subsidiariedade na adoção internacional. O precedente a seguir proferido pelo STJ configurou a partir de sua decisão elemento balizador das decisões a respeito da adoção por estrangeiros no país, *in verbis*: "A adoção por estrangeiros é medida excepcional que, além dos cuidados próprios que merece, deve ser deferida somente depois de esgotados os meios para a adoção por brasileiros. Existindo no Estado de São Paulo o Cadastro Central de Adotantes, impõe-se ao Juiz consultá-lo antes de deferir a adoção internacional. - Situação de fato da criança, que persiste há mais de dois anos, a recomendar a manutenção do *statu quo*. - Recurso não conhecido, por esta última razão" (STJ – Resp 196406/SP 1998/0087704-5. Rel. Min. Ruy Rosado de Aguiar, j. 08.03.1999, DJ 11.10.1999).

Para fins didáticos, dispomos o conceito de adoção internacional proferido pelo ECA no art. 51, com redação dada pela Lei nº 13.509, de 2017: "Considera-se adoção internacional aquela na qual o pretendente possui residência habitual em país-parte da Convenção de Haia, de 29 de maio de 1993, Relativa à Proteção das Crianças e à Cooperação em Matéria de Adoção Internacional, promulgada pelo Decreto nº 3.087, de 21 junho de 1999, e deseja adotar criança em outro país-parte da Convenção".

Princípio da Subsidiariedade da Responsabilidade dos Sócios pelas Obrigações Sociais.

O Direito Empresarial brasileiro adota o princípio da subsidiariedade da responsabilidade dos sócios pelas obrigações sociais, encontrando-se o mesmo assentado no art. 1.024 do CC. Segundo o dispositivo, "os bens particulares dos sócios não podem ser executados por dívidas da sociedade, senão depois de executados os bens sociais". Deriva do princípio da autonomia patrimonial e tem aplicação sobre todas as sociedades.

Determina o artigo supra que em caso de dívidas da sociedade primeiro serão executados os bens do patrimônio (patrimônio social) desta, para, então, os bens particulares dos sócios serem atingidos. Por ser um sujeito autônomo, apenas os bens da empresa serão executados pelo credor. Pelo menos em um primeiro momento. Executados os bens do patrimônio do executado (sociedade), haverá, caso necessário, a satisfação do credor com a execução dos bens dos sócios.

Princípio da Substitutividade (Direito Processual Civil).

Tratando-se no que tange aos recursos no processo, a substitutividade encontra-se agasalhada no art. 1.008 do CPC, segundo o qual "o julgamento proferido pelo tribunal substituirá a decisão impugnada no que tiver sido objeto de recurso". A substitutividade consiste no fato de que a decisão impugnada, seja em todo o seu conteúdo ou somente em parte dele, será substituída pela decisão proferida pelo Tribunal. A redação do acórdão prolatado pelo Tribunal substituirá a sentença para todos os fins legais e processuais.

É o que ensina Cassio Scarpinella Bueno (2015, p. 615): "Uma vez superado o juízo de admissibilidade recursal, a decisão proferida pelo Tribunal *substituirá*, para todos os fins, a decisão impugnada no que tiver sido objeto do recurso. As consequências do efeito substitutivo são as mais variadas, ganhando maior interesse não só para a identificação do órgão jurisdicional competente para julgamento da ação rescisória, mas também para a pesquisa em torno da decisão a ser rescindida".

Princípio da Subsunção.

O controle da atuação da Administração Pública (Estado) poderá ser exercido por meio do controle administrativo e do controle político. Dentre os meios viabilizados pela legislação está a ação de improbidade administrativa, instrumento que se encontra regulamentado pela Lei de Improbidade Administrativa (Lei nº 8.429/1992). Esta lei estabelece as sanções aplicáveis aos agentes públicos nos casos de enriquecimento ilícito, danos ao erário e no caso de ofensa aos princípios da Administração Pública (arts. 9º, 10, 10-A e 11 da lei) (Carvalho Filho, 2012, p. 1075).

Isto posto e estabelecida a possibilidade do Estado aplicar sanções aos seus agentes em caso de cometimento de irregularidades no exercício da função, surge a hipótese de uma mesma conduta abranger mais de uma forma de improbidade administrativa de forma concomitante. Nestes casos, quando uma só for a conduta utilizada para se cometer diversos atos de improbidade sobre mais de um dispositivo, aquela conduta de sanção mais grave deverá necessariamente absorver aquela de menor sanção em respeito ao princípio da subsunção.

Nisto consiste o princípio da subsunção, o Estado em seu poder de punir o agente público que incorrer em desrespeito à lei de Improbidade Administrativa poderá puni-lo, tendo em vista que o procedimento que afrontar mais de um dispositivo da lei de forma simultânea levará em conta que o procedimento que possuir sanção mais grave absorverá a conduta de sanção mais leve.

Com vistas a não restar qualquer resquício de dúvida, segue síntese de Carvalho Filho (2017, p. 609): "Pode ocorrer que uma só conduta ofenda simultaneamente os arts. 9º, 10 e 11 da Lei de Improbidade: é a hipótese das ofensas simultâneas a tais mandamentos. Se uma só for a conduta que ofenda ao mesmo tempo mais de um dispositivo, o aplicador deverá valer-se do princípio da subsunção, em que a conduta e a sanção mais graves absorvem as de menor gravidade".

Princípio da Sucumbência (P. do Sucumbimento).

Decorre do princípio da sucumbência o dever da parte vencida em arcar com o pagamento das custas (taxas e emolumentos) e honorários em benefício da parte vencedora. O pagamento dos honorários deverá respeitar a relação de sucumbência estabelecida entre o vencedor e o vencido na relação jurídica.

As despesas da parte vencida abrangem as custas dos atos do processo, a indenização de viagem, a remuneração do assistente técnico e a diária de testemunha (art. 84, CPC). Além disso, A sentença condenará o vencido a pagar honorários ao advogado do vencedor (art. 85, *caput*, CPC).

Ainda sob a égide do CPC, o dispositivo presente no parágrafo único do art. 338 estabelece o ônus da sucumbência quando o autor indicar réu que, posteriormente, seja comprovado ser parte ilegítima ou não responsável pelo prejuízo invocado. Esta situação levará a substituição do réu, ocasião em que o autor será responsável por arcar com as despesas e pagamento de honorários ao procurador do réu excluído.

Princípio da Sucumbência Mínima.

Seguindo no tema dos ônus sucumbenciais no processo, adentramos ao estudo da espécie sucumbência mínima. Tal modalidade encontra-se encartada no parágrafo único do art. 86, do CPC, segundo o qual, "se um litigante sucumbir em parte mínima do pedido, o outro responderá, por inteiro, pelas despesas e pelos honorários".

Destaca-se como instrumento didático a compreensão do tema a decisão do Tribunal de Justiça do Distrito Federal: "Se uma das partes for sucumbente de parte mínima do pedido, cabe à parte adversa o pagamento das custas e honorários sucumbenciais" (TJ. APC 20140111068359/DF. Rel. Flávio Rostirola, j. 07.10.2015, DJe 16.10.2015).

Segundo jurisprudência do STJ: "A sucumbência mínima resta caracterizada quando o recorrido decai de parte mínima da pretensão original, hipótese que não enseja nova distribuição dos honorários" (STJ. REsp 1242791/SC. Rel. Min. Mauro Campbell Marques, j. 09.08.2011, DJe 17.08.2011).

Princípio da Sucumbência Recíproca (P. da Dupla Sucumbência).

O princípio da sucumbência recíproca encontra-se estampado no art. 86, *caput*, do Código de Processo Civil, *verbis*: "Se cada litigante for, em parte, vencedor e vencido, serão proporcionalmente distribuídas entre eles as despesas".

Decorre da hipótese onde, ao fim da lide, encontrem-se cada um dos litigantes como vencedores e vencidos, situação em que ocorrerá a distribuição proporcional dos ônus de sucumbência entre eles. "A sucumbência recíproca impõe a repartição proporcional das custas e honorários advocatícios". (TJ. AC 10363110014075001/MG. Rel. José Flávio de Almeida, j. 10.04.2013, DJe 22.04.2013). Será dividido entre as partes o ônus pelo pagamento das custas processuais.

De acordo com Bueno (2015, p. 131), no caso da sucumbência recíproca entre as partes "as *despesas* serão proporcionalmente distribuídas entre eles, o que deve ser entendido no sentido de que cada parte pagará parcela das despesas totais, consoante sua responsabilidade na geração respectiva".

Princípio da Suficiência da Ação Penal (P. da Efetividade, P. da Eficácia, P. da Suficiência) (Direito Processual Penal).

Este princípio da ação penal pública incondicionada encontra-se plasmado nos arts. 92 e 93 do CPP. Segundo o art. 92, *caput* deste Diploma: "Se a decisão sobre a existência da infração depender da solução de controvérsia, que o juiz repute séria e fundada, sobre o estado civil das pessoas, o curso da ação penal ficará suspenso até que no juízo cível seja a controvérsia dirimida por sentença passada em julgado, sem prejuízo, entretanto, da inquirição das testemunhas e de outras provas de natureza urgente.

Neste caso, o processo penal deverá ser obrigatoriamente suspenso quando a questão prejudicial "estiver relacionada ao estado de pessoas (vivo, morto, parente ou não, casado ou não)" (Capez, 2014, p. 170).

Por outro lado, trata o art. 93 do CPP dos casos em que a prejudicialidade será facultativa, pois não se relaciona com o estado de pessoas. Neste caso, poderá o Juiz criminal verificando ser uma questão de difícil solução suspender o processo nos termos da lei e aguardar a decisão do juízo cível.

Tal questão é mais bem esclarecida pela ementa do Tribunal de Justiça do Distrito Federal: "No caso dos autos temos uma questão prejudicial facultativa e quando tal ocorre 'quando a controvérsia no processo penal refere-se a matéria diversa da do estado das pessoas (propriedade, posse, relações trabalhistas, relações comerciais, questões administrativas etc.), a prejudicialidade é facultativa, cabendo ao juiz criminal decidir-se pela suspensão ou não do processo, aplicando-se, ainda, o princípio da suficiência da ação penal'" (TJ. RSE 52552820048070001/DF. Rel. João Egmont, j. 16.11.2006, DJU 26.09.2007).

Citando novamente o mestre Capez (*idem*, p. 171): "A ação penal é suficiente para resolver a questão prejudicial não ligada ao estado de pessoas, sendo desnecessário aguardar a solução no âmbito cível".

Princípio do Sufrágio Universal.

O sufrágio universal encontra-se esculpido no art. 14, e parágrafos da Carta Magna, tratando-se de um direito político. Segundo o *caput* do artigo supra, o sufrágio universal é um dos meios pelo qual será exercida a soberania popular em nosso país. Dispõe o art. 14, I, II e III que a soberania popular será exercida pelo sufrágio universal e pelo voto direto e secreto com valor igual para todos, e, nos termos da lei, mediante plebiscito, referendo ou iniciativa popular. O sufrágio universal consubstancia-se no direito político que permite ao cidadão o direito de votar e ser votado, ou seja, respectivamente a capacidade eleitoral ativa e a capacidade eleitoral passiva. [61]

No mesmo sentido, Moraes (2017, p. 247) determina que "por meio do sufrágio o conjunto de cidadãos de determinado Estado escolherá as pessoas que irão exercer as funções estatais, mediante o sistema representativo existente em um regime democrático".

Daí conclui-se que o sufrágio universal é o direito político dado a uma parcela da população que goza de capacidade eleitoral ativa e passiva e participa na escolha de seus representantes por meio do voto.

"O princípio do sufrágio universal vem conjugado, no art. 14 da Constituição, à exigência do sigilo do voto: não o ofende, portanto, a decisão que entende nula a cédula assinalada de modo a poder identificar o eleitor" (STF. AI 133.468 AgR. Rel. Min. Sepúlveda Pertence, j. 15.02.1990, DJe 09.03.1990).

Princípio da Suplementaridade (P. da Suplementariedade).

Trata-se de um dos princípios dos recursos no Processo Penal brasileiro. Percebe-se por esse instrumento que nos casos em que da decisão couber mais de um recurso estes poderão ser apresentados em momentos distintos, desde que dentro do prazo recursal de cada espécie. Um recurso poderá suplementar o anterior quando a decisão comportar mais de um recurso desde que ocorra dentro do prazo disposto na lei para a sua interposição.

Importante frisar que pelo princípio da suplementaridade a apresentação de um recurso não ocasiona a preclusão consumativa que invalidaria a interposição do outro recurso. Portanto, a renovação da iniciativa recursal pregressa não fica prejudicada pois não ocorre sua preclusão.

Princípio da Supletividade (P. da Subsidiariedade) (Direito Previdenciário).

A supletividade ou subsidiariedade é um dos princípios gerais da Seguridade Social e baseia-se no ideal completivo que rege este instituto.

Segundo o art. 203, V, da CF/88, é um dos objetivos da Seguridade Social "a garantia de um salário mínimo de benefício mensal à pessoa portadora de deficiência e ao idoso que comprovem não possuir meios de prover à própria manutenção ou de tê-la provida por sua família, conforme dispuser a lei". Neste caso, o benefício será prestado de forma supletiva somente àqueles que comprovadamente não tiverem condições de sustento por meio de suas próprias forças. Ou seja, a Seguridade Social atua de forma supletiva ou subsidiária apenas nos eventos em que o indivíduo não consiga por si só prover a sua subsistência e a de sua família.

O princípio também aborda o aspecto do limite da necessidade, ou seja, o auxílio somente será prestado até o limite da carência, ou seja, em condições mínimas que possibilitem ao indivíduo demover ou reduzir substancialmente suas necessidades.

Princípio da Supremacia da Constituição (P. da Supremacia da Carta Magna, P. da Supremacia Constitucional, P. da Supremacia Formal, P. da Supremacia Formal da Constituição, P. da Supremacia Hierárquica da Constituição).

O princípio da supremacia da constituição é um dos pilares do Estado Democrático de Direito. A partir dele pressupõe-se a possibilidade do controle de constitucionalidade das leis instituídas em nosso ordenamento, haja vista ser nossa Carta Política de 1988 do tipo rígida. Ou seja, devido à rigidez adotada qualquer norma infraconstitucional que surja e que tenha por essência elementos contrários ao estabelecido em nosso ordenamento jurídico será inconstitucional. Existe a obrigatoriedade das normas infraconstitucionais respeitarem o estabelecido na Carta Magna. Por outro lado, a Constituição Federal poderá ser emendada, conforme o estabelecido em seu art. 60.

"O princípio da supremacia da Constituição põe a Lei Fundamental como o plexo de normas de mais alta hierarquia no interior do sistema normativo nacional. Entre outras decorrências dessa síntese, está a da imposição de que, dentre as interpretações hipoteticamente possíveis, só podem ser validamente esgrimidas aquelas conformes ao texto constitucional. A interpretação do ordenamento jurídico, por conseguinte, há de ser feita a partir da Constituição, isto é, de cima para baixo" (TJ. AI 0646119-2/PR. Rel. Des. Rabello Filho, j. 01.06.2010, DJe 412).

No mesmo diapasão, Paulo e Alexandrino (2009, p. 689 e 691) explicam que "as normas elaboradas pelo poder constituinte originário são colocadas acima de todas as outras manifestações de direito". Além disso, ensinam que em decorrência deste princípio, obrigatoriamente, todas as demais normas do ordenamento jurídico deverão estar de acordo com a Lei Fundamental.

"O acórdão recorrido não divergiu da jurisprudência da Suprema Corte no sentido de que é lícito ao Poder Judiciário, em face do princípio da supremacia da Constituição, em situações excepcionais, determinar que a Administração Pública adote medidas assecuratórias de direitos constitucionalmente reconhecidos como essenciais, sem que isso configure violação do princípio da separação dos Poderes" (STF, 1ª Turma. AI 739151/PI. Rel. Min. Rosa Weber, j. 27.05.2014, DJe 10.06.2014).

Princípio da Supremacia do Interesse Público sobre o Particular (P. da Finalidade Pública, P. do Interesse, P. do Interesse Público, P. do Interesse Público ou Coletivo, P. da Supremacia do Interesse Público, P. da Supremacia do Interesse Público sobre o Interesse de Classe ou Particular, P. da Supremacia do Interesse Público sobre o Privado, P. da Supremacia da Ordem Pública) (Direito Administrativo).

Embora não haja em nosso ordenamento referência explícita ao interesse público, o princípio da supremacia do interesse público devido a sua elevada importância é tido como um dos pilares do Estado Democrático, sendo denominado como supraprincípio da administração pública. A Administração Pública deve fundamentar seus atos levando-se em consideração sempre o interesse público, ou seja, o interesse da coletividade deverá prosperar. A Administração Pública quando atuar no interesse da coletividade poderá atuar com poder limitador ou redutor de interesses individuais por meio de seu poder de polícia. Sempre haverá obediência aos interesses da coletividade.

Observe-se que também prevalecerá a supremacia do interesse público nos assuntos relacionados a proteção do meio ambiente, bem comum de natureza pública e que está intrinsecamente relacionado a própria existência humana.

Bem assevera Carvalho Filho (2012, p. 120) que absurdo seria se a Administração pública fosse subordinada ao interesse individual, particular, ficando o interesse público à mercê de uma minoria. Por este motivo, continua, o princípio da supremacia do interesse público justifica a coercibilidade dos atos administrativos.

T

Princípio da Taxatividade (P. do *Numerus Clausus*, P. da Taxatividade dos Recursos, P. da Tutela Específica) (Direito Processual Civil).

O conceito do princípio da taxatividade pode ser abordado no sentido de que não podem existir outros recursos senão aqueles dispostos na lei. Tal obrigatoriedade constitui *numerus clausus*. O art. 994 do Código de Processo Civil traz em seu bojo o rol dos recursos cabíveis em nosso ordenamento jurídico. Importante esclarecer que o artigo em comento não aborda todos os recursos existentes em nosso ordenamento, haja vista existirem outros dispersos pelo CPC e em diversas outras leis. [62]

Em relação à competência, compete privativamente à União legislar sobre direito processual (cf. art. 22, I, CF), e concorrentemente à União junto aos Estados e ao Distrito Federal legislar sobre procedimentos em matéria processual (cf. art. 24, XI, CF).

"A decisão não terminativa, que tão somente concede parcial efeito suspensivo ao recurso, não pode ser atacada por meio de agravo interno por ausência de expressa previsão legal, o que implicaria em ofensa ao princípio da taxatividade dos recursos, segundo o qual os recursos a serem interpostos pelas partes interessadas deverão estar sempre previstos no ordenamento jurídico" (TJ. AGT 10024133931543004/MG. Rel. Estevão Lucchesi, j. 29.05.2014, DJe 17.06.2014).

Princípio da Taxatividade (P. do *Numerus Clausus*) (Direitos Reais).

Esse princípio guarda estreita relação com o princípio da taxatividade do Processo Civil acima exposto, que trata dos recursos em matéria processual. Isto porque o conceito da tipicidade para os direitos reais é o mesmo, ou seja, qualquer elemento normativo deverá estar disposto em lei para que obtenha validade. A lei deverá dispor de forma taxativa acerca dos direitos reais existentes.

A tipificação dos mesmos no ordenamento jurídico é elemento fundamental para a sua existência, pois impossível sua criação caso não exista previsão legal. Carlos Roberto Gonçalves (2010, v. 5, p. 32) explica: "Os direitos reais são criados pelo direito positivo por meio da técnica denominada *numerus clausus*. A lei os enumera de forma taxativa, não ensejando, assim, aplicação analógica da lei". Os direitos reais encontram-se estabelecidos por meio da do art. 1.225 do Código Civil.

Os direitos reais "não podem ser criados, livremente pelas partes, novos modos de *direitos reais*, uma vez que o rol de direitos reais constante da lei é *taxativo* (*numerus clausus*) e não pode ser ampliado por convenção particular, mas somente pela própria lei federal" (Assis Neto, *et al.*, 2016, p. 570).

Princípio da Taxatividade (P. da Determinação, P. da Determinação Taxativa) (Direito Penal).

O princípio da taxatividade, corolário do princípio da legalidade, não se encontra previsto em nenhuma norma legal do nosso ordenamento jurídico, sendo uma construção puramente doutrinária.

O legislador ao definir determinada conduta como crime deve se dar ao cuidado de transcrevê-la da maneira mais clara e inteligível a todos, a ponto de que a coletividade tenha conhecimento do potencial transgressor daquela conduta, sendo passível de punição pelo Poder Público. Ora, diferente não poderia ser. Imaginem uma lei nova que estabelecesse uma conduta penal proibida, entretanto, cujo conteúdo fosse controverso e/ou ambíguo não descrevendo com clareza seus destinatários. Que segurança traria à população? O cidadão tem que ter plena consciência da conduta que se estabeleceu ilícita e que se quer proibir.

Nucci (2009, p. 77) em apertada síntese acerca do princípio da taxatividade esclarece que "as condutas típicas, merecedoras de punição, devem ser suficientemente claras e bem elaboradas, de modo a não deixar dúvida por parte do destinatário da norma". Esclarece ainda o autor, que, em respeito aos princípios da legalidade e da taxatividade, "todo tipo penal há de ser completo e perfeito, sob pena de ser considerado, automaticamente, inconstitucional".

Princípio da Taxatividade (P. da Tipicidade Cerrada, P. da Tipicidade Fechada) (Direito Tributário).

A taxatividade no Direito Tributário pressupõe a presença de todos os elementos que compõem o tributo na lei. Ou seja, deverão estar previstos em lei todos os elementos que configuram o tributo, como a alíquota, a base de cálculo, o fato gerador e os sujeitos.

"(...) o Direito Tributário consagra o princípio da tipicidade fechada, de maneira que, sem lei expressa, não se pode ampliar os elementos que formam o fato gerador, sob pena de violar o disposto no art. 108, § 1º, do CTN" (STJ, 1ª Turma. REsp 754393/DF 2005/0087855-1. Rel. Min. Francisco Falcão, j. 02.12.2008, DJe 16.02.2009). Cabe informar que no caso dos impostos deverá ser lei complementar.

Por seu turno, Casalino (2012, p. 26) explica que todos os elementos que compõem o tributo (aspectos materiais, pessoais, quantitativos, espaciais e temporais) deverão ser descritos em lei de maneira pormenorizada.

Como exceção a regra, o convênio ICMS n.º 69/98 firmou entendimento em relação à incidência do imposto nas prestações de serviços de comunicação tendo em vista a necessidade de uniformização dos procedimentos tributários na prestação desse serviço, incluindo na base de cálculo desse imposto novos elementos, situação que contraria a taxatividade prevista no Direito Tributário.

Segue jurisprudência: "O Convênio ICMS n.º 69/98 ampliou o campo de incidência do ICMS ao incluir as atividades-meio ao serviço de comunicação, sendo certo que tal inclusão não encontra fulcro em lei complementar (art. 155, parágrafo 2º, XII, da CR/88), contrariando o princípio da tipicidade fechada, o qual aduz que sem lei expressa, não se pode ampliar os elementos que formam o fato gerador, sob pena de violação do art. 108, parágrafo 1º, do CTN, que veda a analogia instituidora de tributo" (TJ. AC 10024082450123001/MG. Rel. Belizário de Lacerda, j. 25.03.2014, DJe 01.04.2014).

Princípio da Temporalidade do Mandato (Direito Constitucional).

A temporalidade do mandato, uma das características do princípio republicano (cf. art. 1º, CF/88), consagra o entendimento segundo o qual deverá haver alternância dos gestores que ocupam cargos eletivos no Poder Executivo, notadamente nos cargos de Presidente da República, Governador de Estado, Governador do DF e Prefeito de Município. A reeleição para um período sequencial é permitida. Entretanto, estes cargos não poderão ser ocupados pelas mesmas pessoas por mais de dois mandatos sequenciais consecutivos.

Não existe limite de vezes para que um cidadão seja eleito para os cargos acima descritos, o que a Constituição veda é a possibilidade de mais de uma reeleição para períodos sequenciais (Paulo e Alexandrino, 2009, p. 580/581). Segundo Cruz (2009, p. 92), a temporalidade é uma das marcas que caracterizam a República, sendo a alternância no poder uma das bandeiras da democracia.

Corrobora todo o exposto o art. 14, § 5º, da Carta Magna, segundo o qual "o Presidente da República, os Governadores de Estado e do Distrito Federal, os Prefeitos e quem os houver sucedido, ou substituído no curso dos mandatos poderão ser reeleitos para um único período subsequente" (Redação dada pela Emenda Constitucional nº 16, de 1997).

Princípio da Temporariedade (Direito Civil).

A temporariedade é instituto civil constante em nosso ordenamento jurídico, consagrando em nosso sistema processual o entendimento de que o julgamento da causa não poderá sofrer retardamento indefinido, pois violaria o princípio constitucional do acesso a justiça (art. 5º, XXXV, CF) além do princípio da celeridade processual (art. 5º, LXXVIII, CF). Ainda, o CPC dispõe que em prol da resolução da lide o Juiz não poderá se eximir da obrigação de julgar, conforme dispõe o *caput* do art. 140. A temporariedade do julgamento na Arbitragem é princípio o qual encontra embasamento na Lei nº 9.307 de 1996, a chamada Lei de Arbitragem.

Mas é na Lei nº 9.307/1996 onde o instituto é tratado no âmbito da Arbitragem. Poderão as partes durante o compromisso arbitral estabelecer prazo para apresentação da sentença arbitral, podendo este ser extinto caso o mesmo tenha expirado e a sentença arbitral não tenha sido prolatada (cf. arts. 11, III e 12, III). Ainda conforme a Lei, a sentença arbitral será proferida no prazo estipulado em comum acordo entre as partes, porém, caso nada tendo sido convencionado, o prazo para a apresentação da sentença será de seis meses contado da instituição da arbitragem ou da substituição do árbitro. É o que se extrai do art. 23, *caput* da Lei de Arbitragem.

Princípio do *Tempus Regit Actum* (P. da Aplicação da Lei Vigente ao Tempo da Publicação da Decisão, P. do Isolamento dos Atos Processuais) (Direito Processual Civil).

A expressão latina *tempus regit actum* significa que o tempo rege o ato, ou seja, os atos jurídicos serão regulados pela lei vigente na época em que ocorreram. Deverá ser aplicada a lei vigente à época em que a atividade foi exercida.

Conforme disciplina a Lei Processual brasileira, as normas vigentes em nosso ordenamento serão aplicáveis imediatamente aos processos em curso, ou seja, a decisão aplicada pelo Magistrado/Tribunal ao caso concreto deverá ser regida conforme as leis contemporâneas. Neste sentido, discorre o art. 14 do CPC: "A norma processual não retroagirá e será aplicável imediatamente aos processos em curso, respeitados os atos processuais praticados e as situações jurídicas consolidadas sob a vigência da norma revogada".

Entende-se pelo exposto no estatuto processual que os atos processuais já realizados não sofrerão interferência de lei nova, em respeito ao direito adquirido, o ato jurídico perfeito e a coisa julgada (cf. art. 5º, XXXVI, CF). No mesmo sentido do instituto constitucional está o artigo 6º da LINDB (Dec.-Lei nº 4.657/1942): "A Lei em vigor terá efeito imediato e geral, respeitados o ato jurídico perfeito, o direito adquirido e a coisa julgada". O art. 1.046 do Diploma Processual também disciplina o tema, dispondo que "suas disposições se aplicarão desde logo aos processos pendentes" e regulando quais disposições dos procedimentos serão mantidas ou revogadas diante do CPC atual e a Lei nº 5.869 de 11 de janeiro de 1973 (CPC revogado), dentre outras disposições.

Nosso ordenamento abraça a teoria do isolamento dos atos processuais. Esta teoria define o processo como uno, porém, há o entendimento de que seus atos gozam de autonomia. Os atos praticados sob a égide da lei revogada são preservados, enquanto que os atos subsequentes serão praticados segundo o regulamento da lei nova. No que tange aos processos em curso a norma processual terá aplicabilidade imediata, respeitado naturalmente o prazo da *vacatio legis*.

"Conforme jurisprudência do STJ, em observância ao princípio do *tempus regit actum*, ao reconhecimento de tempo de serviço especial deve-se aplicar a legislação vigente no momento da efetiva atividade laborativa" (STJ. AgRg no REsp 1452778/SC 2014/0106360-9. Rel. Min. Humberto Martins, j. 14.10.2014, DJe 24.10.2014).

"Quanto à repetição do interrogatório ao final da instrução, trata-se de tema de cunho processual ao qual é aplicável, como regra geral, o princípio do *tempus regit actum*, ou seja, realizados os atos processuais na vigência do regramento antigo, não induz nulidade a superveniência da novel disposição legal que eventualmente altera o modo como devem ser realizados" (STJ. AgRg no REsp 1243301/SC 2011/0055954-2. Rel. Min. Maria Thereza de Assis Moura, j. 03.09.2013, DJe 17.09.2013).

Princípio da Territorialidade (Direito Empresarial).

O princípio da territorialidade encontra-se encartado no *caput* do art. 129 da Lei nº 9.279, de 14 de maio de 1996, instrumento que regula direitos e obrigações relativas à propriedade industrial em nosso país. É disposto na lei: "A propriedade da marca adquire-se pelo registro validamente expedido, conforme as disposições desta Lei, sendo assegurado ao titular seu uso exclusivo em todo o território nacional (...)".

"O registro da marca no Instituto Nacional de Propriedade Industrial – INPI assegura a sua propriedade e o uso monopolístico" (TJ. 2.0000.00.493682-9/000(1)/MG. Rel. Eduardo Mariné da Cunha, j. 12.05.2005, DJ 09.06.2005). O registro da marca possibilita ao seu detentor o direito de utilizá-la de forma exclusiva em todo o território nacional. O direito de propriedade, bem como a exclusividade do direito de utilização da marca, não transcenderá os limites do território brasileiro, produzindo efeitos somente em nacional. Para que produza efeitos em outros Estados, necessário o registro em cada um dos países em que haja o interesse.

Inobstante os direitos de propriedade e exclusividade concedidos a marca por meio do registro no órgão competente, há uma singularidade quanto a marca notoriamente conhecida. Esta gozará de proteção especial independentemente de estar previamente depositada ou registrada no Brasil, conforme se estipula no art. 6º - bis (1), da Convenção de Paris para a Proteção da Propriedade industrial (1967) (Promulgada no Brasil pelo Decreto nº 75.572/1975) e no art. 126 da Lei 9.279/1996.

Princípio da Territorialidade (Direito Internacional).

Para iniciar o estudo do referido instituto é importante observar o que define Tatiana Waisberg em sua obra Manual de Direito Internacional Privado (2013, p. 34): "No Brasil, a eleição do foro tem sido respeitada nos contratos internacionais, desde que não implique em violação da ordem pública e de regras imperativas associadas ao princípio da territorialidade e direitos indisponíveis". Afirma-se aqui que nos contratos internacionais, em regra, utilizam-se as leis pátrias, pois estas gozam de presunção de legitimidade e de aplicabilidade, aplicando-se as leis de outros Estados quando não for este o caso.

Determina este princípio que sobre o caso *sub judice* deverão sempre os tribunais e Juízes utilizar a lei nacional, pois esta, em tese, é a mais indicada por ser aquela na qual se baseiam cotidianamente, guardando assim conhecimento pleno daquele tema, tornando maiores as chances de acerto na busca pela justiça. Por outro lado, entende-se que as leis daquele Estado são justas e eficazes para a solução de qualquer conflito.

Princípio da Territorialidade (Direito Registral).

Um dos princípios básicos do registro de imóveis, a territorialidade compreende, de acordo com o consubstanciado no art. 169, *caput*, da Lei de Registros Públicos (LRP – Lei 6.015/1973), a obrigatoriedade de que todos os atos relativos ao imóvel tais como o registro de imóveis, a matrícula e a averbação, sejam efetuados no Cartório da situação do imóvel.

Nesta toada, Assis Neto (*et al.*) (2016, p. 1.380) dispõe no mesmo sentido: "pelo princípio da territorialidade, o cartório competente para efetivação da matrícula do imóvel e respectivas averbações e registros de transferências é aquele em que se situa o imóvel (...)".

Apesar da regra, nem sempre os atos referentes ao imóvel serão efetuados no Cartório onde aquele esteja situado. O próprio art. 169 exemplifica as exceções ao princípio em seus incisos I a III. Segundo a norma, constituem exceções (i) as averbações, que serão efetuadas na matrícula ou à margem do registro a que se referirem, ainda que o imóvel tenha passado a pertencer a outra circunscrição; (ii) os registros relativos a imóveis situados em comarcas ou circunscrições limítrofes, que serão feitos em todas elas, devendo os Registros de Imóveis fazer constar dos registros tal ocorrência; e (iii) o registro previsto nos contratos de locação de prédios, nos quais tenha sido consignada cláusula de vigência no caso de alienação da coisa locada (art. 167, inciso I, nº 3), e a averbação prevista no contrato de locação, para os fins de exercício de direito de preferência (art. 167, inciso II, nº 16), serão efetuados no cartório onde o imóvel esteja matriculado mediante apresentação de qualquer das vias do contrato, assinado pelas partes e subscrito por duas testemunhas, bastando a coincidência entre o nome de um dos proprietários e o locador.

Princípio da Territorialidade (P. da Absoluta Territorialidade, P. da Especialização, P. da Inerência, P. da Territorialidade Absoluta, P. da Territorialidade Mitigada, P. da Territorialidade Temperada) (Direito Penal).

Sobre fatos (infrações penais) ocorridos em território nacional aplica-se a lei processual penal brasileira, respeitando-se os tratados e convenções internacionais dos quais o país seja signatário. Ou seja, a lei que trata de matéria processual penal terá abrangência em todo o território nacional, excetuando-se os tratados, convenções e regras de Direito Internacional (art. 1º, I).

De acordo com o art. 5º do Código Penal, a lei brasileira aplicar-se-á sem prejuízo de convenções, tratados e regras de direito internacional ao crime cometido no território nacional. Para os efeitos penais, consideram-se como extensão do território nacional as embarcações e aeronaves brasileiras, de natureza pública ou a serviço do governo brasileiro, onde quer que se encontrem, bem como as aeronaves e as embarcações brasileiras, mercantes ou de propriedade privada, que se achem, respectivamente, no espaço aéreo correspondente ou em alto-mar (§ 1º). É também aplicável a lei brasileira aos crimes praticados a bordo de aeronaves ou embarcações estrangeiras de propriedade privada, achando-se aquelas em pouso no território nacional ou em vôo no espaço aéreo correspondente, e estas em porto ou mar territorial do Brasil (§ 2º).

Nesta toada, Capez (2014, p. 91) apregoa que o princípio da absoluta territorialidade "(...) impõe a aplicação da *lex fori* ou *locus regit actum*, segundo a qual, aos processos e julgamentos realizados no território brasileiro, aplica-se a lei processual penal nacional". É mister mencionar, ainda de acordo com o autor, que tal premissa corrobora o sentido de soberania nacional no que tange as suas leis. A territorialidade vem plasmada no art. 1º do Código de Processo Penal, segundo o qual o processo penal reger-se-á, em todo o território brasileiro. Os incisos seguintes do artigo tratam das exceções à territorialidade do Código de Processo Penal, e não exceções à territorialidade da lei processual penal brasileira.

Princípio da Tipicidade (P. da Legalidade, P. da Tipicidade dos Direitos Reais, P. da Tipificação) (Direitos Reais).

O art. 1.225 do Código Civil enumera o rol dos direitos reais em nosso ordenamento (*numerus clausus*). Eles são estipulados por lei. São os seguintes os direitos reais: a propriedade, a superfície, as servidões, o usufruto, o uso, a habitação, o direito do promitente comprador do imóvel, o penhor, a hipoteca, a anticrese, a concessão de uso especial para fins de moradia, a concessão de direito real de uso e a laje.

De acordo com Venosa (2012, p. 25): "A ideia central enuncia que somente a lei pode criar direitos reais. São eles em número fechado (numerus clausus). (...) Embora não tenhamos o conceito peremptório em nosso ordenamento (...), outra não pode ser a conclusão em nosso sistema".

Conclui-se, portanto, que os direitos reais encontram-se em um rol taxativo, sendo determinante para a sua existência a expressa previsão em lei. A tipicidade determina que a estrutura elementar que define e caracteriza cada um dos direitos reais não poderá sofrer alteração.

Princípio da Tipicidade (P. da Tipicidade das Medidas Executivas, P. da Tipicidade dos Meios Executivos, P. da Tipificação) (Direito Processual Civil).

Sintetiza Medina (2011, p. 669) que "de acordo com o princípio da tipicidade das medidas executivas, a esfera jurídica do executado somente poderá ser afetada por formas executivas taxativamente estipuladas pela norma jurídica". Prossegue afirmando o autor que "a tipicidade das medidas executivas (...) possibilita ao demandado algum grau de previsibilidade acerca dos modos de atuação executiva possíveis, já que a existência de um rol expresso de medidas executivas permite antever de que modo a execução se realizará".

A tipicidade traz a forma e o modelo. Pelo princípio da tipicidade as medidas executivas já serão sabidas, pois previstas em lei, e delas não poderá se esquivar o executado. A execução não poderá ocorrer por outras vias, senão as determinadas legalmente.

Um dos princípios fundamentais da execução civil, o princípio da tipicidade vem tendo sua importância gradativamente mitigada haja vista as alterações sucessivas pelo qual tem passado o Código de Processo Civil brasileiro ao longo dos anos, perdendo espaço para o princípio da atipicidade das medidas executivas, que tem por vantagem não possuir um modelo próprio, anteriormente estabelecido, haja vista a ampla diversidade de medidas executivas que podem ser aplicadas na esfera jurídica do executado bem como a forma de aplicação.

Princípio da *Translatio Iudicii*.

Muito comuns em nosso ordenamento os casos de declaração de incompetência de determinado juízo. O instituto da *translatio iudicii* consiste na transferência da relação jurídico processual do juízo considerado incompetente para aquele que detém a competência para a solução do caso concreto.

Inobstante tal fato, o traslado processual entre juízos (incompetente/competente) promovido pela *translatio iudicii* afasta quaisquer dúvidas quanto a validade dos atos praticados pelo juízo declarado incompetente para o julgamento da demanda. Neste sentido, se impõe o art. 64, § 4º do CPC, ao instituir que "salvo decisão judicial em sentido contrário, conservar-se-ão os efeitos de decisão proferida pelo juízo incompetente até que outra seja proferida, se for o caso, pelo juízo competente". Ou seja, até que juízo competente julgue os atos anteriormente praticados eles terão sua eficácia mantida, conservando seus efeitos até que haja um pronunciamento.

É o que se dessume da jurisprudência que segue: "A agravante pretende a declaração de nulidade do ato do magistrado que, apesar de declinar da sua competência em razão da prevenção indeferiu a liminar requerida. Incidência da *translatio iudicii*: antes de ser competente o juiz tem jurisdição. A decisão que reconhece a competência de outro juízo não gera, automaticamente, a invalidação dos atos praticados. (...) Art. 64, § 4º do CPC" (TJ. AI 00088054420178190000/RJ. Rel. Denise Nicoll Simões, j. 25.04.2017, DJe 27.04.2017).

Princípio da Transparência (P. da Publicidade dos Procedimentos) (Falências).

O princípio da transparência visa promover nas empresas em crise que passam pelos processos de recuperação judicial ou falência, um modelo de cristalinidade e nitidez nas despesas e decisões ocasionadas por estas em decorrência do procedimento que enfrentam e também pelas despesas naturais originadas por uma atividade empresarial. Esta necessidade de processos e de uma gestão transparente é necessária para que todos os agentes envolvidos tenham consciência da realidade empresarial.

Tal exigibilidade de transparência entre despesas e receitas do exercício legal se faz presente como forma de preservar os interesses tanto dos credores, dentre os quais se encontram os funcionários da empresa, como os dos próprios administradores do empreendimento. Mas não se restringe a isso. A transparência deve gerar em todos os agentes, inclusive sociedade, confiança.

Princípio da Transparência (P. da Transparência da Fundamentação, P. da Transparência da Fundamentação da Publicidade) (Direito do Consumidor).

A transparência, um dos alicerces da atividade publicitária no que tange ao relacionamento com o consumidor, é princípio esculpido no art. 36, parágrafo único, do CDC. Segundo este artigo, a publicidade deve ser veiculada de tal forma que o consumidor fácil e imediatamente a identifique como tal, devendo o fornecedor na publicidade de seus produtos ou serviços manter em seu poder para fins de informação aos legítimos interessados, os dados fáticos, técnicos e científicos que dão sustentação à mensagem.

Neste sentido, vale colacionar o entendimento de Almeida (2010, p. 116), segundo o qual, "a publicidade deve fundamentar-se em dados fáticos, técnicos e científicos que comprovem a informação veiculada, para informação aos interessados e eventual demonstração de sua veracidade", inclusive em matéria contratual, arrebata. Vide também art. 36, parágrafo único, do Código de Proteção e Defesa do Consumidor.

"A não-observância do princípio da transparência, desacompanhada de qualquer prova de prejuízo ou de enriquecimento sem causa da parte contrária, não induz a procedência do pedido de restituição de indébito, de natureza condenatória" (TJ. 10145052218776002l/MG 1.0145.05.221877-6/002(1). Rel. Des. Hilda Teixeira da Costa, j. 22.08.2007, DJe 18.09.2007).

"A cobrança da tarifa de abertura de crédito e de serviços de terceiros, sem previsão expressa, contraria as disposições do Código de Defesa do Consumidor, aplicável às instituições financeiras (Súmula n. 297 do STJ), em especial, o princípio da transparência e da informação" (TJ. AGV 00055292820118220001/RO 0005529-28.2011.822.0001. Rel. Des. Sansão Saldanha, DJe 23.03.2015).

Princípio da Transparência Orçamentária (P. da Publicidade) (Direito Orçamentário).

Um dos princípios do orçamento público, assim como os princípios da exclusividade, da unidade e da não afetação dos impostos, o princípio da transparência orçamentária está consagrado no art. 165, § 3º, CF, segundo o qual as leis de iniciativa do Poder Executivo estabelecerão, dentre outras regras, que o próprio Poder Executivo deverá publicar, em até trinta dias após o encerramento e cada bimestre, relatório resumido da execução orçamentária.

Este princípio é uma vertente natural da publicidade a qual a Administração Pública está obrigada, haja vista entendimento consubstanciado no art. 37 da CF/88, segundo o qual os atos emanados pelo Poder Público devem ser públicos, ou seja, sua execução deve ser do conhecimento de toda a coletividade. A Constituição Federal ainda estabelece que "o projeto de lei orçamentária será acompanhado de demonstrativo regionalizado do efeito, sobre as receitas e despesas, decorrente de isenções, anistias, remissões, subsídios e benefícios de natureza financeira, tributária e creditícia", conforme entendimento consubstanciado no art. 165, § 6°.

Assim sendo, não existem razões para que no âmbito orçamentário tal exigência não exista. Muito pelo contrário, haja vista a exigência da publicidade dos relatórios das execuções orçamentárias consubstanciada no § 3º do art. 165 da Carta Maior.

Para um estudo mais aprofundado do tema remetemos o leitor ao estudo do princípio da publicidade (Princípio da Publicidade – Direito Administrativo).

Princípio da Tutela Efetiva do Consumidor (P. do Acesso à Justiça, P. da Efetividade da Tutela Jurisdicional, P. da Tutela Específica) (Direito do Consumidor).

O atual arcabouço legislativo oferece ao consumidor um amplo e efetivo sistema protetivo. Por meio da Constituição Federal, do CDC, e de outros diplomas diversos, o consumidor encontra-se albergado quanto aos seus direitos, inclusive o direito de acesso à justiça, incluso no art. 5°, XXXV, da CF, que institui em seus termos que a lei não excluirá da apreciação do Poder Judiciário lesão ou ameaça a direito. Assim sendo, observa-se que a tutela efetiva do consumidor alcança status de cláusula pétrea, conforme entendimento consolidado no art. 60, § 4º, IV da Carta Maior, haja vista que não será objeto de deliberação a proposta de emenda tendente a abolir os direitos e garantias individuais.

Desta maneira, constata-se que se consubstancia como um dos direitos básicos do consumidor o direito de buscar a Justiça para invocar a tutela do Poder Judiciário a fim de pleitear aquilo que se julga merecedor quando verificar um desrespeito a direito seu, tanto no âmbito individual quanto coletivo. O CDC assim define tal direito em seu art. 6º, VII, ao garantir ao consumidor "o acesso aos órgãos judiciários e administrativos com vistas à prevenção ou reparação de danos patrimoniais e morais, individuais, coletivos ou difusos, assegurada a proteção Jurídica, administrativa e técnica aos necessitados". No mesmo tom o art. 83 estipula que "para a defesa dos direitos e interesses protegidos por este código são admissíveis todas as espécies de ações capazes de propiciar sua adequada e efetiva tutela".

Princípio da Tutela Intergeracional.

Foi por influência da Declaração de Estocolmo promovida pelas Nações Unidas em 1972 que se passou a dar maior importância às futuras gerações, no sentido de proporcionar a elas o uso e gozo da natureza em um ambiente ecologicamente equilibrado. A geração atual deverá zelar pela preservação do meio ambiente para que as gerações futuras dele também possam desfrutar, tanto no âmbito social como no econômico. Sintetiza Beltrão (2013, p. 59) no sentido de que "a geração presente tem o dever de preservar os recursos naturais para que as gerações futuras possam ter acesso a estes". A geração presente deverá promover a tutela do meio ambiente para que as gerações que estão por vir tenham à oportunidade de usufruir da natureza em todos os sentidos.

Conforme disposição contida na parte final do *caput* do art. 225 da Constituição, todos têm direito ao meio ambiente ecologicamente equilibrando, cabendo ao Poder Público e à coletividade o dever de defendê-lo e preservá-lo para as presentes e futuras gerações.

U

Princípio da Ultratividade da Lei Penal.

A ultratividade da lei penal é aplicada nas hipóteses em que o crime ocorre sob a égide de lei penal anterior e, após o fato, lei nova passa a tipificar a conduta, entretanto, oferecendo ao comportamento tratamento mais rígido que a lei anterior. Neste caso, sob orientação do princípio em tela, deverá ser aplicada ao caso concreto a lei revogada, pois mais benéfica ao acusado. É proibida em nosso ordenamento a aplicação de lei penal mais severa ao acusado, se ao tempo da conduta, prevalecia lei mais benéfica ao agente.

Princípio Um Homem, Um Voto.

A associação, conforme prevê o Código Civil, é regida pelo princípio "um homem, um voto". Ou seja, diferente da estrutura adotada no princípio "uma quota, um voto", pois cada associado tem direito a um único voto. Apesar de a regra determinar que os associados devam ter direitos iguais, o estatuto da associação poderá instituir categorias que possuam categorias com vantagens especiais sobre as outras (cf. art. 55, CC).

A sociedade cooperativa também adotará a regra "um homem, um voto", pois, apesar de ser considerada uma sociedade simples, possui como uma de suas características o fato de cada sócio ter direito a um só voto nas deliberações, tenha ou não capital a sociedade, e qualquer que seja o valor de sua participação (cf. art. 1.094, VI, CC). Mesmo na sociedade simples poderá prevalecer a regra "uma quota, um voto" quando da decisão sobre os negócios da sociedade persistir empate, caso em que será invocado o Poder Judiciário para que possa julgar (art. 1.010, § 2º, CC) (Silva, 2007, p. 330).

Princípio Uma Quota, Um Voto (P. Uma Ação, Um Voto).

A estrutura aderente ao princípio "uma ação é igual a um voto" é a que mais promove o alinhamento de interesses entre todos os sócios. Em tais estruturas, o poder político, representado pelo direito de voto, será sempre proporcional aos direitos econômicos derivados da propriedade das ações. Exceções devem ser evitadas, mas a flexibilidade pode ser admitida, considerando-se o potencial benefício da presença de acionistas de referência para o desempenho e visão de longo prazo das companhias, cuidando para evitar assimetrias indevidas e incluindo salvaguardas que mitiguem ou compensem eventual desalinhamento. Nos casos em que houver o afastamento do princípio "uma ação, um voto", é fundamental que o estatuto/contrato social preveja regras e condições para a extinção de tais assimetrias em horizonte de tempo determinado (*sunset clause*), especialmente nas empresas de capital aberto (Texto extraído do Código Brasileiro de Governança Corporativa do Instituto Brasileiro de Governança Corporativa – IBGC). [63]

Quando por lei ou pelo contrato social competir aos sócios decidir sobre os negócios da sociedade, as deliberações serão tomadas por maioria de votos, contados segundo o valor das quotas de cada um. Para formação da maioria absoluta são necessários votos correspondentes a mais de metade do capital (cf. art. 1.010, § 1º, CC).

Evidencia Silva (2007, p. 330) em sua obra Teoria da Empresa e Direito Societário, que para a formação do quórum para deliberação e para aprovação das matérias será necessário computar o número de quotas que os sócios presentes e votantes possuem, e não o número de sócios presentes e votantes.

Princípio da Unicidade de Juízo (P. do Julgamento Único, P. da Unicidade de Instância, P. da Unicidade do Julgamento, P. da Unidade) (Direito Processual Civil).

Segundo a doutrina de Medina (2011, p. 515), o princípio da unicidade de juízo é o oposto, a antítese do princípio do duplo grau de jurisdição. Este último determina que a decisão judicial proferida por tribunal *a quo* estará passível de novo exame, desta vez por tribunal *ad quem*, sendo que a segunda decisão deverá prevalecer sobre a primeira. Já aquele princípio, o que opera alvo do nosso estudo, estipula que nem todas as decisões judiciais devam ser passíveis de novo julgamento por outra instância.

A bem da verdade, não há em nosso ordenamento previsão clara da obrigatoriedade do duplo grau de jurisdição. O princípio da unicidade de juízo defende que haja uma "limitação" (Bueno, 2015, p. 45) do duplo grau, a rigor, principalmente, nos casos de cabimento do agravo de instrumento contra decisões interlocutórias que versarem sobre determinados assuntos elencados no art. 1.015 do CPC.

Princípio da Unicidade Sindical.

O presente princípio é regido pelo art. 8º, II, da Carta Maior, segundo o qual será livre a associação profissional ou sindical, sendo vedada a criação de mais de uma organização sindical, em qualquer grau, representativa de categoria profissional ou econômica, na mesma base territorial, que será definida pelos trabalhadores ou empregadores interessados, não podendo ser inferior à área de um Município.

Pois bem, o que determina o princípio *sub examine* é que não poderá haver mais de um sindicato representativo de categoria, tanto de trabalhadores quanto de empregadores (sindicato patronal), em uma mesma área, e que esta área não poderá ser menor que a área de um município. Pois bem, exemplificando, no município de Vitória/ES não poderá haver mais de um sindicato dos operadores de retroescavadeiras.

Nas palavras de Ivan Horcaio (2008, p. 314), a rigidez do princípio da unicidade sindical impõe ao monopólio de representação por categoria, seja profissional ou econômica. Até que lei venha a dispor a respeito, incumbe ao Ministério do Trabalho proceder ao registro das entidades sindicais e zelar pela observância do princípio da unicidade (Súmula 677 STF). Leone Pereira (2013, p. 789) afirma com categoria que o princípio da unicidade é uma das marcas do Direito do Trabalho, encontrando-se, para tanto, presente nos artigos 511 e 570 da CLT.

"É pacífica a jurisprudência deste nosso Tribunal no sentido de que não implica ofensa ao princípio da unidade sindical a criação de novo sindicato, por desdobramento de sindicato preexistente, para representação de categoria profissional específica, desde que respeitados os requisitos impostos pela legislação trabalhista e atendida a abrangência territorial mínima estabelecida pela CF" (STF, 2ª Turma. AgR no AI 609.989/PR. Rel. Min. Ayres Britto, j. 30.8.2011, DJe 17.10.2011).

Princípio da Unidade (Direito Eleitoral).

Um dos princípios do Ministério Público Eleitoral, o princípio da unidade está insculpido no art. 127, § 1º da CF/88 e determina que não existem divisões funcionais dentro do Ministério Público (MP). Ou seja, ainda que existam duas divisões do Ministério Público, sendo o Ministério Público da União (MPU), composto pelo Ministério Público Federal (MPF), Ministério Público Militar (MPM), Ministério Público do Trabalho (MPT) e Ministério Público do Distrito Federal e Territórios (MPDFT); e o Ministério Público dos Estados (MPEs), entende-se o órgão como um só. Seus membros gozam das mesmas prerrogativas.

Versa Bueno (2014, p. 54) que "o Ministério Público é considerado uma só instituição, embora aceite, até como forma de racionalizar suas tarefas e mais bem atingir suas finalidades institucionais, divisões internas, verdadeiras partições de competência". Com ensina Spitzcovsky (2014, p. 147), "(...) tem-se que todos os integrantes do Ministério Público formam um corpo único e, portanto, partilham das mesmas prerrogativas funcionais".

"Em face do principio constitucional da unidade e indivisibilidade do Ministério Público não pode o representante deste ser recusado como *custos legis* porque atuou no primeiro grau como autor" (TRE. RE 14062/PB. Rel. Miguel de Britto Lyra Filho, j. 27.08.2012, DJe 27.08.2012).

Princípio da Unidade de Caixa (P. da Unidade de Tesouraria).

O Tribunal de Contas da União (TCU) em razão do processo 01665820063 (TCU. 01665820063. Rel. Min. Walton Alencar Rodrigues, j. 28.04.2009) apresentou breve definição do princípio em tela na ementa que segue: "Nos termos do artigo 56 da Lei nº 4.320/1964 o recolhimento de todas as receitas deve ser feito em estrita observância ao princípio de unidade de tesouraria, vedada qualquer fragmentação para criação de caixas especiais". A Lei nº 4.320, de 17 de março de 1964, regulamenta as normas gerais de Direito Financeiro para elaboração e controle dos orçamentos e balanços da União, dos Estados, dos Municípios e do Distrito Federal.

O presente instituto também encontra interpretação na Carta Maior. Com efeito, o art. 164, § 3º da CF estabelece: "As disponibilidades de caixa da União serão depositadas no banco central; as dos Estados, do Distrito Federal, dos Municípios e dos órgãos ou entidades do Poder Público e das empresas por ele controladas, em instituições financeiras oficiais, ressalvados os casos previstos em lei".

A arrecadação oriunda de todas as receitas será conduzida a um só caixa (uma só conta) por meio da via bancária, seja ela de âmbito federal, estadual, distrital ou municipal, sendo vedado ainda o fracionamento do valor dessa receita com vistas a formação de caixas especiais. O conceito por detrás desse princípio é que toda a receita seja gerida por meio da centralização dos recursos.

Princípio da Unidade da Constituição (P. da Concordância) (Direito Constitucional).

Na feliz síntese de Vicente Paulo e Marcelo Alexandrino (2009, p. 70), "segundo este princípio, o texto de uma Constituição deve ser interpretado de forma a evitar contradições (antinomias) entre suas normas e, sobretudo, entre os princípios constitucionalmente estabelecidos". O mestre Pedro Lenza (2010, p. 135) ensina que "a Constituição deve ser sempre interpretada em sua globalidade como um todo e, assim, as aparentes antinomias deverão ser afastadas".

As normas e princípios constantes no Texto Magno devem ser interpretados de maneira harmônica, inclusive no que tange as suas contradições, de forma que não existam regras superiores ou inferiores. Deve-se considerar a Constituição como um todo, não havendo dispositivo maior ou menor, de forma que ocorra uma integração de todas as normas constitucionais.

Seguindo o raciocínio dos ilustres Paulo e Alexandrino (*idem*, p. 694): "Entende-se que não há normas constitucionais originárias "superiores" e "inferiores"; a Constituição é um todo orgânico (...) e todas as normas originárias de seu texto têm igual dignidade (...)".

Assim, conclui-se que o princípio da unidade da Constituição se pauta na ideia de que não se deve priorizar esta ou aquela regra em detrimento das demais. As normas e princípios devem ser considerados com um todo, sem hierarquia e com "igual dignidade" (*ibidem*, p. 694).

Princípio da Unidade da Convicção.

O sítio da Câmara dos Deputados na rede mundial de computadores traz definição esclarecedora acerca do princípio: "De acordo com o princípio da unidade de convicção, não convém que sejam decididas por juízos diferentes causas com qualificações e pedidos jurídicos diversos, mas que têm origem no mesmo fato histórico. Assim, se o mesmo fato houver de ser submetido à Justiça por mais de uma vez, o mais razoável é que o seja pelo mesmo ramo judiciário - Penal, Civil, Trabalho, Constitucional, Tributário, Militar. Isso se dá por conta dos graves riscos de decisões contraditórias, sempre difíceis de serem entendidas pelos cidadãos e depreciativas para a Justiça". [64]

O propósito do princípio da unidade da convicção é que dentro das diferentes esferas da Justiça não existam decisões conflitantes. Portanto, a grande finalidade é evitar que hajam decisões distintas entre o Poder Judiciário, o que, por certo, causaria grande insegurança jurídica. É um princípio que vem sendo adotado pelo STF (Leone Pereira, 2013, p. 185). O próprio autor explica que "se um determinado fato deva ser analisado mais de uma vez, o mesmo juízo deverá realizar todas as análises, evitando-se as aludidas decisões conflitantes".

O presente princípio já foi conceituado pelo TRF em julgado, dando-se o entendimento de que, pelo principio da unidade de convicção, as causas, com pedidos e qualificações jurídicos diversos, mas fundadas no mesmo fato histórico, devem ser julgadas pelo mesmo juízo, sob pena de graves riscos de decisões contraditórias (TRF -2. AG 201002010120994. Rel. Des. Fed. Poul Erik Dyrlund, j. 08.02.2011, DJe 14.02.2011).

Registre-se, por oportuno, o seguinte julgado: "A propósito, o veto à litispendência e à coisa julgada reside justamente no intento de se evitar o desperdício de recursos econômicos e de tempo pelo Poder Judiciário no julgamento de uma mesma demanda por diferentes juízes, bem como obstar a perplexidade decorrente de decisões judiciais díspares (princípio da unidade de convicção) e a possibilidade de dupla condenação de uma mesma parte à satisfação de idêntica pretensão (...)" (TRT – 9. RO 29850-2014-084-09-00-8/PR. Rel. Sueli Gil El Rafihi, j. 01.07.2015, DJe 28.07.2015).

Princípio da Unidade dos Crimes Falimentares (P. da Unicidade dos Crimes Falimentares).

O princípio da unidade dos crimes falimentares estabelece que havendo o concurso de diversas condutas voltadas ao cometimento de fraudes aos credores da empresa em processo de falência, considera-se a prática de apenas um único tipo penal, para o qual deve ser aplicada a pena do mais grave deles, sendo que este princípio não se aplica no caso de concurso de crimes falimentares e delitos comuns elencados no Código Penal brasileiro que devem ser apurados e punidos separadamente, segundo as regras do concurso material de crimes (STJ. HC 94632/MG 2007/0270707-3. Rel. Min. Og Fernandes, j. 12.03.2013, DJe 20.03.2013).

Neste sentido, pertinente a transcrição de julgado do Tribunal de Justiça do Distrito Federal: "Tratando-se crimes falimentares há unicidade dos crimes, não obstante a multiplicidade de fatos que os caracterizem. O fato criminoso que se pune é a violação do direito dos credores pela superveniente insolvência do comerciante. Todos os atos contra tal direito devem ser considerados como único. assim, prevalece, para efeito de aplicação da pena, a sanção do crime mais grave" (TJ. APR 0125968-61.2006.807.0001/DF. Rel. Roberval Casemiro Belinati, j. 17.03.2011, DJe 30.03.2011).

Princípio da Unidade da Família (Direito Internacional).

Juntamente aos princípios da não devolução (*non-refoulement*) e do *in dubio pro* refugiado, o princípio da unidade da família consagra-se na esfera do Direito Internacional como um dos instrumentos primordiais da protcção do refugiado, tendo por fundamento a defesa da existência e convivência familiar.

De acordo com a Declaração Universal dos Direito Humanos (1948), "a família é o núcleo natural e fundamental da sociedade e tem direito à proteção da sociedade e do Estado" (art. XVI, 3). Assim sendo, os direitos dos refugiados quanto a proteção da unidade familiar devem ser respeitados, devendo o Estado oferecer suporte para que os membros de uma mesma família mantenham-se juntos. A unidade familiar do refugiado deverá ser preservada por meio de ações do Estado que visem a rápida adaptação e integração dos refugiados à sociedade.

A Constituição Federal consagra a família como a base da sociedade, devendo possuir especial proteção do Estado (cf. art. 226, § 4º).

Princípio da Unidade de Interpretação do Ordenamento Jurídico.

Todo o ordenamento jurídico pátrio deve ser deve ser analisado em harmonia com os demais princípios e garantias constitucionais do processo. Portanto, atentar contra esta harmonização é atentar contra todo o ordenamento jurídico (TST, SDI – 1. RR 490169-09.1998.5.01.5555. Rel. Min. Maria Cristina Irigoyen Peduzzi, j. 03.10.2005, DJe 21.10.2005).

"Prevalecendo no direito moderno o princípio da unidade do ordenamento jurídico, segundo o qual todo o sistema normativo deve guardar uma coerência interna, mormente nos países dotados de uma constituição rígida, cuja lei fundamental apresenta-se como fonte comum de validade e coesão que irá permear a interpretação de todas as demais normas jurídicas, afigura-se inconcebível a existência de suposta antinomia quando sua resolução faz-se da aplicação do critério hierárquico" (TRT – 1. RO 11053-01/RJ. Rel. Min. José da Fonseca Martins Junior, j. 20.08.2002, DJe 23.09.2002).

Princípio da Unidade de Jurisdição (P. da Jurisdição Una, P. da Universalidade de Jurisdição).

A jurisdição será una e igual para todos. A própria Constituição Federal determina no inciso XXXV do art. 5º, que a lei não excluirá da apreciação do Poder Judiciário lesão ou ameaça a direito. O mesmo se infere do art. 16, do CPC, segundo o qual a jurisdição civil é exercida pelos juízes e pelos tribunais em todo o território nacional. Daí percebe-se que o Estado estabeleceu que os conflitos serão por ele dirimidos sem qualquer espécie de distinção.

No que tange as lides submetidas às instâncias administrativas, salvo raras exceções, nada impede que a parte busque a justiça antes do fim da discussão na via administrativa em respeito ao princípio da unidade de jurisdição. Assim, se extrai que pelo princípio da unidade da jurisdição havendo concomitância entre o objeto da discussão administrativa e o da lide judicial, tendo ambos origem em uma mesma relação jurídica de direito material, torna-se desnecessária a defesa na via administrativa, uma vez que esta se subjuga ao versado naquela outra em face da preponderância do mérito pronunciado na instância judicial. Há uma espécie de renúncia tácita à via administrativa pela perda do interesse de agir (TRF 2. AC 2008.51.01.009494-2/RJ. Rel. Des. Fed. Luiz Antônio Soares, j. 23.03.2010, DJe 19.04.2010).

Nos ensina Carvalho Filho (2012, p. 1003/1004) que "no sistema da unidade de jurisdição – *una lex uma jurisdictio* -, apenas os órgãos do Judiciário exercem a função jurisdicional e proferem decisões com o caráter da definitividade". O sistema da unidade de jurisdição, também chamado de sistema do monopólio de jurisdição ou sistema inglês, é adotado pelo Brasil em oposição ao sistema do contencioso administrativo.

Princípio da Unidade da Legislatura.

Um dos princípios gerais do processo legislativo, a legislatura compreende o período entre o início e o fim do funcionamento do Congresso Nacional, mais especificamente quanto à Câmara dos Deputados, no que tange ao exercício do mandato dos Deputados Federais.

Celso Ribeiro Bastos e Ives Granda Martins (Bastos, 2002, p. 10) explicam a legislatura como sendo "o período de funcionamento do Congresso, correspondente ao prazo de duração de exercício do mandato dos integrantes da sua Casa mais efêmera".

De acordo com a Carta Maior o Poder Legislativo é exercido pelo Congresso Nacional, composto pela Câmara dos Deputados e o Senado Federal, tendo cada legislatura duração de quatro anos (art. 44, *caput* e parágrafo único). Segundo Moraes (2017, p. 438), "cada legislatura terá a duração de quatro anos, compreendendo quatro sessões legislativas ou oito períodos legislativos". Ou seja, enquanto a legislatura compreende o período de 04 (quatro) anos correspondente ao período do mandato dos Deputados Federais, cada sessão legislativa corresponde a um ano, e os períodos legislativos compreendem os intervalos em que o Congresso Federal irá se reunir, entre 02 (dois) de fevereiro e 17 (dezessete) de julho e 1º (primeiro) de agosto a 22 (vinte e dois) de dezembro.

A legislatura terá a duração de 04 (quatro) anos a partir da eleição dos Deputados Federais ocorrendo até o final dos seus respectivos mandatos. Portanto, a legislatura coincide com o mandato dos Deputados Federais, mas não dos Senadores, pois neste caso, seu mandato tem duração de 08 (oito) anos. Entretanto, quanto ao Senado Federal, a unidade da legislatura deverá ser observada enquanto durar seu mandato, compreendendo cada período de 04 (quatro) anos como uma legislatura.

Uma das características deste princípio é o fato de cada legislatura ser autônoma quanto à anterior e também quanto à posterior, não guardando entre elas nenhuma correspondência, salvo algumas exceções. Ou seja, o que teve início em uma legislatura se encerra na mesma legislatura.

Princípio da Unidade Orçamentária (P. da Totalidade, P. da Totalidade Orçamentária, P. da Unidade, P. da Unidade do Orçamento Público) (Direito Orçamentário).

O princípio da unidade orçamentária está consagrado nos artigos 165, § 5º, da CF/88 e 2º da Lei 4.320/64. Esta Lei determina as normas gerais de Direito Financeiro para elaboração e controle dos orçamentos e balanços da União, dos Estados, dos Municípios e do Distrito Federal. Segundo o art. 2º, *ipsis literis*, "a Lei do Orçamento conterá a discriminação da receita e despesa de forma a evidenciar a política econômica financeira e o programa de trabalho do Governo, obedecidos os princípios de unidade, universalidade e anualidade".

Segundo a página da Câmara dos Deputados: "O orçamento deve ser uno, ou seja, deve existir apenas um orçamento para dado exercício financeiro. Dessa forma integrado, é possível obter eficazmente um retrato geral das finanças públicas e, o mais importante, permite-se ao Poder Legislativo o controle racional e direto das operações financeiras de responsabilidade do Executivo. São evidências do cumprimento deste princípio, o fato de que apenas um único orçamento é examinado, aprovado e homologado. Além disso, tem-se um caixa único e uma única contabilidade". [65]

Como se infere do exposto, a cada exercício financeiro corresponderá um orçamento, o que torna o controle das finanças públicas muito mais efetivo e racional. Desta forma, infere-se que a Lei Orçamentária deverá constar em um só documento onde constarão todas as receitas e despesas do período.

Princípio da Unidade da Prova.

Nenhum Diploma pátrio define o que vem a ser prova. O CPC em seu art. 369 apenas define os meios legais aos quais as partes podem recorrer para sua defesa em juízo. Há o consenso perante doutrina e jurisprudência de que as provas em nosso ordenamento jurídico devam ser analisadas em seu conjunto. O conjunto probatório quando analisado em toda a sua extensão havendo o cruzamento de dados, propicia uma avaliação muito mais rigorosa, concisa e justa da lide em questão. A avaliação isolada de cada prova não propicia uma visão global dos fatos, tornando qualquer decisão caracterizada por uma temerosa fragilidade.

Neste diapasão, assevera Leite (2013, p. 642) que "a prova deve ser examinada no seu conjunto, formando um todo unitário, em função do que não se deve apreciar a prova isoladamente". O órgão julgador decidirá com base em seu livre convencimento motivado após a análise do conjunto fático-probatório dos autos (TST. AIRR 29633 29633/2002-902-02-00.5. Rel. Guilherme Augusto Caputo Bastos, j. 11.11.2009, DJe 27.11.2009).

Princípio da Unidade de Tesouraria.

Inicialmente, convém sabermos que a Lei 4.320/64 estatui normas gerais de Direito Financeiro para elaboração e controle dos orçamentos e balanços da União, dos Estados, dos

Municípios e do Distrito Federal. Isto posto, trazemos à baila a informação de que o princípio da unidade de tesouraria está estampado no art. 56 da Lei em aclive, o qual citamos seu inteiro teor, *verbis*: "O recolhimento de todas as receitas far-se-á em estrita observância ao princípio de unidade de tesouraria, vedada qualquer fragmentação para criação de caixas especiais".

Dispôs o Tribunal de Contas da União (TCU) em seus julgados que "o recolhimento de todas as receitas deve ser feito em estrita observância ao princípio de unidade de tesouraria, vedada qualquer fragmentação para criação de caixas especiais" (TCU. 01665820063. Rel. Walton Alencar Rodrigues, j. 28.04.2009, DJe 28.04.2009), e que o princípio em questão "exige que os recursos públicos federais sejam arrecadados e geridos na Conta Única do Tesouro Nacional" (TCU. 01728620052. Rel. Aroldo Cedraz, j. 12.06.2007, DJe 12.06.2007).

Os fundos especiais (art. 71 ao art. 74 da Lei 4.320/64), espécie de produto de receitas especificadas que por lei se vinculam à realização de determinados objetivos ou serviços, tem como característica o fato de não se subordinar ao princípio da unidade de tesouraria, visto que seus recursos podem ser geridos fora da Conta Única do Tesouro Nacional.

Princípio da Uniformidade (P. da Consistência, P. da Padronização) (Direito Orçamentário.

O princípio da uniformidade encontra-se consagrado no art. 22, III da Lei nº 4.320/1964. Esta Lei tem por razão regulamentar as normas gerais de Direito Financeiro para elaboração e controle dos orçamentos e balanços da União, dos Estados, dos Municípios e do Distrito Federal.

Uma das características que deverá prevalecer no orçamento público é a padronização de seus dados, aspecto que será primordial para que os interessados possam comparar e analisar as informações orçamentárias elaboradas ao longo do tempo. Os usuários das informações poderão obter por meio da uniformização dos dados elementos mais seguros do procedimento ao longo dos anos. O objetivo claro da uniformidade é permitir aos interessados que haja uma comparação consistente entre os exercícios ao longo de períodos distintos.

Princípio da Uniformidade e Equivalência (P. da Uniformidade dos Benefícios, P. da Uniformidade e Equivalência dos Benefícios e Serviços às Populações Urbanas e Rurais, P. da Uniformidade de Prestações Previdenciárias).

Segundo entendimento consolidado no art. 194, parágrafo único, II, da Carta Maior, compete ao Poder Público, nos termos da lei, organizar a Seguridade Social objetivando a uniformidade e equivalência dos benefícios e serviços às populações urbanas e rurais. Na mesma linha o art. 7º confere igualdade de direitos aos trabalhadores urbanos e rurais.

Nesta toada, o presente princípio, desdobramento do princípio da igualdade, define que os benefícios conferidos devam ser uniformes e equivalentes de maneira que a cobertura aos trabalhadores urbanos e rurais no que toca aos benefícios e serviços deva ser idêntica. Os eventos cobertos pela Seguridade Social serão equivalentes, mas não necessariamente iguais, dependendo para tanto de fatores próprios do sistema como tempo de contribuição, etc. Não há que se falar em vantagens ou privilégios para quaisquer das partes. Um benefício concedido a um deve ser dado ao outro (Castro, *et al.*, 2020, p. 165).

Importante ressaltar que a isonomia entre trabalhadores urbanos e rurais não é absoluta, haja vista este último possuir regras específicas no ordenamento previdenciário.

Princípio da Uniformidade Geográfica (P. da Uniformidade Geográfica da Tributação, P. da Uniformidade Geográfica da Tributação Federal, P. da Uniformidade Tributária).

Nas palavras da lei, "é vedado à União instituir tributo que não seja uniforme em todo o território nacional ou que implique distinção ou preferência em relação a Estado, ao Distrito Federal ou a Município, em detrimento de outro, admitida a concessão de incentivos fiscais destinados a promover o equilíbrio do desenvolvimento sócio-econômico entre as diferentes regiões do País".

Isto é o que institui o art. 151, I, da Carta Política de 1988. Segundo o mesmo, veda-se que a União institua tributos somente em determinadas regiões ou estados do país. A tributação deve ser uniforme em todo o território nacional, proibindo-se que determinado Estado, Município ou mesmo o Distrito Federal, seja beneficiado. A lei veda benefícios isolados que levem ao prejuízo dos demais entes públicos.

Porém, a mesma lei admite incentivos fiscais a diferentes regiões do país quando se constatar que tal atitude é necessária ao desenvolvimento daquele local. Visa-se com este ato o equilíbrio sócio-econômico das diferentes regiões do país.

Neste sentido, seguem julgados: "A criação de alíquotas diferenciadas para os Estados-membros viola o princípio da uniformidade geográfica e da isonomia insculpidos nos incisos I e II, do art. 151, e II, do art. 150, ambos da Constituição" (TRF – 3. AMS 32314/SP 2001.03.99.032314-8. Rel. Min. Juíza Alda Basto, j. 29.03.2006, DJU 25.10.2006). "A Constituição da República, no seu artigo 150, inciso I, traz o princípio da uniformidade geográfica, mas prevê a possibilidade de concessão de incentivos fiscais destinados a promover o equilíbrio do desenvolvimento sócio-econômico entre as diferentes regiões do país" (TRF–2. AMS 26426/RJ 99.02.28654-2. Rel. Juiz Federal Convocado Luiz Mattos, j. 17.06.2008, DJU 27.03.2009).

Princípio da Uniformidade na Tributação da Remuneração e Proventos dos Agentes Públicos (P. da Não Tributação da Remuneração e Proventos dos Agentes Públicos).

Previsto no art. 151, II, segunda parte, da CF/88, o princípio da uniformidade na tributação da remuneração e proventos dos agentes públicos assegura que a União não possa tributar a remuneração e os proventos dos agentes públicos dos Estados, Distrito Federal e Municípios em valores superiores aos valores fixados para os seus agentes. Ou seja, veda-se que a União tenha privilégio ante os demais entes públicos, respeitando-se, assim, o pacto federativo e a isonomia (princípio da isonomia).

O intuito do presente artigo é vedar o tratamento tributário desigual entre servidores Federais (União) e servidores dos Estados, Distrito Federal e Municípios. Alguns autores tratam este princípio e o da uniformidade na tributação das rendas das obrigações da dívida pública como um só. Apesar de suas similaridades, achamos por bem tratar os princípios separadamente por compreendermos haver motivos suficientes para tanto.

Princípio da Uniformidade na Tributação das Rendas das Obrigações da Dívida Pública (P. da Não Tributação da Renda das Obrigações da Dívida Pública).

A Constituição vigente abarca este princípio em seu art. 151, II, primeira parte, segundo o qual é vedado à União tributar a renda das obrigações da dívida pública dos Estados, do Distrito Federal e dos Municípios em níveis superiores aos que fixar para suas obrigações.

Fica estabelecido, consoante o descrito no artigo citado, que a União não pode tributar as rendas das obrigações da dívida pública dos entes públicos em valores superiores a que tributa suas próprias rendas e obrigações. Se assim fosse possível, os títulos da dívida pública da União seriam mais atrativos aos olhos dos investidores, entretanto, em detrimento dos títulos dos Estados, Distrito Federal e Municípios.

Vejamos lição de Casalino (2012, p. 50): "Se a União tributasse tais rendas dos demais entes federativos em nível superior, acarretaria a procura por investimentos em títulos da dívida pública federal. Isso implicaria nítido desequilíbrio ao pacto federativo".

O princípio da uniformidade na tributação das rendas das obrigações da dívida pública busca um tratamento igualitário (isonômico) entre União, Estados, Distrito Federal e Municípios.

Alguns autores tratam este princípio e o da uniformidade na tributação da remuneração e proventos dos agentes públicos como um só. Apesar de suas similaridades, achamos por bem tratarmos os princípios separadamente.

Princípio da Unirrecorribilidade (P. da Singularidade, P. da Singularidade Recursal, P. da Singularidade do Recurso, P. da Unicidade, P. da Unicidade Recursal, P. da Unicidade dos Recursos, P. da Unidade Recursal, P. da Unirrecorribilidade das Decisões) (Direito Processual Civil).

Um dos principais princípios da Teoria Geral dos Recursos no Processo Civil, o princípio da unirrecorribilidade define que a cada decisão proferida pelo Poder Judiciário caberá um recurso, sendo defesa pelo ordenamento jurídico pátrio a interposição de mais de um recurso para a mesma decisão jurisdicional.

Registre-se, por oportuno, a posição de Medina (2011, p. 518): "Segundo o princípio da unicidade (...), para pronunciamento judicial recorrível deve-se admitir apenas um recurso, sendo defesa a interposição simultânea ou cumulativa de mais outro visando a impugnação do mesmo ato judicial".

A lição de Bueno (2015, p. 602) é precisa: "Cada recurso, por assim dizer, tem aptidão de viabilizar o controle de determinadas decisões jurisdicionais com exclusão dos demais, sendo vedada – é este o ponto nodal do princípio – a interposição *concomitante* de mais de um recurso para o atingimento de uma mesma finalidade".

"Diante do princípio da unirrecorribilidade recursal e da ocorrência da preclusão consumativa, não merece conhecimento o segundo agravo regimental interposto" (STJ. AgRg no AREsp 619084/PR 2014/0299454-8. Rel. Min. Antônio Carlos Ferreira, j. 26.05.2015, DJe 01.06.2015).

Princípio da Unitariedade Matricial (P. da Unitariedade, P. da Unitariedade da Matrícula) (Direito Registral).

Conforme a Lei Federal dos Registros Públicos (Lei nº 6.015 de 1973) cada imóvel terá sua própria matrícula, sendo defeso que um imóvel possuía mais de uma. De acordo com a Lei, o Registro Geral será destinado à matrícula dos imóveis, dentre outras providências, sendo que cada imóvel, obrigatoriamente, deverá possuir matrícula própria, providência esta que será aberta por ocasião do primeiro registro.

A lei visa proteger a verdade dos fatos, os contratos e o direito a propriedade. Caso a lei não determinasse a unitariedade matricial não haveria o mínimo controle sobre o registro de imóveis, ocorreriam inúmeros erros no registro público e diversas ações judiciais seriam impetradas país afora, além de possibilitar um campo aberto para fraudes no sistema imobiliário nacional.

Princípio da Universalidade da Cobertura e Universalidade de Atendimento (P. da Universalidade e do Atendimento, P. da Universalidade da Cobertura e do Atendimento, P. da Universalidade de Participação).

Temos o conceito de universalidade de cobertura e atendimento na definição de Jefferson Luis Kravchychyn (*et al.*) (2014, p. 25): "Por universalidade da cobertura entende-se que a proteção social deve alcançar todos os eventos cuja reparação seja premente, a fim de manter a subsistência de quem dela necessite. A universalidade do atendimento significa, por seu turno, a entrega das ações, prestações e serviços de seguridade social a todos os que necessitem, tanto em termos de previdência social – obedecido o princípio contributivo – como no caso da saúde e da assistência social".

A Constituição Federal da República assegura que compete ao Poder Público a função de organizar a Seguridade Social com base no objetivo da universalidade da cobertura e do atendimento (art. 194, parágrafo único, I).

O objetivo precípuo da Seguridade Social é a universalidade da cobertura e do atendimento, função que encontra base na CF/88, segundo a qual todos têm direito a uma existência digna (art. 1º, III). Neste sentido, a universalidade da cobertura da Seguridade Social diz respeito aos riscos sociais que devam ser cobertos por ela, como acidentes, morte, maternidade e velhice, dentre outros. Por outro lado, a universalidade do atendimento significa que todos os residentes do território nacional, indistintamente, devem ser acolhidos pela Seguridade Social, tendo direito a sua cobertura.

Princípio da Universalidade do Juízo Falimentar (P. da Aptidão Atrativa do Juízo Falimentar, P. da Unicidade do Juízo Falimentar, P. da Unicidade e Universalidade do Juízo Falimentar, P. da Unidade do Juízo Falimentar, P. da Universalidade, P. da *Vis Attractiva* do Juízo Universal).

Para início de conversa, cabe quanto aos procedimentos de decretação de falência e de recuperação judicial ao juízo falimentar a regra estabelecida no art. 43 do CPC que trata do princípio da *perpetuatio jurisdictionis*, segundo o qual, a competência será determinada no momento de seu registro ou da distribuição da petição inicial, sendo irrelevantes as modificações do estado de fato ou de direito ocorridas posteriormente, salvo quando suprimirem órgão judiciário ou alterarem a competência absoluta. Observa-se, portanto, que no direito falimentar também ocorrerá o fenômeno da prevenção, sendo prevento o juízo a partir da propositura da demanda, ou seja, por meio do registro ou da distribuição da petição inicial, conforme a comarca possua um ou mais Juízes (art. 59 c/c art. 284 CPC).

Assim, determina o art. 6º, § 8º, da Lei 11.101/05, segundo o qual a distribuição do pedido de falência ou de recuperação judicial previne a jurisdição para qualquer outro pedido de recuperação judicial ou de falência, relativo ao mesmo devedor.

O princípio da unidade do juízo falimentar tem assento no art. 76 e parágrafo único da referida lei que trata da recuperação judicial, da extrajudicial e da falência do empresário e da sociedade empresária, trazendo em seu bojo a determinação de que o juízo da falência é indivisível e competente para conhecer todas as ações sobre bens, interesses e negócios do falido, ressalvadas as causas trabalhistas, fiscais e aquelas não reguladas nesta Lei em que o falido figurar como autor ou litisconsorte ativo, sendo que, todas as ações, inclusive aquelas excetuadas, terão prosseguimento com o administrador judicial, que deverá ser intimado para representar a massa falida sob pena de nulidade do processo.

É a chamada aptidão atrativa do juízo falimentar, a qual a lei conferiu competência para conhecer e julgar todas as medidas judiciais de conteúdo patrimonial referentes ao falido ou à massa falida. Quanto à cobrança judicial do crédito fiscal, importante destacar que não se sujeita ao concurso de credores e, portanto, o fisco não fica adstrito ao processo de falência, excepcionando, desta forma, os princípios da indivisibilidade e da universalidade inerentes ao juízo falimentar, com fulcro no art. 76 da Lei nº 11.101/2005, em que pese, repita-se, sujeitar-se às normas substantivas falimentares (TJ. APL 01188579020068190001/RJ. Rel. Des. Juarez Fernandes Folhes, j. 28.09.2016, DJe 30.09.2016).

"Os princípios da indivisibilidade e da universalidade do juízo falimentar orientam que todas as ações referentes a bens, interesses e negócios da massa falida serão processadas e julgadas pelo juízo perante o qual tramita o processo de execução concursal. Uma vez apurado o crédito trabalhista, o título executivo que o assegura deverá ser habilitado no juízo de falência, competente para tanto, em razão da regra legal que nele concentra as medidas judiciais de conteúdo patrimonial concernentes à massa" (TST. ROMS 57.2007.5.15.0000. Rel. Min. Alberto Luiz Bresciani de Fontan Pereira, j. 30.11.2010, DJe 10.12.2010).

Princípio da Universalidade Orçamentária (P. da Globalização, P. da Universalidade) (Direito Orçamentário).

A página da Câmara dos Deputados explica que pelo princípio da universalidade o orçamento deverá conter todas as despesas efetuadas e receitas recebidas pelo Estado, pois implica em um instrumento fundamental para auxiliar no controle parlamentar sobre as finanças do Executivo. Possibilita ainda (i) conhecer a *priori* todas as receitas e despesas do governo e dar prévia autorização para respectiva arrecadação e realização; (ii) impedir ao Executivo a realização de qualquer operação de receita e de despesa sem prévia autorização Legislativa e; (iii) conhecer o exato volume global das despesas projetadas pelo governo, a fim de autorizar a cobrança de tributos estritamente necessários para atendê-las. [66]

O princípio da universalidade orçamentária encontra-se albergado no art. 2º, *caput*, da Lei 4.320/64, que delimita e define as normas gerais de Direito Financeiro para elaboração e controle dos orçamentos e balanços da União, dos Estados, dos Municípios e do Distrito Federal. Na letra da lei: "A Lei do Orçamento conterá a discriminação da receita e despesa de forma a evidenciar a política econômica financeira e o programa de trabalho do Governo, obedecidos os princípios de unidade, universalidade e anualidade (art. 2º).

Ainda de acordo com o dispositivo legal, a Lei de Orçamentos compreenderá todas as receitas, inclusive as de operações de crédito autorizadas em lei, exceto as operações de credito por antecipação da receita, as emissões de papel-moeda e outras entradas compensatórias, no ativo e passivo financeiros (art. 3º, *caput* e parágrafo único). Compreenderá ainda todas as despesas próprias dos órgãos do Governo e da administração centralizada, ou que, por intermédio deles se devam realizar, observado o disposto no artigo 2° (cf. art. 4º).

O princípio também encontra previsão no art. 165, § 5º, da CF/88.

Princípio da Universalização dos Serviços (P. da Generalidade, P. da Igualdade dos Usuários, P. da Universalidade, P. da Universalização dos Serviços Públicos) (Direito Administrativo).

O princípio da universalização dos serviços é um princípio oriundo dos serviços públicos. Entende-se por meio deste instituto que os serviços públicos devem ser oferecidos a todos os cidadãos indistintamente em todo o território nacional, sem preferências ou restrições. O Estado deve propiciar serviços públicos de forma ampla a todos que dele necessitem.

Carvalho Filho (2012, p. 330/331) explica que o princípio da universalização do serviço público implica no dever do Estado em observar duas obrigações fundamentais. Por um lado deve o Estado propiciar os serviços públicos com "a maior amplitude possível", alcançando "o maior número possível de indivíduos". Por outro lado, estes serviços devem ser prestados sem qualquer modo de discriminação entre os beneficiários, "quando tenham estes as mesmas condições técnicas e jurídicas para a fruição".

Princípio do Usuário-Pagador.

O princípio do usuário-pagador se extrai do disposto no art. 4º, VII, segunda parte, da Lei 6.938/81 que dispõe sobre a Política Nacional do Meio Ambiente, segundo o qual se impõe ao usuário uma contribuição paga ao Estado pela utilização de recursos ambientais com fins econômicos. O referido princípio também encontra guarida no art. 36 da Lei 9.985/2000.

A luz deste princípio ambiental entende-se que é possível o uso de recurso natural pelo usuário mediante remuneração ao Poder Público. Esta contrapartida pecuniária pode ser considerada um preço público pelo uso deste recurso. O usuário paga ao Estado um valor para poder explorar determinado ramo de recursos naturais por um período pré-determinado.

Difere do princípio do poluidor-pagador, pois este tem natureza preventiva-reparadora-punitiva. Já o princípio do usuário-pagador tem natureza contributiva, haja vista haver cobrança de valores pelo Estado para que o ente pessoa física ou jurídica explore certo setor natural.

Sobre o tema, ensina Beltrão (2013, p. 35): "No princípio do usuário-pagador há uma relação contratual, sinalagmática, em que o usuário paga para ter uma contraprestação, correspondente ao direito de exploração de um determinado recurso natural, conforme o instrumento de outorga do Poder Público competente".

"A lei n.º 11.284/2006 modificou radicalmente a gestão das florestas públicas no País, na medida em que passou a exigir procedimento licitatório para os interessados em explorar de modo sustentável áreas de florestas públicas, em consagração ao princípio do usuário pagador" (TJ. AI 201330183025/PA. Rel. Des. Maria Filomena de Almeida Buarque, j. 18.10.2013, DJe 21.10.2013).

"O art. 36 da Lei nº 9.985 /2000 densifica o princípio usuário-pagador, este a significar um mecanismo de assunção partilhada da responsabilidade social pelos custos ambientais derivados da atividade econômica" (STF. ADI 3378/DF. Rel. Min. Carlos Britto, j. 09.04.2008, DJe 20.06.2008).

Princípio da Utilidade (P. da Máxima Utilidade da Execução, P. do Meio mais Idôneo, P. do Resultado, P. da Utilidade para o Credor) (Execução).

Conforme preceituado por Medina (2011, p. 736), este princípio não é exclusivo do âmbito jurídico da execução, podendo ser encontrado em todos os demais campos jurídicos. No campo processual, o princípio da utilidade regula que o processo deverá ser útil ao alcance de alguma pretensão legal. Caso se constate durante o curso processual que este não terá proveito, perde-se sua utilidade no mundo jurídico.

Esclarecedor se faz aresto da jurisprudência do TRF. Trata-se de caso em que aquele Tribunal reconheceu não ser viável prosseguir com o curso de determinada ação que visava a cobrança de valor calculado em R$ 366,89, haja vista que o custo médio de tramitação naquela Corte seria em torno de R$ 762,72 por processo. Ou seja, haveria um desequilíbrio da relação custo-benefício pois o custo com a manutenção do processo seria superior ao valor perseguido pela Fazenda Nacional, não sendo permitida a movimentação da máquina judiciária para a satisfação de crédito que não surte resultado para o Erário (TRF – 5. AC 200984010014359. Rel. Des. Fed. Francisco Cavalcanti, j 06.05.2010, DJe 18.05.2010).

Na seara executiva, o presente instituto nos traz a tona o conceito de que a execução deve ser útil à parte credora, deve trazer a ela algum tipo de benefício, não se admitindo em nossos Diplomas jurídicos a execução proposta com o puro intuito de prejudicar o devedor. Silva (2013, p. 917/918) aponta que "a execução só se justifica se ela puder proporcionar algum proveito à parte credora", até porque a própria lei indica que a execução deverá ser realizada no interesse do exequente (art. 797, *caput*, CPC).

Por outro lado, esse instituto processual merece atenção, pois mesmo sendo a execução realizada no interesse do exequente, esta deverá ser processada pelo modo menos gravoso para o executado, em respeito ao princípio da menor onerosidade (art. 805, CPC).

Estabelece a lei (art. 891, *caput*, CPC) que não será aceito lance que ofereça preço vil, haja vista, neste caso, ser evidente o prejuízo suportado pelo devedor e reduzido o proveito ao credor.

Estabelece a Lei 6.830/80 (dispõe acerca da cobrança judicial da Dívida Ativa da Fazenda Pública) em seu art. 40, § 3°, que o Juiz suspenderá o curso da execução enquanto não for localizado o devedor ou encontrados bens sobre os quais possa recair a penhora, não ocorrendo o prazo de prescrição até que sejam encontrados a qualquer tempo o devedor ou os bens, caso em que serão desarquivados os autos para prosseguimento da execução.

Relevante trazer à tona o conceito de que a penhora de valores (pecúnia) realizada por meio do sistema Bacen Jud irá preferir a penhora de imóvel, visando trazer maior celeridade ao procedimento executório.

"Em observância ao Princípio da Utilidade da Execução, não se justifica qualquer provimento judicial à satisfação da dívida, posto que seu valor exauriu-se com o custo do processo" (TRF 2, 4ª Turma. AG 200702010000333. Rel. Des. Fed. Carmen Silvia Lima de Arruda, j. 16.08.2011, DJe 24.08.2011).

V

Princípio da Validação (Direito de Mediação).

A mediação tem como marca uma maior aproximação entre as partes e o mediador atribuindo ao processo um caráter muito mais humano nas tomadas de decisões. Neste ponto, o princípio da validação apresenta-se como o instrumento que orienta que as resoluções deverão ser humanizadas, devendo o mediador levar em conta os interesses e sentimentos mútuos apresentados pelas partes.

A figura independente e neutra do mediador deverá anexar em sua conduta uma real preocupação em resolver a disputa de uma maneira harmoniosa e justa, preocupando-se também com as partes no sentido de conscientizá-las de que os anseios, preocupações, necessidades e desejos de cada um deles serão levados em conta neste processo. Todos estes sentimentos serão considerados e socializados na mediação.

Princípio da Variabilidade (P. da Suplementação dos Recursos, P. da Variabilidade dos Recursos).

O princípio da variabilidade significa que a parte pode desistir de um recurso interposto e interpor outro recurso, diverso do primeiro, desde que dentro do prazo recursal. A parte pode desistir do primeiro recurso e interpor outro, o que julgue correto, tendo por exigência que ainda esteja dentro do prazo para a interposição de recurso.

O princípio da variabilidade era expressamente adotado no Código de Processo Civil de 1939, precisamente no art. 809, mas, desde então, não figura mais neste Diploma, tampouco na Constituição da República. Veja-se que, nas valiosas palavras de Leone Pereira (2013, p. 584), a parte, ao interpor recurso, praticou e consumou ato processual e, sendo assim, a interposição de novo recurso contra a mesma decisão, mesmo que dentro do prazo recursal, leva a preclusão consumativa. Preclusão consumativa, portanto, é a perda da capacidade de praticar algum ato processual por já tê-lo praticado, podendo ser por tê-lo executado de maneira incompleta ou equivocada (Bueno, 2015, p. 681).

Destarte certa corrente doutrinária admitir sua utilização, aqueles contrários a sua utilização se apoiam no fato de que da sua utilização decorrer a preclusão consumativa. O fato é que a admissibilidade ou não do princípio da variabilidade ainda repercute no Direito pátrio.

No Processo do Trabalho, citando novamente Pereira (idem), aqueles que advogam pela admissibilidade da variabilidade se apoiam nos princípios do *jus postulandi*, economia processual, informalidade e simplicidade, típicos da seara processual trabalhista. No Direito Processual Penal advoga a tese de que tal princípio é inaplicável, haja vista, justamente, a preclusão consumativa. Assim, reza o art. 576 do CPP que o Ministério Público não poderá desistir de recurso que haja interposto.

Princípio da Variabilidade do Modo de ser da Obrigação.

O presente princípio encontra-se consagrado no art. 266 do Código Civil brasileiro, vejamos: "A obrigação solidária pode ser pura e simples para um dos co-credores ou co-devedores, e condicional, ou a prazo, ou pagável em lugar diferente, para o outro".

Conforme magistério de Assis Neto (*et al.*) (2016, p. 616), "a lei permite, no art. 266, que a solidariedade seja pura e simples para um dos cocredores ou codevedores e condicional ou a prazo para outros, pois, de qualquer forma, ainda que o credor esteja sujeito a uma condição suspensiva (por exemplo) para poder cobrar de um dos devedores, subsiste a possibilidade de que ele possa cobrar de todos os solidários, inclusive dos demais e mesmo antes do implemento da condição em desfavor do outro".

É de saber que o Enunciado 347 da IV Jornada de Direito Civil do Conselho da Justiça Federal (CJF) dispõe que "a solidariedade admite outras disposições de conteúdo particular além do rol previsto no art. 266 do Código Civil". Portanto, podem os agentes envolvidos nas obrigações solidárias estabelecerem condições particulares no contrato de solidariedade, além daquelas condições apresentadas no rol do art. 266 do CC.

Princípio da Variedade do Regime de Bens (P. da Multiplicidade de Tipos, P. da Variabilidade, P. da Variedade de Regimes).

Pablo Stolze Gagliano e Rodolfo Pamplona Filho (Gagliano, 2010, p. 118) nos brindam com elucidativa síntese acerca do princípio *sub examine*, segundo o qual "traduz a ideia de que a ordem jurídica não admite um regime único, mas sim uma multiplicidade de tipos, permitindo, assim, aos noivos, no ato de escolha, optar por qualquer deles".

Os nubentes deverão escolher um dentre os 04 (quatro) regimes de bens admitidos em nosso ordenamento pátrio, quais sejam: comunhão parcial de bens, comunhão universal de bens, participação final nos aquestos e a separação de bens. Os nubentes poderão ainda, além de adotar um regime dentre os quatro existentes, criar outro tipo de regime ou misturar os elementos constitutivos uns dos outros, respeitando sempre o limite da lei.

Neste sentido, sintetiza com propriedade Castro (2016, p. 349): "A liberdade dos pactos antenupciais abrange não apenas a possibilidade de os nubentes adotarem, na integralidade, algum dos regimes previamente indicados pelo legislador - os chamados regimes típicos -, mas também a possibilidade de estipularem outro diverso, misturando elementos, de acordo com o que lhes aprouver e respeitados os limites da lei".

Princípio da Vedação do Confisco (P. da Não Confiscatoriedade, P. do Não Confisco, P. da Proibição de Confisco, P. da Vedação ao Confisco).

O fundamento deste princípio esteia-se no art. 150, IV, da CF, segundo o qual sem prejuízo de outras garantias asseguradas ao contribuinte, é vedado à União, aos Estados, ao Distrito Federal e aos Municípios utilizar tributo com efeito de confisco.

Nenhum tributo poderá ser utilizado pelo Estado com fins meramente confiscatórios. A propriedade é garantia constitucional (princípio da garantia da propriedade), portanto, qualquer tributação que sobre ela incida deverá primar pelo princípio da razoabilidade. Da mesma forma, tal princípio deve ser respeitado em relação as multas, que também não poderão ter efeito de confisco.

Cumpre anotar a lição de Paulsen (2011, p. 208): "Não é admissível que a alíquota de um imposto seja tão elevada a ponto de se tornar insuportável, ensejando atentado ao próprio direito de propriedade". O ente público responsável pela tributação deverá estabelecer uma alíquota condizente com a razoabilidade, pois não será razoável cobrar um valor que inviabilize a manutenção do imóvel pelo cidadão proprietário. Prossegue o autor afirmando que "se tornar inviável a manutenção da propriedade, o tributo será confiscatório".

Princípio da Vedação da Conta Corrente (P. da Vedação à Conta Corrente).

A vedação da conta corrente é um princípio peculiar do Direito Penal brasileiro. Entretanto, antes de conceituarmos este princípio, importante se faz a conceituação do instituto da detração penal. Com efeito, o art. 42 do Código Penal estabelece que será computado na pena privativa de liberdade e na medida de segurança, o tempo de prisão provisória, no Brasil ou no estrangeiro, o de prisão administrativa e o de internação em hospital de custódia e tratamento psiquiátrico (ou, à falta, em outro estabelecimento adequado) (cf. art. 41 do CP). Portanto, na detração considera-se o desconto do tempo de prisão provisória cumprido pelo agente na determinação da pena. Trata-se do prazo da pena subtraído do período da prisão provisória.

Feita esta observação, temos que em nosso ordenamento é terminantemente proibida a existência de conta corrente em favor réu, ou seja, inadmissível que ao réu possa existir qualquer espécie de crédito no sistema penal capaz de abater ou até mesmo levar ao não cumprimento de pena em razão de crime anterior. A possibilidade da ocorrência desta espécie de crédito tornaria possível a um agente cometer um crime e simplesmente não cumprir a pena pelo ilícito praticado, haja vista a existência de créditos em seu favor.

Neste sentido, há precedente do Superior Tribunal de Justiça: "(...) é admitida a detração em relação a fato diverso daquele que deu azo à prisão processual; contudo, somente em relação a delitos anteriores à segregação provisória, sob risco de se criar uma espécie de crédito contra a Justiça Criminal" (STJ. HC 261455/RS 2012/0264513-8. Rel. Min. Maria Thereza de Assis Moura, j. 06.05.2014, DJe 14.05.2014).

Princípio da Vedação do Enriquecimento sem Causa (P. do Enriquecimento sem Causa, P. do Enriquecimento sem Causa do Demandante, P. da Proibição do Enriquecimento sem Causa, P. da Vedação do Enriquecimento Ilícito).

O Dicionário Jurídico da Academia Brasileira de Letras Jurídicas define enriquecimento sem causa como "o acréscimo de bens que, em detrimento de outrem, se verificou no patrimônio de alguém, sem que para isso tenha havido fundamento jurídico". O enriquecimento sem causa, também conhecido por enriquecimento ilícito, enriquecimento indébito ou locupletamento, se dá quando um indivíduo acrescenta em seu patrimônio vantagem indevida, em detrimento de outrem. Este aumento de patrimônio ocorre sem que haja uma causa jurídica justificadora. [68]

O presente princípio encontra-se albergado no Título VII (Dos Atos Unilaterais) do Código Civil brasileiro, mais precisamente nos Capítulos III e IV, que tratam respectivamente Do Pagamento Indevido e do Enriquecimento sem Causa, abarcando do art. 876 ao 886.

Importante lição traz o mestre Paulo Nader (2010, p. 530): "O princípio que veda o enriquecimento sem causa, além de se prestar a corrigir distorções nas relações patrimoniais, constitui também um critério orientador do judiciário na aplicação de multas, penalidades e indenizações".

"Instituição financeira que retomou bem amigavelmente, não pode querer receber saldo devedor, configurando pretensão abusiva, verdadeiro *bis in idem* em favor da instituição afinal, além de receber o valor da alienação do bem ainda receberá a "diferença" pretendida" (TJ. APL 0098127-61.2009.8.26.0000/SP. Rel. Min. Maria Lúcia Pizzotti, j. 25.08.2014, DJe 05.09.2014).

Princípio da Vedação da Isenção Heterônoma (P. da Vedação da Isenção Heterotópica).

Casalino (2012, p. 50) define isenção heterônoma como sendo "aquela concedida por ente federativo diverso daquele que detém a competência para determinado tributo".

Discorre o art. 151, III, da CF/88 que é vedado à União instituir isenções de tributos da competência dos Estados, do Distrito Federal ou dos Municípios. O que o artigo define é que a União somente poderá conceder isenções de tributos federais. A União não detêm competência para isentar tributos estaduais, distritais ou municipais.

Cada ente detém sua própria competência para tanto. Portanto, a União detém competência única e exclusiva para isentar tributos federais, os Estados para isentar os estaduais, o Distrito Federal quanto a isenção dos distritais e os Municípios quanto a isenção dos tributos municipais. A Constituição Federal de 1988, portanto, é bem clara ao definir como limitação ao poder de tributar, o impedimento imposto à concessão de isenções heterônomas. [67]

Além disso, importante frisar que a isenção de tributos deverá ser precedida de lei, conforme nos ensina o art. 176, *caput*, do CTN (Código Tributário Nacional): "A isenção, ainda quando prevista em contrato, é sempre decorrente de lei que especifique as condições e requisitos exigidos para a sua concessão, os tributos a que se aplica e, sendo caso, o prazo de sua duração".

O art. 156, § 3º, II, da Carta Maior estabelece a única exceção, qual seja quanto ao ISS (Imposto sobre serviços).

Princípio da Vedação à Oferta de Vantagens.

Em virtude da determinação estabelecida no art. 44, § 2º da Lei 8.666/93, fica assentado que a comissão de licitação deverá observar somente os critérios objetivos definidos no edital ou no convite, abstendo-se de considerar qualquer oferta de vantagem não prevista nesses procedimentos. Dentre as ofertas de vantagens proibidas incluem-se financiamentos subsidiados ou a fundo perdido e preço ou vantagem baseada nas ofertas dos demais licitantes (cf. art. 44, § 2º).

Portanto, as propostas que ofereçam preço ou vantagem baseadas nas dos outros concorrentes, ou estruturadas em financiamentos patrocinados ou a fundo perdido (não reembolsável), serão desclassificadas. A vedação a oferta de vantagens atua de modo a privilegiar a isonomia, princípio este que deve ser um traço fundamental de todo o procedimento licitatório.

Princípio da Vedação do Retrocesso Social (P. da Irreversibilidade dos Direitos Fundamentais, P. do Não Retrocesso Social, P. da Proibição da Contra Revolução Social, P. da Proibição da Evolução Reacionária, P. da Proibição do Retrocesso Social, P. da Proibição da Retrogradação, P. da Vedação ao Retrocesso, P. da Vedação ao Retrocesso Social).

O princípio da vedação do retrocesso social impede o retrocesso em matéria de direitos a prestações positivas do Estado, tais como o direito à educação, saúde e a propriedade. Traduz, no processo de efetivação desses direitos fundamentais individuais ou coletivos, obstáculo a que os níveis de concretização de tais prerrogativas, uma vez atingidos, venham a ser ulteriormente reduzidos ou suprimidos pelo Estado (TJ. MS 00020616520148180000/PI 201400010020617. Rel. Des. José Ribamar Oliveira, j. 03.09.2015, DJe 18.09.2015).

Aquele direito já materializado em prol do indivíduo não poderá ser reduzido ou suprimido pelo legislador, haja vista o princípio da vedação do retrocesso social vedar a redução de direitos sociais dos indivíduos.

No Direito de Família a proteção do núcleo dos direitos sociais também é abarcada na medida em que a Constituição promove especial proteção a família, as crianças e adolescentes, a igualdade entre homens e mulheres perante direitos e obrigações e a defesa da dignidade da pessoa humana. Nenhuma norma posterior poderá mitigar tais direitos sob pena de ofensa ao princípio da vedação do retrocesso social.

Na seara processual justrabalhista, grande parte da doutrina sustenta que a vedação do retrocesso social decorre do princípio da função social do processo de trabalho, pois este ramo do direito deve estar em constante evolução, acompanhando as mudanças e transformações da sociedade para que os direitos fundamentais também evoluam, buscando o bem estar do trabalhador e de sua família (Pereira, 2013, p. 77).

Apesar da existência em nosso ordenamento de diversas normas visando a proteção do indivíduo e a coletividade de ações estatais que diminuam os direitos adquiridos, sabe-se também de uma verdade jurídica segundo a qual nenhum direito fundamental poderá ser considerado absoluto. Por isto, se afirma que o princípio da vedação do retrocesso social não veda toda e qualquer retroação na proteção dos direitos fundamentais dos cidadãos, mas apenas aquelas que ponham em risco o núcleo essencial do direito protegido, desregulando o setor (TJ. APL 0603319-48.2014.8.04.0001/AM. Rel. Yedo Simões de Oliveira, j. 15.02.2016, DJe 15.02.2016).

Princípio do Vencimento Antecipado (P. do Vencimento Antecipado da Dívida).

Segundo entendimento do art. 1.425, incisos I a V, do Código Civil brasileiro, considerar-se-á vencida a dívida sempre que o devedor, intimado, não reforçar ou substituir a garantia sempre que o bem dado em segurança se deteriorar ou depreciar; nos casos de insolvência ou falência do devedor; toda vez que, estando previamente estipulada a data de pagamento das prestações, estas não forem pontualmente pagas; se o bem dado em garantia perecer e não for substituído; e, o bem dado em garantia for desapropriado.

Princípio do Vencimento Imediato das Obrigações (P. da Satisfação Imediata da Obrigação).

Este princípio encontra-se consagrado no art. 331 do Código Civil brasileiro, o qual citamos: "Salvo disposição legal em contrário, não tendo sido ajustada época para o pagamento, pode o credor exigi-lo imediatamente". Denota-se do presente artigo que às partes compreende a liberalidade de se estipular um prazo certo para o cumprimento da obrigação de pagamento (disposição legal). Não havendo tal ajuste, ou seja, não havendo sido estabelecido prazo para o pagamento, poderá o credor exigi-lo imediatamente junto ao devedor.

"Salvo disposição legal em contrário, não tendo sido ajustada época para o pagamento, pode o credor exigi-lo imediatamente. Destarte, cabe às partes ajustarem um termo para o vencimento da obrigação. Não o tendo feito, pode o credor exigir o pagamento imediatamente" (Assis Neto, *et al.*, 2016, p. 674). Portanto, a conclusão é de que o princípio aplica-se somente as relações pecuniárias realizadas à vista.

Princípio da Venda Rompe Locação.

O princípio da "venda rompe locação" encontra-se resguardado no art. 8º da Lei 8.245/91. Nos termos desta lei, quando, durante um contrato locatício o imóvel for alienado por seu proprietário, o adquirente poderá denunciar o contrato no prazo de 90 dias para que haja a desocupação do imóvel. Esse prazo de 90 dias deverá ser contado do registro da venda ou do compromisso, sendo que, após este prazo, será presumida a manutenção da locação. Encontram-se na mesma posição e terão idênticos direitos o promissário comprador e o promissário cessionário, em caráter irrevogável, com imissão na posse do imóvel e título registrado junto à matrícula do mesmo.

Não haverá a cessação da relação locatícia caso a locação seja da espécie por tempo determinado e exista no contrato cláusula de vigência em caso de alienação, devendo o mesmo estar devidamente averbado junto à matrícula do imóvel.

Nas palavras de Sá (2010, p. 102), o presente princípio é verdadeira "exceção à regra geral de que as obrigações acessórias acompanham a coisa". Prossegue o autor em defesa do princípio: "O fato da alienação da coisa (transferência do domínio do direito real) por si só é suficiente para permitir a denúncia da locação, resilição que não tem outro fundamento senão o direito potestativo do novo adquirente em não manter a relação locatícia do antigo proprietário com o inquilino".

Princípio da Veracidade (Direito Empresarial).

No Direito de Empresa o nome empresarial deverá obedecer ao princípio da veracidade. Partindo dessa premissa, conclui a lei que o nome de empresário deve distinguir-se de qualquer outro já inscrito no mesmo registro (art. 1.163, *caput*, CC). Silva (2007, p. 112) define nome empresarial como "a firma ou a denominação adotada para o exercício de empresa". A Instrução Normativa Diretor do Departamento Nacional do Registro do Comércio - DNRC nº 104 de 30 de abril de 2007, traz a definição de nome empresarial embutida em seu art. 1º, segundo o qual nome empresarial é aquele sob o qual o empresário e a sociedade empresária exercem suas atividades e se obrigam nos atos a elas pertinentes, compreendendo a firma e a denominação.

Para os efeitos da proteção da lei, equipara-se ao nome empresarial a denominação das sociedades simples, associações e fundações. Como regra geral, o nome empresarial não pode ser objeto de alienação. Entretanto, o adquirente de estabelecimento poderá utilizar o nome do alienante, precedido do seu próprio nome, com a qualificação de sucessor, negócio a ser realizado por ato entre vivos, e que somente virá a cabo caso o contrato permita (art. 1.164, parágrafo único, CC). O nome empresarial não poderá conter palavras ou expressões que denotem atividade não prevista no objeto da sociedade.

O art. 4º da Instrução Normativa acima citada instrui que o nome empresarial atenderá aos princípios da veracidade e da novidade e identificará, quando assim exigir a lei, o tipo jurídico da sociedade, não podendo conter palavras ou expressões que sejam atentatórias à moral e aos bons costumes. A Lei 8.934/94 também estipula que o nome empresarial obedecerá aos princípios da veracidade e da novidade (art. 34). Na sequência, o art. 5º traz especificidades acerca do princípio da veracidade.

Princípio da Veracidade da Propaganda Eleitoral.

Este princípio trata da idoneidade que deverá permear a propaganda política realizada durante o período eleitoral. "A propaganda eleitoral, conquanto palco para a livre manifestação do pensamento, deve ser pautada pelos parâmetros estabelecidos pelo legislador e por princípios, dentre os quais sobressaem os princípios da veracidade da propaganda eleitoral, legitimidade e normalidade do processo eleitoral" (TRE. MS 28702/SE. Rel. Jorge Luís Almeida Fraga, j. 30.09.2016, DJe 30.09.2016).

Pois bem, a propaganda eleitoral a ser realizada por candidatos e partidos deverá ser disponibilizada nos diversos meios de comunicação respeitando o bom senso, a ética, a lisura, a verdade, o respeito mútuo e ao Código Eleitoral (Lei. nº 4.737/65).

O presente Código trata em seu art. 242 que toda forma de propaganda eleitoral deverá obrigatoriamente mencionar a legenda partidária, sendo terminantemente vedado o emprego de meios publicitários destinados a criar na opinião pública estados mentais, emocionais ou passionais irreais, ilusórios, que não respeitem a veracidade.

Da mesma maneira, configura-se desrespeito ao princípio da veracidade a propaganda eleitoral em nome de candidato renunciante, conforme se denota de julgado do Tribunal Regional Eleitoral do Rio Grande do Sul: "Tendo sido a propaganda eleitoral vinculada a pessoa que não mais figurava na condição de candidato, há ofensa ao princípio da veracidade, da legalidade e da publicidade, os quais permeiam a legislação eleitoral. A não observância do comando judicial para a retirada da propaganda leva, inexoravelmente, à majoração da pena" (TRE. RE 40122/RS. Rel. Jorge Alberto Zugno, j. 22.05.2013, DJe 24.05.2013).

Princípio da Veracidade da Publicidade (P. da Publicidade Veraz, P. da Veracidade Especial, P. da Veracidade da Oferta, P. da Veracidade Veraz) (Direito do Consumidor).

Inicialmente, o artigo 30 do CDC informa que "toda informação ou publicidade, suficientemente precisa, veiculada por qualquer forma ou meio de comunicação com relação a produtos e serviços oferecidos ou apresentados, obriga o fornecedor que a fizer veicular ou dela se utilizar e integra o contrato que vier a ser celebrado".

Nos termos da lei (§ 1º do art. 37 do CDC), é proibida toda publicidade enganosa ou abusiva, sendo considerada enganosa qualquer modalidade de informação ou comunicação de caráter publicitário, inteira ou parcialmente falsa, ou, por qualquer outro modo, mesmo por omissão, capaz de induzir em erro o consumidor a respeito da natureza, características, qualidade, quantidade, propriedades, origem, preço e quaisquer outros dados sobre produtos e serviços.

Todo aquele que faz uso da propaganda está impedido de veicular material publicitário enganoso, que omita dados ou leve o consumidor a erro. A publicidade pode ser enganosa por meio da ação ou omissão. A publicidade será enganosa por omissão quando deixar de informar sobre dado essencial do produto ou serviço (§ 3º do art. 37, CDC).

Na posição de Almeida (2010, p. 116), a publicidade deve ser honesta, contendo uma apresentação clara e verdadeira do produto ou serviço oferecido, com vistas a manter informado o consumidor sobre todas as características e particularidades daquilo que é oferecido no mercado de consumo.

Princípio da Veracidade Registral (P. da Fé Pública, P. da Força Probante, P. da Força Probante do Registro Imobiliário, P. da Veracidade, P. da Veracidade e Presunção Relativa) (Direito Registral).

Segundo a Lei nº 8.935/94 (Lei dos Cartórios), art. 3º, "notário, ou tabelião, e oficial de registro, ou registrador, são profissionais do direito, dotados de fé pública, a quem é delegado o exercício da atividade notarial e de registro".

A lei dos Cartórios regulamenta o art. 236 da Constituição Federal, dispondo sobre serviços notariais e de registro, dispondo em seu bojo acerca da fé pública imputada aos notários e aos oficiais de registro. É esta característica, a fé pública, que concebe aos mesmos a veracidade dos seus atos, elemento imprescindível ao exercício da atividade.

Neste sentido, conforme inteligência de Assis Neto (*et al.*) (2016, p. 1378), da fé pública decorrente da delegação de poderes pela Administração Pública decorre a força probatória do registro, pois o que está nele contido ganha força de presunção de veracidade. Insta observar que tal presunção de veracidade é relativa (*juris tantum*), conforme se deduz do art. 1.247 do Código Civil, segundo o qual será direito do interessado reclamar se o teor do registro não exprimir a verdade podendo exigir que seja retificado ou anulado.

Princípio da Verdade Documental (Direito Civil).

O princípio da verdade documental encontra-se consagrado no art. 225 do Código Civil, *in verbis*: "As reproduções fotográficas, cinematográficas, os registros fonográficos e, em geral, quaisquer outras reproduções mecânicas ou eletrônicas de fatos ou de coisas fazem prova plena destes, se a parte, contra quem forem exibidos, não lhes impugnar a exatidão". Este princípio considera verdadeiro todo e qualquer documento/prova juntado aos autos processuais sem que haja a necessidade de sua autenticação por cartório ou outro meio diverso. Os documentos em si farão prova integral de sua exatidão. Caso a parte adversa queira, poderá propor a impugnação destes documentos contestando sua exatidão.

Assis Neto (*et al.*) (2016, p. 465) resumidamente, mas no mesmo sentido, dispõem que, de acordo com o artigo supracitado "tais reproduções fazem prova plena dos fatos ou coisas representados, se a parte, contra quem forem exibidos, não lhes impugnar a exatidão".

Princípio da Verdade Formal (P. Dispositivo, P. do Dispositivo Probatório) (Direito Processual Civil).

O princípio da verdade formal é típico do Processo Civil. O Juiz dependerá que as partes interessadas apresentem suas provas, acusatórias ou de defesa, para que siga adiante com a instrução da causa. Desta maneira, tendo em mãos as provas necessárias – ou disponíveis, poderá fundamentar sua decisão. Entretanto, é o Juiz que determina a necessidade ou não de produção de novas provas.

Segundo o magistério de Capez (2014, p. 64), o Juiz pode "dar-se por satisfeito, quanto à instrução do feito, com as provas produzidas pelas partes, rejeitando a demanda ou defesa por falta de elementos de convicção". Ainda segundo o jurista, pelo princípio da verdade formal o Juiz assume uma postura "mais ativa", buscando impulsionar o andamento da causa, além de determinar a produção de provas conforme sua convicção da real necessidade (*ex officio*) e reprimir "condutas abusivas ou irregulares".

"Embora o processo civil adote o princípio da verdade formal, possui o compromisso com a verdade real e deve orientar a atuação do magistrado e das partes na busca de uma decisão justa, não se revelando coerente com o modelo constitucional de processo civil analisar a atividade probatória de forma isolada, desconsiderando-se o dever de cooperação entre os sujeitos do processo" (TJ. AC 10000191334226001/MG. Rel. Des. Renato Dresch, j. 28.01.2020, DJe 31.01.2020).

Princípio da Verdade Real (P. da Busca da Verdade Material, P. da Busca da Verdade Real, P. do Inquisitivo, P. do Inquisitório, P. da Liberdade dos Meios de Prova, P. da Liberdade Probatória, P. da Liberdade na Prova, P. da Livre Investigação das Provas, P. da Verdade Material, P. da Verdade Substancial) (Diversos ramos do Direito).

Derivado do princípio da primazia da realidade, originário do direito material do trabalho, o princípio da verdade real é "alvo" de disputas, por assim dizer, por alguns ramos do Direito. Segundo entendimento de Fernando Capez

(2014, p. 65) em sua obra Curso de Processo Penal, tal princípio é "característico do processo penal". Outrossim, Bezerra Leite (2013, p. 85) argumenta que "parece-nos inegável que ele (o princípio da verdade real) é aplicado com maior ênfase neste setor da processualística (Processo do Trabalho) do que no processo civil".

Parece-nos realmente que no âmbito do Processo Civil tal princípio não goza de tanto prestígio, haja vista entendimento do art. 130 do Código de Processo Civil, segundo o qual cabe às partes trazer aos autos os documentos comprobatórios, cabendo também ao magistrado tal iniciativa, porém em sentido meramente complementar, ou seja, "uma vez produzidas as provas requeridas pelas partes, se ainda subsistir *dúvida* quanto a determinada questão de fato relevante para o julgamento, o juiz está autorizado a tomar iniciativa probatória para saná-la" (Novo Código de Processo Civil anotado e comparado para concursos, 2015, p. 381). Não é papel do Juiz suprir deficiência probatória de qualquer das partes, fato este que implicaria na violação do dever de imparcialidade do magistrado (princípio da imparcialidade).

Segundo este princípio, os fatos devem assumir importância superior a de documentos e outras espécies de prova. Deve-se buscar a realidade dos fatos. A verdade material (real) deverá prevalecer sobre a verdade formal. Busca-se a verdade.

O princípio em comento encontra respaldo em diversos compartimentos de diferentes âmbitos do direito, tais como o art. 156, II do CPP (determinar, no curso da instrução, ou antes de proferir sentença, a realização de diligências para dirimir dúvida sobre ponto relevante) e o art. 765 da Consolidação das Leis do Trabalho (Os Juízos e Tribunais do Trabalho terão ampla liberdade na direção do processo e velarão pelo andamento rápido das causas, podendo determinar qualquer diligência necessária ao esclarecimento delas).

Princípio da Verdade Sabida.

Nas palavras de Carvalho Filho (2012, p. 759): "A responsabilidade administrativa deve ser apurada em processo administrativo, assegurando-se ao servidor o direito à ampla defesa e ao contraditório, bem como a maior margem probatória, a fim de possibilitar mais eficientemente a apuração do ilícito".

Tanto é assim que a Constituição Federal determina que aos litigantes em processo judicial ou administrativo, e aos acusados em geral, são assegurados o contraditório e ampla defesa, com os meios e recursos a ela inerentes (cf. art. 5º, LV, CF/88). Portanto, qualquer punição aplicada a servidor público pela Administração Pública deverá ser precedida do devido contraditório e da ampla defesa, por meio de sindicância ou processo administrativo disciplinar (PAD). Sem que seja dada ao servidor chance de defesa não pode a Administração aplicar o instituto conhecido por verdade sabida, a tempos considerado inconstitucional. Todo procedimento administrativo deve ser submetido aos princípios do contraditório e da ampla defesa.

Entende-se por verdade sabida quando a Adm. Pública representada pela autoridade competente para punir tinha notório conhecimento de ato irregular do agente público, aplicando a ele a punição imediata sem ao menos dar-lhe chances de se defender. Tanto a CF/88 quanto a Lei 8.112/90 não recepcionaram o instituto. É necessário processo administrativo, com ampla defesa, para demissão de funcionário admitido por concurso (cf. Súmula 20 do STF).

"Inadmissível é a utilização do princípio da verdade sabida após a promulgação da Constituição Federal, pois inadequado harmonizá-lo com o contraditório e a ampla defesa em face da exegese do art. 5º, LV da Magna Carta" (TJ. AC 17545/SC 2004.001754-5. Rel. Francisco Oliveira Filho, j. 13.04.2004).

Princípio *Versari in Re Illicita*.

Trata-se de princípio do antigo direito canônico, já superado pelo atual ordenamento, que defende a tese da responsabilidade penal objetiva, teoria segundo a qual aquele (autor) que cometer ação ilícita será responsabilizado por qualquer ato decorrente da prática ilegal, mesmo que sem culpa.

Tal entendimento resta obsoleto, a muito superado pelo instituto da responsabilidade penal subjetiva e fundamentado pelo art. 19 do Código Penal brasileiro. Neste sentido, o artigo citado consagra a responsabilidade subjetiva em nosso arcabouço jurídico penal, alçando a culpa como elemento fundamental para se auferir responsabilidade, mesmo naqueles atos que ocorram em decorrência da prática ilegal. É a intelecção do artigo 19 do CP: "Pelo resultado que agrava especialmente a pena, só responde o agente que o houver causado ao menos culposamente".

Na esteira da doutrina pátria temos que: "Prevalece, sempre, em sede criminal, como princípio dominante do sistema normativo, o dogma da responsabilidade com culpa (*nullum crimen sine culpa*), absolutamente incompatível com a velha concepção medieval do *versari in re illicita*, banida do domínio do direito penal da culpa" (STF. HC 88875/AM. Rel. Min. Celso de Mello, j. 07.12.2010, DJe 12.03.2012).

Princípio da Viabilidade da Empresa.

De acordo com o art. 47 da Lei nº 11.101/05, conhecida por Lei de Falências: "A recuperação judicial tem por objetivo viabilizar a superação da situação de crise econômico-financeira do devedor, a fim de permitir a manutenção da fonte produtora, do emprego dos trabalhadores e dos interesses dos credores, promovendo, assim, a preservação da empresa, sua função social e o estímulo à atividade econômica".

Segundo a Lei, somente as empresas viáveis, aquelas que comprovem sua capacidade para existir e de atuar em condições de igualdade com outros empreendimentos, estarão aptas para o processo de recuperação judicial. Empresas que não possuam condições econômicas de existir não devem perdurar.

A recuperação judicial deverá ser utilizada em empresas com estrutura administrativa consistente, onde sua crise tenha ensejo em fatores externos fora de seu controle, ou mesmo fatores internos, mas que sejam contornáveis por medidas excepcionais. A recuperação judicial somente ocorrerá em empresas aptas a serem recuperadas.

Princípio da Vigência Progressiva.

Tratava-se de princípio de uso próprio do Código Civil de 1916, superado em nosso ordenamento pelo princípio da vigência sincrônica vigente no atual Código Civil brasileiro.

De acordo com o art. 2º, *caput*, do Código Civil de 1916 (Lei 3.071/1916), intitulado à época Código Civil dos Estados Unidos do Brasil: "A obrigatoriedade das leis, quando não fixem outro prazo, começará no Distrito Federal três dias depois de oficialmente publicadas, quinze dias no Estado do Rio de Janeiro, trinta dias nos Estados marítimos e no de

Minas Gerais, cem dias nos outros, compreendidas as circunscrições não constituídas em Estados".

O instituto fixava que, na falta de prazo para que a lei entrasse em vigor, a norma teria prazos diversos para que ocorresse sua vigência, a depender dos estados e regiões dispostos no CC/1916. Para os países estrangeiros a obrigatoriedade das leis teria início 04 (quatro) meses depois de oficialmente publicadas na Capital Federal (cf. parágrafo único do art. 2º do CC/1916).

A regra atual é a da vigência sincrônica, princípio que prevê prazo único para o início da vigência da nova lei. A norma deverá entrar em vigor em todo o território nacional de forma simultânea. Outrossim, é entendimento pacífico tratar-se a vigência progressiva de princípio suprimido pelo ordenamento contemporâneo.

Princípio da Vigência Sincrônica da Lei (P. da Vigência Sincrônica).

A lei nova promulgada pelo legislador que for omissa quanto ao prazo de início de sua vigência, prazo este conhecido por *vacatio legis*, deverá entrar em vigor no território nacional a um só tempo, de maneira simultânea, 45 (quarenta e cinco) dias após sua publicação, conforme entendimento consubstanciado pelo art. 1º, *caput*, da Lei de Introdução às Normas do Direito Brasileiro (LINDB).

A LINDB prevê sincronia quanto à vigência da lei em todo o Brasil. O prazo de início da lei concretizará a sua ocorrência a todo o país. Exemplificando, não é cabível a situação em que lei nacional passe a viger primeiro em determinado estado e, então, decorrido certo lapso temporal, passe a repercutir seus efeitos nos demais estados da federação. A aplicação da lei deverá seguir a norma do sincronismo. O prazo de vigência será único, isócrono.

Princípio da Vinculação Contratual da Publicidade (P. da Integração da Oferta, P. da Obrigatoriedade do Cumprimento da Publicidade, P. da Vinculação, P. da Vinculação Contratual da Oferta, P. da Vinculação da Oferta) (Direito do Consumidor).

O conceito do princípio da vinculação contratual da publicidade decorre da inteligência dos arts. 30 a 35 do Código de Defesa do Consumidor. Toda oferta de produtos e serviços ao consumidor deverá ser efetivada de acordo com a informação ou publicidade realizada.

Esta é a ideia básica por trás do princípio da obrigatoriedade do cumprimento. Ou seja, a publicidade oferecida irá vincular o contrato naquilo que foi ofertado. O fornecedor de produto ou serviço fica obrigado àquilo que foi ofertado. Vejamos o art. 30 do CDC (Lei nº 8.078/1990), *in verbis*: "Toda informação ou publicidade, suficientemente precisa, veiculada por qualquer forma ou meio de comunicação com relação a produtos e serviços oferecidos ou apresentados, obriga o fornecedor que a fizer veicular ou dela se utilizar e integra o contrato que vier a ser celebrado".

Conforme o art. 31 do pergaminho consumerista, a oferta e apresentação de produtos e serviços realizada pelo fornecedor deverão apresentar todas as características essenciais do produto, como qualidade, quantidade, preço, garantia etc. Caso o fornecedor de produtos ou serviços se negar a cumprir à oferta, apresentação ou publicidade por ele veiculada, o consumidor poderá, alternativamente e à sua livre escolha, exigir o cumprimento forçado da obrigação, nos termos da oferta, apresentação ou publicidade, aceitar outro produto ou prestação de serviço equivalente ou rescindir o contrato, com direito à restituição de quantia eventualmente antecipada, monetariamente atualizada, e a perdas e danos (art. 35, I, II e III, CDC).

Neste sentido, vaticina Garcia (2016, p. 222): "A oferta (publicidade) integra o contrato e deve ser cumprida. Gera um direito potestativo para o consumidor (o de exigir a oferta nos moldes do veiculado) e a responsabilidade do fornecedor é objetiva".

"O princípio da vinculação contratual da publicidade (CDC, 30), para coibir a "publicidade chamariz", dentre outras modalidades enganosas, impõe ao fornecedor obrigação pré-contratual que deverá ser adimplida em seus exatos termos quando da execução do próprio negócio jurídico" (TJ. APL 0003524-11.2011.8.19.0003/RJ. Rel. Des. Rogério de Oliveira Souza, j. 25.06.2013, DJe 01.08.2013).

Princípio da Vinculação ao Instrumento Convocatório (P. da Formalidade do Processo de Licitação, P. do Formalismo Procedimental, P. do Procedimento Formal).

O princípio da vinculação ao instrumento convocatório representa o respeito que as partes, licitantes e

Administração Pública, deverão obedecer em decorrência do estabelecido no edital. A máxima de que "o edital faz lei entre as partes" se consubstancia por meio deste princípio, haja vista que o desrespeito ao instrumento convocatório levará a nulidade da licitação. A vinculação ao edital ou a carta-convite representa garantia às partes de que o processo licitatório não terá surpresas que mudem seu curso. Aquilo que for determinado deverá ser seguido à risca.

Prevê que o processo licitatório deverá seguir todos os procedimentos estabelecidos na Lei 8.666/93, em todas as suas fases, sendo que as regras contidas na Lei de Licitações também determinarão as especificações que irão compor o edital ou o convite tendo em vista o objetivo a que visam alcançar. Tal medida visa estabelecer igualdade de condições entre os licitantes e a obstrução de qualquer hipótese de tentativa de favorecimento ou privilégio a qualquer participante, o que, se porventura ocorresse, traria a derrocada do procedimento licitatório com sua consequente anulação.

Dispõe Carvalho Filho (2012, p. 244) que o presente princípio é de suma importância, pois devido a ele o processo licitatório não será passível de qualquer alteração nos critérios de julgamento, além de deixar claro a todos os interessados o que pretende a Administração.

É o que se depreende dos arts. 3º, 4º, 41, *caput*, e 55, XI, todos presentes na Lei 8.666/93. Segundo o art. 3º da Lei de Licitações, a licitação tem por finalidade garantir a observância do princípio constitucional da isonomia, a seleção da proposta mais vantajosa para a administração e a promoção do desenvolvimento nacional sustentável, devendo ser processada e julgada em estrita conformidade com os princípios básicos da legalidade, da impessoalidade, da moralidade, da igualdade, da publicidade, da probidade administrativa, da vinculação ao instrumento convocatório, do julgamento objetivo e dos que lhes são correlatos.

Do estabelecido no art. 4º, parágrafo único, se extrai: "O procedimento licitatório previsto nesta lei caracteriza ato administrativo formal, seja ele praticado em qualquer esfera da Administração Pública". O art. 41, *caput*, aduz que a Administração Pública não pode descumprir as normas e condições do edital, haja vista se encontrar estritamente vinculada ao instrumento convocatório. Por fim, o art. 55, XI, declara que são cláusulas necessárias em todo contrato as que estabeleçam a vinculação ao edital de licitação ou ao termo que a dispensou ou a inexigiu, ao convite e à proposta do licitante vencedor.

Fica determinado que qualquer ente da Administração Pública ficará vinculado as formalidades do rito licitatório, sendo vedada a inobservância as formalidades do ato administrativo.

Por outro lado, o formalismo excessivo não poderá criar óbice ao alcance do objetivo para o qual o procedimento licitatório foi instaurado, qual seja a escolha dentre diversas propostas daquela mais vantajosa à Administração Pública. Para uma melhor compreensão do tema recomendamos ao leitor uma leitura atenta do princípio do formalismo moderado. Assim ensina Hely Lopes Meirelles (1997, p. 249): "Nem se compreenderia que a Administração fixasse no edital a forma e o modo de participação dos licitantes e no decorrer do procedimento ou na realização do julgamento se afastasse do estabelecido, ou admitisse documentação e propostas em desacordo com o solicitado".

Princípio da Vinculação Situacional (Direito Urbanístico).

O plano diretor (plano urbanístico) é um instrumento de desenvolvimento urbanístico com vistas a ordenar e orientar a política urbana de desenvolvimento pleno do Município, visando não somente o crescimento ordenado, mas também fatores sociais, econômicos e ambientais. A CF estabelece que nas cidades com mais de 20 mil habitantes será obrigatório plano diretor como instrumento básico da política de desenvolvimento e de expansão urbana (art. 182, § 1º).

Isto posto, o princípio da vinculação situacional ocorre naqueles Municípios desprovidos de plano diretor fixando normas para que se dê seu desenvolvimento urbanístico de maneira justa e racional.

No Brasil, conforme nos ensina Victor Carvalho Pinto (2010, p. 238/240), diversos elementos normativos dão suporte para o princípio da vinculação situacional, como a Constituição Federal (art. 225) que trata do meio ambiente, a Lei 6.766/1979 que define regras sobre o parcelamento do solo, dentre outras normas, como o Estatuto da Cidade, denominação oficial da Lei 10.257/2001.

Princípio da Voluntariedade (P. da Voluntariedade Recursal, P. da Voluntariedade dos Recursos) (Direito Recursal).

No Processo Civil:

Inicialmente, trazemos a colação o entendimento confeccionado por Bueno (2015, p. 603), segundo o qual "o princípio da voluntariedade (...) é significativo da necessidade de o recorrente, isto é, aquele que detém legitimidade e interesse em recorrer (porque e decisão, tal qual proferida, trouxe-lhe algum gravame), exteriorizar o seu inconformismo com vistas a afastar o prejuízo que a decisão lhe acarreta".

Um dos princípios recursais, o princípio da voluntariedade encontra estreita relação com o princípio dispositivo e dispõe que não deverá haver dúvida acerca da vontade do recorrente em impugnar a decisão judicial que lhe causou insatisfação. É necessário que a decisão motivada – o recurso – seja claro quanto ao anseio do recorrente em que a autoridade judicial reexamine a decisão proferida.

No Processo Penal:

É sabido que no sistema processual penal brasileiro têm vigência o princípio da voluntariedade, inserto no art. 574, *caput*, do CPP, cuja previsão não obriga a defesa técnica a interpor recurso contra decisão desfavorável ao réu (STJ. RHC 37215/GO 2013/0122647-4. Rel. Min. Jorge Mussi, j. 12.11.2013, DJe 21.11.2013).

A falta de interposição de recurso pelo defensor constituído ou dativo não torna nulo o processo por violação ao primado da ampla defesa, a teor do que preconiza o princípio da voluntariedade recursal (STJ. AgRg no HC 320970/RJ 2015/0081103-5. Rel. Min. Gurgel de Faria, j. 05.05.2015, DJe 19.05.2015).

Entende-se, desta feita, que os recursos na seara processual penal, em regra, são voluntários. Apresenta recurso apenas à parte que sustenta insatisfação constante na decisão proferida pelo Judiciário, ou, em outras linhas, apresenta recurso à parte que possua interesse na reforma da decisão.

Princípio da Vulnerabilidade do Consumidor (P. da Vulnerabilidade).

Nosso ordenamento jurídico sinaliza que nas relações de consumo o consumidor configura-se como a parte mais frágil. Via de regra, o fornecedor é a parte detentora do poderio econômico, jurídico e técnico, frente à vulnerabilidade geral do consumidor no mercado de consumo. Ou seja, além do poderio econômico, detém também o conhecimento técnico acerca do produto/serviço que comercializa.

Visando proporcionar maior proteção ao consumidor o Estado tratou de protegê-lo dispondo que a Política Nacional das Relações de Consumo tem por objetivo o atendimento das necessidades dos consumidores, o respeito à sua dignidade, saúde e segurança, a proteção de seus interesses econômicos, a melhoria da sua qualidade de vida, bem como a transparência e harmonia das relações de consumo, atendendo o reconhecimento da vulnerabilidade do consumidor no mercado de consumo (cf. art. 4º, I, CDC – Lei nº 8.078/1990).

De igual sorte é o tratamento que a Constituição Federal dá ao tema, determinando no art. 5º, XXXII, que o Estado deverá promover, nos termos da lei, a defesa do consumidor.

Tratando-se de um dos princípios norteadores do Direito do Consumidor, o princípio da vulnerabilidade do consumidor desdobra-se no princípio da elaboração das normas jurídicas e no princípio do sancionamento e interpretação das cláusulas e das normas jurídicas.

"Ressalte-se, que os contratos de aquisição de linha telefônica, assim como os contratos de participação financeira, são contratos de adesão, sendo aplicável a legislação consumerista, além de que se encontram presentes os princípios da vulnerabilidade do consumidor (art. 4°, I), o princípio do equilíbrio (art. 4°, III) e o princípio da boa-fé objetiva (art. 4º, III e 51, IV), todos ancorados no Código de Defesa do Consumidor" (TJ. APL 13099813/PR 1309981-3. Rel. Des. Humberto Gonçalves Brito, j. 11.08.2015, DJe 27.08.2015).

LISTA DE ABREVIATURAS E SIGLAS

AC – Apelação Cível.
ACIA – Ação Civil de Improbidade Administrativa.
ACJ – Ação Cível do Juizado Especial.
ACP – Ação Civil Pública.
ACR – Apelação Crime.
ACT – Acordo Coletivo de Trabalho.
ADC – Ação Direta de Constitucionalidade.
ADCT – Ato das Disposições Constitucionais Transitórias.
ACJ – Apelação Cível no Juizado Especial.
ADI – Ação Direta de Inconstitucionalidade.
Adin – Ação Direta de Inconstitucionalidade.
ADPF – Arguição de Descumprimento de Preceito Fundamental.
AGA – Agravo Regimental no Agravo de Instrumento.
AGI – Agravo de Instrumento.
AGPN – Agravo em Execução Penal.
AgR – Agravo Regimental.
Ag Reg – Agravo Regimental.
Ag Rg – Agravo Regimental.
AGTAMS – Agravo Interno na Apelação em Mandado de Segurança.
AGV – Agravo.
AGVPET – Agravo de Petição.
AIRR – Agravo de Instrumento em Recurso de Revista.
AM – Amazonas.
AMS – Apelação em Mandado de Segurança.
AP – Agravo de Petição.
APC – Apelação Cível.
APCV – Apelação Cível.
APCVREEX – Apelação Cível e Reexame Necessário.
APELREEX – Apelação/Reexame Necessário.
APL – Apelação.
APR – Apelação Criminal.
AR – Ação Rescisória.
ARE – Agravo no Recurso Especial.
AREsp – Agravo no Recurso Especial.
Art. – Artigo.
CC – Código Civil (Lei nº 10.406, de 10 de janeiro de 2002).
CC – Conflito de Competência.
CDC – Código de Defesa do Consumidor.
CE – Ceará.

CFC – Conselho Federal de Contabilidade.
CF – Constituição Federal.
CFR – Constituição Federal Republicana.
CJ – Conflito de Jurisdição.
CJF – Conselho da Justiça Federal.
CLT – Consolidação das Leis do Trabalho.
CNBS – Conselho Nacional de Biossegurança.
COFINS – Contribuição para o Financiamento da Seguridade Social.
CONAMA – Conselho Nacional do Meio Ambiente.
CONIMA – Conselho Nacional das Instituições de Mediação e Arbitragem.
CONTRAN - Conselho Nacional de Trânsito.
CP – Código Penal.
CPC – Código de Processo Civil.
CPI – Corte Penal Internacional.
CPP – Código de Processo Penal.
CTB – Código de Trânsito Brasileiro (Lei nº 9.503 de 23 de Setembro de 1997).
CTN – Código Tributário Nacional.
DeJT – Diário Eletrônico da Justiça do Trabalho.
Des. – Desembargador.
DF – Distrito Federal.
DIP – Direito Internacional Privado.
DJ – Diário de Justiça.
DJe – Diário de Justiça Eletrônico.
DJU – Diário de Justiça da União.
DNRC – Departamento Nacional do Registro de Comércio.
EC – Emenda Constitucional.
ECA – Estatuto da Criança e do Adolescente.
ED – Embargos de Declaração.
EDcl - Embargos de Declaração.
EDcl no CC - Embargos de Declaração no Conflito de Competência.
E.g. – *Exempli Gratia.*
EI – Embargos Infringentes.
EIA – Estudo de Impacto Ambiental.
EP – Execução Penal.
ES – Espírito Santo.
EXT. – Extradição.
HBC – Habeas Corpus.
HC – Habeas Corpus.
IBGC – Instituto Brasileiro de Governança Corporativa.
INPI – Instituto Nacional de Propriedade Industrial.

IPTU – Imposto sobre a Propriedade Predial e Territorial Urbana.
IR – Imposto sobre a Renda e Proventos de Qualquer Natureza.
ITCMD – Imposto sobre a Transmissão *Causa Mortis* e Doação de Bens e Direitos.
ITR – Imposto sobre a Propriedade Territorial Rural.
j. – Julgamento.
JECrim – Juizado Especial Criminal.
LACP – Lei de Ação Civil Pública.
LArb – Lei de Arbitragem.
LC – Lei Complementar.
LDO – Lei de Diretrizes Orçamentárias.
LEP – Lei de Execução Penal.
LINDB – Lei de Introdução às Normas de Direito Brasileiro.
LOA – Lei Orçamentária Anual.
LPI – Lei da Propriedade Industrial.
LRP – Lei de Registros Públicos.
LSA – Lei das Sociedades por Ações.
MA – Maranhão.
MG – Minas Gerais.
Min. – Ministro(a).
MP – Ministério Público.
MPDFT – Ministério Público do Distrito Federal e Territórios.
MPEs – Ministério Público dos Estados.
MPF – Ministério Público Federal.
MPM – Ministério Público Militar.
MPT – Ministério Público do Trabalho.
MPU – Ministério Público da União.
MTE – Ministério do Trabalho e Emprego.
OIT – Organização Internacional do Trabalho.
OEA - Organização dos Estados Americanos.
ONU – Organização das Nações Unidas.
P. – Página.
PA – Pará.
PAD – Processo Administrativo.
PE – Pernambuco.
PI – Piauí.
PNB – Política Nacional de Biossegurança.
PNRS – Política Nacional de Resíduos Sólidos.
PPA – Plano Plurianual.
PR – Paraná.
QUOAC – Questão de Ordem em Apelação Civil.
RCD – (Pedido de) Reconsideração.

Rcl – Reclamação.
RE – Recurso Extraordinário.
Rec Ord – Recurso Ordinário.
Rel. – Relator.
REO – Remessa *ex Officio*.
REOMS – Remessa *ex Officio* em Mandado de Segurança.
RESE – Recurso em Sentido Estrito.
REsp – Recurso Especial.
REXT – Recurso Extraordinário.
RI – Recurso Inominado.
RGPS – Regime Geral de Previdência Social.
RHC – Recurso Ordinário em *Habeas Corpus*.
RIPI – Regulamento do IPI.
RJ – Rio de Janeiro.
RMO – Remessa de Ofício.
RMS – Recurso em Mandado de Segurança.
RO – Recurso Ordinário.
RO – Rondônia.
ROMS – Recurso Ordinário em Mandado de Segurança.
ROPS – Recurso Ordinário Procedimento Sumaríssimo.
RR – Recurso de Revista.
RS – Rio Grande do Sul.
RSE – Recurso em Sentido Estrito.
RVCR – Revisão Criminal.
SAC – Serviço de Atendimento ao Consumidor.
SC – Santa Catarina.
SE – Sergipe.
SISNAD – Sistema Nacional de Políticas Públicas sobre Drogas.
SP – São Paulo.
STF – Supremo Tribunal Federal.
STJ – Superior Tribunal de Justiça.
Sum. – Súmula.
SUS – Sistema único de Saúde.
T. – Turma.
TIC's – Tecnologias de Informação e Comunicação.
TJ – Tribunal de Justiça.
TNU – Turma Nacional de Uniformização.
TPI – Tribunal Penal Internacional.
TRE – Tribunal Regional Eleitoral.
TRF – Tribunal Regional Federal.
TSE – Tribunal Superior Eleitoral.
TST – Tribunal Superior do Trabalho.
vol. – Volume.

BIBLIOGRAFIA

ALEXANDRINO, Marcelo. Direito Administrativo Descomplicado / Marcelo Alexandrino, Vicente Paulo. – 19 ed. rev. e atual. - Rio de Janeiro: Forense; São Paulo: Método, 2011.

ALEXY, Robert. Teoria dos direitos fundamentais. Trad.; Virgílio Afonso da Silva. São Paulo: Malheiros, 2008.

ALMEIDA, João Batista de. Manual de direito do consumidor / João Batista de Almeida. – 4 ed. rev. – São Paulo: Saraiva, 2010.

ALVIM, Eduardo Arruda. Curso de direito processual civil. São Paulo: Ed. RT, 2000. V. 1.

AMARO, Luciano. Direito Tributário Brasileiro. 15ª edição, São Paulo: Saraiva, 2009.

ANTUNES, Paulo de Bessa. Direito Ambiental. 7ª ed. Rio de Janeiro: Lumen Juris, 2004.

ANTUNES, Paulo de Bessa. Política Nacional do Meio Ambiente – PNMA: Comentários à Lei 6.938, de 31 de agosto de 1981. Rio de Janeiro: Lumen Juris, 2005.

ARAUJO JÚNIOR, Gediel Claudino de. Prática no processo civil: cabimento / ações diversas, competência, procedimentos, petições; modelos / Gediel Claudino de Araujo Júnior. – 11. ed. – 2. Reimpr. – São Paulo: Atlas, 2008.

ASSIS NETO, Sebastião de. Manual de direito civil / Sebastião de Assis Neto, Marcelo de Jesus, Maria Izabel de Melo. 5. ed. ver., ampl. e atual. – Salvador: Juspodivm, 2016.

AZEVEDO, André Gomma (org.). 2009. Manual de Mediação Judicial (Brasília/DF: Ministério da Justiça e Programa das Nações Unidas para o Desenvolvimento – PNUD).

BANDEIRA de MELLO, Celso Antônio. Curso de direito administrativo. 13. ed. São Paulo: Malheiros, 2001.

BANDEIRA de MELLO, Celso Antônio. Curso de direito administrativo. 19ª ed., São Paulo, Malheiros, 2005.

BARBOSA, Rui. Oração aos moços / Rui Barbosa; edição popular anotada por
Adriano da Gama Kury. – 5. ed. – Rio de Janeiro : Fundação Casa de Rui Barbosa, 1997.

BARROSO, Luís Roberto. Curso de Direito Constitucional Contemporâneo. 2ª edição. São Paulo: Saraiva, 2010.

BASTOS, Celso Ribeiro e MARTINS, Ives Granda. Comentários à Constituição do Brasil. 4º volume – tomo I. 3.ed. atual. - São Paulo: Saraiva, 2002.

BATISTA, Nilo. Introdução Crítica ao Direito Penal Brasileiro. 4. ed. Rio de Janeiro: Revan, 2001.

BEBBER, Júlio César. Princípios do processo do trabalho. São Paulo: LTr, 1997.

BECKER, Verena Nygaard. A categoria jurídica dos atos existenciais. Revista da Faculdade de Direito de Porto Alegre, ano. 7/8, p. 15-53, 1973/1974.

BEVERIDGE, William. O Plano Beveridge: Relatório sobre o seguro social e serviços afins. Rio de Janeiro: José Olympio, 1942.

BEZERRA LEITE, Carlos Henrique. Curso de Direito Processual do Trabalho – 5ª ed. 1. tir. – São Paulo: LTr, 2007.

BEZERRA LEITE, Carlos Henrique. Curso de Direito Processual do Trabalho – 11ª ed. – São Paulo: LTr, 2013.

BIANCHINI, Alice. Considerações Críticas ao Modelo de Política Criminal Paleorepressiva in Revista dos Tribunais. nº 772, 89º ano, Fevereiro de 2000.

BOBBIO, Norberto. Teoria geral da política: a filosofia política e as lições dos clássicos. Trad. Daniela Beccaccia Versiani. Rio de Janeiro: Campus, 2000.

BONATTO, Cláudio. Questões controvertidas no Código de Defesa do Consumidor: principiologia, conceitos, contratos. 4ª ed.. – Porto Alegre: Livraria do Advogado, 2003.

BONFIM, Edilson Mougenot. Curso de processo penal. 3.ed. rev., atual e ampl. São Paulo: Saraiva, 2008.

BUENO, Cássio Scarpinella. Curso Sistematizado de Direito processual Civil. Tutela Jurisdicional Executiva. 7ª ed. rev. e atual. Saraiva: São Paulo. 2014.

CABRAL, Érico de Pina. A "autonomia" no direito privado. In: Revista de Direito Privado. São Paulo: Revista dos Tribunais, jul/set 2004.

CANOTILHO, J. J. Gomes. Direito constitucional e teoria da Constituição. 6. ed. rev. Coimbra: Almedina, 1993.

CAPEZ, Fernando. Curso de Direito Penal: parte geral. Vol. 1. 9. ed. rev. e atual. São Paulo: Saraiva, 2005.

CAPEZ, Fernando. Curso de direito penal – parte geral. V. 1. 10. ed. São Paulo: Saraiva, 2006.

CAPEZ, Fernando. Curso de Direito Penal. 1° vol. 16° ed. São Paulo: Saraiva, 2012.

CARRAZZA, Roque Antônio. Curso de Direito Constitucional Tributário. 8a ed. São Paulo: Revista dos Tribunais, 1996.

CARRAZZA, Roque Antonio. Curso de direito constitucional tributário. 27. ed. São Paulo: Malheiros, 2011.

CARRION, Valentin. Comentários à consolidação das leis do trabalho. 25ª ed. São Paulo: Saraiva, 2000.

CARVALHO, Afrânio de. Registro de Imóveis: comentários ao sistema de registro em face da Lei nº 6015, de 1973, com as alterações da Lei nº 6.216, de 1975. 2º Ed. Rio de Janeiro: Forense, 1977.

CARVALHO FILHO, José dos Santos. Manual de Direito Administrativo, Rio de janeiro: Editora Lumen Juris, 2009.

CARVALHO FILHO, José dos Santos. Manual de direito administrativo / José dos Santos Carvalho Filho. – 31. ed. rev., atual. e ampl. – São Paulo: Atlas, 2017.

CARVALHO, Paulo de Barros. *Curso de Direito Tributário*. 25 ed. São Paulo: Saraiva, 2013.

CARVALHO, Rezende Oliveira. — 5. ed. rev., atual. e ampl. — Rio de Janeiro: Forense; São Paulo: MÉTODO, 2017.

CARVALHOSA, Modesto. Direito Econômico. São Paulo: Editora Revista dos Tribunais, 1973.

CASALINO, Vinícius. Direito tributário. São Paulo: Saraiva, 2012. – (Coleção concursos públicos: nível médio e superior).

CASTRO, Carlos Alberto Pereira de; LAZZARI, João Batista. Manual de Direito Previdenciário São Paulo, LTR, 2006, 7ª edição.

CASTRO, Carlos Alberto Pereira de. Manual de Direito Previdenciário / Carlos Alberto Pereira de Castro, João Batista Lazzari. – 23. ed. – Rio de Janeiro: Forense, 2020.

CASTRO, Guilherme Couto de. Direito Civil: Lições – 6ª edição / Guilherme Couto de Castro. – Niterói, RJ: Impetus, 2016.

CENEVIVA, Walter. Manual do registro de imóveis. Rio de Janeiro: Freitas Bastos, 1988.

CHAISE, Valéria Falcão. A publicidade em face do Código de Defesa do Consumidor. São Paulo: Saraiva, 2001.

CHIOVENDA, Giuseppe. Instituições de Direito Processual Civil. Bookseller: Campinas, 1998, vol. I.

CINTRA, Antonio Carlos de Araújo; GRINOVER, Ada Pellegrini; DINAMARCO, Candido Rangel. Teoria geral do processo. 20. Ed. São Paulo: Malheiros Editores, 2004.

CINTRA, Antônio Carlos de Araújo; GRINOVER, Ada Pellegrini; e DINAMARCO, Cândido Rangel. Teoria Geral do Processo. 28 ed. São Paulo: Malheiros, 2012.

CLÉVE, Clèmerson Merlin. *Temas de direito constitucional.* São Paulo: Acadêmica, 1993.

CLT: Consolidação das Leis do Trabalho / Renato Saraiva (org.). – 4.ª ed. – Rio de Janeiro: Forense; São Paulo: MÉTODO, 2011.

COELHO, Fábio Ulhoa. Curso de direito comercial. 2.ª ed. rev. atual. São Paulo: Saraiva, 2000. v. 2. p.15.

COELHO, Fábio Ulhoa. Manual de Direito Comercial, Editora Saraiva, 10ª Edição, 1999.

COÊLHO, Sacha Calmon Navarro. Curso de direito tributário brasileiro / Sacha Calmon Navarro Coêlho. – 12ª ed. rev. e atual. – Rio de Janeiro: Forense, 2012.

Coletânea básica penal. – 6. ed. – Brasília : Senado Federal, Coordenação de Edições Técnicas, 2016.

CRETELLA JÚNIOR. José. Licitações e Contratos do Estado. 2a ed. Rio de Janeiro: Forense, 1999.

CRETTON, Ricardo Aziz. Os princípios da proporcionalidade e da razoabilidade e sua aplicação no Direito Tributário, Rio de Janeiro, Lumen Juris, 2001.

CRUZ, Paulo Márcio. O princípio republicano: aportes para um entendimento sobre o interesse da maioria. Revista de Estudos Constitucionais, Hermenêutica e Teoria do Direito. Jan-jun 2009.

CRUZ, Vitor. Constituição federal anotada para concursos / Vítor Cruz. -- 9. ed. – Rio de Janeiro: Ferreira, 2017.

CUNHA, Rogério Sanches. Execução Penal para Concursos: LEP / coordenador Ricardo Didier - 6. ed. rev., atual, e ampl. - Salvador: Juspodivm, 2016.

DELGADO, Maurício Godinho. Curso de Direito do Trabalho. 6. ed. São Paulo: LTr, 2007, p. 1401.

DELGADO, Mauricio Godinho. Curso de Direito do Trabalho, 7ª ed. São Paulo: LTr, 2008.

DELGADO, Maurício Godinho. Curso de direito do Trabalho. – 10 ed. São Paulo: LTr, 2011.

DELGADO, Maurício Godinho. A reforma trabalhista no Brasil: novos comentários à Lei n. 13.467/2017. 1ª edição. São Paulo. Editora LTDA. 2017.

DIAS, Eduardo Rocha; MACÊDO, José Leandro Monteiro de. Curso de Direito Previdenciário – São Paulo: Método, 2008.

DIAS, Maria Berenice. Manual de direito das famílias / Maria Berenice Dias. – 4 ed. rev., atual. e ampl. – São Paulo: Editora Revista dos Tribunais, 2007.

DIAS, Maria Berenice. Manual de direito das famílias (livro eletrônico) / Maria Berenice Dias. -- 4. ed. – São Paulo: Editora Revista dos Tribunais, 2016.

DIDIER JUNIOR, Fredie. Curso de Direito Processual Civil, 11ª ed. Bahia: Ed. Jus Podivm, 2009.

DINIZ, Maria Helena. Lei de Introdução ao Código Civil Brasileiro Interpretada. – 2 ed. - Editora Saraiva, 1996.

DINIZ, Maria Helena. Curso de Direito Civil Brasileiro: teoria das obrigações contratuais e extracontratuais. 23.ed. São Paulo: Saraiva, 2007, v.III.

DINIZ, Maria Helena. Curso de Direito Civil Brasileiro, São Paulo, Saraiva, 27ª ed., v. 5. 2010.

DINIZ, Maria Helena. Curso de Direito Civil Brasileiro: teoria das obrigações contratuais e extracontratuais. 27 ed. São Paulo: Saraiva, 2011.

DI PIETRO, Maria Sylvia Zanella, Direito administrativo. 18. ed. São Paulo: Atlas, 2005.

DI SARNO, Daniela Campos Libório. Elementos de Direito Urbanístico. Barueri: Manole, 2004.

DOS SANTOS, Eduardo R. Princípios Processuais Constitucionais / Eduardo Rodrigues dos Santos- Salvador: JusPODIVM, 2016.

EFING, Antônio Carlos, Fundamentos do direito das relações de consumo – 2ª ed. – Curitiba : Juruá, 2004.

E SILVA, Rinaldo Mouzalas de Souza. Processo Civil. Volume único. 6ª ed. rev. ampl. e atual. – Salvador: Juspodivm, 2013.

FARIAS, Cristiano Chaves de; Rosenvald, Nelson. Direito civil: teoria geral/Cristiano Chaves de Farias e Nelson Rosenvald. – Rio de Janeiro: Editora Lumen Juris, 2007.

FARIAS, Cristiano Chaves de. Curso de Direito Civil: famílias / Cristiano Chaves de Farias e Nelson Rosenvald. --, vol. 6 - 5ª ed. - São Paulo: 2013.

FARIAS, Cristiano Chaves de. Curso de direito civil: obrigações / Cristiano Chaves de Farias, Nelson Rosenvald – 11. ed. rev., ampl. e atual. – Salvador: Ed. JusPodivm, 2017.

FERRAZ, Sérgio e DALLARI, Adilson Abreu. Processo Administrativo. 3ª ed., rev. e ampl. --. São Paulo: Malheiros, 2012. (VER DISPOSIÇÃO DOS TERMOS)

FERREIRA, Aurélio Buarque de Holanda. Novo Dicionário da língua portuguesa. Rio de Janeiro: Editora Nova Fronteira, 1986.

FERREIRA FILHO, Manoel Gonçalves. O poder constituinte. São Paulo: Saraiva, 1985.

FERREIRA FILHO, Manoel Gonçalves. Curso de Direito Constitucional. 33 Ed. Ver. e at. São Paulo: Saraiva, 2007.

FONSECA, João Bosco Leopoldino. Direito Econômico. 2ª Edição, Rio de Janeiro: Editora Forense, 1997.

FORNACIARI JR., Clito. O novo processo como uma nova filosofia. Tribuna do Direito. ago. 2015.

FOUCAULT, Michel. Vigiar e Punir: nascimento da prisão. Tradução de Raquel Ramalhete. Petrópolis: Vozes, 1987.

FRANÇA, R. Limongi. Enriquecimento sem Causa. Enciclopédia Saraiva de Direito. São Paulo: Saraiva, 1987.

FRANCO, Ricardo César; KOHARA, Paulo Keishi Ichimura. Entre a Lei e a Voluntariedade: O Modelo Institucional de Resolução Extrajudicial de Conflitos em Defensorias Públicas. Revista da Defensoria Pública, a. 5, v. 1, p. 81-101, 2012.

GAGLIANO, Pablo Stolze; PAMPLONA FILHO, Rodolfo. Novo Curso de Direito Civil. Parte Geral. Vol. I. 13ª Edição. São Paulo: Saraiva. 2011.

GAJARDONI, Fernando; MEDINA, Fábio Araújo. Procedimentos cautelares e especiais. vol. 4. 2.ed. São Paulo: RT, 2010.

GARCIA, Leonardo de Medeiros. Direito do Consumidor. – 10ª edição, revista, ampliada e atualizada. – Salvador: Juspodivm, 2016.

GODOY, Cláudio Luiz Bueno de. Função social do contrato. São Paulo: Saraiva, 2004, p. 118).

GOMES, Luiz Flávio. Direito penal: introdução e princípios fundamentais: volume 1 – São Paulo: Editora Revista dos Tribunais, 2007. p. 531.

GOMES CANOTILHO, José Joaquim. Estado de direito. Lisboa: Gradiva Publicações, 1999.
GONÇALVES, Carlos Roberto. Direito Civil Brasileiro. Volume V. Direito das Coisas. São Paulo: Saraiva. 2006.

GONÇALVES, Carlos Roberto. Direito civil brasileiro, volume 2: teoria geral das obrigações / Carlos Roberto Gonçalves. – 7 ed. – São Paulo: Saraiva, 2010.

GONÇALVES, Carlos Roberto. Direito civil brasileiro, volume 3: contratos e atos unilaterais / Carlos Roberto Gonçalves. – 7 ed. – São Paulo: Saraiva, 2010.

GONÇALVES, Carlos Roberto. Direito civil brasileiro, volume 5: direito das coisas / Carlos Roberto Gonçalves. – 5 ed. – São Paulo: Saraiva, 2010.

GONÇALVES, Carlos Roberto. Direito civil brasileiro, volume 6: direito de família / Carlos Roberto Gonçalves. – 7 ed. rev. e atual. – São Paulo: Saraiva, 2010.

GONÇALVES, Carlos Roberto. Direito civil brasileiro, volume 7: direito das sucessões / Carlos Roberto Gonçalves. – 4 ed. – São Paulo: Saraiva, 2010.

GONÇALVES, Marcus Vinicius Rios. Direito processual civil esquematizado / Marcus Vinicius Rios Gonçalves. – 8. ed. – São Paulo: Saraiva, 2017. (Coleção esquematizado / coordenador Pedro Lenza)

GRECO, Rogério. Curso de Direito Penal. 4ª ed. Rio de Janeiro: Editora Impetus, 2004.

GRECO, Rogério. Código Penal: comentado / Rogério Greco. – 11. ed. – Niterói, RJ: Impetus, 2017.

Instituto Brasileiro de Governança Corporativa. Código das melhores práticas de governança corporativa. 5. ed. / Instituto Brasileiro de Governança Corporativa. – São Paulo, SP: IBGC, 2015.

JACOBINA, Paulo Vasconcelos. A publicidade no direito do consumidor. 1. ed. Rio de Janeiro: Forense, 1996.

JUSTEN FILHO, Marçal. Comentários à Lei de Licitações e Contratos. 11.ed., São Paulo: Dialética, 2006.

KELSEN, Hans. A Democracia. São Paulo: Martins Fontes, 2000.

KELSEN, Hans. Teoria Geral do Direito e do Estado. São Paulo: Martins Fontes, 2000.

KELSEN, Hans. O que é justiça? A Justiça, o Direito e a Política no espelho da ciência. São Paulo: Martins Fontes, 2001.

KOZIKOSKI, Sandro Marcelo. Sistema recursal: CPC 2015: em conformidade com a Lei n. 13.256/2016 / Sandro Marcelo Kozikoski. -- 1 ed., ed. Salvador: JusPodivm, 2016.
KRAVCHYCHYN, Jefferson Luis. Prática processual previdenciária: administrativa e judicial / Jefferson Luis Kravchychyn... [et al.]. – 5. ed. rev., atual. e ampl. – Rio de Janeiro: Forense, 2014.

LACERDA, Galeno. O Código como Sistema legal de adequação do processo. Em: Revista do Instituto dos Advogados do Rio Grande do Sul — Comemorativa do Cinqüentenário. Porto Alegre, 1976, p. 164.

LEITE. Carlos Henrique Bezerra. Curso de Direito Processual do Trabalho. 5. ed. São Paulo: LTR, 2007.

LENZA, Pedro. Direito Constitucional Esquematizado. 12ª edição. São Paulo: Saraiva, 2008.

LENZA, Pedro. Direito constitucional esquematizado. 13 ed., rev., atual. e ampl. São Paulo: Saraiva. 2009.

LENZA, Pedro. Direito Constitucional Esquematizado / Pedro Lenza – 14. ed. rev. atual. e ampl. - São Paulo: Saraiva, 2010.

LIBERATI, Wilson Donizeti. O Estatuto da Criança e do Adolescente Comentado. São Paulo: IBPS. 1991.

LIMA, Renato Brasileiro de. Manual de processo penal: volume único / Renato Brasileiro de Lima – 4. ed. rev., ampl. e atual. – Salvador: Ed. JusPodivm, 2016.

LIMA, Renato Brasileiro de. Código de Processo Penal comentado / Renato Brasileiro de Lima – 2. ed. rev. e atual. – Salvador: JusPodivm, 2017.

LÔBO, Paulo Luiz Netto. Direito de família, relações de parentesco, direito patrimonial. In: AZEVEDO, Álvaro Villaça (coord.). Código Civil comentado. São Paulo: Atlas, 2003. v. 16.

LOPES JR, Aury. Direito Processual Penal, 10ª ed. – São Paulo: Saraiva, 2013.

MACHADO, Martha. A proteção constitucional de crianças e adolescentes e os direitos humanos. Barueri, SP: Manole, 2003.

MARINONI, Luiz Guilherme & MITIDIERO, Daniel. Código de Processo Civil, 4. Ed., São Paulo: Revista dos Tribunais, 2012.

MARTINEZ, Vinício. Estado de Direito. Revista Jus Navigandi, ISSN 1518-4862, Teresina, ano 11, n. 918, 7 jan. 2006. Disponível em: <https://jus.com.br/artigos/7786>. Acesso em: 25 ago. 2017.

MARTINEZ, Wladimir Novaes. Comentários à Lei Básica da Previdência Social – 7ª ed. – São Paulo: LTr, 2006.

MARTINS, Sérgio Pinto. Direito do Trabalho. São Paulo: Editora Atlas, 2005.

MARTINS, Sérgio Pinto. Direito da seguridade social. 26 ed. São Paulo (SP): Atlas, 2008.

MARTINS-COSTA, Judith; BRANCO, Gerson Luiz Carlos. Diretrizes teóricas do novo código civil brasileiro. São Paulo: Saraiva, 2002, p. 131

MARTINS FILHO, Ives Gandra da Silva. Processo coletivo do trabalho. 4. ed. São Paulo: LTr, 2009.

MASSON, Cleber. Código Penal comentado / Cleber Masson. 2. ed. rev., atual. e ampl. – Rio de Janeiro: Forense; São Paulo: MÉTODO, 2014.

MAXIMILIANO, Carlos. Hermenêutica e Aplicação do Direito. 19ª ed. Rio de Janeiro: ed. Forense. 2003.

MEDAUAR, Odete. Direito Administrativo Moderno. 8ª ed. São Paulo: Revista dos Tribunais, 2004, p. 203).

MEDINA, José Miguel Garcia. Código de processo civil comentado: com remissões e notas comparativas ao projeto do novo CPC. São Paulo: Editora Revista dos Tribunais, 2011.

MEIRELLES, Hely Lopes. Direito Administrativo Brasileiro. São Paulo: Malheiros, 2009.

MELLO, Celso Antônio Bandeira de. Conteúdo jurídico do princípio da igualdade. 3.ed. São Paulo: Malheiros, 2003.

MELLO, Celso Antônio Bandeira de. Curso de Direito Administrativo. 15ª. ed. São Paulo: Malheiros, 2003.

MELLO, Cleyson de Moraes. Direito civil: contratos / Cleyson de Moraes Mello. - 2. ed. - Rio de Janeiro: Freitas Bastos Editora, 2017.

MELLO, Sônia Maria Vieira de. O Direito do Consumidor na Era da Globalização: a descoberta da cidadania. Rio de Janeiro: Renovar, 1998.

MENDES, Gilmar Ferreira; COELHO, Inocêncio Mártires; BRANCO, Paulo Gustavo Gonet. Curso de Direito Constitucional. São Paulo: Saraiva, 2007.

MENDES, Gilmar Ferreira. Curso de direito constitucional / Gilmar Ferreira Mendes, Paulo Gustavo Gonet Branco. – 12. ed. rev. e atual. – São Paulo: Saraiva, 2017.

MENEGATTI, Christiano Augusto. O Jus Postulandi e o Direito Fundamental de Acesso à Justiça. – São Paulo: LTr, 2011.

MEIRELLES, Hely Lopes. *Direito administrativo brasileiro*, São Paulo, Malheiros, 1993.

MEIRELLES. Hely Lopes. Direito Administrativo Brasileiro. 22ª ed. Malheiros: São Paulo, 1997.

MIARELLI, Mayra Marinho; LIMA, Rogério Montai. Ativismo Judicial e a Efetivação de direitos no Supremo Tribunal Federal. Porto Alegre: Sergio Antonio Fabris, 2012.

MILARÉ, Edis. Direito do Ambiente. 2. Ed. – São Paulo: Editora RT, 2001.

MIRABETE, Julio Fabbrini. Processo penal. 17 ed. São Paulo: Atlas, 2005.

MIRABETE, Julio Fabbrini. Processo Penal. 18. Ed. São Paulo: Atlas, 2008.

MIRANDA, Pontes de. Comentários ao Código de Processo Civil. Dos Recursos. Tomo VII – Forense: Rio de Janeiro: Forense, 1975.

MONTESQUIEU, Charles de Secondat, Baron de, 1689-1755. O espírito das leis / Montesquieu; apresentação Renato Janine Ribeiro; tradução Cristina Murachco. - São Paulo: Martins Fontes, 1996. - (Paidéia).

MORAES, Alexandre de. Direito Constitucional, 6ª ed. São Paulo: Atlas, 1999.

MORAES, Alexandre de. Direito constitucional. 18. ed. São Paulo: Atlas, 2005.

NADER, Paulo. Curso de direito civil, v. 3: Contratos/Paulo Nader. – Rio de Janeiro: Forense, 2010.

NERY JR., Nélson e ANDRADE NERY, Rosa Maria de. Código Civil Comentado e Legislação Extravagante. 3ª ed. São Paulo: Revista dos Tribunais. 2005.

NERY JÚNIOR, Nelson. Princípios do processo civil na constituição federal. 5. ed. rev. e ampl. São Paulo: Revista dos Tribunais, 1999.

NERY JÚNIOR, Nelson. Rosa Maria de Andrade. Código Civil Anotado e Legislação Extravagante. São Paulo: Revista dos Tribunais, 2003.

NEVES, Daniel Amorim Assumpção. Manual de direito processual civil: volume único. 3. ed. São Paulo: Método, 2011.

Novo código de processo civil anotado / OAB. – Porto Alegre: OAB RS, 2015.

Novo Código de Processo Civil anotado e comparado para concursos / coordenação Simone Diogo Carvalho Figueiredo. – São Paulo: Saraiva, 2015.

NUCCI, Guilherme de Souza. Manual de direito penal: parte geral: parte especial. – 5 ed. rev., atual. e ampl. – São Paulo: Editora Revista dos Tribunais, 2009.

NUCCI, Guilherme de Souza. Manual de processo penal e execução penal / Guilherme de Souza Nucci. – 13. ed. rev., atual. e ampl. – Rio de Janeiro: Forense, 2016.

NUNES, Luis Antonio Rizzatto. Curso de direito do consumidor / Rizzatto Nunes. – 7. ed. rev. e atual. – São Paulo: Saraiva, 2012.

NUSDEO, Fábio. Curso de economia: introdução ao direito econômico. 3. ed. São Paulo: Revista dos Tribunais, 2001.

OLIVEIRA, Régis Fernandes de; HORVATH, Estevão; e TAMBASCO, Teresa Cristina Castrucci. Manual de Direito Financeiro, São Paulo, Editora Revista dos Tribunais, 1990.

OLIVEIRA, Rafael Carvalho Rezende. Curso de Direito Administrativo / Rafael

PEREIRA, Caio Mário da Silva. Teoria Geral das Obrigações. 24. ed. Rio de Janeiro: Forense, 2011. (Instituições de Direito Civil, vol. 2).

PALUDO, Augustinho. Administração pública / Augustinho Paludo. – 3. ed. – Rio de Janeiro: Elsevier, 2013.

PASQUALOTTO, Adalberto. Os Efeitos Obrigacionais da Publicidade. São Paulo : Revista dos Tribunais, 1997.

PAULO, Vicente. Direito Constitucional descomplicado / Vicente Paulo, Marcelo Alexandrino. – 4. ed., rev. e atualizada. - Rio de Janeiro: Forense; São Paulo: MÉTODO: 2009.

PAULSEN, Leandro. Curso de direito tributário completo / Leandro Paulsen. – 8. ed. – São Paulo: Saraiva, 2017.

PEREIRA, Leone. Manual de processo do trabalho. 2. ed. – São Paulo: Saraiva, 2013.

PEREIRA, Rodrigo da Cunha. A desigualdade dos gêneros, o declínio do patriarcalismo e as discriminações positivas. In: ------ (coord.). *Anais do I Congresso Brasileiro de Direito de Família*. Repensando o direito de família. Belo Horizonte: Del Rey, 1999.

PIOVESAN, Flávia. Direitos humanos e o direito constitucional internacional. 2 ed. - São Paulo: Max Limonad, 1997.

PLÁ RODRIGUES, Américo. Princípios de direito do trabalho. 3. ed. São Paulo: LTr, 2000.

RAMOS, André de Carvalho. Processo Internacional de Direitos Humanos. 4. ed. São Paulo: Saraiva, 2014.

REALE, Miguel. Teoria do direito e do Estado. 2 ed. São Paulo: Martins, 1960;

REALE, Miguel. Filosofia do Direito. 11. ed. São Paulo: Saraiva, 1986.

REALE, Miguel. Lições Preliminares de Direito. 27ª ed. São Paulo: Saraiva, 2003.

REALE, Miguel. Filosofia do Direito. 20. ed. 5.tir. São Paulo: Saraiva, 2008.
RECHSTEINER, Beat Walter. Direito internacional privado: teoria e prática. 10. ed. São Paulo: Saraiva, 2007.

RIPERT, Georges. A regra moral nas obrigações civis. Campinas: ed. Bookseller, 2000, trad. Osório de Oliveira.

RODRIGUES, Silvio. Direito Civil: Dos Contratos e das Declarações Unilaterais da Vontade. 28. ed. São Paulo: Saraiva.

ROSSEAU, Jean-Jacques. Discurso sobre a origem e os fundamentos da desigualdade entre os homens. Trad. Maria Ermantina Galvão, São Paulo: Martins Fontes, 1999.

SANCHES, Osvaldo Maldonado. Dicionário de orçamento, planejamento e áreas
afins. 2. ed. atual. e ampl. Brasília: OMS, 2004.

SARMENTO, Daniel. Direitos fundamentais e relações privadas. 2. ed. Rio de Janeiro: Lumen Juris, 2006.

SARTORI, Giovanni. A teoria da democracia revisitada: o debate contemporâneo. v. 1, [s. l.], Editora Ática, 1994.

SCHIAVI, Mauro. Manual de Direito Processual do Trabalho. 5 ed. São Paulo: LTr, 2012.

SETTE, André Luiz Menezes Azevedo. Direito dos contratos: seus princípios fundamentais sob a ótica do Código Civil de 2002. Belo Horizonte: Mandamentos, 2003.

SIDOU, J. M. Othon. Dicionário Jurídico: Academia Brasileira de Letras Jurídicas. 4. Ed. – Rio de Janeiro: Forense Universitária, 1997.

SILVA, Denise Maria Perissini da. Mediação e Guarda Compartilhada: Conquistas para a Família. Curitiba: Juruá, 2011.

SILVA, Fernanda Duarte Lopes Lucas da. Princípio constitucional da igualdade. 2. ed. Rio de Janeiro: Lumen Juris, 2003.

SILVA, Igor Luis Pereira e. Princípios Penais. Salvador: Jus Podium, 2012.

SILVA, João Teodoro. Serventias Judiciais e Extrajudiciais, Belo Horizonte, Serjus, 1999, p. 17.

SILVA, José Afonso da. Curso de direito constitucional positivo. 9. ed. São Paulo: Malheiros, 1992.

SILVA, José Afonso da. Curso de direito constitucional positivo. 23. ed. São Paulo: Malheiros, 2004.

SILVA, José Geraldo da. Dos recursos em matéria de trânsito / José Geraldo da Silva, Eron Veríssimo Gimenes e Roberta Ceriolo Sophi. – 9 ed. – São Paulo: Millennium Editora, 2010.

SILVA, De Plácido e. Vocabulário jurídico. 14. ed. rev. e atual. por Nagib Slaibi Filho e Geraldo Magela Alves. Rio de Janeiro: Forense, 1998.

SILVA, Rinaldo Mouzalas de Souza e. Processo Civil - Volume Único. 6 ed. rev. ampl. e atual. Bahia: Juspodivm, 2013.

SMANIO, Gianpaolo Poggio. Interesses difusos e coletivos. 8. ed. São Paulo: Atlas, 2007.

SOUZA, Alberto Bezerra de. JurisFavoravel: Consumidor. / Alberto Bezerra de Souza. – Fortaleza: Judicia Cursos Profissionais, 2013.

SOUZA, João Luiz Bonelli de. Guia prático para recursos de infrações de trânsito./ João Luiz Bonelli de Souza – Curitiba: Juruá, 2017.

SPITZCOVSKY, Celso. Direito eleitoral. 2 ed. rev. atual. e ampl. – São Paulo: Editora Revista dos Tribunais, 2014. - (Coleção elementos do direito; v. 20 / coordenação Marco Antônio Araújo Jr., Darlan Barroso).

STUMM, Raquel Denise. Princípio da Proporcionalidade. POA: Livraria do Advogado, 1995.

SUSSEKIND, Arnaldo. Curso de Direito do Trabalho. 3ª ed. Revista e atualizada. Rio de Janeiro: Renovar, 2010.

TARTUCE, Fernanda. Mediação nos Conflitos Civis. 2. ed. rev. atual. e ampl. Rio de Janeiro: Forense; São Paulo: MÉTODO: 2015.

TAVARES, André Ramos. Curso de Direito Constitucional. - 4 ed. - São Paulo: Saraiva, 2006.

TAVARES, André Ramos; AGRA, Walber de Moura; PEREIRA, Luiz Fernando (Coord.). O direito eleitoral e o novo Código de Processo Civil. Belo Horizonte: Fórum, 2016.

TEIXEIRA FILHO, João de Lima. A Organização Sindical na Constituição Federal de 1988, Revista de Direito do Trabalho, nº 82, jun. 1993.

TESHEINER, José Maria Rosa - "Elementos para uma teoria geral do processo", São Paulo. Saraiva, 1993.

THEODORO JÚNIOR, Humberto, Curso de Direito Processual Civil, volumes I- II- III. Rio de Janeiro, Editora Forense, 2001.

THEODORO JÚNIOR, Humberto. Teoria Geral do Direito Processual Civil I. 53. ed. Rio de Janeiro: Editora Forense, 2012.

TOLEDO, Francisco de Assis. Princípios Básicos de Direito Penal. 5. ed., São Paulo: Ed. Saraiva, 1994.

TOMAZETTE, Marlon. Curso de Direito empresarial: Títulos de crédito, vol. 2, 5ª ed., São Paulo: Atlas, 2014, p. 34/36.

TORRES, Ricardo Lobo. O orçamento na Constituição. Rio de Janeiro: Renovar, 1995.

TORRES, Ricardo Lobo. *Tratado de direito constitucional, financeiro e tributário*. vol. 2. Rio de Janeiro: Renovar, 2005.

TOURINHO FILHO, Fernando da Costa. Processo Penal. 30. Ed. São Paulo: Saraiva, 2008.

TOURINHO FILHO, Fernando da Costa. *Manual de processo penal.* 15. ed. São Paulo: Saraiva, 2012.

VATTEL, Emer de. O direito das gentes. Brasília: Editora Universidade de Brasília: Instituto de Pesquisa de Relações Internacionais, 2004.

VENOSA, Sílvio de Salvo. Direito civil: teoria geral das obrigações e teoria geral dos contratos/Sílvio de Salvo Venosa. – 6. Ed. - São Paulo: Atlas, 2006. – (Coleção direito civil; v. 2)

VENOSA, Sílvio de Salvo. Direito civil: direitos reais/Sílvio de Salvo Venosa. – São Paulo: Atlas, 2010. – (Coleção direito civil; v. 5)

VIEIRA, Oscar Vilhena. Que Reforma? USP – Estudos Avançados, v. 18, nº 51, maio/ago. 2004.

ZAVASCKI, Teori Albino. Antecipação de Tutela. São Paulo: Saraiva, 1997.

NOTAS

[1]
http://www.dicionarioinformal.com.br/t%C3%ADtulo%20de%20cr%C3%A9dito/ - Acesso em 04 dez. 2016 às 13:41.
Princípio da Abstração (Títulos de Crédito).
[2]
http://www.stj.jus.br/SCON/servlet/ThesMain - Acesso em 04 dez. 2016 às 15:00.
http://www.viajus.com.br/viajus.php?pagina=artigos&id=1468&idAreaSel=15&seeArt=yes - Acesso em 16 abr. 2015 às 20:33.
http://www.cartaforense.com.br/conteudo/artigos/principio-da-proporcionalidade-no-direito-processual-penal/4208 - Acesso em 16 abr. 2015 às 21:22.
Princípio da *Actio Nata*.
[3]
http://www.stf.jus.br/portal/jurisprudencia/pesquisarJurisprudencia.asp?txtPesquisaLivre=PRINC%C3%8DPIO%20DA%20ADEQUA%C3%87%C3%83O%20SETORIAL%20NEGOCIADA Acesso em 14 jul. 2020 às 13:13.
Princípio da Adequação Setorial Negociada.
[4]
(http://professorlfg.jusbrasil.com.br/artigos/121928188/o-que-se-entende-por-principio-da-adequacao-social - Acesso em 10 mar. 2015 às 18:50
Princípio da Adequação Social.
[5]
http://www.jfpr.jus.br/www/apoio_judiciario/distribuicao.php - Acesso em 06 dez. 2016 às 20:00.
Princípio da Alternatividade (Direito Civil).
[6]
http://www.tse.jus.br/institucional/escola-judiciaria-eleitoral/revistas-da-eje/artigos/revista-eletronica-eje-n.-4-ano-3/principio-da-anualidade-eleitoral - Acesso em 07 mar. 2017 às 21:12.
Princípio da Anterioridade Eleitoral (Direito Eleitoral).
[7]
https://dennisgodoy.wordpress.com/2008/02/26/2%C2%AA-aula-direito-internacional-publico/ - Acesso em 01 jun. 2016 às 20:21.
Princípio da Ausência de Hierarquia entre Normas.

[8]
https://www.dicio.com.br/sincretismo/ - Acesso em 02 fev. 2017 às 13:40.
Princípio da Autonomia entre Cognição e Execução (Direito Civil).
[9]
www.direitonet.com.br/resumos/exibir/296/titulos-de-creditovisto - Acesso em 28 jul. 2015 às 20:13.
Princípio da Cartularidade (Direito Empresarial).
[10]
http://www2.camara.leg.br/atividade-legislativa/orcamentobrasil/cidadao/entenda/cursopo/principios.html - Acesso em 11 fev. 2017 às 20:33.
Princípio da Clareza.
[11]
https://conima.org.br/mediacao/codigo-de-etica-para-mediadores/ - Acesso em 14 jul. 2020 às 13:16.
Princípio da Competência do Mediador.
[12]
http://www.jurisway.org.br/monografias/monografia.asp?id_dh=10417 – Acesso em 08 ago. 2015 às 20:17.
Princípio da Concretude.
[13]
SANTOS, José Camacho. O novo código civil brasileiro em suas coordenadas axiológicas do liberalismo à socialidade, Elaborado em 07/2002, disponível em: http://jus.com.br/revista/texto/3344/o-novo-codigo-civil-brasileiro-em-suascoordenadas-axiologicas/3#ixzz21qK3hqn4 - Acesso em 20 mai. 2012 às 18:31.
Princípio da Concretude.
[14]
http://www.planalto.gov.br/ccivil_03/revista/Rev_45/Artigos/Art_jose.htm - Acesso em 08 ago. 2015 as 20:38.
Princípio da Concretude.
[15]
http://www.planalto.gov.br/ccivil_03/LEIS/L8069.htm Acesso em 08 ago. 2015 às 21:15.
Princípio da Condição Peculiar da Pessoa em Desenvolvimento.
[16]
http://www.mpdft.mp.br/portal/pdf/unidades/promotorias/pdij/Artigos/Artigo%20-%20ABMP.pdf – Acesso em 08 ago. 2015 às 21:43.

Princípio da Condição Peculiar da Pessoa em Desenvolvimento.
[17]
http://direitoemsociedade.blogspot.com.br/2011/07/principio-da-continuidade-das-leis.html - Acesso em 23 set. 2016 às 14:46.
Princípio da Continuidade das Leis.
[18]
http://www.defensoria.sp.gov.br/> - Acesso em 07 jun. 2014 às 19:53.
Princípio da Decisão Informada.
[19]
https://www.dicio.com.br/equidade/ - Acesso em 28 jul. 2017 às 18:39.
Princípio da Equidade (Direito Processual Civil).
[20]
https://www.dicionariodelatim.com.br/e/3/ - Acesso em 30 jul. 2017 às 21:07.
Princípio *ex Aequo et Bono.*
[21]
http://www2.camara.leg.br/orcamento-da-uniao/cidadao/entenda/cursopo/principios.html - Acesso em 10 ago. 2017 às 15:00.
Princípio da Exatidão (Direito Orçamentário)
[22]
http://www2.camara.leg.br/orcamento-da-uniao/cidadao/entenda/cursopo/principios.html - Acesso em 10 ago. 2017 às 15:40.
Princípio da Exclusividade (Direito Orçamentário).
[23]
http://www.osconstitucionalistas.com.br/o-tempo-pode-cicatrizar-a-inconstitucionalidade - Acesso em 07 mar. 2017 às 12:16.
Princípio da Força Normativa dos Fatos.
[24]
http://www.emagis.com.br/area-gratuita/artigos/voce-sabe-o-que-e-o-principio-do-formalismo-moderado - Acesso em 25 mai. 2015 às 20:39.
Princípio do Formalismo Moderado.
[25]
http://www.conteudojuridico.com.br/artigo,o-principio-do-formalismo-moderado-conceituacao-e-suas-repercussoes-nos-processos-administrativos,46548.html – Acesso em 25 mai. 2015 às 21:07.

Princípio do Formalismo Moderado.
[26]
http://www.dicio.com.br/igualdade/ - Acesso em 15 ago. 2015 às 13:50.
Princípio da Igualdade (Direito Constitucional).
[27]http://www.egov.ufsc.br/portal/conteudo/breve-an%C3%A1lise-dos-princ%C3%ADpios-gerais-do-direito-internacional-p%C3%BAblico – Acesso em 16 ago. 2015 às 21:16.
Princípio da Igualdade entre os Estados.
[28]
http://direitasja.com.br/2012/05/15/igualdade-formal-x-igualdade-substancial/ - Acesso em 17 ago. 2015 às 20:24.
Princípio da Igualdade Substancial.
[29]
https://fundamentojuridico.wordpress.com/2014/03/17/possibilidade-de-o-particular-ajuizar-acao-de-indenizacao-diretamente-contra-o-agente-publico-causador-do-dano/ - Acesso em 18 ago. 2015 às 19:57.
Princípio da Imputação Volitiva.
[30]
https://constitucionalidade.wordpress.com/tag/principio-da-indissolubilidade-do-pacto-federativo/ - Acesso em 13 ago. 2015 às 11:15.
Princípio da Indissolubilidade do Vínculo Federativo.
[31]
https://direitoambiental.wordpress.com/2014/03/11/otimo-julgado-explicativo-do-stj-sobre-o-principio-da-reparacao-integral-do-dano-ambiental-e-principio-in-dubio-pro-natura/ - Acesso em 14 jul. 2010 às 15:03.
Princípio *in Dubio Pro Natura.*
[32]
http://semanaacademica.org.br/artigo/afirmacao-jurisprudencial-do-principio-dubio-pro-nature-no-cenario-juridico-brasileiro Acesso em 13 jul. 2020 às 15:54.
Princípio *in Dubio Pro Natura.*
[33]
http://www.conjur.com.br/2014-nov-08/tiago-zapater-principio-in-dubio-pro-natura-mina-coerencia-sistema - Acesso em 10 ago. 2015 às 18:20.
Princípio *in Dubio Pro Natura.*
[34]
http://www.stf.jus.br/portal/glossario/verVerbete.asp?letra=P&id=491 – Acesso em 28 mai. 2020 às 14:55.

Princípio da Insignificância.
[35]
https://jus.com.br/artigos/21790/breves-notas-sobre-os-principios-informativos-do-processo-coletivo-brasileiro - Acesso em 15 mar. 2020 às 09:13.
Princípio da Integração do Microssistema Processual Coletivo.
[36]
http://www.dicio.com.br/investidura/ - Acesso em 25 out. 2015 às 12:34.
Princípio da Investidura.
[37]
http://www.ambito-juridico.com.br/site/?n_link=revista_artigos_leitura&artigo_id=6583&revista_caderno=14 – Acesso em 14 ago. 2015 às 13:27.
Princípio da Isonomia Conjugal.
[38]
http://www.dicio.com.br/ad_hoc/ - Acesso em 30 jan. 2016 às 19:17.
Princípio do Juiz Natural.
[39]
www.direitonet.com.br/resumos/exibir/296/titulos-de-credito - Acesso em 28 jul. 2015 às 20:13.
Princípio da Literalidade.
[40]
http://www.tre-sc.jus.br/site/eleicoes/eleicoes-majoritarias-e-proporcionais/index.html - Acesso em 25 set. 2017 às 12:07.
Princípio Majoritário.
[41]
https://www.idec.org.br/consultas/dicas-e-direitos/neutralidade-da-rede-entenda-o-significado-e-a-importancia-do-conceito - Acesso em 27 ago. 2017 às 16:20.
Princípio da Neutralidade de Rede.
[42]
http://www.agu.gov.br/atos/detalhe/259547 - Acesso em 07 jul. 2016 às 10:39.
Princípio da Norma mais Favorável (Direito do Trabalho).
[43]
http://www.ambito-juridico.com.br/site/index.php?n_link=revista_artigos_leitura&artigo_id=2333 – Acesso em 05 mar. 2017 às 20:18.
Princípio da Nulidade das Leis Inconstitucionais (Direito Constitucional).
[44]

http://www.dicio.com.br/vernaculo/ - Acesso em 14 abr. 2016 às 18:18.
Princípio da Obrigatoriedade do Vernáculo.
[45]
https://www.jusbrasil.com.br/topicos/295163/principio-da-oficialidade?ref=serp-featured – Acesso em 24 mar. 2010 às 14:21.
Princípio da Oficialidade (Direito Administrativo).
[46]
https://www2.camara.leg.br/orcamento-da-uniao/cidadao/entenda/cursopo/principios - Acesso em 21 jan. às 08:19.
Princípio do Orçamento Bruto (Direito Orçamentário).
[47]
http://blog.ebeji.com.br/os-principios-da-prevencao-e-da-precaucao-no-direito-ambiental/ - Acesso em 07 ago. 2015 as 20:35.
Princípio da Precaução (Direito Ambiental).
[48]
Novo Código de Processo Civil anotado e comparado para concursos, 2015, p. 38/39).
Princípio da Primazia das Decisões de Mérito.
[49]
http://www.enciclopedia-juridica.biz14.com/pt/d/prior-in-tempore-potior-in-jure/prior-in-tempore-potior-in-jure.htm - Acesso em 16 abr. 2016 às 21:30.
Princípio da Prioridade da Penhora Anterior sobre a Posterior (Direito Falimentar).
[50]
http://registrodeimoveis1zona.com.br/?p=241 - Acesso em 11 abr. 2020 às 09:10.
Princípio da Propriedade Formal (Direito Registral).
[51]
https://www.btg-bestellservice.de/pdf/80208000.pdf - Acesso em 11 mar. 2020 às 09:59.
Princípio da Proteção do Núcleo Essencial.
[52]
http://www.stf.jus.br/portal/constituicao/artigoBd.asp?item=1058 - Acesso em 12 jul. 2017 às 14:13.
Princípio da Reserva de Plenário.
[53]
http://www.dhnet.org.br/direitos/anthist/hamurabi.htm - Acesso em 13 abr. 2016 às 11:00.
Princípio *Res Perit Domino.*

[54]
https://infraestrutura.gov.br/resolucoes-contran.html - Acesso em 18 jun. 2020 às 16:07.
Princípio da Segurança do Trânsito.
[55]
MONTESQUIEU, Charles de Secondat, Baron de, 1689-1755. O espírito das leis / Montesquieu; apresentação Renato Janine Ribeiro; tradução Cristina Murachco. - São Paulo: Martins Fontes, 1996. - (Paidéia).
Princípio da Separação de Poderes.
[56]
https://www.dicio.com.br/sincretismo/ - Acesso em 19 jun. 2020 às 15:20.
Princípio do Sincretismo entre Cognição e Execução.
[57]
http://www.stf.jus.br/arquivo/informativo/documento/informativo466.htm - Acesso em 07 mar. 2017 às 19:42.
Princípio da Situação Excepcional Consolidada.
[58]
http://www.webartigos.com/artigos/principios-constitucionais-da-ordem-economica/90125/ - Acesso em 07 ago. 2015 às 20:42.
Princípio da Soberania (Direito Constitucional).
[59]
http://www.planalto.gov.br/ccivil_03/revista/rev_76/artigos/vladimir_rev76.htm - Acesso em 07 ago. 2015 às 20:58.
Princípio da Soberania dos Estados.
[60]
http://www.tjdft.jus.br/institucional/jurisprudencia/jurisprudencia-em-foco/cdc-na-visao-do-tjdft-1/principios-do-cdc/principio-da-solidariedade - Acesso em 15 mar. 2017 as 11:09.
Princípio da Solidariedade (Direito do Consumidor, Civil e Processual Civil).
[61]
http://www.stf.jus.br/portal/constituicao/artigobd.asp?item=%20215 - Acesso em 06 mai. 2017 às 15:53.
Princípio do Sufrágio Universal.
[62]
http://www.webartigos.com/artigos/processo-civil-recursos/5384/ - Acesso em 26 set. 2016 às 16:17.
Princípio da Taxatividade (Direito Civil).
[63]

http://www.ibgc.org.br/userfiles/2014/files/codigoMP_5edicao_web.pdf - Acesso em 28 set. 2016 às 15:09.
Princípio Uma Quota, Um Voto.
[64]
http://www2.camara.leg.br/camaranoticias/noticias/132133.html - Acesso em 17 nov. 2016 às 18:22.
Princípio da Unidade da Convicção.
[65]
http://www2.camara.leg.br/atividade-legislativa/orcamentobrasil/cidadao/entenda/cursopo/principios.html - Acesso em 17 nov. 2016 as 17:35.
Princípio da Unidade Orçamentária (Direito Orçamentário).
[66]
http://www2.camara.leg.br/atividade-legislativa/orcamentobrasil/cidadao/entenda/cursopo/principios.html - Acesso em 20 nov. 2016 às 20:06.
Princípio da Universalidade Orçamentária (Direito Orçamentário)
[67]
http://www.planalto.gov.br/ccivil_03/Leis/L5172.htm - Acesso em 01 mar. 2016 as 20:37.
Princípio da Vedação da Isenção Heterônoma.
[68]
https://www.conteudojuridico.com.br/consulta/Artigos/45175/da-acao-de-locupletamento-ilicito-do-direito-material-e-danos-morais - Acesso em 14 jul. 2020 às 12:59.
Princípio da Vedação do Enriquecimento sem Causa.

Made in the USA
Middletown, DE
24 June 2022